भौगोलिक शब्दकोश

भौगोलिक शब्दकोश

Geographical Dictionary

आर. पी. चतुर्वेदी

रावत पब्लिकेशन्स

जयपुर • नई दिल्ली • बैंगलोर • मुम्बई • हैदराबाद • गुवाहाटी

ISBN 81-7033-682-1 (hardback)
ISBN 81-7033-683-X (paperback)

Reprinted, 2007

Published by
Prem Rawat for **Rawat Publications**
Satyam Apts., Sector 3, Jawahar Nagar, Jaipur - 302 004 (India)
Phone: 0141 265 1748 / 7006 Fax: 0141 265 1748
E-mail : info@rawatbooks.com
Website: rawatbooks.com

New Delhi Office
4858/24, Ansari Road, Daryaganj, New Delhi 110 002
Phone: 011-23263290

Also at Bangalore, Mumbai, Hyderabad and Guwahati

Printed at Nice Printing Press, New Delhi

प्राक्कथन

भूगोल विषय के अध्ययन और अध्यापन काल में मेरा यह अनुभव रहा कि भौगोलिक शब्दों के लिए हिन्दी भाषा में कोई शब्दकोश उपलब्ध नहीं है, यद्यपि अंग्रेजी में अनेक शब्दकोश उपलब्ध रहे हैं, इसने मुझे हिन्दी भाषा में भौगोलिक शब्दकोश के संकलन के लिए प्रेरित किया। यह शब्दकोश भूगोल विषय में अध्ययनरत विद्यार्थियों के अतिरिक्त उन समस्त पाठकों जिन्हें इनमें रुचि है, को भौगोलिक शब्दावली उपलब्ध कर सकेगा, ऐसा मेरा विश्वास है।

इस शब्दकोश में भूगोल एवं अन्य सम्बद्ध विषयों के शब्दों का विश्लेषणात्मक एवं परिभाषित ढंग से विवरण प्रस्तुत किया गया है। इस शब्दकोश के संकलन में अनेक अंग्रेजी के संदर्भ ग्रन्थों, भौगोलिक शब्दकोशों और भारत सरकार द्वारा प्रकाशित वैज्ञानिक और तकनीकी शब्दकोश से सहायता ली गई है। यद्यपि इस शब्दकोश में लगभग तीन हजार शब्दों का संकलन किया गया है, जो मेरे विचार से बहुत कम संख्या है, अनेक शब्द छूट गये होंगे जिनका समावेश किया जाना चाहिये था, किन्तु समयाभाव एवं शब्दकोश के अधिक बड़े हो जाने के कारण यह संभव नहीं हो सका।

शब्दकोश में शब्दों को अंग्रेजी भाषा के वर्णक्रम में रखा गया है तथा उनके सामने उनका हिन्दी शब्दार्थ दिया गया है। जहाँ हिन्दी शब्दार्थ उपलब्ध नहीं हो सका है, वहाँ उन शब्दों को हिन्दी में ही लिखा गया है।

मैं भूगोल विषय के विद्वानों और पाठकों को यह शब्दकोश समर्पित करते हुए निवेदन करना चाहूँगा के वे मुझे इस कोश को अधिक रूचिकर, संशोधित और परिवर्धित करने में सहयोग प्रदान करेंगे तथा अपने विचारों से मुझे अवगत् कराते रहेंगे।

इस शब्दकोश को संकलित करने में सर्वाधिक सहयोग मेरे अनन्य मित्र और सहयोगी रहे प्रो. हरिकृष्ण रावत का रहा है, जिनकी प्रेरणा से मैं यह कार्य सम्पन्न कर सका हूँ। साथ

ही, श्री कैलाश रावत, जो रावत पब्लिकेशंस, जयपुर के प्रोप्राईटर भी हैं, ने इस शब्दकोश को अद्यतन और उपयोगी बनाने के लिए नवीनतम सामग्री और पुस्तकों को उपलब्ध करा कर मुझे सहयोग प्रदान कर प्रोत्साहित किया, तथा इस शब्दकोश के प्रकाशन का कार्य अल्प समय में पूरा कराया, अतः मैं उनका हृदय से आभार व्यक्त करता हूँ।

आर. पी. चतुर्वेदी

A

abandoned delta **परित्यक्त डेल्टा**

जब नदी अपने पूर्व डेल्टा को छोड़ कर अन्यत्र नया डेल्टा बनाना आरम्भ करती है, तो पूर्व डेल्टा को परिव्यक्त डेल्टा कहा जाता है।

abiotic **अजैव**

अजैव परिवेश जीवन रहित होता है। पारिस्थितिक तंत्र के अजैव वे घटक होते हैं जो जीवित नहीं होते हैं, इनमें खनिज मृदा कण, जल, वायुमण्डलीय गैसें और अकार्बनिक नमक सम्मिलित किये जाते हैं। अजैव शब्द का प्रयोग जीव पर भौतिक एवं रासायनिक प्रभावों के लिए भी किया जाता है जैसे आर्द्रता, तापक्रम आदि।

ablation **अपक्षरण**

वह प्रक्रिया है जिसके द्वारा हिमानी की ठोस हिम/बर्फ नष्ट हो जाती है। अपक्षरण में तीन क्रियाएं होती हैं-

(i) हिमानी का धरातलीय, आन्तरिक अथवा तलीय भाग का पिघलना,

(ii) ऊर्ध्वपातन-जिसमें ठोस हिम का जल में परिवर्तन होकर गैसीय अवस्था में परिवर्तित हो जाना, तथा

(iii) हिमशैल/हिमानी/हिमचादर का सा़गर अथवा झील में प्रवेश करने पर टुकड़ों में विखण्डित हो जाना

ablation gradient **अपक्षरण/प्रवणता**

फर्न/नेवे (जहां वास्तविक अपघर्षण शून्य होता है) से हि़म नद के नीचे की ओर अपघर्षण की मात्रा बढती जाती है, हिमानी के अग्रभाग के निकट अपघर्षण 5 से 10 मीटर होता है। इसे अपक्षरण प्रवणता कहते हैं।

ablation zone **अपक्षरण क्षेत्र**

हिमानी/हिमनद अथवा हिमचादर का वह भाग जो संतुलन रेखा से नीचे स्थित हो और जो ग्रीष्म काल में हिमनद की सतह के पिघलने से नीचा हो जाता है, अपक्षरण क्षेत्र कहलाता है।

abne lavel **एबनेलेवल/बुलबुला**

एबेनलेवल एक साधारण सर्वेक्षण यंत्र होता है जिसका उपयोग ढाल के कोण को नापने के लिए किया जाता है।

aboriculture **अबोरीकल्चर**

वृक्षों और सब्जियों (साग-पात) की कृषि (संवर्धन) को अबोरीकल्चर कहा जाता है।

aboriginal **आदिवासी/देशज**

किसी देश/प्रदेश के वे लोग जो आदि काल से उस क्षेत्र में निवास करते आ रहें हों, उन्हें उस देश का आदिवासी कहा जाता है। आदिवासी उस देश/प्रदेश के मूल निवासी होते हैं।

aboriginies **आदिवासी जातियाँ**

यह शुद्ध लेटिन भाषा का शब्द है जिसका प्रयोग उन लोगों के लिए किया जाता है जो प्रारम्भ से ही उस देश में निवास करते आ रहें हों।

abrasion **अपघर्षण**

अपघर्षण वह प्रक्रिया है जिसमें बहते जल, हिमानी और वायुद्वारा प्रवाहित चट्टानों के टुकडों द्वारा कठोर चटटानों का अपरदन होता है। अपघर्षण का प्रमुख परिणाम जल में भंवर पड़ने और कंकडों के एकत्रित होने से नदी तल में जलगर्तिकायें बनती हैं और नदी तल धारीदार और चिकना बन जाता है, इसी प्रकार हिमानी की तली में जमे चट्टानी टुकडे भी हिमानी घाटी को घिस-घिस कर चिकना करते रहतें हैं। अपघर्षण तब अत्यधिक प्रभावकारी होता है जब चट्टानी तल पर उसका अधिप्रभाव तीव्र हो और कंकड खुरदरे और कोणिक हों।

abrasion table land **अपघर्षण-पठार**

एक ऐसा पठार जिस पर विभिन्न प्रकार की चट्टानों के उभरे भाग जिन्हें अपरदनकारी शक्तियों ने लगभग उस स्तर तक घिस कर घटा दिया हो, अपघर्षण पठार कहलाता है।

absolute age **निरपेक्ष आयु**

शैल, खनिजों तथा जीवाश्मों की आयु का वर्षों में माप, को निरपेक्ष आयु कहा जाता है।

absolute humidity **वास्तविक/निरपेक्ष आर्द्रता**

किसी विशेष अवस्था में एक घन फुट वायु में पाई जाने वाली वाष्प की वास्तविक मात्रा उस वायु की वास्तविक/निरपेक्ष आर्द्रता कहलाती है।

abyss **वितल/अतल**

महासागरीय गहरे भाग, विशेषकर सागर की ऊपरी सतह से 3000 मीटर से अधिक गहरे भाग वितल/अतल कहलाते हैं।

abyssal **वितलीय/अगाध**

सागर तल की अधिकतम गहराई (मुख्यतः 2220 से 5500 मी.) वाले तल के लिए अगाध शब्द का उपयोग किया जाता है इस तल पर चूना प्रधान तथा सिलिका प्रधान पंक के जमाव पाये जाते हैं।

abyssal plain **वितलीय मैदान/अगाध मैदान**

गहरे सागर का अत्यधिक चिकना तल जिसका ढाल 1:1000 से 1:10,000 होता है, इसका अर्थ है कि गहराई में केवल कुछ ही मीटर का अन्तर पाया जाता है।

समुद्र में महाद्वीपीय ढाल से आगे की ओर गहरे सागरीय मैदान को वितलीय मैदान कहा जाता है।

abyssal roek **वितलीय शैल**

गहरे भूपृष्ठ से अधिक गहराई में लावा के ठण्डे होकर जमाव से बनी आन्तरिक आग्नेय शैलों को वितलीय शैल कहा जाता है।

abyssal zone **अगाध क्षेत्र**

महाद्वीपीय मग्न ढाल से आगे अधिकतम समुद्री गहराई का क्षेत्र अर्थात 1000 मी. से अधिकतम गहराई के भाग को अगाध क्षेत्र कहा जाता है।

abyssobenthic zone **ऐबिसोबेन्थिक/विनितल्स्थ क्षेत्र**

विशिष्ट जीवों के द्वारा बसा हुआ गहन झील, सागर अथवा महासागर का तल विनितलस्थ क्षेत्र कहा जाता है।

abyssopelagic zone **ऐबिसोपेलाजिक/वितलवेलावर्ती क्षेत्र**

गहरे सागरों, महासागरों और झीलों के वे भाग जहां प्लेंकटन/प्लवक/और नेकटन/तरणक पाये जाते हैं, वितलवेलापवर्ती क्षेत्र कहलाता है।

accelarated erosion **त्वरित अपरदन**

वह प्रक्रिया जिसमें मनुष्य द्वारा अपरदन की दर को बढाया जाता है, त्वरित अपरदन कहलाता है।

access **अभिगमन**

अभिगम के साधन कभी-कभी भौतिक साधनों तक ही इसे सीमित रखा जाता है।

accessibility **अभिगम्यता**

किसी स्थान से दूसरे स्थान पर सुगमता के साथ पहुँचना, अभिगम्यता कहलाती है। यातायात के सम्बन्ध में इसकी परिभाषा इस प्रकार दी जाती है, अभिगम्यता वह सापेक्ष लक्षण है जो उस स्थान को यातायात तंत्र में उसकी विशेष स्थिति के परिणाम स्वरूप प्राप्त है।

accessory minral **गौणखनिज**

शैल की परिभाषा अथवा वर्गीकरण में शमिल किए जाने की योग्यता के लिए पर्याप्त मात्रा में खनिज घटक नहीं पाये जाते हैं-अर्थात वह मूलभूत खनिज नहीं है।

accelimatization **दशानुकूलन**

वह प्रक्रिया जिसमें मनुष्य अनभिज्ञ जलवायु प्रदेश में अपने आपकों रहने योग्य बनाता है। सामान्यतः यह उष्ण और आर्द्र अथवा विशेषतः शीत जलवायु की अवस्थाओं में परिवर्तन की ओर इंगित करता है।

accration **अभिवृद्धि**

(i) अवसादन के परिणाम स्वरूप भूमि के क्षेत्रफल में क्रमिक वृद्धि होना, अभिवृद्धि कहलाता है।

(ii) वह प्रक्रिया जिसके द्वारा अकार्बनिक वस्तु के बाहरी हिस्से में अतिरिक्त पदार्थ के संयोजन से उनके आकार में वृद्धि होती है, जैसा कि ओला वृष्टि में होता है।

acculturation **परसंस्कृतिग्रहण**

दो आसन्न संस्कृतियों अथवा सभ्यताओं के बीच सम्पर्क होने से लेन देन की प्रक्रिया एक दूसरे को प्रभावित करती हैं। व्यक्ति के संदर्भ में जब वह व्यक्ति किसी अन्य संस्कृति के सम्पर्क में आता है तो वह अपनी मूल संस्कृति के मूल्यों, आदर्शों और व्यवहार के स्थान पर उस समाज/संस्कृति, जिसके सम्पर्क में वह आता है की कुछ आदतें मूल्य और व्यावहारिक विशेषताओं को अपनाने लगता है, इसे परसंस्कृतिग्रहण कहते हैं।

acid brown soil **अम्ल भूरी मिट्टी**

वनों की भूरि मिटिटयां अम्ल भूरी मिट्टी कहलाती है।

acid lava **अम्ल लावा**

ज्वालामुखी लावा जिसमें सिलिका की मात्रा अधिक होती है, इसका रंग पीला, भार हल्का और अत्यंत गाढ़ा होता है। यह ऊंचे ताप पर पिघलता है तथा अत्यधिक चिपचिपाहट वाला होने के कारण धीर धीरे बहता है। अम्ल लावा से तीव्र ढाल वाले गुम्दाकार ज्वालामुखियों का निर्माण होता है।

acid rain **अम्ल वर्षा**

औद्योगिक चिमनियों, विशेषकर कोयला उपयोग मं लेने वाले शक्ति संयंत्रों (थर्मल पावर स्टेशनों) द्वारा छोडे गये रसायनों द्वारा प्रदूषित वर्षा को अम्ल वर्षा कहते हैं। यह विश्वास किया जाने लगा है कि नदियों और झीलों के जल के अम्लीकरण का मुख्य कारण यह अम्लीय वर्षा है, जिसके कारण जलचरों और कोणधारी वृक्षों का ह्रास हो रहा है। वर्तमान में अम्ल वर्षा को व्यापक रूप में पर्यावरण सम्बन्धी गंभीर आपदा माना जाने लगा है।

acid rock **अम्ल शैल**

सामान्यतः आन्तरिक अथवा बाह्य आग्नेय शैलों, जिनमें 66 प्रतिशत से अधिक सिलिका की मात्रा पाई जाती हो को अम्लशैल कहा जाता है। ग्रेनाइट, आन्तरिक अम्लशैल का उत्तम उदाहरण है।

acid soil **अम्ल मृदा**

जिस मृदा में pH मान 7 से कम होता है उस मृदा को अम्ल मृदा कहा जाता है। जब यह मान 7 से अधिक होता है तब उसे क्षारीय मृदा कहा जाता है। अम्ल मृदा प्रायः उन प्रदेशों में विकसित होती है जहां किन्हीं कारणों से मृदा में विनिमय योग्य आधार जैसे कैल्सियम और सोडियम की कमी पाई जाती है। मृदा आधार में अधिकांशतः हाईड्रोजन और अल्युमिनियम लौट आते हैं जो अम्लीयता का संचालन करते हैं। संभवतः मृदा में अम्लीयता का मुख्य कारण घोलक (लीचिंग क्रिया) है, इसी कारण अम्ल मृदायें उष्ण कटिबन्ध के उष्ण आर्द्र प्रदेशों में पाई जाती है।

aclinicline **अनतिक रेखा**

चुम्बकीय विषुवत रेखा को अनतिक रेखा कहते हैं। विषुवत रेखा के निकट अनियमित, टेढी मेढी रेखा जिसके सहारे कम्पास की सुई क्षितिज से नहीं झुकती है अनतिक रेखा कही जाती है।

acre **एकड़**

यह क्षेत्रफल की इकाई है, ब्रिटिश नियम के अनुसार 4840 वर्गगज (लगभग 0.4 हेक्टेअर) के बराबर एक एकड होता है।

actinolite **ऐक्टिनोलाईट**

एक प्रकार का नीले रंग का पत्थर जो विशेषकर रूपान्तरित शैलों में पाया जाता है एक्टिनोलाइट कहलाता है।

actinometer **एक्टीनोमीटर/प्रकाश-रसोक्रिया मापक यंत्र**

सूर्य के विकिरण से रासायनिक और तपन के प्रभाव को नापने का एक यंत्र एक्टीनोमीटर/प्रकाश-रसोक्रिया मापक यंत्र कहलाता है।

actinozoa **एक्टीनोजोआ**

एक प्रकार का प्राणी जिसे एन्थोजोवा भी कहा जाता है।

active layer **सक्रिय परत**

स्थायी तुषार भूमि पटल से ऊपर धरातल की ऊपरी परत जो प्रत्येक ग्रीष्म ऋतु में पिघलती और प्रत्येक शीत में पुनः हिमीभूत होती है सक्रिय परत कहलाती है। तापक्रम के अर्थ में वह परत जो वर्ष के दौरान 0^oC से नीचे और ऊपर के बीच तापक्रम रहता है।

activity space **सक्रियता स्थान/दूरी**

यह व्यावहारिक भूगोल की एक संकल्पना है जो उन स्थानों, व्यक्तियों और संगठनों का उल्लेख करती है जिनके साथ एक व्यक्ति का दैनिक क्रियाओं से सीधा सम्बन्ध रहता है, जैसे काम के लिए जाना, खरीददारी अथवा मनोरंजन की खोज में आना जाना। यह एक संचरण स्थान/दूरी है जिसमें व्यक्ति इन अथवा अन्य विशिष्ट उद्देश्यों की प्राप्ति के लिए आता जाता रहता है और इस प्रकार व्यावहारिक पर्यावरण का अंग बनता है।

acturial data **ऐक्चूरियल (बीमा) आंकडे**

जन्म और मृत्यु दरों की जानकारी और जीवन प्रत्याशा के आंकडे, जिनका उपयोग जीवन बीमा, विशेषकर प्रीमियम की दरों की गणना में किया जाता है एक्चूरियल आंकड़े कहलाते हैं।

adaptation **अनुकूलन**

जैविकीय अर्थ में किसी जीव की अपने पर्यावरण के साथ समायोजन प्रक्रिया को अनुकूलन कहते हैं। अनुकूल की प्रक्रिया में परिवर्तित पर्यावरण की आवश्यकताओं के अनुसार जीव की क्रियाओं में परिष्क्रमण संभव है। इसके अतिरिक्त जीव में भी प्रजनन संबंधी परिवर्तन हो सकते हैं जो उसकी नस्ल के लिए आवश्यक हों। जैविकीय समायोजन एक ऐसी प्रक्रिया है जिसमें पैतृकता द्वारा हस्तान्तरित परिष्करण करके समायोजन होता है।

adaptive behaviour **अनुकूली व्यवहार**

व्यवहार जो वैकल्पिक परिणाम प्राप्त करने के प्रयास में, तर्क की प्रक्रिया द्वारा सुविचारित रूचियां बनाता है अनुकूली व्यवहार कहा जाता है।

adiabatic **रूदोष्म**

रूदोष्म, एक वायुमण्डलीय प्रक्रिया का संकेत देता है जिसमें तंत्र और उसके पर्यावरण के बीच उष्मा का आदान प्रदान नहीं होता। रूदोष्म प्रक्रिया में तापन के साथ सम्पीडन और शीतलन के साथ प्रसारण होता है। रूदोष्म तापक्रम परिवर्तन दबाब में परिवर्तन का परिणाम होता है। ऊपर उठती वायु की दर कम होती है।शुष्क ऊपर उठती वायु ऊँचाई के साथ फैलती है। फैलाव/विस्तार के लिए आवश्यक शक्ति की स्वयं वायु से प्राप्त होती है।

adjacent sea **आसन्न सागर**

महासागरों के सन्निकट पाये जाने वाले सीमान्त और अन्तर्देशी सागरों को आसन्न सागर कहा जाता है। सामान्यतः ये सागर आकार में छोटे होते हैं क्यों कि अनेक सीमान्त और अन्तर्देशी सागर पूर्णतः स्थल से घिरे होते हैं, इसी कारण इन सागरों का जल और धरातल निकट के स्थल खण्ड से प्रभावित रहता है।

adjustment to structure **संरचना से समायोजन**

यह वह प्रक्रिया है जिसके द्वारा लम्बे समय की अवधि में नदियां दुर्बल भूगर्भिक दिशा का

लाभ उठाते हुए अपने मार्ग को ठीक करती हैं, सामान्यतः नदी अपने शीर्ष की ओर अपरदन करती है।

adobe **ऐडोब (कच्ची ईट)**

(i) सूर्य-ताप से सुखाई गई ईट/अथवा इनसे बनाये गये दक्षिण पश्चिम संयुक्त राज्य अमरीका में भवन ऐडोब कहलाते हैं।

(ii) दक्षिणी-और पश्चिमी संयुक्त राज्य अमरीका के लोयस मिटटी के निक्षेप को भी ऐडोब कहा जाता है।

adoptive behaviour **अंगीकृत व्यवहार**

वह व्यवहार जो सचेतन चयन और तर्क के सहारे की अपेक्षा सहज ज्ञान से एक वैकल्पिक परिणाम प्राप्त करता है, अंगीकृत व्यवहार कहलाता है।

adret **ऐड्रट**

पहाड़ी अथवा घाटी के पार्श्व का वह भाग जहां सर्वाधिक सूर्य प्रकाश प्राप्त होता है, इसीलिए ऐसे अधिक ऊंचाई वाले भागों में अधिकतम गहन भूमि उपयोग और अधिक मानव अधिवास पाया जाता है।

adsorption **अधिशोषण**

ठोस पदार्थों की सतहों, यदि सतह सरन्ध्र अथवा पारगम्य हैं, अथवा उनके अन्तरंग भाग से गैसीय, तरल अथवा घुले हुए अणुओं का भौतिक अथवा रासायनिक आबन्धन, अधिशोषण कहलाता है।

advecetion **अभिवहन**

वायु की क्षैतीज गति द्वारा स्थानान्तरण की प्रक्रिया को अभिवहन कहा जाता है। वायु की क्षैतिज गति द्वारा उष्मा के स्थानान्तरण किए जाने के लिए इस शब्द को प्रयुक्त किया जाता है। निम्न अक्षांशों की ओर से वायु द्वारा ऊष्मा का स्थानान्तरण अभिवहन का स्पष्ट उदाहरण है।

advection fog **अभिवहन तुषार/कोहरा**

ठण्डे धरातल पर से होकर आर्द्र वायुराशि का आगे बढना, अभिवहन तुषार/कोहरे का मुख्य लक्षण होता है, जिसमें वायुमण्डल की निम्न सतह पर्याप्त ठण्डी हो जाती हैं और अभिवहन तुषार/कोहरे की स्थिति उत्पन्न होती है। इस प्रकार की स्थिति मध्य अक्षांशों में उत्तर सागर और लेब्रोडर क्षेत्र में प्रायः पाई जाती है।

adventitive cone **अपस्थानिक शंकु**

एक छोटा ज्वालामुखी-विवर/ क्रेटर अथवा शंकु जो बडे ज्वालामुखी के पार्श्व पर विकसित हो जाता है उसे अपस्थानिक शंकु कहते हैं।

aeolian **वायूढ**

वायूढ शब्द का उपयोग वायु की क्रियाओं, जैसे वायु अपरदन, वायु निक्षेप, के लिए किया जाता है।

aeration zone **वातन/वायु मिश्रण क्षेत्र**

वह क्षेत्र जो भौम जलस्तर के ठीक ऊपर मृदा आर्द क्षेत्र और केशिका क्षेत्र के मध्य होता है, वातन/वायुमिश्रण क्षेत्र कहलाता है। इस क्षेत्र में गुरूत्व प्रभाव में अधिभौम जल (सरन्ध्र शैल में भौम जलस्तर से ऊपर भौम जल) नीचे की ओर गतिमान होता है। यह क्षेत्र 0 से कई सौ मीटर सघनता के बीच हो सकता है।

aerial camera **आकाशी केमरा**

एक विशेष प्रकार का कैमरा जिसमें आकाशी फिल्म प्रयोग में लाई जाती है, जिससे पृथ्वीतल पर बनी आकृतियों की फोटो खींची जाती है। पांच मुख्य प्रकार के कैमरे मानचित्रण कैमरा, आवीक्षण कैमरा, परिदृश्य कैमरा (panoramic camera), स्ट्रिप कैमरा तथा बहुबैंड कैमरा इस कार्य के लिए उपयोग में लिए जाते हैं।

aerobiology **वायुजीवविज्ञान**

यह निष्क्रिय वायुवाहित कणों की पहचान, परिवहन और व्यवहार/गतिविधियों का अध्ययन है ये वायु वाहित कण अथवा ऐरोसॉल/वायुविलय घरों के भीतर जीवन क्षेत्र अथवा अजीवन क्षेत्र हो सकते हैं। यह वायुकण वायु में छितरे रहते हैं तथा वायुमण्डलीय गुणों और अवस्थाओं पर निर्भर रहकर संचलन करते हैं।

aerobic **वायुजीवी**

जैविक अर्थों में जीव के केवल वायु अथवा आक्सीजन की उपस्थिति में जीवित अथवा सक्रिय रहने को वायुजीवी कहा जाता है।

aerology **वायुविज्ञान**

वायुमण्डल का अध्ययन विशेषकर धरातलीय परतों से ऊपर वायुमण्डल का अध्ययन वायु विज्ञान में किया जाता है।

aeronomy **ऐरोनोमी**

वायुमण्डल के ऊपरी भाग का विज्ञान जहां गैस-अणुओं की असंगठन और आयनीकण की प्रक्रिया होती है।

aerosol **ऐरोसॉल/वायुविलय**

दो पदार्थों, जिनमें सें एक तरल अथवा ठोस अवस्था में हो का, घनिष्ठ मिश्रण जो गैस मं एकरूपता से छितरा हुआ हो ऐरोसाल/वायुविलय कहलाता है। साधारणतः इस शब्द का धुंएं, कोहरे अथवा नाइट्रोजन-डाई-आक्साईड युक्त बूंदों, जो प्रकाश छितराव के द्वारा दृश्यता को

धूमिल कर देते हैं के लिए प्रयुक्त किया जाता है। साधारणतः बादलों को एरोसॉल नहीं माना जाता है क्योंकि इसकी बूंदे अधिक बडी होती हैं और गुरूत्व के कारण नीचे गिरती है। वायु अणुओं के टकराव इन्हें उचाई पर टिकाए रखता है। ऐरोसॉल की उत्पत्ति के कई कारण हैं, महासागरों पर सागरीय फुहार बडी मात्रा में नमक कण उपलब्ध कराती है जबकि स्थलीय भाग पर मृतिका धूलकण इसके मुख्य स्त्रोत होते हैं। ऐरोसॉल बडे लम्बे समय तक वायुमण्डल में रहते हैं।

aestivation **ग्रीष्म निष्क्रियता**

ग्रीष्म ऋतु, शुष्क मौसम अथवा लम्बे सूखे काल में कुछ प्राणियों की प्रसुप्ति अवस्था को ग्रीष्मनिष्क्रियता कहा जाता है। मरूस्थल के प्राणियों के लिए यह एक अनुकूलनका महत्वपूर्ण ढंग है। शीत निष्क्रियता से यह विषम परिस्थिति है जिसमें शीत महीनों में प्रस्तुति काल होता है।

affluent **सहायक नदी/समृद्ध**

(i) किसी बडी नदी अथवा झील में आकर गिरने वाली धारा को सहायक नही कहा जाता है।

(ii) समाज का वह वर्ग अथवा व्यक्ति जो अपनी आधारभूत निर्वाह आवश्यकताओं से अधिक मात्रा में वस्तुएं और सेवाएं अर्जित करता है, समृद्ध कहलाता है।

afforestation **वनरोपण**

सामान्यतः जिस भूमि पर पूर्व में वृक्ष उगे हुए नहीं थे उस भूमि पर आयोजित वृक्ष रोपण किया जाना वन रोपण कहलाता है।

after glow **उत्तर दीप्ति**

कभी कभी सूर्यास्त के ठीक बाद में जब सूर्य क्षितिज से 3° से 4° नीचे होता है, पश्चिमी आकाश में एक हल्की लाली/ दीप्ति दिखाई देती है जिसे उत्तर दीप्ति कहा जाता है।संभवतः यह वायुमण्डल में धूलकणों द्वारा श्वेत प्रकाश के छितराये जाने का प्रभाव होता है।

agate **ऐगेट/अक्रीक/गोमेद**

एक धारीदार अथवा सकेन्द्रीय क्षेत्र वाला गूढ क्रिस्टली सिलिका जो बैसाल्ट तथा अन्य ज्वालामुखी शैलों में पाया जाता है।

age **काल**

काल स्तरिकीय वर्गीकरण का क्रोनोमेरिक मानक माप में भूगर्भिक समय का अन्तर काल कहा जाता है।

ageostrophic **अभूविक्षेपी**

परिवर्तन मण्डल में एक प्रकार की वायुमण्डलीय गति जिसमें पवन वेग के कारण क्षैतिज दाब

प्रवणता, व्यतिक्रमित बल के साथ संतुलित नहीं रहता। यह ऊर्ध्वाकार गति से सम्बद्ध होता है, इसलिए इससे मेघ और मौसम की रचना होती है।

ageostrophic wind **अभूविक्षेपी पवन**

वास्तविक और भूविक्षेपी पवन के बीच संदिश/वेक्टर अन्तर बिना भूविक्षेपी घटक के दाब तंत्र में परिवर्तन नहीं होगा और वायुप्रवणता और व्यतिक्रमित बल के बीच वायुमण्डलीय संचरण पूर्ण संतुलित होगा।

age-sex pyramid **आयुलिंग पिरैमिड/सूचिस्तम्भ**

आयु-लिंग पिरैमिड/सूचि स्तम्भ, एक विशिष्ट क्षेत्र में जनसंख्या का आवृत वितरण दर्शाता है। इसकी आकृति पिरैमिड के समान होने के कारण इस आरेख कों आयु-लिंग पिरैमिड कहा जाता है। यह आयात चित्र 5 अथवा 10 वर्ष आयु समूह के स्त्री-पुरूष समूह को लेकर तैयार किया जाता है। इसमें एक ओर स्त्री तथा दूसरी और पुरूष आयुसमूह को दर्शाया जाता है। सबसे नीचे अनुप्रस्थ दण्ड सबसे कम आयु समूह तथा सबसे ऊपर अधिकतम आयु वर्ग को प्रकट करता है। प्रत्येक अनुप्रस्थ दण्ड की लम्बाई जनसंख्या के प्रतिशत अथवा उसकी संख्या के अनुपात में बनाई जाती है।

agglomerate **एग्लोमिरेट**

ज्वालामुखी उद्‌भेदन के समय अपरिष्कृत कोणीय टुकडों और सूक्ष्म कणों के पदार्थों के मिश्रण से बनी शैलों को एग्लोमिरेट कहा जाता है।

agglomeration **समूहन**

आर्थिक भूदृश्य में समूहन, क्रियाओं और व्यक्तियों के नोडीय/आसंधि बिंदु (नगर, कस्बा आदि) पर जमा होने का संकेत देता है। यह सामुहीकरण अभिकेन्द्री बल द्वारा स्थानिक संगठनों और समूहन अर्थव्यवस्था के प्राप्त करने की आवश्यकता द्वारा प्रेरित होता है।

aggradation **अधिवृद्धि/तलोच्चन**

(i) प्रायः इस शब्द का प्रयोग स्थल अथवा सागर में नदी अथवा लहर की क्रिया द्वारा तलछट जमाव के लिए किया जाता है।

(ii) अभिवृद्धि/ तलोच्चन वह प्रक्रिया है जिसमें उच्च भूमि प्रदेशों से लाया गया पदार्थ निम्न भूमि प्रदेशों में जमा कर दिया जाता है, जिससे उस निम्न भूमि तल में क्रमिक वृद्धि होती जाती है।

agonic line **शून्यदिक्‌पाती रेखा**

पृथ्वी के उत्तरी और दक्षिणी ध्रुवों से होकर गुजरने वाली अस्थिर और अनियमित काल्पनिक रेखा जिसके सहारे दिकसूचक/कम्पास की सुई वास्तविक उत्तर को इंगित करती है, इसलिए यह शून्य चुम्बकीय विचलन की रेखा कहलाती है।

agrarian **कृषि भूमि सम्बन्धी**

यह शब्द कृषि तंत्र को व्यक्त करता है, जिसमें बागबानी और पशुपालन को सम्मिलित किया जाता है।

agricultural areas **कृषि क्षेत्र**

भूमि का वह क्षेत्र जो फसल उत्पन्न करने के उपयोग में लाया जाता है, इसमें उन्नत और अविकसित घास के मैदान, चरागाह तथा कृषि भूमि सम्मिलित की जाती हैं।

agricultural geography **कृषि भूगोल**

भूगोल-विज्ञान की वह शाखा जिसके अन्तर्गत विभिन्न स्थानों पर कृषि की विशेषताओं में पाई जाने वाली विविधताओं का अध्ययन किया जाता है। इन कृषि विविधताओं का वर्णन और व्याख्या करना कृषि भूगोल का मुख्य-उद्देश्य होता है। भूमि उपयोग, इस विषय का स्पष्टतः मुख्य तत्व होता है।

agriculture **कृषि**

(i) कृषि शब्द का व्यापक अर्थ फसल उगाने और पशुपालन के सन्दर्भ में लिया जाता है, अतः फसल उत्पन्न करने के समस्त विज्ञान और व्यवसाय को कृषि कहा जाता है, यद्यपि कुछ लोग कृषि को केवल फसल उत्पन्न करने की प्रक्रिया तक सीमित रखते हैं।

(ii) भूमि की जुताई कर फसल उत्पन्न करने और फसल उत्पन्न करने और पशुपालन कला को कृषि कहा जाता है।

(iii) प्राचीन विश्व में हल ओर बोझा ढोने वाले पशुओं के उपयोग से खाद्य पदार्थों/साग सब्जीयों का उत्पादन, जबकि विश्व के दूसरे भागों में उर्वकों, सीढीदार खेतों और सिंचाई की सहायता से खाद्य उत्पादन पद्धति को कृषि कहा जाता है।

agrobiology **कृषिजैविकी**

पादप जीवन और पादप पोषण/आहार का विज्ञान, कृषि जैविकी कहलाता है।

agro forestry **कृषि वानिकी**

कृषि और वानिकी के लिए संगठित भूमि का उपयोग कृषि वानिकी कहलाता है। इसमें भूमि की उर्वरा शक्ति में वृद्धि के लिए कृषि भूमि पर वृक्षों को लगाना जिससे कि फसलों को वृक्षों के पत्तों से नाईट्रोजन और खाद मिल सके।

agronomy **सष्य विज्ञान**

भूमि का प्रबन्धन, ग्रामीण अर्थव्यवस्था का अध्ययन सष्य विज्ञान कहलाता है।

agrostotgy **घास विज्ञान**

विभिन्न प्रकार की घासों का अध्ययन घास-विज्ञान के अन्तर्गत किया जाता है।

agro town **कृषि नगर/बस्तियां**

यूरोपीय भूमध्य सागरीय क्षेत्र एवं रूसी राज्य संघ/फेडरेशन के क्षेत्रों में स्थापित सघन और घने बसे अधिवास कृषि नगर/ऐग्रोटाउन कहलाते हैं। यद्यपि इन बस्तियों के निवासियोंकी अधिकांश श्रमजीवी जनसंख्या कृषि में लगी है, बस्तियों का आकार इतना छोटा होता है कि इन्हें कस्बा/नगर ही कहा जा सकता है। नगरीय समूह के भाग बनने की अपेक्षा ये बस्तियां स्वतंत्र और स्वावलम्बी बनी रहती हैं।

A-horizon **मृदा का A स्तर**

पूर्ण विकसित अथवा परिपक्व मृदा के पार्श्वदृश्य में खनिज तत्वों से युक्त तथा अधिक हयूमस वाली सबसे ऊपर अथवा उसके निकट की सतह, जिसके आधार का निक्षालन (leaching) और अपक्षालन (eluviation) द्वारा ह्रास हो जाता है। इस A स्तर की मृदास्तर को चार उपविभागों में विभाजित किया जाता है यथा : असंगठित पत्तियों, टहनियों और निर्जिव घास का कम मात्रा में अपघटित (decomposed) भाग जिसे कूडा कचरा स्तर भी कहा जाता है, जैव पदार्थ का अंशतः अपघटित वाला किण्वन (fermentation) स्तर, काले रंग की मृदा अथवा पूर्ण अपघटित हयूमस स्तर तथा निक्षालन और अवक्षालन द्वारा मृतिका कणों लोह और अल्यूमनियम अंशों के ह्रास के कारण हल्के रंग का अवक्षाली स्तर।

aiguille **एगबेल/शितशिखर**

एक तीव्र और नुकीली ऊपर उठी शैल अथवा पर्वतीय चोटी एगवेल/शित शिखर कहलाती है। प्रायः इस का उपयोग ऐसे शिखर के लिए भी किया जाता है जो तुषार प्रक्रिया से निर्मित हुआ हो।

air current **वायु प्रवाह**

वायु की ऊर्ध्वाधर/अनुलम्ब गति को वायु प्रवाह कहा जाता है।

air mass **वायु राशि**

वायु राशि, वायुमंडल में पाई जाने वाली एक विशाल और अनिवार्यतः समान ताप और आर्द्रता वाली वायु पुंज होती है, जिसका विस्तार कई हजार वर्ग किलोमीटर तक रहता है। वायुराशि का उत्पत्ति क्षेत्र, जहां से वह उत्पन्न होती है, अन्तर्निहित स्थल और सागरों से अपनी प्रमुख विशेषताओं प्राप्त करती है। इन अन्तर्निहित स्थल और सागरों पर निरन्तर लम्बे समय तक तापक्रम और आर्द्रता सम्बन्धी दशाऐं समान रहती हैं। उत्पत्ति के उपरान्त वायुराशि पृथ्वी के वायुमण्डलीय परिसंचरण के घटक के रूप में लम्बी दूरी तक प्रवाहित होती है। वायुराशियों को उनके उत्पत्ति स्थल के आधार पर चार वर्गों में विभाजित किया जाता है, यथा शीत-शुष्क (ध्रुवीय महाद्वीपीय), शीत-आर्द्र (ध्रुवीय सागरीय), उष्ण शुष्क (उष्णकटिबन्धीय महाद्वीपीय) तथा उष्ण आर्द्र (उष्णकटिबन्धीय-सागरीय)

air pollution **वायुप्रदुषण**

प्राकृतिक अथवा मानव जनित अथवा मानव कारणों से वायुमण्डल में संदूषकों की उपस्थिति

वायु प्रदूषण कहलाता है। वायु प्रदूषण मानव, पौधों और पशुओं के जीवन को हानि पहुँचाते हैं अथवा जीवन के आरामदायक उपभोग में बाधा उत्पन्न करते हैं। प्रदूषित करने वाली वस्तुओं में सामन्यरूप से धुआं, सल्फर डाई आक्साईड, कार्बन डाइ आक्साईड, नाइट्रिक आक्साईड मुख्य हैं।

air stream **वायु प्रवाह**

विशिष्ट उत्पत्ति स्थल से उत्पनन होने वाला वायु-प्रवाह जिसमें तापीय समानता अथवा स्थिरता वाले गुणों की अपेक्षा उसके चलने की दिशा के आधार पर ही उसकी पहचान की जाती है। मध्य अक्षांसीय पछुआ हवा इसी प्रकार के वायु प्रवाह का उदाहरण है।

akle **एकले**

एक प्रकार के समानान्तर लहरदार बालूरेत के टीले/टिब्बे जिनके अन्तः टिब्बा क्षेत्र, टिब्बा कटकों के बाल चन्द्राकर भागों से घिरे रहते हैं। इन्हें कभी कभी मत्स्य शल्क टिब्बा भी कहा जाता है।

alas **अलास**

तीव्र ढाल वाले सीमक रोध से परिसीमित और सपाट तल वाला विशाल थर्मोकास्ट धंसाव जिसमें जलभर जाने से छिछली झील बन जाती है उसे अलास कहा जाता है। इस प्रकार के अलास का साइबेरिया में तुषार भूमि के पिघलने से इनका सुस्पष्ट निर्माण होता है।

albedo **एल्बिडो**

कुल आपतित विकीरण की तुलना में परावर्तित विकीरण के अनुपात को सम्मिलित करते हुए परावर्तन की सूचि को एल्बिडो कहते हैं यह दशमलव अथवा प्रतिशत में व्यक्त किया जाता है। समस्त पृथ्वी का एल्बिडो 0.3, सागर का 0.07, घने वनों का 0.01 और हिम धरातल वाले क्षेत्र का 0.50 से 1.0 होता है।

albite **एल्बाइट**

एल्बाइट एक प्रकार का फैल्स्पर है जो नीले और सफेद रंग का होता है।

alcove **एलकोव/आला**

शैल के उठे हुए भाग के पार्श्व में एक चापाकार ढाल पार्श्व की गुहा/कोटर, जिसका निर्माण जल द्वारा अपरदन के कारण विशेष कर सोते के जल रिसाव द्वारा अथवा घुलन प्रक्रिया के द्वारा हुआ हो एलकोव/आला कहलाता है।

aleution low **अल्यूशियन अल्पदाब**

औसत न्यून भार का केन्द्र जो उत्तरी प्रशान्त महासागर में केन्द्रीत रहता है, अल्यूशियन अल्पदाब क्षेत्र कहलाता है। यह दाब मान और अवस्थिति का एक सांख्यिकीय औसत

निरूपित करता है जो कि क्रमशः गर्तों के मार्गों द्वारा निश्चित किये जाते हैं और उस स्थान जिस पर वे अपने न्यूनतम दाब पर पहुंचते हैं। ये शीत ऋतु में अधिक स्पष्ट होते हैं।

algae **शैवाल**

शैवाल एक अपरिष्कृत तथा विस्तृत जलीय पौधों का एक समूह है। इस समूह के पौधों में न फूल आते हैं, न पत्तियां होती हैं और न संवहनीतंत्र होता है। शैवाल समूह में दोनों ही सूक्ष्मदर्शी जैसे 'डायटम' तथा बहुकोशिक जैसे बडे आकार की समुद्री शैवाल पाये जाते हैं। भौगोलिक दृष्टि से कठोर अंग वाले शैवाल जो अवसाद के साथ जैवहम का निर्माण करते हैं अथवा स्त्राव द्वारा कैल्शियम कार्बोनेट के स्थूल परतदार संरचना का निर्माण करते हैं, जो सामान्यतः निम्न् पुराजीवी भित्तियों का निर्माण करते हैं।

alidade **एलीडेड**

प्लेनटेबुल (पटल) सर्वेक्षण करते समय उपयोग में लिया जाने वाला धातु अथवा लकडी से बना एक सीधे किनारे वाला उपकरण अथवा मापनी को एलीडेड कहा जाता है। इसकी सहायता से प्लेनटेबुल पर लगे कागज पर बिम्ब की दिशा अंकित की जाती है। इस मापनी में प्रेक्षक वाले सिरे पर एक खडी पक्ष रेखाछिद्र होता है तथा दूसरे सिरे पर भी एक खडी तार लगी पटटी होती है। इस यंत्र की सहायता से दोनो पटटियों के रेखा छिद्रों और बिम्ब की सीध को मिलाने वाली रेखा (किरण) खींची जाती है इसी प्रकार उस क्षेत्र के समस्त बम्बों को अंकित कर सर्वेक्षण पूरा किया जाता है।

alimentation **ऐलीमेंटेशन**

फर्न क्षेत्र में हिमपात अथवा हिम स्खलन से भारी मात्रा में हिम का जमाव जो हिमनद के बनने में सहयोग देता है, एलीमेंटेशन कहलाता है।

alkaline soil **क्षारीय मृदा**

जिम्न मृदा में क्षारीय धातु आक्साईड की अधिकता रहती है उन्हें क्षारीय मृदा कहा जाता है। इस प्रकार की मृदा में सोडियम और पौटेशियम की अधिकता और कैल्शियम की कमी पाई जाती है।

allogenic **अन्यत्र जनित**

शैल संघटकों के बारे में संकेत देना कि उनका निर्माण उनके वर्तमान स्थान से अन्यत्र स्थान पर हुआ है अन्यत्र जनित कहलाता है।

allogenic stream **अन्यत्र जनित नदी**

वह नदी जो अपना जल स्थानीय क्षेत्र से बाहय आर्द्र क्षेत्र से प्राप्त करती है, इस प्रकार की नदी को अन्यत्र जनित नदी कहा जाता है। कीनिया की टार्न नदी इसका उत्तम उदाहरण है। चूने के पत्थर के अनेक क्षेत्रों की नदियां अन्यत्र जनित होती हैं।

alluvial **जलोढ़**

कॉँप से सम्बन्धित अथवा कांप से युक्त, बहते जल द्वारा जमा तलछट अथवा उसी प्रकार के जमाव, को जलोढ कहा जाता है, इसीलिए जलोढ सोपान, जलोढ मृतिका, जलोढशंकु, जलोढ जमाव, जलोढ पंख, जलोढ मैदान में इस शब्द का उपयोग किया जाता है।

alluvial cone **जलोढ शंकु**

अधिक ढाल वाले पर्वतीय भागों से उतरने वाली नदी अपने साथ लाये पदार्थ को पर्वत पदीय भाग के सीमित क्षेत्र में ही निक्षेप करती है। इस प्रकार के जमाव का ढाल जलोढ पंख की अपेक्षा अधिक होता है। इस प्रकार बने स्थल रूप को जलोढ शंकु कहा जाता है।

alluvial fan **जलोढ पंख**

जब कोई नदी पर्वतीय भाग को छोड़ कर मैदानी भाग में प्रवेश करती है तब उसके वेग में कमी आजाने के कारण चट्टानों के टुकडे पर्वतीय ढाल के निकट जमा हो जाते हैं इस प्रकार पर्वतीय ढाल के आधार तल के पास अर्द्धवृत्ताकार में पदार्थों का निक्षेप होता है, जिसे जलोढ पंख कहा जाता है। उन क्षेत्रों में जहां स्थायी तुषार भूमि स्थित होती है, व्यापक रूप से जलोढ पंख पाये जाते हैं।

alluvial soil **जलोढ मृदा**

नदियों द्वारा जमा की गई भलीभांति मिश्रित अपशिष्ट पदार्थ एवं मृदा को जलोढ मृदा कहा जाता है।

alluvium **काँप**

नदियों द्वारा लाकर जमा की गई तलछट को काँप कहा जाता है, यह प्रायः असंपीड़ित पदार्थ होता है। इस जमाव में चिकनी मिट्टी/मृतिका का अंश अधिक होता है। कांप से जलोढ पंख, बाढ मैदान, नदीसोपान और डेल्टा का निर्माण होता है।

alp, alps **आल्प/आल्पस्**

स्विटजरलैण्ड तथा निकटवर्ती देशों में फैला पर्वत क्रम जिसे आल्पस पर्वत के नाम से जाना जाता है, आल्पस का अर्थ है 'ऊंचे' पर्वत।

alpine **अल्पाईन**

आल्पस से सम्बन्धित। इसीलिए किसी भी ऊंचे पर्वत को भौगोलिक भाषा में अल्पाइन नाम दिया जाता है।

alpine glacier **अलपाइन हिमनद**

स्पष्ट सीमांकित घाटी में स्थित लम्बे जिह्वाकार हिमनद को एल्पाइन (आल्पस प्रदेश में सर्वप्रथम हिमनद का अध्ययन किया गया था) इस कारण घाटी हिमनद को एल्पाइन हिमनद अथवा घाटी हिमनद कहा जाता है। हिमनद का पोषण हिम संचित क्षेत्र जिसमें कई सर्क

सम्मिलित रहते हैं, से अथवा ऊंचे भाग में स्थित हिम क्षेत्र से होता है। हिम नद अपने स्त्रोत क्षेत्र से हिमपात के कारण धीरे धीरे घाटी मार्ग से नीचे उतरता है।

alpine orogeny **अल्पाइन पर्वतोत्पत्ति**

टर्शियरी युग में पर्वत निर्माण का काल जो मायोसीन काल तक चला जिसमें आल्पस-हिमालय मेखला का निर्माण हुआ।

alto-cumulus **उच्चकपासीय मेघ**

ये मेघ पक्षाभ कपासी मेघ के समान गोलाकार रूप में अथवा लहरों में पाये जाते हैं।

altometer **वाष्पन मापी**

वाष्पीकरण की दर को मापने के काम में आने वाले यंत्र को अल्टोमीटर/वाष्पमापी/वाष्पनमापी कहते हैं।

altostratus cloud **उच्च स्तरी मेघ**

यह सामान्यत: हिमकणों और जलबूंदों के मिश्रण से बनी धूसर रंग की मेघचादर होती है जिन्हें पक्षाभ स्तरी मेघ से भिन्न किया जा सकता है, ऊंचाई की दृष्टि से यह मेघ कम ऊंचाई पर होते हैं तथा अधिक सघन तथा इनमें प्रभामण्डल दृश्य भी नहीं दिखता। पतले मेघों से सूर्य दिखाई दे जाता है। इन मेघों के पश्चात् वर्षा आती हैं।

amesite **एमेसाइट**

डोलोमोइट तथा बैसाल्ट से निर्मित कोमल शैलें एमेसाइट कहलाती हैं।

ammonite **एमोनाइट**

एक प्रकार के प्राणी की वंशावली जो कार्बोनीफेरस से क्रिटेशियस युग तक मुख्य रूप से पाया जाता था।

amorphous **अक्रिस्टलीय/ रवाहीन**

जिसमें किसी प्रकार की नियमित आणविक संरचना नहीं हो उसे रवाहीन संरचना कहा जाता है।

amphibia **एम्फीबिया**

रीढ की हडडी वाले जानवर एम्फीबिया कहलाते हैं परन्तु कुछ वैज्ञानिकों ने इस प्रकार के प्राणियों को भी रेंगने वाले प्राणियों की श्रेणी में रखा है।

ampitheatre **रंगमंच**

सर्क हिमनद की घाटी के शीर्ष भाग पर एक अर्द्ध वृत्ताकार अथवा कटोरे के आकार की आकृति का एक विशाल गहरा गर्त होता है, जिसका किनारा खडे ढाल वाला होता है, अत: देखने में सर्क अर्द्धगोलाकार रंगमंच के समान लगता है।

amygdaloid **वातामकी (शैल)**

ज्वालामुखी शैलें जिनमें क्वार्टज, फेल्स्पार, डिओलाईट आदि के अंश पाये जाते हैं वातामकी शैल कहलाती हैं।

anabatic wind **आरोही पवन**

उच्च पर्वतीय प्रदेशों में ग्रीष्म ऋतु में दोपहर के समय नीचे घाटी से ढाल के ऊपर की ओर चलने वाली स्थानीय समीर को आरोही पवन कहते हैं। पर्वतीय ढालों की पवन सूर्य की तीव्र तपन के कारण गर्म हो जाती है, जबकि नीचे घाटियों में सूर्य की तपन अधिक शक्तिशाली नहीं होती है इसलिए संवहनी क्रिया होती है इसीकारण हल्का अनियमित वायु प्रवाह पर्वतीय ढालों पर नीचे से ऊपर की ओर चलता है।

anabranching **एनाब्रान्चिग/प्रत्यागत शाखा विभाजन**

नदी धाराओं का इस प्रकार का गुंथना कि नदी के औसत बहाव की चौडाई से तीन गुना अधिक चौडाई वाले द्वीप इसकी शाखाओं के बीच स्थित हों एनाब्रान्चिंग/प्रत्यागत शाखा विभाजन कहा जाता है।

anaclinal **प्रतिनतिक**

ऐसे धरातल जिसका धीमा झुकाव नदी के बहाव की दिशा के विपरीत हो ऐसे धरातल पर बहने वाली पूर्ववर्ती धारा के लिए प्रतिनतिक शब्द प्रयुक्त किया जाता है और यदि धारा सशक्त होती है तो वह अपना मार्ग बनाये रख सकती है।

anaerobic **अवायवीय**

वायु अथवा ऑक्सीजन की अनुपस्थिति में जीवित अथवा सक्रिय रहना, अवायवीय कहलाता है। उदाहरण के लिए जलीय परिवेश में कुछ जीवाणु सल्फेट और नाइट्रेट से आक्सीजन प्राप्त करते हैं।

anafront **एनाफ्रन्ट**

वाताग्री अवनमन के उष्ण भाग में जब वायु ऊपर की ओर चढ रही होती है, उष्ण और शीत वाताग्र बहुत अधिक सक्रिय रहते हैं। उष्ण और शीत एनाफ्रन्ट में ऊंचे स्तर के पक्षाभ मेघ से स्तरीमेघ और फिर वर्षा मेघ तक पूरा क्रम विकसित होता है, जिसके कारण सामान्यतः भारी वर्षा की लम्बी अवधि रहती है, जबकि शीत ऐनाफ्रन्ट में ऊर्ध्वाकार चढती उष्ण वायु कपासी वर्षा मेघ विकसित करती है जिसके कारण झोंकेदार पवन चलते हैं और भारी वर्षा की छोटी अवधि रहती है।

analemna **ऐनालेम्ना**

सूर्य का दैनिक झुकाव दिखाने के लिए ग्लोब पर खींचा गया मापक, जिसके द्वारा उन अक्षांशों का निर्धारण किया जा सके जिन पर वर्षा के किसी सुनिश्चित समय पर सूर्य सीधा सिर पर रहता है, ऐनालेम्ना कहलाता है।

analogue theory **अनुरूप सिद्धान्त**

दो विषयों अथवा प्रक्रियाओं के बीच समानताओं की पहचान पर आधारित, वैज्ञानिक विवेचना की एक पद्धति है जिससे उनमें से एक विषय अथवा प्रक्रिया दूसरे विषय की व्याख्या करने अथवा अन्य विषय अथवा प्रक्रिया में से एक की व्याख्या में अथवा अन्य विषयों अथवा प्रक्रियाओं को समझने में सहायता के लिए उपयोग में लिया जाता है।

anaseism **उत्कम्प**

भूकम्प के केन्द्र से ऊपर की ओर गतिमान तरंगों का ऊर्ध्वाकार संघटक उत्कम्प कहलाता है।

anastomosis **शाखामिलन**

नदियों का गुंथना अर्थात कुछ नदियों में विभाजित होकर पुनः मिल जाने की प्रवृति होती है, जिससे धाराओं का एक जटिल स्वरूप प्रस्तुत होता है इस प्रकार की स्थिति को शाखा मिलन कहा जाता है।

andosols **ऐन्डोसोल (मृदा)**

ज्वालामुखी शैल और राख पर विकसित काली मिट्टियां ऐन्डोसोल कहलाती हैं।

anemograph **अनेमोग्राफ/पवनवेग लेखी**

वायु की गति और यदाकदा दिशा मापन के लिए उपयोग में लिया जाने वाला स्वतः अभिलेखी उपकरण अनेमोग्राफ/पवन वेगलेखी कहलाता है।

anemology **एनेमोलोजी**

पवन के अध्ययन सम्बन्धी विज्ञान को एनेमोलोजी कहा जाता है।

anemometer **पवनवेग मापी**

वायु की गति और मापन के लिए एक उपकरण पवनवेग मापी कहलाता है।

aneroid barometer **एनरॉयड वायुदाबमापी/निर्द्रव वायुदाबमापी**

वायुदाब नापने के लिए सामान्य रूप से सर्वाधिक उपयोग में लिया जाने वाला यंत्र निर्द्रव वायुदाब मापी है। सामान्य रूप से यह एक लहरदार धातु का डिब्बा होता है जिसमें से वायु पूरी तरह निकाल दी जाती है, डिब्बे का ऊपरी भाग और पेंदा/तल एक कमानी द्वारा अलग किए हुए होते हैं और अग्रभाग के अलग दूरी में वायुमण्डलीय दाब के परिवर्तन गति उत्पन्न करते हैं। लीवर/उत्तोलकों की एक श्रेणी द्वारा तब यह परिवर्तन बढाये जाते हैं और एक चार्ट पर अंकित किए जाते हैं।

anestomosing **शाखामिलन**

शाखामिलन शब्द का कभी कभी उपयोग ऐसी नदी के लिए किया जाता है जिससे अनेक धाराएँ निरन्तर अलग होती रहती हैं और फिर बाद में मिल जाती हैं।

angeosperm **ऐन्जियोस्पर्म/आवृत बीजी**

वे पौधे जिनके फूल होते हैं तथा विशिष्टिकृत बीज होते हैं, ऐन्जियोस्पर्म कहलाते हैं। इस वर्ग के पौधों को दो वर्गों एक बीज पत्री तथा द्वि बीज पत्री में विभाजित किया जाता है।

angle of declination **दिक्पात कोण**

भौगोलिक उत्तर और चुम्बकीय याम्योत्तर के बीच के कोण को दिक्पात कोण कहते हैं।

angle of incidence **आपतन कोण**

मौसम विज्ञान में क्षितिज के ऊपर सूर्य के कोण को आपातन कोण कहा जाता है।

angular drainage **चापाकार अपवाह**

एक ऐसा अपवाह स्वरूप/प्रणाली जिसमें सहायक नदियाँ धरातल के नीचे की शैलों की कोमल शिराओं से होकर चापाकार मार्ग का अनुसरण करती हैं। इस प्रकार चापाकार अपवाह कटे फटे गुम्बदाकार वाले क्षेत्रों की विशेषता होती है, जिसमें कठोर और कोमल शैलें क्रमशः बारी बारी में पाई जाती हैं।

angular momentum **कोणीय संवेग**

परिभ्रमण के कारण पृथ्वी पश्चिम से पूर्व की ओर घूमती है, उसके धरातल पर किसी बिन्दु के रेखीय वेग और घूमती पृथ्वी के अक्ष, उत्तर और दक्षिण ध्रुवों से होकर गुजरने वाली रेखा से उस बिन्दु की लम्बवत दूरी का गुणनफल कोणीय संवेग कहलाता है। विषुवत रेखा पर इसका मान अधिकतम रहता है जहां लम्बवत दूरी अधिकतम रहती है और ध्रुवों पर यह शून्य रहती है।

angulate drainage **कोणीय अपवाह**

अपवाह का एक ऐसा प्रतिमान जिसमें नदियाँ समान रूप से, आयताकार अपवाह प्रतिमान के समान दो दिशाओं में विकसित होती है, किन्तु इस प्रतिमान में नदियां समकोण पर न मिलकर न्यून कोण पर मिलती हैं। यह प्रतिमान एक रूप स्तर वाले क्षेत्र के संधि अथवा भ्रंश के दो वर्गों द्वारा संरचना निर्देशन का परिणाम है।

animism **जीववाद**

किसी जीवित व्यक्ति अथवा भौतिक सावमय के स्थूल शरीर में एक सर्वथा भिन्न अधिप्रकृतिक तत्व की विद्यमानता में विश्वास किया जाना जीववाद कहलाता है। इस अधिप्राकृतिक तत्व को जीवन शक्ति अथवा आत्मा के नाम से जाना जाता है। इस सिद्धान्त की मान्यता के अनुसार यह माना जाता है कि सभी जड़ अथवा चेतन वस्तुओं में आत्मा का वास होता है। इस आत्मा का अस्तित्व प्राणी से भिन्न होता है, जिसमें वह वास करती है। इसी कारण यह प्राणियों की मृत्यु अथवा वस्तुओं के नष्ट हो जाने के बाद भी बची रहती है। ऐसी मान्यता है कि ये आत्माएं ही समस्त कार्यों का मूल कारण होती हैं।

annular drainage **वलयाकार अपवाह**

जब एक विभाजित गुम्बद आकार वाले भाग अथवा विभाजित बेसिन/द्रोणी से होकर नदी वृताकार मार्ग से बहती है तब वलयाकार अपवाह का निर्माण करती है।

aunular drainage pattern **वलयाकार प्रवाह प्रणाली**

वलयाकार प्रवाह प्रणाली को चक्राकार क्रम भी कहा जाता है क्योंकि इस प्रकार के अपवाह तंत्र में जलधाराऐं एक वृत में स्थित होती हैं। इस प्रकार की प्रणाली मुख्य रूप से प्रोढ़ एवं घर्षित गुम्बदीय पर्वतों की परिक्रमा करती हुई बहती है। इस प्रकार की प्रवाह प्रणाली को वलयाकार प्रवाह प्रणाली कहा जाता है।

antarctic circle **अण्टार्कटिक वृत्त**

ग्लोब पर दक्षिणी गोलार्द्ध में $66\frac{1}{2}^{\circ}$ दक्षिणी अक्षांश को सामान्यतः अण्टार्कटिक वृत के नाम से जाना जाता है।

antecedent drainage **पूर्ववर्ती अपवाह**

ऐसा अपवाह क्रम जिसमें स्थानीकृत ऊपर उठे भाग से बहने वाली नदी अपनी सामान्य दिशा को कायम रखती हो, पूर्ववर्ती अपवाह कहलाती है।

anthracite **एन्थ्रेसाइट**

प्राकृतिक कोयले की चमकदार, कठोर और ठोस किस्म जिसमें 85 से 90 प्रतिशत कार्बन की मात्रा होती है। यह कोयला धुंआ रहित धीमी गति से जलता है।

anthro-geomorphology **मानव-भूआकृति विज्ञान**

भौतिक भूआकृति और उनका निर्माण करने वाली प्रक्रियाओं पर मानव क्रियाओं के प्रभाव का अध्ययन मानव-भूआकृति विज्ञान कहलाता है।

anthrocentric **मानव केन्द्रित**

मानव जाति पर केन्द्रत, संसार के अस्तित्व के विषय में मानवजाति को केन्द्र माना जाना।

anthropochoreous **मानवानुसरणी**

पौधा जिसे मानव द्वारा विशेष क्षेत्र में प्रवर्तित किया गया हो, ऐसे पौधे मानवानुसरणी कहलाते हैं।

anthropogene **एन्थ्रोपोजीन**

मूलतः रूसी भाषा का शब्द है जो मानव के पृथ्वी पर निवास कर रहे काल को बताता है, अर्थात 20 से 30 लाख वर्ष का यह काल एन्थ्रोपोजीन कहा जाता है।

anthropogenic **मानवोद्भवी**

मानव के उद्भव से सम्बन्धित अध्ययन को मानवोद्भवी कहा जाता है।

anthropo geography **मानव भूगोल/मानव भू ज्ञान**

एन्थ्रोपो (मानव):+ ज्यॉग्राफी (भूगोल) शब्द से मिलकर बना शब्द जिसका अर्थ है मानव भूगोल। मानव भूगोल, भूगोल विज्ञान की वह शाखा है जिसमें पृथ्वी के उस पर निवास कर रहें मानव के साथ सम्बन्धों की व्याख्या की जाती है।

anthropology **मानवशास्त्र**

मानवशास्त्र के अन्तर्गत प्राणी के शारीरिक, सामाजिक तथा सांस्कृतिक विकास तथा उसके व्यवहारों का अध्ययन किया जाता है। मानवशास्त्र की दो मुख्य शाखाएं हैं-भौतिक मानवशास्त्र-जिसमें मनुष्य को एक स्तनधारी पशु के रूप में अध्ययन किया जाता है। इसमें मानव का उद्विकासीय प्रकिया में बन्दर से मानव तथा उसके शरीर के अवयवों, आनुवेशिकी प्रजनन आदि का अध्ययन किया जाता है। मानवशास्त्र की दूसरी शाखा सांस्कृतिक मानवशास्त्र में मानव के कार्यों तथा उसके सामाजिक जीवन का अध्ययन संस्कृति के सृजन कर्ता के रूप में किया जाता है।

antibiosis **प्रतिजीविता**

अन्तर्राष्ट्रीय सम्बन्धों में उसका एक सदस्य इस प्रकार के पदार्थ उत्पन्न करता है जो दूसरे के लिए हानिकारक होता है। यह उत्पन्न किया गया पदार्थ प्रति जैविक होता है। अनेक जीवाणुओं एवं कवक द्वारा यह पदार्थ (प्रतिजैविक पदार्थ) उत्पन्न किये जाते हैं।

anticlinal ridge **अपनतिक कटक**

किसी प्रदेश का ऊंचा उठा/उत्थित क्षेत्र अथवा एक कटक जो अधस्थ तल में अपनतिक वलन से मेल खाता है। अपनतिक कटक कहलाती है।

anticline **अपनति**

भूगर्भिक स्तर में अन्तर्जात बल से क्षैतिज सम्पीड़न से शैल स्तर के उन्नतोदर अथवा ऊपर की ओर उठा भाग अपनति कहलाता है।'

anticlinorim **समपनति**

वह पर्वत श्रेणी अथवा क्षेत्र जिसमें संस्तर/स्तर मुख्यतः अपनतिक होता है। समपनति कहा जाता है।

anticonsequent stream **पूर्वानुवर्ती धारा**

वह नदी जो पूर्व में उठे हुए धरातल पर अनुवर्ती नदी के रूप में बहती हो किन्तु बाद की स्थिति में उसी विर्वतनिक उठे भाग के बाद में उसका बहाव पूववर्ती हो, पूर्वानुवर्ती धारा कहलाती है।

anticyclone **प्रतिचक्रवात**

प्रतिचक्रवात, उच्च वायुमण्डलीय दाब के वे व्यापक क्षेत्र होते हैं जिनके केन्द्र में उच्च दाब

रहता है और बाहर की ओर वायुदाब कम होता जाता है, इसी कारण समभार रेखाएं वृत्ताकार होती हैं, जो सर्पिल्ल वायु को जन्म देती हैं, ये हवाएं केन्द्र से बाहर की ओर चलती हैं, हवाओं की दिशा उत्तरी गोलार्द्ध में दक्षिणावर्त और दक्षिणी गोलार्द्ध में वामावर्त रहती है। प्रतिचक्रवात में निम्न् सापेक्ष आर्द्रता की वायु होने के कारण मौसम साफ रहता है। प्रतिचक्रवातों की उत्पत्ति वायु के अपसारी तथा अभिसारी क्रियाओं के कारण होती है।

antidune **ऐन्टीडयून/प्रतिटिब्बा**

नदी अथवा जलधारा के तल पर बालूरेत के टिब्बे की आकृति के समान, एक लहरी/उर्मिका, किन्तु नदी बहाव की दिशा के विपरीत स्थानान्तरित होने वाला प्रतिटिब्बा कहलाता है।

antiform **अपनतिरूप**

भूपटल/क्रस्ट की परत का उद्वलन होना अपनतिरूप कहलाता है।

antipleion **ऐंटीप्लाएलान/नयूनता क्षेत्र**

ऐसा क्षेत्र अथवा विशेष मौसमी स्टेशन जहाँ का वार्षिक औसत तापक्रम, उस प्रदेश के तापक्रम से कम रहता है।

antithetic fault **ऐन्टीथेटिक भ्रंश**

मुख्य भ्रंश के साथ गौण सामान्य भ्रंश सम्बद्ध रहते हैं, किन्तु उनके तल मुख्य, भ्रंश तल के भीतर झुके रहते हैं इस प्रकार गौण भ्रंश के भीतर झुके तल को एन्टीथेटिक भ्रंश कहते है।

antitrades **प्रतिव्यापारिक पवन**

सामान्य रूप में लगभग 1800 मीटर ऊँचाई पर उत्तर और दक्षिण-पूर्व व्यापारिक पवनों के ऊपर पश्चिम दिशा में चलने वाले वायुप्रवाह को प्रतिव्यापारिक पवन कहा जाता है।

aolian **एऑलियन**

वायु की क्रिया के लिए, विशेषकर भूआकृति मूलक अर्थ में इस शब्द का प्रयोग किया जाता है।

apartheid **रंगभेद**

दक्षिण-अफ्रीका में नियोजित जातीय अलगाव की नीति का अनुसरण किया जाना जिससे कि श्वेत लोगों को अश्वेतों पर प्रभुत्व सुनिश्चित रह सके रंग भेद कहा जाता है।

aphelion **अपसौर/सूर्योच्च**

पृथ्वी के दीर्घवृतीय परिक्रमा पथ में सूर्य से सर्वाधिक दूरी का बिन्दु जो प्रत्येक वर्ष 4 जुलाई को होता है। इस दिन यह दूरी 152386,000 कि. मी. होती है।

aphotic **अप्रकाशी**

ऐसे जलीय क्षेत्र जहाँ प्रकाश नहीं पहुंच पाता है अप्रकाशी क्षेत्र कहे जाते हैं।

applied anthropology **व्यावहारिक मानवशास्त्र**

मानवशास्त्र की एक शाखा है, जिसमें सैद्धान्तिक रूप में प्राप्त मानव शास्त्रीय ज्ञान का अपयोग मानवीय समस्याओं को सुलझाने तथा सामाजिक परिवर्तन को नियोजित करने में किया जाता है।

applied geography **व्यावहारिक भूगोल**

विश्व व्यापी समस्याओं जैसे अल्पविकास, प्रादेशिक असंतुलन विश्व व्यापार असंतुलन, सामाजिक उत्थान, रंगभेद, गंदी बस्ती निराकरण के लिए भौगोलिक ज्ञान, कौशल और तकनीकों का उपयोग व्यावहारिक भूगोल के अन्तर्गत किया जाता है। व्यापक अर्थों में नियोजन के लिए अधिकतर व्यावहारिक भूगोल का सहारा लिया जाता है।

apposed glacier **संयुक्त हिमनद**

दो हमनदों के मिलने से बना एक एकल हिमनद संयुक्त हिमनद कहलाता है।

aquaculture **जलीय संवर्धन/जलीय कृषि**

जलीय परिवेश में जैविक वस्तुओं (दोनों ही पौधे/वनस्पति और प्राणी) के उत्पादन में वृद्धि के उद्देश्य से प्रबन्धन करना तथा छोटी झीलों, तालाबों में बन्दी स्थिति में मत्स्य पालन और उनका पालन पोषण जलीय संवर्धन कहलाता है।

aqueous vapour **जलीय वाष्प**

वह अदृश्य जलीय वाष्प जो वायु में सदैव उपस्थित रहती है, जलीय वाष्प कहलाती है।

aquiclude **मितजलमृत**

ऐसी शैल जो सरन्ध्र होती है और इस प्रकार उनमें जल जज्ब करने की क्षमता होती है, किन्तु ऊपरी धरातल के दाब के कारण जल इतनी दृढता से भरा रहता है कि उसका स्थानान्तरण असम्भव होता है। इन शैलों में जल की मात्रा यद्यपि समस्त आयतन का 50 प्रतिशत हो सकता है किन्तु जल को निकाल पाना केवल अत्यधिक दाब से ही सम्भव हो सकता है।

aquifer **जलभरा**

ऐसी सरन्ध्र संस्तर, जैसे कि चूने का पत्थर अथवा बालू का पत्थर जो अपने में भौमस्तर जल को सोखने, उसको स्थानान्तरण कर सकने की क्षमता रखता हो जलभरा कहा जाता है।

aquifuge **जलवर्जित**

जो शैलें जल के लिए अभेद्य होती हैं उन्हें जल वर्जित कहते हैं। ग्रेनाईट इसका उदाहरण है।

arable farming **कृष्य कृषि**

कृषि का एक विशेष प्रकार जिसमें पौधों वाली फसल जैसे अनाज, सागसब्जी, चारे वाली घास आदि फसलों पर अधिक जोर दिया जाता है।

arable land **कृष्य भूमि**

(i) चरागाह अथवा अरण्य भूमि के विपरीत ऐसी भूमि जिस पर जुताई की जा रही हो अथवा हल चलाये जाने योग्य हो उसे कृष्य भूमि कहा जाता है।

(ii) वह भूमि जो हल द्वारा जोती जा सके, इस प्रकार की भूमि को कृषि योग्य भूमि कहा जाता है, और उसके अन्तर्गत कृष्य (cultivated) तथा अस्थाई परती दोनों प्रकार की भूमि सम्मिलित की जाती है।

arboreal **वृक्षीय**

(i) वृक्षों के लिए उपयोगी होना।

(ii) वृक्षों पर निवास करने वाले वृक्षीय कहे जाते हैं।

arch **मेहराब**

नदी अथवा सागरीय लहरों का जल चट्टानों की दरारों में अनाच्छादन अथवा धुलनशील चट्टानी भागों को घोल कर उनमें द्वार के समान कन्दरा का निर्माण कर देती है, कन्दरा का ऊपर का भाग बचा रहता है। इस प्रकार की आकृति को मेहराब कहते हैं। इस प्रकार की आकृतियाँ वेल्स के तट पर पाई जाती हैं।

Archaean era **आद्यकल्प**

सबसे प्राचीन एवं प्रथम कल्प जिसमें अवशेषहीन शैलें मुख्य हैं।

archipelago **द्वीपसमूह/द्वीपबहुल सागर**

महासागर में द्वीपों का समूह जिसमें अनेक द्वीप पास-पास स्थित हों। कभी-कभी इस शब्द का प्रयोग उन सागरों के लिए भी किया जाता है जिनमें अनेक द्वीप बिखरे पाये जाते हैं।

arctic circle **आर्कटिक वृत**

ग्लोब पर उत्तरी गोलार्द्ध में 66½° उत्तरी अक्षांश को सामान्यतः आर्कटिक वृत के नाम से जाना जाता है।

arctic smoke **आर्कटिक धुआँ/कोहरा**

अपेक्षाकृत उष्ण सागरों की ऊपरी सतह से वाष्पीकरण द्वारा, ऊपर की ठण्डी वायु में बना कोहरा होता है किन्तु जब तक व्युत्क्रम विकसित नहीं होता आगे मिश्रण कोहरे के व्यापक विकास को रोकता है। अल्यूशियन द्वीपों में उपयुक्त अवस्थाओं में इस प्रकर के कोहरे की सघनता 1500 मीटर तक पाई जाती है।

area based policies **क्षेत्र आधारित नीतियाँ**

सार्वजनिक नीतियाँ जो विभिन्न क्षेत्रों के बीच सोच विचार कर प्रभेद करती हैं उन्हें क्षेत्र आधारित नीतियाँ कहते हैं।

areal differentiation **क्षेत्रीय विभिन्नताएं**

प्रसिद्ध जर्मन भूगोल वेत्ताओं का अनुसरण करते हुए हार्ट शोर्न ने 1939 में भूगोल की परिभाषा में भूतल के विभिन्नता रूपी लक्षणों के अध्ययन पर अधिक बल दिया, भूगोल को क्षेत्रीय विभिन्नताओं का अध्ययन कहा जाने लगा। अतः क्षेत्रीय विभिन्नताओं से तात्पर्य विभिन्न स्थानों पर पाये जाने वाले स्थानीय गुणों जैसे भूआकृति/उच्चवच, जलवायु, मृदा और संसाधनों की विभिन्नताओं से है।

arena **ऐरेना/उथला बेसिन**

चारों ओर से उच्च भूमि से घिरी, छिछली, चौडाई में फैली वृतीय/गोलाकार द्रोणी/ बेसीन को ऐरेना/उथला बेसिन/द्रोणी कहा जाता है।

arenaceous **बाल्कामय**

रेत से निर्मित अथवा क्वार्टज रेत द्वारा जुडी हुई रेत, यह शब्द प्रायः परतदार शैलों के लिए उपयोग में लिया जाता है।

arête **अरेत/तीक्ष्णकटक**

संकरी चोटीदार चट्टानी कटक जो घाटी अथवा सर्क (हिमगह्वर) हिमनदों को अलग करती है अरेत कहा जाता है, अरेत का निर्माण दो आसन्न हिमगह्वरों द्वारा अपनी-अपनी शीर्ष भित्तियों के उत्पाटन द्वारा होता है। अरेत प्रायः उन प्रदेशों में पाये जाते हैं जहाँ पर्वत, हिमानियों से ऊपर उठे होते हैं।

arid-aridity **शुष्क/शुष्कता**

नमी के अभाव में शुष्क, तप्त, मुर्झाई हुई भूमि अथवा जलवायु। अतः यह भूमि बंजर अथवा अनावृत होती है।

arid zone **शुष्क प्रदेश**

पृथ्वी के वे क्षेत्र जहाँ वार्षिक वर्षा की सुनिश्चित मात्रा सामान्यतः 250 मिमी. से कम होती है, शुष्क प्रदेश कहलाते हैं पृथ्वी के 15° से 30° उत्तरी और दक्षिणी अक्षांशों के मध्य जहा विश्व के विस्तृत और अधिकांश मरूस्थल स्थित हैं, शुष्क, प्रदेश कहलाते हैं।

arithmatic mean **योगात्मक/गणितीय माध्य**

कभी-कभी गणितीय माध्य को औसत भी कहा जाता है। इसमें समस्त वर्ग के आंकडों के मूल्यों को जोड़ कर मूल्यों की संख्या से भाग देने से गणितीय माध्य ज्ञात किया जाता है।

argon **आर्गान**

एक अक्रिय गैस जो वायुमण्डल के आयतन का 1 प्रतिशत है, इस गैस का मौसम विज्ञान की दृष्टि से कोई महत्व नहीं है।

arkose **आर्कोज**

ऐसा बालू का पत्थर जिसमें 25 प्रतिशत से अधिक मात्रा में फेल्सपार पाया जाता है अथवा कोई भी बालू का पत्थर जो फेल्सपार में समृद्ध हो आर्कोज कहलाता है।

artesian basin **आर्टीजिअन द्रोणी/बेसिन**

एक ऐसी वृहत अभिनत संरचना, जिससे आटीजन कूप का जल बाहर धरातल तक आता है आर्टीजन द्रोणी/बेसिन कहलाती है। इस प्रकार द्रोणी में ऊपर और नीचे दो अभेद शैल स्तरों के बीच सरंन्ध्र शैल अथवा जलभरा स्थित होती है। बेसिन के किनारे पर खुली सरन्ध्र शैलों पर गिरने वाला वर्षा का जल, भूमि में रिसाव द्वारा आर्टीजिअन बेसिन के अक्ष की ओर स्थानान्तरित होता है, इस प्रकार की अभिनत संरचना को आर्टीजिअन बेसिन/द्रोणी कहा जाता है।

artesion well **पाताल तोड़ कुआँ, उत्स्रुत कूप/आर्टीजिअन कूप**

(i) पृथ्वी के भीतर, गहराई में दो अप्रवेश्य शैलस्तर के बीच सरन्ध्र शैल अथवा जलभरा का जल भारी द्रवस्थैतिक/जल तुलन दाब में रहता है और जब ऊपरी अपारगम्य स्तर से होकर कुएं खेदे जाते हैं तो जल भरा शैलों से भूमिगत जल स्वतः धरातल पर आ जाता है। इस प्रकार के कुओं को पाताल तोड़ कुएं/आर्टीजिअन कूप कहा जाता है। इस प्रकार का प्रथम कुआँ फ्रांस के 'आरटोस' क्षेत्र में खोदे जाने के कारण ऐसे कुओं को आर्टीजिअन कूप कहा जाने लगा। इस प्रकार के कुओं की संख्या आस्ट्रेलिया में अधिक है।

(ii) ऐसा कुआॅ जिससे भूमिगत जल उच्च दाब के कारण अपने आप बाहर निकलता है। इस प्रकार के कूप आस्ट्रेलिया में अधिक संख्या में पाये जाते हैं।

articulata **आर्टिकुलेटा**

प्रसिद्ध वैज्ञानिक क्यूमियर द्वारा प्रस्थापित जीवाणुओं की वंशावली जिसमें कीडे मकोडे आदि को शमिल किया जाता है।

artiodactyle **आर्टिओडैक्टाइल/समखुरी**

खुरवाले स्तनधारी जीवों को समखुरी कहा जाता है इस वर्ग में सूअर आता है।

ash cone **भस्म शंकु/सिंडर शंकु**

ज्वालामुखी मुख के चारों और ज्वालामुखी राख के जमाव हो जाने से एक शंकु आकार की ऊंचाई बन जाती है, उसे भस्म शंकु अथवा सिंडर शंकु कहते हैं।

assimilation **आत्मसातकरण**

इस प्रक्रिया द्वारा समुदाय के अन्दर धनाढयता, आर्थिक स्थिति, प्रजाति अथवा धर्म के आधार पर पहचान वाले लोगों को मिश्रित करना जिससे वे एक समान हो जायें। इसी प्रकार एक

संस्कृति द्वारा अपने से भिन्न दूसरी संस्कृति को अपने में घुला मिला लेने की प्रक्रिया को आत्मसातकरण कहते हैं। इस प्रकार से दूसरी संस्कृति के प्रथक अस्तित्व का लोप हो जाता है। आत्मसातकरण में दूसरी संस्कृति के इतिहास और समृतियों को इस प्रकार अपना लिया जाता है जैसे वे उन्हीं की हों।

asthenosphere **दुर्बलता मंडल**

स्थलमंडल के नीचे और मेंटल के ऊपर की 700 कि.मी. मोटी गर्म लचीली परत को दुर्बलता मंडल कहा जाता है।

asymmetrical valley **असममित घाटी**

ऐसी घाटी जिसका एक ढ़ाल दूसरे ढाल की अपेक्षा तीव्र ढाल वाला होता है असममित घाटी कहलाती है।

atlas **ऐटलस/मानचित्रावली**

पुस्ताकार में मानचित्रों का संग्रहण मानचित्रावली/ऐटलस कहलाती है। इस प्रकार की मानचित्रावली/ऐटलस में छोटे मापक पर बने मानचित्र होते हैं। 'ऐटलस' सर्वप्रथम सन् 1595 ई. में मर्केटर चार्टों के संग्रह के मुख पृष्ठ पर अंकित किया गया था।

atmosphere **वायुमण्डल**

पृथ्वी के चारों ओर गैसों के सम्मिश्रण की एक मोटी परत जो पृथ्वी का एक अभिन्न अंग है, तथा उसे चारों ओर से घेरे हुए है, वायुमण्डल कहलाता है, इसकी मोटाई कई सौ किलोमीटर तक मानी जाती है। वायुमण्डल की गैसों में 99 प्रतिशत भाग केवल नाईट्रोजन (78 प्रतिशत) तथा आक्सीजन (21 प्रतिशत) का है। शेष एक प्रतिशत में अन्य गैसें जैसे आर्गन, कार्बन डाई ऑक्साईड, नियोन, हाईड्राजन, हीलियम और ओषोण आती हैं।

atmospheric layer **वायुमण्डलीय स्तर**

भौतिक और रासायनिक संरचना के आधार पर वायुमण्डल की परतों में विभाजित किया जाता है; भौतिक संरचना के आधार पर वायुमण्डल की पाँच परतों की पहचान की गई है:

(i) परिवर्तन/क्षोभ मण्डल (Troposphere) यह वायुमण्डल की सबसे निचली परत है, जो विषुवत् रेखा पर समुद्रतल से 18 किमी. और ध्रवों पर यह ऊँचाई 8 किमी. तक पाई जाती है। इस परत में वायु के तापक्रम में प्रत्येक 165 मीटर की ऊँचाई पर 1° सें. की दर से कमी होती जाती है। स परत में जलवाष्प की मात्रा 0.01 से 1 प्रतिशत तक पाई जाती है, जलवाष्प की यह मात्रा 12 किमी. तक पाई जाती है। इसी परत में मौसम के अधिकांश तत्व बनते हैं। परिवर्तन/क्षोभ मण्डल की ऊपरी परत मध्य स्तर अथवा क्षोभ सीमा (Tropopause) कहलाती है; जो परिवर्तन मण्डल और समताप मण्डल के मध्य 1.5 किमी. की एक परत है। क्षोभ सीमा में वायुमण्डल की दशा शान्त रहती है।

(ii) समताप मण्डल (Stratosphere) परिवर्तन/क्षोभ मण्डल से ऊपर 12 से 30 किमी. चौडी परत समताप मण्डल कहलाती है, इस परत में तापक्रम समान रहते हैं। यह परत जलवाष्पण मेध और धूल रहित है। समताप मण्डल के ऊपरी भाग में 1 समताप मण्डल में 3 से 35 किमी. के बीच ओजोन गैस की एक परत पाई जाती है। ओजोन गेस का वायुमण्डल में अत्यधिक महत्व है क्यों कि इस आवरण के कारण सूर्य की परा-बैंगनी किरणें पृथ्वी की सतह तक नहीं पहुँच पाती है; यह परत पराबैंगनी किरणों का अवशोषण करती हैं।

(iii) मध्य मण्डल (Mesosphere) समताप मण्डल से ऊपर 50 से 80 किमी. की ऊँचाई का भाग जिसमें तापक्रम में ऊँचाई के साथ ह्रास होता जाता है। इसकी ऊपरी सीमा अर्थात् 80 किमी. की ऊँचाई पर तापक्रम—80° सें. रहता है। इस न्यूनतमताप के सीमा क्षेत्र को मध्य सीमा/मेसोपास (mesopause) कहा जाता है।

(iv) तापमण्डल (Thermosphere) मध्यसीमा अथवा मेसोपास से ऊपर की परत तापमण्डल कहलाती है इस मण्डल में ऊँचाई के साथ ताप बढ़ता जाता है। इस मण्डल की निचली परत आयन मण्डल कहलाती है। इस परत में विद्युत प्रभावित कण जिन्हें अत्यन कहा जाता है, पाये जाने के कारण इस मण्डल को आयन मण्डल कहा जाता है। ये कण रेडियो तरंगों को पृथ्वीतल पर परावर्तित करते हैं। इस परत में वायुदाब कम रहता है।

(v) आयतन मण्डल (Exosphere)—वायुमण्डल का यह सबसे ऊपरी भाग आयतन मण्डल कहलाता है। रासायनिक संगठन के आधार पर वायुमण्डल को दो परतों में विभाजित किया जाता है:

(अ) सम मण्डल (Homosphere)—इस मण्डल की ऊँचाई 90 किमी. तक मानी जाती है। इस मण्डल मे नाइट्रोजन (78.084%) की अधिकता पाई जाती है। इसमें तीन उपमण्डल परिवर्तन मण्डल, समताप मण्डल और मध्य मण्डल सम्मिलित किये जाते है।

(ब) विषम मण्डल (Heterosphere)—इस मंडल की ऊँचाई 90 किमी. से ऊपर मानी जाती है।

atoll **एटॉल/वलयाकार प्रवालभित्ति/प्रवालद्वीप-वलय**

एक वलयाकार प्रवाल भित्ती अथवा द्वीप जिसमें मध्य में लैगून, जिसमें मलवा एकत्रित हो सके, स्थित हो, वलयाकार प्रवाल भित्ती अथवा ऍटाल अथवा प्रवाल द्वीप कहलाता है। एटॉल का विकास सागरीय चबूतरों,जो या तो अपरदित पठारी चबूतरे होते हैं जो सागर तल से नीचे होते हैं अथवा सागर तल के ऊपर उठ जाने से इन चबूतरों पर शैवाल अथवा अन्य जीवों का विकास हो जाता है। यह शैवाल और जीव इन चबूतरों से ऊपर की ओर विकसित होने लगते हैं। प्रवाल भित्ती की बाहरी दीवार पर प्रवाल/शैवाल अधिक सक्रिय रहते हैं, जिससे कि न केवल ऊपर की ओर वरन बाहर की ओर विकास अधिक होता है। मालदीव एटॉल का एक

अच्छा उदाहरण है। इस प्रकार के अनेक द्वीप दक्षिण-प्रशान्त महासागर में स्थित हैं।

atollon **एटॉलन**

किसी बडे एटॉल/वलयाकार प्रवाल भित्ती के पार्श्व में स्थित छोटे एटॉल को एटॉलन कहा जाता है।

attrition **संघर्षण**

जिस प्रकिया के द्वारा नदी, हिमानी, हवा और लहरों के भार-कणों का एक दूसरे से टकराते रहने से छोटा आकार हो जाता है, उसे संघर्षण क्रिया कहते हैं।

auge **ओग**

दक्षिणी फ्रांस से बिस्के की खाडी की ओर चलने वाली उष्ण और शुष्क हवाएं ओग कहलाती हैं।

aurora australis **दक्षिणी ध्रुव ज्योति**

आयन मण्डल में विद्युत चुम्बकीय घटना का एक प्रकाशमय प्रभाव जो दक्षिणी गोलार्द्ध के उच्च अक्षांशों में लाल हरे तथा सफेद चापों के रूप में दिखाई देता है। यह भूपृष्ठ से लगाभग 100 किलोमीटर पर स्थित होता है, इस प्रकाश को दक्षिणी ध्रुव ज्योति कहा जाता है।

aurora borealis **उत्तरी ध्रुव ज्योति**

आयन मण्डल में विद्युत चुम्बकीय घटना का एक प्रकाशमय प्रभाव जो उत्तरी उच्च अक्षांशों में लाल हरे तथा सफेद चापों के रूप में दिखाई देता है। यह रात्रि में प्रकाश किरणों तथा चादरों के समान भूपृष्ठ से 100 किलोमीटर पर स्थित होता है, इस प्रकाश को उत्तरी ध्रुव ज्योति के नाम से जाना जाता है। उत्त्री गोलार्द्ध में उत्तरी अमरीका और यूरोप के उत्तरी भाग में यह प्रकाश दिखाई देता है।

austral **आस्ट्रल**

दक्षिण दिशा का होना अथवा दक्षिणी होना आस्ट्रल कहा जाता है।

authigenic **तत्रजनिक**

तत्रजनिक का शब्दिक अर्थ है उसी स्थान पर निर्माण होना। खनिज कणों के किस्टलीकरण क्रिया द्वारा शैलों का निर्माण उसी स्थान पर हुआ हो जहां आज वे हैं, ऐसी स्थिति में उन्हें तत्रजनिक कहा जाता है।

autotrophic organism **स्वपोषी जीव**

परिस्थितिकी तंत्र के वे जीव जो स्वंय अपना भोजन उत्पन्न करते हैं जैसे कि पादप समूह जो प्रकाश ऊर्जा का उपयोग कर ऊर्जादायक भोज्य पदार्थ उत्पन्न करते हैं, ऐसे जीव स्वपोषी जीव अथवा उत्पादक (producers) कहलाते हैं।

australopithacines **आस्ट्रालोपिथेसनस**

छोटी कपाल क्षमता और अभिलम्ब मुद्रा वाले मानव जो उत्तर अतिनूतन ओर पूर्व अभिनूतन महाकल्प में पाये जाते थे उनको नृजाति विज्ञानियों ने आस्ट्रोपिथेसनस नाम दिया है।

avalanche **ऐवलांश/अवघाव/हिमघाव**

ढीले हिम, मिट्टी आदि के ढेर का अकस्मात और तेजी से पर्वतों से फिसलकर नीचे आ जाना और बहुधा यह ढेर जैसे जैसे ढाल पर नीचे आता है इसमें वृद्धि होती जाती है, इसे एवेलांश/अवघाव कहते हैं। हिम के ढेर से बने एवेलांश को हिमघाव कहा जाता है।

aven **एवेन**

ऊपर की ओर एक सीधा विवर जो कन्दरा को धरातल से अथवा अन्य किसी कन्दरा अथवा गलियारे से मिलाता है एवेन कहा जाता है।

average **औसत**

average = arithmatic mean **योगात्मक/गणितीय माध्य**

avulsion **भूअपदारण**

बाढ मैदान में अभिवृद्धि के परिणाम स्वरूप नदी कम ऊपर उठे बाढ मैदान पर नये मार्ग पर मुडती है जिससे स्थापित विसर्पण पेटियां छूट जाती हैं और नई पेटियां बनने लगती हैं। इस अवस्था को भूअपदारण कहते हैं।

axiom **स्वंय सिद्धि/स्वंय तथ्य**

एक स्थापित सिद्धान्त अथवा स्वतः सुस्पष्ट सत्य।

axis **अक्ष**

(i) पृथ्वी/गृह के मध्य से होकर गुजरने वाली कल्पित रेखा जो दोनों, उत्तरी तथा दक्षिणी ध्रुवों को मिलाती है, अक्ष कहलाती है।

(ii) भौगोलिक वलन संरचना जैसे अपनति अथवा अभिनति के केन्द्र से गुजरने वाली कल्पित रेखा को अक्ष कहा जाता है। अपनति में यह उच्चस्थ भाग से गुजरती है जहां से स्तर में दोनों और ढाल आरम्भ होता है, अभिनति में यह द्रोणिका से होकर गुजरती है जहां से दोनों ओर उठाव आरम्भ होता है।

azimuth **दिगंश**

वास्तविक उत्तर (वास्तविक दिगंश) से दक्षिणावर्त दिशा में नापा जाने वाला क्षैतिज/समस्तरी कोण दिगंश (एजिमुथ) कहलाता है।

azimuthal equal area projection **दिगंश समक्षेत्रफल प्रक्षेप**

यह प्रक्षेप अन्य दिगंश प्रेक्षपों से भिन्न है इसमें प्रक्षेप के केन्द्र से दूरी बढने के साथ-साथ

अक्षांश रेखाओं के बीच का अन्तर कम होता जाता है, इस कारण इस प्रक्षेप में समक्षेत्रफल का गुण आ जाता है।

azimuthal equidistant projection **दिगंश (खम्भ) समदूरी प्रक्षेप**

यह मानचित्र प्रक्षेप दिगंश (खम्भ) प्रक्षेप के समान ही एक मानचित्र प्रक्षेप है, जिसमें प्रक्षेप के केन्द्र से प्रसारित होने वाली रेखाओं का दिकमान शुद्ध रहता है, इसकी एक अन्य विशेषता और है कि केन्द्र से प्रसारित रेखांओं के सहारे दूरी भी मापक के अनुसार सही रहती है। यह न तो समक्षेत्रफल प्रक्षेप है और न यह समरूप प्रक्षेप है।

azimuthal (zenithal) projection **दिगंश (खंम्भ) प्रक्षेप**

एक मानचित्र प्रक्षेप जिसकी रचना ग्लोब की सतह पर समतल कागज के रखे जाने से की जाती है। ग्लोब का वह भाग जो इस समतल कागज के द्वारा ढंका गया होता है वह इस समतल पर प्रक्षिप्त होता है। इसके परिणामस्वरूप समस्त बिन्दु दिकसूचक यंत्र/कम्पास के अनुसार सही दिकमान होते हैं। स्पर्शी/tengent सदैव ध्रुवों पर न रखा जाकर ग्लोब की सतह पर कहीं भी रखा जा सकता। यह स्पर्शी जहां भी ग्लोब की सतह को स्पर्श करता है वह प्रक्षेप का केन्द्र होता है।

azoic **प्राग्जैविक**

सबसे प्राचीन अवशेषहीन शैल को प्रग्जैविक कहा जाता है।

azonal soil **असुस्तरी मृदा**

जिस मृदा में उसकी युवावस्था के कारण सुस्पष्ट चिन्हित संस्तर अवस्थाएं विकसित नहीं हो पाती हैं, अथवा जिनमें सीमित मृदा जनित विकास हुआ हो, असुस्तरी मृदा कहलाती है। हिमोढ पर निर्मित अधकचरी मृदा, मरूस्थलीय बालूरेत और कंकरों पर निर्मित रेगोसोल आदि असुस्तरी मृदाओं के उदाहरण हैं।

azores' anticyclone **अजोर्स प्रति चक्रवात**

अन्ध महासागर में अजोर्स द्वीपों के निकट केन्द्रित अर्द्ध स्थायी प्रतिचक्रवात को अजोर्स प्रति चक्रवात कहते हैं। यह उत्तरी गोलार्द्ध के उपोष्ण उच्च्दाबतंत्र का ही भाग होता है। इसकी औसत अक्षांशीय स्थिति ऊपर नीचे होती रहती है, शीत ऋतु में कुछ दक्षिण और ग्रीष्म ऋतु में कुछ उत्तर की ओर खसक जाती है।

aztec maps **ऐजेटेक मानचित्र**

इस प्रकार के मानचित्र अत्यधिक अलंकृत प्रकार के होते हैं जिनमें एतिहासिक घटनाओं का चित्रण अधिक रहता है।

B

backing wind **पवन वामावर्तन**

यदि पवन की दिशा समयानुसार वामावर्त परिवर्तित होती है, पवन वामावर्तन कहलाती है।

back shore **पश्च तट**

समुद्री तट क्षेत्र का वह भाग जो सामान्य उच्च दीर्घ ज्वार के स्तर से ऊपर होता है, पश्च तट कहलाता है। केवल जब अपवादस्वरूप बहुत ऊंचा दीर्घ ज्वार आता है अथवा प्रचण्ड तूफान आता है तब ही यह क्षेत्र समुद्री लहरों से प्रभावित होता है। समुद्रतट/पुलिन के पीछे खडी चट्टान और बालू रेत के टीले भी प्रायः पश्च तट में सम्मिलित किये जाते हैं।

back slope **पश्च ढाल**

केवल ऊपर उठी हुई भ्रंश कगार द्वारा सीमित किया गया नत खंड और इस कगार की शीर्ष रेखा से झुका हुआ पश्च ढाल नीचे की ओर आता है, पश्च ढाल कहलाता है।

back swamp **पश्च अनूप**

कछार मैदान पर कच्छ अथवा दलदली निम्न क्षेत्र जहां तट के ऊपर से जाने वाला बाढ का जल, नदी तटबंध और नदी घाटी पार्श्व अथवा अन्य अपेक्षाकृत ऊँचे उठे काँप अवसाद के बीच तालाब के रूप में एकत्रित हो जाता है पश्च अनूप कहलाता है।

back swamp deposits **पश्च अनूप निक्षेप**

प्राकृतिक तटबन्धों के पीछे बाढ बेसिन में जमा अवसाद जिसमें गाद और मृतिका के व्यापक जमाव पाये जाते हैं पश्च अनूप निक्षेप कहलाता है।

backwall **पश्च भित्ति**

सर्कद्रोणी अथवा भूस्खलन का भृगुमय शीर्ष, पश्चभित्ति कहलाता है।

back wash **पश्चधावन**

पीछे हटती तरंग की गति अथवा पीछे की ओर लौटती धारा को पश्च धावन कहा जाता है।

back wasting **पश्चरदन**

किसी हिमानी अग्र के अपगमन अथवा हिमानी के अपक्षरण के परिणाम स्वरूप पश्चरदन और अधोरदन दोनों होते हैं।

back water **पश्च जल**

जल को उसके मार्ग में बांध बना कर अवरूद्ध किया जाना और बांध के पीछे के एकत्रित जल को पश्च जल कहते हैं।

back wood **बैक वुडस्/अरण्य**

संयुक्त राज्य अमरीका में सर्वप्रथम इस शब्द का प्रयोग, अंशतः साफ की गई भूमि पर दूर दूर तक बसे क्षेत्र, साधारणतः पॉयनीयर अधिवास के क्षेत्र के लिए किया गया था, किन्तु वर्तमान में नगरीय क्षेत्र से दूर, छितरे बसे हुए क्षेत्र के लिए इस शब्द का प्रयोग किया जाता है।

bad land **उत्रवात भूमि**

खड़े किनारों की भूलभुलैया से बनी भूआकृति जिन्हें पार करना कठिन तथा कृषि के लिए बहुत अधिक तीव्र ढाल वाले भाग होते हैं। इन क्षेत्रों के अधःस्तर में प्रायः मृतिका और शैल के स्तर पाये जाते हैं जो धरातलीय नदियों और नालों द्वारा अत्यधिक विदरित होती हैं। उत्खात भूमि की शैल अभेद्यता, विरल वनस्पति आवरण और अल्पकालीन किन्तुभारी वर्षा से तीव्र जल बहाव के संयुक्त कारणों से विकास होता है।

baguio **बाग्यो**

एक स्थानीय नाम, जिसके द्वारा फिलीपीन द्वीपों में उष्ण कटिबन्धी चक्रवात अनुभव किये जाते हैं, बाग्यों के नाम से जाने जाते हैं। पश्चिमी प्रशान्त महासागर के अनेक चक्रवात और टायफून, फिलीपीन द्वीपों के ऊपर से गुजरते हैं, इसके अतिरिक्त चक्रवात का एक वर्ग जुलाई से नवम्बर तक इन द्वीपों के ऊपर होकर गुजरता है।

bahada, bajada **बहादा**

स्पेनी भाषा के इस शब्द का अर्थ है क्रमशः अवरोही ढाल, कभी-कभी निम्नीकरण अथवा वलोच्चन के कारण सीमित ढाल को भी बहादा कहा जाता है।

bai-u-rains **बाईयू बर्षा/प्लम वर्षा**

जापान, मध्य जून से मध्य जुलाई के बीच उत्तर पूर्व की दिशा में चलने वाले चक्रवातों के प्रभावों में रहता है तथा यह चक्रवात स्थिर रहते हैं। जिससे सारे प्रदेश में घने बादल छाये रहते हैं, तापक्रम ऊंचे रहते हैं और पर्याप्त वर्षा होती है, इस वर्षा को जापान में बाई यू वर्षा अथवा प्लम वर्षा के नाम से पुकारा जाता है।

bajada **बाजदा**

शुष्क और अर्द्ध शुष्क प्रदेशों में पर्वत श्रेणी से अन्तः स्थलीय बेसिन की ओर धीमा और ढालू

धरातल बाजदा कहलाता है। इस शब्द का दोनों, पर्वत के अग्रभाग के तल पर शैल कर्तित पेडीमेंट पर पाये जाने वाले सम्मिलित कांप पंख और पेडीमेंट से नीचे सपाट बेसिन अथवा प्लाया तक धीमा ढालू नतोदर धरातल के अर्थों में प्रयोग किया जाता है। दोनों ही अवस्थाओं में पदार्थ पर्वतों से बहकर आने वाली जलधाराओं द्वारा लाया जाता है।

balance of payment **भुगतान का संतुलन**

एक देश और विश्व के दूसरे देशों के बीच किए जाने वाले सभी प्रकार के भुगतान और उसकी प्राप्ति भुगतान-संतुलन कहलाता है। इस भुगतान में पण्य/पदार्थ/वस्तुओं के मूल्य और सेवाएं सम्मिलित रहते हैं।

balance of trade **व्यापार संतुलन**

किसी देश के आयात-निर्यात के मूल्यों के मध्य सम्बन्ध को व्यापार संतुलन कहते हैं। जब निर्यात की मात्रा आयात की अपेक्षा अधिक रहती है तब व्यापार को अनुकूल कहा जाता है और जब आयात की मात्रा निर्यात से अधिक होती है तब ऐसी अवस्था प्रतिकूल व्यापार संतुलन को बताती है।

balma **बैलमा/अवतलभृगु**

यह एक स्पेनीभाषा का शब्द है जिसका अर्थ अवतल भृगु होता है, ऐसी अवतल भृगु, जो लटकी हुई शैल के नीचे एक आड़ बनाती है।

Baltic shield **बाल्टिक शील्ड**

फिनलैण्ड और पूर्वी स्कैन्डीनेवियन देशों का आर्कियनप्लेटफार्म बाल्टिक शील्ड कहलाता है। यह प्लेटफार्म प्राचीन कठोर शैलों से निर्मित है।

banada **बानाडा**

अर्जेन्टीना के सरन्ध्र लोयस पम्पा घास के मैदानी प्रदेश में पाये जाने वाले कच्छ/दलदल बानादा कहलाते हैं।

band graph **पट्टिका ग्राफ**

इस प्रकार के आरेख को मिश्रित रेखा ग्राफ भी कहा जाता है। इस प्रकार के आरेख में पट्टिकाओं द्वारा उपविभागों के संचयी मूल्यों के अनुसार वक्र प्रदर्शित किये जाते हैं, इन वक्रों के बीच के क्षेत्रों को भिन्न भिन्न छायाओं से भर देते हैं इस प्रकार प्रत्येक उप विभाग के लिए अलग अलग पट्टिकायें बन जाती हैं।

bank **किनारा**

नदी का ढलवां सीमान्त भूमि क्षेत्र, नदी की परिवेशी भूमि नदी तट अथवा किनारा कहलाता है।

banner cloud **ध्वज मेघ**

पर्वत की पृथक चोटी से नीचे की ओर फैला हुआ झण्डे के समान दिखाई देने वाला मेघ ध्वज मेघ कहलाता है। इसका उत्कृष्ट उदाहरण मेटरहार्न पर दिखाई देता है।

bar **बार**

(i) वायुमण्डलीय दाब के लिए स्वीकृत इकाई बार कहलाती है। यह 29.53 इंच भार के बराबर होती है।

(ii) नदी के सहारे-सहारे अनेक रेत और कंकड़ के टीलों के रूप में जमाव पाये जाते हैं जिन्हें बार (चैनल बार) के नाम से जाना जाता है।

bar & barrier **भित्ती/रोधिका**

प्रायः कम गहरे सागरों की तट रेखाओं के समानान्तर रेत के निक्षेप से बांध की आकृति का निर्माण हो जाता है। रोधिका सर्वदा जल से ऊपर रहती है। संयुक्त राज्य अमेरिका के केरोलिना राज्य के तट पर इस प्रकार की भित्ति/रोधिका पाई जाती हैं। भित्ति/रोधिका प्रायः तीन प्रकार की पाई जाती हैं :

(i) खन्डन बिन्दु रोधिका (break point bar) निम्न तबें पर पाई जाने वाली रोधिका, जो तीव्र ढाल वाली तरंगों के तट की ओर जाने से जमाव से वनती हैं। जर्मन बाल्टिक तट पर इस प्रकार की रोधिका पाई जाती है।

(ii) खाडी रोधिका (bay bars) इस प्रकार की रोधिका का शीर्ष तट के समानान्तर होता है, किन्तु मुहाने अथवा संकडी खाडी (कटान) के पार भी रोधिका का निर्माण हो सकता है।

(iii) अपतट रोधिका (offshere bars) कुछ रोधिका खाडी के मार्ग को अवरुद्ध कर देती हैं और स्थल की ओर अनूप का निर्माण होता है। इस प्रकार की रोधिका को अपतट रोधिका कहते हैं।

barbed drainage **विमुखी अपवाह/कंटकीय-अपवाह**

अपवाह का एसा स्वरूप जिसमें नदी अपहरण, हिमानी अवरोध अथवा स्थानीय विवर्तनिक हलचल के कारण मार्ग में आई रूकावट के कारण नदी एकाएक पीछे की ओर मुड जाती है और लगभग उल्टी दिशा में बहनें लगती है। इस प्रकार की अपवाह प्रणाली को विमुखी अथवा कंटकीय अपवाह कहा जाता है।

barchan **बरकान/चापाकार रेत का टिब्बा**

बरकान मूलतः तुर्की भाषा का शब्द है, जिसका अर्थ होता है नव चन्द्राकार रेत का टीला। सामान्य रूप से निरन्तर एक ही दिशा से चलने वाली वायु के अनुप्रस्थ दिशा में अर्थात समकोण पर इस प्रकार के टीले बनते हैं। बरकान छोटे रेत के ढेर से आरम्भ होते हैं, जो वायु के चलने की दिशा (पवनोन्मुखी) में किसी झाडी अथवा अवरोध से बनना आरम्भ होता है और धीरे धीरे उस पर रेत एकत्रित होती जाती है। बरकान का पवन विमुखी ढाल तीव्र और अवतल होता है जबकि पवनोन्मुखी ढाल उत्तल होता है।

bar coastal **तटीय रोधिका**

तटीय रोधिका मुख्यतः अन्तः सागरीय रेतीली आकृतियां होती हैं जो सीधी अथवा तट के समानान्तर हो सकती हैं। ये रोधिकायें तिरछी कम और कभी कभी चापाकार होती हैं जिसका उन्नतोदर भाग समुद्र की ओर रहता है। ये एकाकी, दोहरी अथवा बहुलित हो सकती हैं।

bar diagram **दण्ड आरेख**

दण्ड अथवा स्कन्ध की श्रेणियों से बना आरेख जिसमें दण्ड की लम्बाई उस मात्रा के अनुपात में बनाई जाती है जिसकों वे प्रदर्शित करती हैं। साधारण दण्ड आरेख एवं मिश्रित/संयुक्त दण्ड आरेख दो प्रकार के आरेख प्रचलित हैं। साधारण दण्ड आरेख में दण्ड कुल मूल्य को प्रदर्शित करता है जबकि मिश्रित/संयुक्त आरेख में प्रत्येक दण्ड को पुनः उनके मूल्यानुसार विभाजित किया जाता है।

Barogram **वायुदाब आरेख**

एनरॉयड बेरोमीटर से निरन्तर नापा जाने वाला तथा रिकार्ड किया जाने वाला वायुमण्डलीय दाब जो scated paper पर वक्र के माध्यम से दिखाया जाता है। बैरीग्राम कहलाता है।

barometer **वायुभारमापक**

वायुमण्डल में भार होता है तथा किसी सतह पर इस भार से उत्पन्न बल को वायुमण्डलीय दाब कहते हैं। इस बल को बेरोमीटर/वायुभार मापक यंत्र की सहायता से नापा जाता है। इस वायुभार को इंच, मिलीमीटर अथवा मिलीबार में दिखाया जाता है। बेरोमीटर का आविष्कार टॉरिसेल्ली नामक वैज्ञानिक ने किया था।

barometric pressure **वायुमंडलीय दाब**

वायु में बोझ होता है, ग्वेरिक के समय से ही इसकी जानकारी रही है, सामान्य अवस्था में एक घन फुट वायु में 1 1/4 औंस भार होता है। इसी कारण पृथ्वी की सतह पर वायुमंडलीय दाब पड़ता है। वायु मंडलीय दाब, वायुदाब मापी यंत्र (barometer) के द्वारा नापा जाता है। वायुदाब जितना अधिक होगा वायुदाब मापी पारा उतना ही ऊपर होगा।

barrage **बराज/बाँध**

कंकरीट, यदाकदा मिटटी से बनी एक बडी संरचना जो नदी के आर पार सिंचाई के लिए जल एकत्रित करने अथवा बाढ नियंत्रण के लिए बनाई जाती है उसे बराज/बांध कहते हैं।

barranca **बरैंका**

तीव्र पार्श्व वाले खड्डु अथवा अवनलिका को बरैंका कहते हैं।

barrel **बैरल**

खनीज तेल/पेट्रोल को बैरल में नापा जाता है। एक बैरल; 159 लिटर के बराबर होता है।

barrier beach **रोधिका पुलिन**

यह पुलिन के समानान्तर निक्षेपित आकृति होती है, इसका निर्माण रेत से होता है। कभी कभी रोधिका पुलिन और पुलिन के बीच लैगून पाया जाता है। भारत में केरल के तट पर इस प्रकार के रोधिका पुलिन पाये जाते हैं।

barrier effect **अवरोध प्रभाव**

अवरोध प्रभाव शब्द का प्रयोग मानव भूगोल में दो भिन्न संदर्भ में किया जाता है।

(i) भौतिक पर्यावरण की आकृतियों का आसन्न प्रभाव जैसे पर्वत, मरूस्थल आदि का यातायात और संचार माध्यमों में बाधा के रूप में, तथा

(ii) व्यक्तियों द्वारा अनेक संभावित कारणों से नवाचारों के प्रति प्रतिरोध।

barrier island **रोधिका द्वीप**

तट के समानान्तर और लैगून द्वारा अलग किया हुआ रेतीली आकृति का लम्बाई में बढ़ा हुआ भूभाग, रोधिका द्वीप कहलाता है। यह दोनों सिरों पर किनारे से ज्वारीय प्रवेश मार्ग द्वारा अलग किया हुआ होता है।

barrier reef **प्रवालरोधिका/अवरोधक प्रवाल भित्ति**

सागरीय तट से कुछ दूर किन्तु उसके समानान्तर प्रावल शैल से निर्मित भित्ति को प्रवाल रोधिका/अवरोधक प्रवाल भित्ति कहा जाता है। तट और प्रवाल रोधिका के बीच छिछला लैगून पाया जाता है। विश्व की सर्वप्रमुख प्रवाल रोधिका/अवरेधक प्रवाल भित्ति/ग्रेट बैरियर रीफ आस्ट्रेलिया के पूर्वी तट के समानान्तर 9° दक्षिण से 22° दक्षिण अक्षांशों के मध्य 1920 किलो मीटर लम्बी है।

back folding **प्रतीपवलन**

वलन द्वारा उनके अग्रभागों सहित मुख्य ग्रीवा खण्डों (nappes) की विपरीत दिशा में प्रतीपवलन दिखाया जाता है। प्रतीप वलन की मात्रा मुख्य ग्रीवाखण्ड की तुलना में प्राथमिक ऊंचाई में असममित के अंश पर निर्भर करेगी।

barrier beach **रोधी पुलिन**

पुलिन के समानान्तर पुलिन रेत से निक्षेपित आकृति रोधी पुलिन कहलाती है। कभी कभी इन रोधी पुलिनों और तटों के बीच अनूप पाये जाते हैं।

barrier spits **रोधिका भूजिव्हा/स्पिट रोधिका**

एक रोधिका द्वीप प्रणाली के हिस्से, जो कि अपरदित अन्तरीप से जुडे रहते हैं, सामान्यतः यह तट के समानान्तर और लैगून द्वारा अलग होते हैं। ज्वारीय प्रवेश मार्ग द्वारा रोधिका भूजिव्हा/स्पिटरोधिका को रोधिका द्वीप से अलग करती है। जी.के. गिलबर्ट के अनुसार स्पिट रोधिका, रोधिका द्वीप निर्माण की प्रथम अवस्था है।

barysphere **बैरीस्फीयर/गुरूमंडल**

पृथ्वी के स्थलमण्डल के नीचे का आन्तरिक भाग जिसमें मेण्टिल, केन्द्र (अन्तरतम) क्रोड़ (core) तथा दुर्बलता मण्डल सम्मिलित है, को बैरीस्फीयर/गुरूमंडल कहा जाता है।

basal complex **आधारी जटिल संघ**

कैम्ब्रियन पूर्व महाकल्प की शील्ड जिनसे महाद्वीपों के अधिकांश भाग निर्मित हैं, के नीचे की शैलों का वर्णन करती हैं।

basalt **बेसाल्ट**

सूक्ष्म कणिक और गहरे रंग की आग्नेय शैल बैसाल्ट, ज्वालामुखी और दरार उद्‌भेदन से निकले लावा से निर्मित, सूक्ष्म कणिक और गहरे रंग की आग्नेय शैल होती है। यह ओलीवाइन युक्त अथवा ओलीवाइन रहित कैल्सिक/कैल्सियम युक्त प्लेजिओक्लेस और पाइरॉक्सीन से युक्त शैल होती है। भारत के दक्षिणी प्रायद्वीप का उत्तर-पश्चिमी भाग इसी प्रकार की शैलों से निर्मित है।

basement complex **आधारजटिल संघ**

प्राचीन शैलों के लिए यह व्यापक शब्दावली है। अति अभिनव अवसादी शैलों के नीचे पाई जाने वाली आर्चीयन आग्नेय और रूपान्तरित शैलें होती हैं। इस प्रकार की शैलें प्रायः पृथ्वी धरातल के प्राचीन शील्ड क्षेत्रों की विशेषता हैं।

basic activity **आधारभूत क्रिया**

एक आर्थिक क्रिया जिसका उत्पाद अथवा सेवाएं, अधिवास, प्रदेश अथवा देश, जिसमें वह अवस्थित हों, के बाहर विपणन की जा सकें, ऐसी क्रियाओं को आधारभूत क्रिया कहा जाता है।

basic lava **पैठिक लावा**

ज्वालामुखी से निकलने वाले लावा जिसका रंग गहरा तथा काला होता है, यह पतला और भार में हल्का होता है। सिलिका की मात्रा कम होने के कारण शीघ्र ही फैलकर जम जाता है।

basic rock **बेसिक शैल/अल्प सिलिक शैल**

वे आग्नेय शैलें जिनमें 45 से 55 प्रतिशत (भारनुसार) सिलिका पाया जाता है उन्हें अल्प सिलिका शैल कहते हैं। इस प्रकार की शैलों में अपेक्षतः सिलिका की कमी वाले खनिज जैसे ओलीवीन पाइराक्सीन और सिलिक प्लैजियोक्लेस, फेल्सपार पाये जाते हैं। बेसाल्ट, डालराइट और गेब्रो मुख्य अल्पसिलिक शैल हैं।

basin **बेसिन/द्रोणी**

(i) प्रायः क्रेटॉनी क्षेत्र (वह क्षेत्र जिसमें पिछले 7500 लाख वर्षों अथवा प्रिकेम्ब्रियन काल से बहुत कम आन्तरिक विरूपण हुआ हो) में स्थित एक वृहदाकार का

अवसाद/तलछट से भरा वृताकार अथवा दीर्घ वृतीय धसांव बेसिन/द्रोणी कहलाता है।

(ii) एक अभिनत संरचना निमज्जन धंसाव, जिसकी दोनों भुजाओं का निमज्जन एक दूसरे से 180° के कोण पर हों किन्तु भुजायें एक दूसरे की ओर निमज्जित हों, द्रोणी कहलाती है।

basin and ranges **बेसिन और श्रेणियाँ/द्रोणी और श्रेणियाँ/बेसिन और रेन्जेज**

भूगर्भिक संरचना का एक स्वरूप जिसमें नतभ्रंशित खण्डों अथवा भ्रंश खण्ड(बेसिनों) के नीचे झुके सीमान्त द्वारा विस्तृत और कभी कभी भ्रंश खण्ड श्रेणियाँ अलग की गई होती हैं, इस प्रकार की आकृति को बेसिन और श्रेणियाँ कहा जाता है। दक्षिण-पश्चिम संयुक्त राज्य अमरीका में सियरानेवादा और वाश पर्वत के बीच इस प्रकार की भूआकृति पाई जाती है जिसे बेसिन और रेन्ज नाम दिया गया है।

basin cultivation **द्रोणी कृषि/बेसिन कृषि**

भारी वर्षा वाले प्रदेशों में भूमि पर कुदाली द्वारा कटक बना कर एक के बाद एक बेसिन बनाये जाते हैं। इस प्रकार के बेसिन भूमि कटाव रोकने का नाइजीरिया तथा अन्य उष्ण कटिबन्धीय अफ्रीका के देशों में अत्यधिक प्रभावशाली ढंग है। इन बेसिनों में कृषि की जाती है।

basin irrigation **द्रोणी सिचाई**

मिश्र और सूडान में नील नदी की बाढ को नियंत्रित करने और सिंचाई करने का यह परम्परागत ढंग है। बाढ के जल को नदी के दोनों ओर विभिन्न आकार के तैयार किये गये बेसिनों में भर दिया जाता है, इन बेसिनों को एक दूसरे से मिट्टी की दीवारों से अलग किया जाता है। पानी के सूख जाने पर इन बेसिनों में खेती की जाती है। यह प्रणाली नील की बाढ को नियंत्रित करने में कुछ सहायता करती है, किन्तु अब इन प्रदेशों में बेसिन सिंचाई के स्थान पर स्थायी नहर सिचांई प्रणाली का विकास किया जा रहा है।

basin of deposition **निक्षेपण की द्रोणी**

एक प्रारम्भिक द्रोणी अथवा अवसादी शैलों के समूह के जमाव का क्षेत्र, निक्षेपण की द्रोणी कहलाता है। क्यों कि बेसिन शब्द का उपयोग कई अन्य प्रकार से किया जाता है अतः इस प्रकार की रचना के लिए क्यूबे (द्रोणिका) शब्द का उपयोग किया जाने लगा है।

basin range **बेसिन श्रेणी**

ऐसी पर्वत श्रंखला जिसकी वर्तमान ऊंचाई मुख्यतः भ्रंशन और अभिनमन द्वारा हुई हो। पश्चिमी संयुक्त राज्य अमरीका के ग्रेट बेसिन में नत भ्रंश खंड के अनेक उदाहरण हैं।

basket of eggs topography **अंड-करण्ड़ स्थलाकृति/अंडो की टोकरी-स्थलाकृति**

हिमनद निक्षेप द्वारा निर्मित स्थलरूपों में गोलाश्म मृतिका द्वारा निर्मित टीले ड्रमलिन कहे जाते

हैं जिनके मध्य में छोटे छोटे दलदली गडढे पाये जाते हैं। ड्रमलिन और इस प्रकार के गडढे सेंकडों की संख्या में पाये जाते हैं और वे अण्डों की टोकरी के समान दिखाई देते हैं इसी कारण ऐसी स्थलाकृति को अण्डे की टोकरी-स्थलाकृति कहते हैं।

bastion rock **बेस्टियन शैल**

जहां सहायक हिमानी मुख्य हिमानी से मिलती है, वहां कठोर शैल जो द्रोणिका भित्ति अथवा लटकती घाटी के किनारे पर निकली रहती है, उन्हें बेस्टियन शैल कहा जाता है।

batholith **बैथोलिथ/महास्कंध**

आन्तरिक आग्नेय शैल का एक वृहत गुम्बदाकार पिण्ड जो अधिक गहराई तक तथा बडे क्षेत्र में जिसका विस्तार हो अथवा एक विस्तृत क्षेत्र के नीचे तक स्थित हो। ऐसी आकृति को बैथोलिथ कहा जाता है।

bathyal **गंभीर सागर**

सागर की गहराई वाले भाग से सम्बन्धित; अथवा गहरा सागर। महासागरीय तट से आगे 100 फैदम (183 मी.) से अधिक गहराई 1000 फैदम (1830 मी.) तक का ढाल वाला भाग गंभीर सागर कहलाता है।

bathyal zone **गंभीर सागर क्षेत्र**

महासागरों में इस क्षेत्र की गहराई 200 मीटर से 1000 मीटर तक होती है तथा अपेक्षतः छिछले नेरीटिक क्षेत्र, जहां अवसाद की मात्रा अधिक पाई जाती है और गहरे वितल क्षेत्र के मध्य का क्षेत्र गंभीर सागर क्षेत्र कहलाता है। विश्व में लगभग 40 लाख वर्ग किमी. क्षेत्र में गंभीर सागरीय परिवेश पाया जाता है।

bathymetry **बैथीमेट्री**

जल गहराई के मापन को बैथीमेट्री कहा जाता है।

bauxite **बॉक्साइट**

एल्युमिनियम की प्रमुख अयस्क। अपक्षय क्षेत्रों, विशेषकर उष्ण-कटिबन्धी प्रदेशों में, मृतिका जमावों के साथ सम्बद्ध मिश्रित एल्युमिनियम हाइड्रोक्साईड को बॉक्साइट कहा जाता है।

bay **खाडी**

सागर का भूमि के भीतर एक कटाव जिसका समुद्र की ओर का भाग विस्तृत चौडाई वाला हो, बंगाल की खाडी इसका उत्तम उदाहरण है।

bayou **बाइऊ**

मन्द बहने वाली नदी अथवा जल का एक बडा समूह प्रायः बडे जलाशयों से संयोजी में अथवा निकट की नदी में गिरने वाली नदी को बाइऊ कहा जाता है।

beach **पुलिन**

सागरीय तट का उथला भाग ही पुलिन कहलाता है। इसकी आकृति अर्द्धचन्द्राकार होती है। सागरीय तटों पर अवसाद (रेत और कंकडों के जमाव) जमा होते रहने से पुलिन का निर्माण होता है।

beach cusp **पुलिन कस्प**

अधिकांश पुलिन के सागरीय भाग में रेत, कंकड तथा गोलाश्म का लहरों द्वारा जमाव होता रहता है, जिससे तट के निकट पतली पतली कटकों का निर्माण होता है। सागर की ओर निकली कटक पुलिन कस्प कहलाते हैं।

beach ridge **पुलिन कटक**

अनेक पुलिनों पर जमावों के एकत्रित होने से अनेक प्रकार की आकृतियों का निर्माण होता है। पुलिनकटक भी विभिन्न आकार की आकृतियों का रूप ले सकती है। कटक रेतीले पुलिनों (रेत में इन्हें बर्म कहा जाता है) अथवा शिंगल के शीर्ष के निकट कटक का निर्माण होता है। छिछले ढाल वाले पुलिनों पर निम्न ज्वार स्तर के निकट नदिका के संयोजन से कटक आकृतियाँ निर्मित होती हैं। क्रमिक तूफानी घटनाओं द्वारा अवसाद छोड़ दिये जाने से प्रायः बहुल कटक बनती हैं।

beaded esker **मालाकार एस्कर**

हिमानी जलोढ द्वारा निक्षेपित मलवे से निर्मित लम्बे, सकरे और लहरदार कटक एस्कर कहलाते हैं। एस्कर की रचना बजरी, रेत तथा कंकडों द्वारा होती है। यदि हिम तीव्रता से पीछे हट रहा होता है तो प्रत्येक ठहराव के साथ एकल उपहिमानी धारा का एकत्रित मलवा कटक के रूप में घाटी में जमा होता रहता है और कुछ अन्तर पर कटक की मोटाई बढ जाती है जैसे किसी ने लम्बी रस्सी में दाने अथवा मणियां पिरों दी हों, इस प्रकार के एस्कर को मालाकार एस्कर कहते हैं।

beaded lakes **मालाकार झीले**

रेत के टीलों के बीच लम्बी और संकीर्ण झीलों की लम्बी कतार को मालाकार झील कहा जाता है।

bearing **दिक्कोण**

ज्ञात दिशा से दक्षिणवर्त दिशा में नापा गया अनुप्रस्थ कोण दिक्मान कहलाता है। यदि आरंभिक दिशा शुद्ध उत्तर है तो कोण सही दिक्मान/शुद्ध दिकमान होंगे। चुम्बकीय कम्पास/प्रिजमैटिक कम्पास द्वारा उत्तर के संदर्भ में नापे जाने वाले कोण चुम्बकीय अथवा कम्पास दिकमान कहलाते हैं।

beaufort scale **बोफोर्ट माप क्रम**

यह वायु की गति का पैमाना है, जो सरलता से दृष्टिगोचर होने वाले लक्षणों जैसे वृक्षों के

हिलने और धुएँ की गति पर आधारित है। शान्त वायु से हरीकेन तक की वायुगति को 0 से 12 तक की स्केल श्रेणी में रखा गया है।

bed rock **आधार शैल**

मृदा अथवा आवरण प्रस्तर के नीचे पाई जाने वाली ठोस अपक्षीण (जिसका अपक्षय न हुआ हो) शैल को आधार शैल कहा जाता है।

bedding **संस्तरण/संस्तरीभवन**

विभिन्न मोटाई और गुणों की शैल स्तरों का पट्टी में विन्यास अथवा स्तरण, संस्तरण कहलाता है।

bedding plane **संस्तरण तल**

अवसादी शैलों के दो संस्तरों के बीच अंतरापृष्ठ, प्रायः इस प्रकार के दो संस्तरों के बीच कमजोरी के तल को संस्तरण तल कहा जाता है।

bedouin/badawin **बद्दू**

अरब प्रायद्वीप के उत्तरी भाग में निवास करने वाली एक भ्रमणशील पशुचारण जाति, जिनका जीवन ऊंट प्रजनन पर निर्भर है और वे चारे तथा जल की खोज में एक स्थान से दूसरे स्थान पर घूमते रहते हैं।

beef **तन्तु कैल्साइट**

रेशेदार कैल्साईट का पतला संस्तर/ तल और शिराएं तन्तु कैल्साईट कहलाती हैं।

behavioural environment **व्यवहारिक पर्यावरण**

अनुभव किए गए परिवेश का वह भाग जो व्यक्ति करने के लिए प्रभावित करता है और जिसके प्रति आचरण निर्देशित होता है, जिसके बारे में सूचना संकेत प्राप्त किए जाते हैं तथा उनकी व्याख्या की जाती है। ये प्राप्त सूचनाएँ व्यक्ति के व्यवहारिक परिवेश की प्रकृति को निश्चित करती हैं, क्योंकि मनुष्य केवल इसी पर्यावरण से अवगत है, यह उसके लिए वास्तविक पर्यावरण होता है। व्यवहारिक पर्यावरण के बाहर तथ्य, स्थान और घटनाएं मानव के व्यवहार और उसके निर्णय करने को किसी प्रकार प्रभावित नहीं करते, उनका, उसके लिए कोई महत्व नहीं है। इस प्रकार के निर्णय करने और व्यवहार को कार्य में परिणित किया जाता है अथवा नहीं कौन असाधारण पर्यावरण उपयोग करता है तथा उसमें परिवर्तन करता है। कुछ विद्वान व्यावहारिक पर्यावरण को सक्रिय अन्तर (action space) जानकारी परिवेश और कार्य परिवेश (task environment) का पर्याय मानते हैं।

behavioural geography **व्यवहारवादी भूगोल/आरचरण भूगोल**

(i) 1960 के दशक में मानव भूगोल में एक नवीन पक्ष अथवा उपागम का विकास हुआ जो विशेषकर मानव के अपने परिवेश को समझने, उसके प्रति उसकी प्रतिक्रिया तथा

उससे टकराने से सम्बद्ध है, इसे व्यवहारवादी भूगोल का नाम दिया गया। उसके पश्चात् इससे सम्बन्धित कई अन्य प्रकरण जैसे क्रिया अनतराल (action space) मानस मानचित्र, और नवाचार तथा सूचनाओं का स्थानिक विसरण का विकास हुआ।

(ii) आरचरण भूगोल के अन्तर्गत मानव मस्तिष्क, उसके द्वारा चिन्तन उसके आचरण उसका समाज में व्यवहार आदि का अध्ययन किया जाता है।

behavioural matrix **व्यवहारिक मैट्रिक्स/आव्यूह**

प्रेड़ महोदय द्वारा स्थानिक निर्णयन विश्लेषण सम्बन्धी एक प्राधार 1967 में प्रस्तुत किया गया। इस निर्णयन (decison making) को दो प्रकार के कारबार के रूप में देखा जाता है, (1) एक व्यक्ति को अनुभव द्वारा उपल्ब्ध सूचना की मात्रा और गुण, तथा (2) उस सूचना को उपयोग में लेने की उस व्यक्ति में योग्यता। यह दोनों कार्य मैट्रिक्स को दो अक्ष प्रदान करते हैं। दिये गये इन दो आयामों (विमाओं), यह माना जाना सनतुलित लगता है कि सीमित सूचनाओं और अधिक योग्यता वाला व्यवसाय का स्वामी, अपनी फर्म के लिए ऐसी स्थिति का चुनाव करेगा जो दूसरे व्यापक सूचना और कम योग्यता वाले व्यवसाय स्वामी से भिन्न होगी। इसके अतिरिक्त यह मान लिया जाता है कि निर्णय कर्ता समयोपरि अधिक और उत्तम सूचना एकत्रित कर लेते हैं और उनके उपयोग से वे अधिक कुशल हो जाते हैं। इसके परिणाम स्वरूप वे नीचे की ओर तथा मैट्रिक्स में दाहिनी ओर खिसकते हैं।

behaviourism **व्यवहारवाद**

व्यवहारवाद प्रतिक्रियाओं के बाहय अध्ययन पर बल देता है। मानव के व्यवहार को समझने के लिए अनुभव चेतना तथा आत्म निरीक्षण से प्राप्त सामग्री का वैज्ञानिक मनोविज्ञान में कोई स्थान नहीं है। व्यवहारवाद के जन्मदाता जे.बी. वाटसन ने मानव व्यवहार का आधार दैहिक माना है। शरीरिक प्रक्रियाओं की व्याख्या करना व्यवहारवादी सिद्धान्त का मूल आधार हैं। व्यवहारवाद के आधुनिक स्वरूप, जिसे वर्तमान में नव व्यवहारवाद कहा जाता है की मान्यता है कि व्यक्ति उत्तेजना-प्रतिक्रिया का एक बण्डल मात्र नहीं है तथा वह एक यंत्र के समान नहीं है अपितु अभिप्रेरणाओं से संचालित होने वाला प्राणी है। नव व्यवहार वाद, व्यवहार के मनोदैहिक संगठन से सम्बनध स्थापित करता है। नवव्यवहारवाद व्यवहार के दैहिक आधार को मानते हुए रूचि प्रेरणा बिम्ब तर्क आदि विशेषताओं को भी व्यवहार के विश्लेशण में स्वीकार करता है। इसका प्रमुख योगदान सीखने का सिद्धान्त है।

behaviourlism **व्यवहारिकतावाद**

व्यवहारिकतावाद व व्यवहारवाद दो भिन्न धारणाएं हैं। व्यवहारिकतावाद मनुष्य के व्यक्ति परक तथ्यों जैसे प्रयोजन मंतव्य, इच्छाओं तथा विचारों आदि को मानव के व्यवहार की व्याख्या के लिए आवश्यक मानता है।

beheaded river **रुंडित नदी**

रूंडन, नदी की एक क्रिया है, अपनी घाटी को पीछे की ओर काटना, इस प्रकार काटना कि

दूसरी नदी के जल का अपहरण कर अपनी ओर मोडना। इस प्रकार की नदी रूंडित नदी कहलाती है।

bel, bhel **बेल**

नदियों विशेषकर झेलम नदी के तल में पाये जाने वाले रेतीले द्वीप, बेल कहे जाते हैं।

ben **बेन/पर्वत शिखर**

यह एक स्कॉटिश शब्द है जिसका अर्थ है पर्वत की चोटी, प्रायः इस शब्द को स्कॉटिश और आयरिश पर्वत चोटियों के साथ जोडा जाता है जैसे, बेन नेविस।

benches **सोपान**

नदी द्वारा अपने तटों पर कोमल शैलों का अपरदन करते रहने तथा कठोर और प्रतिरोधी शैलों के निकले रहने से नदी घाटी के दोनों ओर अपरदन द्वारा सोपानाकार सीढियों का निर्माण हो जाता है जिन्हें सोपान/बेन्चेज कहा जाता है।

bench mark **निर्देश चिन्ह/तलचिन्ह**

सर्वेक्षण कर्ता द्वारा किसी स्थायी वस्तु जैसे कोई शैल, दीवार, भवन, खम्भा आदि पर स्तर की सीध में प्रारम्भ और समापक (closing) करने, धरातल की ऊंचाई निश्चित किये जाने के लिए उपयुक्त अथवा कोई मध्य वर्ती बिन्दु निश्चित किया जाता है जिसे निर्देश चिन्ह अथवा bench mark कहा जाता है।

beni off zone **बैनी ऑफ जोन**

किसी महाद्वीपीय सीमान्त के नीचे भूकम्प नाभि का समतल क्षेत्र बैनी ऑफ जोन कहलाता है। महाद्वीपीय सीमान्त के द्वीपों पर झुका हुआ समतल गम्भीरता निम्नजित होता है।

benthic zone **नितल्स्थ क्षेत्र**

सागरीय तट से सागरीय तली तक का क्षेत्र नितल्स्थ क्षेत्र कहलाता है।

benthos **नितल जीवजात**

सागर पर और सागर-तल के निकट वनस्पति-प्राणी जात के लिए हेक्ल द्वारा सुझाया गया नाम।

berg **बर्ग/पर्वत/शैल**

जर्मन भाषा के इस शब्द का शब्दिक अर्थ पर्वत होता है। अनेक संयोजन में जैसे बर्गविन्ड़, बर्गश्रुण्ड आदि में इस शब्द का उपयोग किया जाता है।

berghlaup **बर्गलॉप**

यह आइसलैण्डिक भाषा का शब्द है जिसका उपयोग कभी कभी, पृथ्वी अथवा शैल के गिरे हुए पिण्ड के लिए किया जाता है। सामान्यतः इसकी कोई उत्पत्तिमूलक व्याख्या नहीं दी गई

है और इसे बर्गस्टुर्ज के समान समझा जाता है।

bergschrund **हिमविदर/बर्गश्रुण्ड**

बर्गश्रुंड का शाब्दिक अर्थ है पर्वत दरार। पर्वत हिमानी के शीर्ष के निकट पाये जाने वाले हिम विदर अथवा हिमविदर की श्रंखला को हिम विदर अथवा बर्ग श्रुंड कहा जाता है।

bergsturz **बर्गस्टुर्ज**

जर्मन भाषा के इस शब्द का प्रयोग प्रायः पर्वतीय भागों से गिरे शैल खण्डों के लिए किया जाता है। सामान्यतः इसमें कोई रचना तंत्र समाविष्ट नहीं है। अलग हुआ शैल मलवा वायु द्वारा अधिक दूरी तक ले जाया भी जा सकता है अथवा नहीं भी ले जाया जा सकता है।

berg wind **बर्ग पवन**

फोहन पवन का यह एक रूप है जो दक्षिण अफ्रीका के आन्तरिक पठार से, तट की ओर मोटे तौर पर समकोण पर चलती है। यह पवन प्रायः शीत ऋतु में चलती है।

berm **बर्म**

लगभग अनुप्रस्थ अथवा भूमि की ओर पुलिन के शीर्ष पर धीमें ढाल का क्षेत्र होता है उसे बर्म कहा जाता है। बर्म का अग्र किनारा, पुलिन के अग्रभाग की ओर ढाल के आकस्मिक परिवर्तन द्वारा सुस्पष्ट होता है जिसका सागर, विशेषकर शिंगिल (समुद्री कंकड) पुलिनों की ओर तीव्र ढाल होता है। बर्म, मुख्यतः तूफानी परिस्थितियों में खंड तरंगों द्वारा फेंके गये पदार्थ से बना होता है।

beryle **बेरील**

एक प्रकार का खनिज जिसमें सिलिका, एल्युमिना तथा ग्लूसिना मुख्य पदार्थ होते हैं, बेरील कहलाता है।

bhabbar/bhabar **भाभर**

शिवालिक के बाहरी सीमान्त अंचल में बजरीमय पट्टी के क्षेत्र को भाभर का नाम दिया गया है।

bhangar **भांगर**

उत्तरी भारत की नदी घाटी में पुरानी जलोढक से निर्मित ऊंचा धरातल जो नदी की बाढ की पहुंच से दूर हो, भांगर कहलाता है।

B-horizon **मृदा का B स्तर**

एक पूर्ण विकसित अथवा परिपक्व मृदा पार्शिवका में A स्तर के नीचे के स्तर को B स्तर कहा जाता है। उसमें मिले खनीजों का कम अग्रता अंशों में अपक्षय, घटी मात्रा में खाद मिट्टी और कुछ अंशों में ऊपर से धोये गये मिश्रण की अधिकता इस स्तर में पाई जाती है। इस

स्तर को कभी कभी समपोढ स्तर के रूप में जाना जाता है और यह a स्तर की अपेक्षा अधिक पीला, भूरा और लाल होता है। उन मृदाओं में जहां a स्तर का निक्षालन और अपक्षालन अधिक तीव्रता से होता है, b स्तर के नीचे के भाग का समपोहन (illuviation) अधिक हो सकता है, जो कठोर अधः स्तर की रचना में सहयोग करता है।

bid-rent theory **बिड़ (बोली) किराया सिद्धान्त**

यह एक आर्थिक सिद्धान्त है जो अनेक भौगोलिक मॉडलों (वॉन थ्यूनन का मॉडल, सकेन्द्रित क्षेत्र मॉडल) के लिए आधार प्रस्तुत करता है। यह सिद्धान्त यह स्पष्ट करता है कि केन्द्र स्थान से दूर जाने पर किराया अथवा भूमि मूल्य घटता जाता है। यह सिद्धान्त जैसाकि नगरीय भूमि पर लागू होता है उसी प्रकार कृषि भूमि पर भी लागू होता है।

bight **खुली खाडी**

समुद्री तट में काफी विस्तार में नवचन्द्राकार कटान किन्तु यह कटान वृत के 90° कोण से अधिक न हो, इस प्रकार की आकृति खुली खाडी कहलाती है।

bill **बिल**

एक संकीर्ण अन्तरीप अथवा छोटा प्रायद्वीप, बिल कहलाता है।

biltong **बिलटौंग (मांस)**

डच शब्द बिल (नितम्ब) और टंग (जिव्हा) से मिल कर यह शब्द बना है। नमक मिलाकर सुखाया गया कच्चा मांस दक्षिण अफ्रीका में बडा उत्कृष्ट माना जाता है। उत्तम कोटि का बिलटौंग तैयार करने के लिए पशुओं के पैरों से लम्बी पट्टियों में रूचिवाला मांस काटा जाता है। जिसे बिलटौंग कहा जाता है।

bimineralic **बाईमिनरलिक/द्वि-खनिजीय**

बाईमिनरलिक से तात्पर्य ऐसी शैल से होता है जिनमें केवल दो ही प्रकार के खनिज पाये जाते हैं, उदाहरण के लिए बैब्स्टेराईट इसी प्रकार की शैलें हैं।

binary pattern **युग्म तारा प्रतिमान**

बस्ती परिमाप बारम्बारता के विश्लेषण में स्थान वर्णन के लिए यह शब्द उपयोग में लिया जाता है, जहां समान विस्तार वाली बस्तियों की एक संख्या का बस्ती क्रम परम्परा की ऊपरी सीमा पर प्रभुत्व रहता है। यह एक प्रतिमान है जिसे प्रत्याशित किया गया है, जहां संघीय प्रणाली की सरकार होती है जैसा कि संयुक्त राज्य अमरीका, भारत और स्विटजरलैण्ड में है जहां प्रत्येक सदस्य राज्य की अपनी एक राजधानी होती है।

biochemical cycle **जैवरासायनिक चक्र**

खनिजों और योगिकों का परिस्थितिक तंत्र में विभिन्न स्तरों पर चक्रण, जैवरासायनिक चक्र

कहलाता है। चक्र में अकार्बनिक पदार्थों का अपक्षय पक्ष जिसमें जैव द्वारा उद्ग्रहण और संग्रहण कर मृदा, वायुमण्डल अथवा सागरीय अवसाद राशि में लौटा देना सम्मिलित रहता है।

bioclastic **जैव खंडज**

खण्डित जीवों से निर्मित शैलों से सम्बन्धित, जैव खंडज कहलाते हैं।

bio coenosis (biocenose) **जीव परिस्थिति तंत्र**

पादप और प्राणियों का मिश्रित समुदाय (जैवीय समुदाय) विशेषकर इनका आवास, जीवपरिस्थित तंत्र कहलाता है। इसे कृत्रिम ढंग से तीन भागों में विभाजित किया जाता है: पादप समुदाय (पादप परिस्थिति तंत्र) प्राणी समुदाय (प्राणी परिस्थिति तंत्र) तथा सूक्ष्म जीवीय समुदाय (सूक्ष्म जीव परिस्थिति तंत्र)। जीव-परिस्थिति तंत्र का भौतिक पर्यावरण परिस्थितिक स्थल होता है। जीव परिस्थिति तंत्र इसके परिस्थितिक स्थल के साथ मिलकर जैव-भूपरिस्थिति तंत्र की रचना करते हैं।

biodegradation **जैव अक्रमण/जैव अवनयन**

विभिन्न जैविक पदार्थों में वियोजन की प्रक्रिया को जैव अक्रमण कहा जाता है।

biogeochemical cycle **जीव भूरासायनिक चक्र**

अजैव अवस्था से जैव अवस्था में और पुनः जैव अवस्था से अजैव अवस्था में पदार्थों के संचरण के भागों को भूरासायनिक चक्र में सम्मिलित किया जाता है।

biogeography **जैव भूगोल**

जैव भूगोल, एक कठिन शब्दावली है जिसे दो विद्वान समूहों द्वारा भिन्न प्रकार से उपयोग किया जाता है। जैव विज्ञानियों द्वारा जैव भूगोल से तात्पर्य प्रस्तावना के रूप में पादप और प्राणियों के विभिन्न वर्गों के प्राचीन तथा वर्तमान वितरण की व्याख्या करने के लिए यह वितरण किस प्रकार हुआ और इसका बर्गक (taxon) के एतिहासिक विकास में क्या भूमिका रही है।

जब कि भूगोल विज्ञानियों के अनुसार जैव भूगोल से तात्पर्य स्थल मण्डल का अध्ययन और पादप तथा प्राणियों पर मानव के प्रभाव का अध्ययन करना है अध्ययन के कुछ भाग जैसे पादप भूगोल और प्राणि भूगोल परस्पर व्याप्त (overlap) होते दिखाई देते हैं जो दोनों जैव विज्ञानियों और भूगोल विज्ञानियों द्वारा अध्ययन के अंग माने जाते हैं।

bioherm **बायोहर्म/जैवहर्म**

(i) एक प्राचीन प्रवाल भित्ति।

(ii) एक ऐसा जीव जिसकी प्रवाल भित्ति निर्माण में प्रधान भूमिका रहती है। बायोहर्म कहे जाते हैं।

biokarst **जैव कार्स्ट**

जैव क्रिया द्वारा निर्मित सामान्यतः छोटे आकार में कार्स्ट भूआकृति जैव कार्स्ट कहलाती है। सही शब्दों में इस शब्दावली को केवल पादप द्वारा निर्मित दृश्य के लिए ही सीमित रखा जाना चाहिये। जैव कार्स्ट आकृतियां या तो अपरदनी होती हैं अथवा रचनात्मक होती हैं।

biological control **जैव नियंत्रण**

पीडक जन्तु (pests) और, अपतृण पर रसायनों का उपयोग न कर प्राकृतिक परभक्षी, परजीवी और रोग वाहक जीवाणुओं और विषाणुओं द्वारा नियंत्रण करना जैव नियंत्रण कहलाता है। इस प्रकार के नियंत्रण का सबसे बडा लाभ यह होता है कि आहार श्रंखला में हानिकारक रसायनों का समूहन नहीं होता है।

bioluminescence **दीप संदीप्ति**

कुछ सजीव जैव द्वारा प्रकाश को प्रस्तुत करने की प्रक्रिया, विशेषतः दीप कीटकों और कुछ सागरीय मछलियों की विशेषता यह विशेषता होती है।

biom **जीवोम**

प्रकृति में अनेक जीव समुदाय साथ-साथ निवास करते हैं, इन जीव समुदायों को जीवाम कहा जाता है।

biomass **जीवभार/जैवमात्रा**

पादप/पौधों और/अथवा पशुओं में पाया जाने वाला सम्पूर्ण जैव पदार्थ जीवभार/जैवमात्रा कहलाती है। प्रायः शुष्क भार प्रति इकाई क्षेत्रफल के संदर्भ में व्यक्त किया जाता है। पृथ्वी के जीवभार में दोनों प्रकार के जीवित और क्षयमान पादपों का भाग अधिक रहता है। तुलनात्मक दृष्टि से पशुजीवभार की मात्रा बहुत कम होती है उसमें भी मृदा में सूक्ष्म जीव का भाग अधिक होता है। जलवायु और वनस्पति के प्रकारों के कारण पादप वायुभार में काफी भिन्नता पाई जाती है। उत्तरी अमरीका के घास के मैदानों में अधिकतम जीवभार 10,000 किलोग्राम प्रति हेक्टेयर तथा पर्णपाती (पतझड) वनों के क्षेत्रों में यह 2,50,000 किलोग्राम प्रति हेक्टेयर पाया जाता है।

biom ecology **जीवोम परिस्थितिकी**

प्रकृति में अनेक जीव सुदाय साथ-साथ निवास करते है, इन जीव समुदायों और वातावरण के बीच अन्योन्यक्रियाओं के अध्ययन को जीवोम परिस्थितिकी कहा जाता है।

biosphere **जीवमण्डल**

पादप और प्राणी समूह जो पृथ्वी पर पाये जाते हैं मिलकर जीव मण्डल का निर्माण करते हैं।

biostratonomy **सादजैविकी**

यह जीवाश्म विज्ञान की एक शाखा है, जो जैव अवशेषों के शैल स्तरों में अन्तः स्थापित हो

जाने की प्रक्रिया से सम्बन्धित है। यह जीवाश्म संकलन के महत्व की व्याख्या के लिए महत्वपूर्ण है। इनमें से अनेक मरणोत्तर समुच्च होते हैं।

biosynthesis **जैव संश्लेषण**

विभिन्न प्रकार के जैव ऊतकों के निर्माण की प्रक्रिया को जैव संश्लेषण कहा जाता है।

biotic **जीवीय**

किसी परिस्थितिकीय तंत्र में जैविक-पौधों और प्राणियों के वर्णन के लिए इस शब्द का उपयोग किया जाता है।

biotic isolation **जीवीय पृथक्करण**

वंशानुगत रचना द्वारा जीवों का पृथक्करण जो नियंत्रण का कारण होता है अथवा पूर्ण रूप से जीव की आंतरिक प्रक्रियाओं द्वारा संकरण विलोपन होता है किन्तु उत्पादन संरचना और उत्पत्तिमूलक की असंगति से अनेक जातियों में कई प्रकार की रचना के कारण पृथक्करण होता है जो क्रमशः अनेक भिन्न जीन्स की क्रिया द्वारा नियंत्रित होते हैं।

biotic weathering **जीवीय अपक्षय**

पौधों, वृक्षों और पशुओं की क्रियाओं द्वारा शैलों के टूटने की क्रिया को जीवीय अपक्षय कहते हैं। यह क्रिया पूर्णरूप से यांत्रिक होती है। जैसे कि वृक्षों की जड़ें शैल जोडों में प्रवेश कर शैलों को अलग कर देती है इसी प्रकार जमा हुआ हिम जब पिघलता है तो अपक्षय करता है।

bird's foot delta **पक्षी पंजा डेल्टा/ पंजाकार डेल्टा**

लम्बे आकार का डेल्टा जिसमें नदी अपने मुहाने के निकट अनेक जल वितरिकाओं में विभाजित हो जाती हैं, यह जल वितरिकायें लम्बाई में अपने दोनों किनारों पर बारीक कणों का निक्षेप करती हैं। इनका स्वरूप उंगलियों के आकार का होने के कारण, इस प्रकार के डेल्टा को अंगुलकार डेल्टा भी कहा जाता है। पंजाकार डेल्टा का सर्वोत्तम उदाहरण है।

birth control **जनन नियंत्रण**

जनसंख्या वद्धि को विभिन्न ढंग जैसे गर्भ निरोधक, वन्ध्याकरण और गर्भपात द्वारा संकल्पित नियंत्रित करना जिससे जन्म दर को कम रखा जा सके जनन नियंत्रण अथवा परिवार नियोजन कहलाता है। जबकि जनसंख्या को नियंत्रित करने की आवश्यकता को व्यापक रूप से न केवल अधिक जनसंख्या वाले देशों में ही वरन कम जनसंख्या वाले देशों में भी स्वीकार किया जा चुका है, किन्तु कुछ ऐसे भी उदाहरण हैं, जहां जनसंख्या वृद्धि का विरोध आचार और धार्मिक आस्था के आधार पर किया जाता है। कुछ अन्य ऐसे भी उदाहरण हैं जहां बडे परिवार गर्भ निरोध के अपर्याप्त ज्ञान के कारण तथा परम्परागत आचरण के दुराग्रह द्वारा जनन नियंत्रण को निषेध माना जाता है।

birth rate **जन्म दर**

जनसंख्या की उर्वरता का व्यापक रूस से काम में लिया जाने वाला माप अशोधित जन्म दर है। एक वर्ष में यह जन्म की संख्या और कुल जनसंख्या के बीच अनुपात को प्रति 1000 व्यक्तियों में व्यक्त किया जाता है। उर्वरता अध्ययन के लिए अधिक परिष्कृत संख्या मानक जन्म दर होती है जिसमें एक विशेष जनसंख्या की जन्म और लिंग असंगतियों को परिकल्पित मानक जनसंख्या के साथ तुलना द्वारा बराबर किया जाता है। समान्यतः कहा जा सकता है कि मानकी कृत जन्म दर की अपेक्षा अशोधित जन्म दर अधिक ऊंची होती है।

biscuit board topography **बिस्कुट बोर्ड स्थलाकृति**

उर्मिल विशेषता वाली उच्चभूमि स्थलाकृति जिसमें सर्क द्वारा अनेक कटान किये गये हों, प्रकार की आकृति को बिस्कुट बोर्ड स्थलाकृति कहा जाता है।

bitumen **बिटुमेन**

नेफ्था, पेट्रालियम, डामर (asphalt) आदि सहित कमोबेश आक्सीजनित प्राकृतिक हाइड्रोकार्बन का जातीय नाम बिटुमेन है।

bituminous **बिटुमिनस**

अक्षरशः बिटुमेन से सम्बन्धित किन्तु सामान्यतः इनके गुण के बारे में एक पुराने और भ्रम की धारणा के कारण की वजह से निश्चित रासायनिक संयोजन वाले कोयले के लिए प्रयुक्त किया जाता है। इस प्रकार का कोयला काफी शुद्ध माना जाता है। इसमें 75 से 85 प्रतिशत कार्बन की मात्रा पाई जाती है तथा शेष भाग में से 10 प्रतिशत ओषोजन और 50 हाईड्राजन का प्रतिशत रहता है।

bitter lake **कटु/तिक्त झील**

कटुझील इस लिए कहलाती है क्योंकि इसका पानी तिक्त कडवा/कटु होता है। उदाहरण के लिए ग्रेट बिटर झील तथा स्माल बिटर झील जिनसे होकर स्वेज नहर बनाई गई है, इसी प्रकार की तिक्त झीलें हैं।

black box **काला बक्स**

व्यावहारिक भूगोल में यह स्वीकार करना, कि मानव मस्तिष्क के संचालन का विश्लेषण नहीं किया जा सकता है और न पूर्ण रूप से समझा जा सकता है, के लिए इस शब्दावली का उपयोग किया जाता है। व्यवहार तथा उद्दीपन द्वारा उत्पन्न किये जाने के रूप में इसे देखा जाता है, वे उद्दीपन, निवेश होते हैं, जबकि परिणामी व्यवहार उपज होती हैं। फिर भी वह प्रक्रियायें जिसके द्वारा दोनों को जोडा जाता है, वे उतनी ही अगम्य समझी जाती है जितनी बन्द काले बक्स की अन्तर्वस्तु होती हैं।

black earth = chernozem **काली मिट्टी = चर्नोजेम**

black turf soil **काली टर्फ मृदा/काली तृण भूमि मृदा**

आधाभूत आग्नेय शैलों से बनी काले रंग की मृदा काली तृण भूमि मृदा/काली टर्क मृदा कहलाती है। इस प्रकार की मृदा दक्षिण अफ्रीका के ट्रान्सवाल क्षेत्र के कुछ भाग में पाई जाती है। इस प्रकार की मृदा का अंश 40 से 60 प्रतिशत पाया जाता है। वर्षा होने पर यह मृदा पर्याप्त उपजाऊ हो जाती है।

blanket bog **आवृत/समाच्छादी दलदल**

अधिक वर्षा और घास के विस्तृत क्षेत्रों वाली अवस्थाओं में विकसित अविच्छिन्न दलदल (जलाक्रांत स्पंजी भूमि जिसमें विभिन्न प्रकार की घासों के सडाव के कारण अम्ल पीट का निर्माण होता है) का क्षेत्र आवृत/समाच्छादी दलदल कहलाता है।

blato **ब्लैटो/ग्रीष्मअनूप**

शीत कालीन कार्स्ट झील के स्थान पर ग्रीष्म काल में दलदली भाग में परिवर्तित हो जाने की स्थिति को ब्लैटो/ग्रीष्म अनूप कहा जाता है।

blind creek **शुष्क संकरी खाडी/निवेशिका**

बरसाती मौसम को छोड कर एक शुष्क संकरी खाडी, निवेशिका कही जाती है।

blind lake **अंध झील**

शीत ऋतु में जल से भर जाने और ग्रीष्म ऋतु में सूख जाने वाली झील को अंध झील कहते हैं।

blind valley **अंध घाटी/प्रच्छन्न**

नदियों के उद्गम स्थल के निकट उनके द्वारा निर्मित गहरी घाटियों और कन्दराओं का प्रवण ढाल के निकट आ जाने के कारण आकस्मिक समाप्ति हो जाती है, ऐसी स्थलाकृति अंध घाटी कहलाती है।

blizzard **हिमझंझावत/बर्फानी तूफान**

(i) प्राय: निम्नताप और उच्च भार पवनों सहित गिरते हिम अथवा अपवाहित हिम का हिम झंझावत।

(ii) संयुक्त राज्य अमेरिका, कनाडा और साइबेरिया के मैदानी भागों में उत्तर से दक्षिण दिशा में चलने वाली बर्फीली आँधी को ब्लिजार्ड/हिम झंझावत कहा जाता है। यह बर्फीली आँधी 80 से 96 किमी की गति से चलती हैं, हिम झंझावत में नुकीले बर्फ के टुकडे होने के कारण वायुमण्डल में कुछ भी दिखाई नहीं देता है। संयुक्त राज्य अमेरिका और कनाडा में इस प्रकार के हिम झंझाव को नार्दन (Northern) और साइबेरिया में बुरान (Buran) कहा जाता है।

blocked delta **अवरोधित डेल्टा**

डेल्टा के विस्तार की अवस्था में अवरोध आ जाने की स्थिति में डेल्टा का विकास रूक जाता है, इस प्रकार के डेल्टा को अवरोधित डेल्टा कहते हैं।

block faulting **खंड भ्रंशन**

पृथ्वी की पपड़ी को कई छोटे खंडों में विभजित किया जा सकता है जिससे एक खंड पच्चीकारी (मोजेक) बनता है। ऐसे प्रदेश जो कि भ्रंशों द्वारा विभिन्न ऊँचाई के खण्डों में विभाजित होते हैं, खंडभ्रंशन प्रदेश कहलाते हैं।

block fields **शैल खंड क्षेत्र**

आधार शैल धरातल का तुषार द्वारा उसके मूल स्थान पर ही तोडे जाने से निर्मित, सामान्यतः कोणीय गोलाश्मों का एक सीध में होना अथवा उनका फैलाव शैलखण्ड क्षेत्र कहलाता है। कठोर परिहिमानी प्रक्रियाओं से प्रभावित ये ऊंची पहाडी, नूनाटेक्स (आन्तरिक भू भाग के हिमक्षेत्र में शैल का शिखर) तथा अन्य भूआकृतियों जैसी आकृतियों को घेरे हो सकते हैं।

block lava **खंड लावा**

ऐसा लावा जमाव जिसकी ऊपरी सतह बडे आयताकार खंड के रूप में टूटे हुए होते हैं, खंड लावा कहलाता है। मोनालोआ और हवाई ज्वालामुखी खंड के लावा के उदाहरण प्रस्तुत करतें हैं।

block mountain **खंड पर्वत/ब्लाक पर्वत**

ऊपर उठे हुए अथवा अभिनमन द्वारा निर्मित पर्वत जो चारों ओर से भ्रंश द्वारा घिरे होते हैं।

block pile diagram **ब्लॉक पुंज आरेख**

किसी मूल्य को प्रदर्शित करने के लिए पूर्व निर्धारित मापनी के अनुसार समान आकार वाले घनों की संख्या ज्ञात करके उन्हें एक पुंज के रूप में बनाया जाता है। इस प्रकार से निर्मित आरेख को ब्लाक पुंज आरेख कहते हैं।

blue hole **ब्लू होल/नीलगर्तिका**

फीरोजा में नीलम सेट समान एक वृतीय ढालू किनारों वाला छिद्र जो प्रवाल भित्तियों में पाया जाता है, इसका सर्वात्तम उदाहरण बहमा द्वीपों में मिलता है।

bluff **ब्लफा/वप्र**

नदी के तटीय भाग पर स्थित लगभग ऊर्ध्वाधर अतिप्रवण भृगु को ब्लफर/वप्र कहा जाता है। ब्लफा/वप्र रेखा बाढ मैदान के किनारे को प्रदर्शित करती स्थायी सीमा रेखा होती है।

bodden **बोडेन**

अनियमित आकार का तटीय प्रवेशमार्ग का एक प्रकार जो लगभग लहरदार भूभाग के क्षेत्र में बनता है, जैसा कि पूर्वी जर्मनी के बाल्टिक सागर तट पर मिलता है।

bog **दलदल**

एक गीली और स्पंजी भूमि का भाग जिसमें प्रायः सडती काई और अन्य प्रकार के वनस्पति पदार्थ पाये जाते हैं। इसकी सतह इतनी अधिक कोमल होती है कि इसमें किसी भी प्रकार की भारी वस्तु का बोझ सह सकने की क्षमता नहीं होती है।

bogaz **बोगाल**

संस्तरण तलों, जोडों और दरारों के सहारे चूने के पत्थर के घोल के परिणाम स्वरूप बने कार्स्ट क्षेत्रों में तंग, गहरे खडडु और गह्वर को बोगाज कहा जाता है।

bog burst **दलदल प्रसफोट**

दलदली भाग/बोग का आकस्मिक विच्छेद जिससे जल और पीट का निकास होता है जिससे वह विस्तृत दूरी तक बहने लगता है, दलदल/ बोग प्रस्फोट कहा जाता है।

bole **बोल/प्रस्तम्भ**

बेसाल्ट लावा प्रवाह के बीच में पतली लाल अपक्षीण स्तरों का निर्माण बोल (bole) कहलाता है। बोल/प्रस्तम्भ की उपस्थिति भूपृष्ठीय बहिर्वेधन और उष्णकटिबन्धी जलवायु को बताता है।

bolsabay **बोल्सा खाड़ी**

एक चौडी, मार्गाविरोध खाडी जिसका सागर की ओर निकास संकड़ा होता है, ऐसी खाडी बोल्सा खाडी कहलाती है। इस प्रकार की खाडी तटीय रेखा के निमज्जन का परिणाम होता है। सेंट मेरी खाडी (कराकाओ) इसका उत्तम उदाहरण है।

bolson **बॉल्सोन**

चारों ओर भूमि से घिरा एक निचला गर्त अथवा द्रोणी जिसके निम्नतम स्तर पर प्लाया हो, सभी जल प्रवाह उसी ओर होता हो बॉल्सोन कहलाता है।

bomb, volcanic **बम (ज्वालामुखी)**

विभिन्न प्रकार के ज्वालामुखी विस्फोट के समय तरल लावा ऊपर की ओर हवा में जाकर विभिन्न आकार के गोल ढेर के रूप में नीचे आकर गिरते हैं इन्हें बम (ज्वालामुखी) कहा जाता है।

boom **सहसावृद्धि**

व्यापार चक्र में विकास और सम्पन्नता का काल सहसा वृद्धि कहलाता है।

bora **बोरा**

यूगोस्लाविया की पर्वतीय घाटियों से होकर एड्रियाटिक सागर पर होकर प्रवाहित शीतल, शुष्क और झौंकेदार उत्तर-पूर्वी पवन को बोरा कहा जाता है। यह पवन शीत ऋतु में अधिक

तीव्र हो जाती है और इसकी गति 50 किमी. प्रति घंटे हो जाती है। बोरा की उत्पत्ति का मुख्य कारण मध्य यूरोप पर उच्च दाव और दक्षिण-पश्चिम में अब दाब की स्थिति का पाया जाना है। इस क्षेत्र के पर्वत बोरा को तीव्रता प्रदान करने में सहयोग देते हैं तथा इन पवनों का तीव्रता से नीचे उतरने के कारण रूदोष्म (thermo dynamics) को भी रोकता है।

Bore **ज्वारभित्ति**

कुछ नदी मुहानों में प्रवेश करती असाधारण ऊंचाई की ज्वारीय तरंग जिसका अग्रभाग सुस्पष्ट विकसित होता है और जल की एक दीवार सी नदी के बहाव के विपरीत चलती प्रतीत होती है। इसकी उत्पत्ति में फानाकार उथला मुहाना अधिक सहायक होता है। ज्वारभित्ति की उत्पत्ति का कारण दो ज्वारों का मिलन अथवा वृहत ज्वार के कारण नदी में जल ऊपर की ओर चढने लगता है।

boreal climate **बोरियल जलवायु**

कोपन के जलवायु वर्गीकरण योजनानुसार बर्फीली शीत ऋतु, गर्म ग्रीष्म ऋतु वार्षिक तापान्तर की अधिकता तथा वर्षा की न्यूनता वाले क्षेत्रों को बोरियल जलवायु के अन्तर्गत रखा गया है। इस प्रकार की जलवायु का क्षेत्र 40° उत्तर से 65° उत्तर अक्षांशों के मध्य पाया जाता है।

boreal forest **बोरियल वन**

उत्तरी कोणधारी वन अथवा टैगा प्रदेश के वनों को बोरियल वन कहा जाता है।

borolls **बोराल्स**

यह एक प्रकार की मिट्टी है, जो अर्द्धस्टेपी, तथा पर्वतीय क्षेत्रों में विकसित होती हैं, इस प्रकार की मिट्टी में चरनोजेम, चेस्टनट भूरी मिट्टी मुख्य हैं।

Boserup's theory **बोसरूप का सिद्धान्त**

यह जनसंख्या सम्बन्धित सिद्धान्त है जहां माल्थस के जनसंख्या वृद्धि सिद्धान्त के अनुसार भोज्य पदार्थों की आपूर्ति जनसंख्या को सीमित रखती है। बोसरूप ने यह सुझाया कि पूर्व औद्योगिक समाज में जनसंख्या वृद्धि कृषि तकनीकों में परिवर्तन को बढावा देती है, इस प्रकार अधिक भोज्य सामग्री उत्पन्न की जा सकती है, उसके इस सिद्धान्त का सार, पुरानी कहावत में निहित है कि आवश्यकता आविष्कार की जननी है।

boss **बॉस/वृतस्कंद**

रवेदार आग्नेय शैलों का एक बडा रवाहीन ढेर जो धरातल से कुछ गहराई पर ठंडा होकर संपिडित हो जाता है और बाद में अनाच्छादन द्वारा प्रकट हो जाता है, वृतस्कंध कहलाता है।

botryoidal **गुच्छाकार**

अंगूर के गुच्छे के समान मिलती-जुलती आकृति, प्रायः खनिजों के पुंज के लिए इस शब्द का उपयोग किया जाता है।

bottom sets **डेल्टाग्र तली**

झील अथवा सागर के पहले से डेल्टा तल में जमा किया गया स्तरित अवसाद का संस्तर, डेल्टाग्र तली कहलाती है।

boulder **गोलाश्म**

आधारभूत शैल के मौसम घर्षित प्रस्तर खण्ड, प्राकृतिक शक्तियों द्वारा परिवहन के माध्यम से रूपान्तरित कर धरातल पर पडे अथवा पृष्ठीय जमाव के रूप में पाये जाने वाले 20 मिमी से अधिक व्यास वाले शैल खण्डों को गोलाश्म कहते हैं।

boulder clay = till **गोलाश्म मृतिका = गोलाश्मी मृतिका**

boulder train **गोलाश्म माला**

विशिष्ट और पहचानी जाने वाली आधार शैल स्त्रोत से हिम नदी द्वारा ढोई जाने वाली कमोबेश गोलाश्म की सीधी रेखा जिससे पूर्व में हिम की गति की दिशा का अनुमान लगाया जा सके, गोलाश्म माला कहलाती है।

boundary **परिसीमा/सीमा**

एक राजनैतिक राज्य और अन्य के बीच विभाजन प्रदर्शित करने वाली रेखा परिसीमा/सीमा कहलाती है। भूगोल में पृथक सत्ता जैसे भूगर्भिक दृश्यांश, जलवायु प्रकार आर्थिक प्रदेश, सामाजिक क्षेत्र आदि के बीच विभाजन को बताने के लिए अधिक व्यापक रूप में इसका उपयोग होता है।

bourne **बोर्ने (सरिता)**

एक नदी अथवा सरिता/धारा जो भारी वर्षा के उपरान्त चाक भूभाग पर बहती है, बोर्न कहलाती है।

Bowen's reaction series **बोवन की अभिक्रिया श्रंखला**

खनिजों की एक श्रंखला जो विशिष्ट रासायनिक संघटन की पिघली शैल से क्रिस्टलित होती है। श्रंखला में पहले निर्मित खनिज बाद में पिघल कर अभिक्रिया उत्पन्न करेगा और आगे श्रंखला में नये खनिज का निर्माण करेगा। क्रिस्टलन के घटते तापक्रमों में निर्मित खनिज, अपक्षय पर्यावरण में अधिक स्थायी रहते हैं।

brackish **नुनखरा/खारा**

जिस जल में नमक (सोडियम क्लोराइड़) घुला रहता है, ऐसे जल को नुनखरा जल कहते हैं। यह जल सागरीय जल से कम खारा होता है।

brackish water **नुनखरा जल/ख़ाराजल**

ऐसा जल जो अंशतः मीठा (अलवण) और अंशतः खारा होता है, ऐसे जल को नुनखरा अथवा

खारा जल कहते हैं। ऐसे जल का क्षेत्र तट के अवरोध के पृष्ठ भाग में होता है जहाँ छिछले लैगून में अंशतः अवरोध को पार कर ज्वारीय जल प्रवेश कर जाता है और जहाँ नदियों द्वारा स्वच्छ जल की भी आपूर्ति होती रहती है।

braided river **गुंफित नदी/गुंथी हुई नदी**

ऐसी नदी जिसका जल कई अंतग्रन्थित शाखाओं में बहता हो और पुनः यह शाखाएं आपस में आगे जाकर मिल जाती हैं। इस शब्द का, कम फैलाव वाली धारा जहाँ धारा किसी द्वीप के चारों ओर विभाजित होकर बहती हो तथा नदी घाटी तली अथवा कांप मैदान पर अधिक विस्तृत जाल, जिसका समस्त भाग तीव्रता से मार्ग बदलती धाराओं द्वारा आडा तिरछा मार्ग बनाया जाता है तथा जिनके बीच में नवीन निक्षेपित अवसाद होता है, के लिए उपयोग में लिया जाता है।

brash **ब्रेश/भंगुर**

खंडित शैल का ढेर जिसका अपक्षय उसके मूल स्थान पर ही हुआ हो ब्रेश कहलाता है। टूटी हुई शैल अथवा हिम के मिश्रण के लिए भी ब्रेश शब्द का उपयोग किया जाता है।

braunerde **ब्राउनरड़े**

वन प्रदेशों की भूरी मृदा अथवा भूरी मृदा को ब्राउनरडे कहा जाता है। गहरे भूरे रंग की मृदा जिसमें धरातल से नीचे की ओर जैवअंश की मात्रा घटती जाती है। यह प्रायः कलकेरियस मूल पदार्थ पर विकसित होती है तथा उत्तम कृषि संभावनाओं वाली मृदा होती है।

breaker **भग्नोउर्मि**

तट के पास आने और छिछले जल में प्रवेश पर तरंग के खंडित होने के परिणाम स्वरूप उग्र जल के ढेर का तट की ओर बढना भग्न उर्मि कहलाता है। जल की गहराई में कमी के कारण तरंग की गति में कमी के कारण तरंग की गति में कमी, ऊंचाई में वृद्धि और लम्बाई में कमी हो जाती है। तरंग के अन्दर जल के कणों के कक्षीय मार्ग का भी खुले वृत्त से खुले दीर्घ वृत में परिवर्तन हो जाता है, जबतक कि जिस बिन्दु पर तरंग टूटती है, तरंग आकार की अपेक्षा तरंग शीर्ष के नीचे जल तीव्रता से गतिमान होता है।

breaking bulk **खंड आयतन**

फुटकर विक्रेता की व्यक्तिगत आवश्यकता की पूर्ति के लिए थोक व्यापारी द्वारा किसी वस्तु की मात्रा अथवा आकार में विभाजन किए जाने के कार्य को खंड आयतन कहते हैं।

breaking point theory **खंड बिन्दु सिद्धान्त**

यह रेल्ली के फुटकर गुरूत्वाकर्षण के नियम का ही एक भाग है और पृष्ठ प्रदेश अथवा पडौसी केन्द्रीय स्थानों के बाजार क्षेत्र के सीमांकन के साथ इसका सम्बन्ध है। सारांश में यह गुरूत्व मॉडल का ही एक रूप है। यदि दो केन्द्रीय स्थान समान आकार और स्तर के हों तो इस सिद्धान्त के अनुसार खंड बिन्दु ठीक दोनों स्थानों के बीच स्थित होगा। फिर भी यदि वे

स्थान आकार और स्तर के न हों तो बडा और महत्वपूर्ण स्थान, दूसरे की अपेक्षा मध्यवर्ती क्षेत्र में उपभोक्ताओं को संभवतः अधिक आकर्षित करेगा, इस प्रकार खंड बिन्दु बाद के स्थान के अधिक निकट होगा। सीमा की वास्तविक स्थिति ज्ञात करने के लिए निम्न सूत्र काम में लिया जाता है

$$\text{अ स्थान से खंड बिन्दू की दूरी} = \frac{\text{अ और ब के बीच की दूरी}}{1 + \dfrac{\text{प अ}}{\sqrt{\text{प ब}}}}$$

प अ और प ब जनसंख्या अथवा दो बस्तियों के मूल्यों को बताते हैं।

breccia **संकोणश्म**

विवर्तनिक क्रिया, ज्वालामुखी अथवा थोडी दूरी तक परिवहन द्वारा सामान्यतः 2 मिमी. से कम व्यास के टुकडों में शैल का बडा पैमाने पर विभेजित होना संकोणाश्म (बैसिया) कहलाता है।

brodel **ब्रॉडल**

एक अति विकृत और अनियमित मृदा में संरचना जो कि तुषार प्रक्रिया द्वारा मंथन से प्रभावित रही हो को ब्राडल कहते हैं।

bronze age **कांस्य युग**

पुरातत्वविदों द्वारा पाषाण युग और लौह युग के मध्य के काल को कांस्य युग माना गया है। इस काल में अस्त्र-शस्त्र, बर्तन और कृषि उपकरण नियमानुसार कांसे से बनाये जाते थे। यूरोप में इस काल की गणना 3500 ई.पू. और 1500 ई.पू. के मध्य की गई है।

Brukner cycle **ब्रकनर चक्र**

ब्रकनर द्वारा 1890 में अलिखित आंकडे जैसे कि खडी फसल के आधार पर एक पैतीस वर्षीय जलवायु चक्र निगमित किया, उससे उष्ण और शुष्क दौरे के एकान्तर को पहचाना, किन्तु चक्र स्पस्ट रूप से परिभाषित नहीं है और इसका आयाम भी बहुत छोटा होने के कारण इसकी पूर्वानुमान उपयोगिता भी नहीं है।

brunizem **ब्रुनिजीम**

शीतोष्ण अक्षांशों में घांस के मैदानों में विकसित मृदा, ब्रुनिजीम कहलाती है। विशेषतः निक्षालित (leached) स्तर के ऊपर भूरा तल क्षेत्र होता है जो अकलकेरियस (चूना रहित) आधार शैल पर भूरी अवमृदा (subsoil) वर्ग की होती है।

buffer state **बफर राज्य/उभय प्रतिरोधीराज्य**

दो विरोधी और शक्तिशाली राष्ट्रों के बीच एक स्वतंत्र राष्ट्र जिससे उनके बीच संघर्ष को रोकने में सहयोग मिलता है, वफर राज्य कहलाता है। उदाहरण के लिए जर्मनी और फ्रांस के मध्य बेल्जियम की अवस्थिति एक बफर राज्य के समान है। किन्तु वफर राज्य की स्थिति युद्ध

के समय बहुत ही असुरक्षित रहती है, युद्ध के समय शक्तिशाली पडौसी राज्य द्वारा बफर राज्य को रौंदे जाने की संभावना रहती है।

butte **ब्यूट**

एक छोटी सपाट ऊपरी सतह और कभी कभी तेज ढाल वाले पार्श्व वाली तथा समतल मैदान में अकेली खडी पहाडी को ब्यूट कहते हैं। इसके निर्माण का श्रेय पुराने भूमि तल के अपरदन को दिया जाता है, ब्यूट, बचे हुए टूकडे अथवा बहिर्शायी का प्रतिनिधित्व करता है।

butte temoin **ब्यूट टेमाइन**

क्यूस्टा के कगार की दिशा की ओर कटाव किया गया बहिर्वासी सपाट शीर्ष वाला भाग ब्यूट टेमाइन कहलाता है।

built up area **निर्मित क्षेत्र**

अधिवास का कृत्रिम परिवेश विशेषकर उसके निर्मित भवन, विभिन्न भूमि उपयोग और यातायात मार्ग निर्मित क्षेत्र में सम्मिलित किए जाते हैं।

bulk modulus **आयतन माडयूल्स/आयतन प्रात्यास्थता गुणांक/मापांक**

शैलों में संपीडन प्रतिबल का अनुपात जिसके परिणामस्वरूप उनके आयतन में परिवर्तन होता है आयतन माडयूल्स कहलाता है।

bunter **बुन्टर**

जर्मन भाषा के इस शब्द का अर्थ है ट्रियासिक युग की शैलों का उपविभाग, जिसकी रचना में विभिन्न प्रकार के बालू का पत्थर सम्मिलित रहते हैं।

buoyancy **उत्पलावन/उत्पलावकता**

उष्ण वायु और आस पडौस के ठंडे वातावरण के ढेर के बीच ताप में अन्तर उत्पभावन कहलाता है क्योंकि वायु तापक्रम व्युत्क्रमानुपाती होता है, ठंडे पर्यावरण से होकर उष्ण वायु का ढेर अथवा उष्मीय वायु का ऊपर की ओर गति वर्धन होता है जैसे कि कम धनत्व के कारण पानी में कार्क ऊपर उठ जाती है। पृथ्वी धरातल के भाग जहां असमान रूप से गर्म होते हैं, उष्ण क्षेत्र के सम्पर्क से वायु उष्णता ग्रहण करती है, तब वह अपने आस पडौस के क्षेत्र के संदर्भ में उत्पलावकता युक्त होती है। यह वायुमंडल में प्राकृतिक संवाहन का आधार है।

bush fallowing **क्षुप-परती**

एक प्रकार की स्वाव लम्बी कृषि जिसमें भूमि को कुछ समय तक बोये जाने के बाद कुछ वर्षो के लिए उसे पडती छोड दिया जाता है जिससे कि वह भूमि अपनी उर्वरता पुनः प्राप्त कर सके।

business cycle **व्यवसाय चक्र**

किसी प्रदेश, देश अथवा विश्व की अर्थ व्यवस्था में व्यापार के स्तर में उतार चढाव की पुनरावर्ती तथा तेजी और मंदी में नियमित प्रतयावर्तन की स्थिति को व्यवसाय चक्र अथवा व्यापार चक्र कहते हैं।

business park **व्यवसाय पाक**

सामान्यतः ग्राम-नगर सीमान्त के निकट स्थित और सुगम अभिगम्यता वाली भूमि का एक क्षेत्र जो कार्यालय विकास तथा उच्च प्रविधि (high tech) कम्पनियों, जो कि शोध और विकास में संलग्न रहती है अथवा ऐसी वस्तुओं का उत्पादन करती हैं जैसे कम्प्यूटर/साफ्टवेयर आदि, के लिए छोडी जाती हैं। इन अधिकांश पार्कों में सुखद पर्यावरण के सर्जन का महत्वपूर्ण उद्देश्य रहता है।

bysmalith **रोधनी स्कन्ध**

आकार में लगभग बेलनाकार और ढालू झुके भ्रंश को अनुकरण करती स्थानीय शैल परचाप के रूप में ऊपर उठी हुई अथवा धरातल पर बाहर निकली तीव्रढाल के पार्श्व वाली खड़ी आग्नेय शैल को रोधनी स्कन्ध कहा जाता है।

C

caatinga **कटिंगा/कंटक्षुपवन**

कांटेदार आरण्यभूमि का एक प्रकार जैसा कि उत्तर पूर्व ब्राजील जैसे क्षेत्रों में पाया जाता है, जिसकी विशेषता अनेक प्रकार के मरूदभिदी जाति की वनस्पति होती है।

caballing **कैबलन/मिश्रित जल**

मूल स्थानों में समान धनत्वों किन्तु मूलस्थान में ही तापक्रमों और लवणता में भिन्न दो जल राशियों का मिश्रण, इसके परिणाम स्वरूप मिश्रण उसके संघटकों की अपेक्षा अधिक सघन होगा।

cadastre **भूकर पंजी/केडेस्ट्र**

इस शब्दावली का उपयोग भौगोलिक सूचना तंत्र में किया जाता है। किसी क्षेत्र की सीमाओं, उसकी स्थिति, मूल्य और भूमि का स्वामित्व का रिकार्ड केडेस्ट्र कहलाता है। भूसम्पत्ति सर्वेक्षण से यह जानकारी प्राप्त की जाती है।

cadastral map **भूसम्पति मानचित्र**

भूमि के प्रविभागों की सीमाओं को दिखाने वाले सामान्यतः दीर्घ मायनी मानचित्र, इनका उपयोग भूमि के स्वामित्वके अभिलेखन के लिए किया जाता है।

caingin **कैइन्जिन**

भूमि पर स्थानान्तरी जुताई केइन्जिन कहलाती है। इण्डोनेशिया के बाली द्वीप में इस प्रकार की जुताई को लादांग कहते हैं।

Cainozoic/Cenozoic **सीनोजोइक/नूतन जीव कल्प**

महान भूगर्भिक कल्प का तीसरा (तृतीय महाकल्प-तर्राशियरी) कल्प अथवा उसके अवशेषों अथवा उसके संगठन की विशेषताओं से सम्बन्धित।

cairn **केअर्न/स्तूप**

मार्ग चिन्हक, एक सीमा संकेतक अथवा स्मरण चिन्ह के लिए पत्थरों के ढेर से बनाया गया ऊँचा नीचा टीला, केअर्न/स्तूप कहलाता है।

calcarenite **कैल्किरेनाइट**

यह कैल्सिसलटाइट और कैल्सिरूडाइट (कैल्सी गुटिकाश्म) के बीच के औसत कण आकार के चूना पत्थर खंडज को कैल्किरेनाइट कहते हैं। यह 0.06 मिमी. और 2.00 मिमी. व्यास के बीच के कणों से बने होते हैं। कैल्किरेनाइट, अत्यन्त बारीक (0.06 से 0.12) बारीक (0.12 मिमी. से 1.00 मिमी.) मध्यम (0.25 से 0.5), मोटा/स्थूल (0.5 से 1.00 मिमी.) तथा अत्यधिक स्थूल (1.0 मिमी. से 2.00 मिमी.) में विभाजित किये जाते हैं।

calcareous **कैल्सियमी/चूनेदार**

चूना अथवा चूना पत्थर (कैल्सियम कार्बोनेट) $caco_3$ से निर्मित शैल अथवा मृदा, कैल्सियमी कहलाती है इस प्रकार चूना पत्थर और चाक को कैल्सियमी/चूनेदार शैल कहा जाता है।

calcareous crust **कैल्सियमी पपडी/चूनेदार पपडी**

कैल्सियम कार्बोनेट से संयोजित कठोर बनाया गया स्तर कैल्सियमी पपडी/चूनेदार पपडी कही जाती है।

calcifuge **कैल्सियम भीरू/चूना भीरू**

अम्ल मृदाओं पर सर्वोत्तम प्रकार से बढने वाले पौधों को चूनाभीरू अथवा कैल्सियमभीरू कहा जाता है।

calciolous/calciole **कैल्सियम/चूना वासी**

चूनेदार मृदाओं में सर्वोत्तम प्रकार से बढने वाले कैल्सियम/ चूना वासी कहलाते हैं।

calcirudite **कैल्सीगुटाकाश्म**

कैलकरेनाइटस् (कैल्करेणुकाश्म) से बडे, औसत कण आकार वाले चूना पत्थर खंडज कैल्सीगुटाक्श्म कहलाते हैं। इनका आकार 2 मिमी. व्यास के कणों से बडा होता है।

calcisltitic **कैल्सिसलटाइट**

कैल्सीलूटाइटस् और कैल्सीगुटिकाश्म/कैल्सीरूडाइट के बीच मध्यम आकार के कण वाले चूना पत्थर के खंडज कैल्सिसलटाइट कहलाते हैं। यह 0.004 मिमी. और 0.06 मिमी. व्यास के कण होते हैं। 0.03 मिमी. व्यास की श्रेणी के कणों को बारीक कैल्सिसलटाइट कहते हैं और इससे अधिक व्यास वाले कण सूक्ष अथवा खुरदरे कहलाते हैं।

calcite ($caco_3$) **कैल्साइट**

कैल्साइट रंगहीन अथवा सफेद होता है तथा कैल्शियम कार्बोनेट का बहुरूपक होता है। इसका अत्यधिक दुहरा अपवर्तन पारदर्शी प्रकार के रवों में स्पष्टतः दिखाई देता है। चूना पत्थर का अधिकांश भाग कैल्साइट के अधिकतर भाग से बना होता है जो कि जीवाश्म खोल के रूप में होता है। अवसादों में भी केल्साइट अपरोक्ष संयोजन पदार्थ के रूप में पाया जाता है, रेशेदार कैल्साइट की शिरायें और संस्तर तंतु कैल्साइट (beef) कहलाती हैं।

calcium carbonate **कैल्शियम कार्बोनेट**

समुद्री जल में घोल के रूप में कैल्शियम कार्बोनेट (चूना) पाया जाता है तथा समुद्री जीवों के कंकाल और खोल के रूप में भी यह पाया जाता है। कार्स्ट प्रदेश में इसके निक्षेप पाये जाते हैं।

calcrete/calcicrete **कैल्क्रीट/कैलसीक्रीट**

कैल्सियम कार्बोनेट जमाव अथवा वाष्पीकरण अथवा अधिमौम जल से कार्बन डाई आक्साइड के निकल जाने से मृदा, रेत, कंकड, खोल आदि के संयोजन से निर्मित चूना पत्थर कैल्क्रीट कहलाता है।

caldera **काल्डेरा/ज्वालामुख कुण्ड**

ज्वालामुखी क्रेटर/ज्वालामुख जिसका व्यास एक किलोमीटर से अधिक होता है और 20 किलोमिटर तक हो सकता है, सामान्यतः ज्वालामुखी के उद्‌भेदन के समय शीर्ष के पृथक्करण के कारण इसका निर्माण होता है।

caledonian orogeny **कैलिडोनियाई पर्वतीकरण**

निम्न पुराजीवीमहाकल्प पर्वतोत्पत्ति जिसमें कैलिडोनियाई पर्वत, जिनका विस्तार आयरलैण्ड से स्कॉटलैण्ड होकर स्केन्डीनेविया तक पाया जाता है, का निर्माण हुआ था। यह बाल्टिक और कनेडियन शील्ड के बीच के आद्य अंधमहासागर के समापन का परिणाम था।

calibration **अंशाकन**

स्वतंत्र समय मापक के सम्बन्ध में किसी शैल का सिलसिला स्थापित करना अंशाकन कहलाता है। यह मापक विकिरणमिति प्रकार से निर्धारित किया जाय अथवा अन्य निरन्तर परिचालन अनुदिशात्मक अनुत्क्रमणीय प्रक्रिया के परस्पर सम्बन्धों के द्वारा किया जाय, जैसाकि शैलों में जीवाश्मों की उपस्थिति के आधार पर किया जाता है।

Caliche **कालीचे**

संयुक्त राज्य अमेरिका के दक्षिणी-पश्चिमी भाग की चरनोजम मिट्टियाँ जिनमें कार्बोनेट की मात्रा अधिक पाई जाती है कालीचे कहलाती हैं।

calm **शान्तवायु**

एक नॉट से कम गति वाली पवन जो ब्यूफोर्ट मापन पर शून्य बल द्वारा निरूपित की जाती है, शान्त वायु कहलाती है।

calving **हिमानी खंडन**

हिमशैल (Iceberg) से हिम के ढेर का अलग होना अथवा हिमनद से हिम का अलग होना हिमानी खंडन कहलाता है। हिमनदीय तंत्र में यह मुख्य प्रकार का अपक्षरण होता है।

campagne **शैम्पेन**

ऐसी भूमि अथवा स्थ्लाकृति जो समतल, बिना पहाडियों अथवा वनों के होती है उसे शैम्पेन कहते हैं। इस प्रकार के क्षेत्र का नाम फ्रांस के उत्तर पूर्वी भाग के कारण पडा है, जो उत्तर पश्चिमी भाग के विपरीत एक समतल और वन रहित प्रदेश है।

campbell-stokes recorder = sunshine recorder **कैम्पबेल स्टोक्स रिकार्डर = सूर्य प्रकाश का रिकार्डर**

campo **कैम्पो**

दक्षिण अमरीका में समतल खुले घास के मैदान और चिरस्थायी छितरे शाक तथा कभी अविकसित वृक्ष वाले क्षेत्र को कैम्पो कहा जाता है। कैम्पों शब्द पूर्तगालीभाषा का शब्द है जिसका अर्थ होता है समतल घास का मैदान।

campo carrado **कैम्पो सिरैडो**

संवृत घास स्थल।

campo limpo **कैम्पों लिम्पो**

वृक्षहीन घास के मैदान

campos **कैम्पोस**

ब्राजील के उष्णकटिबन्धीय घास के मैदानों को कैम्पोस कहा जाता है।

canopy **वितान/छतरी**

सामान्यतः वनभूमि/अरण्य भूमि की वनस्पति अथवा वृक्षों की सबसे ऊपर की सतह को वितान कहा जाता है। यद्यपि इस शब्दावली का स्थल भाग से ऊपर उठे हुये पत्तियों वाले वृक्षों की ऊपरी सतह के लिए भी उपयोग किया जाता है। इस क्षेत्र में प्रकाश और वर्षा को रोकने और फूलों के उत्पादन के स्पष्टतः महत्व के बावजूद संभवतः व्यावहारिक कठिनाईयों के कारण अपेक्षाकृत इसका कार्य कम प्रतिवेदित किया गया है। वनभूमि/अरण्य भूमि की भूमिका प्रकाश, जलवायु और वृक्षों और भूमि पर की वनस्पति के पुनरूज्जीवन के लिए महत्वपूर्ण है, लगभग 80 प्रतिशत प्रवेशी विकिरण इस क्षेत्र में रोका जाता है और 10 प्रतिशत ऊपरी पत्तियों और टहनियों द्वारा परिवर्तित हो जाता है।

canyon **कन्दरा/गम्भीर खड्ड**

नदी घाटी का गहरे और ढालू किनारों वाला भाग जिसकी गहराई उसकी चौडाई से अधिक होती है कन्दरा/गम्भीर खड्ड कहलाते हैं। इस प्रकार के गम्भीर खड्ड प्राय शुष्क और अर्द्धशुष्क क्षेत्रों में पाये जाते हैं। इन गम्भीर खड्डों/कन्दराओं का निर्माण उन क्षेत्रों में ही होता है जहां नदियां पूर्ववर्तिता के कारण अथवा उन क्षेत्रों में जहां नदियों द्वारा गम्भीर खड्ड बनाये जाते हैं

की अपेक्षा उनके उद्गम क्षेत्र अधिक वर्षा के भाग होने के परिणाम स्वरूप भूभाग को गहराई में चीरती हैं।

cape **अंतरीप**

स्थल का वह भाग जो समुद्र में निकला हुआ हो अन्तरीप कहलाता है। दक्षिण अफ्रिका का उत्तमाशा अंतरीप इसका उत्तम उदाहरण है।

capillarity **कोशिकत्व/केशिकीय**

यह एक यांत्रिक क्रिया है जिसके द्वारा केशिका जल मृदा परिछेदिका में भौमस्तर अथवा आर्द्र अवमृदा से ऊपर की ओर ऊध्वाकार उठता है। यह शुष्क और अर्द्धशुष्क क्षेत्रों की एक विशिष्ट प्रक्रिया है जहां वर्षण की अपेक्षा वाष्पीकरण अधिक होता है। यह रेतीली मिट्टियों की अपेक्षा मृतिका पर अधिक प्रभावी होता है, मृतिका में जल के ऊपर जाने की अधिकतम ऊंचाई 2.7 मीटर तथा रेत में यह मात्रा 0.7 मीटर होती है। जैसे-जैसे यह जल ऊपर की ओर बढता है यह अपने साथ घुला हुआ नमक लाता है और जहाँ केशिका धारा अन्त में सूख जाती है यह नमक जमा हो जाता है। यह मृदा धरातल अथवा परिक्षेदिका में नमक संचयन करती है, उदाहरण के लिए सोलनचक और सालोनेज मृदाओं में होता है। शुष्क प्रदेशों में जहाँ कृत्रिम ढंग से जल की आपूर्ति की जाती है वहाँ नमक जमाव के कारण पूर्व के उपजाऊ क्षेत्र नष्ट हो सकते हैं।

Capillary **केशिका**

मृदा में, मृदा और कणों के बीच बारीक स्थान केशिका कहलाती है।

capillary force **केशिकाबल**

धरातल तनाव और अधिशोषण बल को वास्तविकता में केशिका बल कहा जाता है। जल और केशिका तल तथा तनाव बलों के बीच अधिशोषण बल के परिणाम स्वरूप केशिका में जलऊपर चढता है। यह बल मृदा आर्द्रता और मृदा कणों को बांधे रखता है, इस प्रकार यह वायुमण्डलीय दबाब के कम पर असंतृप्त मृदा में रहता है, इसे प्रायः चूषण अथवा तनाव कहते हैं। इसके बल को तनावमापी/ पृष्ठतनन मापी द्वारा निर्धारित किया जा सकता है।

capillary fringe **केशिका फ्रिंज/केशिका पट्टी**

केशिका फ्रिंज/पट्टी, चह मेखला होती है जो भौम जलस्तर के ठीक ऊपर पाई जाती है जिसमें केशिकाओं द्वारा अधिक जल धारण किया हुआ होता है।

capillary water **केशिका जल**

मृदा के छोटे छिद्रों में, मृदा कणों के चारों ओर फिल्म समान छोटे छिद्रों में मृदा के छोटे छिद्रों में उसके कणों के चारो ओर फिल्म समान पाया जाने वाला जल केशिका जल कहलाता है। यह वह जल होता है जो पौधों द्वारा अपनी वृद्धि के लिए प्राप्त किया जाता है, गुरूत्वीय जल

के विपरीत जो वर्षा ऋतु में तीव्रता से मृदा से होकर बह जाता है और पौधों के पोषक तत्वों को भी बहा ले जाता है तथा आर्द्रता ग्राही जल वह जल होता है जो वायु के सुखाने के पश्चात् भी मृदा में रह जाता है और जो पौधों के लिए भी उपलब्ध नहीं होता है।

capillary wave **केशिका तरंग**

ऐसी जलीय तरंग जिसकी लम्बाई एक इंच से भी कम होती है। इसकी प्रेषण की गति अधिकतर धरातल बल के परिणाम स्वरूप जो जल में पाया जाता है, के द्वारा निर्धारित होता है, यह एक बल है जो जल तल को क्षैतिज स्थिति में पुनः स्थापित करने की ओर ले जाता है। जैसा कि सभी सागरीय तरंगों में होता है। केशिका तरंग उत्पन्न होने के लिए समुद्र में तलीय जल को पवन बहाव बल के स्थानान्तरण की आवश्यकता होती है। केशिका तरंग का अन्य प्रकार से उत्पत्ति हो सकती है उदाहरण के लिए तालाब में एक छोटा पत्थर फैंके जाने से केशिका तरंग उत्पन्न हो सकती है।

capital **राजधानी/पूंजी**

(i) किसी देश, राज्य अथवा प्रान्त का मुख्य नगर, साधारणतः जहां सरकार का आसन रहता है, विशेषकर जहाँ संघात्मक व्यवस्था होती है वहाँ यह आवश्यक नहीं है कि सबसे बडा नगर ही राजधानी हो जैसा कि आस्ट्रेलिया में कैनबरा, ओटावा कनाडा में तथा वाशिंगटन (डीसी) संयुक्त राज्य अमरीका, के ये नगर सबसे बडे नगर नहीं होने पर भी देश की राजधानीयां हैं।

(ii) आर्थिक भूगोल में पूंजी उत्पादन के तीन प्रमुख कारकों में एक है जबकि, श्रम और भूमि अन्य दो हैं। व्यापक अर्थों में यह शब्द उन सभी वस्तुओं की ओर इंगित करता है जो मनुष्य द्वारा, उत्पादन प्रक्रिया के उपयोग में लिए जाने के लिए तैयार की जाती है। यहां पर वित्तीय पूंजी और उत्पादन उपकरण (capital equipment) में अन्तर कर लेना आवश्यक है। वित्तीय पूंजी से तात्पर्य उद्यम के लिए पूंजी के स्रोत से है जबकि उत्पादन उपकरण से तात्पर्य उन मानव निर्मित वस्तुओं से होता है जो आगे उत्पादन में सहायक होती हैं जैसे मशीन तथा भवन आदि।

capital goods **पूंजीगत माल**

पूंजीगत माल में वस्तुएं विशेष कर निर्मित वस्तुएं जैसे कि मशीन आदि, सम्मिलित की जाती हैं। इसमें कच्चा माल जो अन्य वस्तुओं के उत्पादन में उपयोग में आता है, को सम्मिलित किया जाता है।

capitalism **पूंजीवाद**

पूंजीवाद सामान्यतः एक ऐसी आर्थिक व्यवस्था है जिसमें आर्थिक जीवन का अधिकांश भाग, विशेषतः उत्पादित वस्तुओं का स्वामित्व तथा विनियोजन निजि तौर पर आर्थिक प्रतिस्पर्धा की प्रक्रिया तथा लाभ प्राप्ति की इच्छा द्वारा सम्पन्न होता है। पूंजीवाद की प्रमुख विशेषताएं निम्न हैं :

(i) आर्थिक उत्पादन के साधनों का नियंत्रण तथा केन्द्रीकरण निजि व्यक्तियों के हाथ में होता हैं।

(ii) स्वतंत्र बाजार प्रणाली द्वारा पूंजी तथा साधनों का अर्जन।

(iii) स्वतंत्र श्रमिकों द्वारा बाजार में अपने श्रम का बेचा जाना।

(iv) अधिकाधिक लाभ की आकांक्षा।

(v) वृहत आधार पर उत्पादन और उच्चतम विशेषीकरण, तथा

(vi) निजि लाभ की कामना से प्रेरित प्रतिस्पर्धा।

caprock **छाद शैल**

कठोर और प्रतिरोधी शैलस्तर जो कम सूक्ष्म स्तर के ऊपर पाया जाता है और उनको अपरदन से सुरक्षित रखता है, छादशैल कहलाती है।

carapace **कैरापैस/पृष्ठवर्म**

(i) परिवलित वलन की ऊपरी सामान्य भुजा कैरापैस कहलाती है।

(ii) अनेक उष्ण कटिबन्धी मृदाओं की धरातल पर अथवा उसके निकट पायी जाने वाली लैटेराइटी भूपृष्ठ अथवा दृढ पटल, कैरापैस कहलाती है।

carbon 14 or radioactive dating **कार्बन 14 अथवा रेडियोधर्मी तिथि निर्धारण**

यह एक प्रकार की काल गणना की पद्धति है जिसके द्वारा जैव पदार्थों की लगभग आयु का निर्धारण कार्बन 14 (c14) द्वारा किया जाता है।

carbonation **कार्बोनिटन/कार्बोनिटीकरण**

रासायनिक अपक्षय जिसमें घुलनशील शैलों और खनिजों का क्षीण कार्बोनिक अम्ल जो वायुमंडल से प्राप्त कार्बन डाई आक्साईड तथा मृदाओं से मिलकर बनता है, के द्वारा घुलना सम्मिलित रहता है। कार्बोनिटीकरण चूना पत्थर पर अत्यधिक प्रभावकारी होता है, जिससे कि कैल्शियम बाई कार्बोनेट में परिवर्तित हो जाता है और घोल के रूप में अलग हो जाता है।

carbon cycle **कार्बन चक्र**

वायुमण्डल में कार्बन डाई आक्साईड की मात्रा 0.03 होती है जो जीवों के लिए कार्बन का मुख्य स्त्रोत होती है। यह गैस जीवों के लिए जल के साथ आक्सीजन का मुख्य स्त्रोत होती है। समस्त कार्बनिक पदार्थों में कार्बन मुख्य तत्व के रूप में पाया जाता है। जीव जगत में कार्बन डाई आक्साइड पौधों द्वारा प्रकाश संश्लेषण की प्रक्रिया द्वारा प्रवेश करती है। कार्बन डाई आक्साईड और जल मिलकर जीव द्रव्य का निर्माण करते हैं, जो जीव की मृत्यु तक उसमें रहते हैं। मृत्यु के पश्चात् जीवाणु अन्य जीवाणु और कवक के अपघटन द्वारा कार्बन को पुनः वायुमण्डल में लौटाते हैं।कुछ मात्रा में श्वसन क्रिया द्वारा उत्पन्न कार्बन डाई आक्साईड वायुमण्डल में लौटाते हैं। इनके अतिरिक्त कोयला, पेट्रोल, डीजल के दहन से धुंआ आदि से

भी कार्बन डाई आक्साईड वायुमण्डल में प्रवेश करती है।

carbon-dioxide **कार्बन डाई ऑक्साईड**

यह वायुमण्डल में एक छोटे अंश (0.05%) में पाई जाने वाली किन्तु प्रभाव की दृष्टि से अत्यन्त महत्वपूर्ण गैस होती है। यह एक प्रकार की गैस है जो जल में घुली अवस्था में मिलती है। समस्त जलीय पादप प्रकाश संश्लेषण के लिए कार्बन डाई आक्साईड पर ही निर्भर रहते हैं। जल में कार्बन डाई आक्साईड गैस वायुमण्डल के विसरण द्वारा जलीय जीवों के माध्यम से आती है।

carboniferous limestone **कार्बनी चूना पत्थर**

ब्रिटेन में कार्बनी प्रणाली का निम्न आश्मिक विभाजन। यह निम्न कार्बनी अथवा दिनानटियन के सदृश्य है।

carcade fold **कारकेड़ वलन**

वृहत वलन की भुजा पर गुरूत्व धंसाव के परिणाम स्वरूप गौण अथवा लघु वलन का विकसित होना कारकेड़ वलन कहलाता है।

cardinal points **प्रधान दिग्बिन्दु**

चार मुख्य बिन्दु अथवा कम्पास की दिशायें:उत्तर, दक्षिण, पूर्व और पश्चिम प्रधान दिग्बिन्दु कहे जाते हैं।

carnelian = silica mineral **कार्नीलियन-इंद्रगोप = सिलिका खनिज**

carr **पोखर/दलदल**

पुराना दलदल और कच्छी/दलदली भूमि जो जल निकास द्वारा कृषि योग्य बना ली गई हो ऐसी भूमि कार/पोखर कहलाती है।

carse **कार्स**

नदी मुहाने के निकट जलोढक का समतल क्षेत्र कार्स कहलाता है।

cartel **उत्पादक संघ**

यह एक ऐसी पद्धति है जिसमें किसी क्षेत्र के समस्त उत्पादक एक संगठित योजना के अनुसार बाजार को आपस में बाँट लेते हैं जिससे वे आपस में सीधी स्पर्धा से बच जाते हैं और एक दूसरे के हिस्से पर अनाधिकार प्रवेश भी नहीं होता है।

cartogram **मानारेख**

यह एक विशेष प्रकार का मानचित्र है जिसमें किसी एकल विचार/मूल्यों को आरेखी ढंग से दिखाने के लिए बनाया जाता है। अत्यधिक अमूर्त व सरलीकृत मानचित्र मानारेख कहलाता है।

cartography **मानचित्र कला**

मानचित्र बनाने की कला एवं विज्ञान को मानचित्र कला कहा जाता है। इसमें धरातल के सर्वेक्षण से मानचित्र मुद्रण तक की समस्त प्रक्रियाओं को सम्मिलित किया जाता है।

cartouche **कारटूश**

मानचित्र पर शीर्षक, मापक आदि दिखाये गये भाग को कारटूश कहते हैं। डच पुनर्जागरण और एलिज़ाबेथ काल के मानचित्रकार उच्चकोटि के सजावटी कारटूश में विशेषज्ञ थे।

Cascade **क्रम प्रपात**

छोटे प्रपातों की एक शृंखला, जैसा कि विक्टोरिया झील से आगे सफेद नील में प्रपात पाये जाते हैं।

cassiterite **कैसीटेराइट/रांगापत्थर**

अम्ल आग्नेय शैलों और जलोढ जमावों से सम्बद्ध उष्णजलीय शिराओं और प्रतिस्थापनी जमावों में पाया जाने वाला भूरे से काले रंग का टिन खनिज (Sno_2) केसीटेराईट/रांगा पत्थर कहलाता है।

cataclasis **अपदलन**

शैल विरूपण होने की प्रक्रियाओं द्वारा भ्रंशन तथा खनिज कणों का परिभ्रमण जैसा कि पिसे हुये संकोणाश्म (ब्रेसिया) के निर्माण में होता है, अपदलन (कैटाक्लासिसो) कहलाता है।

cataclinal **अनुनतिक**

धारा अथवा नदी से सम्बन्धित वह शैल, जिसके ऊपर से वह वहती है के झुकाव की दिशा में ही उसका बहाव रहता है। इस अवस्था को अनुनतिक कहा जाता है।

catchment area **अपवाह क्षेत्र/आपूर्ति क्षेत्र**

(i) मानव भूगोल में ऐसा क्षेत्र जो किसी नगर की समस्त आपूर्ति करता हो आपूर्ति क्षेत्र कहलाता है।

(ii) जल विज्ञान के क्षेत्र में वह क्षेत्र जो किसी नदी तथा उसकी सहायक नदियों द्वारा जल प्राप्ति और वहने का क्षेत्र होता है। इस क्षेत्र को अपवाह द्रोणी (drainage basin) भी कहा जाता है।

cauldron **काल्ड्रन/महाकुण्ड**

ज्वालामुखी मूल की कोई भी ढहजाने वाली संरचना जैसे कि वहां स्थानीय शैल का खंड अधःस्तर मैग्मा में निमग्न हो जाता है। संरचना के आकार के सम्बन्ध में अथवा उत्तरवर्ती अपरदन के विस्तार के लिए कोई सीमायें नहीं हैं।

cay **के (बलुई द्वीप)**

छिछले उष्ण कटिबन्धीय सागरों में पाये जाने वाले छोटे द्वीपों की शृंखला के (kay) कहलाती

है। यह नाम बहामा के नाम पर पडा है। इस प्रकार के द्वीपों की शृंखला प्रवाल और रेत के जमावों से बनती है। संयुक्त राज्य अमरीका के फ्लोरिडा में 'के' शब्दावली प्रयुक्त होती है।

celestite/celestine/ **सेलेस्टाइट/सेलेस्टाईन**

एक स्ट्रान्शियन खनिज ($SrSo_4$) जो प्रायः जिप्सम के साथ पाया जाता है। स्ट्रान्शियन का प्रमुख स्त्रोत है।

celsian **सेल्शियन**

बेरियम फेल्सपार मिश्रित खनिज सेल्शियन कहलाता है।

celsius scale **सेल्सियस स्केल**

यह एक तापक्रम मापक है जिसका नाम स्वीडन के खगोलशास्त्री के नाम पर रखा गया है। जिसने सर्वप्रथम हिमांक बिन्दु से क्वथनांक बिन्दु के अन्तराल को 100 भागों में विभाजित किया था। इसे सेंटीग्रेड़ स्केल के नाम से ही अधिक जाना जाता है, अन्तर्राष्ट्रीय समझौते द्वारा सेल्सियस शब्द स्वीकृत किया गया है।

centigrade scale = celsius scale **सेंटीग्रेड़ स्केल = सेल्सियस स्केल**

central meridian **केन्द्रीय देशान्तर**

0° देशान्तर रेखा जो मानचित्र प्रक्षेप का अक्ष बनती है। सामान्यतः केन्द्रीय देशान्तर प्रक्षेप के मध्य में होती है जैसा कि सेन्सन-फ्लेमस्टीड प्रक्षेप में बनाई जाती है।

Central place **केन्द्रीय स्थान**

एक ऐसी बस्ती अथवा केन्द्रीय बिन्दु जो अपने चारों ओर के क्षेत्र से समान दूरी पर होता है, सामान और सेवाओं की आपूर्ति करता है, केन्द्रीय स्थान कहलाता है।

Central tendency **केन्द्रीय प्रवृत्ति**

यह औसत का पर्यायवाची है प्रायः गणितीय माध्य के लिए इस शब्दावली का उपयोग किया जाता है।

central vent volcano **केन्द्रीय ज्वालामुखी निकास नली**

ज्वालामुखी, जिसकी एक केन्द्रीय निकास नली होती है और जिसके चारों ओर मोटे तौर पर संतुलित शंकु में ज्वालामुखी मलवा जमा होने की प्रवृति होती है, केन्द्रीय ज्वालामुखी निकास नली कहलाती है।

centrifugal drainage pattern **अपकेन्द्रीय प्रवाह प्रणाली**

जब नदियाँ एक स्थान से निकल कर चारों ओर को बहती हैं, ऐसी प्रणाली को अपकेन्द्रीय प्रवाह प्रणाली अथवा अरीय (radial) प्रवाह प्रणाली कहा जाता है।

centrifugal force **अपकेन्द्रीय बल**

किसी भी छोटी से छोटी वस्तु को एक धागे के सिरे पर बांध कर वृत में चारों ओर घुमाये जाने पर उस वस्तु में सदा दूर भागने की प्रवृति दिखाई देती है, जिसके परिणाम स्वरूप वह धागे पर अभ्याकर्षण डालती है इसी अभ्याकर्षण को अपकेन्द्रीय बल कहा जाता है।

centripetal acceleration **अपकेन्द्री गतिवर्धन**

वक्र मार्ग पर घूम रहे पिण्ड के गतिवर्धन को अपकेन्द्री गतिवर्धन कहते हैं, यह प्रतिइकाई द्रव्यमान अभिकेन्द्री बल के बराबर और प्रतिकूल होता है।

centripetal drainage pattern **अभिकेन्द्री प्रवाह प्रणाली**

जब नदियां चारों ओर से निकल कर एक केन्द्र की ओर प्रवाहित होती हैं इस प्रकार की प्रवाह प्रणाली को अभिकेन्द्री प्रवाह प्रणाली कहा जाता है।

centroclinal **केन्द्रनतिक**

यह एक ऐसे बेसिन/द्रोणी को निर्दिष्ट करता है जिसमें कि समस्त शैल संस्तर का केन्द्रीय निम्न बिन्दु की ओर झुकाव रहता है यह क्रेटोनी क्षेत्रों की विशेष्ता होती है।

centrography **गुरुत्वकेन्द्र विद्या/सेन्ट्रोग्राफी**

वर्णनात्मक सांख्यिकी जिसमें केन्द्रीय प्रवृत्ति के मापन जैसे कि जनसंख्या केन्द्रीयता अथवा जनसंख्या संभाव्यता का अध्ययन गुरुत्वकेन्द्र विद्या/सेन्ट्रोग्राफी में किया जाता है।

centroid **केन्द्रक**

भौगौलिक सूचना तंत्र में किसी सत्ता/सत्व के गुरुत्व का केन्द्र प्रायः बहुभुजों (polygons) के संदर्भ में प्रयुक्त किया जाता है।

cetology **सीटोलोजी**

जलीय स्तनपोषी विशेषकर ह्वेल से सम्बन्धी अध्ययन का विज्ञान सीटोलोजी कहा जाता है।

chain **जरीब/चेन**

जरीब/चेन तथा फीता सर्वेक्षण में उपयोग में ली जाने वाली जरीब/चेन लोहे अथवा इस्पात के तार से बनी होती है तथा इसके दोनों सिरों पर पीतल के हत्थे लगे रहते हैं। प्रत्येक जरीब में 100 कडियां होती हैं जो छल्लों के माध्यम से आपस में जुडी रहती हैं। प्रत्येक 10 कडी के पश्चात् पीतल टेग द्वारा 10, 20, 30, 40, 50 कडियों को प्रकट किया जाता है। माप प्रणाली, लम्बाई तथा उपयोगिता के आधार पर जरीब चार प्रकार की होती है- (1) मीटर जरीब (2) इंजीनियर जरीब (3) गन्टर जरीब तथा (4) इस्पाती फीता जरीब।

channel **चैनल/जलमार्ग/वाहिका**

नीचा गहराई में कटा हुआ घाटी तल जो या तो, अस्थाई अथवा स्थायी अथवा आंशिक

अथवा पूर्ण रूप से नदी अथवा जल की धारा उसमें बहती है, चैनल अथवा जलमार्ग अथवा वाहिका कहलाती है।

chapada **चैपाड़ा**

अरण्य वन कटक अथवा दक्षिण अमरीका के सवाना घांस के मैदानों विशेष कर ब्राजील में ऊपर उठे पठारी भाग को चैपाडा कहा जाता है।

chaparral **चैपरल/झाडीवन**

भूमध्य सागरीय जलवायु प्रदेशों में पाई जाने वाली एक विशेष प्रकार की सदाबहार झाडी जिसकी चमडे जैसी छोटी पत्तियां होती हैं।

cheiorographic coast **काइरोग्राफिक तट**

उन क्षेत्रों में जहाँ जटिल विवर्तनिक उत्थान ओर निमज्जन हुये हों, की विशिष्ट तट रेखा जो एकान्तर गहरी खाडियों और अन्तरीपों द्वारा बनी होती है काइरोग्राफिक तट कहलाता है।

Chemosphere **रसोमण्डल**

वायुमण्डल के मुख्यत: 40 से 80 किलोमीटर के बीच की ऊंचाई के क्षेत्र के लिए कभी कभी उपयोग में लिया जाने वाला शब्द है, जिसमें प्रकाश रसायनी प्रक्रियायें महत्वपूर्ण होती हैं।

chernozem **चर्नोजेम**

एक प्रकार की काली मिट्टी जिसमें नीचे की संस्तर में हयूमस (खाद मिट्टी) की अधिकता और केल्शियम-कार्बोनेट प्रचुर मात्रा में पाया जाता है। शीतोष्ण घास के मैदानों विशेष कर रूस के स्टैपी भागों की मृदा की यह विशेषता है।

cherronfold **पदफीती वलन**

संगत वलन जिसकी भुजाएं समान लम्बाई की होती हैं, को पदफीती वलन कहा जाता है।

chert **चर्ट**

सिलीका का गूढ क्रिस्टली प्रकार जैसे फिलंट (चकमक) और विशेष कर चूना पत्थर जिसमें सिलिका द्वारा कैल्शियम कार्बोनेट को प्रतिस्थापित कर दिया गया हो चर्ट कहलाता है।

chestnut brown soil **चेस्ट नट भूरी मिट्टी**

यूक्रेन और संयुक्त राज्य अमरीका के बडे मैदान (great plain) में पाई जाने वाली एकविशिष्ट मृदा चेस्ट नट भूरि मिट्टी कहलाती है। इन क्षेत्रों में चर्नोजेम मृदा क्षेत्रों की अपेक्षा अधिक शुष्क अवस्थायें पाई जाती हैं जिसके कारण गुच्छेदार घास का आवरण यहां की प्राकृतिक वनस्पति है, जो इस प्रकार की मिट्टी की रचना का मुख्य कारण है। इस मिट्टी के A स्तर में कैल्सियम कार्बोनेट तथा कभी कभी जिप्सम के होने के कारण इस मिट्टी का रंग हल्का होता है। अमरीका के पश्चिमी भाग में चेस्टनट भूरी मिट्टियाँ गम्भीर अपरदन से प्रभावित हैं।

chiastolite **काईएस्टोलाइट**

ऐन्डालुसाइट (आर्थोरहोम्बिक विषम लम्बाक्ष अथवा ऐल्युमिनियम सिलिकेट का एक प्रकार) का एक प्रकार जिसमें अशुद्धतायें क्रास (आडे अथवा अनुप्रस्थ) की आकृति में व्यवस्थित रहती है को काइएस्टोलाइट कहा जाता है।

chinaclay **चीनीमिट्टी**

ग्रेनाईट शैलों में फेल्सपार के अपक्षय और उष्णजलीय प्रत्यावर्तन के द्वारा केओलिनाईट (चीनी मिट्टी) के जमाव होते हैं।

chine **चाइन/विदर/खड्डु**

छोटे आकार का खड्डु अथवा कन्दरा (ravine) जो समुद्री तट तक पहुँचता हो चाईन/खड्डु कहलाता है इस प्रकार के चाइन दक्षिणी इग्लैण्ड में पाये जाते हैं, विशेष कर बोर्न माउथ के निकट बालू पत्थर में इस प्रकार के चाईन स्पष्टतः विकसित हुये हैं।

chinna bar **चिन्नाबार**

ज्वालामुखी शैलों के साथ सम्बद्ध शिराओं और संसचेन में पायी जाने वाली चमकदार लाल पारा अयस्क खनिज चिन्नाबार कहलाती है।

chinook **चिनुक (पवन)**

उत्तरी अमरीका के रॉकी पर्वत से उतरने वाली उष्ण पवन चिनुक पवन कहलाती हैं। ये पवन प्रायः दिसम्बर से फरवरी के बीच चला करती हैं। इन पवनों से तापक्रम में वृद्धि हो जाती है। कोलम्बिया नदी के मुहाने के निकट रहने वाली एक इंडियन जन जाति (Inut) के नाम पर इसका नाम रखा गया है।

chondrules **कोन्ड्रुल्स**

पथरीले उल्कापिण्डों में पाया जाने वाला ऑलीवीन अथवा एन्स्टाइट के सामान्यतः छोटे गोलाकार पिण्डों को कोन्डुल्स कहते हैं।

chop **चॉप/तरंगभंग**

ज्योहीं पवन आरोही होती हैं, नुकीले शीर्ष और तीव्र ढाल वाली तरंग के साथ समुद्री धरातल पूर्ण रूप से संयत समीर के प्रभाव में शीघ्र विकासशील हो जाता है।

chorochromatic maps **कोरोक्रोमेटिक मानचित्र**

एक ऐसा मानचित्र जिस पर अमात्रात्मक स्थानिक वितरण आभायन रंगों द्वारा दिखाया जाता है, उसे कोरोक्रोमेटिक मानचित्र कहा जाता है।

chorographic maps **कोरोग्राफिक मानचित्र**

एक ऐसा मानचित्र जिस पर प्रदेशों सामान्यतः बडे प्रदेशों जैसे देशों और महाद्वीपों की सीमाओं को निर्देशित किया जाता है कोरोग्राफिक मानचित्र (chorographic) कहलाते हैं।

मानचित्रावली (atlas) और लघु मापनी वाले दीवाल मानचित्र विशेष कर वे मानचित्र जो राजनैतिक विभाजन दिखाते हैं, इस वर्ग के मानचित्रों के अन्तर्गत आते हैं।

chorography **कोरोग्राफी/क्षेत्र वर्णनी भूगोल**

भौगोलिक प्रदेशों, पादप समूह और (पशुओं) प्राणियों के वितरण का विज्ञान कोरोग्राफी कहलाता है।

chorological science **क्षेत्र विवरण विज्ञान**

क्षेत्र विवरण विज्ञानों में भूभौतिकी, भूगोल तथा नक्षत्र विज्ञान सम्मिलित किये जाते हैं। यह सभी विज्ञान क्षेत्र विवरण करते हैं, यथा भूभौतिकी में पृथ्वी को ठोस इकाई मानते हुए उसके भीतरी भाग की व्याख्या की जाती है, भूगोल में मुख्यतः पृथ्वीतल वायुमण्डल, मानव के क्रियाकलापों आदिका अध्ययन किया जाता है जबकि नक्षत्र विज्ञान में आकाशीय लक्षणों की व्याख्या की जाती है। यह सभी विज्ञान क्षेत्रों के विवरण के कारण क्षेत्रीय विवरण विज्ञान कहलाते हैं।

choronological science **काल निर्णय विज्ञान**

काल निर्णय विज्ञान के अन्तर्गत प्रागैतिहासिक प्राणी विज्ञान तथा ऐतिहासिक विषयों को सम्मिलित किया जाता है। प्रागैतिहासिक एवं उनके जीवाश्मों की समय सारिणी, अवसादी शैलों का विस्तार व स्वरूप काल निर्णय विज्ञान के अध्ययन के अन्तर्गत आते हैं।

choropleth maps **समभार/समघनत्व मानचित्र**

इस प्रकार के मानचित्रों में लक्षणों की बढती हुए सघनता को आभाविधि से दर्शाया जाता है। मानचित्र में उस क्षेत्र की सबसे छोटी इकाई को आधार मान कर सघनता की भिन्नता दिखाई जाती है। इस प्रकार के मानचित्रों से प्रायः जनसंख्या का घनत्व दिखाया जाता है।

choroschematic diagram **वर्णप्रतीकी आरेख**

इस प्रकार के आरेख को चिन्ह विधि आरेख भी कहा जाता है। प्रतीक अथवा चिन्हों द्वारा मानचित्र में वस्तुओं के वितरण को दिखाया जाता है। इस प्रकार के आरेख वर्ण प्रतीकी आरेख कहलाते हैं।

chott **शोट**

प्रायः अधिक खारी मौसमी झील जो शीत ऋतु के महीनों में जल से पूरी भरी रहती है शोट कहलाती है। उत्तरी अमरीका के विवर्तन द्वारा निर्मित झील बेसिन के लिए इस शब्द का प्रयोग किया जाता है।

chute **शूट/प्रवणिका/ढालू-प्रणाली (चैनल)**

एक संकरी तेज प्रवाह वाली सरिता, यह शब्द नदियों और मुख्य भूमि तथा द्वीपों के बीच की जल संयोगी (जलडमरूमध्य) दोनों के लिए प्रयोग किया जाता है।

cinder cone = ash cone **सिण्डर शंकु = भस्म शंकु**

circum erosinal mountain = residual mountain **घर्षित पर्वत = अवशिष्ट पर्वत**

circum-pacific belt **परिप्रशान्त मेखला**

प्रशान्त महासागर को घेरे हुये एक संकरी मेखला जहाँ वर्तमान भूकम्पों के 75 प्रतिशत भूकम्प आते हैं। यह मेखला आग्नेय, रूपान्तरित और विवर्तनिकी विरूपित अवसादी शैलों से निर्मित है।

circum polar vortex **परिध्रुवी वातावर्त**

मध्य अक्षाशों में ऊपरी और मध्य क्षोभ मण्डल में प्रचण्ड पधुआ पवनों का प्रवाह, परिध्रुवी वातावर्त कहलाता है।

cirque corrie, cwm **सर्क/हिम गह्वर**

सर्क (corrie, cwm) हिमनद घाटी के शीर्ष भाग में एक अर्द्ध-वृत्ताकार आकार का गर्त होता है। इसका पार्श्व और पृष्ट भाग खडे ढाल वाला होता है। प्रायः सर्क का आकार एक गोल रंगमच अथवा गहरी सीट वाली आराम कुर्सी के समान होता है। सर्क प्रायः हिम से भरे रहते है इस कारण इन्हें हिमगह्वर अथवा हिमगर्त भी कहते हैं। हिम के पिघल जाने पर सर्क जल से भर जाते हैं और झील का रूप ले लेते हैं। सर्क को भिन्न-भिन्न देशों में भिन्न-भिन्न नामों से पुकारा जाता है यथा स्कॉटलैण्ड में कौरी, जर्मनी में कारेन, वेल्स में स्विम (cwm) और फ्रांस में सर्क।

cirro cumulus **पक्षाभ कपासी मेघ**

श्वेत रंग के छोटे-छोटे, गोलाकार, चित्तीदार ऊँचे पक्षाभ मेघ पक्षाभ मेघ कहलाते हैं।

cirrostratus cloud **पक्षाभस्तरी मेघ**

हिम-क्रिस्टल निर्मित पतले उच्च स्तर, परत वाले मेघ होते हैं। ये मेघ पारदर्शी और आकाश में आर पार फैले होने का आभास देते हैं। दिन के समय पक्षाभस्तरी मेघ प्रभामण्डल प्रभाव उत्पन्न करते हैं जो स्पष्ट रूप से सूर्य के चारों ओर देखा जा सकता है। ये वर्षण और गर्त के आने का पूर्वाभास देते हैं।

cirrus cloud **पक्षाभ मेघ**

यह असम्बद्ध मेघ होते हैं, घास के ढेर के समान पताका अथवा हिमक्रिस्टल तंतु के रूप में होते हैं। क्षोभमण्डल के ऊपरी तल 6000 मीटर से अधिक ऊपर तथा $25^{o}c$ से कम तापक्रम वाले मेघ होते हैं। जब इन मेघों की आंकडेदार आकृति होती है तब इन्हें चंवरी मेघ (mares tail) कहा जाता है और वर्षा होने की स्थिति बताते हैं।

city region **नगर प्रदेश**

वह क्षेत्र जो नगर के चारों ओर आपूर्ति करता है तथा नगर की आपूर्ति भी उसी क्षेत्र से होती है, ऐसा क्षेत्र नगर प्रदेश कहलाता है।

civilization **सभ्यता**

कृषि, धातुकर्म, श्रमविभाजन, वर्गस्तरण, राज्य की स्थापना और नागरिक जीवन से संबंधित संस्कृति का विकसित रूप सभ्यता कहलाता है।

clay **चिकनी मिट्टी/मृतिका**

ऐल्युमिनियम सिलीकेटों तथा अन्य खनिजों से बनी अवसादी शैल जो अन्य शैलों के रासायनिक टूटन से उत्पन्न होती है। लगभग 0.002 से 0.004 मिमी. व्यास के कणों द्वारा निर्मित पदार्थ चिकनी मिट्टी /मृतिका कही जाती है।

clay mineral **मृतिका खनिज**

मृतिका कणों के आकार का नहीं वरन जलयोजित अल्यु मिनियम सिलिकेट समूह जैसे कि केओलिनाइट, जो कि शैल तीव्र अपक्षय द्वारा निर्मित होता है।

clay pan **मृतिका पटल**

मृदा क्षेत्र में स्थित सघन किन्तु सीमेंटेड नहीं, ऐसी चिकनी मिट्टी पदार्थ मृतिका पटल कहलाता है।

clay-with-flint **फिलन्टयुक्त मृतिका**

मृतिका/चिकनी मिट्टी, बजरी तथा प्रमुखता से फिलन्ट के मिश्रित जमावों का दक्षिणी इंग्लैण्ड के चाक उच्च प्रदेशों में स्थानीय निमज्जित भागों में पाये जाने वाले जमाव फिलन्टयुक्त मृतिका कहे जाते हैं।

clear water erosion **स्वच्छ जल अपरदन**

नदियों, जिन पर बांधों और जलाशयों के निर्माण द्वारा अवसाद भार दूर कर दिया जाता है, के कारण होने वाले अपरदन को स्वच्छ जल अपरदन कहते हैं। अवसाद भार के कम हो जाने से अभिवृद्धि की अपेक्षा कटाव होता है। यह पुलों और अन्य मानव निर्मित संरचनाओं के लिए गम्भीर समस्या उत्पन्न कर देता है।

cleat **क्लीट/कोयला संधि**

कोयले की परत में संधि अथवा संधिक्रम, कोयला संधि/क्लीट कहलाता है। प्रायः दो प्रकार के वर्ग एक दूसरे से समकोण पर स्थित होते हैं, जिसके सहारे कोयला विभंजन प्रमुखता से होता है।

cleavage **विदलन**

विरूपण अथवा रूपान्तरण के परिणाम स्वरूप विभंजन अथवा निकट अन्तराल समतल

संरचनाओं में शैल के टूटने की प्रवृति को विदलन कहते हैं। खनिजों में विदलन से तात्पर्य कमजोर तल के सहारे अणुढांचे में खनिज के विभक्त होने की प्रवृति को खनिज विदलन कहते हैं।

cleavage plane **विदलन तल**

(i) विभंजन का तल अथवा समतल संरचनाओं की श्रंखला

(ii) विकृत अथवा रूपान्तरित शैल में विभंजन का तल अथवा समतल संरचनाओं की विकसित श्रंखला जिसके सहारे यह प्रमुखता से विभक्त होती है। खनिज विदलन में भी विदलन तल होते हैं।

climate **जलवायु**

विशिष्ट क्षेत्र का लम्बी अवधि की वायुमण्डलीय विशेषताओं को जलवायु कहा जाता है। यह मौसम के विपरीत होती है। ये विशेषतायें सामान्यतः संख्यात्मक आंकडों से मौसम विज्ञान के तत्वों जैसे तापक्रम, वायुदाब, वायु, वर्षा और आर्दता को प्रदर्शित किया जाता है। ये आंकडे बहुधा दैनिक मासिक, मौसमी, वार्षिक औसत गणना के लिए काम में लिए जाते हैं इसके साथ ही विचलन और आवृति मापन के लिए भी इनका उपयोग किया जाता है।

climate region **जलवायु प्रदेश**

पृथ्वी तल का एक ऐसा क्षेत्र जिसकी जलवायु अपेक्षतः समान गुणों और सामान्यतः जलवायु वर्गीकरण के क्रम द्वारा निश्चित की गई होती है।

climatie map **जलवायु मानचित्र**

विश्व अथवा उसके किसी भाग में तापक्रम, वायुदाब, वायु, वर्षा और आकाशीय अवस्थाओं के औसत को दिखाने वाला मानचित्र।

climatology **जलवायु विज्ञान**

जलवायु विज्ञान के अन्तर्गत जलवायु के तत्वों का अध्ययन किया जाता है। जलवायु विज्ञान के विभिन्न पक्षों पर अधिक बल दिये जाने के कारण जलवायु विज्ञान के कई उपविभाग जैसे व्यावहारिक, प्रादिशिक, भौतिक और सार रूप जलवायु विज्ञान, किये गये हैं।

climatograph **जलवायु आरेख**

एक वृत्ताकार आरेख द्वारा किसी क्षेत्र के मौसमी तापक्रम में भिन्नताएं आलेखीय आकार में दिखाये जाने को जलवायु आरेख कहते हैं।

climbing dunes **ओरोही रेत का टिब्बा**

रेत पुंज (ढेर) जो मन्द ढाल पर आरोहित होता है, आरोही रेत का टिब्बा कहलाता है।

climograph **क्लाइमोग्राफ**

किसी स्थान के औसत मासिक आर्द्र बल्ब तापमान और आपेक्षिक आर्द्रता के आंकडों से

बनाये गये आरेख को उस स्थान का क्लाइमो ग्राफ अथवा क्लाइमोग्राफ कहते हैं।

climographic curve **प्रवणता वक्र**

एक वक्र जो पृथ्वी के धरातल के ढाल अथवा ढालों का प्रतिनिधि होता है उसे प्रवणता वक्र कहा जाता है।

clinometer **नतिमापी यंत्र**

ऊर्ध्वाधर समतल में विशेष कर उनके निमज्जी शैल और पहाडी ढाल के कोणों को नापने के लिए एक यंत्र, जिसे नतिमापी यंत्र कहा जाता है।

climo-sequence **प्रवण-निरन्तरता/नमन अनुक्रम**

सम्बन्धित मृदाओं का एक समूह जो स्थिति और ढाल के कोण के परिणाम स्वरूप गुणों में भिन्न होती है, इस प्रकार की अवस्था को प्रवण निरन्तरता अथवा नमन अनुक्रम कहते हैं।

clitter **क्लिटर/शैल मलवा**

अतिविशाल ग्रेनाइट गोलाश्म विशेषकर जैसे इंग्लैण्ड के डार्टमूर क्षेत्र में पाये जाते हैं। शैल मलवा/क्लिटर संभवतः शैलखंड प्रवाह अथवा शैल खंड क्षेत्र का प्रतिनिधित्व करते हैं जो पहाडी (कूट) का रूप दिये जाने का परिणाम होता है।

closed fold **संवृत/बन्द वलन**

एक ऐसा वलन जो इतना अधिक संपीडित हो गया हो कि उसकी दोनों भुजाएं समानान्तर हो गई हों, संवृत/बन्द वलन कहा जाता है।

cloud **मेघ**

सूक्ष्म जलबिन्दुक (water droplets) और हिम क्रिस्टल (रवा) के मिश्रण अथवा दोनों के संयोजन से वायुमण्डल में संघनन द्वारा मेघ बनते हैं। ये सूक्ष्म कण अपने छोटे आकार के कारण मेघ में लटके रहते हैं और तभी विकसित हो पाते हैं जब वर्षण के लिए स्थिति अनुकूल होती है। निचले मेघ सामान्यतः अतिशीतित जलबिन्दुक से बने होते हैं किन्तु -40°c से नीचे तापक्रम तक शीतल तापक्रमों के कारण हिम क्रिस्टल लगातार बनते हैं और मेघ पूर्णतः हिमक्रिस्टल के होता है। लगभग सभी मेघ क्षोभमण्डल में पाये जाते हैं और शीतलन का परिणाम होते हैं, यह शीतलन संवाहन, पर्वतों पर ऊपर चढने अथवा बडे पैमाने पर अबदाब में चढने से होता है। ऊँचाई के अनुसार मेघों का वर्गीकरण निम्न प्रकार किया गया है:

(i) उच्च मेघ—(6000 से 12,000 मीटर)

(अ) पक्षाम मेघ,

(ब) पक्षाम स्तरी मेघ,

(स) पक्षाम कपासी मेघ

(ii) मध्यम ऊँचाई के मेघ (2500 से 6000 मीटर)
   (अ) उच्च स्तरी मेघ
   (ब) उच्च कपासी मघ्य
(iii) निम्न मेघ (धरातल से 2500 मीटर तक)
   (अ) स्तरी कपासी मेघ
   (ब) स्तरी मेघ
   (स) वर्षा स्तरी मेघ
   (द) कपासी मेघ
   (ध) कपासी वर्षा मेघ

cloud forest **चिरमेघवन**

पर्वतीय भागों में चिरमेघवन उन क्षेत्रों में पाये जाते हैं जहां वनों को आर्द्रता प्रदान करने के लिए पर्याप्त मात्रा और नियमित रूप में मेघ बने रहते हैं। ये वन प्रायः चौडी पत्ती सदाबहार वन होते हैं।

coal **कोयला**

कोयला पादप जीवाश्म अवशेष से बने कार्बोनी फेरस जमाव होते हैं। आंशिक अपघटित (decomposed) पदार्थ जैसे पीट से लिगनाईट, उपबिटुमेनी, सामी एन्थ्रेसाइट और एन्थ्रेसाइट कोयले की कोयला भवन की प्रक्रिया पूरी होती है। इस प्रक्रिया के दौरान कार्बन की मात्रा बढती जाती है जबकि वाष्पशील पदार्थों की मात्रा धीरे धीरे कम होती जाती है।

coal measures **कोयला युक्त संस्तर**

ब्रिटेन में कार्बोनीफेरस क्रम के तीन आश्मिक (शैल सम्बन्धी) विभागों का सबसे ऊपरी भाग कोयला युक्त संस्तर कहलाता है। यह ऊपरी कार्बोनी फेरस के ऊपरी अर्द्ध से समानता रखता है।

coastal plain **तटीय मैदान**

सागर तट से लगा विस्तृत निम्न भूभाग तटीय मैदान कहलाता है।

coast line **तटरेखा**

पूलिन की भूमि की ओर की सीमा तटरेखा कहलाती है। तट और किनारे के बीच की सीमा रेखा अथवा वह रेखा जो समुद्र और स्थल के बीच सीमा बनाती है, तट रेखा कहलाती है।

cohesion **संसंजन**

कणों का एक दूसरे की ओर (सामान्यतः मृदा में मृतिका खनिज) आकर्षण जो सीधे तौर पर घर्षण नियम से नियंत्रित नहीं होते किन्तु पदार्थ के बल को नापे जाने की परिस्थिति उत्पन्न करते हैं। इस प्रकार रेत संसंजन प्रदर्शित नहीं करती हैं किन्तु घर्षण को स्पष्ट करती है, जबकि

मृतिका अथवा मृदा जिनमें मृतिका होती है संसंजन प्रदर्शित करती है। मृतिका खनिजों की संरचना द्वारा बल उपलब्ध कराया जाता है। इस प्रकार इन संरचनाओं में रासायनिक बन्धक (bonding) उपलब्ध करता है।

coke **कोक**

ऐसा कोयला जिसमें वाष्पशील पदार्थों को निकाल दिये जाने के पश्चात बचा उच्च कार्बन युक्त ठोस, कठोर, काला पदार्थ कोक कहलाता है।

col **कोल/घाटी**

(i) दो पर्वन शिखरों के बीच घाटी अथवा काठी को कोल/घाटी कहते हैं।

(ii) उच्चदाब के दो क्षेत्रों को अलग करने वाली न्यूनभार की पतली मेखला को कोल कहते हैं।

cold front **शीत वाताग्र**

उष्ण और शीतवायु राशियों के मध्य शीत वाताग्र एक निश्चित सीमा रेखा होती है, जहाँ शीत वायु राशि अग्रगामी होती है और उष्ण वायु का उधोरद्दन करती है। उष्ण वाताग्र की अपेक्षा शीत वाताग्र का ढाल/प्रवणता प्रायः अधिक तीव्र होता है, उष्ण आर्द्र वायु का तीव्रता से ऊपर चढने के कारण वह तेजी से ठंडी होने लगती है तथा संघनन क्रिया होने लगती है जिसके परिणाम स्वरूप कपासी वर्षा मेघ बनते हैं, इनसे भारी वर्षा होती है और कभी कभी थोडे समय के लिए हिमी वर्षा और ओले भी गिरते हैं। धरातल स्तर पर शीत वाताग्र के गुजरने से तापक्रम में यकायक गिरावट आ जाती है और उत्तरी गोलार्द्ध में वायु, दक्षिण पश्चिमी से उत्तर पश्चिम में घूम जाती है।

cold pole **शीत ध्रुव**

शीत ध्रुव को इस प्रकार परिभाषित किया जा सकता है कि जहां मासिक औसत तापक्रम न्यूनतम रहता हो अथवा क्षोभमण्डल में सबसे अधिक ठंडी वायु रहती हो, वह शीत ध्रुव कहलाता है। क्षोभ मंडल में सर्वाधिक ठंडी वायु सामान्यतः जनवरी मास में उत्तरी गोलार्द्ध में साइबेरिया में यह न्यूनतम ताप उत्तरी ध्रुव पर पाया जाता है। दक्षिणी गोलार्द्ध सबसे अधिक ठंडी वायु अण्टार्कटिका महाद्वीप पर होती है। धरातल पर न्यूनतम वायु तापक्रम उत्तरी गोलार्द्ध में उत्तरी पूर्वी साइबेरिया के वरखोयांस्क और ओयमजोकोन में रहते हैं जहां तापक्रम -68°c तक चला जाता है जबकि दक्षिणी गोलार्द्ध में न्यूनतम धरातल वायु तापक्रम अण्टार्कटिका पर अंकित किये गये हैं जो -88°c तक रहते हैं।

colk **कोल्क**

नदी के तल में जल गर्तिका, कोल्क कहलाते हैं।

colloid **कोलाइड**

कोई भी अक्रिस्टली आंशिक ठोस पदार्थ कोलाइड कहलाता है। प्रायः मृतिका के व्यक्तिशः

लेन्स (वीक्ष) आकार के कणों के लिए इस शब्द का उपयोग किया जाता है।

colluvium(talus) **पाद मलवा/टैलुस**
किसी ढाल के आधार पर संचित अपक्षीण मलवा (स्क्री-ढाल मलवा, पंक आदि) जो शैल के ऊपरी फलक के अपरदन से उत्पन्न होता है पाद मलवा अथवा टैलुस कहलाता है।

combe, coombe **गम्भीर खडड**
एक छोटी प्रायः संकरी घाटी को गम्भीर खड्ड कहा जाता है। चाक प्रदेश की शुष्क अथवा मौसमी नदी की घाटी के लिए बहुधा इस शब्द का उपयोग किया जाता है।

communication **संचार**
संचार माध्यम के साधन मीडिया जिसके द्वारा सूचनाएं ओर विचार दूसरे तक पहुँचाये जाते हैं जेसे समाचार पत्र, रेडियो, दूरदर्शन दूरभाष टेलेक्स आदि।

communism **साम्यवाद**
साम्यवाद एक ऐसा सामाजिक दर्शन है जिसमें आर्थिक सेवाओं तथा उत्पादन के साधनों को जन स्वामित्व के सिद्धान्त पर आधारित माना जाता है। इसका मूलदर्शन समाजवादी दर्शन से मिलता जुलता है किन्तु कुछ मामलों में ये दोनों दर्शन एक दूसरे से भिन्न हैं। आधुनिक साम्यवाद के प्रेणेता कार्ल मार्क्स और एंजिल के अनुसार साम्यवाद एक ऐसी व्यवस्था है जिसमें आर्थिक उत्पादन, वितरण और विनिमय के प्रमुख साधनों पर निजि स्वामित्व न होकर सम्पूर्ण समाज का स्वमित्व होता है। वे इस व्यवस्था की स्थापना की चरम परिणति सर्वहारा के अधिनायक तंत्र में देखते हैं।

composite cone **मिश्रशंकु**
ऐसा ज्वालामुखी शंकु जिसमें लावा और राख की परतें बारी-बारी से पाई जाती हैं। मिश्रशंकु कहलाता है।

composite map **मिश्र-मानचित्र**
एक ऐसा मानचित्र जो सामान्यतः दो अथवा अधिक मानचत्रों पर दिखाये गये भूद्रश्यों और जनसंख्या वितरण के आंकडों को सुगमता से तुलना के लिए संकलित हो मिश्र-मान चित्र कहलाता है।

compressing flow **संपीडक प्रवाह**
संपीडक और विस्तारित प्रवाह किसी गतिशील माध्यम की गति में अनुदैर्ध्य भिन्नता/परिवर्तन को व्यक्त करता है। इस संकल्पना का हिमानी की लम्बाई के साथ साथ प्रवाह में अनुदैर्ध्य परिवर्तन का वर्णन करने के लिए स्थलाकृतिक विज्ञान में व्यापक उपयोग किया जाता है। संपीडक प्रवाह, हिमानी के एक इकाई के हिम की लम्बाई में अनुप्रवाह दिशा में कमी और विस्तारित प्रवाह उसी दिशा में लम्बाई में वृद्धि को व्यक्त करता है। इस प्रकार के परिवर्तन

हिमानी में उसकी चौडाई और लम्बाई में अनुरूप परिवर्तन करते हैं। क्योंकि घाटी की दीवारें पाश्वीय विस्तार को रोकती हैं, सामान्यतः हिमानी में परिवर्तन गहराई में परिवर्तन से सम्बद्ध रहता है और स्थूल होने के साथ संपीडक प्रवाह के साथ विरलन के साथ विस्तारित सम्बद्ध रहता है।

compressional **संपीडन**

अवरोही वायुमण्डलीय वायुराशि, जो दाब बढने के परिणाम स्वरूप उष्ण और शुष्क हो जाती है।

concave slope **नतोदर ढाल**

एक ऐसा ढाल जिसमें ढाल की दिशा में ढाल की प्रवणता उत्तरोत्तर कम होती जाती है, बहुधा अवतलता ढाल क्रम में अवतलता निम्नतम भाग होता है ऐसे ढाल को नतोदर ढाल कहा जाता है।

conchoidal fracture **शंखाभ विभंजन**

शैल अथवा खनिज में विभंजन जो कि खोल के आकार का बना होता है अर्थात अवतल नीचे की ओर। सिलीका मय शैलों और खनिजों का विशिष्ट विभंजन, शंखाभ विभंजन कहलाता है।

concordant **सुसंगत/सदृश्य**

सुसंगत का अर्थ है उसी समतल/स्तर पर। किसी प्रदेश के पर्वत शिखरों के लिए इस शब्द का विशेषकर उपयोग किया जाता है। भूतल के विच्छेदन और कटाव से पूर्व एक पठार की उपस्थिति के लिए अनुप्राणित शिखरों का सामंजस्य सुसंगत कहलाता है।

concordant coast **सुसंगत तट**

भूमि की प्रवणता/उपनति रेखा के लगभग समानान्तर तट रेखा सुसंगत तट कहलाता है।

concretion **संग्रन्थन**

किसी पदार्थ/तत्व का ठोस ढेला अथवा पुंज अथवा इनका संचालन, कम सक्षम परपोषी पदार्थ में सम्मिलित संग्रन्थन कहलाता है।

condensation **संघनन**

(i) वायुमंडलीय वाष्प से तरल बूंदों के निर्माण की प्रक्रिया संघनन कहलाता है। संघनन के लिए शीतलन आवश्यक होता है। वायुमण्डल में यह या तो शीतल तल से सम्पर्क द्वारा चढते समय स्थिरोष्म विस्तार के द्वारा अथवा शीतल वायु से मिलने से प्रभावित होता है।

(ii) संघनन वह क्रिया है जिसमें वायु राशि के ओंसांक से अधिक ठण्डी हो जाने पर वाष्प, तरल अथवा ठोस रूप में संघनित हो जाती है।

condominium **सहशासित प्रदेश**
ऐसा प्रदेश क्षेत्र जो संयुक्त रूप से दो अथवा अधिक देशों से शासित किया जाता है सहशासित प्रदेश कहलाता है।

cone of depression **अवनमन शंकु**
एक कुआ, जो भौम जल के लिए सक्रियता से पम्प किया जा रहा हो, के चारों ओर भौम जल तल (water table) में अवनमन की आकृति अवनमन शंकु कहलाता है। पम्पिंग के परिणाम स्वरूप जलस्तर नीचे चला जाता है जबकि कुए में जल स्तर अत्यधिक रहता है लेकिन कुए से दूरी के अनुसार अरीय प्रकार से घटा देता है। शैल जिसमें अनुप्रस्थ पारगम्यता होती है अर्थात सभी दिशाओं में एक समान होती है, कुएं के बारे में अवनमन शंकु सममित/सन्तुलित होगा, किन्तु जहां भौम जल सहजरूप में अन्य दिशाओं की अपेक्षा एक दिशा में ही बहता हो तब अवनमन शंकु अत्यधिक पारगम्यता की दिशा में असममित/असन्तुलित और लम्बाई में होगा। पम्प किए जा रहे दोनों अबाधित और बाधित जलमृत कुओं में अवनमन शंकु विकसित हो सकता है।

confluence **संगम**
संगम से तात्पर्य, दो अथवा अधिक नदियों का मिलना संगम कहलाता है।

confluent **सम्प्रवाही/संगामी**
एक नदी जो दूसरी नदी से मिलती है और उसके साथ मिलकर बहती है, ऐसी नदी को सम्प्रवाही कहा जाता है।

conformal **अनुरूप**
अनुरूप अथवा शुद्ध आकृति, अनुरूप अथवा शुद्ध प्रक्षेप वे होते हैं जिन पर किसी छोटे क्षेत्र की आकृति ग्लोब पर उसी क्षेत्र की आकृति के समान रहती है, ऐसे प्रक्षेप को अनुरूप अथवा शुद्ध आकृति प्रक्षेप कहते हैं।

congelifraction **तुषारी अपक्षय**
हिमांक-हिमद्रव (freeze-thaw) प्रक्रिया द्वारा शैल का अपक्षय होना तुषारी अपक्षय कहलाता है।

conglomerate **सम्पिण्डित/मिश्रपिडांश्म**
एक शैल जो, 2 मिमी. से अधिक व्यास वाले गोलाकार अथवा जल से घिसे गुटिका और बटिया से बनी होती है उसे मिश्र-पिंडाश्म/सम्पिण्डित कहते हैं।

consequent stream **अनुवर्ती सरिता**

एक ऐसी नदी जो भूतल के मूल ढाल की दिशा में बहती है उसे अनुवर्ती सरिता कहा जाता है।

conservation of soils **मृदाओं का संरक्षण/भूमिका संरक्षण**

उच्च उर्वरता ओर उत्पादकता का अनुरक्षण/रखरखाव, भूमि संरचना में सुधार और इस प्रकार भूमि के क्षरण को रोकने में सहयोग, भूमि संरक्षण कहलाता है।क्षुद्र सरिता की क्रिया और वृष्टिधोवन (चादरक्षरण) को रोकने के लिए यांत्रिक क्रियायें जैसे समोच्च खेती पट्टीदार कृषि और वेदिकाकरण (terracing) अपनाई जाती है। जहाँ अवनालिका अपरदन (gully erosion) अधिक प्रभावी होता है, उसके लिए अधिक कठोर उपाय जैसे बांध निर्माण आवश्यक होता है। वायु से मृदा/भूमि के अपरदन को रोकने के लिए उसे आर्द्र रखने, पट्टीदार खेती और वातरोक (wind break) बनाये जाने की प्रक्रिया अपनाई जाती है।

consociation **संसंघ**

प्राकृतिक वनस्पति समुदाय जिसमें एक ही जाति के वृक्षों का बाहुल्य हो उसे संसंघ कहते हैं।

consumer **उपभोक्ता**

पारिस्थितिकी तंत्र के वे सभी सजीव सदस्य जो उत्पादकों (producers) द्वारा संश्लेशित भोजन का उपभोग करते हैं अथवा जो अपने भोजन के लिए दूसरे जीवों पर निर्भर रहते हैं उपभोक्ता की श्रेणी में आते हैं। इस प्रकार के जीवों को परपोषी जीव (hoterotrophic organism) भी कहा जाता है।

consumer goods **उपभोज्य वस्तुएं**

वस्तुओं का वह वर्ग जो घरेलू/पारिवारिक उपभोक्ताओं द्वारा उपभोग किया जाता है, यथा, भोजन सामग्री, वस्त्र, तम्बाकु, विद्युतउपकरण, सम्मिलित किए जाते हैं। उपभोज्य वस्तुओं को प्रायः दो वर्गों में विभाजित किया जाता है-स्थायी पदार्थ एवं अस्थायी पदार्थ स्थायी पदार्थ वे होते हैं जिनका उपयोग लम्बे समय तक किया जाता है जैसे विधुत उपकरण, टेलिविजन, फर्नीचर आदि। अस्थायी पदार्थों में वे वस्तुएं सम्मिलित की जाती हैं जिनकों उपभोग करने पर वे समाप्त हो जाती हैं जैसे भोज्य पदार्थ।

continent **महाद्वीप**

भूपटल पर अविछिन्न स्थल भाग जो प्रायः सागर जल से घिरा होता है, महाद्वीप कहलाता है। सामान्यतः विश्व में सात महाद्वीपों की पहिचान की गई है यथा अफ्रीका, एशिया, यूरोप, उत्तरी और दक्षिणी अमेरिका, आस्ट्रेलिया तथा अण्टार्कटिका।

continental climate **महाद्वीपीय जलवायु**

महाद्वीपीय आन्तरिक प्रदेशों की सामान्यीकृत जलवायु जिसका अर्थ है वार्षिक वर्षा की कम

मात्रा, वार्षिक ताप का विस्तृत परिसर, ग्रीष्म ऋतु अधिक गर्म और शीत ऋतु अधिक ठंडी तथा निम्न सापेक्ष आर्द्रता, महाद्वीपीय जलवायु की विशेषताएं हैं।

continental crust **महाद्वीपीय पर्पटी/भूपृष्ठ**

पृथ्वी का बाह्य कठोर धरातल जिससे महाद्वीप निर्मित हैं, महाद्वीपीय भूपृष्ठ कहलाता है। सागरीय पर्पटी/भूपृष्ठ की अपेक्षा महाद्वीपीय भूपृष्ठ अधिक मोटा किन्तु कम सघन है।

continental drift **महाद्वीपीय विस्थापन**

पृथ्वी के धरातल पर महाद्वीपों का एक दूसरे के सम्बन्ध में संचलन महाद्वीपीय विस्थापन कहलाता है। यद्यपि यह विषय अनेक वैज्ञानिकों की कल्पना का विषय रहा है; किन्तु सर्वप्रथम एल्फ्रेड वेगनर ने अपनी 1915 में प्रकाशित पुस्तक 'महाद्वीपों और महासागरों की उत्पति' में महाद्वीपों और महासागरों की उत्पत्ति सम्बन्धी सिद्धान्त 'महाद्वीपीय विस्थापन सिद्धान्त' प्रस्तुत किया। वेगनर के अनुसार बड़े जहाजों के समान महाद्वीप, महासागरों में तैर रहे हैं। वेगनर ने अपने इस विस्थापन सिद्धान्त को अनेक उदाहरणों द्वारा स्पष्ट करने का प्रयास किया है, जिनमें कुछ इस प्रकार से हैं:

(i) महाद्वीपों के सामने के तटीय भाग स्थलाकृति और भूगर्भिक बनावट में समान हैं। अफ्रीका और दक्षिणी अमरीका के तट आपस में फिट किये जा सकते हैं।

(ii) स्केन्डिनेविया के उत्तरी भाग में पाये जाने वाले लेमिंग जन्तु, उनकी संख्या बढ जाने पर पश्चिम की ओर भागने लगते हैं।

(iii) इस सिद्धान्त की पुष्टि में यह भी कहा गया है कि आज भी महाद्वीप पश्चिम की ओर खिसक रहे हैं।

(iv) ग्लोस्पटरिस वनस्पति का भारत, द. अफ्रिका, आस्ट्रेलिया और फाकलैण्ड में पाया जाना, यह सिद्ध करता है कि ये सभी भाग किसी समय में आपस में मिले रहे होंगे।

वेगनर के अनुसार लगभग 35 करोड़ वर्ष पूर्व अर्थात् कोयलाकल्प (कार्बनीकल्प) में उत्तर का लारेंशिया और दक्षिण का गौण्डवानालैण्ड एक दूसरे की ओर बढ़ने लगे। ऐसा माना जाता है कि इस काल में ब्रिटिशद्वीप समूह और यूरोप का अधिकांश भाग उस समय विषवतरेखीय अक्षांशों के निकट स्थित थे, किन्तु कार्बनीकल्प (कोयलाकल्य) के अन्त में अर्थात 20 करोड़ वर्ष पूर्व लारेशिया और गौण्डवानालैण्ड आपस में टकराये और एक नया महाद्वीप पेंजिया और महासागर पेंथालसा का उदय हुआ। काफी समय तक अर्थात रक्ताश्म कल्प (Triassic) तक यही स्थिति बनी रही। इसी काल में एक बड़ी खाड़ी जिसे टिथिस कहा गया जिसमें वर्तमान का भूमध्यसागर और अल्पाइन-हिमालय पर्वतीय भाग थे। किन्तु 5 करोड़ वर्ष पूर्व पेंजिया का टूटना प्रारम्भ हुआ तथा अंधमहासागर की चौडाई अधिक हो गई।

यद्यपि यह सिद्धान्त आरम्भ में व्यवहार्थ रचना और प्रवाहबल के अभाव में अस्वीकार कर दिया गया था, किन्तु 1950-1960 के दशक में पुनः चुम्बकत्व के प्रभावों तथा प्लेट विवर्तनिकी के सम्भिवित किये जाने से इस सिद्धान्त को पुनः बल मिला है।

continental heat flow **महाद्वीपीय ताप प्रवाह**

सामुद्रिक प्रदेशों के विपरीत महाद्वीपों में पृथ्वी के धरातल पर पहुंचने वाला ताप प्रवाह, महाद्वीपीय ताप प्रवाह कहलाता है।

continental island **महादेशी द्वीप**

महाद्वीप के अति निकट पाये जाने वाले, भूगर्भिक दृष्टि से सम्बन्धित और जो मुख्य भूमि से सागर के अपेक्षतः सकरे छिछले विस्तार से अलग हुये द्वीप महादेशी द्वीप कहलाते हैं। पूर्व में ये द्वीप मुख्य भूमि से जुडे हुये थे। दूसरी ओर महासागरीय द्वीप विमुक्त और गहरे महासागर बेसिन के तल से ऊपर उठे होते हैं।

continental shelf **महाद्वीपीय निमग्न तट**

महाद्वीपीय भूपृष्ठ का धीमे ढाल वाला सागर जल से नीचे का भाग, किन्तु लक्षणहीन, निकटवर्ती तटीय मैदान का पृष्ठी अभिरूपण विस्तार और गहरे सागर से अधिक तीव्र ढाल वाले महाद्वीपीय निमग्न ढाल से अलग किया हुआ भाग महाद्वीपीय निमग्न तट कहलाता है। अधिकांश महाद्वीपीय निमग्न तटों की प्रवणता 1 और 3 मीटर प्रति किलोमीटर के बीच पाई जाती है। कुछ निमग्न तटों की गहराई 500 मीटर तक पाई जाती है किन्तु प्रायः सुविधा के लिए 200 मीटर गहराई इसकी सीमा मानी जाती है। इनकी औसत चौडाई 60 किलोमीटर है किन्तु कुछ तटों पर इस चौडाई में भिन्नता पाई जाती है।

continental slope **महाद्वीपीय ढाल**

महाद्वीपीय निमग्न तट से समुद्र की ओर वितल क्षेत्र के गहरे तल तक का ढाल वाला भाग महाद्वीपीय ढाल कहलाता है।

continuum **सांतव्यक**

यह लेटिन भाषा भाषा का शब्द है जिसका बहुवचन continua (सांतव्यक) होता है, जिसका अर्थ है एक दूसरे में से होकर जा रही तत्वों की निरन्तर श्रेणी सांतव्यक कहलाती है।

contour **समोच्च रेखा**

मानचित्र पर समान ऊंचाई और समान गहराई के क्षेत्रों को जोडने वाली रेखा को समोच्च रेखा कहते हैं।

contour ploughing **समोच्च रेखीय जुताई**

पर्वतीय ढालों पर ऊपर से नीचे की ओर जुताई करने की अपेक्षा समोच्च रेखाओं के समानान्तर जुताई करने की पद्धति को समोच्च रेखीय जुताई कहा जाता है। इस प्रकार की जुताई भू-क्षरण रोकने और खड्ड/अवनालिका को रोकने के लिए की जाती है।

contraction hypothesis **संकुचन परिकल्पना**

यह सुझाव कि पृथ्वी का आन्तरिक भाग ठंडा हुआ होगा और सिकुडा होगा। विशेषकर

उन्नीसवीं शताब्दी में यह माना गया कि पृथ्वी के सिकुडने से भूपर्पटी पर वलित पर्वतों का उत्थान हुआ हौगा संकुचन परिकल्पना कही जाती है।

control variable **नियंत्रण चर**

सामान्यतः उत्तरवर्ती विश्लेषण अथवा प्रतिचयन के लिए समंको की छंटाई के लिए उपयोग में लिए जाने के लिए एक प्रतीक को नियंत्रण चर कहा जाता है।

conurbation **सन्न नगर**

नगरों का एक समूह जिनके निर्मित क्षेत्र, नगरीय अव्यवस्थित प्रसार के कारण अविच्छिन्न मिले रहते हैं, सन्न नगर (conurbation) कहलाता है। इस प्रकार के नगरों के विकास की अवस्थाओं के आधार पर भूगोलवेत्ता एक नाभिकीय-एक नगर के चारों ओर विस्तार का नगर तथा बहुनाभिकीय, जब कई नगरों के मिलने और उसके चारों ओर विस्तार एवं प्रसार के नगर को बहुनाभिकीय में अन्तर करते हैं। लन्दन एक नाभिकीय सन्न नगर का उदाहरण है जब कि वेल्साल और वोल्वरहेम्पटन बहुनाभिकीय नगरों के उदाहरण हैं। वर्तमान में सन्न नगर के स्थान पर महानगर क्षेत्र शब्द का प्रयोग अधिक प्रचलित है।

convection **संवाहन**

वायुमंडल में विभिन्न स्तरों पर तापक्रमों में भिन्नता से उत्पन्न और विशेषतः वायुमण्डल के निचले स्तर का उष्ण धरातल से सम्पर्क के कारण वायु के उर्ध्वाधर संचालन को संवाहन कहते हैं। संवाहन, वायुमंडलीय अस्थिरता से सम्बन्धित होती है, जो वायु पॉकिट्स के ऊपर उठने और शीतलन, संघनन और मेघ रचना, संवाहनिक वर्षा और अन्य दृश्य जैसे कि तडित झंझा के कारण होंती है। संवाहनिक क्रिया उष्णकटिबन्धीय क्षेत्रों में अधिक महत्वपूर्ण होती है जिनसे शाम के समय संवाहनिक वर्षा होती है। संवाहन क्रिया मध्य अक्षांशों में भी होती है।

convectional rainfall = rainfall convectional **संवाहनिक वर्षा = वर्षा संवाहनिक**

conventional sign **रूढि चिन्ह**

रूढि के आधार पर निश्चित किए गये मानक चिन्ह, जिनका उपयोग मानचित्रों पर किया जाता है रूढि चिन्ह कहलाते हैं।

convergence **अभिसरण**

(i) प्लेट विवर्तनिक में प्लेटों का एक दूसरे के निकट आना अभिसरण कहलाता है।

(ii) मौसम विज्ञान में वायु धाराओं (air streams) का एक दूसरे से मिलने के लिए प्रवाहित होना अभिसरण कहलाता है।

convex slope **उन्नतोदर ढाल**

एक स्वाभाविक ढाल जिसमें ढाल की दिशा में उत्तरोत्तर प्रवणता बढती जाती है। कभी कभी

ढाल परिच्छेदिका का समस्त भाग उन्नतोदर आकृति धारण कर लेता है, ऐसे ढाल को उन्नतोदर ढाल कहा जाता है।

coomberock **कूम्बेरॉक**

मृदा सर्पणी कंकड के लिए वैकल्पिक नाम।

coprolite **मलगुटिका**

(i) अश्मीभूत पशुविष्ठा/गोबर और उत्सर्ग को मलगुटिका कहा जाता है।

(ii) फास्फेटी ग्रन्थिकायें मलगुटिका कहलाती है।

coral **प्रवाल**

मुख्यतः 30° उत्तर और 30° दक्षिण के मध्य उष्णकटिबन्धीय सागरों में पाये जाने वाले पॉलिप के द्वारा कठोर कलकेरियस द्रव्य के स्राव किए जाने से वह अपने चारों ओर कठोर खोल का निर्माण करता है और जब अन्य प्रकार के पॉलिप और जुड जाते हैं तब वह शाखन संरचना (branching structure) की आकृतिकी रचना करता है जो प्रवाल की विभिन्न आकृतियों के रूप में दिखाई देते हैं। प्रवाल पॉलिप पंक रहित वाले सागरों में पनपता है, जहां तापक्रम 22° से नीचे नहीं जाता हो। कम गहरे सागरों विशेषकर 45 से 55 मीटर की गहराई तकही यह पाये जाते हैं तथा समुद्रतल से ऊपर जीवित नहीं रहते हैं। प्रायः प्रवाल के तीन रूप पाये जाते हैं :

(i) तटीय प्रवाल मिति जो तट के निकट पाई जाती है

(ii) प्रवाल रोधिका—अधिक गहरे जल में और तट से दूर

(iii) अटॉल—घोडे की नाल के आकार को जिसके मध्य में लेगून होता है।

coral breaching **प्रवाल विरंजन**

यह एक नया और अस्पष्ट तथ्य है जो प्रवाल भित्तियों के नष्ट होने की आशंका उत्पन्न कर रहा है। जब प्रवाल में निवास कर रहे सजीव सहजीवी शैवाल नष्ट हो जाते हैं तब प्रवाल विरंजित हो जाते हैं, यदि स्थितियां अनुकूल होती हैं तो विरंजित भित्ति में पुनः सुधार हो जाता है। जब शैवाल लम्बे समय तक अनुपस्थित रहते हैं तो प्रवाल नष्ट हो जाता है। विरंजन का प्रसार गहराई के अनुसार भिन्न होता है, जितना अधिक छिछला जल होगा उतना ही विरंजन अधिक क्षतिग्रस्त होगा। वैज्ञानिकों के अनुसार विरंजन का मुख्य कारण प्रतिबल है जो उष्ण जल, लवणता में परिवर्तन, पराबैंगनी विकिरणों का अत्यधिक खुलाव अथवा परम जलवायिक परिवर्तन से उत्पन्न होता है।

core **क्रोड**

(i) पृथ्वी का केन्द्रीय भाग क्रोड कहलाता है। यह अधिक घनत्व वाला और उष्ण भाग है और संभवतः लोह और निकिल से बना है।

(ii) क्रोड परिधि मॉडल का केन्द्र।

core stone **क्रोड़ अश्म/क्राड़ प्रसार**

अपेक्षतया अनपक्षीण (unweathered) शैल की बटिया अथवा गोलाश्म जोकि अपक्षीण (weathered) शैल जो उसे चारों ओर से घेरे रहती है, में सम्मिलित किए गये होते हैं। इस प्रकार की रचना को क्रोड अश्म कहते हैं।

coriolis force **व्यक्तिक्रमित बल/कॉरिओलिस बल**

(i) इसे भूविक्षेपी बल भी कहा जाता है। एक निर्देश तंत्र जो स्वंय भी गतिमान होता है, सामान्यतः घूर्णन कर रहा होता है, एक स्पष्ट बल होता है। घूर्णन कर रहे ढांचे में यदि न्यूटन के गति के नियम को लागू कर दिया जाय तब इस बलकी आवश्यकता होती है। समुद्री जल और वायु के सम्बन्ध में कॉरिओलिस बल अधिक महत्वपूर्ण होता है व्यवहारिक अर्थों में यह बल, उत्तरीगोलार्द्ध में वायु के कणों को दाहिनी ओर मोडता है और दक्षिणी गोलार्द्ध में बाँयी और मोडता है। कॉरिओलिस बल वायु की गति में परिवर्तन नहीं करता है, केवल दिशा में परिवर्तन करता है।

(ii) विक्षेप उत्पन्न करने वाला बल जो गति की आरम्भिक दिशा को एक ओर अथवा दूसरी ओर उग्रता प्रदान करता है कोरिओलिस बल कहलाता है।

cornice **कार्निस/छजली**

सामान्यतः प्रतिपवन दिशा में किसी कटक अथवा भृगुशीर्ष पर प्रलम्बी (ऊपर लटका हुआ) वातोड (वायु द्वारा वाहित) हिम और बर्फ का संचयन कार्निस/छजली कहलाता है।

corona **परिमण्डल**

प्रकाशमान पिण्डों जैसे सूर्य अथवा चन्द्रमा के चारों ओर पाया जाने वाला घेरा परिमण्डल कहलाता है। यह परिमण्डल जलीय बूंदों के अपवर्तन का परिणाम होता है।

corona structure **परिमण्डल संरचना**

एक क्रोड खनिज के चारों ओर सकेन्द्रिय खनिज क्षेत्र का विकास परिमण्डल संरचना कहलाती है। दूसरा खनिज अभिक्रिया नेमि (किनारे) अथवा प्राथमिक खनिज के ऊपर अधिरोही वृद्धि का परिणाम हो सकता है।

corrasion **अपघर्षण**

शैलों का जल, वायु, हिम द्वारा उसके ऊपर तथा चारों ओर वाहित पदार्थों द्वारा यांत्रिक भू क्षरण अपघर्षण कहलाता है।

corrie = cirque or cwm **हिमगह्वर = हिमगह्वर**

corrosion **संक्षारण**

शैल को रासायनिक एजेन्सियों द्वारा जल में घोलने की प्रक्रिया को संक्षारण कहते हैं। यह

प्रक्रिया यांत्रिक क्रिया जिसमें शैल का जल अथवा उसके तलीय भार द्वारा रगडे जाने से यह क्रिया भिन्न होती है।

cost surface **लागत तल**

उत्पादकता मूल्य में स्थानिक अन्तरों द्वारा बनाये गये असमान त्रिविम निर्मित तल को लागत तल कहते हैं। निम्न स्तर के क्षेत्रों, उस स्तर पर होने वाले निम्न स्तर के क्षेत्रों को न्यूनतम मूल्य अवस्थिति माना जा सकता है।

cottage industry **कुटीर उद्योग**

उत्पादन का एक ऐसा क्रम जिसमें शिल्पकार अपने पारिवारिक सदस्यों के साथ घर में ही कार्य करते हैं, या तो वे स्वंय अपने स्तर पर अथवा किसी उद्योग उपक्रमी के लिए, जो उन्हें कच्चा माल उपलब्ध करवाता है और तैयार माल उठाता है, के लिए करते हैं। इस प्रकार के उद्योग आज भी तीसरे विश्व में पाये जाते हैं।

coulee **लावा प्रवाह**

ज्वालामुखी लावा का बहना जो ठंडा होकर ठोस हो गया है लावा प्रवाह कहलाता है।

couloir **कूल्वार**

पर्वत, विशेषकर आल्पस पर्वत के सहारे गहरी कन्दरा अथवा खड्ड को कल्वार कहते हैं।

country rock **स्थानीय शैल**

शैलों का पूर्ववर्ती खोल जिसके भीतर आग्नेय मेग्मा प्रवेश करता है, स्थानीय शैल प्रायः स्पष्ट रूप से संस्पर्श कायांतरण का तापीय प्रभाव दिखाती है। पिडित (ठोस हो गया) मैगमा में अपराश्म (पिघले लावा द्वारा चुनिन्दा शैल टुकडों का आंशिक समा जाना किन्तु शेष भाग जब शैल ग्रेनाइट के रूप में ठोस हो जाती है तब वह अलग से अपना अस्तित्व बनाये रखती है) प्रायः स्थानीय शैलों से प्राप्त होता है।

covellite **कोवेलाइट**

तापीय जलशिराओं और पश्चकायिक क्षेत्रों में पाया जाने वाला जम्बु नील तांबा खनिज cus कोवेलाइट कहलाता है।

crabholes **क्रैबहोल्स**

भूतल में छोटे आकस्मिक गड्ढे जो कुछ सेंटीमीटर से एक मीटर तक के व्यास तथा 5 से 60 से.मी. गहराई के होते हैं, इस प्रकार के गड्ढों को क्रैब होल कहा जाता है। यह अवसादों में पाये जाते हैं जो ऊर्ध्वाकार चटकने और क्षैतिज नलिकायन की ओर प्रवृत होते हैं।

crag and tail **श्रृंग पुच्छ**

अपेक्षाकृत कम ऊँचाई के भागों में जहाँ विशेषकर प्रतिरोधी शैल का टीला हिमानी के नीचे

घाटी तल में पाया जाता है, पायी जाने एक हिमनीय अपरदन आकृति श्रंग-पुच्छ आकृति कहलाती है। प्रतिरोधी शैल का टीला हिमानी को मोड़ देता है तथा पीछे की किसी कम प्रतिरोधी शैलों को सुरक्षित रखती है। यह टीला जो कि स्थिर रूप से धारीदार और खडी धारी का होता है श्रंग कहलाता है, जबकि पीछे की रक्षित शैल हिमनद द्वारा लाये पदार्थ को आवरण के रूप में सुरक्षित रखती है, को पुच्छ कहा जाता है, दोनों मिलकर अर्द्धधारा रेखित आकृति का निर्माण करते हैं। यह आकृतियाँ केवल हिम के लुप्त हो जाने पर ही दिखाई देती हैं।

crater **क्रेटर/ज्वालामुखी विवर/गर्त**

ज्वालामुखी प्रक्रिया अथवा गैस निष्क्रमण से पृथ्वी के धरातल पर एक वृहत कटोरे के आकार का धसांव क्रेटर अथवा ज्वालामुखी विवर कहलाता है।

craton **क्रेटान**

भूपृष्ठ के उन भागों में से कोई भाग जो पिछले 100 करोड़ वर्षों अपेक्षतया दृढ रहा हो, उदाहरण के लिए जैसा कि अफ्रीका का जैम्बिया केन्द्र बहुधा ये गहराई से अपरदित प्राचीन पर्वत श्रंखला का प्रतिनिधित्व करते हैं।

creep **विसर्पण**

पहाड़ी ढाल अथवा हिमानी बर्फ पर मृदा और शैल मलवे का गुरूत्व के प्रभाव में क्रमिक अनुढाल (नीचे ढाल के अनुसार) गति को विसर्पण कहते हैं।

crescenticbar **चापाकार रोधिका**

ये मुख्यतः अन्तः सागरी रेतीली आकृतियाँ होती हैं। ये सीधी अथवा तट के समानान्तर हो सकती हैं। ये प्रायः तिरछी कम और कभी कभी अर्द्धचन्द्राकार जिसका उन्नतोदर भाग सागर की ओर रहता है। ये एकाकी, दोहरी अथवा बहुलित हो सकती हैं।

Cretaceous **क्रिटेशस कल्प**

भूगर्भिक काल में जूरेसिक कल्प के पश्चात् और तृतीय महाकल्प से पूर्व 13 करोड़ 50 लाख वर्षों से प्रारम्भ होकर 7 करोड़ वर्षों तक का काल किटेशस कल्प कहलाता है।

crevasse **हिमविदर**

हिमचादर अथवा हिमानी की सतह में एक गहरी खाई अथवा दरार को हिम विदर कहते हैं। इसी प्रकार नदी के सहारे तटबन्ध में आई दरार को भी विदर कहा जाता है।

critical angle **क्रान्तिक कोण**

किरण के प्रभाव का कोण क्रांतिक कोण कहलाता है जो यदि बढ जाता है तो वह कुल आन्तरिक परावर्तन को प्रेरित करता है।

critical load **कांतिक/संकटपूर्णभार**
प्रदूषण अध्ययन में यह एक धारणा है कि एक निश्चित प्रदूषण भार स्तर होता है जिससे ऊपर जैवतंत्र पर हानिकारक प्रभाव होता है।

critical temperature **क्रान्तिक ताप**
वनस्पति के संदर्भ में विशिष्ट महत्व के तापक्रमों को क्रान्तिक ताप कहा जाता है, उदाहरण के लिए हिमांक बिन्दु ($0^{o}c$) क्योंकि यह (पाला) तापक्रम अनेक पौधों के लिए हानिकारक होता है तथा $6^{o}c$ से नीचे के ताप क्रम में पौधों की सक्रिय वृद्धि नहीं होती है।

crop rotation **फसल चक्र**
किसी कृष्यभूमि पर कुछ वर्षों में फसलों को अनुक्रमण करने की पद्धति फसल चक्र कहलाती है। फसल चक्र से कृष्यभूमि की उर्वरता बनी रहती है क्योंकि भिन्न-भिन्न फसल भिन्न प्रकार के मृदा पोषक तत्वों का उपयोग करती हैं। इस प्रकार मृदा की उर्वरता बनाये रखने के लिए कुछ फसलों के बाद फलियों/शिंब की फसल बोई जाती है जिससे कि पूर्व में बोई गई फसल ने जो नाइट्रोजन भूमि में कम कर दिया था, इनफसलों से उसकी पूर्ति हो जाती है।

cross bedding **तिर्यक संस्तरण**
मुख्य संस्तरण तल पर अवसादी शैलों में एक कोण पर संस्तरोंका विन्यास, तिर्यक संस्तरण कहलाता है। इसे धारा संस्तरण/क्रॉस संस्तरण भी कहा जाता है।

crossprofile-valley/river channel **अनुप्रस्थ परिछेदिका घाटी/नदी धारा**
नदी धारा के बहने की दिशा के आर पार अथवा घाटी जिसमें नदी धारा है, के आर पार समकोणों पर परिछेदिका सर्वेक्षण किया जा सकता है, समोच्च रेखाओं और धरातल पत्रक मानचित्रों से प्राप्त सूचना प्रायः पर्याप्त होती है जिससे घाटी अनुप्रस्थ परिछेदिका खींची जा सकती है।

cross section **अनुप्रस्थ काट**
एक सीधी रेखा के सहारे ऊर्ध्वाधर/खडा काटा गया भूमि का पाश्र्व दृश्य, अनुप्रस्थ काट कहलाता है। इसे परिच्छेदिका भी कहा जाता है।

cruciform village **क्रॉसरूप ग्राम**
ऐसा गाँव जो दो मार्गों के प्रतिच्छेदी के चारों ओर विकसित हुआ हो, क्रॉसरूप ग्राम कहलाता है।

crude rate **अपरिष्कृत दर**
अत्यावश्यक दर जो किसी जनसंख्या की आयु और लिंग संरचना से समायोजित नहीं होती है; उदाहरण के लिए अपरिष्कृत जन्मदर तथा अपरिष्कृत मृत्युदर।

crumb **आचूर्ण**
मृदा विज्ञान में मृदाकणों का गोलाभ गुच्छ आचूर्ण कहलाता है।

crumb structure **आचूर्ण/आकण संरचना**

उन मृदाओं से सम्बन्धित होती है जिसमें उनके बारीक कण पुंज अथवा चूर्ण के आकार में संचित रहते हैं। इस प्रकार उनका अधिक खुला खुरदरा और खननीय गठन होता है।

crust **भूपटल**

महाद्वीपों और महासागरों सहित पृथ्वी का बाह्य खोल भूपटल कहलाता है। यह भाग सियाल (sial) और सीमा (sima) से बना स्थल मंडल है। सीमा के ऊपर सियाल की परत पाई जाती है। सियाल से महाद्वीप बने है जबकि अधिकांश महासागरीय तली सीमा से बनी है।

cryergic **क्राइराजिक**

व्यापक अर्थों में हिम नदीय है। परिहिमनदीय आकृतियों तथा प्रक्रियाओं से सम्बन्धित जो उन क्षेत्रों में होता है जो हिमाच्छादित क्षेत्रों के सीधे निकट नहीं होते हैं।

cryogenic **निम्नतापी**

परिहिमनदीय के लिए प्रयुक्त किया जाने वाला पर्यायवाची शब्द। यह शब्दावली तलस्थ हिम की प्रक्रियाओं को प्रकट करती है। निम्नतापी घटना का विकास, भूमि के जमाव से सम्बन्धित है।

cryoplanation **तुषारी समतलन/हिम समतलन**

तुषार की क्रिया से सम्बन्धित प्रक्रियाओं द्वारा भूदृश्य का अवनमन (नीचा होना) और चपटीकरण, तुषारी समतलन कहलाता है।

cryosphere **क्रायोस्फीयर**

भूपृष्ठ की परत के ऊपर तथा नीचे पाया जाने वाला हिम, जिसमें हिमानी, हिमशिखर, बर्फ, प्रवाही हिम-पुंज और स्थायी तुषार भूमि सम्मिलित किये जाते हैं।

cryotic **क्रायोटिक**

तापक्रम का $0^{o}c$ से कम होना क्रायोटिक कहलाता है। जबकि अक्रायोटिक क्षेत्रों का तापक्रम हिमांक बिन्दु से ऊपर रहता है। इस प्रकार दोनों क्रायोटिक और अक्रायोटिक क्षेत्रों की सीमा क्रायोफन्ट (cryofront) अथवा हिमांक अग्र (freezing front) होती है।

cryoturbation **तुषारी क्रिया**

तुषारी अपक्षय की प्रक्रियाओं द्वारा मृदा में परिवर्तन और हिमानी पर्यावरण में सूचि हिम (needle ice) का प्रभाव तुषारी क्रिया कहलाता है।

cryo vegitation **तुषारी वनस्पति**

पादप समुदाय का बना होना जिनमें शैवाल, लिचन और मॉस जैसी वनस्पति सम्मिलित होती

है, जिन्होंने पर्यावरण में स्थायी हिम और बर्फ जीवन धारण कर लिया है। ऐसी वनस्पति को तुषारी वनस्पति कहा जाता है।

cryptocrystalline **गूढ क्रिस्टली शैल**

क्रस्टलीय (रवेदार) पदार्थ जो इतना सूक्ष्म कणिक होता है कि उसका एकाकी क्रिस्टल (रवा) सूक्ष्म दर्शी यंत्र के अन्तर्गत भी जिसे खंड नहीं किया जा सकता है, ऐसे पदार्थ की ओर संकेत करता है।

crypto volcanoe **गूढ ज्वालामुखी**

अत्यन्त विक्षुब्ध संस्तर और अवसाद जो यद्यपि ज्वालामुखी क्रिया का संकेत देते हैं किन्तु वहां किसी प्रकार के ज्वालामुखी पदार्थ नहीं पाये जाते हैं। इस प्रकार की अवस्था गूढज्वालामुखी कहलाती है।

crystalline rock **रवेदार शैल/क्रिस्टलीय शैल**

क्रिस्टलीकरण द्वारा निर्मित शैल, रवेदार शैल कहलाती है जैसे कि रूपान्तरित ओर आग्नेय शैल होती हैं।

crystallite **क्रिस्टलाणु**

विकाचन के परिणाम स्वरूप काँच सदृश्य शैलों में पाया जाने वाला सूक्ष्म भ्रूण, क्रिस्टलाणु कहलाता है। क्रिस्टलाणु, दण्ड समान, ताराकार तथा पक्षमय रूप में होते हैं।

cube diagram **घनारेख**

घनारेख में मूल्यों को घनों (cubes) के द्वारा प्रदर्शित किया जाता है इन घनों के आयतनों में वही अनुपात रहता है जो अनुपात उन मूल्यों के घन मूल्यों में होता है।

cuesta **क्वेस्टा**

कगार और नमन दोनों ढाल वाली कटक को क्वेस्टा कहा जाता है।

cuirass **क्यूरेस**

कठोर मृदाभूपृष्ठ जो अधःशायी असंपिंडित जमावों को अपरदन से सुरक्षित रखते हुए भूतल को ढके रखता है, क्यूरेस कहलाता है।

culmination **चरमावस्था**

किसी संरचनात्मक आकृति का सबसे ऊँचा बिन्दु को चरमवस्था कहा जाता है, क्योंकि वलन का अक्ष प्रायः ऊपर से नीचे लहराता है, चरमावस्था की एक श्रंखला निमज्जन द्वारा अलग विकसित हो सकती है।

cultural area **संस्कृति क्षेत्र**

समान संस्कृति वाला क्षेत्र संस्कृति क्षेत्र कहलाता है। संस्कृति क्षेत्र एक भौगोलिक क्षेत्र होता है, जिसमें समान संस्कृति वाले अनेक सापेक्षिक रूप से स्वतंत्र समुदाय निवास करते हैं।

cultural diffusion **सांस्कृतिक विसरण**

सांस्कृतिक विशेषताओं का एक समाज से दूसरे समाज में प्रसारण सांस्कृतिक विसरण कहा जाता है।

cultural distance **सांस्कृतिक अन्तर**

(i) किन्ही दो समूहों की संस्कृति के बीच के अन्तर की मात्रा को सांस्कृतिक अन्तर कहा जाता है। जितना अधिक अन्तर दो संस्कृतियों के बीच होगा आत्मासात्करण की संभावना उतनी ही कम होगी।

(ii) दो भिन्न समूहों के मध्य सांस्कृतिक अन्तर जैसे कि ग्रामीण समाज और नगरीय समाजों के बीच अन्तर पाया जाता है, सांस्कृतिक अंतर कहलाता है।

cultural ecology **सांस्कृतिक पारिस्थितिकी**

सांस्कृतिक पारिस्थितिकी का अर्थ मानव समाजों में एक दूसरे से अन्तर्क्रिया तथा प्रकृति और संस्कृति के बीच सम्बन्धों का अध्ययन है। दूसरे शब्दों में सांस्कृतिक पारिस्थितिकी, समाज और प्राकृतिक वातावरण के बीच सम्बन्ध को स्पष्ट करती है, इस प्रकार यह सांस्कृतिक मानवशाष्त्र की एक शाखा है। सांस्कृतिक पारिस्थितिकी शब्द का उपयोग सर्वप्रथम 1955 में जे. स्टुअर्ट ने किया था।

cultural geography **सांस्कृतिक भूगोल**

मानव संस्कृति के स्थानिक पक्षों, स्थानिक गुणों के वितरण जैसे भाषा धर्म और भिन्न संस्कृतियों का स्थानिक प्रसार तथा भूदृश्यों का अध्ययन सांस्कृतिक भूगोल के अन्तर्गत किया जाता है।

cultural landscape **सांस्कृतिक भूदृश्य**

मानव अभिग्रहण द्वारा निर्मित भूदृश्य सांसकृतिक भूदृश्य कहे जाते हैं, जहाँ भौतिक पर्यावरण निवास स्थान उपलब्ध कराता है, संस्कृति, उसके परिवर्तन और अनुकूलन की अभिकर्ता है। सांस्कृतिक भूदृश्य के मुख्य तत्वों में बस्तियाँ, भवन आदि होते हैं।

cultural region **सांस्कृतिक प्रदेश**

समान संस्कृति की विशेषता वाला प्रदेश, सांस्कृतिक प्रदेश कहलाता है।

culture **संस्कृति**

संस्कृति, व्यक्तियों के एक समूह की जीवन पद्धति होती है, यह सीखे हुए व्यवहार का कुछ

अंशों में औपचारिक प्रतिमान का सम्पूर्ण संरूप होता है जो भाषा अथवा अनुकरण द्वारा एक पीढी से दूसरी पीढी को दिया जाता है।

cumec **क्यूमैक**

अवतारण (जल बहाव) के लिए एक नाप, यह उसका संक्षिप्त रूप है: घन मीटर प्रति सेकेन्ड (cubic meter per second)

cummingtonite **कमिंगटोनाइट**

एक उभयलिंगी जलथल चर को कमिंगटोनाइट कहते हैं।

cumulonimbus **कपासी वर्षी (मेघ)**

ये संवहनी मूल के वर्षा वाले मुख्य मेघ होते हैं। अत्यधिक लम्बवत् विस्तार, भारी और घने तथा एक वृहत गोभी के फूल सदृश्य दिखाई देते हैं, इसका प्रत्येक उभार 30 मीटर प्रति सेकेण्ड की तीव्र गति से ऊपरी परत प्रायः हिमकणों से निर्मित अधिक रेशेदार चपटे मेघ होते हैं जिसे निहाई (एन्विल) कहते हैं। अधिकांश गरजने वाले तूफान (तडितझंझा) इसी प्रकार के मेघों से सम्बन्धित होते हैं।

cumulus **कपासी (मेघ)**

संवाहनिक क्रिया प्रदर्शित करने वाले मेघों का एक प्रकार जिसका विस्तार घनीभवन स्तर से ऊपर होता है। सतही स्वच्छ मौसम कपासी मेघ, कमजोर संवाहन प्रतिलोमता द्वारा उदआसवित से लेकर अधिक विस्तार वाले अधिक घने कपासी मेघ जो लगभग कपासी वर्षी मेघ सदृश्य लगते हैं, में उर्ध्वाकार विस्तार में पाये जाते हैं।

cupola **क्यूपोला/गुम्बद**

आग्नेय शैल का एक गुम्बदाकार पिण्ड जो बेथोलिथ के धरातल से बाहर निकला होता है क्यूपोला कहलाता है।

cuprite **क्यूपराइट**

आक्सीकृत तांबे के जमाव में पाया जाने वाला लाल से काले रंग का खनिज (CH_2O) क्यूपराइट कहलाता है।

curie point **क्यूरी बिन्दु/क्यूरी तापांक**

एक विशिष्ट तापमान जिससे ऊपर होने पर स्थायी चुम्बकत्व समाप्त हो जाता है, प्रत्येक तत्व का अपना क्यूरी तापांक होता है जैसे लोहे का क्यूरीतापांक $76^{o}c$ होता है।

current bedding **धारा संस्तरण**

पवन अथवा जलधारा की क्रिया से बनी एक अवसादी संरचना धारा संस्तरण कहलाती है। इसमें तिर्यक संस्तरण और उर्मिका (छोटी लहर) संस्तरण भी सम्मिलित रहते हैं।

cuspate delta **अग्रवर्धी डेल्टा**

वह डेल्टा जिसमें नदी द्वारा लाया गया पदार्थ, नदी मुहाने के दोनों ओर समान रूपसे जमा किया जाता है। यह प्रायः सीधे सपाट समुद्री तटों पर होता है जहाँ तरंगों का प्रभाव पूर्णरूप से प्रभावी रहता है।

cusp beach **अनुवर्ती पुलिन**

पुलिन अथवा अग्रतट पर रेत और कंकडों द्वारा निर्मित कटक को अनुवर्ती पुलिन कहा जाता है। पुलिन में कई कस्प पाये जाते हैं जिनका निर्माण उर्मि और तरंगों द्वारा मिलकर होता है तथा, पुलिन के सहारे ये जल गोलाकार संचरण करता है।

cutter **कर्तक**

निर्देशक संरचनात्मक तत्वों के सहारे घोल द्वारा आधार शैल द्वारा काटा हुआ रैखीय खांचा, कर्तक कहा जाता है।

cwm = cirque **हिमगह्वर = हिमगह्वर**

cycle, biochemical = biochemical cycle **चक्र जैवरासायनिक = जैव रासायनिक चक्र**

cycle of erosion **अपरदन चक्र**

सर्वप्रथम 1785 में जेम्स हटन ने भूविज्ञान के क्षेत्र में चक्रीय पद्धति को प्रतिपादित किया। किन्तु चक्रीय पद्धति के विकास का श्रेय डब्ल्यू.एम.डेविस को जाता है जिन्होंने 1899 में भौगोलिक चक्र की संकल्पना प्रस्तुत की और कहा कि भौगोलिक चक्र समय की वह अवधि है जिसमें कोई उत्थित स्थलाकृति अपरदन के प्रक्रम (process) द्वारा समप्रायः (peneplani) में बदल जाता है। डेविस महोदय के अनुसार स्थलाकृतियाँ संरचना, प्रक्रम तथा समय का प्रतिफल होता है। कोई भी स्थल रूप तीन महत्वपूर्ण कारकों संरचना, प्रक्रम और समय का प्रतिफल होता है इस प्रकार प्रत्येक स्थलाकृति तरूणवस्था (youth) प्रोढावस्था (maturity) तथा जीर्णोवस्था (oldage) से होकर गुजरती है।

युवावस्था में नदी तीव्रढाल वाली v आकार की घाटी में तेजी से बहती है, प्रौढावस्था की विशेषता घाटी चौडी और सपाट होती है और ढाल सामान्य रहता है। जीर्णावस्था में घाटी चौडी और नदियाँ भी गति से बहती हैं और यह भाग समप्रायः मैदान में बदल जाता है और पुनर्युवन के लिए तैयार हो जाता है।

cyclogenesis **चक्रवातजनन**

गर्त अथवा चक्रवात के प्रवर्तन अथवा विकास को चक्रवात जनन कहते हैं।

cyclolysis **साइक्लोसीसिस**

निम्न वायुदाब केन्द्र के चारों और चक्रवाती प्रवाह का क्षय अथवा कमजोर होने की प्रक्रिया

को साइक्लोसीसिस कहते हैं। साइक्लोसीसिस की प्रक्रिया विशेष क्षेत्रों पश्चिमी उत्तरी अंधमहासागर, उत्तरी प्रशान्त महासागर के पश्चिमी क्षेत्र तथा भूमध्य सागर में होती है।

cyclone **चक्रवात**

अपेक्षाकृत, वायुमण्डलीय निम्न वायुदाब का एक क्षेत्र जिसमें समदाब रेखाएं अतिनिकट गोलाकार अथवा अण्डाकार होती हैं। चक्रवात में हवाएँ प्रायः घूमती हुई होती हैं जो उत्तरी गोलार्द्ध में वामावर्त (घडी की सुई के विपरीत) तथा दक्षिणी गोलार्द्ध में दक्षिणावर्त (घडी की सुई के अनुसार) चलती हैं, किन्तु दोनों को ही चक्रवातीय संचरण कहा जाता है। मध्य और उच्च अक्षांशों में चक्रवात को गर्त (depression) कहा जाता है। उष्णकटिबन्धीय क्षेत्रों में यह अत्यंत तीव्र झंझावत होते हैं जो टायफून अथवा हरिकेन के पर्याय होते हैं। प्रायः कुछ क्षेत्र चक्रवातों की उत्पत्ति के मुख्य क्षेत्र हैं, जिनमें पश्चिमी उत्तरी अंधमहासागर, पश्चिमी, उत्तरी प्रशान्त महासागर तथा भूमध्यसागरीय क्षेत्र मुख्य हैं। चक्रवात एक सिरे से दूसरे सिरे तक एक से दो हजार कि.मी. विस्तार में होते हैं जिसके कारण मौसम में भी भिन्नता पाई जाती है। चक्रवात के गुजरते समय उसके उष्ण तथा शीत वाताग्रों के साथ बदलते मौसम का आभास होता है। किसी स्थान पर चक्रवात के आने से पूर्व वायुदाब गिरने लगता है तथा चन्द्रमा तथा सूर्य के चारों ओर प्रभामण्डल दिखाई देता है। जैसे जैसे चक्रवात निकट आता जाता है। तापक्रम बढने लगता है। उष्ण वाताग्र के आने पर वर्षा आरम्भ हो जाती है वर्षास्तरी मेघों से तीव्र वर्षा होती है। उष्ण वाताग्र के गुजर जाने पर उष्ण वृत का आगमन होता है जिसके कारण मौसम में तीव्र परिवर्तन हो जाता है, आर्द्रता बढने लगती है तथा वायु दाब कम होने लगता है। मौसम साफ और सुहाना रहता है। इसके पश्चात् चक्रवात का शीत वाताग्र आता है। जिसके कारण तापक्रम गिरने लगता है, आकाश में बादल छा जाते हैं और वर्षा प्रारम्भ हो जाती है शीतवाताग्र के पश्चात् शीत वृत का आगमन होता है मौसम में यकायक परिवर्तन होने लगता है।आकाश मेघ रहित होकर साफ हो जाता है तथा वायुदाब बढने लगता है।

cyclone wave **चक्रवात तरंग**

मध्य अक्षांशों से सम्बद्ध मध्य और ऊपरी क्षोम मण्डल में प्रवाह का तरंग समान विरूपण, चक्रवात तरंग कहलाता है।

cyclonic rainfall = rainfall cyclonic **चक्रवातीय वर्षा = वर्षा चक्रवातीय**

cyclostrophic wind **चक्रपसादी पवन**

पवन का एक ऐसा वर्ग जिसमें वायु प्रवाह की अत्यन्त प्रभावकारी वक्रता रहती है जैसे कि उष्णकटिबन्धीय चक्रवात अथवा टॉरनाड़ो में होता है। इन अवस्थाओं में अनुप्रवण पवन का केन्द्राभिमुखी गतिवर्धन मुख्य नियन्त्रण बन जाता है।

cyclothem **चक्रीय निक्षेप**

अवसादी संस्तर की श्रंखला जो एकल चक्र के एक भाग के रूप में जमा हुई हो उसे चक्रीय

निक्षेप कहते हैं। यह प्रायः कार्बोनी स्तर पर लागू होता है जहाँ बालू पत्थर स्तर से सिलसिला आरम्भ होता है, इसके पश्चात शैल और स्वच्छ जल चूना पत्थर के ऊपर मृतिका स्तर और उसके ऊपर कोयले की तह रहती है। कोयले की पर्त के पश्चात् पुनः सागरीय शैल के जमावों के साथ सागरीय अवस्थायें पायी जाती हैं जिसके बाद सागरीय चूना पत्थर के जमाव पाये जाते हैं। प्रत्येक चक्रीय निक्षेप अगले से भिन्नता द्वारा अलग किया गया होता है।

D

dacite = rhyolite **डेसाइट = रायोलाइट**

dairy farming **डेरी फार्मिंग/डेरी उद्योग**

एक प्रकार की कृषि जिसमें दुधारू पशुओं को पालने और उनके प्रजनन पर अधिक जोर दिया जाता है, तथा कृषि उपज भी इन दुधारू पशुओं के उपयोग में लाने के लिए उत्पन्न की जाती है।

dalmatian coast **डैलमैशन तट**

मुख्य, भूमि से समानान्तर फैली द्वीपों की श्रंखला, गहरी खड़ियाँ ढालू तट रेखा जो भूमि के एक भाग के अवतलन का परिणाम होते हैं, ऐसी विशेषताओं वाला भाग डैलेमैशन तट कहलाता है।

dam **बाँध**

जलाशय निर्माण करने के लिए नदियों को कृत्रिम संरचनाओं द्वारा बाँधा जाना, मानव द्वारा प्राकृतिक पर्यावरण पर किया गया अत्यधिक प्रभावशाली और व्यापक अधिप्रभाव है। इस प्रकार की संरचनाओं से नदी जलविज्ञान, अधिवृद्धि और अपरदन के स्वरूप, जीवों का स्थानान्तरण आदि प्रभावित होते हैं।

data **समंक**

किसी घटना से सम्बन्धित ऐसी व्यवस्थित जानकारी अथवा आंकडे जिनके आधार पर कोई निष्कर्ष निकाला जा सके अथवा किसी सिद्धान्त की जाँच की जा सके समंक कहलाता है। यह जानकारी ज्ञात अथवा उपलब्ध सामग्री, आंकडों या सूचनाओं के रूप में होती है। सांख्यिकीय दृष्टि से समंक उस समस्त भूत तथा वर्तमान की सार्थक सामग्री को कहते हैं जो अध्ययन एवं विश्लेषण का आधार बनती है।

data primary **प्राथमिक समंक**

प्राथमिक समंक अथवा तथ्य मौलिक सूचनाएं तथा आंकडे होते हैं जिनका संकलन पहली बार किया जाता है। प्रथम बार संकलित किए जाने के कारण ही इन्हें प्राथमिक समंक/तथ्य कहा जाता है।

data qualitative **गुणात्मक समंक**

ऐसे समंक/तथ्य गुणात्मक प्रकृति के होते हैं जिन्हें किन्हीं वर्णित विशेषताओं के आधार पर पहचाना जा सकता है, जैसे लिंग को संख्यात्मक इकाईयों में विभाजित नहीं किया जा सकता है, इस प्रकार के समंक को स्त्री और पुरूष के वर्गों में ही प्रदर्शित किया जाता है। गुणात्मक समंकों की संख्यात्मक रूप में गणना नहीं की जा सकती है किन्तु परिमाण की अनिश्चित परिभाषा के अनुसार इसमें भिन्नता अवश्य प्रकट की जा सकती है।

data quantitative **परिमाणात्मक समंक**

ऐसे समंक/तथ्य परिमाणात्मक समंक कहलाते हैं जिन्हें किसी माप की इकाइयों के आधार पर संख्याओं में प्रस्तुत किया जाता है उदाहरण के लिए समय तथा आयु को महीनों, दिनों, तथा घंटों में व्यक्त किया जाता है। इन समंकों/तथ्यों को मापा अथवा तोला जा सकता है इनकी माप तोल की इकाइयाँ निश्चित की जा सकती हैं। इन्हें संख्याओं, आंकडों अथवा अंशों में प्रदर्शित किया जाता है।

data secondary **द्वितीयक समंक**

विद्यमान अथवा पूर्व संकलित समंको/तथ्यों को द्वितीयक समंक कहा जाता है। इस प्रकार के समंकों का संकलकर्ता/शोधकर्ता के किसी विशिष्ट उद्देश्य से प्रेरित नहीं होता है। इस प्रकार के समंकों/तथ्यों का संकलनकर्त्ता तथा प्रयोगकर्त्ता दो अलग अलग व्यक्ति अथवा संस्थाएं होती हैं। लिखित प्रलेख जन माध्यमों से प्रचारित रिपोर्ट, सरकारी आलेख आदि द्वितीयक समंक सामग्री में आते हैं। इस प्रकार के समंक अन्य व्यक्तियों द्वारा संकलित मूल तथ्यों के आधार पर निर्मित तथ्य होते हैं।

datum **डॅटम/आधार**

डॅटम, ऊर्ध्वाधर आधार, एक अनुप्रस्थ रेखा अथवा बिन्दु होता है जिसको शून्य मानकर धरातल की ऊंचाइयाँ तथा सागर की गहराई नापी जाती है। प्रायः अधिकांश मानिचत्रों पर यह माध्य समुद्रतल होता है।

dead cliff **निर्जिव कटक**

एक ऐसी सागरीय कटक जो अब तरंगों के प्रहारों से प्रभावित नही होती क्योंकि या तो सागर का जलस्तर कम हो गया है अथवा एक चौडे पुलिन का निर्माण हो गया है जिसने उस कटक को सुरक्षित कर दिया है। एसी कटक निर्जीव कटक कहलाती है।

dead heart **निष्प्राण केन्द्र**

नगर के केन्द्रीय व्यवसाय क्षेत्र के लिए इस शब्दावली का उपयोग किया जाता है, क्योंकि दिन में इस क्षेत्र में अत्यन्त भीड़भाड रहती है जबकि रात्रि के समय मनुष्य कम और रिहायशी जनसंख्या कम रहती है।

debacle **धारा हिम भंजन**

बसंत ऋतुमें किसी नदी में हिम के टूटने की प्रक्रिया को धारा हिम भंजन कहते हैं।

debris **मलवा**

प्रकीर्ण और टूटे शैल के टुकडे, मलवा (debris) कहलाता है। विशेषतः शैलों के क्षय और वियोजन के परिणाम स्वरूप बना ढीला पदार्थ, मलवा के रूप में वर्णित किया जाता है।

debris load **मलवा भार**

नदी में ठोस पदार्थ के रूप में कुल भार का भाग, मलवा भार होता है। इसमें पूर्ण रूप से नदी तल से ऊपर लटकते हुए तथा नदी तल के सहारे उछाल के द्वारा और उर्मिल और सरकवां गतिमान पदार्थों को सम्मिलित किया जाता है। नदी का कुल मलवाभार, अवसाद आस्राव होता है।

decalcification **विकैल्सीकरण**

किसी मृदा से चूने का अलग होना विकैल्सीकरण कहलाता है। इसमें कार्बोनेटन (रासायनिक अपक्षय की वह प्रक्रिया जिसमें घुलनशील शैल और खनिज कार्बोनिक अम्ल द्वारा प्रभावित होते हैं) की प्रक्रिया सम्मिलित रहती है जिसके द्वारा वर्षा का जल अन्तः स्राव द्वारा कार्बन डाई आक्साइड़ के साथ हयूमस के द्वारा संवर्धित होता है जो शक्तिशाली अम्ल बन कर मृदा में कैल्शियम बाई कार्बोनेट के रूप में घोल बन कर बह जाता है। यह कम तापक्रप पर ठीक प्रकार से होता है, क्योंकि ताप के बढने पर कैल्शियम कार्बोनेट की घुलनशीलता कम हो जाती है। यदि वर्षा के जल में कार्बन डाई आक्साईड की मात्रा कम होती है तो इसकी कैल्शियम को घोलने की शक्ति में भी कमी आ जाती है।

decibel (db) **डेसिबेल**

शोर/ध्वनि की तीव्रता को डेसिबेल (db) इकाई में नापा जाता है। डेसिबेल का मान 10 db से 140 से 170 तक माना जाता है। श्वसन की ध्वनि का माप 10 db है जबकि अन्तरिक्ष यान की ध्वनि 140-170 db मानी जाती है।

deciduous forest **पर्णपाती/पतझडी वन**

एक विशेष प्रकार के वन जिनमें ऐसे वृक्षों की अधिकता होती है जो वर्ष में एक बार अपने पत्तों को गिरा देते हैं, यह काल बसंत ऋतु का होता है। इस प्रकार के वनों को पर्णपाती वन कहा जाता है। इस प्रकार के वनों में सामान्यतः चौडी पत्ती वाले वृक्ष जैसे ओक, मेपल, बीच, एश और बर्च पाये जाते हैं।

decile **दशमक**

यदि कोई मूल्यों की श्रेणी महत्व के अनुसार क्रम में रखी जाती है, उन्हें किसी भी समूह की संख्या में, आंकडों की मात्रा पर निर्भर करता है विभाजित किया जा सकता है। एक दशमक

प्रतिनिधित्व करता है श्रेणी के दसवें भाग को और साधारणतः कहा जाता है प्रथम दशमक और द्वितीय दशमक आदि।

declination **दिक्पात**

भौगोलिक उत्तर से चुम्बकीय देशान्तर की ओर विचलन को दिक्पात कहते हैं और दोनों के बीच के कोण को दिकपात कोण कहते हैं।

decollement **डिकॉलमेन्ट/अपकर्तन**

दो भिन्न प्रकार के विरूपण के मध्य सीमा का तल अंकल करना अपकर्तन कहलाता है। ऊपर की शैल सामान्यतः विरूचित होती है जब कि नीचे की शैल अप्रभावित रहती है। इसका कारण वलन के समय नीचे की शैल पर ऊपर की शैल श्रेणी सरक कर आ गई हो।

decomposers **अपघटक**

साधारण जीव जो अपना भोजन मृत पौधों और जीवों के पदार्थ से अपना भोजन आधारभूत रसायन में परिवर्तित कर प्राप्त करते हैं; अपघटक कहलाते हैं।

decomposition **अपघटन**

रासायनिक अपक्षय द्वारा किसी शैल खण्ड का ढीला होकर टूटकर टूकड़े टूकड़े होना अपघटन कहलाता है। सीमेंटिंग/संयोजन पदार्थों के अपक्षालन अथवा अपघटित खनिजों में परिवर्तन के कारण अपघटित शैल में पूर्व की सम्बद्धता का अभाव रहता है।

deductive method **निगमन विधि**

जब किसी ज्ञात नियम का किन्हीं दृष्टान्तों पर निगमन करते हैं, अर्थात दृष्टांतों को ज्ञात नियम पर घटा कर उसकी सत्यता को प्रमाणित किया जाता है तब तर्कशास्त्रमें इसे निगमन विधि या पद्धति कहते हैं। इसमें खोज की प्रक्रिया सामान्य से विशिष्ट की ओर चलती है। मानव नाशवान है, अतः राम, मोहन, श्याम सभी नाशवान हैं उनकी मृत्यु अवश्य होगी यह निगमन विधि का उदाहरण है।

निगमन विधि के दो भेद हैं- प्रत्यक्ष निगमन विधि तथा विपरीत निगमन विधि। प्रत्यक्ष निगमन विधि के दृष्टान्त का परीक्षण द्वारा ज्ञात नियमों की सत्यता को प्रभावित किया जाता है। प्राकृतिक विज्ञानों (natural science) में इसी प्रकार की निगमन विधि का प्रयोग किया जाता है, जबकि विपरीत निगमन विधि में सर्वप्रथम परीक्षणात्मक साधारीकरण को ज्ञात किया जाता है, फिर उसके आधार पर दृष्टांन्तों का परीक्षण किया जाता है।

deepening **डीपनिंग**

यह मौसम विज्ञान की शब्दावली है जिसके अनुसार दबाब तंत्र जो सामान्यतः एक न्यून दबाब तंत्र होता है, के केन्द्रीय वायुमण्डलीय दबाब में कमी का होना डीपनिंग कहलाता है।

deflation **अपवाहन**

किसी प्रदेश में बढे हुए अपक्षय क्षेत्रों से वायु द्वारा बारीक पदार्थों जैसे गाद और मृतिका को उडा कर ले जाये जाने की प्रक्रिया को अपवाहन कहते हैं। वायु द्वारा अपवाहन से मरूस्थलीय धरातल में विशिष्ट रूप में गर्त की संभावना बन जाती है उस स्थल पर आर्द्रता में वृद्धि हो जाने के परिणाम स्वरूप रासायनिक अपक्षय होता है, सूखने पर मृतिका वायु क्रिया से सुप्रभाव्य होने के कारण धूलभरी आंधियों के रूप में लम्बी दूरी तक ले जाई जाती है और जमा कर दी जाती है और शेष रह जाता है मोटे पदार्थों का बचा भाग जिसे अपवाहन धरातल कहते हैं।

deforestation **वनोन्मूलन**

वनो का वन भूमि से पूर्ण रूप में काटा जाना तथा वृक्ष विहीन किया जाना वनोन्मूलन कहलाता है।

deformation **विरूपण**

शैल संस्तर के विघटन, वलन, भ्रंशन और अन्य विवर्तनिकी प्रक्रियाओं के लिए सामान्य शब्दावली के रूप में विरूपण का उपयोग किया जाता है।

deglaciation **विहिमनदन**

यह वह प्रक्रिया होती है जिसके द्वारा हिमानी पतला होने लगता है और किसी क्षेत्र से पीछे हटने लगता है। इस का सामान्य कारण जलवायु में सुधार होना होता है जो हिम की मात्रा के संचयन में कमी कर देता है अथवा अपक्षरण बढ जाता है।

degradation **निम्नीकरण**

निम्नीकरण वह क्रिया है जिसमें अपरदन की क्रिया द्वारा उच्च भूमि प्रदेशों का पदार्थ दूर कर दिया जाता है और इस प्रकार वह उच्च भूमि का भाग धीरे धीरे नीचा होता जाता है।

degree **डिग्री/अंश/अंक्षाश**

अक्षांश और देशान्तरों के सहारे मापन की एक इकाई, डिग्री/अंश होती है। एक अंश डिग्री देशान्तर पृथ्वी की परिधि के 1/360 भाग के बराबर होती है किन्तु अक्षांश रेखाओं धुवों की ओर जाने पर यह दूरी कम होती जाती है। प्रत्येक अंश 60 मीनिट और प्रत्येक मिनिट 60 सैकेन्ड्स में विभाजित किया जाता है।

delta **डेल्टा**

एक त्रिभुजाकार आकृति जलोढ द्वारा निर्मित जो नदी के (सागर अथवा झील) मुहाने पर, नदी के भार ले जाये जाने की क्षमता में कमी आ जाने के कारण नदी द्वारा लाया गया बोझ यहां खारे जल में जम कर नीचे बैठ जाता है। कहा जाता है कि डेल्टा, ज्वारभाटा विहीन सागरों की विशेषता होती है जैसा कि भूमध्यसागर में ज्वारीय तरंगों के अभाव के कारण वहां

अवसाद आसानी से जमा हो जाता है, किंतु ऐसा भी देखा गया है कि व्यापक ज्वारीय श्रेणी के भागों में भी डेल्टा बनते हैं जैसा कि राइन डेल्टा। बनावट के आधार पर डेल्टा चार प्रकार के पाये जाते हैं:—

(i) अग्रवर्धी डेल्टा (cuspate delta) – सागर की ओर निकला हुआ नुकीले सिरे के आकार में बना डेल्टा अग्रवर्धी डल्टा कहलाता है।

(ii) लोबाटे (पालियुक्त) डेल्टा (Lobate delta) – सागर के किनारे की ओर गोलाई में बना डेल्टा लोबोट डेल्टा कहलाता है।

(iii) पक्षी-पंजा डेल्टा (birds foot delta) अथवा अंगुलियाकार डेल्टा (digitate delta) – लम्बी उंगलियों के आकार में सागर के भीतर तक अवसाद के जमा होने से पक्षी के पंजे के समान आकृति वाले डेल्टा को पक्षी पंजा डेल्टा अथवा अंगुलियाकार डेल्टा कहा जाता है। मिसिसीपी का डेल्टा इसका उत्तम उदाहरण है।

deltalogy **डेल्टा विज्ञान**

डेल्टा और डेल्टा निर्माण का अध्ययन डेल्टा विज्ञान कहलाता है।

demersal **तलमज्जी**

सागरीय तली अथवा उसके निकट निवास करने वाले जीवों को तलमज्जी कहा जाता है। चपटी मछलियाँ जिनमें प्लैस, हेलीबर और सोल सम्मिलित की जाती हैं, सागर के निचले तल पर जलावरण के एक विशेष रूप में रहना पसन्द करती हैं। अन्य प्रकार की तलमज्जी मछलियों में गोलमछलियां जिनमें हैडॉक, कॉड और हेक सम्मिलित की जाती हैं, मुख्य हैं।

demography **जनसांख्यिकी जनांकिकी**

(i) मानव जनसंख्या विशेष कर उसके जन्म-मरण आँकडों (vital statistics) का अध्ययन जनसांख्यिकी में किया जाता है।

(ii) मानव जनसंख्या के आकार, वितरण और रचना से सम्बन्धित सांख्यिकी और गणितीय अध्ययन को जनसांख्यिकी/जनांकिकी कहा जाता है।

(iii) फ्रांसिसी विज्ञान ए.गुईलर्ड ने 'डेमोग्राफी' शब्द का प्रयोग किया था। उसके अनुसार जनांकिकी मानव प्राणी का प्राकृतिक एवं सामाजिक इतिहास है इसके अन्तर्गत जनसंख्याओं का गणितीय अध्ययन, उनमें उत्पन्न होने वाले सामान्य परिवर्तन तथा उनकी मौलिक नगरीय, बौद्धिक एवं नैतिक संरचनाओं का अध्ययन किया जाता है। जनांकिकी जनसंख्या का विज्ञान है जो जन्म, विवाह, मृत्यु एवं प्रवात्सिता के सांख्यिकीय विश्लेषण द्वारा जनसंख्या की दशा, दर, एवं गतिशीलता का अध्ययन करता है। ऐसे प्रश्नों जैसे किसी देश अथवा प्रदेश में कितने व्यक्ति निवास करते हैं, कितने उनमें से मरते हैं तथा जन्म आदि तथा उनकी जनन क्षमता, मरणशीलता तथा विवाह की क्या दर है आदि विषयों का अध्ययन और विश्लेषण जनांकिकी में किया जाता है।

demoiscelles **भूस्तम्भ**

मरूस्थलीय अथवा शुष्क प्रदेशों में जहाँ कोमल शैलों के ऊपर कठोर शैल होती है, वहां नीचे की कोमल शैलें, वायु के द्वारा अपरदित हो जाती हैं जबकि कठोर शैल वाला ऊपरी भाग एक स्तम्भ के रूप में खडा रहता है, इस प्रकार के स्तम्भों को भूस्तम्भ कहा जाता है।

dendritic drainage **पादपाकार/द्रुमाकृतिक अपवाह**

इस प्रकार के अपवाह प्रतिरूप में नदीधारा का वृक्ष की शाखाओं के समान विभाजन पाया जाता है। इस प्रकार का प्रतिरूप अनुप्रस्थ और क्रष्टलीय शैलों तथा समतल समान भूगर्णिक क्षेत्र में निर्मित होता है।

density **सघनता/घनत्व**

एक विशिष्ट तापक्रम और दाब पर पदार्थ की आयतन इकाई के पुंज को घनत्व कहा जाता है। वायुमण्डल की स्थिति में घनत्व साधारणतः सीधे तौर पर नहीं नापा जाता है वरन गैस नियम (मूलभूत भौतिक समीकरणों जो दाब (p) आयतन (v) और आपक्रम (t) से सम्बन्धित होता है) के आधार पर उसके तापक्रम, दाब और आर्द्रता से सम्बन्धों द्वारा परिकलन किया जाता है।

denudation **अनाच्छादन**

शैलों का अपक्षय और उसके मलवे का संरोहण और बाद में उसका परिवहन तथा जमाव, अनाच्छादन कहलाता है। अत्यधिक ऊंचाईवाले भाग, ताप आर्द्रता, तीव्र ढाल और वे शैलें जो प्रचुर तलछट बनाती हैं, हिमानीकृत वाले भागों में अनाच्छादन की अधिकतम दर 3000mm प्रति एक हजार वर्ष, तथा सबसे कम 102mm प्रति एक हजार वर्ष उष्ण शुष्क निम्न भूमि प्रदेशों में अंकित की गई है।

deposition **निक्षेपण**

भूमि पिण्डों का अपक्षय और अपरदन इसके साथ ही सागरों और झीलों में रासायनिक वर्षण तथा पादप वृद्धि और उनका क्षय होना तथा नदियों, हिमचादर और हिमानी ज्वारीय तरंगों और पवन द्वारा निक्षेपण स्थान पर ले जाकर जमा किया जाना निक्षेपण कहलाता है।

depositional plain = plain depositional **निक्षेपण मैदान = मैदान निक्षेपण**

depression = cyclone **गर्त = चक्रवात**

deranged drainage **अपविन्यस्त अपवाह**

एक प्रकार का अपवाह प्रतिमान जो हाल के हिमनदित प्रदेशों जैसे कनाडाई शील्ड़ और साईबेरियन टुण्ड्रा की विशेषता हैं, जहाँ अपवाह प्रतिमान अभी तक अपेक्षाकृत हाल के हिमनदीय निक्षेपित संरचनाओं से समायोजित नहीं हो पाये हैं, जो नीचे ठोस तल पर विकसित पूर्व में समायोजित अपवाह प्रतिमान द्वारा ढके रहते हैं, इसके परिणामस्वरूप अपवाह समन्वित नहीं होता और उसकी कई छोटी स्थानीय अपवाह द्रोणियों और झीलों के रूप में विशिष्टता पाई जाती है।

derelict land **परिव्यक्त भूमि**

ऐसी भूमि जो पूर्व में उपयोग में ली जाती रही हो और अब उसे परिव्यक्त कर दिया गया हो जैसे पुराना रेलमार्ग उपयोग में न आने वाली फेक्ट्रियाँ तथा पुरानी बस्तियाँ।

derived fossil **विस्थपित जीवाश्म**

एक जीवाश्म जो अन्त में जिस स्तर में पाया गया है वह उससे पूर्व मूलतः प्राचीन स्तर में परिरक्षित (preserved) था, अपरदन और निक्षेपण की प्रक्रियाओं द्वारा हाल के स्तर में संस्थापित किया गया है। यदि उसकी सही प्रकृति पर विश्वास नहीं किया जाता है तो निक्षेप और आयु स्तरिक सम्बन्धों के बारे में भ्रामक निष्कर्ष निकाले जा सकते हैं।

derived scale map **व्युत्पन्न मापक मानचित्र**

किसी आधार मापक मानचित्र से छोटे मापक पर बनाया गया मानचित्र व्युत्पन्न मापक मानचित्र कहलाता है।

desalinization (desalination) **विलवणीकरण**

खारे लवणजल विशेषकर सागरीय जल से आसवन (distillation) अथवा अन्य प्रक्रियाओं द्वारा स्वच्छ जल प्राप्त करना विलवणीकरण कहलाता है।

desertification **मरूस्थलीकरण**

मरूस्थलीय परिस्थितियों का, पूर्व के अर्द्ध शुष्क प्रदेशों के क्षेत्रों की ओर विस्तार को मरूस्थलीकरण कहते हैं। उदाहरण के लिए थार मरूस्थल की सीमा का विस्तार पूर्वी राजस्थान और पश्चिमी उत्तर प्रदेश की ओर हो रहा है।

desiccation **निर्जलीकरण/शुष्कन**

उन्नसवीं सदी के मध्य से यह विचार प्रचलित है। इसके अनुसार पृथ्वी के धरातलीय भाग शुष्क हो रहे हैं जिससे मरूस्थलों का विस्तार, भौमजल की क्षीणता, नदियों का घटते जाना और व्यवस्थापन में गिरावट हो रही है। कुछ विद्वानों के मतानुसार यह हिमनदोत्तर जलवायु में उत्तरोत्तर बिगाड़ होते रहने के कारण है किन्तु कुछ का मत है कि यह मानव द्वारा पर्यावरण के कुप्रबन्ध् का परिणाम है।

desilication **विसिलिकायन**

तीव्र अपक्षय और विक्षालन (घुलकर बह जाना) द्वारा मृदा परिछेदिका से सिलिका का क्षय हो जाना, विसिलिकायन कहलाता है। उष्णकटिबन्धीय क्षेत्रों की यह विशिष्ट प्रक्रिया है तथा लोटोसल परिछेदिका की ओर अग्रसर करती है।

determinism **निश्चयवाद**

यह एक दार्शनिक सिद्धान्त है जिसके अनुसार मनुष्य मुख्यतः अपने पर्यावरण से अनुकूलित (conditioned) होता है तथा पर्यावरण मानव जीवन के स्वरूप को नियंत्रित करता है। निश्चयवाद भौतिक तत्वों को अधिक महत्व और मानव पर उसके प्रभाव पर बल देता है।

detritus **अपरद/मलवा**

(i) भूगर्भशास्त्र में शैल अथवा खनिज अपशिष्ट जो शैल तल के घिसाव और टूटने से उत्पन्न होता है और उस पदार्थ को उसके मूल स्थान से स्थानान्तरित कर दिया जाता है अपरद/मलवा कहा जाता है।

(ii) पारिस्थितिकी में मृत पौधे, उनके अवशेष तथा प्राणियों के नरकंकाल-अस्थियाँ- अपरद/मलवा कहलाता है।

developed country/world **विकसित देश/विश्व**

विकसित देशों को बहुधा उत्तर के देश अथवा 'उन्नत अर्थव्यवस्थाएं' का नाम भी दिया जाता है। इन देशों में शक्ति के साधनों का प्रचुरमात्रा में उपयोग, साक्षरता की दर ऊंची तथा द्वितीयक और तृतीयक सेक्टर/खण्डों के विकसित होने और धनी देश होने के कारण इन देशों के निवासियो का जीवन स्तर उंचा पाया जाता है। पर इन देशों का प्रभाव भी अधिक है।

developing countries = third world **विकासशील देश = तृतीय विश्व**

development **विकास**

मानव भूगोल में विकास से तात्पर्य उस विशेष अवस्था से है जिससे समाज में परिवर्तन की प्रक्रिया अनुभव की जाती है। विकास का अर्थ चार दिशाओं आर्थिक वृद्धि, तकनीकी विकास, जन कल्याण और आधुनिकीकरण में प्रगति का होना। इन चारों आधार पर ही विकासशील और विकसित देशों के मध्य प्रभेद किया जाता है। 1950 के दशक में विकास का अर्थ होता था आर्थिक विकास अथवा आर्थिक वृद्धि किन्तु वर्तमान में इसके क्षेत्र को व्यापक कर समस्त समाज, सांस्कृतिक और सामाजिक विकास के साथ साथ आर्थिक और तकनीकी परिवर्तन को सम्मिलित किया जाता है।

deviating force = coriolis force **विचलन बल = व्यक्तिक्रमित बल**

devitrification **विकाचन**

प्राकृतिक ज्वालामुखी पदार्थ कांच जैसे आब्सीडियन और पिचस्टोन जो कि मितस्थायी होते हैं प्रायः गौण जलयोजन के द्वारा जुडे होते हैं, का धीमा क्रिस्टलीकरण विकाचन कहलाता है।

Devonian **डिवोनीकाल**

ऊपरी पुराजीवीकल्प का प्रथम चरण डिवोनीकाल कहलाता है इस काल का आरम्भ लगभग 4150 लाख वर्ष पूर्व हुआ और 450 लाख वर्षों तक यह काल रहा। इसके पूर्व में सिलूरियन कल्प और बाद में कार्बनीकल्प रहा। डिवोनीकाल को ऊपरी, मध्य और निम्न डिवोनीकालों में पुनः विभाजित किया जाता है। इस विभाजन का आधार शैलों से पाये जाने वाले जीवाश्म हैं जो छिछले समुद्री संलक्षणी अपृष्ठवंशी जैसे कि प्रवाल, भुजपाद, अमोनोइडस और क्राइनोडस फलते फूलते हैं।

dew **ओस**

वायुमण्डलीय नमी का सीधे संघनन द्वारा धरातल, घास और पत्तियों पर जलबिन्दुक का बनना ओस कहलाता है। जहां कहीं उष्ण आर्द्र वायु, ठण्डे धरातल पर होकर गुजरती है उससे ओस संभव होती है। किन्तु यह शान्त मेघरहित रात्रि में भूमि के रात्रि के ठण्डे होने का मुख्य परिणाम होता है।

dewpoint **ओसांक**

(i) क्योंकि भूमि का तापक्रम तीव्रता से गिरता है, वायु की एक पतली परत इसके सम्पर्क में आने से ओसांक तक ठण्डी हो जाती है। यद्यपि ओसांक सीधे तौर पर मापा जा सकता है किन्तु इसको सामान्यतः शुष्क और आर्द्र बल्ब तापक्रम के आधार पर सारिणी से परोक्ष रूप से निर्धारित किया जाता है।

(ii) वह तापक्रम जिस पर वायु जलवाष्प सं संतृप्त होती हैं ओसांक कहा जाता है।

diabatic **डियाबेटिक**

यह उष्मागतिक प्रक्रिया है जिसमें ताप एक प्रणाली में प्रवेश करता है अथवा उससे बाहर जाता है, को निर्देशित करता है। इसके अनेक उदाहरण वायुमण्डल में पाये जाते हैं, जैसे वाष्पीकरण, उग्र मिश्रण और विकिरण समावेशण।

diachronous **द्विकालक्रमी**

एकल संलक्षणी की अवसादी इकाई से सम्बन्धित जो भूगर्भिक काल की दो अथवा अधिक इकाइयों से सम्बन्ध रखती हों द्विकालक्रमी कहलाती है।

diaclinal **वलनपारी**

वलन पारी, उन नदियों को वर्णित करता है जिनके मार्ग भूगर्भिक संरचना के नतिलम्ब को समकोण पर काटते हों।

diagenesis **प्रसंघनन**

पश्च निक्षेपण (post depositional) परिवर्तन विशेषकर संयोजन और संहनन (compaction) जो अवसाद में परिवर्तत कर देते हैं प्रसंघनन कहलाता है।

dialect **बोली**

किसी भाषा का रूप भेद जो न केवल शब्दावली किन्तु व्याकरण, उच्चारण और वाक्य विन्यास पर निर्भर होती है।

dialect geography **बोली का भूगोल**

बोली का भूगोल में किसी क्षेत्र की बोली में स्थानीय अन्तरों का अध्ययन किया जाता है।

diamond **हीरा**

कार्बन की एक घनीय क्रिस्टलीय आकृति जो किम्बारलाईट की खानों की नलिकाओं से प्राप्त किए जाते हैं।

diapir **डायपीर/ अन्तर्वेधी**

एक अपनतिक वलन जो गतिशील शैल की ऊर्ध्वाकार गति का परिणाम होता है, जैसे अधिक यथेष्ट स्तर के नीचे पाई जाने वाली हैलाइट। कभी कभी इस प्रकार के संचलन से धरातलीय गुम्बद की रचना होती है।

diapirisim **डायप्रिजिम**

एक कम सघन शैल पिण्ड का अधिक सघन शैल से होकर ऊपर की ओर अन्तर्वेधन डायप्रिजिम कहलाता है। मूलतः इस शब्द का प्रयोग लवण गुम्बदी के लिए किया जाता था किन्तु यह ग्रेनाइटी शैल के अनस्थापन के लिए एक महत्वपूर्ण क्रिया विधि है।

diastem **लघुक्रम भंग**

अपदन द्वारा अथवा उसके बिना एक बहुत कम समय के लिए निक्षेप में अवरोध लघुक्रम भंग कहलाता है। संस्तरों के ऊपर और नीचे के संस्तर में समान रूप से नति और नतिलम्ब (strike) होता है। संस्तर की अनुपस्थिति केवल जीवाश्म के प्रमाण से निश्चित की जा सकती है।

diastrophism **पटलविरूपण**

स्थल मण्डल में संचलन जिसमें वलन, भ्रंशन, पर्वतोत्पत्ति और नवीन सागर तली की उत्पत्ति सम्मलित रहती है, जिनसे बडे पैमाने पर पृथ्वी के भूपटल का विरूपण होता है, पटल विरूपण कहलाता है।

diatomite **डायटोमाइट**

डायटम्स् के कंकाल अवशेष वाली अति बारीक कणों वाली सिलिका मय शैल, डायटोमाइट कहलाती है। इस प्रकार की शैल का निर्माण दोनों ही प्रकार के जल स्वच्छ और सागरीय जल अवस्थाओं में होता है।

diatom **डायटम**

शैवाल के उपविभाजन के रूप में वर्गीकृत सागरीय अथवा स्व्च्छ जल के सूक्ष्म पादप डायटम कहलाते हैं। ये प्लवक (प्लेंकटन) जो जलीय जीवों का मुख्य भोजन होता है, का मुख्य घटक होते हैं। इनका भूगर्भिक महत्व इस तथ्य से प्रकट होता है कि अनेक डायटम के चारों और सिलिका का खोल बनता है जो जीवाश्मित बन जाते हैं और ये जीवाश्मित (fossilized) डायटम प्रायः सागरों में व्यापक जमाव में पाये जाते हैं।

diatom ooze **डायटम सिंधुपंक**

गहरे सागरीय सिलिकामय सिंधुपंक, जिसमें 30 प्रतिशत से अधिक जीवो के अवशेष पाये जाते हैं, डायटम सिंधुपंक कहलाते हैं। यह ठण्डे जल के जमाव होते हैं, विशेषकर उत्तरी प्रशान्त महासागर की एक लम्बी मेखला में उत्तरी अमरीका के तट तक इसके जमाव अधिक मात्रा में पाये जाते हैं। समस्त संसार के सागरीय तल के 9 प्रतिशत भाग पर डायटम सिंधुपंक पाये जाते हैं। जीवित डायटम में सिलिकामय शैवालीय पादप होते हैं जो पादप प्लवक (phytoplankton) से सम्बन्धित होते हैं ये उत्स्रवाह वाले जल क्षेत्रों में ही पनपते हैं। जहां इनके लिए पर्याप्त मात्रा में भोजन उपलब्ध रहता है।

diatreme **ज्वालानलिका**

निकास (vent) और नलिकाओं, जो कि अधोःस्तर ज्वालामुखी क्रिया के बलों द्वारा अवसादी संस्तर से होकर बलकृत किया जाता है, के लिए यह एक सामान्य शब्दावली है।

diet **भोजन**

(i) सांस्कृतिक, चिकित्सा अथवा व्यक्तिगत कारणों से उपभोग किया जाने वाला भोजन।

(ii) जापान में पार्लियामेंट को 'डायट' कहा जाता है।

differential compaction **संहनन/सघन होना**

संहनन/सघन होने के काल में विभिन्न अंशों में अवसादों के आयतन में उनकी सरन्ध्रता, कणों के आकार और कणों की कठोरता जिनसे वे शैल बनी होती हैं पर निर्भर होता है, इसमें कमी होना विभेदक संहनन/सघन होना कहलाता है। उदाहरण के लिए बालू का पत्थर की अपेक्षा शेल अधिक सम्पीडित होता है।

differential erosion **विभेदक अपरदन**

विभेदक (differential) अपक्षय के कारण शैलों में होने वाला अपरदन विभेदक अपरदन कहलाता है। उचित ढंग से अपक्षीण शैलें, प्रतिरोधी शैलों की अपेक्षा अपरदन के लिए अधिक सुप्रभाव्य रहती हैं। सक्रिय अपरदन काल के पश्चात् सुगमता से अपक्षीण शैले निम्न भूमि बनाती हैं, जबकि प्रतिरोधी शैलों के संस्तर के ऊपर उठे भाग खण्ड के रूप में बने रह जाते हैं यहां तक कि एक ही प्रकार की शैल् की कुछ पट्टियां मुख्य पिण्ड की अपेक्षा क्रमशः कटक और धंसाव घाटी के रूप में प्रतिरोधी हो सकती हैं। विभेदक अपक्षय और अपरदन के रूप में पहाडी (tors) और इन्सलबर्ग अच्छे उदाहरण हैं। शैलों के भीतर विभिन्न संधियां ओर खाली स्थान विभिन्न सम्भावनाओं के कारण बनते हैं।

differential shear **विभेदक कतरन**

एक प्रकार का शैल विरूपण जिसमें एक प्रवाह के समान समस्त शैल में संचलन होता है किन्तु तल में भिन्न प्रकार से संचलन होता है।

differential weathering **विभेदक अपक्षय**

समस्त शैल पिण्ड पर समान रूप से मौसम का प्रभाव पड रहा हो किन्तु उस शैलपिण्ड के एक भाग का गहन अपक्षय हो रहा होता है, इसे विभेदक अपक्षय कहा जाता है। सजातीय शैलों में खनिज अथवा कणों के आकार इन अन्तरों की व्याख्या कर सकते हैं। इस प्रकार के विभेदक अपक्षय में संधियां महत्वपूर्ण भूमिका अदा करती हैं क्योंकि कम सरन्ध्रता वाली शैलों में होकर जल का रिसना विभेदक अपक्षय का कारण बनता है। समान अपक्षय प्रक्रियायें होने पर भी विभिन्न प्रकार की शैलें होने के कारण भी विभेदक अपक्षय होगा।

diffluence **हिमानी वायु शाखन**

(i) हमानी का अपनी सन्निकट घाटी में परिवाही (overflowing) होने की प्रक्रिया को हिमानी शाखन कहा जाता है।

(ii) इस शब्द का प्रयोग वायु शाखन के रूप में भी किया जाता है। वायु प्रवाह की दिशा में निकट प्रवाह रेखा के विच्छेद की दर, अथवा वायुधारा के मन्द होने पर वायु प्रवाह में विभाजन को भी वायु शाखन कहा जाता है।

diffusion **विसरण**

एक धीमी प्रक्रिया जिसके द्वारा विभिन्न तरल पदार्थ जिनके घनत्व अलग-अलग होते हैं, अणुसंचलन के परिणाम स्वरूप मिल जाते हैं, यह नियम समान रूप से तापीय चालन पर लागू होता है किन्तु यह वायुमण्डल में बहुत धीमे महत्व का है। सर्वाधिक महत्वपूर्ण यह है कि प्रक्षुब्ध वायु में भंवर स्थानान्तरण के द्वारा मिश्रण होता है।

digital mapping **अंकीय मानचित्रण**

अंकीय ढंग से मानचित्र समंको का संग्रहण और प्रदर्शन, अंकीय मान चित्रण कहलाता है।

dinosaurs **डाइनोसार**

विलुप्त रेंगने वाले आर्क्रोसोर समूह का जीव जो ट्राइऐसिक काल से क्रिटेशस कल्प के अन्त तक प्रमुख रूप से पाया जाता था। इसके अनेक प्रकार विकसित हुए जिनमें दोनों ही मांसाहारी और शाकाहारी जाति के पाये जाते थे, इनमें से कुछ बहुत बडे आकार के होते थे। ये दो कोटि आर्नाथिस्किया और सारिस्किया में विभाजित किए गये थे।

dip **नमन/नति**

अवसादी/तलछट संस्तर और अनुप्रस्थ के झुकाव के बीच के कोण को नति/नमन कहते हैं।

dipslope **नतिढाल**

क्यूस्टा (मन्द नमन संस्तर के विभेदी अपरदन द्वारा निर्मित असममित कटक) का अधिक मन्द ढाल, भूतल का ढाल जो अधोस्तर शैलों की नति को निकट लाता है। नति ढाल कहलाता है।

direct wave **दिष्ट तरंग**

तरंग जो एक बिन्दु से दूसरे बिन्दु तक सर्वाधिक छोटे मार्ग से होकर चलती है दिष्ट तरंग कहलाती है।

discharge **आस्राव/विसर्जन**

नदी के अनुप्रस्थ परिच्छेद से होकर जल के बहाव के परिमाण को आस्राव कहा जाता है। यह अनुप्रस्थ परिच्छेद में औसत वेग के प्रमापन द्वारा नापा जाता है जिसे अनुप्रस्थ परिच्छेदिका के क्षेत्र फल के गुणा करने पर बहाव घन फीट प्रति सैकण्ड निकाला जाता है। केवल शुष्क प्रदेशों को छोडकर जहां वाष्पीकरण द्वारा जल की हानि अधिक होती है, नदी के बहाव के नीचे की ओर आस्राव बढता जाता है।

disconformity **अपसम विन्यास**

भूगर्भिक क्रम में प्रतिकूलता जो कि ऊपरी और नीचे के स्तर में झुकाव में अन्तर द्वारा निरूपित नहीं होता है, अपसमविन्यास कहलाता है।

discordance **विसंगति**

वो संस्तर जो आपस में सटे रहते हैं, के झुकाव में अन्तर को विसंगित कहते हैं।

disharmonic folding **विविध रूपी वलन**

ऐसे वलन जिनमें शैल के विभिन्न संस्तरों के वलन में वलन के प्रकारों में भिन्नता के परिणामस्वरूप सामर्थ्य में अन्तर पाया जाता है, कम समर्थ संस्तरों में अनेक वलन होते हैं जो अधिक समर्थ संस्तर के वलन की अपेक्षा छाटे होते हैं।

dispersed settlement **प्रकीर्ण/परिक्षिप्त बस्ती**

नाभिकीय बस्ती की तुलना में प्रकीर्ण बस्ती में निवास छितराये हुए होते हैं। पठारी भूमि, कम उपजाऊ भूमि, जल का अभाव ऐसे कारक हैं जो प्रकीर्ण बस्तियों के निर्माण में सहायक होते हैं।

disphitic zone **डिस्फोटी अधोभाग**

समुद्री गहराई का वह भाग जिस पर प्रकाश की मात्रा की कमी के कारण प्रकाश संश्लेषण प्रभावी नहीं हो पाता है, यह गहराई समुद्र सतह से 80 मीटर से 200 मीटर तक की गहराई वाली होती है।

dissection **विच्छेदन**

(i) अपेक्षाकृत समतल स्थलाकृति का नदी द्वारा कटान और अपरदन के द्वारा ध्वंस होना विच्छेदन कहलाता है।

(ii) नदी अपरदन द्वारा अपनी घाटी को नीचे की ओर काट कर गहरा करना विच्छेदन कहलाता है।

dissolved load **विलिन/भार घुला हुआ**

नदी के भार का वह भाग जो रासायनिक धोल के रूप में ले जाया जाता है। वर्षा का जल किंचित अम्लीय होने के कारण शैलों को घोलता है, विशेषकर चूने के पत्थर को और बाद में यह घोल भौम जल द्वारा जल नदी में चला जाता है। नदी का जल भी किंचित अम्लीय हो सकता है विशेषकर जब वे दलदल और कच्छ से होकर गुजरती हैं, जहां कार्बनिक/जैव अम्ल बनाता है जिसके द्वारा नदी जल अपने तल के खनिजों को घोलती है। मिसीसीपी नदी में भार के अनुसार बोझ का 29 प्रतिशत घोल के रूप में ले जाया जाता है कन्तु यह अनुपात अन्य नदियों में जलवायु तथा भौम जल के बहने की मात्रा के अनुसार निम्न रहता है।

distributary **वितरिका**

नदी अथवा हिमानी की शाखा जो मुख्य धारा से अलग प्रवाहित होकर दूर होकर बहती है और पुनः उसमें आकर नहीं मिलती है वितरिका कहलाती है।

distribution **वितरण**

भूगोल-विषय में वितरण को स्थानिक वितरण के पर्याय के रूप में उपयोग किया जाता है।

disturbance **विक्षोभ**

किसी छोटे माप और संक्षिप्त लक्षण द्वारा सामान्य प्रवणता वाली पवन प्रवाह से प्रेरित हल्का विक्षोभ।

diurual range of temperature **दैनिक तापान्तर**

दिर भर में अधिकतम और न्यूनतम तापक्रम में पाये जाने वाले अन्तर को दैनिक तापान्तर कहा जाता है।

diurnal tides **दैनिक ज्वारभाटा**

विश्व के सीमित भागों में प्रत्येक 24 घन्टे में एक दीर्घ और एक लघु ज्वार आता है। यह तभी आते हैं जबकि तट रेखा स्थलाकृति सही होती है।

diurnal variation **दैनिक परिवर्तन**

जलवायु सम्बन्धी तत्व जो किसी सौर अथवा जलवायु दिवस में अंकित किए गये हैं उनके परिमाण में परिवर्तन दैनिक परिवर्तन कहलाता है। अधिकांश तत्व कुछ परिवर्तन प्रकट करते हैं। तापक्रम और आपेक्षिक आर्द्रता में व्युत्क्रम चक्रीय. उच्चावचन होता है जो चरम तथा निम्नतम पर क्रमशः 14.00 बजे पहुंचता है किन्तु यह 12 घंटे के दोलन पर आधारित रहता है, जो स्थानीय सौर समय के अनुसार बढता है, इसका सर्वाधिक लगभग 10 और 22 बजे के बीच तथा न्यूनतम 16.00 से 04.00 बजे के बीच रहता है। क्योंकि मध्य अक्षांशों में संक्षिप्त परिवर्तन होता है जबकि यह केवल उष्णकटिबन्धीय क्षेत्रों में दबाब का दैनिक परिवर्तन उसी समय सपष्ट हो जाता है।

divagation **विस्थापन**

किसी नदी चैनल द्वारा पूर्व निक्षेपित जलोढ के क्षेत्र में पाश्विक स्थानान्तरण विस्थापन कहलाता है।

divergence **अपसरण**

(i) वायु पुंज से बाहर की ओर वायु का प्रवाह जिसका स्थान ऊपर अथवा नीचे की ओर से आने वाली वायु लेती है, अपसरण कहलाता है।

(ii) अपतट (offshore) पवनों के द्वारा सागरीय धाराओं का विभक्त होना जिससे नीचे गहराई से ठंडा जल ऊपर की ओर आता है, अपसरण कहलाता है।

divides (watershed) **विभाजक (जल)**

उच्च भूमि क्षेत्र जो दो अलग अपवाह क्रमों को अलग करता है विभाजक (जलविभाजक) कहलाता है।

doab **दोआब**

भारतीय उपमहाद्वीप में दो अभिसारी नदियों के बीच के निम्न जलोढ मैदान को दोआब कहा जाता है।

doldrums **डोलड्रम्स**

विषुवत रेखा के निकट अथवा थोडा सा उत्तर में स्थित, मन्द, अस्थिर हवाओं, न्यून वायुमण्डलीय भार, उच्च आर्द्रता और तापक्रम, प्रायः मेघाच्छादित और असन्तुलित मौसम की एक पेटी है। उत्तरी गोलार्द्ध में, इसकी सीमा उत्तर में उत्तर-पूर्वी व्यापारिक पवन और दक्षिणी गोलार्द्ध में दक्षिण में इसकी सीमा दक्षिण पूर्वी व्यापारिक पवन निर्धारित करती है। डोल्ड्रम्स की यह पेटी (मेखला) मौसम के अनुसार उत्तर तथा दक्षिण की ओर खिसकती रहती है, जून से अक्टूबर तक उत्तरी गोलार्द्ध में इस मेखला का विस्तार अधिकतम दूरी तक रहता है। व्यापक अर्थों में डोल्ड्रम्स शब्द निश्चेष्ट नीरस, आर्दमौसम का संकेत देता है। इसके प्रति मानव अनुक्रिया विषादपूर्ण रहती है।

doline **डोलाइन**

डोलाइन, मौटे तौर पर चूने के अधःस्तर के ढह जाने से बनते हैं। डोलाइन कार्स्ट प्रदेश विशंषकर डालमेशिया की स्थालाकृतियाँ हैं। चूने के घोल से बनने के कारण इन्हें घोलरन्ध्र अथवा विलयरन्ध्र भी कहा जाता है।

dolocrete **डोलोक्रीट**

कैल्क्रीट का एक रूप जिसमें मेग्नेशियम कार्बोनेट प्रमुख घटक होता है और जिसकी रचना संभवतः खारे जलाशय के जलतल के निकट भौमजल प्रवाही होने के कारण होती है।

delomitization **डोजोमाइटीभवन**

एक प्रक्रिया जिसके द्वारा केल्शियम कार्बोनेट शैलें डोलोमाईट द्वारा केल्साइट अथवा ऐरागोनाइट के आंशिक अथवा पूर्ण प्रतिस्थापन के द्वारा कैल्शियम मैग्नेशियम कार्बोनेट शैल में परिवर्तित हो जाती है।

doldrum **डोलड्रम/शान्तक्षेत्र**

डोलड्रम/शान्त क्षेत्र, विषुवतरेखा पर 5° उत्तर से 5° दक्षिण के बीच कम वायुदाब का क्षेत्र है। विषुवत रेखा पर सूर्य की किरणे सीधी पडने के कारण, हवाएँ हलकी होकर ऊपर उठती हैं इसके परिणाम स्वरूप इस क्षेत्र में वायुमण्डलीय दाब कम हो जाता है जिससे यहाँ की पवनें हल्की होकर ऊपर उठती हैं, यह स्थिति वर्ष पर्यन्त वनी रहने के कारण इस क्षेत्र को शान्त क्षेत्र/डोलड्रम कहा जाता है।

dome **गुम्बद**

शैल से बना ऊँचा उठा भाग, जिसका सबसे ऊँचा भाग केन्द्र में होता है जहाँ से चारों ओर तीव्र ढाल होता है। गुम्बद लावा से निर्मित भी होते हैं।

dome dune **गुम्बदाकार टिब्बा**

एक नीचा, वृत्ताकार अथवा अण्डाकार बना ठीला, अबाधित तेज हवायें ऊंचाई को बढने नहीं देती हैं। सामान्यतः इसका अग्रभाग ढाल वाला नहीं होता है, इस प्रकार के टीले को गुम्बदाकार टिब्बा कहा जाता है।

dominant wind **प्रभावशाली पवन**

विशेष स्थानीय परिस्थितियों में महत्वपूर्ण भूमिका निभाने वाली वायु को प्रभावशाली पवन कहा जाता है। यह सनातन पवनों से विषम होती हैं।

doppler effect **डोपलर प्रभाव**

स्त्रोत और रिकार्डर की आपेक्षिक गति के कारण तरंग की मापन आकृति में परिवर्तन होना डोपलर प्रभाव कहलाता है। जैसे ही स्त्रोत रिकाडिंग स्टेशन की ओर अग्रसर होता है तरंग दैर्ध्य (wave length) कम हो जाती है और जब स्त्रोत रिकार्डर से दूर होता है तब तरंग दैर्ध्य बढ़ जाती है।

dormant volcano **प्रसुप्त ज्वालामुखी**

ऐसा ज्वालामुखी जिसमें हाल के वर्षों में विस्फोट नहीं हुआ है अथवा कुछ वर्षों से संभवतः सक्रिय नहीं रहा है किन्तु वह विलुप्त (extint) भी नहीं है, और भविष्य में जिसमें विस्फोट हो सकता है, ऐसे ज्वालामुखी को प्रसुप्त ज्वालामुखी कहा जाता है।

dormitory settlement **शयनागार बस्ती**

नगर अथवा कस्बे में एक बडी आवासीय बस्ती जो अभिगमन (commuting) के लिए

आवाह क्षेत्र के रूप में काम में ली जाती हो। दूसरे शब्दों में उन व्यक्तियों के लिए जो अन्यत्र काम करते हों आवासीय आधार के रूप में काम में आती हो ऐसे स्थान को शयनागार बस्ती कहते हैं।

downs **डाउन्स**

आस्ट्रेलिया के मध्य अक्षांशीय घास के मैदानों को डाउन्स कहा जाता है।

down throw **अवपात/अधःक्षेत्र**

संस्तर के भ्रंश के दोनों सिरों पर तल में परिवर्तन संस्तर के भ्रंश के नीचे की दिशा पर उसी संस्तर से सम्बन्धित उठी हुई दिशा पर उर्ध्वाकार विस्थापन की मात्रा के रूप में व्यक्त किया जाता है।

down town **शहर का मुख्य बाजार/निचला शहर**

केन्द्रीय व्यापारिक क्षेत्र अथवा नगर के हृदय स्थल (केन्द्र) के लिए एक अमरीकी शब्द।

draa **ड्रआ**

वायूढ रेत के टिब्बों का वृहत मापक पर पाया जाने वाला जमाव भौगोलिक दृष्टि से अन्य रेत के क्षेत्रों से भिन्न किन्तु रेत के सागर (मरूस्थल) से छोटा होता है।

drain **अपवाहिका**

मानव द्वारा निर्मित नली अपवाहिका जो किसी क्षेत्र के जल को स्वतंत्र रूप से प्रवाहित करती है, अपवाहिका कहलाती है।

drainage basin characteristics **अपवाह बेसिन विशेषताएं**

अपवाह बेसिन की भूगर्भिक, स्थलाकृतिक, मृदा, वनस्तपतिक भूमि उपयोग सम्बन्धी प्रमुख विशेषताएँ होती हैं। स्थलाकृतिक विशेषताओं में बेसिन आकार का माप धरातल आकार और आन्तरिक लक्षण और नदी जल के सहित अपवाह घनत्व सम्मिलित होता है। अपवाह बेसिन से जल और अवसाद की प्राप्ति के अनेक मॉडल तैयार किए गये हैं, जिनमें जलवायु सूचकों और अपवाह बेसिन स्थलाकृतिक विशेषताओं के प्राचल (parameters) सम्मिलित रहते हैं।

drainage network **अपवाह जाल/तंत्र**

किसी विशेष बेसिन अथवा क्षेत्र में नदी और सरिता चैनलों का तंत्र अपवाह जाल/तंत्र कहलाता है। नदी शीर्ष, अपवाह जाल में सम्मिलित किया जाता है अथवा नहीं यह सरिता चैनलों के प्रकार और जाल के मात्रात्मक गुणात्मक विश्लेषणों से ज्ञात किया जा सकता है। अपवाह जाल का गुणात्मक वर्गीकरण नीचे के स्तर की भूगर्भिक संरचना, प्रधान प्रादेशिक ढाल, भूआकृतिकीय इतिहास अथवा इनमें से कुछ मिले हुओं को प्रतिबिम्बित करता है। मात्रात्मक विश्लेषण नदीक्रम और अपवाह घनत्व पर स्थापित अपवाह जाल संरचना पर केन्द्रित रहता है। जब चैनल प्रक्रिया के अनुसार देखा जाता है तब वह नित्यवाही, सविराम

(intermitent) और अल्पकालिक सरिता प्रवाह जाल माना जा सकता है।

drainage pattern **अपवाह प्रतिरूप**

अपवाह तंत्र के प्रतिरूप को अपवाह प्रतिरूप कहा जाता है। यह प्रतिरूप कई प्रकार का पाया जाता है:—

(i) सम्मिलन प्रतिरूप (anastomatic)—इस प्रकार के प्रतिमान में नदी कई धाराओं में विभजित होकर बहती है। इस प्रकार का प्रतिरूप लगभग अनुप्रस्थ अपरिष्कृत अवसाद पर विकसित होता है।

(ii) वलयाकार/अरीय अपवाह (annular/radial)—इस प्रकार के अपवाह में प्रमुख नदी अपनी सहायक नदियों के साथ केन्द्र से बाहर की ओर प्रवाहित होती हैं। इस प्रकार का अपवाह गुम्बदाकार धरातल पर पाया जाता है, विशेषकर ऐसे क्षेत्रों में जहाँ कोमल शैल मेखला, प्रतिरोधी शैलों को अलग करती है।

(iii) केन्द्राभिमुखी अपवाह (centripetal drainage)—किसी ज्वालामुख (क्रेटर) अथवा घंसाव द्वारा निर्मित केन्द्र में नदी के प्रवाहित होने पर, इस प्रकार का अपवाह केन्द्राभिमुखी अपवाह कहलाता है।

(iv) द्रुमाकृतिक अपवाह (dendritic dratnage)–वृक्ष की शाखा के समान नदी के शाखा तंत्र में विभाजित होकर प्रवाहित होने वाले अपवाह को द्रुमाकृतिक अपवाह कहा जाता है। इस प्रकार का प्रतिरूप अनुप्रस्थ संस्तरित अथवा क्रस्टलीन शैलों के भाग पर पाया जाता है।

(v) समानान्तर अपवाह (parallel drainage)—इस प्रकार का अपवाह साधारण कोण के ढाल पर विकसित होता है।

(vi) आयताकार अपवाह (rectangular drainage)—इस प्रकार के प्रतिरूप में सहायक नदियाँ मुख्य नदी के समकोण पर प्रवाहित होती है। इस प्रकार का प्रतिमान ऐसी शैलों पर विकसित होता है जो प्रतिच्छेदी आयताकार संधियों और भ्रंश की होती हैं।

(vii) कुंचित अपवाह (contorted drainage)–इस प्रकार का अपवाह जटिल रूपान्तरित शैलों पर आयताकार अपवाह होता है।

(viii) जालायित अपवाह (trellised drainage)–इस प्रकार का अपवाह वलित अवसादी अथवा कमजोर रूपान्तरित शैलों पर पाया जाता है।

(xi) अनुवर्ती अपवाह (consequent drainage)—इस प्रकार के अपवाह का विकास धरातल के अनुरुप होता है। दक्षिण भारत के प्रायद्वीपीय भाग की अपवाह प्रणाली इसी प्रकार की है।

(x) नवानुवर्ती अपवाह (resequent drainage)—नदियों की सहायक नदियाँ नियमित आकार और रुपरेखा की होती है मोड़दार शैल के क्षेत्रों में अनुवर्ती (consequent) नदियाँ अभिनति से होकर तथा परवर्ती (subsequent) नदियाँ अपनति से होकर सवाहित होती हैं।

(xi) अन्तस्थलीय अपवाह (inland drainage)—ऐसी नदियाँ जो सागर तक नहीं पहुँच पाती है और आन्तरिक भागों में ही समाप्त हो जाती हैं, अन्तरस्थली अपवाह कहलाता है।

driekenter **ड्राइकान्टर/त्रिकोणक कंकड**

मरूस्थल प्रदेशों में धरातल पर पाये जाने वाली बटिया/गुटिका वायु के द्वारा खरोंच से इनकी ऊपरी सतह पर भिन्न प्रकार की धारियां बन जाती हैं। इन बटियाओं की आकृति चतुष्फलक जैसी हो जाती है जिसका एक फलक भूपृष्ठ पर रहता है तथा तीन फलक बाहर की ओर होते हैं, इस प्रकार बाहर निकले फलक वाले टुकडों को ड्राइकान्टर अथवा त्रिकोणक कंकड कहते हैं।

drift **अपोढ/प्रवाह**

(i) यह हिमानी और सरिताहिमी (fluvioglacial) जमाव होते हैं। प्लीस्टोसीन काल में इनका अत्यधिक मोटाई में संचयन हुआ, बाद में अपरदन की क्रिया द्वारा इनका अधिकांश भाग अलग कर दिया गया। हिमनदी जमाव के क्षेत्रों को अपोढ स्थलाकृति कहते हैं।

(ii) समुद्री जल का धीमा प्रवाह, पवन द्वारा समुद्री जल का सतही दिकपरिवर्तन अथवा उलटा व प्रवाह कहलाता है जैसे अन्धमहासागर ड्रिफ्ट।

drift aligned beach **अपवाह अनुयोजित प्रलिन**

एक ऐसा पुलिन तट जो कि अधिकतम अवसाद अपवाह की रेखा के समानान्तर तट के सहारे विकसित होता है, यह तट तरंग की पहुंच से सामान्यतः 40°से 50° के कोण पर स्थित होता है। यदि इस कोण में वृद्धि होती है तब नियमित अवसाद अपसरण/बहाव धीमा होता है जिसके कारण पुलिन सीध का निक्षेप और पुनरूद्धार होता है।

dripstone **ट्रप्लाश्म**

कार्स्ट प्रदेश की गुफा में छत, दीवारों और फर्श पर जल में घुले नमक के जमाव को ट्रप्लाश्म कहा जाता है। निश्चुताश्म (stalagmites) और आश्चुताश्म (statectites) के लिए व्यवहार में लिया जाने वाला यह एक सामान्य शब्द है।

drizzle **फुहार**

फुहार में 0.2 से 0.5 माइक्रोमीटर व्यास के बीच के जल बिन्दुक होते हैं। ये स्तरीय मेघ में सम्मिलित होकर क्षीण उर्ध्वाकार संचलन से बनते हैं अन्यथा बिन्दुक का नीचे गिरना संभव नहीं होता, इसके लिए मेघ और धरातल के बीच उच्च आपेक्षिक आर्द्रता का होना आवश्यक है।

drought **अनावृष्टि/सूखा**

वर्षण (precipitation) की कमी के कारण शुष्कता की अवस्था अथवा वर्षा की कमी के

कारण एक शुष्क काल अनावृष्टि/सूखा कहलाता है। सामान्यतः पर्याप्त मात्रा में वाष्पीकरण, मृदा तथा अन्य जलीय पैरामीटर जैसे भौम जल बहाव और नदीय बहाव में आर्द्रता की मात्रा को कम कर देता है।

drove **यूथमार्ग**

प्राचीन मार्ग जो पशुओं के लिए मुक्त मार्ग, प्रस्तुत करते थे, जिनका उपयोग पशु और भेड, लम्बीदूरी के बाजार तक जाने के लिए करते थे यूथमार्ग कहलाते हैं। इस प्रकार के प्राचीन मार्ग एशिया और विश्व के अन्य देशों में देखे जा सकते हैं।

drumlin **ड्रमलिन**

कुछ हिमानी अथवा हिमचादर के क्षेत्रों में गोलाश्म तथा लसीली मृतिका से बने अण्डाकार आकृति की लम्बी टेकरी अथवा पहाडी मिलती हैं। इनकी आकृति उलटी नाव जैसी होती है। इस प्रकार की आकृति को ड्रमलिन कहा जाता है। ड्रमलिन का हिमनद के सामने वाला भाग खडेढाल वाला होता है जबकि पृष्ठ भाग कम ढाल वाला होता है। ये प्रायः 6 से 40 मीटर की ऊँचाई के होते हैं। इनके निर्माण के सम्बन्ध में दो धारणायें हैं:—

(i) हिमनद के आगे बढने और पीछे हटने से इनकी रचना होती है।

(ii) एक अन्य धारणा के अनुसार हिमनद भारयुक्त होकर आगे बढती है जिसके कारण हिमानी में विदर/दरारें बन जाती हैं और भार पदार्थ इन्हीं दरारों/विदरों में एकत्रित हो जाता है, जब हिमनद वापस लौटता है तो यह टीले दिखाई देते हैं।

drumlin field = Basket of eggs topography **ड्रमलिन क्षेत्र = अण्डों की टोकरी स्थलाकृति**

dry bulb thermometer **शुष्क बल्ब तापमापी**

शुष्क बल्ब तापमापी/थर्मामीटर स्टीवेन्सन स्क्रीन में रखा जाने वाला एक प्रकार का पारा भरा तापमापी शुष्क बल्ब तापमापी हिलाता है।

dry farming **शुष्क कृषि/वर्षाधीन कृषि**

उपज के लिए जल को सुरक्षित रखने की तकनीक काम में लेते हुए बिना सिंचाई के उपज उगाना, शुष्क कृषि कहलाती है। शुष्क कृषि में मल्ची जुताई तथा कभी-कभी भूमि को पडती छोड़ना जैसी तकनीक भी अपनाई जाती हैं।

dry valley **शुष्क घाटी**

एक ऐसी घाटी जिसमें होकर पूर्व में नित्यवाही नदी प्रवाहित होती थी किन्तु वर्तमान में केवल कुछ अपवाद अवसरों को छोड कर घाटी शुष्क रहती है उसे शुष्क घाटी कहा जाता है। शुष्क घाटियां चूने के पत्थर और चाक प्रदेश की विशिष्टता होती है, किन्तु कभी कभी अन्य प्रकार की शैलों में भी, यद्यपि कम संख्या में इस प्रकार की शुष्क घाटियां हो सकती हैं। इस प्रकार की घाटियों की रचना निम्न कारणों से होती है (1) भौम जल स्तर के नीचे चले जाने के कारण

(2) चूने के पत्थर के क्षेत्र में पारगम्यता बढ जाने तथा (3) पूर्व में हिमयुग की स्थिति के कारण स्थायी तुषार भूमि विकसित हो जाने की स्थिति में।

dual economy **द्वैत अर्थव्यवस्था**

(i) प्रादेशिक अथवा राष्ट्रीय स्तर की अर्थव्यवस्था जिसमें स्पष्टतः दो अलग भाग अथवा दो भिन्न उत्पादन और विनिमय प्रणाली विकसित होती हैं। उदाहरण के लिए पूर्व औपनिवेशिक काल में भारत में दो अर्थ व्यवस्थाएं विकसित हो गई थी एक निर्यात मुखी होती थी जबकि दूसरी स्थानीय स्वावलम्बी अर्थव्यवस्था होती थी।

(ii) वर्तमान के विकसित देशों में द्वेत अर्थव्यवस्था विकसित हो गई है-एक केन्द्रीय व्यवसाय संघ जिसमें बहुराष्ट्रीय निगम शामिल किए जाते हैं तथा दूसरी छोटे उद्योग समूह जो केन्द्रीय व्यवसाय संघ पर आश्रित रहते हैं।

dumping **सन्निक्षेपण**

विदेशों में माल को उसके औसत मूल्य से कम पर बेचना अथवा बचे हुए/अधिक्य उत्पादन को बेचने के लिए समयोचित ढंग, सन्निक्षेपण कहलाता है। वर्तमान में जापान पर अपने आधिक्य उत्पादन को यूरोपीय और अमरीकी बाजारों में सस्ते दामों पर बेचने का आक्षेप लगाया जा रहा है यह भी एक प्रकार से सन्निक्षेपण का ही रूप है।

dune **टिब्बा**

वायूढ प्रक्रियाओं द्वारा वायुगतिकतः रूपित, वायु द्वारा जमा किया बालू रेत (कभी-कभी) मृतिका, जिप्सम, कार्बोनेट के कण आदि) के संचयन को टिब्बा कहा जाता है। ये भू आकृतियां गतिशील होती हैं जो मरूस्थल और सागरों के तटों पर पाई जाने वाली विशिष्ट आकृतियाँ होती हैं। टिब्बे अनेक प्रकार की आकृतियो में पाये जाते हैं जिनमें एकल, प्रतिटिब्बा (antidune) बरखान, मृतिका टिब्बा मुख्य है।

dunite **डुनाइट**

सम्पूर्ण रूप से ओलीवीन की बनी एकखनिजीय अतिमैफिक शैल को डुनाइट कहा जाता है।

duri crust **दृढ पर्पटी**

प्रायः उष्णकटिबन्धीय अथवा शुष्क प्रदेशों में शैलों और मृदा निर्माण के अपक्षय की प्रक्रियाओं की अवधि में भूतल पर अथवा उसके निकट बनी एक कठोर भूपृष्ठ। इसके मुख्य प्रकार हैं: एल्क्रीट, कैल्क्रीट, फेरीक्रीट (लैटेराईट) और सिल्क्रीट।

dust **धूल**

धूल में विभिन्न लक्षण और आकार के ठोस कण होते हैं जो वायुमण्डल में वायु के द्वारा लटके हुए ले जाये जाते हैं। इन कणों का मुख्य स्त्रोत ज्वालामुखी विस्फोट सिल्ट/गाद का अपवाहन और मृतिका के कणों के समान पदार्थों का मरूस्थल की सतह से, पादप विहीन हिमानी द्वारा जमावों तथा औद्योगिक और घरेलू अग्निदहन द्वारा प्रदूषण भी इस धूल में

सम्मिलित रहते हैं। जब धूल कण पर्याप्त मात्रा में वायु में रहते हैं तब धुंध कहलाती है, और यदि हश्यता 100 m से कम हो तब धूलभरी आंधी की स्थिति बनती है। कुछ मरूस्थलीय क्षेत्रों में प्रत्येक वर्ष इस प्रकार की आंधियां आती हैं। इन धूलभरी आधियों के निक्षेपण की सबसे प्रमुख रचना लॉयस(loess) है, धूल विशेषकर इसकी सूर्य विकिरण पर पश्च बिखराव प्रभाव के कारण जलवायु को भी प्रभावित करती हैं। इन्हें एक महत्वपूर्ण पर्यावरण संकट माना जाता है। यह शुष्कता, निजलीकरण और मरूस्थलीकरण का ही एक परिणाम है।

dust bowl **अंधड़**

अर्द्ध शुष्क प्रदेश, विशेषकर जहाँ वनस्पतिक आवरण पूर्ण रूप से समाप्त हो जाता है तथा जहाँ असावधानी पूर्वक कृषि की जाती है, वहाँ वायु द्वारा मृदा हटाई जा रही हो अथवा उडा दी गई हो ऐसे क्षेत्र अंधड उत्पन्न करने के क्षेत्र होते हैं। इस शब्द का उपयोग सर्वप्रथम दक्षिण पश्चिमी संयुक्त राज्य अमेरिका में 1930 में किया गया था। जहां धूल भरी उग्रपवनों द्वारा गम्भीर अपरदन किया जाता था। इन प्रदेशों में निरन्तर सूखे के कारण और अधिक सूखने के कारण मृदा अधिक असुरक्षित रहती है।

dyke **डाइक/भित्ति**

एक चादर समान आग्नेय शैल का अन्तर्वेधन जो प्रायः ऊर्ध्वाकार स्थित होता है जो मूलशैल के संरचनात्मक तल को आर पार काटती है इस प्रकार एक अन्तर्वेधन के अन्तरीप अपक्षय द्वारा निर्मित भित्ति अथवा द्रोणिका जब भूतल पर उघड़ जाती है डाईक/ भित्ति कहलाती है।

dynamical meterology **गतिकीय मौसम विज्ञान**

गतिकीय मौसम विज्ञान के अन्तर्गत मौसम तंत्र बलों के प्रभाव और तदन्तर वायु की गति का अध्ययन किया जाता है। वायुमण्डल में महत्वपूर्ण भौतिक प्रक्रियाओं का अधिकांश नियंत्रण जैसे संघनन/घनीकरण, वायु की गति पर निर्भर रहता है। अतः अनेक विज्ञान, मौसम विज्ञान के क्रोड को प्रदर्शित करता है।

dynamics **गतिविज्ञान**

स्थैतिक (गतिहीन) से भिन्न गतिशील पिण्डों के बलों और गतिवर्धन का अध्ययन गतिविज्ञान कहलाता है। इसके उपयोग ने गतिशील मौसम विज्ञान को विकसित होने में सहायता की है। इसका मूल सिद्धान्त वास्तव में पर्यावरण के पक्षों जिनमें गतिशील पिण्ड सम्मिलित रहते हैं पर लागू किया जाता है, जैसे समुद्र विज्ञान, जल विज्ञान, ढाल रचना आदि।

dyke swarm **डाइक वृन्द**

डाइक्/भित्तियों की बडी संख्या या तो अरीय अथवा समानान्तर प्रतिरूप में जमी हुई हो डाइक वृन्द कहलाता है।

E

earth flow **मृदा प्रवाह**

अच्छी प्रकार से जल में मिली भारी मात्रा में मृदा का किसी तीव्र ढाल से संचलन/गतिमान होना मृदा प्रवाह कहलाता है। कम वनस्पति वाले भूभागों, जहां वर्षा तेजी से गिरती है और मृदा को संतृप्त करने में सहायक होती है तथा जहाँ मृदा में बारीक कणों की अधिकता होती है, इस प्रकार की सामान्य घटना मृदा प्रवाह कहलाता है।

earth hummocks **भूमिज टेकरी**

चित्रामी/आकृति भूमि का एक रूप जिसकी विशिष्टता गोलाकार पहाडी होती है जो धरातल पर एक प्रतिरूप उपस्थित करती है।

earth movement **पृथ्वी की हलचल**

सम्पीडन अथवा तनाव बलों के परिणामस्वरूप पृथ्वी पटल के भीतर विक्षोभ होता है। पृथ्वी की हलचल वलन और भ्रंश संरचनाओं का सूत्रपात एवं विकास करती हैं इसके साथ ही साथ भूपर्पटी में उत्थान और अवनमन/धसांव भी करती है। पृथ्वी की हलचल का वास्तविक घटित होना भूकम्पों और हल्के कंपन द्वारा ज्ञात होता है।

earth pillar **शैल स्तम्भ**

मृदा अथवा अन्य असंपिडित पदार्थ का एक शिखर जो शिखर पर पत्थर अथवा गोलाश्म के होने से अपरदन से सुरक्षित रखता है ऐसी आकृति को शैल स्तम्भ कहा जाता है।

earthquake **भूकम्प**

सक्रिय भ्रंशन के सहारे और ज्वालामुखी क्रिया वाले क्षेत्रों में अकस्मात दबाब के हटने के परिणामस्वरूप प्रघात और कंपन की एक श्रंखला भूकम्प कहलाती है। पृथ्वी के धरातल की थरथराहट और कम्पन भूमिगत पर्पटी संचलन से सम्बद्ध होते हैं।

वैज्ञानिकों ने भूकम्प आने के निम्न कारण प्रस्तुत किए हैं :

(i) ज्वालामुखी उद्‌भेदन—ज्वालामुखी विस्फोट के कारण भूकम्प उत्पन्न होते हैं।

(ii) भ्रंश क्रियाएँ—पृथ्वी की कठोर परत पर दबाब पडता है तब धरातल में वलन उत्पन्न हो जाते हैं। इन धरातलीय वलन के कारण दरारें उत्पन्न हो जाती हैं जो भूकम्प का

कारण होती हैं।

(iii) पृथ्वी का संकुचन—पृथ्वी के तापमान में कमी होती रहती है, पृथ्वी का धरातल सिकुडता है, इस सिकुडन से धरातलीय कम्पन्न उत्पन्न होता है।

(iv) समस्थिति व्यतिक्रम—धरातलीय असन्तुलन के कारण भी भूकम्प आते हैं।

(v) भूमर्भ की उत्तप्त गैसें—पृथ्वी का आन्तरिक भाग गर्म है जब कभी धरातल का जल रिसकर भीतर इन शैलों तक पहुँचता है, गैस उत्पन्न होती है जो ऊपरी परत में कम्पन्न उत्पन्न करती हैं.।

(vi) भूस्खलन—कभी-कभी बडे भूस्खलन द्वारा भी भूपृष्ठ में कम्पन्न उत्पन्न होती हैं, जो भूकम्प का कारण होते हैं।

earth quake focus = focus **भूकम्प उद्गम केन्द्र = उद्गम केन्द्र**

earthquake intansity **भूकम्प तीव्रता**

भूपटल पर विशेष स्थान पर एक भूकम्प की उग्रता की मात्रा 12 बिन्दुओं में वर्णनात्मक मापक पर विभाजित कर व्यक्त किया जाता है। इस मापक पर प्रथम बिन्दु पर केवल भूकम्प अभिलेख द्वारा भूकम्प का पता किया जाता है जब कि बारहवें बिन्दु पर इतनी तीव्रता होती है कि वस्तुएं हवा में फेंक दी जाती हैं और पूर्ण विनाश की स्थिति होती हैं।

earthquake isostatic = isostatic earthquake **भूकम्प संतुलन मूलक = संतुलन मूलक भूकम्प**

earthquake plutonic = plutonic earthquake **भूकम्प प्लूटोनिक = प्लूटॉनिक भूकम्प**

earthquake techtonic = techtonic earthquake **भूकंप भ्रंशमूलक = भ्रंशमूलक भूकंप**

earthquake zones = seismic zones **भूकम्प क्षेत्र = भूकम्पी क्षेत्र**

earth temperature **पृथ्वी का तापक्रम**

भूपटल का तापक्रम जैसा कि दीर्घ तरंग विकीरण उत्सर्जन की विशिष्ट तरंग दैर्ध्य द्वारा निर्धारित किया जाता है, पृथ्वी का तापक्रम कहलाता है।

easterlies **पुरवा पवन**

ऐसी हवा जिसके क्षेत्रीय संगठक का वायुप्रवाह पूर्व से होता है उसे पुरवा पवन कहा जाता है। पुरवा पवनों को उष्णकटिबन्धीय पुरवा पवन अथवा व्यापारिक पवन तथा ध्रुवीय पुरवा पवन में विभाजित किया जाता है। मध्य अक्षांशीय पछुआ पवनों के पृथ्वी की घूर्णन गति पर पडने वाले प्रभाव को प्रभावहीन करने के लिए इन पवनों की उपस्थिति धरातलीय स्तर पर परम आवश्यक है।

easterly wave **पूर्वी लहर/प्रवाह**

व्यापारिक पवनों में एक छिछला विक्षोभ जो पश्चिम की ओर गतिशील होता है, अभिसरण सम्बद्ध तूफान का कारण बनती हैं।

easting **इस्टिंग**

किसी मानचित्र पर दिखाई गई कोई, उत्तर दक्षिण ग्रिड रेखा जब निर्देशांक दिये गये हों अभ्युत्तर अशांतर से पूर्व उद्धत किये गये हों, ग्रिड के मूल से पूर्व की ओर दूरी दिखाई गई हो, ईस्टिंग कहलाती है।

ebbtide **भाटा**

ज्वारधारा का बहिर्गमन अथवा लौटता हुआ ज्वार अर्थात ज्वार चक्र का वह भाग जो उच्चतम ज्वार अवस्था के बाद और निम्न ज्वार अवस्था से पूर्व की अवस्था को भाटा कहा जाता है।

echodune **प्रतिध्वनि टिब्बा**

ऐसा रेत का टिब्बा जो एकल रेत कटक के रूप में लम्बवृत भृगु के समानान्तर स्थित हो, प्रतिध्वनि टिब्बा कहा जाता है।

eclipitic **क्रांतिवृत**

(i) वह तल जिस पर पृथ्वी सूर्य के चारों ओर जिस कक्षा में घूमती है क्रांतिवृत कहलाता है।

(ii) सूर्य जिस मार्ग को अपनाकर आकाश के आर पार जाता मालूम पडता है। क्रांतिवृत कहलाता है।

ecological climatology **पारिस्थितिक जलवायु विज्ञान**

यह जीव जलवायु विज्ञान की ही एक शाखा है जिसमें जैव और पर्यावरण के बीच अन्तर्क्रियाओं का अध्ययन किया जाता है। इसके अन्तर्गत पादप समूह और जीवों का जलवायु सम्बन्धी भौगोलिक वितरण और उनका (जीव एवं पादप समूह) जलवायु से अनुकूलन दिखाया जाता है।

ecological efficeney **पारिस्थितिक क्षमता**

एक पोषण रीति से दूसरी पोषण रीति में ऊर्जा के स्थानान्तरण का प्रतिशत पारिस्थितिक क्षमता कहलाती है।

ecological imbalance **पारिस्थितिक असन्तुलन**

आर्थिक विकास के परिणाम स्वरूप एक दुर्बल पर्यावरण का अस्थिरिकरण और विनाश पारिस्थितिक असन्तुलन कहलाता है।

ecological pyramid **पारिस्थितिक पिरैमिड़**

एक पिरैमिड़ के रूप में दिखाई जाने वाली पोषण रीति।

ecological system/ecosystem **पारिस्थितिक जीवन तंत्र/पारिस्थितिकी**

पारिस्थितिकी प्राणी तथा अन्य जीव मिलकर भौतिक पर्यावरण का निर्माण करते हैं जिसमें कि वे एक दूसरे को प्रभावित करते हैं। पारिस्थितिक जीवन तंत्र अथवा पारिस्थितिका का निर्माण करते हैं। पारिस्थितिक जीवन तंत्र में दोनों जैविक तथा अजैव संघटक सम्मिलित रहते हैं, जैविक संघटक में उत्पादक (producer) और उपभोक्ता सम्मिलित रहते हैं।

ecology **पारिस्थितिकी विज्ञान/पारिस्थितिकी/परिस्थितिकी शास्त्र**

(i) पौधों और पशुओं का उनके पर्यावरण से पारस्परिक सम्बन्ध का अध्ययन परिस्थिति विज्ञान अथवा पारिस्थितिकी कहलाता है। परिस्थिति विज्ञानी का परितंत्र में जैविक प्रक्रियाओं द्वारा हो रहे कार्यों से सम्बन्ध रहता है, इसके साथ ही जीव दोनों प्रकार से भौतिक पर्यावरण से तथा एक दूसरे से ऊर्जा और द्रव्य प्राप्त करता है तथा क्रम से इस ऊर्जा और द्रव्य को वापस पर्यावरण में छोड़ता है।

(ii) सावमय तथा उनके प्राकृतिक वास के बीच पाये जाने वाले संबंधों का अध्ययन पारिस्थितिकी कहलाता है। पारिस्थितिकी मूलतः जीवशास्त्र के अध्ययन की एक शाखा है जिसमें वनस्पति तथा पशुओं को उनकी प्राकृतिक अवस्था में समझने और उनकी उन्तर्निर्भरता पर्यावरण के साथ उनके व्यक्तिगत एवं सामूहिक रूप में प्रत्येक जाति के संबंधों का अध्ययन किया जाता है। पेड पौधे एक दूसरे के साथ साथ पाये जाते हैं अतः उनका अध्ययन सहजीविय के रूप में किया जाना चाहिए। यही बात पशुओं तथा मानव प्राणी पर भी लागू होती है।

कभी कभी पारिस्थितिकी शब्द का प्रयोग भौगोलिक पर्यावरण के स्थानापन्न के रूप में किया जाता है, किन्तु इस प्रकार का प्रयोग त्रुटिपूर्ण है। क्यों कि पारिस्थितिकी में जीव अथवा वनस्पति का अपने भौतिक रूप में किये गये अनुकूलन का ही अध्ययन नहीं किया जाता अपितु पेड पौधों का किसी विशिष्ट पर्यावरण में अन्य पेड़ पौधों तथा जीवनयुक्त सावयवों के साथ उनके सम्बन्धों का भी अध्ययन किया जाता है।

ecology, human **मानवीय पारिस्थितिकी**

मानवीय पारिस्थितिकी सामान्य पारिस्थितिकी की एक शाखा है जो मानवीय सावयव तथा उसके पर्यावरण से संबंधित है। ज्ञान की यह शाखा मानव के क्षेत्रीय व्यवस्थापन तथा सामाजिक जीवन पर पडने वाले प्रभावों का अध्ययन करती है। पार्क एवं बर्गेस के शब्दों में "मानवीय पारिस्थितिकी को मानव के ऐसे स्थानीय एवं अस्थायी अध्ययन के रूप में पारिभाषित किया जा सकता है, जिन पर पर्यावरण के चयनित वितरणात्मक तथा समायोजनात्मक शक्तियों का प्रभाव पड़ता है। मानवीय पारिस्थितिकी मूलतः मानवीय संस्थानों तथा मानवीय व्यवहार पर काल तथा स्थान की दृष्टि से पडने वाले प्रभावों का अध्ययन करती है। किसी भी स्थान की भूआकृति, परिवहन के साधन, उद्योग धन्धे तथा समस्त आर्थिक व्यवस्था मानव को प्रभावित करती है और उसके विकास की सीमा का निर्धारण करती है। मानव भूगोल मानवीय पारिस्थिकीय ही है।

economic basement **आर्थिक आधार**

ऐसा संस्तर जिसके नीचे आर्थिक खनिज संसाधन विशेषकर खनिज तेल के मिलने की संभावना कम हो आर्थिक आधार कहलाता है।

economic climate = economic evironment **आर्थिक जलवायु = आर्थिक पर्यावरण**

economic dualism **आर्थिक द्वयात्मकता**

एक ऐसी अर्थ व्यवस्था जिसमें दो भिन्न प्रकार के तंत्र सम्मिलित रहते हैं। अनेक विकासशील देशों में इस प्रकार का आर्थिक द्वयात्मकता पाई जाती हैं इस अर्थ व्यवस्था में उन्नत अर्थ व्यवस्था के साथ-साथ पारम्परिक अर्थ व्यवस्था भी चलती रहती है, किन्तु दोनों अर्थ व्यवस्थाओं में आपसी सम्पर्क नहीं रहता है।

economic environment **आर्थिक पर्यावरण**

आर्थिक पर्यावरण शब्द से तात्पर्य कंपनियों/फर्मों की बाहय स्थितियों से है जिनमें वे अपना कार्य निष्पादित करती हैं, और जिसमें ऐसे पक्ष जैसे ब्याजदर, बाजार उत्पलावकता, बेरोजगारी का स्तर, कर, सरकारी आर्थिक सहायता आदि सम्मिलित रहते हैं। मूलतः आर्थिक पर्यावरण में ऐसी परिस्थितियां होती हैं जिन पर कम्पनी अथवा फर्म का कोई वास्तविक नियंत्रण नहीं होता, किन्तु उनके प्रति फर्म की अनुक्रिया अवश्य रहती है। इस शब्द के विकल्प के रूप में व्यवसाय जलवायु, आर्थिक जलवायु का व्यापक रूप से उपयोग किया जाने लगा है।

economic geography **आर्थिक भूगोल**

भूगोल विषय का वह पक्ष जो आर्थिक क्रियाओं के वितरण और उनके घटकों और प्रक्रियाओं के स्थानिक घटना को प्रभावित करते हैं, पर विचार करता है। आर्थिक भूगोल, आर्थिक खंड के द्वारा सुगमता से कृषि भूगोल, औद्योगिक भूगोल और यातायात भूगोल में विभाजित किया जाता है। पिछले कुछ दशकों में आर्थिक भूगोल के स्वरूप में बदलाव आया है। प्रारम्भ में आर्थिक भूगोल में विश्व के विभिन्न भागों में उत्पादन के तथ्यों को एकत्रित करने पर ही बल दिया जाता था, किन्तु अब उनकी व्याख्या तथा पर्यावरणीय नियतिवाद की अपेक्षा आर्थिक नियतिवाद पर बल दिया जाने लगा इसका मुख्य कारण आर्थिक भूगोल स्थान के संसाधनों की मात्रा पर निर्भर करता है।

economic growth **आर्थिक वृद्धि/विकास**

विकास का एक प्रमुख पक्ष जिसमें पदार्थों के उत्पादन, उपभोग और अर्थव्यवस्था के सेक्टरीय संतुलन के उद्गामी स्तर में बहुधा परिवर्तन सम्मिलित रहता है। आर्थिक विकास की गति अनेक मापदण्ड की श्रेणी जैसे प्रतिव्यक्ति-आय, सकल घरेलू उत्पाद, सकल राष्ट्रीय उत्पाद, प्रतिव्यक्ति औद्योगिक उत्पादन, प्रति व्यक्ति शक्ति आपूर्ति और उपभोग, सेवाओं की व्यवस्था का स्तर, व्यापार, पूंजी आदि द्वारा गतिकीय होती है। जैसा कि ये मापदण्डों स्पष्ट करते हैं। कि आर्थिक विकास स्वंय परिवर्तन की एक बहुरूपी प्रक्रिया है, जिसका स्पष्ट मार्ग

और स्वरूप एक स्थान से दूसरे स्थान पर भिन्न होता है, जो उस में अपुरासम्मत अर्थशास्त्र को सम्मिलित किया जाना है। यद्यपि अभी हाल के वर्षों में आर्थिक निर्यातवाद के प्रति प्रतिक्रिया व्यक्त की जाने लगी है और उसके स्थान पर व्यवहारवादी अभिगमन के रूप में निर्णय कर्ता पर ध्यान केन्द्रित किया जाने लगा है।

economic indicators **आर्थिक संकेतक/सूचक**

राष्ट्रीय अथवा प्रादेशिक अर्थव्यवस्था में उद्योग, व्यापार, वाणिज्य सम्बन्धी आंकडे संवेदनशील होते हैं उन्हें आर्थिक संकेतक/सूचक कहा जाता है। इस प्रकार के आर्थिक संकेतकों में बेरोजगारी आंकडे, खाली स्थान सम्बन्धी आंकडे, स्वर्ण भंडार, बैंक उधार सम्मिलित किए जाते हैं।

economic organization **आर्थिक संगठन**

सीमित साधनों द्वारा असीमित भौतिक लक्ष्यों (आवश्यकताओं) की अधिकतम तुष्टि के संगठित प्रयासों को आर्थिक संगठन कहते हैं।

economic sector **आर्थिक अवखंड/सेक्टर**

अर्थव्यवस्था का एक प्रमुख संरचनात्मक वर्गीकरण, सामान्यतः चार कार्यात्मक विभाग माने जाते हैं प्राथमिक, जिसमें कृषि, मत्स्यपालन वानिकी, आखेट, खनन आदि सम्मिलित किए जाते हैं, द्वितीयक जिसमें प्रथम अवखण्ड के संसाधनों को परिष्कृत कर उपयोग में लिए जाने योग्य बनाया जाता है, तृतीयक जिसमें खुदरा व्यापार यातायात, थोक व्यापार और वितरण जैसी क्रियाएं सम्मिलित रहती हैं, तथा चतुर्थ अवखंड जिसमें व्यक्तिगत सेवाएं, जिसमें उच्चकोटि के स्तर के कौशल की आवश्यकता होती है।

economy **अर्थनीति/अर्थव्यवस्था**

(i) किसी देश, प्रदेश अथवा समाज का आर्थिक ढांचा और क्रियाएं विशेषकर संसाधनों का दोहन और उत्पादन, वस्तुओं का वितरण और उपभोग और सेवाएं, अर्थव्यवस्था के अन्तर्गत आते हैं।

(ii) मानव की भौतिक आवश्यकताओं, की तुष्टि के लिए सीमित साधनों तकनीक, तथा कार्यों का जिस प्रकार संगठन एवं आवंटन किया जाता है, वह अर्थव्यवस्था का द्योतक है।

ecosphere **श्वसन मण्डल**

जीव मण्डल का पर्यायवाची है किन्तु इसे शुक्र और मंगल के मध्य क्षेत्र की परिभाषा के लिए भी उपयोग किया जाता है।

ecosystem **पारितंत्र/पारिस्थितिकतंत्र**

सर्वप्रथम इस शब्द का प्रयोग 1935 में ए.ज़ी. टांसले ने किया था और उसकी परिभाषा देते हुए लिखा था कि 'पर्यावरण' के समस्त जैविक और अजैविक घटकों के संगठन से उत्पन्न

पारिस्थितिक तंत्र, पारिस्थितिकी विज्ञान (ecology) का एक महत्वपूर्ण पक्ष है। अतः पारिस्थितिक तंत्र पादप और पशुओं के समूह को उनके भौतिक पर्यावरण अथवा वास क्षेत्र में देखा जाना होता है। पारिस्थितिक तंत्र को "संगठित तथ्यों का समूह" जिसमें अनेक जटिल और प्रायः सूक्ष्म सम्बन्धों जैसे जलवायु और वनस्पति, वनस्पति और मृदा आदि के रूप में वर्णित किया जाता है विभिन्न घटकों में साम्य की स्थिति प्राप्त हो जाने पर, अथवा उनमें धीरे धीरे समन्वय स्थापित हो जाना अथवा बाहयनियंत्रण के नवीन तथ्य काम करने लगें जैसे आर्द्र जलवायु से शुष्कता में परिवर्तन हो जाने की स्थिति में पारिस्थितिक तंत्र का स्थिर हो जाना संभव है। हालांकि यह भी संभव है कि प्राकृतिक आपदाओं जैसे ज्वालामुखी विस्फोट, बाढ तथा भयंकर तूफान के द्वारा पारिस्थितिक तंत्र गंभीरता से अस्त व्यस्त हो जाय अथवा अस्थिर हो जाय।

ecoton **ईकोटोन/संक्रमिका**

प्रमुख दो वनस्पति क्षेत्रों के बीचका संक्रमण क्षेत्र, उदाहरण के लिए शीतोष्ण-पर्णपाती वन क्षेत्र और स्टेपी घास के मैदान के बीच का क्षेत्र अथवा सवाना और अर्द्ध शुष्क झाडियों और घास के मैदान के बीच के क्षेत्र को संक्रमिका कहते हैं। संक्रमिका क्षेत्र प्रतिस्पर्धा के क्षेत्र होते हैं, जिसमें स्थानिक कारक जैसे भौम जल, मृदा की स्थिति आदि, यह निश्चित करते हैं कि उस स्थान पर किस प्रकार की वनस्पति उगनी चाहिए।

ecotop **पारिस्थितिक स्थल**

एक परिभाषित गर्तस्थ (niche) अथवा आवास में गर्तस्थ स्थान पारिस्थितिक स्थल कहलाता है।

ecoulement **इकोयुलमेंट**

गुरूत्व परिणामस्वरूप शैलों के बडे ढेरका नीचे की ओर सरकना इकोयुलमेंट कहलाता है।

ecumene **वास्य क्षेत्र**

मूलतः निवास योग्य विश्व जो प्राचीन ग्रीकवासियों को ज्ञात था, किन्तु वर्तमान में पृथ्वी के अत्यन्त घने बसे क्षेत्रों के लिए इस शब्द का उपयोग किया जाता है।

edaphic **मृदीय**

मृदा का, मृदा द्वारा उत्पन्न अथवा मृदा द्वारा प्रभावित, मृदीय कहलाती है।

edaphology **मृदा विज्ञान**

ऐसा विज्ञान जो जीवित वस्तुओं विशेष कर पादप तथा मानव के द्वारा पादप वृद्धि के लिए भूमि उपयोग पर मृदा के प्रभाव का अध्ययन करता है।

edenite **ईडनाइट**

एक एकनताक्ष एम्फिबोल।

eddy **भंवर**

वायु अथवा जलधारा में लगभग वृताकार संचलन भंवर कहलाती है।

eddydiffusion **भंवर विसरण**

वायुमण्डलीय पदार्थ और गुणों में भंवर द्वारा लाया गया बदलाव भंवर विसरण कहलाता है।

edge **किनारा/कोर**

जाल (network) विश्लेषण में दो केन्द्रों के बीच योजक के लिए एक अन्य शब्दावली किनारा/कोर कहलाता है।

edge dislocation **धार प्रभंश**

अणुओं की अतिसमतल अन्तर्क्रिया से क्रिस्टलीय जाली में होने वाला दोष धार प्रभंश कहलाता है।

edge line **धारा रेखा**

एक मोटी रेखा (धारारेखा) के द्वारा प्रमुख धरातलीय प्रवणता भंग को मानचित्र पर प्रदर्शित करना धारारेखा कहा जाता है।

effluent **बहिःस्त्राव**

मलजल (गंदाजल), उर्वरक का घोल अथवा औद्योगिक तरल अपजल का नदी, धारा अथवा झीलों में बहकर आना बहिःस्त्राव कहलाता है।

effluent stream **अपगामी धारा**

एक छोटी वितरिका को अपगामी नदी कहा जाता है।

egre **इग्रे**

एक ज्वारीय-भित्ति।

ekistics **नुआवासिकी,**

ग्रामीण और नगरीय बस्तियों की उत्पत्ति और उनके विकास की वैज्ञानिक खोज करने से सम्बन्धित।

elastic waves **प्रत्यास्थ तरंग**

भूकम्पी तरंगे जो स्थितिस्थापक विरूपण द्वारा किसी माध्यम से फैलती हैं, प्रत्यास्थ तरंग कहलाती हैं।

electoral geography **निर्वाचकीय/निर्वाचन-भूगोल**

निर्वाचकीय भूगोल के अन्तर्गत चुनावों की व्यवस्था और परिणाम के स्थानिक पक्ष का अध्ययन किया जाता है। जहाँ तक चुनावों की व्यवस्था का पक्ष है इसमें निर्वाचन क्षेत्र की

परिभाषा और परिवर्तनीय परिस्थितियों जैसे जनसंख्या में बदलाव आदि, के आधार पर उनका पुनर्निधारण करना शामिल रहता है। जहां तक निर्वाचनों के परिणामों का प्रश्न हैं भूगोल मत में प्रतिरूपों में स्थानिक भिन्नताएं, वातावरणीय कारकों का मत निर्णय पर प्रभाव और उनका प्रतिरूप जो चुनाव परिणामों के पश्चात् सीटों के रूप में उभरकर आता है का अध्ययन किया जाता है।

elevation **उँचाई/उत्थापन**

पृथ्वी के किसी धरातलीय बिन्दु की डेटम तल (आधार तल) से लम्बवत दूरी जो मीटर अथवा फीट में नापी जाती है।

elitism **एलीटिस्म**

जनसंख्या के एक छोटे अल्पसंख्यक समूह द्वारा सत्ता का नियंत्रण एलीटिस्म कहलाता है।

ellipsoid **दीर्घवृतज**

गोलाई में स्फीयर के समान आकृति अथवा अण्डाकार आकार को दीर्घवृतज कहते हैं।

El-Nino **एलनिनो**

मूलरूप से एलनिनों शब्द का सम्बन्ध पूर्वी प्रशान्त महासागर में पैरू तट के सहारे क्रिसमस के समय प्रवाहित हाने वाली धारा से माना जाता है, जब इस क्षेत्र में अत्यधिक मात्रा में जल के उष्ण हो जाने और व्यापक मात्रा में पश्चिमी प्रशान्त महासागर से पूर्व की ओर जल के स्थानान्तरण से पीरूवियम ठंडे पानी की धारा अस्थायी रूप से उष्ण धारा में परिवर्तित हो जाती है जिसके कारण परोक्ष रूप से उष्ण कटिबन्धीय वायुमण्डलीय संचरण अधिक भंग हो जाता है और जल में वाष्पिक अनियमिताएं उत्पन्न हो जाती हैं। उदाहरण के लिए एलनिनों के प्रभाव से 1983 में पेरू और बाद में आस्ट्रेलिया में सूखे की स्थिति उत्पन्न हो गई थी। भारत में भी 1997 के नवम्बर-दिसम्बर में भारी वर्षा इसी एलनिनो के प्रभाव से हुइ थी। इस प्रकार की एलनिनों परिस्थितियाँ केवल दो अथवा सात वर्षों के अन्तराल के पश्चात् होती हैं।

eluviation **अवक्षालन**

मृदा मेखला से होकर, मृदा पदार्थों के सचलन से उनका क्षीण होकर अन्य संस्तरों में संचित होना, अवक्षालन कहलाता है। यह मूल स्थिति में ही होता है किन्तु मृदा घटक पार्श्वीय अथवा ऊर्ध्वाकार दिशा में संचलित हो सकते हैं।

eluvium **अवक्षाल**

आधार शैल का उसके मूलस्थान पर ही अपक्षीण होना। शैलों के जीर्ण क्षीण और अपक्षय के द्वारा उत्पादित पदार्थ अवक्षाल कहलाता है।

emerald **पन्ना**

एक चमकदार हरी मणि, बेरिल/बैटूर्य की एक किस्म।

emergent coast **उन्मज्जी तट रेखा**

ऐसी तटरेखा जो या तो समुद्रतल की तुलना में ऊपर उठ चुकी हो अथवा अभी उठ रही हो। उन्मजी तट रेखा कहलाती है। उन्मज्जन का कारण स्थल भाग का ऊध्वाधर ऊपर उठना, अथवा समुद्रतल का नीचा होना हो सकता है। इस प्रकार के उन्मज्जी तट रेखा के विशिष्ट लक्षण परित्यक्त भृगु रेखाएं, उत्थित पुलिन और विस्तारित तटीय मैदान जो पूर्व के समुद्रतल को स्पष्ट करते हैं को स्पष्ट करते हैं।

emission standard **उत्सर्जन मानक**

पर्यावरण में प्रदूषण का एक ऐसा स्तर जो नियमनुसार स्वीकृत किया गया हो उत्सर्जन मानक कहलाता है।

emissivity **उत्सर्जकता/उत्सर्जिता**

किसी पदार्थ से उसी ताप और तरंग दैर्ध्य (wave length) पर विकिरण के उत्सर्जन का अनुपात उत्सर्जकता/उत्सर्जिता कहलाता है। अधिकांश पदार्थों के लिए 1.0 से 0.85 से कुछ नीची मूल्य श्रेणी होती है।

empirical science **आनुभविक विज्ञान**

आनुभविक अथवा अनुभवमूलक विज्ञान से तात्पर्य ऐसे ज्ञान एवं विश्वासों से है जिन्हें अवलोकन, निरीक्षण, परीक्षण तथा व्यवथित प्रयोगों द्वारा प्राप्त किया जाता है। उन्हीं तथ्यों को आनुभविक कहा जाता है जिनकी सत्यता का परीक्षण ज्ञानन्द्रियों द्वारा संभव है।

empolder **एमपोल्डर**

पोल्डर (सागर अथवा झील के निचले भाग को कृत्रिम ढंग से खेती योग्य बनाई गई भूमि) के निर्माण के लिए भूमि सर्जन और कृषि योग्य बनाया जाना एमपोल्डर कहलाता है।

enclave **विदेशी अन्तः क्षेत्र**

(i) किसी राज्य में स्थित छोटा भूमि प्रदेश/क्षेत्र, किन्तु उस पर उस राज्य का क्षेत्राधिकार न हो, ऐसा क्षेत्र विदेशी अन्तः क्षेत्र कहलाता है।

(ii) (नृ) जातीय समूह का छोटा केन्द्रीकरण जो अन्य जाति के लोगों से चारों ओर से घिरा हो।

enclosure **बाड़ा/आहाता**

एक सामान्य कार्य जिसके द्वारा सार्वजनिक/आम भूमि बडे खेत/फील्ड, घास के मैदान (meadows) और चारागाह, तथा छोटे क्षेत्र/फील्ड को तारबन्दी अथवा झाडियों से परिबद्ध कर आहाता बनाना।

end moraine = terminal moraine **अंग्रातस्त हिमोढ़ = अंतस्थ हिमोढ**

endogenetic/endogenic **अंतर्जात/ अन्तर्जनित**

(i) विवर्तनिकी उत्थान के बलों से सम्बन्धित और विघटन जो पृथ्वी के भीतरी भाग में उत्पन्न होते हैं तथा उनकी इन प्रक्रियाओं द्वारा भूआकृतियों की रचना होती है, अन्तर्जात (बल) कहलाता है।

(ii) भूआकृति-विज्ञान में इस शब्द से तात्पर्य उन बलों से होता है जो भूपटल के नीचे से परिचालित होते हैं।

(iii) मानव भूगोल में अन्तर्जात/ अन्तर्जनित बलों से तात्पर्य होता है भीतर से व्यवहार।

endoreic **अन्तःप्रवाही**

अपवाह तंत्र से सम्बन्धित, जिस अपवाह तंत्र का जल सागर तक नहीं पहुंचता है उसे अन्तः प्रवाही कहा जाता है।

endrump **एन्ड्रम्फ**

एक समप्राय भूमि, ऐसा भूतल जो सपाट मैदान में बदल गया हो अथवा अपरदन प्रक्रियाओं द्वारा मंद तरंगित स्थलाकृति में परिवर्तति हो गया हो। ऐसी स्थलाकृति को एन्ड्रम्फ कहा जाता है।

enechelon **एनएशलॉन/ सोपानी**

भूगर्भिक संरचनाओं के क्षैतिज विस्थापन अथवा अतिव्यापी (overlapping) की ओर निर्देशित करता है।

Engel's law **ऐंजल्स नियम**

यह एक सामान्य नियम है कि जैसे जैसे आय में वृद्धि होती जाती है, भोजन पर होने वाला व्यय कम होता जाता है। इसी प्रकार के सामान्यीकरण नियम ऐंजिल ने अपने राजनैतिक अर्थनीति के संदर्भ में प्रतिपादित किए थे।

englacial **अंतर्हिमानी**

पदार्थ अथवा हिमपुंज/हिमानी में पिघला हुआ जल की ओर इंगित करता है। ऐसा हिम मलवा अथवा जल आन्तरिक हिम तक या तो हिम तली से ऊपर की ओर अथवा ऊपरी सतह से नीचे की ओर संचलन कर पहुंचता है।

entisol **एन्टीसॉल**

मृदा के दस वर्ग के सन्निकट साँतवा वर्गीकरण का एक वर्ग, पुराने वर्गीकरण की असुस्तरीय संवर्ग के लगभग समान यह मृदा होती है बिना प्राकृतिक आनुंवंशिक स्तर की यह आधुनिक मृदा है जिसमें लिथोसोल (अधकचरी मिट्टी जो छिछली और पथरीली मृदा होती है) रेगोसोल और कछारी मिट्टी का मिश्रण रहता है। इस प्रकार की मृदा यद्यपि व्यापक उपयोग में नहीं लाई जाती है किन्तु यदि इनका प्रबन्धन ठीक प्रकार से किया जाय तो यह उत्पादक हो सकती है।

entrenched meander **गभीरीभूत विसर्प**

कातित विसर्प (incised meander) का ही यह एक प्रकार है, जो दो स्तर की प्रक्रियाओं, बाढ मैदान विसर्पों और एक के बाद एक नीचे आधारतल के कटाव के नवीनीकरण का परिणाम होता है। इस प्रकार की विसर्प घाटी की अनुप्रस्थ परिच्छेदिका सममित होती है। हालांकि कुछ बाढ मैदान विसर्प, बाढ मैदान का कटाव खडा (ऊर्ध्वाकार) नहीं करते हैं वरन एक कोण पर असममित अनुप्रस्थ परिछेदिका निर्मित करते हैं।

entreport **आन्त्रपों/गोदाम**

(i) ऐसा केन्द्र जहाँ पारगमन के लिए अस्थायी संग्रहण किया जाता है और पुनर्निर्यात के लिए सामान लाकर जमा किया जाता है आन्त्रपों/ गोदाम/कहा जाता है।

(ii) आन्त्रोपों शब्द को एक विशेषण के रूप में भी प्रयुक्त किया जाता है आन्त्रोपों पतन (entreport) एक ऐसा पतन जहां सामान प्राप्त कर अन्य देशों तथा पत्तनों को निर्मित किए जाने के लिए निशुल्क जमा किया जाता है। इसका पर्यायवाची शब्द निःशुल्क पतन का उत्तरोत्तर प्रयोग बढ रहा है।

entrepreneur **उद्योग-उपक्रमी**

ऐसा व्यक्ति जो एक उद्यम अथवा व्यापार को प्रारम्भ करता है अथवा उसका उत्तरदायित्व लेता है, एक व्यापार संगठन जिसका उद्देश्य लाभ कमाना होता है। उसकी मुख्य जिम्मेदारी जोखिम उठाना, यह निर्णय करना कि कौन सी वस्तु का उत्पादन अथवा सेवाएं प्रारम्भ की जायें और किस स्तर पर और उन वस्तुओं और सेवाओं का विपणन करना, होता है, यह कार्य उद्योग-उपक्रमी का होता है।

environment **पर्यावरण**

(i) वह परिवृति (surroundnigs) जिसके भीतर मनुष्य, पशु और पौधे वास करते हैं। इससे मिलते जुलते शब्द प्राकृतिक और भौतिक पर्यावरण हैं जिसमें जलवायु, भूआकृति, मृदा वनस्पति और सांस्कृतिक पर्यावरण सम्मिलित रहते हैं, इसके साथ ही मानव द्वारा निर्मित तत्व जैसे नगर, औद्योगिक क्षेत्र और सामाजिक और राजनैतिक संगठन भी सम्मिलित रहते हैं।

(ii) पर्यावरण का शब्दिक अर्थ है, किसी वस्तु/ पदार्थ का परिवेश, उदाहरण के लिए पृथ्वी मानव का निवास स्थल है, किन्तु मानव पृथ्वी पर पाये जाने वाले अन्य प्रकार के जीव प्रकारों से पृथक नहीं रहता क्योंकि मानव अन्य जीवप्रकारों पर भोजन तथा अन्य आवश्यकताओं के लिए निर्भर रहता है। अतः पर्यावरण के अन्तर्गत उन समस्त पर्यावरणी अवस्थाओं का अध्ययन किया जाता है जो पृथ्वी को चारों और से घेरे हुए है। अतः पर्यावरण के दो भाग होते हैं, भौतिक पर्यावरण एवं जैव वातावरण। भौतिक पर्यावरण में भूमि, जल, वायु वायुमण्डल तथा जैविक पर्यावरण में पादप एंव प्राणी समूह को सम्मिलित किया जाता है। भौतिक तथा जैविक पर्यावरण एक दूसरे का

प्रभावित करते हैं। भौतिक पर्यावरण में होने वाले परिवर्तन जैव पर्यावरण को प्रभावित करते हैं।

environmentalism = determinism **परिस्थितिवाद = नियतिवाद**

environment capacity **पर्यावरण सामर्थय**
किसी क्षेत्र की मोटर गाडियों को समायोजित करने की क्षमता को दिखाने के लिए पर्यावरण सार्मथ्य शब्द का उपयोग होता है जिससे वातावरण के एक स्वीकृत स्तर अर्थात सामान्य सुख सुविधा आराम और क्षेत्र के सौंदर्य गौरव को बिना हानि पहुँचाये, स्वीकृत स्तर बनाये जखा जा सके।

environmental hazard **पर्यावरणीय आपद/संकट**
ऐसी प्राकृतिक घटनायें जिनके द्वारा मानव बस्तियों और अन्य मानव निर्मित संरचनाओं जैसे सड़क, बांध, कृषि, खनन आदि को क्षति और विनाश की आशंका रहती है अथवा जिनसे वास्तव में क्षति/विनाश होता है, पर्यावरणीय आपद/संकट कहलाती है। बाढ, भूकम्प ज्वालामुखी विस्फोट और भूस्खलन सर्वाधिक विकट आपद/संकट होते हैं।

environment perception **परिस्थितिबोध**
एक व्यक्ति अथवा व्यक्तियों का समूह जिस ढंग से अपने पर्यावरण/परिस्थिति को समझते हैं, परिस्थिति/पर्यावरण बोध कहलाता है। प्रत्येक व्यक्ति अथवा व्यक्तियों का समूह अपने घरेलू पर्यावरण को मानक के रूप में मानते हैं और उसके संसाधन सम्भावनाओं को अपने स्वंय के सांस्कृतिक अवगम और सामाजिक व्यवहार देखते हैं। अतः पर्यावरण के इस विचार को बोध पर्यावरण के रूप में उल्लिखित किया जाता है।

Eozoic **पूर्व पुराजीवी कल्प**
केम्ब्रियन पूर्व महाकल्प का एक कल्प जिसके पश्चात् आर्कियोजिक महाकल्प और प्रोटीरोजोइक/ प्राग्जीव महाकल्प आते हैं, इस शब्द का प्रायः कम उपयोग किया जाता है।

epeiric **अन्तर्महाद्वीपीय सागर**
महाद्वीपीय निमग्न तट पर एक छिछला सागरीय जलीय क्षेत्र जो महासागर से जुडा होता है अन्तर्महाद्वीपीय सागर कहलाता है।

epeirogenic **महादेश रचना सम्बन्धी**
पृथ्वी की पर्पटी के भागों का अपेक्षाकृत मन्द ऊर्ध्वाकार संचलन द्वारा ऊपर उठना अथवा नीचा होना जिसमें शक्तिशाली संपीडन सम्मिलित होता है, बहुधा इसे महाद्वीपीय निर्माण हलचल कहा जाता है। यद्यपि धंसाव/अवनमन के द्वारा द्रोणियों की रचना होती है जिसमें जल भर जाने से सागर बन जाते हैं। महादेश रचना सम्बन्धी संचलन से शैलों में गंभीर वलन नहीं होते हैं यद्यपि सामुहिक रूप से उत्थान और धंसाव से मन्द लपेटन (wrapping) और

अभिनमन हो सकते हैं। सागरों द्वारा प्रमुख अतिक्रमण और वर्तमान महाद्वीपों के सागरीय अवसादी शैलों की रचना और तदन्तर पश्च गमन, महादेश रचना सम्बन्धी संचलन का ही परिणाम है।

epeirogeny **महादेश रचना**

भूपटल का विस्तृत और सामान्यतः बडे आकार में ऊर्ध्वाधर संचलन जिसमें, शैलों की संरचना में अधिक परिवर्तन नहीं होता, यह प्रायः भूपटल का अपेक्षतः मन्द उठाव और नीचा हुआ भाग होता है।

ephemeral **अल्पकालिक**

इस शब्द का शाब्दिक अर्थ अल्प कालिक होता है। उदाहरण के लिए अल्पकालिक नदी जो थोडे समय के लिए केवल तेज वर्षा के समय बहती है, अल्पकालिक नदी कहलाती है।

epicentral angle **अधिकेन्द्र कोण**

भूकम्प के अधिकेन्द्र और अभिलेखन केन्द्र/रिकर्डिंग स्टेशन के बीच की कोणिक दूरी को, इन दो बिन्दुओं से उर्ध्वाधर बीच पृथ्वी के केन्द्र पर अन्तरित कोण के अर्थ में व्यक्त किया जाता है।

epicentre **अधिकेन्द्र**

पृथ्वी के धरातल पर एक ऐसा केन्द्र जो ज्वालामुखी के केन्द्र बिन्दु के ठीक ऊपर होता है, अधिकेन्द्र कहलाता है।

epidemiology **महामारी विज्ञान/जानपदिक रोग विज्ञान**

बीमारियों/रोगों के फैलने सम्बन्धी अध्ययन, चिकित्सा भूगोल का एक महत्वपूर्ण क्षेत्र है। स्थानीय विसरण की कुछ संकल्पनाओं और विचारों को इसमें सम्मिलित किया जाता है।

epilimnion **अधिसर**

(i) महासागरों, सागरों और झीलों में उष्ण और कम सघन वाली ऊपरी परत को अधिसर कहा जाता है।

(ii) ग्रीष्म ऋतु में झीलों की सतह का जल गर्म होकर कुछ गहराई तक चक्रण करने लगता है। इस चक्रीय गति के कारण ऑक्सीजन तथा अन्य पोषक तत्वों की मात्रा जीवों को उपलब्ध होती रहती है। इसी कारण अधिसर में वनस्पति की अधिकता पाई जाती है। इस क्षेत्र के जल का तापक्रम 25° से 30° से. रहता है।

epiphyte **अधिपादप**

ऐसा पौधा जो अन्य पौधे के तल पर उग रहा हो किन्तु उस पौधे से अपना भोजन प्राप्त नहीं कर रहा हो, इस प्रकार के पौधे को अधिपादप कहा जाता है।

epipedon **एपीपेडोन**

एक नैदानिक धरातल संस्तर जिसमें मृदा का ऊपरी भाग सम्मिलित रहता है जो जैविक पदार्थों के कारण गहरा हो जाता है अथवा अवक्षाली संस्तर होता है अथवा दोनों सम्मिलित रहते हैं।

epistemology **एपिसटेमोलॉजी**

भूगोल में एपिसटेमोलॉजी शब्द, किस प्रकार भौगोलिक ज्ञान प्राप्त होता है, प्रसारित किया जाता है, बदला जाता है और तब वैचारिक तंत्र में संघठित किया जाता है, के अध्ययन के लिए प्रयुक्त किया जाता है।

epoch **युग**

एक श्रेणी के बराबर भूगर्भिक समय की एक इकाई, कल्प का एक भाग, युग कहलाता है।

equatorial forest = rain forest **भूमध्यरेखीय वन = वर्षा प्रचुर वन**

equatorial trough **विषुवत रेखीय गर्त**

भूमध्य रेखीय क्षेत्रों की न्यून भार की मेखला, इसकी औसत स्थिति शिरोपरि सूर्य की स्थिति के अनुसार ऊपर नीचे होती है। यह व्यापारिक पवनों जो प्रत्येक गोलार्द्ध में चलती है और अभिसरण करती है, यह सागरीय क्षेत्रों पर स्पष्ट देखी जा सकती है क्योंकि यहाँ महाद्वीपीय वायु प्रवाह में परिवर्तन न्यूनतम होता है।

equatorial westerlies **विषुवत रेखीय पछुआ पवन**

परिवर्तनशील पवनों का एक क्षेत्र जब अंतःउष्णकटिबन्धीय अभिसरण क्षेत्र विषुवत रेखा से 5° से अधिक बढ जाता है, संभवतः यह पवन व्यापारिक पवनों की परिचायक होती है जो विषुवत रेखा को पार करने पर पछुआ दिशा प्राप्त कर लेती है, किन्तु रचना की सुनिश्चित स्थिति पर निर्भर होते हुए उद्गम स्थल भिन्न हो सकते हैं।

equigranular **समकणिक**

समान आकार के कण वाली क्रिस्टल/स्फटिक शैल को प्रकट करता है।

equilibrium line **साम्य रेखा**

हिमानी के संचयन क्षेत्र और उसके अपक्षरण क्षेत्र के बीच का विभाजन, यह उस क्षेत्र को चिन्हित करता है जिसमें वर्षभर न तो हिम के पुंज में वृद्धि होती है और न कमी आती है, दूसरे शब्दों में इस साम्य रेखा पर वार्षिक संचयन और वार्षिक गलन समान रहता है। किसी विशेष हिमानी की साम्य रेखा वर्षों में भिन्न हो सकती है। भारी हिम की कई शीत ऋतु के मौसम के पश्चात् सकारात्मक द्रव्यमान पुंज से यह साम्य रेखा नीचे तक पहुंच जाती है जब कि इसके विपरीत कई ग्रीष्म ऋतु में हिम अपक्षरण के कारण यह साम्य रेखा ऊपर की ओर खसक जाती है।

equilibrium regime **संतुलन प्रवृति**

किसी प्राकृतिक तंत्र की प्रवृति जैसे कि नदिवाहिका, तटरेखा, ढाल रेखाचित्र आदि, अतिकालिक विचार किये जाने पर जब यह संतुलन की स्थिति न तो घिसाव और न जमाव की स्थिति में होती है। इस शब्द का प्रयोग बहुतकर नदियों के लिए किया जाता है जहाँ यह मुख्यतः वर्ग का पर्याय माना जाता है।

equinox **विषुव**

वर्ष का वह समय जब समस्त विश्व में दिन और रात की अवधि लगभग बराबर होती है। यह केवल 21 मार्च और 22 सितम्बर को होती है जब सूर्य मध्यान्ह में विषुवत रेखा पर सीधा सिर पर रहता है। उत्तरी गोलार्द्ध में 21 मार्च को बसन्त विषुव और 22 सितम्बर को शरद विषुव कहते हैं।

equity capital = risk capital **औचित्य पूंजी = जोखिम पूंजी**

era **कल्प/महाकल्प**

भूगर्भिक काल की महत्तम इकाई, एक अथवा अधिक कालों की अवधि, कल्प/महाकल्प कहलाता है।

मोटे तौर पर कल्प/महाकल्पों का समय निम्न प्रकार माना जाता है:—
वर्तमान से दस लाख वर्ष पूर्व

	कल्प	*वर्ष (दस लाख वर्ष)*
1.	कैम्ब्रियन पूर्व महाकल्प	4600-570
2.	पुराजीवी महाकल्प	570-225
3.	मध्यजीवी महाकल्प	225-65
4.	नूतनजीवी महाकल्प	65-0

erg **अर्ग**

रेत का मरूस्थल/रेत का सागर, रेत की चादर और टिब्बों की विशेषता वाला मरूस्थलीय क्षेत्र अर्ग कहलाता है।

ergodic hypothesis **अभ्यतिप्राय परिकल्पना**

यह विचार कि समय और स्थान परस्पर अर्न्तबदल के रूप में माने जा सकते हैं। भूगर्भ विज्ञानियों द्वारा भूआकृति विकास के अध्ययन में अभ्यतिप्राय परिकल्पना का उपयोग किया जाता है, उदाहरण के लिए भिन्न क्षेत्रों में नदी घाटियों के भिन्न स्वरूप को विभिन्न काल के विकास के परिणाम के रूप में माना जाता है। इस प्रकार यह स्थान समय रूपान्तरण की एक प्रक्रिया है।

erodibility **अपरदनीयता**
एक शैल अथवा अवसाद जिस अंश तक पवन, जल अथवा हिम के द्वारा अपरदन के लिए सुप्रभाव्य रहता है, अपरदनीयता कहलाती है।

erosion **अपरदन**
प्रक्रियाओं का एक समूह जिसके द्वारा शैल मलवा अथवा शैल पदार्थ ढीला होता है अथवा पृथ्वी के तल के किसी भाग से हटा दिया जाता है अथवा विलीन हो जाता है। इन प्रक्रियाओं में अपक्षय, घोल, अपघर्षण और परिवहन सम्मिलित रहता है।

erosion surface **अपरदन पृष्ठ**
अपरदन प्रक्रियाओं द्वारा एक लम्बे समय तक कार्य कर बडे पैमाने पर लगभग समतल धरातल की रचना, अपरदन पृष्ठ कहलाता है।

erosional plain = plain erosional **अपरदनी मैदान = मैदान अपरदनी**

erosivity **अपरदनता**
भूआकृतिक बलों द्वारा किसी मृदा की सामर्थ्य, अपरदनता कहलाती है।

erratic **विस्थापित/अनियमित**
शैल के बडे खण्ड जो हिमानी द्वारा वाहित होकर अश्मं विज्ञान की अन्य शैल पर आकर स्थापित हो जाता है, विस्थापित (erratic) कहा जाता है।

eruption **उद्‌भेदन/विस्फोट**
गैसीय, तरल अथवा ठोस ज्वालामुखी पदार्थों का पृथ्वीतल पर आस्राव अथवा उद्‌गार का होना उद्‌भेदन/विस्फोट कहलाता है।

escarpment **कगार**
वलित शैल के अपरदन के द्वारा और उसी दिशा में तीव्र (अति प्रवण) ढाल वाली लगभग अविच्छिन्न रेखा में पाई जाने वाली कगार, बहुधा क्यूस्टा के पर्याय के रूप में प्रयुक्त किया जाता है।

essential mineral **सारभूत खनिज**
निश्चित नैदानिक खनिजों जिनकी उपस्थिति और अनुपस्थिति पर आग्नेय शैलों का वर्गीकरण और उप विभाजन आधारित होता है, उदाहरण के लिए कैल्सिक प्रेजिओक्लेस और पाईरॉक्सीन की उपस्थिति गैब्रो शब्द में अन्तर्निहित है।

estancia **एस्टान्शिया**
यह स्पेनी भाषा का शब्द है जिसका प्रयोग लेटिन अमरीकी देशों में बडे फार्मों के लिए किया जाता है, जो व्यापक स्तर पर पशुपालन के उपयोग में लिए जाते हैं। वर्तमान में इस प्रकार के

फार्म टूटने की प्रक्रिया में हैं जो अब बाडे के रूप में विकसित हो रहे हैं।

estuary **मुहाना/ज्वारनदमुख**

(i) नदी का मुख जहाँ नदीधारा सागर में प्रवेश करते समय अधिक चौडी हो जाती है, और जिसमें ज्वार और भाटा आता है। अधिकांश मुहाने पूर्व की नदियों के निचली घाटियाँ होती हैं जो हिमयुगोत्तर काल में सागरतल के ऊपर उठने से डूब गई थीं।

(ii) सागर तट का वह क्षेत्र जहां स्वच्छ और खारा पानी मिलता है।

etchplain **निक्षारित वेदी**

उष्णकटिबन्धीय अफ्रिका के क्षेत्रों में एक प्रकार का अपरदन पृष्ठ, इसकी रचना में रासायनिक अपक्षय की प्रमुख भूमिका रहती है, जिसके द्वारा आवरणप्रस्तर (regolith) बनता है, उसकी मोटाई शैल के प्रतिरोध और भूमि उत्थान काल में आवरण प्रस्तर के हटने की घटना के अनुसार भिन्न होती है। स्थालीय छीलन के परिणाम स्वरूप अपक्षय का आधारित धरातल टॉर/पहाडी अथवा इन्सबर्ग के रूप में अनावृत होते हैं। फिर भी इन प्रतिरोधी शैल के उठे भागों के मध्य विस्तृत मैदान समान क्षेत्र होते हैं, जिनके नीचे रासायनिक क्रिया द्वारा क्षय हुई शैलें होती हैं। निक्षारित वेदी की रचना इस प्रकार की कई क्षय हो रही और छीलन की घटनाओं के प्रत्येक चरण के साथ पहाडी टीले ऊंचे होते जाते हैं।

etesian wind **एटिजन पवन**

ग्रीष्म ऋतु में मध्यजून से अक्टूबर माह के आरम्भ तक एजियम सागर पर नियमित रूप से उत्तर दिशा से आनेवाली सामान्य बल की प्रचलित पवन जो शुष्क और ठंडी महाद्वीपीय पवन होती है एटिजन पवन कहलाती है। इस काल में आकाश साफ रहता है।

ethinic group **नृजातीय समूह**

मनुष्यों का एक ऐसा समूह जो सामान्य विशेषताओं वाला अथवा विशेषताओं के समूह वाला जो जाति, भाषा, धर्म अथवा सभ्यता के कुछ अन्य पक्षों से सम्बन्धित होते हैं, के द्वारा संश्रित होते हैं। यह शब्द प्रायः यह भी ध्वनित करता है कि यह एक बडी जनसंख्या के समूह में यह एक अल्पसंख्यक समूह होता है। एक नृजातीय समूह की पहचान उनके सामाजिक स्तर, व्यवसाय, धनाढ्यता अथवा दरिद्रता अथवा उनका एक विशेष क्षेत्र में आवासीय केन्द्रीकरण से भी पहचान होती है। इस प्रकार के गौण गुण आत्मसातकरण की प्रक्रिया में रूकावट उत्पन्न करते हैं और छितराव की ऊपेक्षा केन्द्रीकरण के लिए उसे उत्तेजित करते हैं।

ethnocentricity **नृजाति केन्द्रस्थता**

अपने स्वयं नृजाति समूह को अग्रता देना नृजाति केन्द्रस्थता कहलाता है।

ethnography **नृजाति वर्णन**

कुछ वर्गीकरणों में ये नृविज्ञान (anthropology) का पर्यायवाची है। मानवजाति विज्ञान की एक शाखा है जिसमें विशिष्ट संस्कृतियों का वैज्ञानिक अध्ययन किया जाता है।

eucrite **यूक्राइट**

बाहटोनाईट-एनोथाईट के संयोजन की क्लाइनोपाइरॉक्सीन, आर्थोपाइरॉक्सीन, ओलोवाईन और प्लेजियोक्लेस वाली मोटे कणों की बेसिक आग्नेय शैल की किस्म यूक्राइट कहलाती है।

eueogenous rock **सुअप्रघटनीय शैल**

वह शैल जो अपक्षय द्वारा अपघटित होकर अधिकतम शैल मलवा बनाती है, ऐसी शैलों को सुअपघटित शैल कहा जाता है।

euhedral **पूर्णफलकी**

उन स्फटिकों को निर्देशित करते हुए जो कि पूर्ण विकसित तथा अच्छी आकृति वाले होते हैं।

eulittoral **सुवेलांचली क्षेत्र/संवेलाचली क्षेत्र**

(i) महासागरीय सतह से 50 मीटर की गहराई तक का क्षेत्र सुवेलांचली क्षेत्र कहलाता है। इस उपक्षेत्र में वनस्पति वर्ग के जीव सर्वाधिक मात्रा में पाये जाते हैं। इस क्षेत्र में चट्टानी रेतीले और दलदली भाग पाये जाते हैं।

(ii) तटीय क्षेत्र का वह भाग जो उच्च ज्वार तल से सागर की ओर आगे नीचे की संलग्न पौधों की सीमा तक बढा हुआ होता है। यह प्रायः 40 से 60 मीटर की गहराई का भाग होता है।

euphotic zone **सुप्रकाशी क्षेत्र**

(i) जलीय भाग की ऊपरी सतह जिसमें प्रकाश की उपलब्धता के कारण-संश्लेषण हो सके, ऐसे क्षेत्रको सुप्रकाशी क्षेत्र कहते हैं।

(ii) स्वच्छ जल का सबसे ऊपर भाग सुप्रकाशी क्षेत्र होता है, जिसमें प्रकाश भेदने की क्षमता अधिक होने के कारण स्पष्ट दिखाई देता है।

eustasy **इयूस्टेसी**

सागरीय स्तर में विश्वव्यापी परिवर्तन इयूस्टेसी कहलाता है। यह स्तर में गिरावट हिम चादर की वृद्धि या अपक्षय, अवसाद के सागरों में जमा होने अथवा सागरीय बेसिनों में परिवर्तन के कारण होती है।

eutrophication **सुपोषण**

पोषण द्वारा जल के संवर्धन के परिणामों को सुपोषण कहा जाता है।

evapo-transpiration **वाष्पन-वाष्पोत्सर्जन**

वाष्पीकरण और वाष्पोत्सर्जन/पारश्वसन के सम्मिलित प्रभाव को वाष्पन-वाष्पोत्सर्जन कहा जाता है।

evaporite **इवैपोराईट/वाष्पनज**

जल में घुलनशील खनिज अथवा उस प्रकार के खनिजों से निर्मित शैल जोकि खारे जल के

वर्षण द्वारा वाष्पीकरण के परिणाम स्वरूप निक्षेपित होता है यह विशेषकर तटीय सबखास अथवा मरूस्थलीय क्षेत्रों की खारे पानी की झीलों में होता है। इनमें सबसे अधिक महत्वपूर्ण सामान्य खनिज सोडियम क्लोराइड और केल्शियम सल्फेट (जिप्सम) होते हैं।

evergreen **सदाबहार/सदाहरित/सदापर्णी**

जिन पौधों अथवा वृक्षों की पत्तियां लम्बे समय तक रहती हैं, ऐसे पोधों/वृक्षों को सदाबहार/सदाहरित/सदापर्णी कहा जाता है। यदि प्रकाश संश्लेषण समय छोटा होता है, अथवा उपजकाल छोटा होता है अथवा पोषक तत्वों की आपूर्ति कम होती है फिर भी सदाबहार/सदापर्णी वृक्ष पौधों अनुकूल परिस्थिति में रहते हैं क्यों कि उन्हें प्रत्येक वर्ष प्रकाश संश्लेषण की सामर्थ्य को बनाना नहीं पड़ता है। उच्च अक्षांशों और उच्च पर्वतीय भागों में सदाबहार वृक्षों और झाडियों की प्रमुखता और पीट भूमि में सदाबहार बौनी झाडियां, जलवायु और पोषक तत्वों की उपलब्धता के उदाहरण हैं।

evolution **क्रमविकास**

सरल आकार के जीवन से अधिक जटिल आकार के जीवन में विकास को क्रम विकास कहा जाता है।

evorrion **अल्पशल्कन**

नदी तल में भंवर और जलवृत की क्रिया द्वारा शैल अथवा अवसाद का जलीय क्रिया द्वारा अपरदन अल्पशल्कन कहलाता है।

exaration **एक्सरेशन**

वह प्रक्रिया होती है जिसके द्वारा हिमानियां शैलतल का उत्पाटन और खदान करती हैं, इसमें अपघर्षण सम्मिलित नहीं होता है।

exfoliation **अनावृति**

प्याज के छिलकों के समान अपक्षय अषश्ल्कन/धरातलीय परतों का विशल्कन द्वारा शैल का अपक्षय अनावृत अथवा उत्खनन अनावृति कहलाती है।

exhumation **अनावृतिकरण**

ऊपरी नवीन पदार्थों के अपरदन द्वारा हटाये जाने के कारण आधारतल आकृति का उच्छादन होना अनावृतिकरण कहलाता है।

existentalism **अस्तित्ववाद**

अस्तित्ववाद का उद्भव प्रबोधन काल के तर्कवाद तथा शास्त्रीयजर्मन दर्शन के साथ साथ पिछली शतब्दी में चारों और फैली क्रांतिवादी तथा प्रत्यक्षवादी धारणाओं तथा प्रत्यक्षवादी धारणाओं की प्रतिक्रिया के फलस्वरूप हुआ। अस्तित्ववाद की मुख्य धारणा यह है कि मानव स्वंय अपना निर्माता है, उसके निर्माण में पर्यावरण अथवा परिवेश की भूमिका नगण्य रहती है। वह क्या बनना चाहता है इसका निर्धारण वह स्वंय करता है। अपने मूल्यों का अनुभव

स्वंय करता है। किन्तु इन मूल्यों के अनुरूप जीवन व्यतीत कर तथा चुनाव द्वारा इनका निर्माण भी वह स्वंय करता है।

exogamy **बर्हिविवाह**

इस विवाह प्रथा के अनुसार एक व्यक्ति को स्थानिक रूप से पारिभाषिक एवं अनुमोदित संबंधो के दायरे में जैसे परिवार गोत्र, प्रजाति आदि के बाहर विवाह करना आवश्यक होता है। भारत में इस प्रथा के अनुसार व्यक्ति को अपने वंश अथवा गोत्र समूह में विवाह करना निषिद्ध एवं अनुचित माना जाता हैं।

exogenetic **बहिर्जनिक**

पृथ्वी के धरातल पर अथवा उसके निकट होने वाली प्रक्रियाओं से सम्बन्धित और उन प्रक्रियाओं द्वारा निर्मित भूआकृतियों से सम्बन्धित क्रिया बहिर्जनिक क्रिया होती है यह अन्तर्जाति के विपरीत प्रक्रिया होती है।

exotic **विदेशज**

विदेशज शब्द का उपयोग उन पौधों अथवा पशुओं के लिए किया जाता है जो उनके मूल निवास से बाहरअर्द्ध प्राकृतिक अथवा कृत्रिम ढंग के प्रदेशों में रखे जाते है। व्यापक श्रेणी के बगीचों के पौधे और दडबों में रखे जाने वाले पक्षी जो बाग बानों और पक्षी प्रेमियों द्वारा विश्व के विभिन्न क्षेत्रों से लाकर रखे जाते हैं, विदेशज कहलाते हैं।

expansive soils **प्रसरणश समृदायें**

वे मृदायें जो उनमें पाई जाने वाली नमी की उपलब्धता के अनुसार संकुचित और फैलती हैं, प्रसरणशील मृदायें कहलाती हैं।

export **निर्यात**

किसी देश से बाहर, बिक्री के लिए, उसके व्यापारके भाग के रूप में भेजी जाने वाली वस्तुओं को निर्यात कहा जाता है। जो वस्तुएं व्यापार के रूप में विदेशों को भेजी जाती हैं उसे दृश्य निर्यात कहते हैं। इसके साथ ही सेवाएं, यातायात, ऋण-ब्याज और पर्यटन से भी आय होती है, इनसे जो आमदनी होती है उसे अदृश्य उपार्जन कहते हैं।

extended family **विस्तारित परिवार**

ऐसे व्यक्तियों का एक समूह जो एक दूसरे के साथ रहते हैं और जो न केवल माता पिता और बच्चों का एक केन्द्रीय परिवार बनाते हैं वरन रक्त सम्बन्धी और विवाह द्वारा सम्बन्धित व्यक्ति भी सम्मिलित किए जाते हैं। इस प्रकार की सामाजिक विशेषताएं ग्रामीण क्षेत्रों और तृतीय विश्व के देशों में पाई जाती हैं।

extending flow = compressing flow **विस्तारित प्रवाह = संपीड़क प्रवाह**

extensive agriculture **विस्तीर्ण कृषि**

एक विशेष प्रकार की कृषि जिसमें फार्म-भूमि के प्रति इकाई क्षेत्रफल में अपेक्षाकृत निवेश

तथा उत्पादन का न्यून स्तर इसकी विशेषता होती है। इस प्रकार की कृषि प्रायः बडे जोत वाले खेतों में मशीनों द्वारा की जाती है जिसमें मानवीय श्रम की कम आवश्यकता होती है तथा प्रति श्रमिक उपज अधिक होती है। विस्तीर्ण कृषि, अपेक्षाकृत कम धनत्व वाले ग्रामीण क्षेत्रों में की जाती है और प्रायः बाजारों से दूर के क्षेत्रों में की जाती है। यद्यपि इसी प्रकार की कृषि तीसरे विश्व मे भी की जाती है।

extinction **विलोपन**

किसी जाति/सपोशीज अथवा जीव समूह, जो किसी विशिष्ट विकासीय रेखा का प्रतिनिधित्व करता है का विलोप हो जाना, विलोपन कहलाता है। यह विलोपन तब होता है जब एक जीव जो एक विशेष पर्यावरण का रहने का आदी हो जाता है और उसके वास क्षेत्र में चरम परिवर्तन में वह अपने आपको अनुकूल नहीं बना पाता है जैसा कि पृथ्वी पर डायनासॉर तथा वायु में टेराडेक्टाइसम का विलोपन हो गया।

extrusion **बहिर्वेधन**

(i) ज्वालामुखी निकास नली/मुख अथवा दरार में विस्फोट के पश्चात् पृथ्वी के धरातल पर शैल जमाव द्वारा पिघले लावा अथवा ठोस अवस्था में बनी रचना को बहिर्वेधन कहा जाता है।

(ii) यह एक विचार प्रस्तुत किया गया है कि हिमानी के ऊपर पड़े हिम भार से निचली सतहों में सिकुड़न आ जाती है और उसकी गति से वह आगे की ओर बढता है, किन्तु यह विचार अब त्याज्य हो गया है क्योंकि यह व्यवहारिक दृष्टि से संभव नहीं हैं।

extrusive rock **बहिर्वेधी शैल**

एक प्रकार की आग्नेय शैल जिसकी रचना पृथ्वी तल पर लावा के उत्सारण से होती है, इस प्रकार की शैलों को ज्वालामुखी शैल भी कहा जाता है। वहिर्वेधी शैल तीव्र गति से ठंडी होने के कारण इसके कण बहुत बारीक अथवा कांच सदृश्य होते हैं।

exudation basin **रिसावद्रोणी**

ग्रीनलैण्ड के हिमच्छद (ice cap) से निर्गम न होने वाले हिमानी के अग्रभाग में एक धसांव रिसाव द्रोणी कहलाती है।

eye **अक्षि/आँख/केन्द्र**

चक्रवात का केन्द्र जहाँ से वायु निम्नदाब क्षेत्र को भरने के लिए ऊपरी वायुमण्डल से नीचे उतरती है। एक शान्त क्षेत्र जिसके चारों ओर चक्रवाती पवनें चलती हैं, चक्रवात की आंख/केन्द्र/अक्षि कहलाती है।

eyot **एट/उपद्वीप**

नदी अथवा झील में स्थित एक द्वीपिका (islet) एट/उपद्वीप कहलाता है।

F

fabric **संविन्यास/बनावट**

भूआकृति विज्ञान में अवसाद अथवा शैल का भौतिक संघटन संविन्यास/बनावट कहलाता है।

facet **फलक/फलिका**

(i) शैल पर सपाट-धरातल अथवा अपघर्षण द्वारा उत्पन्न की गई बटिया/गुटिका।

(ii) ऐसी कोई वस्तु अथवा पिण्ड जिसके कई पार्श्व/फलक होते हैं उसमें से एक पार्श्व अथवा फलक।

facies **संलक्षणी**

शैल की विशेषताएँ जैसे कि उनमें पाये जाने वाले जीवाश्म, रासायनिक रचना जो उन शैलों को अन्य शैल रचनाओं से भिन्नता प्रगट करती है तथा उन शैलों के निर्माण सम्बन्धी जानकारी देती हैं।

factor **कारक/घटक**

कारक अथवा नियंत्रण, एक चर के अर्थ में, प्रेक्षण के अन्य वर्ग में परिवर्तन को सहयोग प्रदान करते हैं उदाहरण के लिए जलवायु कारक में अक्षांश, ऊंचाई, स्थल और जल का वितरण, समुद्री धाराएं, उच्चावच बाधाओं का प्रभाव आदि।

factors of production **उत्पादन के घटक**

वे घटक/कारक जो उत्पादन के लिए आवश्यक होते हैं। सामान्यतः इनमें पूँजी, श्रम और भूमि को सम्मिलित किया जाता है। पूँजी के अन्तर्गत समस्त मानव निर्मित सहायता आती है, श्रम में मानव संसाधन शामिल किया जाता है जब कि भूमि में सभी प्राकृतिक संसाधन सम्मिलित किये जाते है।

fadama **फैदामा (मैदान)**

सामान्यतः सूडान और गायना के सवाना प्रदेश में बाढ़-मैदान बशर्तें कि वहां वार्षिक आप्लाव होता हो, यहाँ की वनस्पति घास और नरकट है।

fahrenheiat scale **फारनाहाइट मापक्रम**

यह तापक्रम के नापने का माप है जिसमें जमाव बिन्दु (हिमांक बिन्दु) 32° और क्वथनांक 212° पर होता है।

fairway **नाव्य जल पथ**

नदी में एक नाव्य जल मार्ग अथवा शैलों रेत के तट बन्धों के बीच जलमार्ग, सागरपर जलयान का सामान्य मार्ग अथवा पोताश्रय में प्रवेश करते और छोडने का सामान्य मार्ग नाव्य जल पथ कहलाता है।

fall **पतन/पात**

वृहत संचलन का एक प्रकार जिसमें टूटी शैल और मृदा के टूटे खण्ड दूर जाकर गिरते हैं। मलवा पात और मृदा पात भृगु पर होता है जब कि शैलपात, भृगु में पाई जाने वाली संधियों के कारण होता है।

fall line **प्रपात रेखा**

प्रपात रेखा वह काल्पनिक रेखा होती है जो अनेक नदियों के पठार अथवा पर्वत से यकायक उतरने के स्थानोंको जोडती है, जैसे कि किसी पठार का किनारा, इस प्रकार की प्रपातरेखा पूर्वी संयुक्त राज्य अमरीका में अटलाण्टिक तट की पश्चिमी सीमा का निर्धारण करती है।

fallow **परती/पड़ती भूमि**

कृषि भूमि जो फसल उत्पन्न करने के लिए उपयोग में नहीं लाई जाती, वह पड़ती भूमि कहलाती है।

false bedding **तिर्यक संस्तण**

यह क्रास संस्तरण (तियर्क संस्तरण) का एक अप्रचलित शब्द (पद) है।

faminist geography **नारी सुलभ भूगोल**

मानव भूगोल की एक शाखा जो समाज में स्त्रियों के स्थान विशेषकर यौन-पृथ्क्करण तथा दमन से सम्बन्ध रखती है । इस प्रकार के भूगोल में जो विचार सामने आते हैं, पर्यावरण-बोध और स्त्रियों का लोकहित और सेवाओं जैसे शिक्षा, स्वास्थ्य देखभाल और शिशुसदन तक के पहुंच सम्बन्धी जटिल प्रश्न शामिल रहते हैं।

fan folding **पंखा वलन**

ऐसा वलन जिसमें आधार की अपेक्षा शिखर की अपनति अधिक चौडी होती है। इस प्रकार के वलन को अल्पाइन संरचना भी कहा जाता है क्योंकि इस प्रकारकी संरचनाएं आल्पस पर्वतीय प्रदेश की विशेषताएं हैं।

fanglomerate **संपरश्वाश्म**

जलोढ-पंख के पदार्थ जिसमें शैल खंड केवल किंचित जलवाहित होते हैं।

fathom **फैदम**

गहराई नापने की एक इकाई जो 1.83 मीटर के बराबर होती है।

fault **भ्रंश/ क्षेप**

भूपटल के कमजोर क्षेत्रों में अन्तर्जात बल से उत्पन्न क्षेतिज संचलन द्वारा तनाव और सम्पीडन के कारण शैलों का एक तल के सहारे स्थानान्तरण होता है, इससे उत्पन्न संरचना को भ्रंश/क्षेप कहा जाता है। भ्रंश का ढाल नति/नमन कहलाता है। जब शैल का स्थानान्तरण नति से ऊपर की ओर होता है, इस प्रकार का भ्रंश सामान्य भ्रंश (normal fault) कहलाता है, किन्तु यदि शैल का स्थानान्तरण नति से नीचे की ओर होता है और शैल के दोनों खण्ड आमने-सामने आ जाते है, इस प्रकार का भ्रंश व्युत्क्रम भ्रंश (reversed fault) कहलाता है।

fault basin **भ्रंशित बेसिन/द्रोणी**

उच्च भुमि से घिरा, भ्रंश द्वारा अलग किया गया धंसाव भ्रंशित बेसिन/द्रोणी कहलाता है।

fault block **भ्रंशित खंड**

(i) भूपृष्ठका वह भाग जो भ्रंशन के समय एक एकल इकाई के समान व्यवहार भरे भ्रंशित खंड कहा जाता है।

(ii) शैल का ऐसा ढेर जो दो भ्रंश से घिरा हो तथा निकटवर्ती क्षेत्र की तुलना में या तो ऊपर उठ गया हो अथवा धंस गया हो भ्रंशित खंड कहा जाता है।

fault braccia **भ्रंशसंकोणाश्म**

एक भ्रंश तल के सहारे टूटी शैल के टूकडों के ढेर जो विस्थापन के समय उत्पन्न होतें हैं, भ्रंश संकोणाश्म कहलाते हैं।

fault scarp **भ्रंश कगार**

पृथ्वी पर अधिकांश भूआकृतियां सामान्य भ्रंश द्वारा उत्पन्न की जाती हैं। भ्रंश की रेखा के साथ भ्रंशकगार तीव्र ढाल वाला होता है और भ्रंश के पात (throw) की ऊंचाई को बराबर होता है। भ्रंशकगार का विकास, अपवाह विकास को भी प्रभावित करता है, उदाहरण के लिए जहां नदियां उत्क्षेप दिशा की ओर नतवलक के साथ गति नहीं रख पाती हैं वहां लटकती घाटिंयों का निर्माण होता है।

fauna **प्राणिजगत**

किसी निश्चित काल अथवा प्रदेश का प्राणिजीवन प्राणिजगत कहलाता है।

fayalite **फैया लाईट**

आलीवाइन समूह का एक खनिज।

felsenmeer **खंडाश्म पुंज**

एक ऐसा शैलखंड क्षेत्र जिसमें शैल संधियों पर तीव्र हिमीभूत-हिमद्रवण अपक्षरण द्वारा निर्मित

कोणिक गोलाश्मों की संख्या अधिक पाई जाती है। वर्तमान में खंडाश्म पुंज अनेक हिमनद पूर्व प्रदेशों की विशेषता हैं तथा शीतोष्ण प्रदेशों के उच्च पठारी धरातल और ऊंची पर्वतीय चोटी पर भी इस प्रकार के खंडाश्म पुंज पाये जाते हैं ।

felsic **फैल्सिक**

हल्के रंग के खनिजों जैसे कि फैल्सपार, फैल्सपैथाइड तथा क्वार्टज को द्योतित करता है।

felsite **फैल्साइट**

रवेदार अम्ल ज्वालामुखी शैल, फैल्साइट कहलाती है।

fen **फेन/कच्छ**

छिछले जल द्वारा पूर्ण अथवा आंशिक आवरक निम्नभूमि अथवा नवीन आप्लव से प्रभावित क्षेत्र कच्छ/फेन कहलाता है।

Ferrel cell **फेरल कोष्ठिका**

दो उष्मीय स्पष्ट कोष्ठिकाओं, पोलर कोष्ठिका तथा हेडले कोष्ठिका के बीच स्थित वायुमण्डलीय कोष्ठिका जो उष्ण वायु को उच्च अक्षांशों में स्थानान्तरित करती है और शीतल पवन को वापस उपोष्ण क्षेत्रों को स्थानान्तरित करती है, जहाँ ये पुनः गर्म हो जाती हैं।

Ferrel's law **फैरल का नियम**

फैरल के नियम के अनुसार परिभ्रमण करती पृथ्वी के धरातल पर कोई घूमती वस्तु अथवा पिंडाक्ष उत्तरीगोलार्द्ध में उसके दाहिनी ओर तथा दक्षिणी गोलार्द्ध में उसके बांयी ओर मुड जाती है।

fertility ratio **उर्वरता अनुपात**

किसी क्षेत्र की जनसंख्या में शिशुओं की संख्या और बाल बहन आयु वाली स्त्रियों की संख्या सम्बन्धी अनुपात को उर्वरता अनुपात कहा जाता है। यह अनुपात 5 वर्ष की आयु वाले शिशुओं की संख्या को 15 वर्ष से 50 की आयु वाली स्त्रियों से विभाजित कर आने वाली संख्या को एक हजार से गुणा करने पर प्राप्त किया जा सकता है। यह अनुपात, भविष्य की जनसंख्या की प्रवृति को प्रदर्शित करता है। अनुपात अधिक होगा तो जनसंख्या में अधिक वृद्धि होगी।

fertilizer **उर्वरक**

जैव पदार्थ अथवा अकार्बनिक नमक, फसल उत्पन्न करने के लिए मृदा को उपजाऊ बनाने में उपयोग किया जाता है। पौधों की वृद्धि के लिए सर्वाधिक महत्वपूर्ण तत्व नाइट्रोजन, फासफोरस और पोटेशियम होते हैं।

fetch **तरंग परास**

तट से टकराने से पूर्व तरंगों द्वारा पार की जाने वाली दूरी को तरंग परास कहा जाता है।

feteh **तरंग परास**

सागर क्षेत्र का विस्तार अथवा सागर जिस पर मोटे तौर से अन-दिशात्मक हवाओं द्वारा तरंगें विकसित होती हैं। तरंग परास कहलाता है।

fiard **फियार्ड**

सागरतल के ऊपर उठने अथवा स्थल के धंस जाने से नदी घाटी डूब जाती है उसे फियार्ड कहते हैं। इस प्रकार की स्थलाकृतियाँ नार्वे के उत्तरी तट की विशेषता है।

field system **कृषि पद्धति**

ग्रामीण बस्तियों के निवासी जिस प्रकार से अपने कृषि भूमि, बांगर/घास के मैदान और चरागाह भूमि का उपविभाजन करते हैं वह कृषि पद्धति कहलाती है। इस प्रकार की कृषि पद्धति सीवान कृषि पद्धति (open field system) तथा गोयण कृषि पद्धति (infield system) के नाम से मध्य काल के यूरोपिय देशों में प्रचलित थी।

fill in migration **प्रवास रिक्ति की पूर्ति**

जब कोई व्यक्ति प्रवास श्रंखला के अन्तर्गत किसी छोटे नगर से बडे नगर के लिए प्रवास, करता है तब उस छोटे नगर में एक रिक्त स्थान बन जाता है। निकटवर्ती ग्रामीण क्षेत्र से आकर्षित होकर आने वाले व्यक्ति से इस रिक्त स्थान की पूर्ति होती है, इसे प्रवास रिक्ती की पूर्ति कहा जाता है।

finger lake **अंगुलि सरोवर**

पूर्व हिमनदित घाटी में स्थित एक लम्बी झील। अंगुलिसरोवर कहलाती है। पर्वतीय प्रदेशों में हिमनदित द्रोणी की अंगुलिसरोवर एक विशेषता होती है जहां वरणात्मक अतिगंभीर के द्वारा कठोर शैलों में बनाई गई द्रोणी हिमनदोत्तर काल में जलभर से जाने से इन झीलों का निर्माण हुआ। इस प्रकार की अनेक झीलें स्विटजरलैण्ड और संयुक्त राष्ट्र अमेरिका के न्यूयार्क राज्य के पश्चिमी भाग में पाई जाती हैं।

finger plan **अंगुली विन्यास**

रेल, मार्गो, सड़को के सहारे नगर केन्द्र से विकिरणकारी नये नगरों और उपनगरों का विकास अंगुली विन्यास कहलाता है।

fiord **फियार्ड**

तीव्र ढाल वाले पर्वतीय भाग जो कि समुद्र तल से सेंकडों मीटर ऊपर ऊठे होते हैं, के बीच लम्बा संकडा सागरीय प्रवेश मार्ग, फियार्ड कहलाते हैं। फियार्ड हिमनदित घाटियां होती हैं जो अत्यन्त नूतन हिमकाल की हिम चादर के पिघलने से सागर तल के अपेक्षाकृत ऊंचा उठने से जल मग्न हो गई । अनेक फआर्ड 1000 मीटर से भी अधिक गइराई के पाये जाते हैं। हिमनदित क्रिया के कारण मृदपरत द्रोणी (gouged basin) द्वारा खुले सागर से कठोर शैल

की देहरी द्वारा अलग किये हुए होते हैं। इनकी अनुप्रस्थ परिच्छेदिका प्रायः u आकार की बनती हैं।

firm **फर्म/प्रतिष्ठान**

एक व्यावसायिक नाम से प्रबन्ध की इकाई और आर्थिक क्रिया में संलग्न रहकर संगठित की जाती है उसे फर्म अथवा प्रतिष्ठान कहा जाता है। यह फर्म/प्रतिष्ठान अकेले स्वामित्व का अथवा सार्वजनिक प्रतिष्ठान हो सकता है।

firmification **फर्नीभवन**

वह प्रक्रिया जिसके द्वारा हिम बर्फ में परिवर्तन होता है फर्नीभवन कहलाती है।

firnline **फर्न रेखा**

वर्ष की अवधि में हिम रेखा के उच्चतम स्तर तक पहुचने/बनने वाली रेखा को फर्न/नेवे रेखा कहा जाता है। तथा संतुलन रेखा वह रेखा होती है जहां वास्तविक अपघर्षण, हिम संचयन के बराबर पुनर्हिमीभवन होने देता है।

firth **फर्थ/तंग खाडी**

यह एक स्कॉटिश शब्द है जिसका अर्थ है सागर का एक तंग भाग अथवा तंग और संकडी खाडी अथवा नदी का एक मुहाना।

fissure eruption **दरारी उद्गार**

एक प्रकार का ज्वालामुखी उद्गार जिसमें भूपर्पटी दुर्बलताएं जैसे भ्रंश, विभंजन, प्रधान संधि कतारों से तरल लावा भारी मात्रा में और न्यून विस्फोटी क्रिया द्वारा निस्कृत होता है। इस प्रकार के क्रमिक लावा प्रवाह से कभी कभी सैकडों मीटर मोटी तह जम जाती है जिससे पूर्व के उच्चावच जैसे घाटियां और दोआब ढक जाते हैं। दोआब विस्तृत पठारों में बदल जाते हैं।

fixed costs **स्थिर मूल्य**

मूल्य जो उत्पादन परिमाण के साथ परिवर्तित नहीं होते हैं अर्थात विक्रय अर्थ व्यवस्था द्वारा मूल्य प्रभावित नहीं होते हैं। ऐसे मूल्य स्थिर मूल्य कहलाते हैं।

fjeld **जेल्ड़/वनस्पति विहीन पठार**

लगभग वनस्पति विहीन एक उत्थापित पठारी/ पथरीला पठार जिसे नार्वेजियन भाषा में जेल्ड़ कहा जाता है।

flame structure **ज्वाला संरचना**

एक तलछटी संरचना जिसमें भारण के परिणाम स्वरूप एक अधःस्थ तल, उपरशायी संस्तर स्थिति में ज्वालासमान जिह्वा के रूप में सिकुड़ जाता है सामान्यतः इसमें क्षैतिज विस्थापन का कुछ अंश होता है।

flap structure **फ्लैप (पल्ला) संरचना**

एक ऐसी संरचना जो गुरूत्व विध्वंस का परिणाम होती है, जिसमें एक अपनति के किनारे पर मूलरूप से एक परत होती है जो झुककर नीचे खिसक कर विपरीत स्थिति में स्थापित हो जाती है।

flatiron **फ्लेटआयरन**

अपरदन से प्रतिरोधी शैल के छद (capping) की उपस्थिति से परिणामी ढालू त्रिभाजाकार भृगुफलक जो सहज ही अपरदित शैलों की रक्षा करती है।

flexure fold **आनमन वलन**

एक प्रकार का वलन जो सर्वोत्तम परतों वाली शैलों में अच्छी प्रकार से विकसित होता है। जैसे ही वलन विकसित होता है, संस्तर (तल) एक दूसरे पर सरक जाते हैं।

flint **चकमक/फिल्न्ट**

चाक में निर्मित केल्सेडोनी की ग्रन्थिल किस्म को फिल्न्ट कहा जाता है।

flocculation **ऊर्णन**

छोटे पिण्डों में संकलित होने की प्रक्रिया, मृतिका पर विशेष रूप से लागू होता है।

flood **बाढ**

भारी वर्षा, अत्यधिक हिम के पिघलने, प्राकृतिक अवरोध के खंडित जो जाने तथा कृत्रिम अवरोध/बांध के टूटने के परिणाम स्वरूप किसी नदी का उच्च आस्राव/विसर्जन बाढ कहलाता है। नदी की बाढ को इस प्रकार परिभाषित किया जा सकता है, बडे आकार की घटना जिसमें नदी वाहिका चरम सीमा आस्राव को समायोजित नहीं कर पाती है। दूसरे शब्दों में बाढ, जलमार्ग क्षमता से अधिक क्षमता में जल के बहाव का होना है, जिसके परिणामस्वरूप निकट की निम्न और समतल भूमि जलमग्न हो जाती है।

flood plain **बाढ मैदान**

नदी घाटी के तल का वह भाग जिस पर मौसमी अथवा न्यून अवधि में नदी का जल फैल जाता है। इस जल का प्रवाह नदी के प्रवाह से धीमा होने के कारण जल लम्बे समय तक इस तली पर एकत्रित रहता है और उसमें घुला अवसाद धीरे धीरे जम जाता है और इसके परिणामस्वरूप निर्मित मैदान बनता है जिस पर रेत गाद और मृतिका जमा हो जाती है।

flood tide **ज्वारीय बाढ**

ज्वार प्रवेशीधारा अथवा ज्वार का उठान अर्थात ज्वारीय चक्र का वह भाग जो निम्न जल अवस्था के बाद और उच्च जल अवस्था से पूर्व के भाग को ज्वारीय बाढ कहा जाता है।

flow **प्रवाह**

माल (goods) प्राणियों सेवाओं और सूचनाओं का एक नेटवर्क के सहारे संचरण प्रवाह कहलाता है।

flow chart **प्रवाहसंचित्र**

कुछ विषम, घटनायें अथवा उत्पादन की वृद्धि का विकास दिखाने के लिए एक ऐसा आरेख जिसमें आपस में जुडे हुए प्रसंग क्रम, घटनाएं और वस्तुएं प्रदर्शित की जाती हैं, प्रवाह संचित्र कहलाता है।

flow cleavage **प्रवाही विदलन/दरार**

खनिजों की पुनरावृद्धि के साथ संलग्न शैल में ठोस अवस्था प्रवाह से परिणामी एक प्रकार का विदलन/दरार/संस्तरण के अवशेष लगभग नष्ट हो जाते हैं।

flow line map **प्रवाह रेखा मानचित्र**

भार, यात्री, पोतपरिवहन और लोगों आदि के संचरण को दिखाने वाले मानचित्र को प्रवाह रेखा मानचित्र कहते हैं। सम्बन्धित मार्ग, रेखा द्वारा सामान्य दिशा प्रदर्शित की जाती है जबकि यातायात का मात्रात्मक स्वरूप रेखा की मोटाई द्वारा दिखाया जाता है।

flume **अवनालिका**

मानव निर्मित जलधाराएँ जो किसी विशेष प्रयोजन हेतु निर्मित की जाती हैं, अवनालिका कहलाती हैं। नहरें, नालियाँ आदि इसके उदाहरण हैं।

flush **प्रधावन/आकस्मिक जलवृद्धि**

(i) नदी में जल की मात्रा में यकायक वद्धि प्रधावन कहलाती है।

(ii) नदी में बाढ की स्थिति, जिसकी अवधि में जल इसके तटों से ऊपर होकर नहीं बहता है।

fluvial **नदीय**

नदी से सम्बन्धित अथवा नदि का, नदीय कहा जाता है।

fluvioglacial **सरिता हिमी**

नदी का अथवा नदी से सम्बन्धित तथा हिमानी के हिम से पिघलने से उत्पन्न नदी को सरिता हिमी कहा जाता है।

fluysch **फ्लिश**

स्विटजरलैण्ड कार्पेथियन पर्वत में पाये जाने वाले ईओसीन तथा ओलिगोसीन कल्प के बालू पत्थर और शैल आदि जिनका आल्पस पर्वत के निर्माण में अधिक महत्व रहा है।

flysch **फ्लिश**
अवसाद, मृतिका, शैल और बालू का प्रस्तर की एक प्रव्यावर्ती शृंखला फ्लिश कहलाती है।

focal depth **उद्‌गम केन्द्र गंभीरता**
भूकम्प के अद्‌गम केन्द्र और पृथ्वी के धरातल के बीच की न्यूनतम दूरी को उद्‌गम केन्द्र गंभीरता कहते हैं।

focus **उद्‌गम केन्द्र**
भूकम्प का केन्द्र जहाँ तनाव ऊर्जा, प्रत्यास्थ तरंगों में परिवर्तित की जाती हैं। भूकम्प के समय यह भूकम्पी तरंगों का स्रोत होता है। सुविधा के लिए इसे स्रोत बिन्दु मान लिया जाता है जबकि सत्य तो यह है कि भूकम्पी तरंगे असीमित स्रोत जैसे भ्रंश तल से उत्पन्न होती हैं।

fog **कोहरा**
सघन कुहरा अथवा पृथ्वी तल अथवा उसके निकट वायुमण्डल में प्रलंबित जलीय वाष्प को कोहरा कहा जाता है, यह, घनी वाष्प की उपस्थिति के कारण वायुमण्डल की धुंधली अवस्था होती है।

foggare **फोगारा**
यह, विशेष रूप से मोरीतानिया में उपयोग में आने वाला शब्द है, यह धीरे से झुकी हुई जलवाहिका होती है जो पर्वतीय आधार क्षेत्र से सिंचाई के लिए भौमजल लाती है।

fohn **फोन (हवायें)**
आल्पस पर्वत की उत्तरी घाटियों में नीचे उतरती हुई उष्ण और अपेक्षाकृत शुष्क पवनों का यह स्थानीय नाम है। इन पवनों के तीव्रता से नीचे उतरने के कारण घाटियों से हिम पिघलने लगता है।

fohrde/forde **फोर्डे**
गोलाश्म मृतिका क्षेत्र में एक लम्बी और तंग उपखाड़ी अथवा अंतिम हिमोढ से घिरा हुआ भाग फोर्डे कहलाता है।

fold **वलन**
पृथ्वी के अन्तर्जात बल द्वारा उत्पन्न क्षैतिज संचलन द्वारा शैलों में सम्पीडन द्वारा वलन उत्पन्न हो जाते हैं इस तरह के मोड़/वलन को वलन (fold) कहा जाता है। वलन में धरातल का कुछ भाग ऊपर उठ जाता है तथा कुछ भाग नीचे धंस जाता है। नीचे धंसे भाग को अमिनति और ऊँचे उठे भाग को अवनति कहा जाता है।

fold axis **वलनअक्ष**
वलन की चूल/कब्जा रेखा के समानान्तर एक काल्पनिक रेखा जिसमें शैल संस्तर भिन्न दिशा में झुका रहता है। वलन अक्ष कहलाता है।

folded mountain **वलित पर्वत**

ऐसे पर्वत जो भूअमिनति में स्तरित तलछट जमाव में पृथ्वी के आन्तरिक संपीडन बल द्वारा पृथ्वी पटल पर बंकन, आमोटन आदि के परिणाम स्वरूप बनते हैं, उन्हें वलित पर्वत कहा जाता है। संपीडन बल अभिसारी प्लेट संचरण का परिणाम होता है। अधिकांश वलित पर्वतों की वर्तमान ऊंचाई परवर्ती उत्थान के कारण पहुंची हैं।

fold limb **वलन भुजा**

वलन के अक्ष की दोनों दिशाओं पर दोनों में से कोई पाश्र्व भाग वलन भुजा कहलाती है। दोनों भुजाओं के बीच के कोण को अन्तः भुजा कोण कहा जाता है।

foliation **पत्रण**

खनिजों के समानान्तर अनुकूलन के परिणमस्वरूप प्रायः रूपान्तरित और आग्नेय शैलों का पतली तहों में पाया जाना पत्रण कहलाता है। स्लेट और शिस्ट पत्रण शैलों के उत्तम उदाहरण हैं।

food chain **आहार श्रंखला खाद्य श्रंखला**

(i) परस्पर सम्बन्धित भरण आदतों सहित जीवों की एक श्रंखला जिसमें प्रत्येक जीव श्रंखला के अगले जीव के लिए भोजन आपूर्ति करता है। प्रायः यह श्रंखला सूर्य प्रकाश को सम्मिलित करते हुए प्रकाश संश्लेषण द्वारा जीवों से प्रारम्भ होती है। घास झाडियां तृणभक्षी पशुओं जैसे जैबरा, जंगली जानवर चिंकारा के लिए भोजन उपलब्ध करते हैं, जो क्रमशः मांसाहारी पशुओं जैसे शेर, चीता, तेंदुआ, लकडबग्गा आदि के लिए भोजन उपलब्ध करते हैं। इस प्रकार में आहार श्रंखला द्वारा निरन्तर उष्मा का स्थानान्तरण होता है।

(ii) पारिस्थितिकी तंत्र में उत्पादक (producers) अथवा पादप सूर्य से प्राप्त ऊर्जा का उपयोग कर भोजन का निर्माण करते हैं। इस पादप भोजन का उपयोग प्राथमिक शाकाहारी उपभोक्ता (consumers) करते हैं। प्राथमिक शाकाहारी उपभोक्ताओं में पाया जाने वाला भोजन द्वितीयक उपभोक्ता (कीट व मछलियां) उपयोग करते हैं। द्वितीयक उपभोक्ताओं (कीट व मछलियां) को तृतीय उपभोक्ता (बडी मछलियां) उपयोग करती हैं द्वितीयक मांसाहारी को भोजन के रूप में ग्रहण करते हैं। इस भोजन भक्षण की श्रंखला को खाद्य श्रंखला कहा जाता है।

foot loose industry **पाद यूका उद्योग**

ऐसे उद्योग जो न तो किसी विशिष्ट प्रकार के स्थान से बंधे होते हैं और न जिनकी अभिभावी आवश्यकताएं होती हैं। पाद यूका उद्योगों में सम्मिलित उद्योग प्रायः विभिन्न प्रकार की स्थितियों में पाये जाते हैं। ऊर्जा और विद्युत वितरण का ग्रिड तंत्र के विकसित हो जाने से कुल मिलाकार सभी उद्योग पादयूका उद्योगों के रूप में प्रवृत हुए हैं।

food web **खाद्यजाल**

एक पारिस्थितिकी तंत्र में अन्तः सम्बन्धित और परस्पर व्यापी भोजन शृंखला खाद्यजाल कहलाता है।

foragers **रसदखोजी**

ये ऐसे लोग होते हैं जो अपना जीवन आखेट और संग्रहण तथा मत्स्य उद्योग पर यापन करते हैं तथा ये न तो पौधों और न पशुओं को पालते हैं।

forcasting **पूर्वानुमान करना**

राष्ट्रीय जीवन के अनेक पक्षों भविष्य की आवश्यकताओं का पूर्वानुमान अधिकाधिक किया जाने लगा है। पूर्वानूमान लगाना नियोजन का अनिवार्य अंग होता है, यह प्रक्रिया सांख्यिकीय और अन्य निर्णयन तकनीकों पर निर्भर करती है।

foredune **अग्रटिब्बा**

समुन्द्री तटों के निकट अथवा निचले समुन्द्री तटों पर पाये जाने वाले अनियमित रेत के टिब्बे से बनी कटक जिस पर आंशिक वनस्पति उगी होती है अग्र टिब्बा कहलाता है।

foreland **अग्रभाग**

एक सुस्थिर भूपृष्ठीय भूखंड जिसके सामने भूअमिनति में जमा तलछट वलित हो जाता है तथा भूपर्पटी अग्र के लघुकरण से वलित पर्वत निर्मित होते हैं।

foreshore **तटाग्र/ अग्रतट**

पुलिन का वह भाग जो ज्वारीय चढाव और उतार प्रक्रिया के समय जल द्वारा ढका अथवा अढका रहता है, तटाग्र अथवा अग्रतट कहलाता है। निम्न ज्वार स्तर से सामान्य उच्च जल, उच्च ज्वार स्तर तक इसका विस्तार रहता है। अग्रतट की चौडाई ज्वारीय क्षेत्र और पुलिन की प्रवणता पर निर्भर रहती है।

forestal **वन सम्बन्धी**

वनों से सम्बन्धित।

forestry **वन विद्या**

वनों का अभिरूपण और वृक्षों के लगाये जाने का विज्ञान और कला तथा इमारती लकडी उत्पन्न करने का प्रबन्ध वन विद्या कहलाता है।

formal region **औपचारिक प्रदेश**

ऐसा प्रदेश जो किसी एक विशेषता अथवा मापदण्ड जैसे भूगर्भ, जलवायु, वनस्पति, जनसंख्या, घनत्व, भूमि उपयोग आदि की दृष्टि से एक रूपता की मात्रा प्रदर्शित करता हो, ऐसे क्षेत्र को औपचारिक प्रदेश कहते हैं।

formal sector **फार्मल (नियम निष्ठ) अवखण्ड/सेक्टर**

वे सभी प्रकार के नियोजन जो नियमित वेतन उपलब्ध कराते हैं, जिनके साथ उनके नियोजन अधिकार रहते हैं तथा जिस आय पर आयकर दिया जाता है, फार्मल (नियम निष्ठ) अवखण्ड/सेक्टर कहलाता है।

formline **आकृतिरेखा/समोच्च रेखा**

मानचित्र पर खींची जाने वाली समोच्च रेखायें जिनकी यथार्थ स्थिति ठीक ठीक सर्वेक्षण द्वारा नहीं वरन प्रेक्षिप्त कर खींची जाती है।

formratio **आकृति अनुपात**

नदी की चौडाई और उसकी गहराई के अनुपात को आकृति अनुपात कहते हैं।

fosse **फॉस/खात**

किसी प्राचीन मृदा बंध/घुस्स के चारों ओर अथवा प्रतिरक्षा की रेखा बनाये जाने के लिए एक खाई अथवा खन्दक को फॉस खात कहते हैं।

fossil **जीवाश्म**

पृथ्वी के संस्तर मे पाई गई किसी भी प्रकार की वस्तु, पौधे अथवा पशुओं के अवशेष जिनकी पूर्व के भौगेलिक काल के अवशेषों के रूप में पहचान की जाती है, जीवाश्म कहलाते हैं।

fossil fuel **जीवाश्म ईधन/फॉसिल ईधन**

पौधों और पशुओं के अस्मीभूत अवशेषों से निर्मित दाह्य पदार्थ जैसे पीट, लिगनाईट, कोयला खनिज तेल, और प्राकृति गैस। ये ईधन अनवीकरणीय संसाधनों के उत्तम उदाहरण हैं।

Fourier analysis **फूरिये विश्लेषण**

एक जटिल वक्र को उसके हारमोनिक भागों में विभाजित करने के लिए उपयोग में ली जाने वाली गणितीय तकनीक/तरंगों और जलवायु के आंकडों के अभिलेखों के विश्लेषण में विशेषकर उपयोग में लिया जाता है।

fourth world **चतुर्थ विश्व**

सामूहिक शब्द जो तृतीय विश्व के निर्धन ओर निम्नतम विकसित देशों की पहचान करने के लिए कभी कभी सामूहिक शब्द के रूप में उपयोग किया जाता है।

free atmosphere **मुक्त वायुमण्डल**

वायुमण्डल का 500 मीटर ऊपर का वह भाग जो सामान्यतः पृथ्वी के धरातल से प्रभावित नहीं होता मुक्त वायुमण्डल कहलाता है।

free market economy **मुक्त बाजार अर्थव्यवस्था**

एक ऐसी अर्थव्यवस्था जो सभी प्रकार के सरकारी हस्तक्षेप से मुक्त हो, इस प्रकार की

अर्थव्यवस्था पूंजीवाद से सम्बन्धित होती है।

free-on-board (f.o.b.) **नौ-पर्यन्त-निष्प्रभार**

किसी माल के नौभार और आयात के सम्बन्ध में इस शब्दावली का उपयोग किया जाता है। जब कोई विक्रेता द्वारा वस्तु के मूल्य में, माल को गन्तव्य स्थान तक पहुंचाये जाने के व्यय को सम्मिलित नहीं करता है अतः आयात किये जाने वाले बन्दरगाह पर वह माल नौ-पर्यन्त निष्प्रभार (f.o.b.) के रूप में पहुंचता है।

free trade area **मुक्त व्यापार क्षेत्र**

कुछ देशों के समूह द्वारा आपसी समझौते से मुक्त व्यापार के लिए सहमत होकर एक मुक्त व्यापार क्षेत्र की स्थापना करना जिसमें सभी नियन्त्रण ज़ैसे आयात-निर्यात शुल्क और कोटा आदि से मुक्त व्यापार होता है।

freight rate **भाडा दर**

किसी वस्तु के किसी निश्चित स्थान तक ले जाये जाने का मूल्य भाडा दर कहलाता है। भाडा दर यातायात के साधन तथा ले जाये जाने वाली वस्तु के अनुसार भिन्न भिन्न होता है।

freshet **नदीपूर**

भारी वर्षा अथवा हिम के पिघलने के कारण नदी का अधिप्रवाही होना अथवा उसमें बाढ आना नदी पूर कहलाता है।

friable **भुरभुरा**

सुगमता से टुकडे-टुकडे हो जाना, प्रायः मृदा के लिए उपयोग में लिया जाता है।

friction creack **घर्षण दरार**

विभिन्न प्रकार के छोटे आकार के भ्रंशन जो शैल तल के खिसक जाने से बनते हैं के वर्णन के लिए इस शब्द का प्रयोग किया जाता है। अधिकांश भ्रंशन/ विभंजन शैल के टुकडों के द्वारा, जो कि हिमानी के आधार पर खींच कर लाये जाते हैं के असमान संघात के कारण बनते हैं।

friction of distance **दूरी का घर्षण**

एक मौलिक धारणा जो संचरण में बाधा के संबंध में उल्लिखित की जाती है जो कि स्थान, वस्तु और व्यक्ति स्थानिक पृथ्क्करण के कारण होती है। जितनी अधिक दूरी होगी और दूरी को पार करने के लिए उतना ही अधिक धन यातायात आदि पर व्यय करना पडेगा।

fringing reef **तटीय प्रवाह भित्ति**

समुद्री रेखा से जुडा और सागर की ओर कुछ सौ मीटर तक बढा हुआ प्रवाल चबूतरा, तटीय प्रवाल भित्ति कहलाती है। इसकी सतह असमान होती है और उस पर अनेक खड्डे पाये जाते

हैं। तट और चबूतरे के बीच लैगून होता है तथा समुद्र की ओर बाहरी किनारा सुनिश्चित और तीव्रढाल वाला होता है जो समुद्र में गहराई तक चला जाता है।

frontal zone **वाताग्र प्रदेश**

जब दो अभिसरण करती पवनों के बीच एक विस्तृत संक्रमणीय प्रदेश रह जाता है उसे, वाताग्र प्रदेश कहते हैं।

frontogenesis **वाताग्र उत्पत्ति**

वाताग्र की उत्पत्ति से सम्बन्धित प्रक्रिया को वाताग्र उत्पत्ति कहते हैं। वे क्षेत्र जहां विपरीत स्वभाव वाली हवाएं अभिसरित होती हैं वाताग्र उत्पत्ति के क्षेत्र होते हैं।

frost shattering **तुषार विखंडन**

तापक्रम का लगभग $0^{o}c$ होने के परिणाम स्वरूप शैलों का टूकडों में टूटना तुषार विखण्डन कहलाता है।

frost smoke **धुंध**

अपेक्षाकृत उष्ण सागरीय जल और शीत वायु के सम्पर्क के कारण कुहरे के समान मेघ जो नये बने तालाबों पर दिखाई देते हैं, धुंध कहलाती है।

frost thrusting **तुषार क्षेपण**

जल के प्रसारण और हिमीभवन द्वारा मृदा और शैल का पार्श्वीय विस्थापन तुषार क्षेपण कहलाता है।

fumarole **वाष्पमुख**

एक छोटी ज्वालामुखी निकास नली जिससे होकर उष्ण गैसे और वाष्प बाहर निकलती हैं, वाष्प मुख कहलाता है।

funetional classification of cities **नगरों का कर्मोपलक्षी वर्गीकरण**

नगरों का उनके प्रकार्यों के आधार पर वर्गीकरण जैसे शासकीय, प्रतिरक्षा, सांस्कृतिक नगरों को उनके प्रकार्यों के आधार पर वर्गीकृत किया गया है।

functional regions **कार्यात्मक प्रदेश**

ऐसे प्रदेश जो उसके संगठन की एकता अथवा उसके भागों के अन्योन्याश्रय द्वारा पहचाने जाते है, प्रायः एकताकारी बल उसके भागों के बीच संचरण होता है जैसे कि एक अपवाह बेसिन, केन्द्रीय स्थान का पृष्ठ प्रदेश अथवा स्थानीय शासन क्षेत्र कार्यात्मक प्रदेश को कभी कभी ग्रन्थिल प्रदेश के रूप मे भी उल्लिखित किया जाता है।

furrow **खांचा**

हल की सहायता से पृथ्वी में बनाई गई तंग खाई, खांचा कहलाता है।

G

G 7/group seven **जी.सात/समूह सात (ग्रुप सात)**

विश्व की प्रधान अर्थव्यवस्था वाले देश कनाडा, जापान, जर्मनी ग्रेटब्रिटेन, फ्रांस, इटली और संयुक्त राज्य अमरीका को समूह सात के नाम से जाना जाता है। इन देशों ने सामूहिक रूप से सार्वभौम अर्थव्यवस्था को चलाने की भूमिका ग्रहीत कर ली है। इन देशों का उद्देश्य अन्तर्राष्ट्रीय सहयोग को सख्त बनाना है।

gabbro **गैब्रो**

गैब्रो मुख्य रूप से कैल्सियम समृद्ध पैलजिओक्लास और पायरोक्सीन से बनी अपरिष्कृत कणिक आधारिक आग्नेय शैल होती है। प्रायः पृथ्वी के गहरे भीतरी भाग में बडे आग्नेय अन्तर्वेधी के रूप में बैसाल्टी मैगमा के क्रिस्टलीकरण के द्वारा गैब्रो बनती हैं।

gangue **गैंग**

अयस्क जमाव के साथ पाये जाने वाले ऐसे खनिज जिनका कोई व्यापारिक मूल्य नहीं होता है और जिन्हें शोधन प्रक्रिया में अलग कर दिया जाता है।

gap town **दर्रा/घाटी नगर**

किसी दर्रे अथवा घाटी में अथवा उस पर बसे नगर को दर्रा नगर कहा जाता है। क्योंकि प्रायः दर्रे/घाटियां यातायात सम्बन्ध के मार्ग सुलभ करते हैं, इस कारण इस प्रकार की प्राकृतिक अवस्थिति वाले स्थानों का नगरों के लिए चयन उपयुक्त रहता है। कुछ दर्रे नगरों की बस्तियों की उत्पत्ति नदियों के आर पार जाये जाने की सुविधा के कारण हुई होगी।

gara/gour **गारा/गाउर**

उष्ण मरूस्थलों में वायु रहित रेत के कणों से निर्मित छत्रक आकार की आकृति को गारा अथवा गाउर कहा जाता है। रेत के कणों से इस प्रकार की आकृति के निर्मित होने पर एक प्रश्न चिन्ह लग गया है, यह समझा जाने लगा है कि इस प्रकार की आकृति का निर्माण संभवतः आधारी अपक्षय के कारण होता है।

garrigue **गैरीग**

मरूद्भिदी (xerophytic) तथा सदाहरित वनस्पति जैसे कि रोजमैरी और पर्णासी/ अजवायन

जो कि भूमध्यसागरीय जलवायु के क्षेत्रों में चराई, कोंपलचराई और जलाये जाने के परिणाम स्वरूप पाई जाती है, गैरीग कहलाती है।

garue **गैरूअ (कुहासा)**

पीरू के प्रशान्त तटीय एन्डीज पर्वतीय ढालों पर समुद्र तल से 1000 से 3000 फीट की ऊंचाई आथवा इससे अधिक ऊंचाई पर पाया जाने वाला घना कुहरा।

gateway **प्रवेश द्वार**

किसी विशिष्ट प्रदेश के लिए अथवा उसमें प्रवेश के लिए स्थान की आपूर्ति करने वाले स्थान को प्रवेश द्वार कहा जाता है।

gatt (general agreement on tariffs and trade) **गैट**

सन् 1947 में की गई एक संधि जिसको औपचारिक रूप नहीं दिया गया। इस संधि का उद्देश्य विश्व व्यापार के मार्ग में आने वाली बाधाओं को दूर कर विश्व व्यापार में वृद्धि करना है। मूलतः इसके 23 सदस्य देश थे किन्तु वर्तमान में 100 से अधिक देश इस संधि पर हस्ताक्षर कर चुके हैं। इस संस्था के मार्ग में संरक्षणवाद के नाम पर जापान, संयुक्त राज्य अमेरिका और यूरोपियन साझा बाजार के देशों ने अवरोध खडे करना प्रारम्भ कर दिया है। इस संधि की सबसे बडी कमजोरी यह है कि प्रत्येक देश के पास संरक्षण वाद का अधिकार है, यदि वह देश यह समझे कि वह व्यापार उसके हित में नहीं है अथवा वह उसके व्यापार पर विपरीत प्रभाव डालेगा।

geest **जीस्ट/अनुर्वर भूमि**

हिमनदीय रेत और बजरी वाली अजोत भूमि जीस्ट/अनुर्वर भूमि कहलाती है; इस प्रकार की भूमि उत्तरी मध्य यूरोप में पाई जाती है।

gelifluction **जैलीफ्लक्शन**

तलस्थ हिम के सहचर्य में मृदा का अनुढाल प्रवाह, यह परिहिमानी पर्यावरण में होता हैं, जहाँ स्थायी तुषार के कारण जल रिस नहीं पाता है।

gelifraction **जैलीफ्रेक्शन**

हिमीभूत-द्रवण का पर्यायवाची शब्द है।

gendarme **जानडर्म (शिखर)**

एक तीक्ष्ण कटक पर एक खडी शैल शिखरिका जो तीक्ष्ण कटक की पाले से टूटने से रक्षा करती है।

genecology **आवासानुवंशिकी**

वास के सम्बन्ध में जनसंख्याओं का उत्पत्तिमूलक अध्ययन, पारिस्थितिकी और उत्पत्तिमूलक की मिली जुली पद्धति और धारणा के द्वारा जातियों का अध्ययन आवासानुवंशिकी कहलाता

है। कुछ जातियां विभिन्न पर्यावरण में जातीय भिन्नता पारिस्थितिक प्ररूप की श्रेणी को प्रदर्शित करती हैं। इस पारिस्थितिक प्ररूप का अन्वेषण आवासनुवंशिक प्ररूप का एक अंश होता है।

general system theory (GST) **सामान्य तंत्र सिद्धान्त**

संगठन और अखण्डता का सामान्य विज्ञान। इस सिद्धान्त का प्रतिपादन 1940 में बर्टालनकी ने किया था किन्तु भूगोल में इस सिद्धान्त का प्रभाव 1960 तक नहीं हो सका। सन् 1960 के पश्चात भूगोल में इस सिद्धान्त के अनुसार किसी भी घटना को उसके तंत्र के रूप में कई अन्य सम्बन्धित भागों को नहीं देख लिया जाता तब तक उसका अध्ययन संभव नहीं होता है।

genetics **आनुवांशिकी**

जैविक वंशानुगत और पारिवर्तन का अध्ययन आनुवंशिकी कहलाता है।

genticlinal **जेन्टीक्लाइनल**

भूपृष्ठ का सामान्य रूप में ऊपर की ओर मोड़ जेन्टीक्लाइनल कहलाता है।

geo **ज्यो**

(i) चट्टानी सागरीय तट पर एक गहरी संकडी दरार अथवा खड्ड जो कि समुद्रीजल से आप्लावित रहती है।

(ii) पृथ्वी से सम्बन्धित अर्थ में सम्मिलित होना।

geocentric **भूकेन्द्रिक/भूकेन्द्रीय**

पृथ्वी के केन्द्र की ओर अथवा उसके केन्द्र से सम्बन्धित।

geochronology **भूकालानुक्रम**

भूगर्भिक समय के समय मापन के अध्ययन को भूकालानुक्रम कहा जाता है।

geocratic **अतिस्थली**

प्रकृति द्वारा मानव का नियंत्रण अतिस्थली कहलाती है।

geode **जियोड**

शैल पुंज/ढेर में स्थूल रूप से गोल अथवा गोलाकार सम्मिलित होना जियोड कहलाता है। जियोड खोखला होता है और बहुधा केन्द्रीय शून्य में बढते हुए खनिज रवों को प्रदर्शित करता है।

geodesy **भूगणित**

विज्ञान जो पृथ्वी की आकृति और विस्तार से सम्बन्धित है भूगणित कहलाता है।

geo-econometries **भू-अर्थ मितीय**

भूगोल, अर्थशास्त्र और सांख्यिकी के सम्मिलित विचार और पद्धतियां भूअर्थमितीय कहलाती हैं।

geognosy **ज्योगनोसी**

सम्पूर्ण पृथ्वी का ठोस पिण्ड के रूप में तथा खनिजों और शैलों की उपस्थिति और उनकी उत्पति एवं सम्बन्ध ज्योगनोसी कहलाता है।

geographical environment **भौगोलिक पर्यावरण**

वे समस्त प्राकृतिक घटनाएं जो भौतिक जीवन को प्रभावित करती हैं भौगोलिक पर्यावरण का निर्माण करती हैं। इन घटनाओं में जलवायु, धूप, वर्षा, बाढ, सूखा, मिटटी, खनिज संसाधन, अक्षांश-देशान्तर पर्वत सम्मिलित किये जाते हैं। एक लम्बे समय से यह वाद विवाद का विषय रहा है कि मानव जीवन को पर्यावरण तथा आनुवंशिकता में से कौन सा अधिक प्रभावित करता है। तभी से मानव जीवन पर भौगोलिक पर्यावरण के प्रभाव को आंकने का प्रयास किया जाता रहा है। भूगोलविदों ने मानवीय व्यवहार के निर्धारण में भौगोलिक पर्यावरण को एक मात्र महत्वपूर्ण कारक भौगोलिक निर्धारण वाद को जन्म दिया है।

geographical variation **भौगोलिक विभिन्नता**

स्पीशीज (जाति) की विभिन्नता और विविधता जो भौगोलिक भिन्नताओं के संयोग से होती है।

geographic information **भौगोलिक सूचनाएँ**

ऐसी सूचनाएँ जो पृथ्वी पर अवस्थिति विशेष कर एक संस्कृति कि लिए मानव संसाधन अथवा प्राकृतिक घटनाओं से सम्बन्धित सूचनाएँ कहलाती हैं।

geography **भूगोल**

(1) युद्धोत्तर काल के पश्चात् भूगोल विषय की विषय वस्तु, क्षेत्र और महत्व में विशेष परिवर्तन आये हैं, एक प्रतिमान के बाद दूसरे प्रतिमान ने स्थान लिया और यह अत्यन्त निराशाजनक है कि विषय की कोई एक परिभाषा सर्वमान्य नहीं हो सकी है, यद्यपि अनेक विद्वान इससे सहमत हैं कि इस विषय को, पृथ्वी के धरातल को मानव जाति का निवास मान कर अध्ययन किया जाना चाहिए, किन्तु भूगोल विषय कितना स्थानिक भिन्नताओं का विज्ञान है, और यह कितना मनुष्य और उसके भौतिक पर्यावरण के बीच अन्यान्यक्रियाओं के साथ जुडा हुआ है, और कितने परिमाण में प्रवेश का अध्ययन, भूगोल का केन्द्र बिन्दु है यह सभी विवाद के विषय रहें हैं तथ्य यह है कि भूगोल विषय प्राकृतिक और सामाजिक विज्ञानों में सम्मिलित किए जाने के कारण इसकी एक निश्चित परिभाषा स्थापित करने में कठिनाई उत्पन्न हुई है, किन्तु कुछ संकेत ऐसे हैं जो इस विषय को मानव के निकट ले जाने के लिए प्राथमिकता का

मार्ग स्पष्ट करते हैं, जैसे प्रादेशिक भूगोल मानवीय भूगोल, स्थानिक विज्ञान आदि।

(2) पृथ्वी के धरातल से सम्बन्धित वर्णात्मक विज्ञान, महाद्वीपों, देशों और महासागरों में विभाजन तथा इन विभाजित क्षेत्रों के जलवायु, पौधों, प्राणियों, प्राकृतिक संसाधनों और निवासियों का वर्णन किया जाता है।

geological time scale **भूगर्भिक समय मापक्रम**

भूगर्भिक समय मापनका महाकल्प में विभाजन किया जाता है, जो युग/कलप में उपविभाजन किए जाते हैं :-

महाकल्प	***उपमहाकल्प उपकाल***	***काल युग***	
कैनोजोइक	चतुर्थ	होलोसीन अत्यंत नूतन	
	तृतीय	अति नूतन	
		मध्य नूतन	परवर्ती
			आद्य
		अल्प नूतन	
		आदि नूतन	
		पुरा नूतन	
मैसोजोइक	क्रिटेशस	परवर्ती	
		आद्य	
	जूरैसिक	परवर्ती	
		मध्य	
		आद्य	
	ट्राइऐसिक		
पुराजीवी	परमियन		
	कार्बनी		
	डिवोनी		
	सिलूरियन		
	ओर्डोविशन		
	कैम्ब्रियन		
कैम्ब्रियन पूर्व महाकल्प			

geology **भूगर्भशास्त्र/ भूविज्ञान**

(i) पृथ्वी के संयोजन और संरचना का अध्ययन भूगर्भशास्त्र कहलाता है।

(ii) पृथ्वी की विभिन्न परतों और उनमें पाये जाने वाले जीवाश्मों के विश्लेषण द्वारा उसमें होने वाला समयोपरि- परिवर्तन का अध्ययन भूविज्ञान कहलाता है।

geometric mean **ज्यामितीय औसत**

ज्यामितीय औसत का उपयोग तब किया जाता है जब कोई आंकडे समूह में मान/मूल्य ज्यामितीय अनुक्रम में होते हैं। इसकी गणना समस्त मूल्यों/मात्र के योग के n^{th} वर्ग द्वारा की जाती है।

geomorphology **भूआकृति विज्ञान**

पृथ्वीतल की प्रमुख आकृतियों जैसे पर्वत श्रेणियां और सागरीय बेसिनों को छोडकर भूआकृतियों के विकास का अध्ययन, भूआकृति विज्ञान का क्षेत्र है इसके अन्तर्गत संरचनाओं और भूआकृतियों के आधार स्तर पर सम्बन्धों का अध्ययन भी सम्मिलित रहता है। भूआकृति विज्ञान की दो प्रमुख शाखायें हैं—आगमनिक अध्ययन, जिसके द्वारा वर्तमान भूआकृतियों का अध्ययन किया जाता है जिससे कि उनके विकास का अनुमान लगाया जाता है तथा वास्तविक प्रक्रियाओं के परिचालन का निगमिनक अध्ययन और मापन जिससे भूदृश्य पर उनके परम प्रभावों का अनुमान लगाया जाता है जिनपर वे क्रिया शील हैं। ये दोनों एक दूसरे के पूरक हैं क्योंकि यह भूआकृतियों और प्रक्रियाओं के बीच कारण और प्रभाव सम्बन्धों के निकट दो विपरीत दृष्टिकोण से पहुंचते हैं। अधिक वैज्ञानिक नियमनिक शाखा से आगमनिक शाखा अधिक पुरानी है।

geomorphological maps = morphologial maps **भूआकृतिक मानचित्र = आकृतिक मानचित्र**

geophysics **भूभौतिकी**

वह विज्ञान जो गणित और भौतिक शास्त्र के सिद्धान्तों का जोडता है तथा सूक्ष्म यंत्रों की सहायता से पृथ्वी के आन्तरिक भाग तथा उसके विभिन्न आन्तरिक घटकों की विशेषताओं का परीक्षण करता है।

geophyte **भूगर्भोद्‌विद्**

एक शाकीय पौधा जिसके भाग पृथ्वीतल के नीचे पाये जाते हैं, जब पृथ्वी से उसके ऊपर का भाग मुरझा जाता है फिर भी ये पोधे जीवित रहते हैं।

geosophy **ज्योसोफी**

भौगोलिक ज्ञान का अध्ययन ज्योसोफी कहलाता है। ज्ञान की एक शाखा के रूप में भूगोल का विकास एक पक्ष हो सकता है तथा सम्पूर्ण मानव का अध्ययन से सम्बन्धित दूसरा पक्ष हो सकता है।

geosphere **भूग्रह**

स्थलमण्डल, जलमण्डल और वायुमण्डल का सम्मिलित रुप भूग्रह कहलाता है।

geostrophic wind **भूविक्षेपी पवन**

भूविक्षेपी पवन, वह पवन होती हैं जिसमें गति कोरिआलिस बल और क्षैतिज दबाब प्रवणता बल के सुनिश्चित संतुलन द्वारा निर्धारित होती है। यह संतुलन गति के संरूपण में बदलता है जैसा कि बाईस बैलट नियम द्वारा वर्णन किया गया है अर्थात यदि कोई व्यक्ति पवन की दिशा की और पीठ करके खडा होता है तो उसके दाहिनी ओर अधिक भार तथा बाई और न्यून भार होगा। इसके विपरीत स्थिति दक्षिणी गोलार्द्ध में होगी। इस प्रकार भूविक्षेपी पन समदाब के अनुसार प्रवाहित होती है और इसका आकार क्षैतिज प्रवणता बल का सीधा कार्य होता है और ऊंचाई और अक्षांश का विपरीत कार्य होता है।

geosyncline **भूअभिनति**

प्लेट सीमा के समानान्तर सागर की संकीर्ण घंसती मेखला जिसमें तीव्रता से जमा होता अवसाद पाया जाता है। भूअभिनति कहलाती है। इन भूअभिनितियों से नवीन मोडदार पर्वतों की उत्पत्ति मानी जाती है।

geothermal flux **भूतापीय गालक**

भूतापीय उष्मा, धीरे धीरे ऊपर की ओर शैलों से होकर संचालित होती है और हिमचादर और हिमानी के आधार को पिघलाने में सहयोग करती है इसी कारण इसे भूतापीय गालक कहते हैं।

geothermal gradiant **भूतापीय प्रवणता**

पृथ्वी के धरातल से आन्तरिक भाग के साथ तापक्रम में वृद्धि को या तो प्रति अंश गहराई इकाइयों अथवा आम तौर पर अंश प्रति इकाई गहराई व्यक्त की जाती है।

geothermal heat **भूतापीय उष्मा**

पृथ्वी की सतह के भीतर उष्ण शैलों से प्राप्त उष्मा और ऊर्जा भूतापीय उष्मा कहलाती है। भूतापीय उष्मा, उष्ण जल और वाष्प के रूप में पृथ्वी तल से ऊपर आती है अथवा धीरे धीरे ऊपर की ओर शैलों से होकर संचालित होती है, यह ताप हिम चादर और हिमानी के आधार को पिघलाने के लिए पर्याय कारण बनती है तथा इनको आधार शैल के ऊपर सरकने में सहयोग देती है।

geothermal power, generation of **भूगर्भिक शक्ति, का उत्पादन**

पृथ्वी की आन्तरिक उष्मा का उपयोग करते हुए शक्ति उत्पन्न करना भूगर्भिक शक्ति का उत्पादन कहलाता है।

gestalt theory **गैस्टाल्ट सिद्धान्त**

व्यवहारवादी भूगोल में यह विश्वास कि पर्यायवरणीय प्रत्यक्ष ज्ञान, प्रेरणा और प्रतिक्रिया के

बीच हस्तक्षेप करता है और यह कि इसलिए वास्तविक पर्यावरण की अपेक्षा अनुभव पर व्यवहार आधारित होता है।

gestectoline = gesosyncline **गैस्टोक्टोलाइन = भूअभिनति**

geyser **उष्णोत्स/गाइजर**

भूतापीय तापन जल का सोता अथवा फौवारा जिसमें पृथ्वीतल के नीचे दबाब के कारण रूक रूक कर विस्फोटक बल द्वारा जल बाहर आता है, उष्णोत्स/गाइजर कहलाता है।

ghetto **गैटो**

मूलतः इस शब्द का प्रयोग नगर के उस भाग के लिए किया जाता था जो क्षेत्र यहूदी जाति के लोगों के लिए आरक्षित होता था, किन्तु वर्तमान में गैटो शब्द से तात्पर्य किसी नृजातीय समूह अथवा अल्पसंख्यक समूह के लोगों का उस क्षेत्र में बहुतायत से निवास होता हो। गैटो का आविर्भाव पृथक्करण के अंश को प्रदर्शित करता है, इसका कारण अंशतः अल्पसंख्यक के लोग एक साथ रहना चाहते हैं तथा मेजमान लोगों की अल्पसंख्यकों के प्रति भेदमूलक भावना भी अंशतः कारण होता है। जबकि अनेक गैटो बस्तियां नगर के बीच घटिया घरों की बस्ती अर्थात मलिनावास/गन्दी बस्ती होती है जहां कही नृजातीय समूह के लोग सामाजिक स्तर में ऊपर उठ जाने के योग्य हो जाते हैं वे गैटो छोड कर अन्य विकसित बस्तियों में निवास करने लगते हैं।

ghost town **प्रेतात्मा नगर**

यह शब्द प्रायः उन नगरों के लिए उपयोग में लिया जाता है जो कि किसी समय समृद्ध बस्तियाँ थी किन्तु अब वे परित्यक्त नगर हैं अथवा उनमें बहुत कम संख्या में लोग निवास कर रहे हैं। पूर्व के अनेक खनन नगर विशेषकर उन्नीसवीं सदी के स्वर्ण दौड के समय के उत्तरी अमरीका और आस्ट्रेलिया के नगरों को उपयुक्त रूप से वर्णित किया गया है।

gibber **जिबर**

एक मरूस्थलीय समतल मैदान जिस पर गुटिकाओं और गोलाश्मों की परत पाई जाती है। यह एक प्रकार से पथरीला फर्श होता है।

gipfelflur **शिखर मैदान**

पर्वतीय प्रदेशों में एक ऐसा तल जहां समान शिखर तल पाया जाता है, विशेषकर जहां समानता न तो संरचनात्मक होती है और न समप्राय भूमि का अवशिष्ट भाग ही होता है।

glacial (adjective) **हिमनदीय**

(i) हिमानियों द्वारा भरी हुई भूआकृति का वर्णन करता है। इस प्रचलन में यह शब्द हिमानी आच्छादित के समान है।

(ii) हिमनदी अथवा हिमानी से सम्बन्धित।

(iii) समय की विस्तृत लम्बाई जिसमें पृथ्वी के हिमनद व्यापक रूप से विस्तृत थे।

glacial breaehing **हिमनदीय विच्छेदन**

दो आसन्न घाटियों के बीच एक पार प्रवाही हिमानी का उनके बीच के जलविभाजक के पार बहकर किसी दरार का अपरदन करता है, हिमनदीय विच्छेदन कहलाता है।

glacial control theory **हिमानी नियंत्रण सिद्धान्त**

यह प्रवाल भित्तियों-अटॉल के निर्माण सम्बन्धित सिद्धान्त है। यह सिद्धान्त मान कर चलता है कि महाहिमकाल में सागर का तल 300 फीट नीचे चला गया था। और प्रवाल भित्तियां जो उस समय स्थित थीं नष्ट हो गई और उनके द्वारा बनाये गये छिद्रो में मलवा भर जाने के कारण धरातल चिकना हो गया और उपयुक्त चबूतरों का निर्माण हुआ जिन पर प्रवालों द्वारा पुनः जमाव कर प्रवाल भित्तियां बनाई गई और सागर तल पुनः ऊपर उठ गया।

glacial deposition , **हिमनदीय निक्षेप**

हिमनद द्वारा अपनीत और वाहित अवसाद का जमा किया जाना हिमनदीय निक्षेप कहलाता है। हिमानी द्वारा जमा किया गया अवसाद गोलाश्मी मृतिका (till) अथवा अपोढ (drift) कहलाता है। गोलाश्म मृतिका के जमाव हिमोड़ (moraine) कहलाते हैं।

glacial lake **हिमनदीय सरोवर/झील**

हिमानी का पिघला जल,एक जलीय क्षेत्र में जो हिमानी और घाटी दीवार के बीच एकत्रित होकर एक झील/सरोवर का रूप ले लेता है उसे हिमनदीय सरोवर/झील कहते हैं।

glacial phase (glaical) **हिमानी पक्ष (हिमनदीय)**

हिमयुग के समय सामान्यतः व्यापक ताप के गिर जाने तथा प्रमुख संचरण मेखलाओं की स्थिति में परिवर्तन के कारण हिमचादर का निम्न अक्षंशों तक बढ जाने की अवस्था को हिमानी पक्ष कहा जाता है।

glacial snout **हिमानी प्रोथ**

हिमानी के अंतिम भाग में बना चाप जहां हिमगलन द्वारा निर्मित सरिता बहने लगती है हिमानी प्रोथ कहलाता है।

glacial surge **हिमनदीय प्रवाह**

हिमनद की तीव्र और आकस्मिक गति हिमनदीय प्रवाह कहलाता है। हिमनद 100 मीटर प्रतिदिन की गति से प्रवाहित होते हैं। हिमनद का यह प्रवाह हिमानी के ऊपर पडे हिम के कारण होता है, यह प्रवाह थोडे समय तक होता है।

glacial trough **हिमनदीय गर्त/द्रोणी**

घाटी हिमानी से सम्बन्धित गहरी की जाने वाली प्रक्रिया के परिणामस्वरूप बनी गहरी U आकार की घाटी, हिमनदीय गर्त/द्रोणी कहलाती है। अनेक गर्त/द्रोणिकायें गहरी शैल गहरी शैल द्रोणियों से सम्बन्धित हिमनदीय अपरदन का परिणाम होती हैं।

glacial wastage **हिमानी छीजन**

किसी हिम के ढेर में अपक्षरण द्वारा उसके पदार्थों का अधिक नष्ट हो जाने के कारण क्षेत्रीय विस्तार में कमी होना हिमानी छीजन कहा जाता है।

glaciation **हिमनदन**

हिमचादर अथवा हिमानियों द्वारा आवृत की हुई स्थिति को हिमनदन कहा जाता है।

glacier **हिमानी/हिमनद**

भूमि पर सरकता हुआ अथवा सरक चुका हिम का एक पुंज, हिमनद कहलाता है। जब घाटी में पर्याप्त मात्रा में हिम का जमाव हो जाता है तब हिमनद आगे की ओर सरकना आरम्भ करता है। हिमनद का आगे की ओर सरकना, हिम के संचयन और अपवर्तन (ablation) के बीच सन्तुलन का परिणाम होता है। हिमनदों को उनकी स्थिति के अनुसार निम्न प्रकार से वर्गीकृत किये जाते हैं। अवस्थिति के आधार पर (i) सर्क हिमनद (ii) घाटी हिमनद (iii) पर्वत पदीय हिमनद, कार्यात्मक दृष्टि से (i) तरल हिमनद तथा (ii) निर्गम हिमनद तथा आधारीय तापक्रम के आधार पर (i) शीत हिमनद तथा (ii) उष्ण हिमनद प्रमुख प्रकार के हिमनद हैं।

glacier budget **हिमनद बजट**

हिम के संचयन और गलन की स्थिति के बीच की अवस्था को हिमनद बजट कहा जाता है। जब यह सकारात्मक होता है हिमनद में वृद्धि होती है किन्तु जब यह ऋणात्मक होता है हिमनद में अपवर्तन होता है।

glacierization **हिमानी भवन**

वह प्रक्रिया जिसके द्वारा हिमानी-हिम द्वारा भूआकृतियां उत्तरोत्तर ढंकती रहती है, हिमानी भवन कहा जाता है।

glacierized **हिमानी आच्छादित**

एक भूआकृति जो हिमानी द्वारा किन्तु साधारणतः पूर्व में हिमाच्छादित रही हो, का वर्णन करती है।

glacier milk **हिमानी पेय**

हिमानी का पिघला जल जिसमें पर्याप्त मात्रा में घुला तलछट भार होने के कारण उसका रंग दूधिया हरा दिखता है, उसे यह सामान्य नाम दिया जाता है।

glaciert **ग्लेशियररट**

एक छोटा हिमानी जो कि हिम-चप्पे से विकसित होता है।

glacier table **हिमानी मंच**

बर्फ के स्तम्भ पर टिका एक पाषाण जो हिमानी तल के ऊपर बाहर निकला हुआ हो,

हिमानीमंच कहलाता है। बर्फ को गलने से संरक्षित करने के लिए उपरिशायी प्रस्तर की उपस्थिति होती है।

glacio-fluvial **हिमानी जलोढ**

हिमानी के पिघल जाने के पश्चात् उसके अपरदन द्वारा प्राप्त मलवे को हिमानी जलोढ कहा जाता है।

glacio-fluvial deposit **हिमानी जलोढ निक्षेप**

हिमनद जब ऐसे स्थान पर पहुंच जाता है, जहां पर ताप की अधिकता के कारण हिमनद का अग्रभाग पिघलने लगता है, यहां हिमनद का जल बहने लगता है इस जल के साथ हिमानी का मलवा भी बहकर अन्ततः जमा होने लगता है, इसी निक्षेप को हिमानी जलोढ निक्षेप कहा जाता है।

glacio techtonism **हिमानी विवर्तनिकता**

वे संरचनाएं और भूआकृतियां जो पूर्वस्थपित कोमल आधार शैल और अपोढ के विरूपण और विस्थापन के द्वारा हिमानी-संचलन के सीधे परिणाम स्वरूप बनती हैं। हिमानी विवर्तनिकता कहलाती है।

glacis **मंचढाल**

विशेषकर शुष्क और अर्द्धशुष्क प्रदेशों में पाया जाने वाला मंद त्रिकोणिका ढाल।

glei/gley **ग्ली/ग्ले (मृदा)**

जैव पदार्थों से भरपूर मृतिकामय मृदा बहुधा उन क्षेत्रों में विकसित होती है जहां मृदा लम्बे समय तक जलाक्रांत रहती है। इसमें अनेक संघटक प्रक्रियायें सम्मिलित रहती हैं जिनमें फैरिक मिश्र की कमी होना, फैरस मिश्रण अथवा सम्मिश्र, चित्तीदार रूप लोहा का अवक्षेपण तथा लघुदृढी भवन मुख्य हैं।

gley **ग्ले (मृदा)**

विरामी जलाक्रान्ति के कारण आंशिक आक्सीकरण और लोह की कमी हो जाने से उत्पन्न मृदा में पीला, घूसर चितकबरापन होना ग्ले कहलाता है।

glint line **चमकती रेखाएं**

पुराजीवी शैलों के कगार जो स्कैन्डीनेवियन और लारेन्शियन शील्ड की सीमाओं का निर्धारण करते हैं और जो झीलों की एक रेखा से सम्बद्ध हैं। इस शब्द का आजकल बहुधा प्रयोग किया जाता है।

global warming **ग्लोबी तापन**

वर्तमान में यह विचार कि ग्लोबी तापक्रम में वृद्धि हो रही है जो कि व्यापक जलवायु आंकडों

से तथा हिमानियों और हिमचादरों के अपगमन के प्रमाणों से ज्ञात होता है। ऐसा अनुमान है कि अगली शताब्दी के मध्य तक ग्लोबीताप में विशेषकर ध्रवीय क्षेत्रों में 5° सें. की वृद्धि हो जायेगी, जिससे विश्व के अन्न उत्पादक क्षेत्रों पर विपरीत प्रभाव पडेगा तथा सागर तल में 2 से 3 मीटर की वृद्धि के कारण नीचे बसे देशों को खतरा उत्पन्न होगा। अनेक वैज्ञानिकों का यह भी मानना है कि यह ग्लोबी तापन मानवीय प्रभावित है तथा वायुमण्डल मे कार्बन डाई आक्साईड की अधिकता के कारण तापन में वृद्धि हो रही है जिससे कि पादप ग्रह प्रभाव (green house effect) में निरन्तर वृद्धि हो रही है, यद्यपि तापन के विस्तार, कारण और संभाव्य अधिप्रभाव के सम्बन्ध में मतभेद है। एक आशावादी दृष्टिकोण यह भी है कि क्योंकि पृथ्वी एक प्राकृतिक तंत्र है अतः लम्बे समय में यह इन परिवर्तनों को समायोजित करने में सक्षम होगी।

globalization **भूमण्डलीकरण**

व्यापक मापक पर प्राकृतिक और मानवीय तथ्यों की अन्तर्क्रिया का विचार भूमण्डलीकरण कहलाता है।

Gloger's rule **ग्लोजर नियम**

इस नियम के अनुसार विषुवत रेखा से दूर जैसे जैसे औसत वार्षिक तापक्रम में कमी होती जाती है, नियततापी (warm blooded) जाति के पशुओं की रंजकता भी कम होती जाती है।

gneiss **नाइस**

कणिकामय गठन वाली अत्यन्त कठोर कायान्तरित शैल होती हैं जो पट्टित आभास देती हैं। शिस्त और क्वार्टजाइट जो स्वयं कायान्तरित हैं से कायान्तरित होकर नाइस बनती है।

gneissose structure **नाइसी संरचना**

अपरिष्कृत क्रिस्टली शैलों में विच्छिन्न पत्रण दिखने वाली संरचना नाइसी संरचना कहलाती है।

golden triangle **स्वर्णिम त्रिभुज**

पश्चिमी यूरोप के आर्थिक हृदयस्थल को प्रायः यह नाम दिया जाता है, यह एमस्टरडम, मिलान और पेरिस के बिन्दुओं के द्वारा मिला कर बने त्रिभुज द्वारा परिभाषित किया जाता है, किन्तु कुछ अन्य के अनुसार इस त्रिभुज का विस्तार उत्तरी हॉलेण्ड, मेड्रिड और रोम को जोडने वाली रेखाओं से बने त्रिभुज तक है।

goletz terrace **गोलत्ज वेदिका**

इसे तुषारी समतलन वेदिका अथवा उच्चावच समतलन वेदिका के नाम से भी जाना जाता है। आधार शैल में काटी गई पहाडी पार्श्व वेदिका अथवा शिखर वेदिका और आडे काटने का अश्म विज्ञान और संरचना/यह केवल शीत जलवायु तक सीमित होते हैं।

Gondwana land **गौंण्डवाना लैण्ड**

महाद्वीपीय विस्थापन सिद्धान्त में पेंजिया से अलग हुआ दक्षिणी भाग जिसमें वर्तमान के अलग हुई भूखण्ड इकाईयां अफीका, आस्ट्रेलिया, मेडागास्कर, अण्टार्कटिका और प्रायद्वीपीय भारत का अविच्छिन्न क्षेत्र अतिमहाद्वीप गौण्डवाना लैण्ड के रूप में पहचान की जाती है।

gorge **महाखड्ड**

उच्च भूमियों के बीच एक गम्भीर और संकीर्ण विवर जिसमें प्रायः नदी बहती है महाखड्ड कहलाता है जैसे संयुक्तराज्य अमेरिका में कोलेरेड़ो नदी का महाखड्ड।

gouffres **गाऊफरेस**

बडे आकार की नली/नलिका अथवा चूने के पत्थर के क्षेत्र में पाया जाने वाला स्तंभ गाउफरेस कहलाता है।

graben **द्रोणिका/ग्राबेन**

भ्रंश और धंसाव अथवा निकट के खण्डों के ऊपर उठ जाने से निर्मित घाटी अथवा द्रोणी को द्रोणिका अथवा ग्राबेन कहा जाता है।

gradation **तलसंतुलन/श्रेणीकरण**

वे समस्त प्रक्रियाये जो स्थल मंडल के धरातलीय भाग को समान स्तर का बनाती हैं। इसमें अभिवृद्धि (aggradation) निम्ननीकरण (degradation) की क्रियाओं के द्वारा तल संतुलन/श्रेणीकरण होता है।

gradational process **तलसंतुलन प्रक्रिया**

तल संतुलन प्रक्रिया में परिवर्तनकारी कारकों (शक्तियों) वायु, नदी, हिमानी द्वारा अपक्षीण पदार्थ निम्न भूमि अथवा सागर तली में जमा होता रहता है जिसके परिणाम स्वरूप उच्च भूमि ओर निम्न भूमि के बीच का अन्तर कम होता रहता है।

graded river **संतुलित नदी**

संतुलित नदी साम्य की अवस्था में होती है अथात् स्थायी नदी का ढाल और उसके लक्षण इस प्रकार के होते हैं कि भार के परिवहन के लिए तो नदी में बहाव पर्याप्त होता है किन्तु अपरदन के लिए नदी में शक्ति नहीं होती है।

gradient wind **अनुप्रवण पवन**

जब वायु प्रवाह वक्र पथ जैसे चक्रवात और प्रतिचक्रवात में होता है क्षैतिजदाब, प्रवणता बल, कोरिऑलिस बल और अभिकेन्द्र त्वरण जो विद्यमान रहता है के संतुलन का परिणाम, अनुप्रवण पवन होता है। बाईस बैलट नियम इस पवन पर भी लागू होता है जैसा कि भूविक्षेपी पवनो पर होता है, किन्तु क्योंकि इसमें अधिक बल सम्मिलित रहता है अनुप्रवण पवन की गति भूविक्षेपी पवन से भिन्न होती है। इसका एक अपवाद है कि जब वायु प्रवाह

सीधा रहता है जिससे अभिकेन्द्र त्वरण शून्य हो जाता है और इसलिए भूविक्षेपी संतुलन से पवन उत्पन्न होती है।

grain **तन्तुरचना/उत्पाट**

भौतिक आकृतियां पर्वत श्रंखलाऐं घाटियां, नदियां आदि अथवा अधःशायी भूगर्भिक संरचना का सामान्य झुकाव तन्तुरचना कहलाती है।

granite **ग्रेनाइट**

(i) क्वार्टज, क्षार तथा फेल्सपार के उत्कृष्ट रूप में संगठित एक खुरदरा रवेदार आग्नेय शैल, इसमें अतिरिक्त घटक सामान्यतः अभ्रक और हार्नब्लेण्ड होते हैं।

(ii) स्थूल कणीय आग्नेय शैल जिसमें अधिक क्वार्ट्ज, अल्कली फेल्सपार और पैल्जिओक्लास फेल्सपार पाया जाता है, ग्रेनाइट शैल कहलाती है। गहरी अन्तर्वेधी आग्नेय शैलों में धीमे क्रस्टलीकरण से ग्रेनाइट का निर्माण होता है।

granitization **ग्रेनाइटीभवन**

गहराई से उत्पन्न ग्रेनाइट की धारा प्रवाह क्रिया के कारण पूर्व स्थापित शैलों का ग्रेनाइट में पश्चकायिक रूपान्तरण को ग्रेनाइटीभवन कहा जाता है।

granophyre **ग्रेनोफायर**

सूक्ष्म आलेखी गठन करने वाली एक सूक्ष्म ग्रेनाइट शैल ग्रेनाफायर कहलाती है।

granulite **कणिकाश्म**

उच्चतम वर्ग के प्रादेशिक रूपान्तरण के क्षेत्र में पायी जाने वाली दानेदार/कणिका संरचना वाली रूपान्तरित शैल को कणिकाश्म कहा जाता है। कणिकाश्म में जलीय खनिजों जैसे अभ्रक, पाइरॉक्सीन, गार्नेट और सिलिमेनाइट की कमी पाई जाती है। इसमें क्वार्टज और फैल्सपार रवे चपटे हो जाते हैं, उनकी समानान्तर सीध परतों के निर्माण में सहायता करती है जो इसकी विशिष्टता है।

graphic **आलेखी**

(i) मानचित्र कला द्वारा बनाया गया कोई मानचित्र, चार्ट अथवा फोटोमोजेक को आलेखी कहा जाता है।

(ii) चित्र आकार में दिखाये जाने को आलेखी कहा जाता है।

graphicacy **ग्राफीकेसी**

मानचित्रों और आरेखों द्वारा सम्बन्धों का सम्प्रेषण जो शब्दों अथवा गणितीय संकेतनों द्वारा सफलतापूर्वक प्रेषित नही किया जा सकता है ग्राफीकेसी कहलाता है।

graph theory **आलेख सिद्धान्त**

गणित का वह अंश जो साधारण सांस्थितिक मानचित्रों के अध्ययन से सम्बन्धित होता है तथा

जो विभिन्न भौगोलिक जालों (network) को प्रदर्शित करने के लिए खींचे जाते हैं।

grass lands **घास के मैदान**

ऐसे प्रदेश जिनमें प्राकृतिक वनस्पति घास अथवा घास के समान पौधे और घास सहित झाडियों की प्रधानता रहती है। इस प्रकार के घांस के मैदानो में शीतोष्ण घास के मैदानों में स्टैपी, प्रेयरी, पैम्पाज और वैल्ड् तथा उष्ण कटिबन्धीय क्षेत्र में सवाना घांस के मैदान मुख्य हैं, इनके अतिरिक्त पर्वतीय भागों में छोटे घास के मैदान भी पाये जाते हैं।

graticule **ग्रैटीक्यूल/रेखा जाल**

(i) मानचित्र पर अक्षांश और देशान्तरों को प्रदर्शित की जाने वाली रेखाओं के जाल को ग्रैटीक्यूल/रेखाजाल कहा जाता है। कुछ मानचित्रो पर पूरे रेखा जाल को, पूरेमानचित्र पर नहीं दिखाकर रेखा ज्ञात को केवल चिन्हों द्वारा अक्षांश देशान्तरों को दिखाया जाता है और न्यून रेखाओं को नहीं दिखाया जाता है।

(ii) एक नियमित ग्रिड़ जो मानचित्र के बिन्दु के संदर्भ में उपयोग किया जाता है, रेखाजाल कहलाता है।

graupel **मृदुवार्षिला/कच्चे ओले**

स्पंजी ओलों को मृदुवार्षिला अथवा कच्चे ओले कहा जाता है।

gravel **बजरी/कंकड**

यह वह पदार्थ होता है जो रेत के ठीक ऊपर तथा बटियाओं के नीचे पाया जाता है। व्यवहार में इस शब्द का प्रयोग भूआकृति विज्ञान साहित्य में उन सभी असंपिडित पदार्थों के लिए शिथिलता से उपयोग किया जाता है जो 2 से 200 मीमी. व्यास के आकार में रेत से बडे तथा गोलाश्म से छोटे होते हैं।

gravity **गुरूत्व**

किसी पुंज/द्रव्यमान (mass) जो पृथ्वी की अपेक्षा शान्त होता है, को पृथ्वी द्वारा प्रदत्त बल को गुरूत्व कहा जाता है। न्यूटन के नियम के अनुसार सभी पुंज एक दूसरे की ओर आकर्षित होते हैं क्योंकि पृथ्वीस्वंय भी घूम रही होती है अतः अपकेन्द्रीबल उस पुंज को भी प्रभावित करता है। अतः यथार्थ गुरूत्वीय बल और अपकेन्द्री बल के मिश्रण को सामान्यतः गुरूत्व कहा जाता है।

gravity collapse structure **गुरूत्व नियात संरचना**

गुरूत्व के प्रभाव में नीचे और गतिशील होने के परिणाम स्वरूप विवर्तनिक संरचना का निर्माण होना, गुरूत्व नियात संरचना कहलाता है।

gravity faulting **गुरूत्वीय भ्रंश**

पर्वतीय क्षेत्रों में होने वाली एक प्रक्रिया, गुरूत्व के प्रभाव में ऊंचे सुलभ उच्चावच बडी शैलों

में गतिशलता उत्पन्न करते हैं जिनसे पहाडी शिखर, घाटियां और धसांव तथा कभी कभी दोहरे शिखर बनते हैं।

gravity gliding **गुरूत्व विसर्पण**

एक बडे आकार के शैल ढेर का गुरूत्व के परिणामस्वरूप पहाडी से नीचे की ओर आना गुरूत्व विसर्पण कहलाता है।

gravity meter **गुरूत्व मीटर**

पृथ्वी के गुरूत्वीय क्षेत्र के बल में भिन्नता को नापने के काम में आने वाला एक यंत्र गुरूत्व मीटर कहलाता है।

gravity slope **गुरूत्व ढाल**

एक अनाच्छदमकारी ढाल जो घर्षण कोण के उस पर पडे अबद्ध पदार्थ से विकसित हुआ हो गुरूत्व ढाल कहलाता है।

gravity wave **गुरूत्व तरंग**

सागर पर वायु द्वारा उत्पन्न तरंग जिसकी लम्बाई 50 मीमी. से अधिक होती है और जिसकी प्रेषण गति गुरूत्वीय बल द्वारा प्रभावित होती है।

great circle **वृहत वृत**

पृथ्वी के धरातल पर एक काल्पनिक रेखा जिसे यदि भूमिगत प्रक्षेपित किया जाये तो वह पृथ्वी के केन्द्र से होकर गुजरेगी है। दूसरे शब्दों में प्रत्येक देशान्तर और विषुवत रेखा वृहत वृत हैं।

green belt **हरित मेखला**

योजना अध्यादेश द्वारा नगर के चारों ओर एक ऐसी मेखला रखी जाती है, इस दृष्टिकोण से कि उसके निर्मित क्षेत्र को आगे बढने से रोका जा सके। इस प्रकार की मेखला को हरित मेखला कहा जाता है।

green house effect **पादप ग्रह प्रभाव**

सूर्य की लघु तरंग विकिरण पृथ्वी के धरातल तक शीघ्रता से प्रवेश कर जाती है जबकि पृथ्वी से दीर्घ तरंग विकिरण का वायुमण्डल में विशेषकर मेघों की उपस्थिति के कारण अवरोध होता है, इसी तथ्य का परिणाम है कि पृथ्वी के वायुमण्डल के तापन में वृद्धि होती है। इसी कारण जब मेघ निरन्तर छाये रहते हैं रात्रिक तुषार असंभावित होता है। यह चिंता का विषय है कि बडे पैमाने पर वनों को नष्ट किये जाने के परिणाम स्वरूप कुछ कारक जैसे प्रदूषण और कार्बन डाई आक्साईड की मात्रा में वृद्धि होती है। यह तर्क प्रस्तुत किया जाता है कि दीर्घ तरंग विकिरण को यदि वायुमण्डल से होकर जाने से रोका जाता है तो इससे दीर्घकालिक तापक्रम में वृद्धि से ध्रुवीय बर्फ में वृद्धि वायुमण्डल के संचरण प्रारू. में परिवर्तन और

मरूस्थलीकरण में वृद्धि आदि से भयंकर परिणाम हो सकते हैं।

green manure **हरीखाद**

शिंबी/फलीदार उपज, जिनको काटने के स्थान पर हल चलाकर जमीन में दबा दिया जाता है जिससे उनके द्वारा वायु से प्राप्त नाइट्रोजन भूमि को उर्वरा शक्ति में वृद्धि करती है।

green village **हरित ग्राम**

एक सर्वनिष्ठ, बहुधा एक घास के मैदान के क्षेत्र के चारों ओर गुन्छित हुआ ग्राम, हरित ग्राम कहा जाता है।

grey areas **घूसर क्षेत्र**

संदिग्ध दशा/ अवस्था जिसमें स्पष्टीकरण की आवश्यकता होती है, को बताने के लिए इस शब्द का उपयोग किया जाता है।

grey wacke **ग्रे वैक**

सामान्यतः अल्प छटनी किये हुए क्वार्टज और फेल्सपार के अपरिष्कृत टुकडों से बनी तल छट को ग्रेवैक कहा जाता है।

grid **ग्रिड**

समानान्तर रेखाओं का जाल जो एक दूसरे को समकोण पर काटते हुये खींची जाती है और मानचित्र पर संदर्भ वर्ग बनाती है। ग्रिड रेखाओं पर नम्बर अंकित रहते हैं इस कारण प्रत्येक वर्ग पूर्व दिशा और उत्तर दिशा की ओर पठन के लिए अकेले होते हैं। मानचित्र पर बिन्दुओं की पहचान करने के लिए तथा दूसरे बिन्दुओं के बीच की दूरी नापने के लिए ग्रिड का उपयोग किया जाता है।

grid zone **ग्रिड जोन**

पृथ्वी के धरातल को मनमाने ढंग से ग्रिड मण्डलों में विभाजित किया जा सकता है जो भिन्न प्रकार के ग्रिड तंत्र के क्षेत्र होते हैं उनका अपना आरम्भ होता है। ग्रिड मण्डल/जोन बिना अक्षांश देशान्तरों के धरातल पर बिन्दुओं की पहचान करने में समर्थ होते हैं।

grike (gryke) **ग्राइक**

अनावृत चूनापत्थर के फर्श में दरार अथवा नाला जो क्लिन्टस (समतल, असमान आकार और स्वरूप के खंड) को संधियों द्वारा चौडा कर अलग करता है।ग्राइक कहलाता है ग्राइक घोल द्वारा संधियों को चौड़ा हो जाने से बनता है ग्राइक आधामीटर गहरा होता है। ग्राइक को जर्मन भाषा में क्लुफ्टकरेन (kluftkarren) कहा जाता है।

grit **शितबालुकाश्म/कंकडी/बालूकण**

विभिन्न आकार के मोटे बलुआ पत्थर के कण जो समुद्री डेल्टाई अवस्थाओं में संचयित रहते हैं, शित बालुकाश्म/बालूकण कहलाते हैं।

gross domestic product (GDP) **सकल घरेलू उत्पाद**

किसी देश की अर्थव्यवस्था द्वारा माल और सेवाओं के कुल मूल्य का माप जो एक निश्चित अवधि, सामान्यतः एक वर्ष में, उत्पादित होता है, सकल घरेलू उत्पाद कहलाता है। अर्थव्यवस्था के सेक्टरी संतुलन में मानीटरन प्रवृति (गति विश्लेषक प्रवृति) का सकल घरेलू उत्पाद के लिए प्रतिशत योगदान व्यापक रूप से उपयोगी विधि है।

gross national product (GNP) **सकल राष्ट्रीय उत्पाद**

सकल घरेलू उत्पाद और घरेलू निवासियों द्वारा विदेशों में निवेश से अर्जित आय को मिलाकर किन्तु सम्बन्धित देश से प्राप्त विदेश में निवास कर रहे विदेशियों की आय को कम कर समस्त आय को सकल राष्ट्रीय उत्पाद कहा जाता है।

gross registered tonnage **सकल पंजीयत भार**

एक जलयान के सभी बन्द और इसकी अधिरचना (super structure) सहित भागों की समस्त धारिता (capacity) को सकल पंजीयित भार (GRT) कहते हैं। माप की इकाई 2.93 घन मीटर एक सकल पंजीयत टन के बराबर होता है। यह वाणिज्य पोत के लिए मानक माप होता है।

gross reproductive rate **सकल उत्पादी दर**

मादा बच्चों अर्थात सम्भावित माताओं की संख्या और बच्चे जन सकने वाली स्त्रियों की संख्या से प्राप्त अनुपात और जिसका उपयोग भविष्य की प्रवृति के संकेत के रूप में जनसंख्या अध्ययन में किया जाता है सकल उत्पादी दर कहा जाता है।

grossular **ग्रासुलर**

कैल्सियम समृद्ध तामडा/गार्नेट को ग्रासुलर कहा जाता है।

groundfrost **धरातलीय तुषार**

भूमि के घास धरातल पर थर्मामीटर द्वारा नापे गये तापक्रम का $0^{o}c$ से नीचे चले जाने का परिणाम धरातलीय तुषार होता है।

ground ice **तलस्थ बर्फ**

हिमनद पूर्व अवस्था में अत्यन्त तीव्र हिमकरण द्वारा मृदा में बनने वाला बर्फ तलस्थ बर्फ कहलाता है। तलस्थ बर्फ कई रूपों में पाया जाता है, मृदा के अलग कण के चारों ओर पतली परत (फिल्म), छिद्रों में कण, संधियों और दरारों में पच्चर के रूप में तलस्थ बर्फ पाया जाता है।

ground mass **आधात्रिका**

रवेदार अथवा कांच सद्दश पदार्थ बारीक कण के ढेर जो आग्नेय शैल संघठित करते हैं और जिसमें अपरिष्कृत अंगभूत जडे रहते हैं।

ground moraine **तलस्थ हिमोढ**

हिमानी अथवा हिम चादर के आधार पर यातो बर्फ और आधारशैल के बीच फंसा हुआ अथवा आधारी परतों में सम्मिलित मलवा वाहित होता है, उस मलवे को तलस्थ हिमोढ कहते हैं। क्योंकि हिमानी से उत्पन्न ताप अथवा भूगर्भीय ताप के कारण तलीय गलन होता है और इस प्रकार मलवा निर्बाध होकर हिमनदीय तल पर जम जाता है।

ground water **भौम जल**

मृदा अथवा अधोस्तर शैलों में स्थित जल जो मुख्यतः वर्षा और हिम के पिघले जल के रिसाव से प्राप्त होता है भौमजल कहलाता है। भौमजल छिद्रित (पोरस) संधियों और संस्तरण तलों में पाया जाता है जहां ये आपस में मिले रहते हैं। भौमजल का पार्ईवीय प्रवाह संभव होता है और यह जल निस्पन्दन अथवा स्त्रोतों के माध्यम से पृथ्वीतल पर प्रकट होता है। भौमजल कुओं ओर वेधन (boring) द्वारा भी प्राप्त किया जाता है।

ground water hydrology **भौमजल विज्ञान**

भौमजल विज्ञान में धरातल से नीचे पाये जाने वाले किसी तरल जल की उपस्थिति, संचार, वितरण और उसके गुणों का अध्ययन किया जाता है।

growing season **वर्धन काल**

वर्ष कावह समय जब पौधों की वृद्धि के लिए पर्याप्त ऊँचे तापक्रम रहते हैं वर्धनन काल कहलाता है। व्यवहार में वर्धनकाल में न केवल न्यूनतम वृद्धि तापक्रम के होने से परिभाषित किया जाता है वरन् क्षति कर सकने वाला रात्रि पाला भी इसमें सम्मिलित किया जाता है, उदाहरणार्थ कपास के पौधे की वृद्धि के लिए लगभग 200 पाला रहित दिवस होना आवश्यक है।

groyne **पुलिन रोध**

वेलांचली तरंगों के कटाव से पुलिन को बचाने के लिए, पुलिन के आर पार सागर में बनाया जाने वाला मानव निर्मित अवरोध पुलिन रोध कहा जाता है। यद्यपि जहां यह पुलिन रोध बनाया जाता है वहां तट के सहारे पदार्थों की गतिशीलता वेलांचली वाह/ड्रिफ्ट द्वारा कम कर दी जाती है, इस कारण पुलिन में पदार्थों का अभाव होता है और अपरदन अन्यत्र होता है।

grumusol **गुरूमूसॉल/मृतिका**

सातवें सन्निकटन वर्गीकरण के अन्तर्गत इस प्रकार की मृदा को 'वर्शीसोल' के रूप में पहचाना जाता है। आधुनिक अमरीका में इसकी 'काली कपास मिट्टी' के रूप में पहचान की जाती है।

grus **ग्रस**

अल्पछंटे हुए कोणिक क्वाटर्ज कणों का संचयन और अपक्षीण ग्रेनाइट से स्थानतः व्युत्पन्न मृतिकामय पदार्थ ग्रस कहलाता है।

guano **गुआनो**

पक्षियों की विष्टा का घना संचयन बहुधा उन द्वीपों पर पाया जाता है जहां पक्षी अपना घौंसला बनाते हैं। क्योंकि यह विष्टा फासफोरस में समृद्ध होती है, अतः इस का उर्वरक के रूप में उपयोग किया जाता है। कुछ कन्दराओं में चमगादडों की विष्टा का पर्याप्त संचयन पाया जाता है। पीरू के तटवर्ती द्वीपों पर गुआनों अधिकमात्रा में पाया जाता है।

gulch **गल्च**

तीव्र ढाल के किनारे वाले संकडे और गहरे खड्ड को संयुक्त राज्य अमरीका में गल्च कहा जाता है। गल्च बहुधा वेगधारा का मार्ग बनाने वाले होते हैं।

gulf **खाडी**

सागर का एक भाग लगभग विस्तृत घुमाव वाले सागरीय तट से घिरा हुआ बहुधा इसका नाम निकटस्थ क्षेत्र के आधार पर रहता है, जैसे मेक्सिको की खाडी, बंगाल की खाडी आदि।

gull **गल**

(i) वक्रता द्वारा उत्पन्न तनाव के परिणामस्वरूप, कभी कभी तलछट से भरी दरार अथवा चटकन जो कगार पर खुलती है, गल कहलाती है।

(ii) वेग धारा द्वारा निर्मित दरार को गल कहा जाता है।

gully **अवनालिका**

जल की क्रिया द्वारा निर्मित एक वाहिका (जलमार्ग) अथवा खड्ड विशेषकर पर्वतीय अथवा पहाडी क्षेत्रों में अवनलिका कहलाती है।

gully erosion **अवनलिका अपरदन**

मृदा तथा अन्य कम समेकित तलछट का स्वल्पायु सरिताओं के द्वारा सुस्पष्ट अपरदन, जिसके द्वारा ढालू जलवाहिकाओं/नलिकाओं का जाल सा बन जाता है, इस प्रकार के अपरदन को अवनलिका अपरदन कहा जाता है।

gumbo **गुम्बो**

मृतिका मय मृदा का क्षेत्र जो गीला जो जाने पर चिपचिपे पंक में परिवर्तित हो जाती है किसी भी नम, चिपचिपी मृदा को गुम्बो कहा जाता है।

gust **झौंका**

थोडे समय में पवन वेग में यकायक वृद्धि हो जाना झौंका कहलाता है। झौंके प्रायः स्थलतल द्वारा यांत्रिक हस्तक्षेप के कारण उत्पन्न होते हैं, जैसे कि वायुगतिकीय दृष्टि से धरातल विषम होता है जैसा कि नगरों में होता है झौंकापन बढ जाता है, इसके विपरीत खुले तटीय भागों में झौकों की प्रवृति कम पाई जाती है, यद्यपि उनकी औसत गति अधिक होती है।

gutenberg channel **गटेन बर्ग प्रणाली**

पृथ्वी की सतह से 100 से 200 कि.मी. नीचे अल्प कठोर पदार्थों की एक परत जिसमें भूकम्पीय तरंगों की गति कम हो जाती है, P तरंगो की गति 8.2 से 7.9 कि.मी. प्रति सैकण्ड ओर S तरंगो की गति 4.6 से 4.4 कि.मी. प्रति सैकण्ड हो जाती है। गटेनबर्ग प्रणाली, दुर्बलता मण्डल की सम्पाती होती है।

gutter **गटर**

प्राकृतिक अथवा कृत्रिम बहते जल द्वारा निर्मित एक खांचा गटर कहलाता है।

guyot **गाईऑट/निमग्नद्वीप**

गम्भीर सागर तल से उठी हुई सपाट शिखर पहाडी गाईऑट/निमग्नद्वीप कहलाती है। यद्यपि ये पहाडियां सागरीय तल को विच्छेद नहीं करती हैं और अनेक गाईऑट/ निमग्नद्वीप लगभग 4000 मीटर ऊंची ज्वालामुखी चोटियां होती हैं।

gwam **ग्वैअन/पर्वतीय चरागाह**

यह वेल्शभाषा का शबद है जिसका अर्थ पर्वतीय चरागाह होता है।

gyperete **जिप्रीट**

जिप्सम पपडियाँ जैसी कि मरूस्थलों में पाई जाती है, धरातल पर अथवा उसके निकट शिथिल, भुरभुरा अथवा सीमेन्टेड क्रिस्टलीय संचयन जिसमें कैल्शियम सल्फेट निर्जलीकरण की अधिकता पाई जाती है, जिप्रीट् कहलाती है।

gyre **वृताकार गति**

विश्व के महासागरों में जल का परिसंचारी तंत्र जिसमें प्रमुख सतह पर चलने वाली धाराएं सम्मिलित की जाती हैं वृतकार गति (gyre) कहलाती है।

gyttja **गीट्जा**

प्रचुर पौष्टिक पीट अथवा जैव पंक जिसमें प्लवक (प्लेंकटन) की मात्रा अधिक रहती है, गीट्जा कहलाती है।

gypsum **जिप्सम**

एक वाष्पशैल खनिज, कैल्सियम सल्फेट निर्जलीकरण ($CaSo4_2H_2o$) मरूस्थलीय पटल और मृदाओं में सामान्य खनिज उत्पन्न करने वाली पपडियां।

H

habitat — **प्राकृतिक वास/आवास**

वह स्थान जिसमें पादप अथवा पशु स्वाभाविक ढंग से वृद्धि करते हैं, सामान्यतः वास स्थान कहलाते हैं।

haboob — **हबूब**

यह स्थानीय पवन हैं, जो उष्ण मरूस्थल में होकर प्रतिचक्रवात के रूप में सूडान में प्रवेश करती हैं, सूडान में इन स्थानीय पवनों को हबूब कहा जाता है।

hachures — **हशूर्स**

भूमि के ढाल में अन्तर प्रदर्शित करने के लिए मानचित्र पर खींची जाने वाली छायारंजित छोटी रेखायें हशूर कहलाती हैं। यदि ढाल तीव्र है तो रेखायें गहरी और एक दूसरे के पास होंगी, किन्तु यदि ढाल मन्द है तो रेखायें पतली और दूर-दूर होंगी। हशूर रेखायें पर्वत के उच्चतम शिखर से उसके पदीय भाग तक खींची जाती हैं तथा ये रेखायें समोच्चय रेखाओं से लम्बवत होती हैं। ये रेखायें भूमि की वास्तविक ऊँचाई का किसी प्रकार का आभास नहीं देती हैं।

hacienda — **हासिएन्डा**

इस शब्द का प्रयोग स्पेन, लेटिन अमेरिकी देशों और फिलीपीन में बड़े कृषि एस्टेटों, पशुफार्मों अथवा बागानों के लिए किया जाता है।

hadalzone — **हैड़ल क्षेत्र/खाई क्षेत्र**

(i) महासागरों की अधिकतम गहराई, 6000 मीटर से अधिक गहराई के भाग, से सम्बन्धित।

(ii) महासागरों में अधिक गहराई वाली खाइयों के क्षेत्र को खाई (hadal) क्षेत्र कहा जाता है।

hade — **उन्नमन**

भ्रंश तल द्वारा बनाया गया कोंण अथवा विषम झुकाव को उन्नमन कहते हैं।

Hadley cell **हैडले कोषिका**

सन् 1735 में जी. हेडले द्वारा प्रस्तावित यह एक साधारण ऊर्ध्वाकार, ऊष्मीय सीधी वायुमण्डलीय कोषिका (cell) है। हैडले ने माना कि यह कोषिका (cell) प्रत्येक गोलार्द्ध में विषुवत रेखा से ध्रुवों की ओर बढती हैं और उष्ण वायु से बनी होती हैं जो विषुवत रेखा से उठकर ध्रुवों की ओर जाती है और ऊष्मा ऊर्जा को स्थानान्तरित करती हैं।

haff **हाफ/लैगून**

खुले सागरों से तलछट का अनुवर प्रवाह द्वारा निर्मित रेत के गर्त द्वारा अलग किया हुआ लैगून/हाफ कहलाता है।

hagg/hag **हैग**

ऐसी जलवाहिका जो पीट दलदल में टेकरियों को अलग करती है हैग कहलाती है।

hail **ओला**

कपासवर्षी मेद्य में तीव्र ऊर्ध्व प्रवाह से बने हिमखण्डों और पिण्डों को ओला कहा जाता है। हिम के पृथक पिण्ड को ओला (hail stone) कहा जाता है। अधिकांश ओलों का आकार गोलाकार अथवा आयताकार होता है, किन्तु कुछ शंक्बाकार और ऊबड़-खाबड़ तथा अनियमित (irregular) आकृति के भी होते हैं। प्रायः ओले का व्यास 5 से 150 मि.मी. तक होता है।

haldenhang **हाल्डैन हैंग**

यह जर्मन भाषा का शब्द है जिसका अर्थ है प्रायः शैल मलवे के ढेर के नीचे शैल भित्ति के पदीय भाग में पाया जाने वाला कम ढाल वाला भाग। यह पाद ढाल का सबसे ऊपर का भाग होता है जिसमें निम्नीकरण प्रवणता का समस्त ढाल सम्मिलित रहता है।

halite **हैलाइट**

साधारण लवण NaCl, जो कि सागरीय जल अथवा खारे पानी की झीलों से वाष्पित जमावों से प्राप्त किया जाता है, हैलाइट कहा जाता है।

halophyte **लवण मुदोद्भिद**

ऐसा पौधा जो नमक में संसेचित भूमि जैसे कि समुद्री तट अथवा सागरों में उगता हो लवण मुदोद्भिद कहलाता है।

hamada/hammada **हैमादा/शैली मरूस्थल**

उष्ण मरूस्थलों में जैसे कि सीरिया-ईराक के मरूस्थल में कोणिक और गोलाकार पत्थरों के टुकडों से बना खंडजा (फर्श) हैमादा कहलाता है। इसका निर्माण मृदा के बारीक कणों को तूफानों द्वारा अपवाहन और जलीय क्रिया द्वारा हटा दिये जाने से होता है।

hamattan **शुष्क पवन**

पश्चिमी अफ्रीका के भीतरी भाग से, अन्ध महासागर की ओर चलने वाली शुष्क, झलसा देने वाली धूल भरी स्थलीय पवन जो प्रायः नवम्बर से फरवरी तक अन्तराल से चलती रहती है।

hamlet **पुरवा**

देहात में घरों का एक छोटा समूह अथवा छोटा गांव जहा किसी प्रकार की सेवाएँ, दुकाने और यहाँ तक कि पूजा स्थल नही पाया जाता है पुरवा कहलाते हैं।

hamra **हमर**

लाल रेतीली मृदा जिसमें मृतिका भी सम्मिलित रहती है, हमर कहलाती है।

hanger **हैंगर**

एक ढालू पहाडी के पार्श्व में जंगल हैंगर कहलाता है।

hanging ralley **लटकती घाटी/प्रपाती घाटी**

सहायक नदी की घाटियाँ जिनका निचला छोर, मुख्य घाटी के तल से पर्याप्त ऊंचाई पर होता है क्योंकि मुख्य घाटी को सामान्यतः हिमानी द्वारा गहरा किया जाता है, जब कि सहायक नदी को घाटी इतनी अधिक गहरी नहीं हो पाती है और इस प्रकार प्रपाती घाटी का निर्माण होता है।

harbivore **शाकाहारी**

ऐसे पशु जो अपना अधिकांश भोजन पादप समूह से प्राप्त करते हों अर्थात् वृक्ष खाने वाले पशु होते हैं। भोजन श्रंखला में इनका भोजन रीतिं में दूसरा स्थान होता है।

harbour **पोताश्रय/बन्दरगाह**

सागरीय तटों पर जलयानों के ठहरने के स्थान को पाताश्रय/बन्दरगाह कहा जाता है।

hardness **कठोरता**

शैलों का मोहकमापक पर तुलना करने पर शैल की कठोरता ज्ञात की जाती है।

hard pan **कठोर अधःस्तर**

मृदा के A संस्तर से मृतिका, ह्यूमस और लोहे के विक्षालन होने से समपोहन और अवक्षेपण के द्वारा बनी B स्तर में पाई जाने वाली दृढ परत कठोर अधः स्तर कहलाती है। कठोर अधः स्तर जल निकास में बाधा डालती है और कृषि को कठिनाई उत्पन्न करती है।

hardware **कठोर सामग्री**

कठोर सामग्री (hardware) उन मंत्रों की ओर निर्देशित करता है जो आधुनिक आंकडे एकत्रित करने और उनके प्रबंधन में उपयोग में आते हैं जैसे कम्प्यूटर और रिंमोट सेंसिंग केमरे आदि।

hard water **भारी जल**

जिस जल में कार्बोनेटी केल्शियम और मैग्नेशियम घुला रहता है उस जल को भारी जल कहा जाता है।

hard wood **दृढ़काष्ट/कठोर लकडी**

शीतोष्ण पर्णपाती वृक्षों जैसे ओक अथवा उष्ण कटिबन्धीय सदाबहार वृक्षों जैसे कि महोगनी, सागवान आदि से प्राप्त लकडी को दृढ़काष्ट/कठोर लकडी कहा जाता है।

harmattan **हरमाटन**

उष्ण मरुस्थलों में उत्पन्न होने वाली स्थानीय पवनें हरमाटन कहलाती हैं इस प्रकार की हरमाटन पवनें सहारा से पश्चिमी अफ्रीका की ओर चला करती हैं।

haugh land **हॉगभूमि**

नदी के किनारे के समीप निम्नस्थ घास के मैदान को स्कॉट लैण्ड में हॉगभूमि कहा जाता है।

hawaiian eruption **हवाई उद्भेदन**

एक प्रकार का ज्वालामुखी उद्भेदन जिसमें ज्वालामुखी नली (vent) और दरारों से भारी मात्रा में अत्यन्त तरल पैठिक लावा का निकलना इस प्रकार के उद्भेदन की विशिष्टता होती है।

haze **धुंध**

पृथ्वी के धरातल के निकट वायुमंडल की वायु में असंख्य छोटे वाष्प, धूल अथवा नमक के कणों, जिन्हें वायुविलय (aerosols) कहा जाता है, के होने के कारण दृश्यता में अवरोधन होता है, इसे धुंध कहते हैं।

head **शीर्ष**

किसी नदी अथवा सरिता का स्रोत स्थान शीर्ष कहलाता है।

headdune **हैड टीला**

पवन के प्रवाहमार्ग में वास्तविक अवरोध आने के कारण ऊपर चढने पर अवरोध के द्वारा वायु अपने साथ लाई रेत को प्रभावी ढंग से स्थानान्तरित नहीं कर पाती है और टीले के रूप में जमा हो जाती है। इस प्रकार से बने रेत को हैड-टीला कहा जाता है।

head land **हैड़ लैण्ड/अन्तरीप**

समुन्द्र में निकला हुआ भूमि का क्षेत्र अन्तरीप कहलाता है जैसे कि भारत का प्रायद्वीपीय भाग अथवा फ्लोरिडा।

headward erosion **अभिशीर्ष अपरदन**

नदी के उद्गम अथवा अवनलिका के शीर्ष के ऊपरी ढाल की ओर स्थानान्तरण की प्रक्रिया

अभिशीर्ष अपरदन कहलाती है।

head water **नदी शीर्ष**

ऐसी जलधारा जो नदी विशेषकर बडी नदी की ऊपरी सीमा तथा स्रोत बनती है नदी शीर्ष कहलाती है।

heart land **हृदय स्थल**

सन् 1904 में मेकिन्डर ने हृदय स्थल शब्दावली का सर्वप्रथम प्रयोग किया था— धुराग्र क्षेत्र के वर्णनात्मक भाव में हृदय स्थल शब्दावली का केवल उपयोग किया गया—धुराग्र क्षेत्र वह क्षेत्र होता है जो समुद्री शक्तियों की पहुंच से बाहर होता है अर्थात् ऐसा क्षेत्र जो अन्तः प्रवाह का क्षेत्र होता है जैसे यूरेशिया का मध्य क्षेत्र।

heath land **अजोत भूमि/हीथ लैण्ड**

अकृष्ट भूमि का प्राकृतिक वनस्पति छोटी झाडी वाला खुला क्षेत्र हीथ लैण्ड/अजोत भूमि कहलाती है।

heat island **उष्मा द्वीप**

नगरों में वनस्पति के अभाव और अधिक भाग में पक्के आवासों के बने रहने तथा शहरी अद्योगों के कारण चिमनियों से निकलने वाले धुएं आदि के कारण, उसके चारों ओर के ग्रामीण क्षेत्रों की तुलना में, तापक्रम अधिक रहने से नगरों में उष्मा द्वीप की स्थिति उत्पन्न हो जाती है, अतः इन क्षेत्रों को उष्माद्वीप कहा जाता है।

heave **अनुप्रस्थ विस्थापन**

किसी धारा अथवा संस्तर का किसी भ्रंश पर क्षैतिज स्थानान्तरण अथवा विस्थापन अनुप्रस्थ विस्थापन कहलाता है।

heavy industry **भारी उद्योग**

ऐसे उद्योग जिनको भारी मात्रा में कच्चे माल की आवश्यकता रहती है। यह कच्चा माल रेल अथवा जलमार्ग से अथवा सडकमार्ग से पहुँचता है, ऐसे उद्योग भारी उद्योग कहलाते हैं उदाहरण के लिए लोह-स्पात उद्योग, जलयान निर्माण उद्योग इसी प्रकार के भारी उद्योग हैं।

helictite **हेलिक्टाइट**

चुने के पत्थर के क्षेत्रों की कन्दराओं की छत और दीवारों से बहुधा वायु की धारा की उपस्थिति में कैल्साइट के रवों के वर्षण के परिणाम स्वरूप मोडदार अथवा सर्पिल प्रकार का निश्चुताश्म/स्टैलैक्टाइट (stalectite), हेलिक्टाइट कहलाता है।

helm wind **हैल्म पवन**

तीव्र स्थानीय पवन जो उत्तरी इंग्लैड के पिनाइन पहाडी क्षेत्र के क्रासफैल से ईडन-घाटी में

उतरती हैं। ये पवन प्रभावशाली ठण्डी और झौंके दार होती हैं और स्थ्लाकृतिक रूप से प्रभावित नीचे व्युत्क्रम उत्पन्न करती हैं।

helophyte **लवण मृदोदृभिद**

ऐसे पौधे जो सोडियम क्लोराइड युक्त मृदाओं में पनपते हैं। लवण मृदोद्भिद कहलाते हैं।

hemera **हैमेरा**

एक खण्ड अथवा भूगर्भिक समय का कोई अन्यकाल जो जीवा व शेष के संचयन द्वारा निर्धारित किया जाता है हैमेरा कहलाता है।

hercynian orogeny **हर्सीनी पर्वतन**

यूरोप में प्रभावी वैरिस्कन पर्वतन की एक अवस्था, जिसकी उत्तर-पश्चिम वलन प्रकृति उसकी विशेषता है। इस पारिभाषिक शब्द का उपयोग बिना किसी समय सार्थकता के किया जाता है किन्तु कार्बन युग और परमियन काल में हुआ माना जाता है।

heteroclinal **हेटरोक्लाइनल/विषम प्रवणता**

विषम प्रवणता वलन वह वलन होता है जिसकी एक भुजा के ढाल का कोण दूसरी भुजा के ढाल के कोण की अपेक्षा अधिक होता है।

hetero sphere **विषम मण्डल**

इस मण्डल की ऊंचाई 200-1100 कि.मी. मानी जाती है इसमें चार परते पाई जाती हैं (i) आणविक नाइट्रोजन तह (ii) आणविक आक्सीजन तह (iii) हीलियम तह तथा (iv) आणविक हीलियम तह।

heterotrophic organism **परपोषी जीव**

पारिस्थितिकी तंत्र के वे सजीव सदस्य जो अपने भोजन के लिए अन्य जीवों पर निर्भर रहते हैं वे परपोषी जीव कहलाते हैं।

hiatus **प्रांतराल**

स्तरित अभिलेख में कोई अन्तर अथवा भूगर्भिक काल में जो तलछट द्वारा प्रदर्शित नहीं किया जाता है।

hierarchy **अनुक्रम**

घटनाओं/तत्वों का एक अनुक्रम अथवा वर्ग में रखा जाना अनुक्रम कहलाता है, जैसे केन्द्रीय स्थान सिद्धान्त में प्रादेशिक राजधानी से पुरवा तक की बस्तियों के अनुक्रम को बताना।

high **उच्च दाब क्षेत्र**

एक उच्च वायुमण्डलीय दाब का क्षेत्र उच्च दाब क्षेत्र कहलाता है। इस प्रकार के उच्च दाब क्षेत्र में दबाब 1000 मि. बार से ऊपर रहता है।

high land **उच्च भूमि**

किसी भूभाग अथवा पर्वतीय भाग का उत्थित भाग उच्च भूमि कहलाता है।

high seas **खुलासागर**

सीमांत गर्त जल क्षेत्र से आगे का खुला सागर क्षेत्र खुला सागर कहलाता है।

high water mark **पूर्ण ज्वारीय सीमा**

सागरों, नदियों और झीलों में उच्च ज्वार का उच्चतम स्तर पूर्ण ज्वारीय सीमा कहलाती है।

hill **पहाड़ी**

निकटवर्ती धरातल से लगभग तीव्र खडे ढाल की 1000 फीट तक की प्राकृतिक ऊंचाई वाले भाग को पहाडी कहा जाता है।

hill farming **पहाड़ी कृषि**

उच्च पहाडी भागों में विस्तृत प्रकार की कृषि जिसमें भेड़ पालन भी किया जाता है, यद्यपि कुछ चौपाये भी पाले जाते हैं जिनकी संख्या शीत ऋतु में चारे की कमी द्वारा सीमित रहती है।

hilloek **टीला**

एक छोटी पहाडी अथवा टेकरी को टीला कहा जाता है।

hill shading **पहाड़ी छायाकरण**

सामान्यतः दक्षिण और पूर्व दिशा की ओर के ढालों के उच्चवच को छाया द्वारा मानचित्र पर प्रदर्शित करने की एक विधि है अर्थात् यह मान लिया जाता है कि जो क्षेत्र मानचित्रित किया गया है वह उत्तर पूर्व से प्रकाशित है।

hinge fault **हिंज भ्रंश/कब्जा भ्रंश**

एक सामान्य भ्रंश जो अपने प्रवणता के सहारे थोडी सी दूरी पर क्रमिक घटती दूरी के द्वारा समाप्त हो जाता है, हिंज भ्रंश कहा जाता है।

hinge line **हिंज/कब्जारेखा**

मुडवां संस्तर के अधिकतम वक्रता/मोड वाले बिन्दुओं को जोडने वाली रेखा को हिंज रेखा/कब्जा रेखा कहा जाता है।

hinter land **पृष्ठ प्रदेश**

(i) पतन (बन्दरगाह) का वह पृष्ठभाग जिससे वह अपना अधिकांश निर्यात प्राप्त करता है और जिस क्षेत्र में उसका आयातित माल वितरित होता है, उस पतन का पृष्ठ प्रदेश कहलाता है।

(ii) वह क्षेत्र जिससे केन्द्रीय स्थान अपने ग्राहकों को आकर्षित करता है और अपना माल वितरित और सेवाएं उपलब्ध करता है।

histogram **आयत चित्र**

आयताकार विधि द्वारा आवृति वितरण का लेखीय प्रदर्शक, आयतचित्र कहलाता है। इसमें आयत की चौडाई द्वारा वर्गअन्तराल और ऊंचाई अनुरूप आवृतियाँ होती हैं।

holarctic **होर्लाकटिक**

ऐसा भौगोलिक क्षेत्र जिसमें पोलार्कटिक और निआर्कटिक दोनों क्षेत्र सम्मिलित रहते हैं अर्थात उत्तरी गोलार्द्ध के शीत और शीतोष्ण क्षेत्र, होलार्कटिक कहलाता है।

holistic **साकल्यवादी**

एक विश्लेषण, इस दर्शन पर कि प्रकृति में क्रियाशील अस्तित्व अथवा सत्ताएं व्यक्तिपरक जीव से निर्मित होती हैं और कि ये अन्योन्य-क्रिया करते जीव समग्रता के रूप में कार्य करते हैं। भूगोल एक साकल्यवादी विज्ञान कहा जाता है जिसके द्वारा तथ्य व्यक्ति नही तथ्य परक अस्तित्व के रूप में नहीं देखे जाते हैं वरन संघटित समूह के रूप में देखे जाते हैं। इस प्रकार का अभिगमन (approach) पारिस्थितिक तंत्र और प्रदेश में देखा जा सकता है।

homestead **वास भूमि**

किसी व्यक्ति का निवास स्थान अथवा घर, वह स्थान (नगर, ग्राम आदि) जहां उसका निवास स्थान स्थित है, वास भूमि कहलाता है।

hominid **होमिनिड़**

होमिनिडो परिवार का एक सदस्य अथवा उस परिवार के लिए विशेषण के रूप में माना जाता है।

hominide **होमिनिडो**

वह परिवार जिसमें मानव ओर उसके पूर्वज सम्मिलित किये जाते हैं, होमिनिडो कहलाता है।

hominoid **मानव सम**

होमिनिडो के उच्च परिवार का एक सदस्य अथवा उस परिवार के लिए विशेषण के रूप में उपयोग में लिये जाने के लिए मानव सम कहा जाता है।

homocline **होमोक्लाईन**

वे स्थान जिनकी जलवायु समान होती है, वे होमोक्लाइन कहलाते हैं जैसे पर्थ और केपटाउन की जलवायु समान होने से वे होमोक्लाइन हैं।

homoerectus **मानव इरेक्टस**

होमिनिड़ का एक रूप जो 10 लाख और 3 लाख वर्ष के बीच निवास करता था जिसके

उदाहरण जावामैन और पेकिंगमैन के रूप में पाये गये हैं।

homolographic projection **समक्षेत्र प्रक्षेप**

वह प्रक्षेप जिसमें समक्षेत्र फल का गुण होता है, उसे समक्षेत्र प्रक्षेप कहते हैं; अर्थात् मानचित्र पर सन्निकट देशान्तरों और अक्षांसों से घिरा क्षेत्र और उन्हीं देशान्तरों ओर समानान्तर से घिरा भूमि पर का क्षेत्र अनुपात में समान होता है। मोलवीड और बोन प्रक्षेप इसके उदाहरण हैं।

homosphere **सममण्डल**

सममण्डल की रचना आक्सीजन (20.9 प्रतिशत) तथा नाईट्रोजन (78 प्रतिशत) से हुई है। इस मण्डल की सागरतल से ऊंचाई 90 कि.मी. तक मानी जाती है। तापक्रम के आधार पर इसके तीन उपभाग हैं (1) परिवर्तन मण्डल (2) समताप मण्डल (3) मध्य मण्डल।

hook **हुक**

किसी भी लम्बाई में कोण अथवा तीव्र मोड हुक कहलाता है; विशेषकर किसी नदी का तीव्र मोड़ आदि।

horizon geographical **क्षितिज-भौगोलिक**

(i) धरातल की सीमा रेखा का वह भाग जो किसी स्थान से दिखाई देता है।

(ii) वह रेखा जहां पृथ्वी और आकाश मिलते दिखाई देते हैं।

horizon-geological **संस्तर भूगर्भिक**

संस्तर अथवा संस्तरों का समूह जिसको विशेष जीवाश्म अथवा जीवश्मों के समूहों द्वारा विशिष्टता प्रदान की गई हो संस्तर कहलाता है।

horizontal equivalent **क्षैतिज तुल्यांक**

किसी पहाड़ी-पार्श्व पर दो बिन्दुओं को यदि समतल धरातल पर प्रक्षेपित किया जाय, जैसा कि वे मानचित्र पर होते हैं, इन स्थानों के बीच की दूरी क्षैतिज तुल्यांक मानी जाती है।

horn **श्रृंग**

एक पर्वतीय चोटी का निर्माण तीन अथवा चार हिमगह्वर/सर्क द्वारा अपने शीर्ष की ओर काटने से पिरामिड़ की आकृति का श्रृंग का निर्माण करते हैं। इस प्रकार की अकृति श्रृंग कहलाती है।

hornito **हॉर्निटो**

पराश्रयिक मुख (parasatic vent) एक छिडकाव वाले शंकु के चारों और फेंके गये लावा के छोटे बुलबुलों के संचयन से बनी एक छोटी ज्वालामुखी संरचना, हार्निटो कहलाती है।

horse latitudes **घोडे के अक्षांश**

उत्तरी तथा दक्षिणी गोलार्द्धों में 30° से 35° अक्षांशों पर पाये जाने वाले वायुमण्डलीय उच्च

दाब की पेटी को 'घोडे के अक्षांश' कहा जाता है। वर्ष पर्यन्त उच्च तापक्रम होने पर भी यहाँ उच्च दाब की स्थिति रहती है क्योंकि भूमध्य रेखा के न्यून दाब से हवाएँ उठकर इस क्षेत्र में नीचे की ओर उतरती हैं, पवन चलना बन्द हो जाने से वातावरण शान्त रहता है। प्राचीन काल में पालदार जलयान जब इस उच्च दाब की पेटी को पार करते समय स्थिर और गतिहीन हो जाया करते थे, जलयानों के भार को कम करने के लिए नाविक अपने साथ लाये घोड़ों को समुंद्र में डाल दिया करते थे। बाद की खोजों से इस पेटी में मिली घोड़ों की अस्थियों के कारण इन अक्षांशों को 'घोड़ों का अक्षांश' कहा जाने लगा।

horst **हार्स्ट/उत्खंड**

(i) शैलों का दीर्घित (elongated) खंड जो भ्रंशों द्वारा घिरा होता है हार्स्ट कहलाता है। निकटवर्ती शैलों की तुलना में इस खंड की स्थानान्तरण दिशा ऊपर की ओर होती है।

(ii) दो, लगभग समानान्तर भ्रंशों के बीच उठा भाग हॉर्स्ट/उत्खंड कहलाता है, यातो निकटवर्ती क्षेत्र से ऊपर उठने के कारण अथवा भ्रंशों के बाहरी भागों के नीचे धंस जाने से हॉर्स्ट/उत्खंड निर्मित होता है।

horticulture **उद्यान कृषि/बागबानी**

(i) मूल रूप से उद्यान कृषि से तात्पर्य उद्यान लगाना होता था किन्तु वर्तमान में व्यापक अर्थों में इस शब्द का प्रयोग सब्जियां फल और फूलों की कृषि के लिए किया जाने लगा है।

(ii) हल और पशुओं के उपयोग के बिना तथा साधारण तकनीक अपनाते हुए विशेषकर उतखनन-लकडी की सहायता से खाद्य पदार्थों के उत्पादन की पद्धति को उद्यान कृषि कहा जाता है।

hot spring **अष्ण स्रोत**

भूगर्भिक ताप द्वारा गर्म जल का भूमि तल पर आना, उष्ण स्रोत कहलाता है।

Huff's model **हॉफ मॉडल**

उपभोक्ता व्यवहार सम्बन्धी एक मॉडल हॅफ ने 1961 में प्रतिपादित किया जिसके अनुसार नगरीय क्षेत्रों में क्रय करने के लिए यात्रायें न केवल भौतिक दूरी के कारण सीमित रहती हैं वरन घर और क्रय केन्द्र के बीच के क्षेत्र में जनसंख्या के घनत्व के द्वारा भी यात्रा सीमित रहती है।

human ecological triangle **मानव पारिस्थितिक त्रिभुज**

व्यक्ति, समाज और पर्यावरण के बीच सम्बन्धों को मानव पारिस्थितिक त्रिभुज कहा जाता है।

human ecology **मानव पारिस्थितिकी**

(i) पारिस्थितिकी की अवधारणा का उपयोग मनुष्यों और उनके पर्यावरण के बीच सम्बन्धों के अध्ययन के लिए किया जाना मानव पारिस्थितिकी कहलाता है।

(ii) पर्यावरण से मानव अनुकूलन का अध्ययन मानव पारिस्थितिकी कहलाता है।

human geography **मानव भूगोल**

पृथ्वी के धरातल की वे समस्त आकृतियाँ, वस्तुएं ओर तथ्य जो सीधे रूप में मानव के कारण अथवा उसकी क्रियाओं द्वारा होती हैं, का भौगोलिक अध्ययन मानव भूगोल के अन्तर्गत किया जाता है।

humanism **मानववाद**

यह एक दर्शन है जो मानवीय हित और मानव मस्तिष्क को सर्वोपरि मानता है। भूगोल विषय में मानववाद का प्रयोग फ्रांसिसी भूगोल वेत्ताओं द्वारा बीसवीं शताब्दी के प्रारम्भ में किया गया। सन् 1970 से इसके पुनरूत्थान में रूचि जागृत हुई है जिसके कारण मानववादी भूगोल का उदय हुआ है।

humanistic **मानवतावादी**

मानव हित और मानवजाति से सम्बन्धित को मानवतावादी कहा जाता है।

humanistic geography **मानवतावादी भूगोल**

मानव भूगोल का एक प्रतिमान जो लोगों के सक्रिय और निश्चयात्मक भूमिका, विशेषकर उनकी पर्यावरण के साथ अन्योन्यक्रिया में, मानव जानकारी, स्थानिक व्यवहार और स्थान और अंतरिक्ष के सम्बन्ध में मनुष्य की भावना पर बल देता है। यद्यपि इसका (मानवतावादी भूगोल) मूल सम्भववादी विचारधारा में पाया जाता है किन्तु स्पष्टरूप में मात्रात्मक क्रांति के यंत्रवादी मानव भूगोल के प्रति प्रतिक्रिया स्वरूप अभी हाल में ही यह सामने आ सका है। यह मानव को अधिक महत्व देता है इसी लिए इसे 'लोगों का भूगोल' की संज्ञा दी गई है अर्थात लोगों का वास्तविक भूगोल इसकी भावना है सभी लोगों का विकास इस प्रकार मानव कल्याण में सुधार ही मानववादी भूगोल का मुख्य लक्ष्य है।

humidity, absolute **निरपेक्ष/वास्तविक आर्द्रता**

वायु के निश्चित आयतन पर उसमें उपस्थित कुल जल वाष्प को निरपेक्ष/वास्तविक आर्द्रता कहते हैं। यह आर्द्रता वायु के निश्चित आयतन पर जलवाष्प के भार को दर्शाता है। निरपेक्ष आर्द्रता सामान्यत: ग्राम प्रतिघन मीटर (gm^3) अथवा ग्रेन प्रति घन फुट में व्यक्त की जाती है। उष्ण वायु की अपेक्षा शीत वायु में जल वाष्प की मात्रा कम पाई जाती है। अध्ययन से ज्ञात हुआ है कि -18°c ताप वाली वायु में प्रति घन मीटर 1g जलवाष्प रहती है जबकि 27°c ताप वाली वायु में प्रति घन मीटर 25g जलवाष्प पाई जाती है। इसका अर्थ है कि विषुवत रेखा पर ध्रुवीय और मध्य एशिया के क्षेत्रों की तुलना में निरपेक्ष आर्द्रता अधिक पाई जाती है।

humidity, relative **सापेक्षिक/आपेक्षिक आर्द्रता**

एक निश्चित तापक्रम पर निश्चित आयतन वाली वायु की आर्द्रता-सामर्थ्य तथा उसमें उपस्थित जलवाष्प की वास्तविक मात्रा के प्रतिशत को सापेक्षिक आर्द्रता कहते हैं। वायु में

100 प्रतिशत आर्द्रता होने पर उसे 'सम्पृक्त वायु' कहा जाता है। एक उदाहरण द्वारा इसे स्पष्ट किया जा सकता है— यदि 70° का तापक्रम पर एक घन फुट वायु लगभग 8 ग्रेन जलवाष्प ग्रहण कर सकती है और यदि उस वायु में केवल 6 ग्रेन आर्द्रता ही उपस्थित है तब वह वायु 3/4 सम्पृक्त वायु कहलायेगी, इसकी सापेक्षिक आर्द्रता 75 प्रतिशत कहलायेगी। सापेक्षिक आर्द्रता निम्न सूत्र के आधार पर ज्ञात की जा सकती है:

सापेक्षिक आर्द्रता = निरपेक्ष आर्द्रता/ आर्द्रता सामर्थ्य $= 6x100/8 = 75\%$

humidity, specific **विशिष्ट आर्द्रता**

वायु में निहित जलवाष्प परिमाण का माप जो अनुपातिक भार में व्यक्त किया जाता है, विशिष्ट आर्द्रता कहलाती है। अतः विशिष्ट आर्द्रता में वायु भार की प्रति ईकाई में जलवाष्प के अनुपात को दर्शाया जाता है।

humification **ह्यूमस भवन/ह्यूमस बनना**

जैव पदार्थों का ह्यूमस में परिवर्तित होना ह्यूमस भवन कहलाता है।

humus **ह्यूमस**

मृदा में पाया जाने वाला वनस्पति और जैविक मूल का पदार्थ अधिकाधिक स्पष्टतः ह्यूमस पूर्ण रूप से अपघटित और सूक्ष्म विभाजित पदार्थ होता है। यह अपघटन ह्यूमस का बनना कहलाता है, यह वह प्रक्रिया है जिसमें अपक्षय द्वारा जैविक अवशेष से मिलकर छूटे हुए साधारण खनिज यौगिक, बडे स्थिर जैविक कण बनाते हैं जो मृदा संरचना में बाँधने के कारक का कार्य करते हैं। ह्यूमस, धनायन/कैटायन को सोखने का महत्त्वपूर्ण कार्य करती है।

hunting & gathering **आखेट एवं संचयन**

उद्यान कृषि अथवा कृषि पर निर्भर रहे बिना जीवन निर्वाह की एक पद्धति जिसमें पौधों गिरिदार फल और फूलों का संग्रहण तथा पशुओं का आखेट किया जाता है, इस क्रिया को आखेट एवं संचयन कहा जाता है।

hurricane **हरीकेन**

पश्चिमी द्वीपसमूह की आश्चर्यजनक बल के साथ चलने वाली प्रचण्ड आंधी को हरीकेन नाम दिया गया है; जो कि 80 से 1600 क्लिोमीटर व्यास वाले चक्रवात होते हैं; जिसमें एक शान्त केन्द्र के चारों ओर 128 से 210 कि.मी. प्रति घंटे की गति से हवाएं घूमती हैं जो पूरी प्रणाली के साथ सीधे अथवा वक्र दिशा में बढता है।

hyaline **काचाभ**

एक प्रकार की कांच सदृश्य शैल से सम्बन्धित।

hydraulic action **द्रवचालित क्रिया**

भूआकृति विज्ञान में किसी नदी के जल का बल द्रवचालित क्रिया कहलाती है। द्रवचालित क्रिया नदीय अपरदन का एक संधटक है।

hydroulic **जलज वहन**

जल से सम्बन्धित जैसा कि पाइपों अथवा नलियों द्वारा, विशेषकर यांत्रिक विधि द्वारा जल का पहुंचाया जाना जलजवहन कहलाता है।

hydraulic action **द्रव चालित क्रिया**

अबद्ध, असंगत अथवा अपक्षीण पदार्थों का बहते जल द्वारा स्थानान्तरण जो नदी के तल और तट के अपरदन में सहायता करता है। यह पदार्थ एकल खनिज, अथवा स्तरित शैलों के रवों के संयोजन से बने हो सकते हैं।

hydraulic gradient **द्रवचालित प्रवणता**

किसी एक बिन्दु पर जल के भार द्वारा दाब का प्रयास किया जाना द्रवचालित प्रवणता कहलाता है।

hydrography **जलराशिकी**

महासागर, सागर, नदी और अन्य जलीय क्षेत्रों का अध्ययन जलराशिकी कहलाता है। इसके अन्तर्गत इनका वर्णन, मापन, और उसके बाद में इन सूचनाओं को चार्ट द्वारा प्रदर्शित करना सम्मिलित होता है।

hydrological cycle **जलीय चक्र**

इसे जल चक्र भी कहा जाता है, इसमें जल की गति और उसका गैस, तरल और ठोस अवस्था में परिवर्तन सम्मिलित रहता है। इसकी मुख्य प्रक्रिया संघनन है जिसके द्वारा वर्षा होती है। पृथ्वी पर अथवा भूमिगत जल का संचयन और प्रवाह, वाष्पिकरण और आर्द्रता का वाहन सम्मिलित रहते हैं।

hydrology **जलविज्ञान**

जल की उपस्थिति, संचार और वितरण तथा उसके रासायनिक, भौतिक लक्षणों और पर्यावरण से अन्तर्क्रिया का अध्ययन जल विज्ञान है। स्थल पर सम्पन्न होने वाले जलीय चक्र को सम्मिलित किया जाता है, किन्तु व्यवहार में स्थल पर पाये जाने वाले जल का ही अध्ययन जल विज्ञान में किया जाता है; सागर और महासागरों के जल का अध्ययन मुख्यतः समुद्र विज्ञान का क्षेत्र है, अतः जल विज्ञान में सागरीय जल को अध्ययन नहीं किया जाता है।

hydrolysis **जलअपघटन**

(i) जैव यौगिकों का जल की प्रतिक्रिया द्वारा विघटन जल अपघटन कहलाता है।

(ii) नमक का जल से अलग होने पर अम्ल और क्षारक दोनों का संगटन जल अपघटन कहलाता है। यह शैल के अपक्षय की एक महत्वपूर्ण रासायनिक यंत्र रचना है।

hydrosere **जलक्रमक**

जल में उत्पन्न होने वाले पौधों का आनुक्रमिक क्रम जलक्रमक कहलाता है।

hydrosphere **जलमण्डल**

पृथ्वी के धरातल पर समस्त जल तरल अथवा ठोस रूप में समस्त जल की मात्रा जलमण्डल क्षेत्र के अन्तर्गत आता है। जलमण्डल का सबसे अधिक महत्वपूर्ण भाग सागरीय जल क्षेत्र होता है, किन्तु झीलों और नदियों के जल का भी जलमण्डल में महत्वपूर्ण स्थान है।

hyetograph **वर्षाचार्ट**

निरन्तर वर्षा मापक स्वतः अभिलेखी यंत्र। किसी प्रदेश में वर्षा-वितरण दिखाने वाला चार्ट वर्षा चार्ट कहलाता है।

hygrograph **हाईग्रोग्राफ/आर्द्रता लेखी**

वायुमण्डल आर्द्रता नापने के लिए एक स्वतः अभिलेखी यंत्र आर्द्रता लेखी कहलाता है।

hygrometer **आर्द्रतामापी यंत्र**

वायु में आर्द्रता तथा अन्य गैसों की मात्रा का प्रत्यक्ष संकेत प्राप्त करने का यह एक यंत्र है। यह संकेत प्रायः सापेक्ष आर्द्रता के रूप में होता है। किसी स्थान के तापक्रम पर वायु में जो अधिकतम आर्दता बिना संघनन के रहती है, वह प्रतिशत में दर्शायी जाती है। आर्द्रता मापी यंत्र तीन प्रकार के होते हैं; यांत्रिक, रासायनिक तथा ओस बिन्दु।

hypabyssal rock **अधिवितलीय शैल**

ऐसी आग्नेय शैलें जो भूपृष्ठ के आधार के निकट पृथ्वी तल के निकट संधटित होती हैं, अधिवितलीय शैल कहलाती हैं।

hypocenter = seismic focus **अवकेन्द्र = भूकम्पीउद्‌गम केन्द्र**

hypogene **अधोजनित**

इस शब्दावली का उपयोग उन खनिजों और अयस्कों के जमाव पर लागू किया जाता है जो ऊर्ध्वजनित के विपरीत धरातल की ओर उठ रहे जल के द्वारा निर्मित होते हैं।

hypolimnion **अधः सर**

जलीय क्षेत्र (सागर/महासागर/झील) की निम्न सतह जहाँ प्रकाश संश्लेषण के लिए न्यून ताप (5° से 7° सें), अपर्याप्त प्रकाश और घुली आक्सीजन की कमी पायी जाती है।

hypothesis **परिकल्पना**

(i) कोई साध्य जो स्वीकृत अथवा अस्वीकृत किए जाने की अवस्था में होता है परिकल्पना कहलाता है, किन्तु जब कोई साध्य स्वीकार कर दिया जाता है वह सिद्धान्त बन जाता है।

(ii) सामान्य अर्थों में घटनाओं के संबंध में निर्मित एक अनुमान अथवा प्रस्थापना को प्राक्कलपना परिकल्पना कहते हैं। शोध के विशिष्ट अर्थों में दो अथवा दो से अधिक

परिवृत्यों के अन्तर्गत संबंधों को व्यक्त करने वाला एक ऐसा अस्थाई कथनर या सामान्यीकरण परिकल्पना/प्राककल्पना कहलाता है जिसे साध्यों के आधार पर सिद्ध अथवा असिद्ध किया जाना शेष रहता है।

hypographic **उच्चतादर्शक**

भूगोल की उस शाखा से सम्बन्धित है जो ऊंचाई पर विचार करती है।

hypsographic curve = hypsometric curve **उच्चता दर्शी वक्र = हिप्सोमितीय वक्र/उच्चतादर्शी वक्र**

hypsometric curve **हिप्सोमितीय वक्र/उच्चता दर्शी वक्र**

पृथ्वी-धरातल और महासागरों की तली का सामान्यीकृत पार्श्व-चित्र। एक वक्र अथवा आलेख जो धरातल के क्षेत्रफल के परिमाणों को डेटम (datum line) के नीचे और ऊपर विभिन्न ऊंचाईयों को प्रदर्शित करता है उच्चता दर्शी वक्र कहलाता है।

hypsometry **उच्चतामिति**

एक निश्चित आधार (डेटम) प्रायः माध्य समुद्र तल से ऊपर धरातल अथवा सागर की ऊंचाई का माप उच्चतामिति कहलाती है।

hythe **हॉइथे**

(i) एक छोटा आश्रय अथवा विशेषकर नदी पर बाँध तट बिन्दु को हॉइथे कहा जाता है।

(ii) सामान्यतः स्थानों के नामों के पहले लगाया जाने वाला प्रत्यय।

hythergraph **हीदरग्राफ**

एक वर्ष के मासिक तापमानों और मासिक वर्षा के आंकडों को आरेख से दिखाये जाने को हीदरग्राफ कहते है।

I

ice **बर्फ/हिम**

सामान्यतः जल का ठोस स्वरूप बर्फ कहलाता है; जो निम्न प्रकार से अपना रूप बदलता है:-

(i) पानी के जम जाने से;

(ii) वायुमण्डल जल वाष्प के घनीभवन द्वारा;

(iii) वायु में जलवाष्प से सीधे ठोस बर्फ क्रिस्टलों के परिष्कार से; तथा

(iv) हिम के सघन होने से।

ice age **हिम काल**

हिमनद कल्प; ऐसा भूगर्भिक समय जब महाद्वीपों के अधिकांश भाग हिम-चादर और हिमानियों से ढके हुए थे तथा अनेक स्थानों पर यह हिमानी और हिमचादर महासागरों तक पहुँच गई थी जिसके कारण महासागरों का तापमान गिर गया था। ऐसी अवस्था अभिनूतनकाल में रही होगी ऐसी मान्यता है।

ice apron **बर्फ एप्रन**

एक क्षीण हिम और बर्फ का ढेर जो पर्वतीय भाग के पाश्र्व में चिपका रहता है; बर्फ एप्रन कहलाता है।

iceberg **प्लावी बर्फ**

आर्कटिक हिमानी जो तट के निकट तक आ जाता है और जो समुद्र में एक पहाडी सा दिखाई देता है। प्लावी बर्फ कहलाता है।

ice blink **हिम झलक**

बर्फ के चादर अथवा प्लावी बर्फ पुंज के द्वारा आकाश में पीलापन लिए सफेद प्रदीप्त चमक को हिम-झलक कहा जाता है।

ice cake **बर्फ केक**

बर्फ के टुकडे यद्यपि इनका आकार निश्चित नहीं होता है बर्फ केक कहलाते है।

ice cap **बर्फ छत्रक/बर्फ टोपी**

किसी स्थलीय क्षेत्र पर एक स्थायी बर्फ का आवरण, जैसा कि ऊंचे पर्वतीय भागों पर पाया जाता है और बडे मापक पर ध्रुवीय क्षेत्रों में पाया जाता है, बर्फ छत्रक अथवा बर्फ टोपी कहा जाता है।

ice field **हिम क्षेत्र**

बर्फ का एक चौडा सपाट विस्तृत क्षेत्र विशेष कर ध्रवीय प्रदेशों में समुद्री बर्फ का हिम क्षेत्र कहलाता है।

ice floe **प्लावी हिमखण्ड/हिमप्लव/हिम की तैरती चादर**

स्थल भाग से अलग हिम का एक सपाट खण्ड जो जल में तैर रहा होता है, प्लावी हिमखण्ड/हिमप्लव कहलाता है।

ice flow **बर्फ प्रवाही चादर**

कभी-कभी कई किलोमीटर विस्तार में बहते बर्फ की एक वृहत चादर, प्रवाही चादर कहलाती है।

ice fog **बर्फ कुहरा**

अनेक छोटे बर्फ के कणों का वायु में लटके रहने के कारण पृथ्वी के धरातल पर दृश्यता को प्रभावित करता है; बर्फ कुहरा कहलाता है।

ice foot **हिम भित्ति/हिमपाद**

ज्वारों के आने और लौटने के परिणामस्वरूप, उच्च और निम्न ज्वार की जल सीमा के बीच बर्फ की एक दीवार अथवा पेटी जो कि आर्कटिक प्रदेशों में तट के सहारे बनती है। हिममिति/हिमपाद कहलाती है।

iceland spar **आइसलैण्ड स्पार**

प्रकाशीय प्रकार के कैल्साइट की पारदर्शी किस्म आइसलैण्ड स्पार कहलाती है।

iceshelf **हिमशेल्फ**

स्थलीय आधार से सागर तक फैली हिमचादर, जिस पर भूमि के ऊपर के हिमनद से इसके ऊपर गिरते हिम से पुष्टि होती है।

ice stream **हिम सरिता**

हिमनद अथवा हिमचादर में से तेज गति से बहती जल धारा, यह आवश्यक नहीं कि वह धारा भी उसी दिशा में बहती हो जिस दिशा में हिमनद का प्रवाह है, हिमसरिता कहलाती है।

icing **हिमन**

शीत ऋतु में जल की चादर जो जमीन से नदी अथवा स्रोतों के जल का लघुस्रोत हो सकता

है का उत्तरोत्तर हिमीकरण का धरातलीय बर्फ का ढेर हिमन कहलाता है। परिहिमनद क्षेत्रों में व्यापक हिमन पाये जाते हैं।

idealism **आदर्शवाद**

(i) यह संकल्पना इस विश्वास पर आधारित है कि विचार प्रक्रियाओं के सम्बन्ध में मानव क्रिया व्यक्त की जा सकती है। भौगोलिक अध्ययन में यह अनुसन्धान करने के लिए कि कैसे सांस्कृतिक भूदृश्य निर्भर हो रहा है जिसमें लोग अपने पर्यावरण का अनुभव करते हैं।

(ii) आदर्शवाद, दार्शनिक विचारधारा का एक दृष्टिकोण है जिसके अनुसार ब्रह्माण्ड की व्याख्या पदार्थ अथवा भौतिक वस्तुओं की अपेक्षा विचारों के आधार पर की जाती है जिसमें यह माना जाता है कि बाह्य संसार मानव मस्तिष्क की उपज है। आदर्शवाद का सर्वाधिक प्रभावशाली स्वरूप, हम हीगल के दर्शन में देख सकते हैं। एक अन्य रूप में आदर्शवाद सामाजिक संस्थाओं एवं प्रथाओं का मूल्यांकन का एक सिद्धान्त है जिसके अनुसार किसी परिपूर्ण स्थिति के आदर्श स्वरूप के साथ इसके अनुरूपता की मात्रा की तुलना की जाती है।

idioblastic **पुनः स्वक्रिस्टली**

फोर्स्टेराइट ओलीवाइन का लाल-भूरे रंग का अदल बदल उत्पाद पुनः स्वक्रिस्टली कहलाता है।

idiographic **इडियोग्राफिक**

भूगोल का एक उपागम जिसमें सामान्य प्रकार की अपेक्षा विशिष्ट और बेजोड विषय और परिस्थितियों का अध्ययन किया जाता है।

idiomorphic **स्वरूपिक/स्वरूपी**

ऐसी शैल की ओर इंगित करता है जिसके अधिकांश रवे अफलकीय होते हैं।

igneous **आग्नेय**

अग्नि से सम्बन्धित, ज्वालामुखी द्वारा उत्पन्न को आग्नेय कहा जाता है।

igneos rock **आग्नेय/मग्मज शैल**

मैग्मा के पिंडन अथवा ठोस हो जाने से, या तो पृथ्वी के भीतरी भाग में बनी अन्तर्वेधी आग्नेय शैल हों अथवा पृथ्वी के पटल पर बनी बहिर्वेधी आग्नेय शैल हों, आग्नेय शैल कहलाती हैं। आग्नेय शैलें अपने रासायनिक संघटन के आधार पर भिन्न-भिन्न प्रकार की पाई जाती हैं। सिलिका समृद्ध होने से ग्रेनाइट और रायोलाइट अथवा मैग्मा के ठंडे होने से काँच सदृश्य तथा धीरे धीरे ठंडा होने वाले और गहराई पर मैग्मा से स्थूल-क्रिस्टली शैल डायोराइट और ग्रैबो शैल बनती है।

ilmenite **इल्मेनाइट**

काला धात्विक धनिज (Felio3) जो आग्नेय और रूपान्तरित शैलों में सहायक तथा रेत में अपरदी खनिज के रूप में पाया जाता है।

illuvial horizon **समपोढ स्तर**

वह स्तर जो मृदा के ऊपरी भाग से विलेयन/घोल अथवा निलम्बन द्वारा पदार्थ प्राप्त करती है, समपोढ स्तर कही जाती है।

illuviation **समपोहन**

वह प्रक्रिया जिसके द्वारा मृदा के ऊपरी स्तर से पदार्थों का घोल अथवा निलम्बन के रूप में निचले स्तर प्रायः 'बी' स्तर पर जमा हो जाता है; समपोहन कहा जाता है।

image **प्रतिबिम्ब**

वास्तविकता का चित्र अथवा चित्रण जैसा कि आकाशीय चित्रण ओर रिमोट सेसिंग में होता है।

imbricate structure **कोरछारी संरचना**

कोरछारी संरचना वह संरचना होती है जिसकी रचना पर्वत निर्माण के तीव्र दबाव के कारण होती है, इस तीव्र दबाब के कारण शैल के प्रथम खंड एक दूसरे के ऊपर लद जाते हैं।

immature soil **अपरिपक्व मृदा**

एक तरूण अथवा अपूर्ण विकसित मृदा को अपरिपक्व मृदा कहा जाता है।

immigration **आप्रवासन/आप्रवास**

किसी क्षेत्र/देश में बसने के उद्देश्य से आने की प्रक्रिया आप्रवासन अथवा आप्रवास कहा जाता है। इस शब्द का प्रायः उपयोग उन व्यक्तियों के लिए किया जाता है जो राष्ट्रीय सीमाएं छोड कर दूसरे देश की सीमा में आकर बस जाते हैं।

impeded dunes **अवरूद्ध टीले**

मुक्त टीलों से विपरीत उनकी स्थिति और बनावट सीधे वनस्पति से सम्बन्धित रहती है, एक स्थलाकृतिक बाधा अथवा एक अवसाद का स्थानीय स्रोत होता है।

impermeable **अपारगम्य**

वह तल जो जल अथवा अन्य किसी भी तरल पदार्थ को अपने से नीचे न जाने दे, अपारगम्य कहलाता है।

impervious **अप्रवेश्य**

जिसमें से होकर गुजर न सके, अप्रवेश्य कहा जाता है।

import substitution **आयात-प्रतिस्थापन**

वह प्रक्रिया जिसके द्वारा कोई देश उन वस्तुओं का उत्पादन स्वंय करने लगे जो वह पहले आयात करता था, आयात प्रतिस्थापन कहा जाता है।

improved land **उन्नत भूमि**

भूमि का वह क्षेत्र जो अपवाह और उर्वकों के प्रयोग द्वारा अधिक उपजाऊ बना लिया जाता है, उन्नत भूमि कहलाती है; इस शब्दावली का केवल कृषि में उपयोग किया जाता है।

in and out channel **अन्दर और बाह्य सरिता**

हिमानी से निकट पहाडी क्षेत्र में प्रवाहित पिघले जल द्वारा उत्पन्न असतत, छोटी सरिता को यह नाम दिया जाता है।

incest **निकटाभिगमन**

निकट के रक्त संबंधों द्वारा जुडे विषम लिंगियों के बीच स्थापित लैंगिक सम्बन्ध जिसमें विवाह वर्जित होता है निकटाभिगमन कहा जाता है। पिता, पुत्री, माता, पुत्र अथवा सहोदर भाई-बहिन, के बीच लैंगिक सम्बन्ध निकटाभिगमन की श्रेणी में आते हैं।

incest taboo **निकटाभिगमन निषेध**

सभी समाजों में विवाह सम्बन्धी कुछ ऐसे नियम हैं जो व्यक्तियों की विशिष्ट श्रेणियों के बीच विवाह अथवा लैंगिक संबंधों की स्वीकृति नहीं देते, सामान्यतः व्यक्तियों की ये श्रेणियां रक्त संबंधों की निकटता पर आधारित हैं जैसे पिता-पुत्री अथवा सहोदर भाई-बहिन इस प्रकार के निकटतम संबंधियों के बीच वर्जित किये गये लैंगिक संबंधों को ही निकटाभिगमन निषेध कहा जाता है। निकटाभिगमन निषेध की सीमा सर्वदा रक्त सम्बन्धों द्वारा ही निर्धारित की जाती है।

incised meander **अधः कर्तित विसर्प**

किसी नदी का विसर्प जो कि आधार तल को गहराई से कटाव करता है अधः कार्तित विसर्प कहलाता है। यह कटान मूल विकास से उत्पन्न हो सकता है क्योंकि नदी के अवखनन पूरा करने से पूर्व विसर्प विकसित हो सकता है, यह अंत कार्तित अन्तर्वर्धित विसर्प (ingrown meander) कहलाता है। जब यह, कटा व दोस्तर की प्रक्रियाओं, बाढ मैदान विसर्पों और एक के बाद एक नीचे आधार तल कटाव के नवीकरण का परिणाम होता है यह गंभीरीभूत विसर्प (entrenehed meander) कहलाता है।

incision **कटाव**

नदी द्वारा अपनी घाटी को अधिक गहरा बनाना, कटाव कहलाता है।

inconsequent drainage **प्रत्यनुवर्ती अप्रवाह**

ऐसा अप्रवाह जो संरचना पर अनुवर्ती न हो, वह पूर्ववर्ती अथवा अध्योरोपित हो सकता है।

index number **सूचकांक**

ऐसी संख्या जो एक अथवा अधिक चरों को समय में अपेक्षतः परिवर्तन दिखाती हैं। एक विशेष वर्ष के चर मान को आधार मानकर 100 में व्यक्त किया जाता है। अन्य वर्षों की संख्या को आधार वर्ष की संख्या के प्रतिशसत में व्यक्त किया जाता है। आर्थिक भूगोल वेत्ताओं को सूचकांक तुलना के लिए उपयुक्त आंकडे उपलब्ध करता है, जैसे भोज्य पदार्थों का प्रति व्यक्ति उत्पादन तथा आधार वर्ष के संदर्भ में अन्य वस्तुओं का उत्पादन।

inductive method **आगमन विधि**

आगमन विधि तर्कशास्त्र की एक विधि है जिसमें अवलोकन प्रेक्षण के आधार पर परिणाम निकाले जाते हैं, आगमन विधि कहलाती है। इस विधि में खोज की प्रक्रिया विशिष्ट से सामान्य की ओर चलती है।

inductive reasoning **आगमिक विवेचन**

अनेक विशिष्ट उदाहरणों से सामान्य नियम बनाने के लिए तर्क की प्रक्रिया लेना अर्थात विशिष्ट से सामान्य की ओर जाना आगमिक विवेचन कहलाता है।

induration **दृढीभवन/कठोरीकरण**

भूगर्भशास्त्र में सामान्यतः अवसादी शैलों का सूखने, दबाब अथवा सीमेंटीकरण द्वारा कठोर होना दृढीभवन/कठोरी भवन कहलाता है।

industrial complex **औद्योगिक संकुल**

विनिर्माण का अपेक्षतः छोटे क्षेत्र में बडा केन्द्रीकरण औद्योगिक संकुल कहलाता है। इस प्रकार के संकुल में स्थित उद्योगों को विशेषकर जहां तक अवसंरचना (infra structure) का सम्बन्ध है, समूहन अर्थव्यवस्था का लाभ मिलता है। इस प्रकार के लाभ अच्छी यातायात व्यवस्था, संचार प्रणाली आदि होते हैं।

industrial geography **औद्योगिक भूगोल**

औद्योगिक भूगोल के अन्तर्गत उद्योगों की स्थानिक व्यवस्था और उनकी संगठन क्रिया का अध्ययन किया जाता है। आर्थिक भूगोल की उपशाखा के रूप में यह द्वितीयक खण्ड की क्रियाओं अर्थात विनिर्माण क्रिया से मुख्य रूप से सम्बन्धित है। द्वितीय महायुद्ध के पश्चात् मानव भूगोल की अन्य शाखाओं के समान ही औद्योगिक भूगोल में बदलाव आया है। प्रारम्भ में इसके केवल उद्योगों का विवरण और उनके वितरण का ही अध्ययन किया जाता था किन्तु 1960 के पश्चात् वेबर तथा अन्य सिद्धान्तवादियों के औद्योगिक अवस्थित सिद्धान्तों के पुरूत्थान और व्यवहारवादी भूगोल के विकास के परिणामस्वरूप औद्योगिक भूगोल विशेष रूप से उद्योगपतियों द्वारा निर्णयन (decision making) और औद्योगिक संगठन से सम्बन्धित है और उद्योगों के निर्णयन और स्थानिक व्यवस्थापन क्रिया को एक कारक के रूप में प्रभावित भी करता है।

industrial inertia **औद्योगिक जडत्व**

उद्योगों अथवा प्रतिष्ठानों का उनकी अवस्थिति में रहने की प्रवृत्ति चाहें उन स्थानों पर वे परिस्थितियाँ बदल भी गई हों जिनके कारण वे वहां आरम्भ की गई थी, ऐसी स्थिति को औद्योगिक जड़त्व कहते हैं।

industrial location theory **औद्योगिक अवस्थिति सिद्धान्त**

औद्योगिक भूगोल का यह एक पक्ष है जो 1960 के दशक में महत्व पा सका, यह सिद्धान्त बहुत पहले वेबर द्वारा प्रतिपादित औद्योगिक अवस्थिति सिद्धान्त द्वारा प्रेरित हुआ होगा। वेबर और अन्य सिद्धान्तवादियों के सिद्धान्त नियामक (आदर्शी) होने के परिणामस्वरूप उपानुकूलतमत (suboptimal) व्यवहारवादी (behavioural) और संरचनात्मक (structural) ने उसका स्थान ले लिया।

industrial revolution **औद्योगिक क्रांन्ति**

इस शब्द और आद्योगिक क्रांन्ति को प्रारम्भ करने का श्रेय इंग्लैण्ड को है, जब अठारहवीं शताब्दी के अंतिम चरण ओर उन्नीसवीं सदी का प्रारम्भिक अवस्था में हुए औद्योगिक परिवर्तन की अवस्था को औद्योगिक क्रांति कहा जाने लगा। जब तकनीकी आविष्कारों ने उत्पादन प्रक्रिया को पूर्णत: घर की चार दीवारी तथा उत्पादन की लघु प्रणाली से निकाल कर बडे-बडे उद्योगों में परिवर्तित कर दिया। इस अवधि में ब्रिटेन में आर्थिक औद्योगिक सामाजिक तथा संगठनात्मक अनेक परिवर्तन हुए। कोयला, लोहा, और बाद में इस्पात पर प्रयोग की प्रविधि के विकास ने औद्योगिक क्रांति को ओर बढावा दिया। ऊर्जा शक्ति के रूप में जलविद्युत तथा भाप के इंजन के आविष्कार ने बहुत बड़े बड़े उद्योगों की स्थापना में सहयोग दिया।

industry **उद्योग**

इसके व्यापक अर्थों में कोई भी कार्य अथवा क्रिया जो लाभ कमाने अथवा नियोजन (रोजगार) प्रोत्साहित करने के लिए जैसे विनिर्माण, कृषि फुटकर विक्रय और पर्यटन आदि किया जाता है उद्योग की श्रेणी में आते हैं। ओद्योगिक भूगोल में इस शब्द का उपयोग वस्तुओं के निर्माण अर्थात विनिर्माण को इंगित करने के लिए किया जाता है।

industry, basic **उद्योग-मूलभूत**

वे उद्योग जो अपने उत्पादों को विनिमय के उद्देश्य से अपने अवस्थिति स्थान से बाहर भेजते हैं, उद्योग-मूलभूत कहलाते हैं।

industry extractive **उद्योग निष्कषर्ण**

उन प्राथमिक उद्योगों, जिनसे अप्रतिस्थापनीय पदार्थ उनकी प्राकृतिक अवस्था में निकाले जाते हैं जैसे खनन, उत्खनन (आखनन) आदि निष्कर्षण उद्योगों के अन्तर्गत आते हैं।

industry, primary **उद्योग प्राथमिक**

वे उद्योग अथवा क्रियायें जो पदार्थ प्रकृति द्वारा संभरण किए गये हैं उनको उपलब्ध और संग्रहण करने से सम्बन्धित होती हैं ऐसे उद्योग प्राथमिक उद्योग कहलाते हैं जैसे खनन, उत्खनन (quarring) कृषि मछली पकडना, लकडी काटना, आदि।

industry, secondary **उद्योग-गौण/द्वितीयक**

प्राथमिक उद्योगों द्वारा उपलब्ध कराये गये पदार्थों को जो उद्योग सीधे उपयोगी वस्तुओं में परिवर्तित करते हैं, उन उद्योगों को गौण अथवा द्वितीयक उद्योग कहते हैं जैसे विनिर्माण, विद्युत-उत्पादन, भवन निर्माण आदि।

industry, tertiary **उद्योग तृतीयक**

प्राथमिक, द्वितीयक उद्योगों के अतिरिक्त यातायात व्यापार, वित्तीय, संचार सेवाएं, प्रशानिक सेवायें अर्थात जो आर्थिक कार्य अर्थ लाभ के लिए किए जाते हैं वे सब तृतीयक उद्योगों के अन्तर्गत रखे जाते हैं।

infanticide **शिशुहत्या**

यद्यपि शिशुहत्या भिन्न-भिन्न शास्त्र विद्याओं (disciplines) में इस शब्द का प्रयोग किया जाता है किन्तु इसका अर्थ वैध संदर्भ में मानव शिशु की हत्या से लिया जाता है।

infant mortality **शिशु मृत्यु संख्या**

प्रति 1000 जन्म लेने वाले एक वर्ष से कम आयु के शिशुओं की मृत्यु दर, शिशु मृत्यु संख्या कहलाती है। ऊंची शिशु मृत्यु संख्या दर प्रायः सीमित स्वास्थ्य सेवायें, कुपोषण और सामान्य अविकसित अवस्थाओं का द्योतक होता है।

inference **अनुमान/निष्कर्ष**

जिससे कि परिणाम निकाला जा सके; तर्कों के आधार पर निष्कर्ष निकालना अनुमान कहलाता है।

inflation **मुद्रा स्फीति**

मूल्य बढने की एक प्रक्रिया और मुद्रा का अवमूल्यन मुद्रा स्फीति कहलाती है। किसी क्षेत्र में ऐसी अवस्था जिसमें वस्तुओं और सेवाओं की अपेक्षा क्रय शक्ति की मात्रा निरन्तर बढती जाती है।

inflationery spiral **मुद्रा स्फीति सम्बन्धित गति**

मूल्यों का ऊपर की ओर बढ़ना जो मजदूरी ओर वेतन, लाभांश ओर ब्याज की दरों में वृद्धिका अंशतः परिणाम और कारण होता है।

inflorescance **पुष्पक्रम**

पौधे की पुष्पीशाखा पुष्पक्रम कहलाती है।

influent **अंत:प्रवाही**

यातो एक सहायक सरिता अथवा एक नदी अथवा यह शब्दावली ऐसी सरिता के लिए प्रयुक्त की जाती है जो भौम जल क्षेत्र को जल उपलब्ध करती हो।

influent stream **अंतः प्रवाही धारा**

प्रवेश करती हुई नदी/सरिता विशेषकर किसी गुफा में प्रवेश करती नदी/सरिता को अंतःप्रवाही धारा कहते हैं।

information field **सूचना क्षेत्र**

दूसरे लोगों और स्थानों के सम्बन्ध में ज्ञान का स्थानिक वितरण सूचना क्षेत्र कहलाता है।

infrastructure **अवसंरचना**

अधिकांश प्रकार की आर्थिक क्रियाओं के लिए जो सुविधाएं और सेवाएं आधार होती हैं उन्हें अवसंरचना कहा जाता है। इन सुविधाओं और सेवाओं में सडकों विद्युत आपूर्ति, संचार सेवाएं तथा जल का प्रबन्ध करना सम्मिलित रहता है। ये सभी सुविधाएं और सेवाएं सामुदायिक, प्रादेशिक अथवा राष्ट्रीय स्तर पर उपलब्ध कराई जाती हैं जिसके लिए प्रत्येक उपभोक्ता कर आदि देता है।

inheited valley **मूलागत घाटी**

एक पुरानी और लुप्त अपवाह प्रणाली द्वारा काटी गई घाटी जो बाद के समय में नवीन प्रणाली द्वारा अपना ली गई हो मूलागत घाटी कहलाती है।

inland basin **अंतः स्थलीय बेसिन**

मरूस्थलीय प्रदेशों में स्थित उच्चभूमि क्षेत्र के बीच संवृत धंसाव जिसकी ओर, जब भी पर्याप्त वर्षा होती है मिट्टी, कंकड, बजरी, जैसे पदार्थ बहकर जाते हैं; अंतः स्थलीय बेसिन कहे जाते हैं। इन बेसिनों में बहकर जाने वाले पदार्थ, ढालू भागों से वृष्टिधोवन (sheet wash) के रूप में बेसिन तक पहुंचते हैं। सबसे अधिक बारीक कण और घुले पदार्थ अधिक दूरी तक पहुंच पाते हैं, जबकि बडे और बिना छंटाई हुए पदार्थ बेसिन के किनारे पर ही जमा हो जाते हैं। केन्द्रीय भाग तक केवल मृदा और घुलनशील नमक ही केन्द्र तक पहुंच कर एकत्रित होता जाता है। सूखने पर ये बेसिन सपाट धरातल के दिखते हैं जिनके बीच बीच में दरारें पड़ी होती हैं। वर्षा ऋतु में ये बेसिन खारे पानी की झीलें अथवा खारे कच्छ बन जाते हैं।

inland ice **अंतः स्थलीय बर्फ**

विस्तृत आकार में फैली बर्फ टोपी जैसा कि ग्रीन लैण्ड द्वीप और स्कैन्डीनेविया में पाई जाती है अंतः स्थलीय बर्फ कहलाती है।

inlier **नवांतः शायी**

शैल का एक दृश्यांक (out crop) जो पूरी तरह से नवीन बने भागों से घिरा हो, प्रायः

अपनति के शिखर के अपरदन का परिणाम होता है।

inner core **आन्तरिक क्रोड़**

लगभग 2000 कि.मी. व्यास वाला पृथ्वी के बाह्य क्रोड से लगभग 5000 कि.मी. गहराई पर स्थित अन्तरतम खोल आन्तरिक क्रोड के रूप में जाना जाता है। भौगोलिक प्रमाणों के आधार पर यह माना जाता है कि यह खोल लोहे ओर निकल से निर्मित है।

innovation **नवाचार**

नवीन विचारों का प्रवेश और कार्य करने के नवीन ढंग, परिवर्तन करने के लिए यत्न नवाचार के अन्तर्गत आते हैं। दोनों दिशाओं दिक्काल में नवाचार का विस्तार भौगोलिक अध्ययन का क्षेत्र है, महायुद्ध के पश्चात् नवाचार ने महत्वपूर्ण स्थान प्राप्त कर लिया है।

inselberg **इनसेलबर्ग**

इनसेलबर्ग जर्मन भाषा का शब्द है जिसका अर्थ है 'परिवृत गिरी'। चारों ओर से सपाट मैदानी भाग से घिरा, बालू का पत्थर और संगुष्टिकाश्म (conglomerate) से बनी उच्च अवरोध वाली अवशिष्ट शैल होती है; जिसे इनसेल बर्ग कहा जाता है।

insequent stream **अक्रमवर्ती सरिता**

एक ऐसा अपवाह जाल जो ऐसे कारकों का परिणाम होता है जो सुस्पष्ट नहीं होते हैं।

insolation **सूर्याताप/सूर्यातापन/आतपन/सूर्यातम/सोर्याक शक्ति**

(i) किसी एक इकाई क्षेत्र पर विर्निर्दिष्ट समय और विनिर्दिष्ट धरातल पर या तो सीधे अथवा विकीर्ण सौर विकीरण,सूर्याताप/सूर्यातापन कहलाता है। अपरिवर्तनीय सौर, वर्ष का समय, ताप प्राप्त करने वाले स्थान का अक्षांश, तलका ढाल अथवा अन्य कोई आकार यदि हो तथा वायुमण्डल की पारदर्शिता, पर सूर्यताप की मात्रा निर्भर करती है।

(ii) सूर्य से प्राप्त उष्मा की मात्रा को आतपन/सूर्यातम/सौर्यिक शक्ति कहा जाता है।

insular climate **द्वीपीय जलवायु**

ऐसी जलवायु जिसमें तुलनात्मक दृष्टि से ग्रीष्म और शीत तापक्रमों में कम अंतर रहता है द्वीपीय जलवायु कही जाती है। अनेक द्वीपों में इस प्रकार की जलवायु पाई जाती है।

interaction **अन्योन्याश्रय क्रिया/अन्तर्किया**

(i) इस शब्द का प्रयोग विसंगति के विश्लेषण में दो समूहों के प्रेक्षण का एक दूसरे पर प्रभाव को बताने के लिए किया जाता है।

(ii) एक दूसरे पर निर्भर (अन्योन्याश्रय) रहने/होने की क्रिया जैसे मानव और पर्यावरण के बीच अन्योन्याश्रय क्रिया होती है।

(iii) कोई प्रक्रिया जिसमें एक तत्व की क्रिया से दूसरे तत्व में क्रिया अथवा उसमें परिवर्तन

उत्पन्न होता है, अन्तक्रिया क्रिया कहलाती है। जीवों में यदि परिस्थितिकी में इसी प्रकार की अन्तक्रिया जीव समुदायों ओर वातावरण के बीच होती है, इसी प्रकार मानव ओर भौतिक पर्यावरण के बीच भी अन्तक्रिया होती है।

intercolline **अंतरा पर्वतीय**

ज्वालामुखी उद्‌भेदन द्वारा बनी शंक्वाकार छोटी पहाड़ी के बीच बने खोखले (धंसाव) को अंतरापर्वतीय कहते हैं।

interfluve **दोआबा/दोआब**

(i) एक ही दिशा में बह रही नदियों के बीच का क्षेत्र दोआब कहलाता है।

(ii) एक ही दिशा की ओर बहने वाली सन्निकट नदियों के बीच का क्षेत्र दोआबा/ दोआब कहलाता है।

interglacial **अंतराहिम नदीय/अंतरा हिमानी**

(i) दो हिमनदीय काल के बीच अपेक्षतः गरम काल को अंतरा हिमनदीय/अंतराहिमानी कहते हैं।

(ii) हिमनदन के बीच का काल अंतरा हिमानी कहा जाता है।

interlobate moraine **अंतरापालि हिमोढ़**

एक हिमानी की दो जिव्हाओं के बीच बने हिमोढ को अंतरापालि हिमोढ कहा जाता है।

intermediate rocks **माध्यमिक शैलें**

सही अर्थों में भार के अनुसार 55 से 60 प्रतिशत सिलिका के अंश वाली शैलें माध्यमिक शैलें कहलाती हैं। वर्तमान, व्यवहार में माध्यमिक शैलों में 10 प्रतिशत से कम क्वार्टज् सोडियम प्लेजिओक्लास और/अथवा क्षारीय फेल्सपार होता है। विशिष्ट प्रकार की माध्यमिक शैलें साइनाइट, डायोराइट और ट्रेक्टाइट हैं।

inter megnetic field **आंतर चुम्बकीय क्षेत्र**

पृथ्वी के चुम्बकीय क्षेत्र का वह भाग जो पृथ्वी में से ही उत्पन्न होता है आन्तर चुम्बकीय क्षेत्र कहलाता है।

inter montane **अंतरा पर्वतीय**

पर्वतों से घिरा जमाव का बेसिन अंतरा पर्वतीय कहलाता है।

international date line **अन्तर्राष्ट्रीय तिथि रेखा**

यह रेखा 180° देशान्तर के अनुरूप है जो कुछ द्वीपों पर विचलित होती है इस रेखा से ठीक पूर्व में पश्चिम की अपेक्षा एक दिन जल्दी होता है जबकि पश्चिम में एक दिन देरी से होता है क्योंकि ग्रीनविच माध्य समय को 180° पूर्व में समय 12 घंटे आगे रहता है जबकि 180° पश्चिम में 12 घंटे पीछे रहता है।

inter pluvial **अन्तरवर्षीय**

मरूस्थल में शुष्कता में वृद्धि का समय अथवा बहुदृष्टि के बीच का समय अन्तर वर्षीय कहलाता है।

intertidal zone **अन्तः ज्वारीय क्षेत्र**

सागरीय तट पर उच्चतम ज्वार के उच्चतम बिन्दु और निम्न ज्वार बिन्दु के बीच का क्षेत्र अन्तः ज्वारीय क्षेत्र कहलाता है।

interzonal soil **अन्तरास्तरी मृदा**

ऐसी मृदा जो जलवायु द्वारा क्षेत्रीय मृदा की अपेक्षा स्थानीय कारकों से अधिक प्रभावित रहती हैं।

intraclast **अन्तः खंडज**

कैल्सियमी पदार्थ के समकालिक अखण्ड अपरदित टुकडे अन्तः खंडज कहलाते हैं। पूर्ववर्ती चूने के पत्थर से अन्तः खंडज प्राप्त नहीं होते हैं।

intrazonal soil **अन्तः स्तर मृदा**

ऐसा मृदा समूह जिसमें पूर्ण विकसित मृदा सम्मिलित रहती है, जिसकी मुख्य विशेषताएँ जलवायु कारकों की अपेक्षा स्थानीय कारकों जैसे उच्चावच, अपवाह अथवा मूल पदार्थ का योगदान रहता है।

intrenched meander **अधः कर्तित विसर्प**

नदी में विसर्प अथवा मोड़ जो स्थानीय विवर्तनिक उत्थान के परिणाम स्वरूप निकट के भूतल में कार्तित हो जाता है।

intrusive **अन्तर्वेधी**

आग्नेय शैलों की ओर निर्देशित करता है, पृथ्वी के पटल में अन्तः क्षिप्त हो जाने के पश्चात् धरातल के नीचे ठोस हो जाता है, अन्तर्वेधी कहलाता है।

inversion of temperature **ताप की विलोमता**

सामान्यतः जैसे-जैसे ऊपर जाते हैं तापक्रम कम होता जाता है किन्तु तापक्रम की विलोमता में तापक्रम ऊपर से नीचे जाने पर कम होता जाता है, यह स्थिति ताप को विलोमता कहलाती है। ऐसी स्थिति प्रायः शीत ऋतु में तंग घाटियों और यदाकदा मैदानी भागों में भी आ जाती है जब किसी घाटी में कोई नीचे की ओर जाता है, ऐसी स्थिति शीत ऋतु और प्रति चक्रवात की शान्त अवस्था में होती है क्योंकि ठंडी पवन धरातल के समीप चलती है।

शीत ऋतु में रातें लम्बी होती हैं तथा यदि आकाश साफ एवं वायु शान्त रहे तो सर्द वायु क्रमशः धीरे-धीरे घाटी में जमा होती रहती है किन्तु पहाडी भागों में वायु राशि के ऊपर अपेक्षाकृत उष्ण वायु रहती है तथा उससे और अधिक ऊपर जाने पर ऊंचाई में वृद्धि के

कारण ताप में हास हो जाता है, इस प्रकार की अवस्था को ताप का प्रतिलोम कहते हैं।

ionosphere **आयनमण्डल**

पृथ्वी से लगभग 50 किलोमीटर अथवा समताप मण्डल से ऊपर वायुमण्डल की एक परत जिसमें गैसीय घनत्व इतना कम और तापक्रम इतना अधिक रहता है कि सकारात्मक और नकारात्मक आयन कुछ अंशों में स्वतंत्र रूप से संचलन कर सकते हैं, इसी कारण इस परत को आयन मण्डल कहा जाता है। इस मण्डल की DEFG परतें हैं जो विद्युत चुम्बकीय तरंगों को वापस पृथ्वी पर परावर्तित करती है जिसके कारण पृथ्वी के दैनिक चुम्बकीय क्षेत्र में उतार चढाव होता रहता है जिसके प्रभाव से रेडियों तरंगें उत्पन्न होती हैं।

iron age **लौह युग**

कांस्य युग के पश्चात् यूरोप में 1500 ई.पू. से, संस्कृति काल का यह लौह युग माना जाता है जिसमें लौह और लकडी के उपयोग से वस्तुएं निर्मित की जाती थीं। आर्थिक विकास में इस काल को लौह युग कहा जाता है।

irradiance **किरणित ऊर्जा मान**

एक ईकाई समय और धरातल के ईकाई क्षेत्र पर विकिरण ऊर्जा की प्राप्त मात्रा को किरणित ऊर्जा मान कहा जाता है इसको वाट (watts) प्रति वर्ग मीटर में व्यक्त किया जाता है।

isallobar **समदाबांतर रेखा**

किसी चार्ट पर समान भार प्रवृति वाले स्थानों को जोडने वाली रेखा को समदाबांतर रेखा कहा जाता है। इस प्रकार की रेखाओं का दाबतंत्रों विशेषकर अबदाब (गर्तों) के संचलन के पूर्वानुमान में उपयोग किया जाता है।

island **द्वीप**

भूमि का एक ऐसा भाग जो चारों ओर से पूरी तरह जल से घिरा हुआ हो द्वीप कहलाता है।

island arc **द्वीप चाप/चापाकार द्वीप**

एक लम्बा, चाप के आकार की स्थिति में द्वीपों की श्रृंखला जिनका निर्माण भूभाग के ऊपर उठने अथवा ज्वालामुखी क्रिया द्वारा हुआ होता है। चाप के बाह्य ओर द्वीप श्रृंखला के समानान्तर गहरी द्रोणी पाई जाती है इस प्रकार के द्वीप चाप पश्चिमी प्रशान्त महासागर में स्थित हैं।

isle **उपद्वीप**

भूमि का एक छोटा भाग जो चारों ओर से जल द्वारा घिरा हुआ हो; एक छोटा द्वीप, उपद्वीप कहलाता है।

islet **उपद्वीप/द्वीपिका**

एक छोटा द्वीप, उपद्वीप/द्वीपिका कहलाती है।

iso **आइसो/(सम)**

मानचित्र पर समान मान और मात्रा वाली रेखाओं के लिए उपसर्ग जिसका अर्थ सम होता है उदाहरण के लिए समभार (isobar), समवर्षा (isohyet), समताप (isotherm) आदि।

isobar **समदाब रेखा**

किसी चार्ट/मानचित्र पर स्थिर वायुदाबी दबाव के स्थानों/बिन्दुओं को मिलाने वाली रेखा समदाब रेखा कहलाती है। भूपटल पर प्रेक्षण स्थानों पर जहां वायु दाब लिया जाता है, भिन्न भिन्न ऊंचाई के स्थान होते हैं अतः दबाव अव्ययन के लिए इन स्थानों को समान स्तर के लिए इन स्थानों को समान स्तर के लिए सुधार किया जाता है, यह सामान्यतः समुद्रतल होता है।

isochemical **समरासायनिक**

ऐसी रूपान्तरण प्रक्रियाओं की ओर इंगित करता है जिसमें समस्त शैल के रासायनिक संघठन में थोडा अथवा बिल्कुल परिवर्तन नहीं पाया जाता है; हालांकि रूपान्तरण में जल का संयोजन और व्यवकलन (subtraction) ओर कार्बन डाई आक्साईड का मिश्रण बहुधा होता है।

isochrones **समकाल रेखा**

(i) समान स्थिति के लिए समान यात्रा समय वाले स्थानों को जोडने वाली रेखा समकाल रेखा कहलाती है।

(ii) उन बिन्दुओं स्थानों को जोडने वाली रेखा जहां एक ही समय पर भूकम्पीय तरंग अनुभव की गई हों।

isoclinal folding **समनतिक वलन**

सामान्यतः खडा दृढ वलन जिसके अक्षीय तल और भुजाएं समानान्तर होती हैं, ऐसा वलन समनतिक वलन कहलाता है।

isocline **समनति**

ऐसा वलन जो इतना सुस्पष्ट हो कि वलन की भुजाओं को बनाने वाला तल उसी दिशा और कोण पर झुका हुआ हो, समनति कहा जाता है।

isogon **समदिक्पाती रेखा**

(i) निरन्तर एक दिशा से आने वाली पवन वाले स्थानों को जोडने वाली रेखा, समदिक्पाती रेखा कहा जाता हैं।

(ii) समान चुम्बकीय भिन्नता वाले स्थानों को जोडने वाली रेखा, समदिक्पाती रेखा कहलाती है।

isohaline **समलवण रेखा**

(i) सागरीय खारे पानी के बिन्दुओं को जोडने वाली रेखा जो प्रायः सामुद्रिक चार्टों और आरेखों पर खींची जाती है; समलवण कहलाती है।

(ii) सागरीय जल के समान खारेपन को प्रदर्शित करने वाली रेखा को समखार/समलवण रेखा कहा जाता है।

isohyte **समवर्षा रेखा**

जिन स्थानों पर वर्षा समान होती है, उन स्थानों को जोडने वाली रेखा को समवर्षा रेखा कहा जाता हैं।

isoline **सममान रेखा/समदैशिक**

मानचित्र पर ऐसी रेखा जो समान मूल्य जैसे वर्षा, तापक्रम, वायुमण्ड़लीय दाब को अंकित किये जाने वाले स्थानों को जोडती है सममान रेखा कही जाती है।

isometric **आइसोमैट्रिक**

समान लम्बाई की लाम्बिक चतुष्क अक्षों को आइसोमैट्रिक कहा जाता है।

isopachous line **समस्थूलत रेखा**

भूगर्भिक मानचित्र पर खींची गई वह रेखा जो विशेष शैलस्तर के समान मोटाई वाले स्थानों को जोडती है; समस्थूलता रेखा कहलाती है।

isophene **आइसोफेन**

समान जैविक घटनाओं जैसे कि किसी फसल के फूल खिलने के समान समय के स्थानों को जोडने वाली रेखा आइसोफेन कहा जाता है।

isopleth **सममान रेखा**

मानचित्र पर समान मान के बिन्दुओं को जोडने वाली रेखा को सममान की रेखा कहा जाता है जैसे समोच्चय रेखाएं, समवर्षा और समभार रेखाएं।

isopleth map **समभार मानचित्र**

ऐसा मानचित्र जिस पर मात्रात्मक स्थानिक वितरण, किसी रेखा के माध्यम से दिखाया जाता है यह रेखाएं समान मान के स्थानों से होकर गुजरती हैं; ऐसे मानचित्रों को समभार/सममान मानचित्र कहा जाता है।

isostasy **समस्थिति**

भूपटल के ऊंचे उठे पर्वतीय भागों के लिए सैद्धान्तिक सन्तुलन की अवस्था जिसके अनुसार भूपटल के पर्वतीय भाग अधःशायी अधिक सघन भागों में तैर रहें हैं। जब अपरदन अथवा जमाव के परिणाम स्वरूप यह संतुलन बिगड जाता है, इसे भूपटल संचलन के माध्यम से सुधारा जाता है, जमाव वाले क्षेत्र डूबते हैं उठते हैं। इस प्रकार ऊंचे पर्वत जिनकी जडें कई किलोमीटर गहराई तक थीं वे अब धरातल के निकट तक पहँच गई हैं।

isostatic earth quake **संतुलन मूलक भूकम्प**

संतुलन में अव्यवस्था उत्पन्न होने से उद्भूत भूकम्प, संतुलन मूलक भूकम्प कहलाते हैं। इस प्रकार के भूकम्प प्रायः नवीन मोडदार पर्वतीय क्षेत्रों में आते हैं।

isotherm **समताप रेखाएं**

समान तापक्रम के स्थानों को जोड़ने वाली रेखा का समतापरेखा कहते हैं। समताप मानचित्र, जलवायु मापक पर तापक्रम परिवर्तन प्रदर्शित करने के प्रमुख साधन होते हैं।

isothermal layer **समतापी सार/समतापी स्तर**

वायुमण्डल का कुछ ऊर्ध्वाधर भाग जिसमें तापक्रम ऊंचाई के साथ स्थिर रहता है अथवा जिसमें ह्रासदर शून्य रहती है, जैसा कि वायु के ऊपरी भाग की जांच से ज्ञात होता है। समतापी स्तर निरन्तर रहती है किन्तु यह प्रायः अल्पकालिक होती है। पूर्व में इस शब्दावली का उपयोग समताप मण्डल के सम्बन्ध में किया जाता था किन्तु अब तापीय संरचना सम्बन्धी अधिक जानकारी उपलब्ध हो जाने के कारण अब यह विचार पुराना हो गया है।

isthmus **स्थल-संयोजक**

एक संकडी भूमि की पट्टी जो दो द्वीपों अथवा वृहत भूमि खंडों को जोडती है स्थल संयोजन कहलाता है।

isotropic **समदैशिक**

सभी दिशाओं में समान भैतिक विशेषताएँ पाये जाने की स्थिति समदैशिक कहलाती है। अनेक अवस्थिति सिद्धान्तों का आधार ही सामान्य समदैशिक रहा है जैसे कि वेबर और वान थ्यूनन के सिद्धान्त समदैशिक कहलाते है।

J

jade **जेड़/संगयशब**

यह एक हरा और सफेद रंग का अर्द्ध-मूल्यवान पत्थर होता है। जैड़ यातो जेडाराइट अथवा नेफराइट प्रकार की कठोर अथवा सघन किस्म होती है।

jesper **जेस्पर**

केल्सेडोनी क्वार्टज की एक लाल पारदर्शी किस्म जेस्पर कहलाती है।

jet **जेट**

एक प्रकार का कोयला जो उत्कीर्ण और पोलिश किया जा सकता है।

jet stream **जेट प्रवाह**

जेट-प्रवाह, पृथ्वीतल से लगभग 15 कि.मी. ऊपर क्षोम मंडल में कुछ सौ किलोमीटर चौडाई में और कुछ किलोमीटर गहरी पट्टी में चलने वाली तीव्र पवनें होती हैं। जिनकी गति 180 से 270 कि.मी. प्रति घंटे रहती है। किन्तु अपवाद स्वरूप यह गति 500 कि.मी. प्रति घंटे तक देखी गई है। इनमें मध्य अक्षांशीय वाताग्र प्रदेश जिसे ध्रवीय अग्र जेट नाम दिया गया है, अधिक प्रचण्ड किन्तु असंतत, पश्चिम से पूर्व की ओर, ध्रवीय और उपोष्ण वायु के बीच के संगम क्षेत्र के सहारे चलती है। शीत ऋतु में यह कुछ उत्तर की ओर खसक जाती है। एक अन्य उपोष्ण जेट प्रवाह के रूप में पाई जाती है। क्षोभ मण्डल में जहां अति प्रवणता पाई जाती है जेट प्रवाह बनती है। मध्य अक्षांशीय गर्तों (depressions) के उत्पन्न करने और उनके संचरण में इन जेट प्रवाहों की मुख्य भुमिका रहती है। ये गर्त (depressions) ध्रुवीय अग्रजेट के द्वारा ही पूर्व की ओर प्रवाहित होते हैं।

joint **जोड़/संधि**

किसी भी ओर बिना संचलन के शैल में स्पष्ट चिह्न वाली दरार जोड अथवा संधि कहलाती है।

joint valleys **संधि घाटी**

कुछ घाटी अथवा घाटी मार्गों के कुछ भाग प्रमुख संधि प्रणाली द्वारा नियंत्रित होते हैं जिनको

संधि घाटी कहा जाता है।

jokula **जोकुला**

यह आइसलैण्ड की भाषा का एक शब्द है जिसका अर्थ है ग्लेशियर (हिमानी) से निकली नदी।

joran **युरान**

रात्रि में जूरा पर्वतीय भागों से जिनेआ झील की ओर चलने वाली ठण्डी, शुष्क पवन युरान कहलाती है।

junction **संगम/सन्धि स्थल**

शैल की दो सन्निकट और भिन्न मुख्य भागों के बीच स्पर्श का तल संगम/सन्धि स्थल कहलाता है। इस प्रकार का संगम समविन्यासी असमविन्यासी अथवा भ्रंशन के अन्तर्वेधन द्वारा निर्मित हो सकता है।

Jurassic **जुरैसिक**

मध्यजीवी महाकल्प का एक युग जो ट्रियेसिक के पश्चात् और क्रिटेशस काल के पूर्व का काल माना जाता है।

juvenile water **मैग्मज जल**

ऐसा जल जो पृथ्वी के आन्तरिक भाग में उत्पन्न होता है और जो पूर्व में किसी भी अवस्था में जल के रूप में नहीं था, वह जल प्रथम बार ज्वालामुखी मार्ग से पृथ्वी के तल पर आता है, मैग्मज जल कहलाता है।

K

Kame **केम**

स्तरित रेत अथवा बजरी जो हिम नदी के पिघले जल से एकत्रित होती है के द्वारा बनी एक पृथक पहाडी अथवा टीला केम कहलाता है।

karren **कैरू**

(i) अपेक्षतः छोटे अनियमित गड्ढों और लम्बे खांचे जो घोल के कारण चूने के पत्थर के क्षेत्रों में बनते हैं कैरू कहलाते हैं। प्रायः कैरू दो प्रकार के पाये जाते हैं; रण्डकैरू जो खांचों के बीच गोलाकार पृथक्करण के होते हैं जो हिम, मृदा और पीट आवरण के नीचे बनते हैं जबकि दूसरे प्रकार के कैरू रिलर कैरू सुनिश्चित पृथक्करण के होते हैं जिनका निर्माण बहते जल के द्वारा होता है।

(ii) अनावृत चूना प्रस्तर पर घोल द्वारा बनी छिछली धाराओं के लिए सामूहिक नाम।

karst lake **कार्स्ट झील**

पोल्जे अथवा डोलाइन में बनी एक नियतकालिक झील, जैसाकि फ्लोरिडा के झील डिस्ट्रिक्ट में पाई जाने वाली झीलें हैं।

katabatic wind **अवरोही पर्वत पवन**

शान्त और स्वच्छ रात्रियों में भूतल विकिरणीय ह्रास के कारण ठंडा हो जाता है और वायु भी भूमि से सम्पर्क के कारण ठंडी हो जाती है। जब तापक्रम गिरता है वायु का घनत्व बढ जाता है और यदि भूतल ढालू होता है तब ये वायु की भारी परतें गुरूत्वीय अनुढाल प्रवाह उत्पन्न करती है और जब ये पवन घाटी में एकत्रित होती हैं तब पर्वतीय पवन तीव्रता से चलने लगती हैं। किन्तु चरम सीमा की अवरोही पर्वत पवन ग्रीनलैण्ड और आर्कटिक प्रदेशों में चलती हैं।

kataclastic structure **कैटाक्लास्टीय संरचना**

प्रचण्ड़ यांत्रिक दबाव के परिणाम स्वरूप किसी शैल में बनी संरचनायें, कैटाक्लास्टीय सरचनाएँ कहलाती हैं।

kata front **अवरोही अग्र**

एक वाताग्र पृष्ठ जिस पर उष्ण वायु अपेक्षाकृत ठण्डे तल पर उतरती है, इस अवतलन के

परिणाम स्वरूप अवरोही अग्र पर सामान्यतः मौसमक्रिया कमजोर होती है, केवल स्तरित प्रकार के मेघों की पट्टी इसकी उपस्थिति का संकेत देती है।

katamorphism **निम्नकायान्तरण**

कायान्तरण की विध्वंसक प्रक्रियाओं के विपरीत रचनात्मक प्रक्रियाओं को निम्न कायान्तरण कहा जाता है।

kelvin **केल्विन**

ऊष्मागतिक तापक्रम की एक इकाई। एक केल्विन बराबर होता है $1^{o}c$ के।

kettle **केतली**

(i) ऊपर पडे तलछट द्वारा नीचे के बर्फ के खण्डों के धीरे-धीरे क्षय होने के परिणाम स्वरूप बने अवनमन गर्त केतली कहलाते हैं। कभी-कभी पृथक बने इस प्रकार के गर्त एक होकर बडी झील का रूप ले लेते हैं।

(ii) चट्टानी नदी के तल में गोलाश्मों की भंवर क्रिया द्वारा बने अवतल गोलाकार गहरे गर्त केतली कहलाते हैं; इन्हें जलगर्तिका भी कहा जाता है।

kevir **लवण कच्छ**

इस शब्द का प्रयोग बहुधा ईरान और उसके सन्निकट के देशों में प्लाया अथवा मरूस्थलीय धसांव के लिए किया जाता है जो कभी-कभी जल से भर जाता है।

key/kay **की**

एक नीचा द्वीप, रेतीला तट अथवा समुद्री-चट्टान जैसा कि प्रायः पश्चिमी द्वीपों में पाया जाता है।

khamsin **खामसिन**

सहारा मरूस्थल से मिश्र देश के ऊपर से चलने वाली गर्म और शुष्क दक्षिणी पवन, खामसिन पवन कहलाती है। यह उत्तरी अफ्रीका के तटीय भाग के क्षेत्र में पूर्व की ओर चलने वाले गर्तों (depressions) के पहले चला करती हैं। प्रायः यह पवन अप्रेल से जून के मध्य चला करती हैं।

kimberlite **किम्बरलाइट**

एक विखण्डित कार्बोनेट समृद्ध फ्लोगोपाइट जिसमें नलिकाओं और ज्वालानलिकाओं में पेरिडोटाइट होता है जो बहुत पुरानी रूपान्तरित शैलों के भीतर तक पाये जाते हैं। अनेक किम्बरलाइटों में हीरा पाया जाता है।

kin **सगोत्री/स्वजन**

रक्त द्वारा आबद्ध व्यक्तियों को सगोत्री अथवा स्वजन कहा जाता है। रक्त सम्बन्धों की मान्यता बहुधा सांस्कृतिक प्रतिमानों द्वारा निर्धारित होती है। यही कारण है कि सम्बन्ध-श्रेणियों

के कुछ व्यक्ति सगोत्री माने जाते हैं, जबकि कुछ अन्य सम्बन्धियों को सिद्धान्तः स्वीकार नहीं किया जाता है।

kinematic waves **शुद्धगतिक तरंग**

हिमनद क्षेत्र में नेवे/फर्न रेखा से ऊपर प्रलेख/रिकार्ड की गई 100 मीटर प्रतिदिन की तीव्रगति की तरंग, जो हिम के अधिक संचय के कारण उत्पन्न होती है और जब वह तरंग प्रोथ (snout) पर पहुँचती है, हिमनद महोर्मि (surge) का कारण बनती है।

kinetic energy **गतिक ऊर्जा**

वह शक्ति जो किसी पिण्ड में उसके संचरण से आती है। इसके परिमाण को $1/2\ mv^2$ से व्यक्त किया जाता है जहाँ m का अर्थ पिण्ड का द्रव्यमान और v उसकी गति होती है। वायुमण्डल में उसकी अत्यधिक गतिशीलता के कारण गतिज ऊर्जा की मात्रा अधिक पाई जाती है, किन्तु यह गतिज ऊर्जा धरातल घर्षण और विक्षोभ के कारण नष्ट हो जाती है। इस गतिज ऊर्जा की पुनः पूर्ति संभाव्य ऊर्जा जो सौर विकिरण और वायु के ऊपर उठने से प्राप्त होती है, के परिवर्तन से होती है।

kink plane **विभंगतल**

एक विरूपित संरचना जिसमें परतों का दिग्विन्यास फिसल जाने अथवा सरक जाने के परिणाम स्वरूप बदल गया हो, ऐसा तल विभंगतल कहलाता है।

kinship **नातेदारी**

सामाजिक रूप में मान्यता प्राप्त उन सम्बन्धों को नातेदारी कहा जाता है जो वास्तविक अथवा कल्पित वंशक्रम बंधनों पर आधारित होते हैं।

klippe **क्लिपे**

मूलरूप में किसी शैल के मुख्य भाग को अपरदन द्वारा अलग कर दिया जाना क्लिपे कहलाता था, किन्तु अब इस शब्द का उपयोग केवल नापे के अपरदित शेष बचे भाग के लिए ही किया जाता है।

knee fold **समकोण पाश्वी वलन**

गुरूत्व समाप्त हो जाने से बना वलन; सामान्यतः इसका टेडा मेडा होता है। इस प्रकार का वलन समकोण पाश्वी वलन कहलाता है।

knick point **परिवर्त-स्थल**

नदी की लम्बी परिच्छेदिका के आधार तल के नीचे चले जाने के परिणाम स्वरूप ढाल के क्रम का भंग होना जो नदी के समुद्र की ओर वाले भाग को पुनर्युवन प्रदान करता है। यह पुनर्युवन पुनः अवखनन (down cutting) और नीचे की ओर एक लम्बी परिच्छेदिका के निर्माण को बढावा देता है। जहाँ यह दोनों परिच्छेदिकायें मिलती हैं परिवर्तस्थल कहलाता है।

परिवर्तस्थल प्रायः प्रपातों के स्थान होते हैं; यदि ढाल तीव्र होता है तो प्रपात और यदि धीमा होता है तो क्षिप्तिका बनती हैं।

knob **टीला**

एक सुस्पष्ट एकाकी गोल आकार की पहाडी टीला कहलाती है।

knoll **टीला/टेकरी**

लगभग गोलाकार छोटी पहाडी को टीला/टेकरी कहा जाता है।

knot **नॉट**

वायु की गति मापने की एक इकाई। यद्यपि यह मीट्रिक प्रणाली की इकाई नहीं है फिर भी अधिकांश देशों ने वायु को नापने के लिए इस इकाई को अपना रखा है। (एक नॉट = 0.515 मीटर प्रति सेकेण्ड)

kolkhoz **कोलखोज**

पूर्व के सोवियत संघ में विस्तृत मापक की कृषि इकाई जिसमें राष्ट्र के स्वामित्व वाली भूमि सामूहिक पट्टे पर दी जाती थी, वह कोलखोज कही जाती थी।

kopie **कोप्जे**

मूल रूप से दक्षिण अफ्रीका में किन्तु वर्तमान में समस्त अफ्रीका में एक छोटी शैली-पहाडी को कोप्जे कहा जाता है। ऐसा माना जाता है कि ये इन्सेलबर्ग के अवशेष हैं।

kurtosis **कुर्टोसिस**

किसी वक्र के नुकीलेपन का एक माप जैसा कि बारंबारता-बंटन के विश्लेषण में उपयोग किया जाता है।

L

labradofite **प्लेजियों**

क्लास फल्सपार की एक किस्म।

lacustrine **सरोवरीय**

झील से सम्बन्धित; विशेषकर पौधे और प्राणी जो झील/सरोवर में निवास करते हैं और ऐसा भूगर्भिक तल जो किसी झील के तल पर जमाव से बना हो।

lacustrine plain **सरोवरी मैदान**

ऐसा मैदान जो किसी झील के स्थान पर बना हो, सरोवरी मैदान कहलाता है।

ladang **लडांग/चटिष्णु कृषि**

स्थानान्तरी जुताई की एक पद्धति जो इण्डोनेशिया में की जाती है, लडांग कहलाती है।

lagdeposits **पश्च निक्षेप**

वायु द्वारा वाहित पदार्थ के बाद धरातल पर बचा अवशिष्ट खंडज का ढेर, पश्च निक्षेप कहलाता है।

lag gravel **अवशिष्ट बजरी**

धरातल पर अपरिष्कृत शैलों के टुकडों के जमाव जिनके बीच से सामान्यतः अपवाहन क्रिया द्वारा बारीक कणों को उडा दिया गया हो।

lag industry **उद्योग-पश्चता**

ऐसा उद्योग जो अपनी वृद्धि के लिए या तो अन्य उद्योगों के विस्तार पर अथवा अर्थव्यवस्था के अन्य भाग पर निर्भर रहता है।

lagoon **लैगून**

(i) खारे जल का वह क्षेत्र जो सागर तट पर निम्न रेत के किनारे द्वारा सागर से अलग किया हुआ होता है।

(ii) अटॉल में घिरा, झील के समान जल का क्षेत्र लैगून कहलाता है।

laissez faire **अहस्तक्षेप नीति**

एक सिद्धान्त, नीति अथवा आदर्श जो व्यक्ति को अधिकतम स्वतंत्रता देने का पक्षधर है ताकि वह अपनी इच्छाओं एवं रूचियों, विशेषतः आर्थिक जगत संबंधी को पूरा कर सके। यह सिद्धान्त इस पर बल देता है कि सरकार को आर्थिक क्षेत्र में न्यूनतम हस्तक्षेप तथा नियंत्रण करना चाहिए। लैसेफेयर शब्द का सर्वप्रथम प्रयोग फ्रांस में अटठारवीं शताब्दी में किया गया था। उन्नीसवीं शताबदी में इसे एक अनुदारपरक सिद्धान्त के रूप में परिणित हो जाने के कारण संसार के कई देशों के व्यापारिक तथा औद्योगिक प्रतिष्ठानों से काफी प्रश्रय मिला। यह सिद्धान्त आर्थिक गतिविधियों को मुक्त स्पर्धा और बाजार के सहारे छोडे जाने पर बल देता है।

lamina **स्तरिका/पटल**

अवसाद की एक सेंमी से कम मोटी परत को स्तरिका/पटल कहा जाता है।

laminar flow **पटलीय प्रवाह**

एक प्कार का प्रवाह जिसमें तरल पदार्थ समानान्तर रेखा में प्रवाहित होता है।

land breeze **स्थलीय पवन**

रात्रि में स्थल से सागर की ओर चलने वाली स्थानीय पवन स्थलीय पवन कहलाती हैं। रात्रि में स्थल का तापमान कम और सागर का तापमान अधिक रहनें के कारण स्थल पर वायुदाब अधिक और सागर पर वायुदाब कम रहता है। इस वायुदाब में भिन्नता के कारण पवन स्थल से सागर की ओर चलती हैं। ताप प्रवणता कम होने के कारण ये पवन भी दुर्बल होती हैं।

land bridge **जल सेतु**

एक भू-संयोजक अथवा अन्य प्रकार का संयोजन जो दो भूभागों के बीच होता है जिस पर होकर पशु एवं पादप नवीन पर्यावरण स्थापित करने हेतु संचरण करते हैं।

land capability **भूमि सामर्थ्य**

भौतिक पर्यावरण जैसे कि जलवायु, मृदा और ढाल के सम्बन्ध में कृषि और वानिकी के लिए उपयोगिता का मूल्यांकन भूमि सामर्थ्य कहलाता है।

land locked state **स्थल-रूद्ध राष्ट्र**

ऐसा राष्ट्र जिसकी अपनी कोई तट रेखा नहीं होता है और इसलिए वह देश समुद्री भाग और समुद्री व्यापार में सम्मिलित होने के लिए अपने पडौसी राष्ट्रों की सदइच्छा पर आश्रित रहता है। नेपाल, भूटान, स्विटजरलैण्ड आदि स्थल अवरूद्ध राष्ट्रों के उदाहरण हैं।

landscape, cultural **भूदृश्य, सांस्कृतिक**

कार्ल साअर का अनुसरण करते हुए हैटनर ने 'सांस्कृतिक भूदृश्य' शब्द का उपयोग किया, इसके उपरान्त अमरीकी भूगोल-वेत्ता प्रायः सांस्कृतिक भूदृश्य का उपयोग करते आ रहें हैं।

उनके अनुसार सांस्कृतिक भूदृश्य से तात्पर्य सामान्यतः किसी प्रदेश के बसे हुए भूभाग से होता है।

landscape, natural **भूदृश्य, प्राकृतिक**

भूपटल, उस पर उगे पौधे, भूदृश्य मिलकर प्राकृतिक भूदृश्य का निर्माण करते हैं।

landschaft **लैंडशाफ्ट (दृश्यभूमि)**

भूहश्य (landscape), जैसा कि प्राय समझा जाता है केवल उसके एक भाग का अर्थ ही व्यक्त कर पाता है। इसी कारण भूहश्य (landscape) के स्थान पर जर्मन भाषा का शब्द लैंडशाफ्ट (दृश्यभूमि) को भिन्न प्रकार से प्रयुक्त किया जाता है; किन्तु अधिकांश स्थिति में इसका अर्थ एक प्रदेश जो जैसा दिखाई देता है, के अनुसार परिसीमन किया जाना होता है।

land slide **भूस्खलन**

पृथ्वी अथवा शैल के किसी ढेर का गुरूत्व प्रभाव से नीचे की ओर खिसकना भूस्खलन कहलाता है।

landuse **भूमि उपयोग**

मानव क्रियाओं द्वारा भूमि का उपयोग, यह आवश्यक नहीं है कि वह हमेशा आर्थिक लाभ के लिए ही किया जाता हो। ग्रामीण भूमि उपयोग जैसे कि कृषि, वानिकी आदि तथा नगरीय भूमि उपयोग जैसे वाणिज्य उद्योग आदि के बीच आधारभूत अंतर किया जाना चाहिए।

land value surface **भूमि मूल्य तल**

एक असमान 'तल' इस तथ्य के आधार पर कि मांग के स्तर और भूमि के प्रकार में स्थानिक भिन्नताओं की प्रतिक्रिया स्वरूप भूमि मूल्य और किराया एक स्थान से दूसरे स्थान पर भिन्न होता है।

lane **वीथिका/गली**

(i) हिम क्षेत्र से होकर प्रवाहित स्वच्छजल की सरिता अथवा

(ii) सामान्यतः समुद्र और वायु से होकर उपयोग में लिया जानेवाला मार्ग वीथिका/गली कही जाती है। अथवा

(iii) ग्रामीण क्षेत्रों में एक छोटा संकडा ओर कच्चा मार्ग वीथिका कहलाती है।

lapies **लेपीज**

(i) यह फ्रेंच भाषा का शब्द है जिसका अर्थ 'कार्स्ट प्रदेश'। स्थानीय रूप से चूने का पत्थर पर बनी लाल मिट्टी (terra-rossa) रहित, चूने के पत्थर के अत्यधिक उच्चावच वाले भागों को जहां अनावृत खांचे ओर ऊबड क्षाबड धरातल पाया जाता है, ऐसे क्षेत्रों को सामान्यतः लेपीज नाम दिया जाता है।

(ii) कैरेन का फ्रेन्च नाम लेनीज है।

lapiesation **लैपीजन**

चूने के पत्थर के अनियमित धरातल को लैपीज कहा जाता है, जबकि अपक्षय क्रिया जो उस क्षेत्र में होती है लैपीजन कहा जाता है।

lapilli **लैपिली**

ज्वालामुखी से निकले पत्थरों के छोटे टुकडे विशेषकर छोटे टुकडे और गोलाश्म को लैपिली कहा जाता है।

Laplacian determinism **लाप्लसियन नियतवाद**

लाप्लास का विचार रहा था कि वर्तमान की समस्त अवस्थायें और सभी व्यवहारिक नियमों की प्रयुक्ति, भविष्य की सभी अवस्थायें निश्चित करेंगी। दूसरे शब्दों में भौतिक नियमों की प्रयुक्ति भविष्य की घटनाओं के पूर्वानुमान के लिए मनुष्य सक्षम होंगे।

lapse rate **ह्रास दर**

(i) मौसम विज्ञज्ञन में ह्रास दर वह दर होती है जिस पर स्थिर अथवा गतिशील पवन ऊँचाई बढने के साथ उसके तापक्रम में परिवर्तन हो जाता है।

(ii) मानव भूगोल में केन्द्र बिन्दु से केन्द्र स्थान और उसके चारों ओर के क्षेत्र के बीच दूरी के साथ अन्तर्क्रिया में क्षय होता है, कस्बों और देहात में अन्तर कम रह जाता है तथा औद्योगिक क्षेत्र का ग्रामीण भूमि उपयोग के क्षेत्र में विलय हो जाता है।

Laramide revolution **लैरामाइड़ भूक्रांन्ति**

तृतीय कल्प के प्रारम्भ में भूसंचलन का काल जो रॉकी पर्वतों की उत्पत्ति के लिए महत्वपूर्ण काल था।

late glacial **पश्च हिमानी युग**

यह एक शब्दावली है जो पिछले अधिकतम हिमानी और होलोसीन के आरम्भिक काल और अन्तः हिमानी के बीच के काल के समय को पश्च हिमानी युग कहा जाता है। इसमें विभिन्न छोटे स्टेडिपल्स और अन्तः स्टेडियल्स पाये जाने के संकेत हैं।

latent heat **गुप्त ऊष्मा**

किसी काय (body) की अवस्था में परिवर्तन करने में, उसके तापक्रम में बिना वृद्धि किये, ऊष्मा-ऊर्जा का विस्तार गुप्त ऊष्मा कहलाती है वाष्पीकरण की गुप्त ऊष्मा वह होती है जो जल को जलवाष्प में परिवर्तित करने के लिए आवश्यक होती है, यह ऊष्मा तब पुनः मुक्त हो जाती है यदि बाद में जलवाष्प का जल-बिन्दुक में घनी भवन हो जाता है। पृथ्वी के वायुमण्डल में वायु की उठती प्रवाह के गतिवर्धन और उसे बनाये रखने के लिए बडे मापक पर गुप्त ऊष्मा का छोडा जाना आवश्यक होता है। गुप्त ऊष्मा को प्रतिग्राम कैलेरियों में व्यक्त किया जाता है।

Lateral accretion **पार्श्विय वृद्धि**

भूगर्भशास्त्र में किसी नदी के सकन्ध ढाल पर अथवा गुफंन (braiding) के समय अवसाद का एकत्रित हो जाना पार्श्विक वृद्धि कहलाती है।

lateral dune **पाश्वीय रेत का टिब्बा**

एक छोटा रेत का टिब्बा जो किसी बडे रेत के टिब्बे के सहारे, किसी बडी शैल अवरोध के चारों ओर रेत के एकत्रित हो जाने से बनता है पाश्वीय रेत टिब्बा कहलाता है।

Lateral erosion **पार्श्विक अपरदन**

नदियों का अपने तल की अपेक्षा तटों का अपरदन पार्श्विक अपरदन कहलाता है। नदी और धारा में उसके तट के बारे में समझा जा सकता है, मरूस्थल में परत के प्रवाहित होने से मरूस्थल दृश्य निर्मित होता है।

lateral moraine **पार्श्विक हिमोढ**

हिमीभवन और गलन से अपक्षय के परिणामस्वरूप तीव्र ढाल से शैल के टुकडे और बिना छंटा पदार्थ (मलवा) हिमानी पर गिर कर दूर तक ले जाया जाता है, यह मलवा हिमानी के पार्श्व भाग में धारियों के रूप में जम कर एक नीची कटक का रूप ले लेता है, इस प्रकार जमा हिमोढ को पार्श्विक हिमोढ कहा जाता है।

laterite **लैटेराइट**

शैलों के अपक्षय से बनी जमाव की परत होती है। आर्द्र-उष्ण कटिबन्धीय अवस्थाओं में और अधिकांश लोह और एल्युमिनियम आक्साइड से युक्त होती है। वायुमण्डल प्रभावन द्वारा यह कठोर हो जाती है, अतः इसका उपयोग भवन निर्माण में किया जाता है। यह मृदाजनक प्रक्रियाओं की अपेक्षा बडे परिमाण पर प्रचालन प्रक्रियाओं द्वारा बनती है। यह दो अवस्थाओं और प्रकारों में पाई जाती है; यातो यह दबी हुई अवस्था में और कोमल अथवा ऊँचे उठे भागों पर कठोर रूप में पाई जाती है।

laterite soil **लैटेराइट मृदा**

(i) लैटेराइट अवशेष के भाग पर विकसित मृदा होती है; अथवा लैटेराइट की परिच्छेदिका के भीतर कठोर हो गई एक परत होती है।

(ii) लैटेराइट में विकसित लाल उष्ण कटिबन्धीय मृदायें सम्मिलित की जाती हैं। इनमें सिलिका और आधार के विक्षालन होने और लोहे ओर एल्यूमिनियम ऑक्साईड के केन्द्रीकरण की वृद्धि होती है।

laterization **लैटेराइटीभवन/लैटेराइन**

ऊष्ण कटिबन्धीय जलवायु प्रदेशों में ऐसी धातुओं जेसे एल्युमिनियम, लोह और मैंग्नीज के अंतिम उत्पाद जलमय आक्साइड होते हैं, इस प्रकार के अपक्षय को लैटेराइटन कहा जाता है।

laterolog **लेटेरोलॉग**

एक अधस्तरीय संलेखन (logging) तकनीक जो संस्तरों में चालकता (conductivity) भिन्नता को नापती है लेटरोलॉग कहलाती है।

latitude **अक्षांश**

विषुवत रेखा से उत्तर और दक्षिण की ओर पृथ्वी के केन्द्र से अंशों में नापी गई कोणिक दूरी अक्षांश कहलाता है। विषवत रेखा 0° अक्षांश होती है, उत्तरी धुव 90° उ. और दक्षिण धुव 90° द. होता है।

latosol **लैटोसोल**

ऐसी मृदा जिस पर Ao और A1 की बहुत पतली तह पाई जाती है तथा जिसके ऊपरी भाग में रक्ताभ अथवा लाल मिट्टी पाई जाती है तथा बहुत अधिक गहराई तक अपक्षीण पदार्थ पाया जाता है। इस प्रकार की मृदा में सिलिका की मात्रा कम और सेक्कवी आक्साइड की अधिकता रहती है।

Laurasia **लारेशिया**

अति महाद्वीप (super continant) पेंजिया से टूट कर अलग हुये दो में से एक महाद्वीप लारेशिया कहलाता है।

lava **लावा**

ज्वालामुखी पर्वत अथवा ज्वालामुखी दरार द्वारा, पृथ्वी के आन्तरिक भाग से निकला पिघला मैग्मा लावा कहलाता है। सिलिका की मात्रा के आधार पर लावा प्रायः दो प्रकार अम्ल अथवा पैठिक लावा होता है। अम्ल लावा में सिलिका की मात्रा अधिक होती है और अधिक लसीला होने के कारण धीरे-धीरे बहता है; जबकि पैठिक लावा में सिलिका की मात्रा 55 प्रतिशत से कम होती है और दूर तक बहकर जाता है।

lava, acid = acid lava **अम्ल लावा = अम्ल लावा**

law of uniformitarionism **एक रूपतावाद का नियम**

इस नियम का प्रतिपादन जेम्स हटन ने 1785 में किया था, जीवीय अवस्था इस नियम के अनुसार कार्य करता है।

leaching **निक्षालन**

मृदा की परतों से होकर जल का नीचे की परतों में जाना जिसके परिणाम स्वरूप जल में घुलनशील खनिज ऊपरी सतह से नीचे की मृदा सतह अथवा भौमजल में संचित हो जाने की क्रिया को निक्षालन कहा जाता है।

Least cost location **न्यून लागत अवस्थिति**

ऐसे बिन्दु पर जहाँ आय अधिकतम हो की अपेक्षा औद्योगिक विकास के लिए ऐसे स्थान का

चुनाव जहाँ समस्त लागत सिद्धान्तः न्यूनतम हों। ऐसे स्थान को न्यूनतम लागत अवस्थिति कहा जाता है।

Lebensraum **लेबेन्सरूम**

जर्मन भाषा के इस शब्द का शाब्दिक अर्थ है रहने के लिए स्थान (living space) जर्मन लोगों द्वारा 1870 के पश्चात् अपने राष्ट्र के विस्तार को न्यायोचित ठहराने के लिए इस विचार का उपयोग किया गया तथा बाद में नाजी साहित्यक प्रचार में यह केन्द्रीय विचार बन गया था।

leeshore **अनुवात तट**

वह तट जिस ओर पवन चल रही हो, अनुवात तट कहलाता है।

leewind **प्रतिपवन**

वायु की विपरीत दिशा में स्थिति को प्रति पवन कहा जाता है।

legend **निर्देशिका**

मानचित्र पर प्रयुक्त चिन्हों की कुंजी को निर्देशिका कहा जाता है।

Lenticular cloud **मसूराकार मेद्य**

किसी चोटी (श्रंग) के ऊपर बने लैन्स आकार में बने मेद्य मसूराकार मेद्य कहलाते हैं। जैसे-जैसे पर्वत अवरोध के ऊपर पवन ऊपर चढती जाती है, संघनन होता है।

levees **तटबन्ध**

नदी के दोनों ओर के किनारों पर मिट्टी के जमावों द्वारा बने लम्बे बन्धों को जो कि कम ऊँचाई के कटक के समान होते हैं, तटबन्ध कहलाते हैं। ये तटबन्ध बाढ के समय सुरक्षा करते हैं।

level of living **जीवन स्तर**

किसी समुदाय की जिन अंशों में आवश्यकताओं और इच्छाओं की संतुष्टि होती है, जनकल्याण की वास्तविक अवस्था जीवन स्तर कहा जाता है।

levirate **लेवाइरेट/पति-भ्राता विवाह**

विवाह की इस प्रथानुसार एक विधवा अपने पति के किसी भी भाई के साथ विवाह कर लेती है। विभिन्न समाजों में इस प्रथा के भिन्न-भिन्न रूप पाये जाते हैं।

ley **ले**

फसल चक्र में जुताई से पूर्व किसी खेत में घास अथवा तिपतिया का बीजारोपण या तो कुछ वर्षों के लिए अथवा 20 वर्षों के लिए।

lianas **कठलता**

विषुवत रेखीय क्षेत्रों में जो वृक्षों के सहारे लिपटकर ऊपर चढती रहती हैं कठलता कहलाती है।

life expectancy **प्रत्याशित आयु**

जीवन सारिणी की गणना के आधार पर व्यक्ति के जीवित रहने की अपेक्षित वर्षों की औसत संख्या का भविष्यकथन किया जाता है। उन्नत आहार और सुधरी हुई चिकित्सा सुविधाओं के उपलब्ध हो जाने से विश्व के अनेक देशों की प्रत्याशित आयु में वृद्धि हुई है। पुरूषों की अपेक्षा स्त्रियों की प्रत्याशित आयु अधिक होती है।

life table **जीवन सारिणी**

गणना की एक श्रृंखला जो किसी भी आयु के लिए किसी उत्तरवर्ती आयु तक जीवित रहने की संभावना बताती है। ये आंकडे प्रत्याशित आयु के भविष्य कथन के लिए उपयोग में लिए जाते हैं।

light industry **हल्के उद्योग**

छोटे परिमाण में कच्चे माल से अपेक्षाकृत छोटे भार की वस्तु जैसे उपकरण निर्माण, दूरदर्शन निर्माण, खाद्य वस्तुओं का संसाधन आदि निर्मित करने वाले उद्योग हल्के उद्योग कहे जाते हैं।

lignite **लिगनाइट**

भूरे रंग के कोयले की एक किस्म जिसमें काष्ठीय संरचना के प्रत्यक्ष चिन्ह दिखाई देते हैं।

limestone **चूना पत्थर**

एक प्रकार की शैल जो प्रधानतः कोर्बोनेटी चूने से बनी होती है, जिसको जलाने पर चूना बन जाता है।

limnetic zone **प्रकाशित क्षेत्र**

खुले जलीय क्षेत्र का वह सम्पूर्ण गहराई वाला भाग जहां तक प्रकाश पहुँच पाता है, प्रकाशित क्षेत्र कहलाता है।

limnology **सरोवर विज्ञान**

स्वच्छ जल, विशेषकर तालाबों और झीलों के जल का वैज्ञानिक अध्ययन जिसमें उनकी भौतिक, रासायनिक, वायुमण्डलीय तथा जैविक अवस्थाओं पर विचार किया जाता है।

limon **लिमॉन**

बेल्जियम और उत्तरी फ्रांस विशेषकर पेरिस बेसिन के क्षेत्रों में स्थित पठारों और दोआब में पाये जाने वाले सूक्ष्म कणिक, जमाव जो सुगमता से खोदे जाने वाली उपजाऊ दोमट का निर्माण करती है। लिमॉन मुख्यतः ठण्डी और शुष्क परिस्थितियों में पवन द्वारा वर्तमान स्थान पर लाकर जमा की गई हैं।

limonite **लाइमोनाइट**

लोहे का पीले से भूरे रंग का अक्रिस्टली (रवाहीन) और गूढ़ क्रिस्टली आक्सीकरण और जलयोजन उत्पाद को लाइमोनाइट कहा जाता है। कोलाइडी सिलिका और मृतिका खनिजों के साथ गोयथाइट और हैमेटाइट महत्वपूर्ण घटक होते हैं। दलदली लोह-अयस्क में अवक्षेप के रूप में और गाजन ओर लैटेराइट के प्रमुख घटक के रूप में सभी शैलों में परिवर्तन उत्पाद के रूप में पाया जाता है।

lineament **स्थलानुरेख**

भूपटल पर वृहत परिमाण की रेखिक आकृति जैसे कि द्रोणी अथवा कटक जोकि उस प्रदेश के संरचनात्मक भूगर्भ का परिणाम होती है।

linear pattern **रैखिक प्रारूप**

जब वितरण प्रारूप के बिन्दु रेखा में संघटित किये गये होते हैं; जैसे किसी मुख्य सडक के सहारे दुकानों का होना अथवा किसी नदी तट के सहारे बस्तियों की स्थापना रेखिक प्रारूप कहलाता है।

line squall **रेखिक अल्पकालिक झंझा**

एक अल्पकालिक झंझा जिसमें हिम अथवा वर्षा के साथ ठण्डी पवन का प्रचण्ड सीधा झोंका होता है और v आकार के गर्त (depression) के अक्ष के सहारे पाया जाता है।

liquid limit **द्रव-सीमा**

जल की अधिकतम मात्रा जो एक असंपिड़ित तलछट अथवा पदार्थ को झेल पाने की सामर्थ्य रखती है, इसके पूर्व वह अविल तरल बन सकने से पूर्व वह झेल सके।

lithification **शिलीभवन**

वह प्रक्रिया जिसके द्वारा असंगठित अवसाद कठोर शैल में परिवर्तित हो जाता है। इस प्रक्रिया में अवसाद से वायु का निकलना होता है।

lithosphere **स्थल मण्डल**

ठोस भू-पर्पटी जो केन्द्रीय क्रोड़ को चारों ओर से घेरे हुए है, जिसमें अविच्छिन्न 'सीमा' (sima) और विच्छिन्न 'स्याल' का भाग साम्मिलित है; स्थलमण्डल कहलाता है।

littoral **वेलांचली**

(i) समुद्री तट के सन्निकट अथवा तट पर स्थित को वेलांचली कहा जाता है।

(ii) देश का वह क्षेत्र अथवा प्रदेश जो समुद्री तट के सहारे स्थित हो वेलांचली कहा जाता है।

littoral zone **वेलांचली क्षेत्र**

(i) उच्च तथा निम्न जल चिन्ह (water mark) के बीच स्थित वेलांचली क्षेत्र को वेलांचली क्षेत्र (littoral zone) कहा जाता है।

(ii) महासागरीय तट से 400 कि.मी. दूर तक और उच्च ज्वार से 200 मीटर की गहराई तक का भाग वेलांचली क्षेत्र कहलाता है।

littorine zone **लिट्टोराइन क्षेत्र**

दीर्घ एवं लघु ज्वार के मध्य का भाग लिट्टोराइन क्षेत्र कहलाता है। यह क्षेत्र जल प्रभावित रहता है। यह क्षेत्र चट्टानी, दलदली अथवा रेतीला हो सकता है।

load of a river **नदी भार**

वह समस्त ठोस तथा घुलनशील पदार्थ जो नदी अपने साथ बहाकर ले जाती है नदी भार कहलाता है। नदी भार प्रायः तीन प्रकार से बहाकर ले जाया जाता है; नदी के जल में लटके हुए पदार्थ के रूप में जिनमें पंक, गाद और रेत के कण होते हैं; बडे कंकड-पत्थर, गोलाश्म जो नदी के जल के साथ तल पर लुढकते चलते हैं; तथा घुलनशील पदार्थ जो नदी के जल में घुले रहते हैं।

loam **दुमट**

ऐसी मृदा जिसमें चिकनी मिट्टी (मृतिका) और अपरिष्कृत कण अनुपात में हो जो बहुधा प्रवेश्य और भुरभुरा मिश्रण बनाते हों, दुमट मिट्टी कही जाती है। दुमट में 7-27% चिकनी मिट्टी 28-25% गाद और 52 प्रतिशत से कम रेत होती है।

local climate **स्थानीय जलवायु**

किसी छोटे क्षेत्र की जलवायु में सन्निकट क्षेत्र की जलवायु, विशेषकर तापक्रम, वर्षा, वायु की गति और दिशा में विषमता का पाया जाना स्थानीय जलवायु कहलाती है। यह विषमता उस छोटे क्षेत्र के उच्चवच, ढाल आदि में विषमता का परिमाण होता हैं।

local time **स्थानीय समय**

किसी स्थान का मध्याह आभासी समय, जब सूर्य उस स्थान की देशान्तर को पार करता है और छाया सर्वाधिक छोटी होती है; दूसरे शब्दों में उस स्थान की देशान्तर रेखा के आधार पर उस स्थान के समय का निर्धारण, स्थानीय समय कहलाता है।

location **अवस्थिति**

किसी विशेष तथ्य/परिघटना की भौगोलिक स्थिति, उसका बिन्दु अथवा समष्टि में उसका स्थान, अवस्थिति कहलाती है।

Loch/lough **लॉर (झील)**

स्कॉटलैण्ड और आयरलैण्ड में झील अथवा सागर की एक संकीर्ण भुजा (arm) को लॉक (झील) कहा जाता है।

lode **शिरा निक्षेप**

किसी शैल से होकर चलने वाली खनिज की एक लम्बी और संकीर्ण शिरा को धातु रेखा कहा जाता है।

loess **लोएस**

(i) एक ओर मृतिका से लेकर बारीक रेत वाली दुमट, पाण्डु अथवा पीलापन लिए भूरे रंग के अस्तरीय जमाव लोएस कहलाते हैं। उत्तरी अमरीका की निम्न मिसिसीपी घाटी, यूरोप और एशिया में पूर्वी चीन में इसके विस्तृत जमाव पाये जाते हैं। सामान्यतः यह माना जाता है कि ये मुख्यतः अपवाहन द्वारा जमाव होते हैं। यह प्रायः कैल्शियमी और कभी-कभी इनमें स्तनपायी पशुओं के आवरण, अस्थियां और दांत भी पाये जाते हैं; इसके साथ ही साथ चूने के कार्बोनेटी और कभी कभी लोह ऑक्साइड़ का केन्द्रीकरण भी पाया जाता है।

(ii) हिम नदों से वायु द्वारा उड़ा कर लाई धूल को लोएस कहा जाता है।

logan stone **लोगनाश्म**

कोई बडा गोलाश्म जो इस प्रकार संतुलित होता है कि वह सहज ही झूल जाता है।

longitude **देशान्तर**

भूपटल पर पूर्व और पश्चिम की ओर किसी स्थान विशेष के देशान्तर का मानक याम्योत्तर से नापी गई दूरी का कोण देशान्तर कहलाता है।

longitudinal coast **अनुदैर्ध्य तट**

ऐसा समुद्री तट जो प्रधान विर्वतनिक संरचना अथवा वलन रेखाओं के समानान्तर स्थित हो अनुदैर्ध्य तट कहलाता है। इस प्रकार के तट को प्रशान्त तट भी कहा जाता है क्योंकि प्रशान्त महासागर के चारों ओर प्रायः इसी प्रकार के तट पाये जाते हैं।

longitudinal valley **अनुदैर्ध्य घाटी**

ऐसी घाटी जिसके दोनों ओर लगभग समानान्तर पर्वत अथवा पहाडी श्रृंखालाएं हों अनुदैर्ध्य घाटी कहलाती है।

longitudinal waves (or primary waves) **अनुदैर्ध्य तरंग**

एक प्रकार की भूकम्पीय तरंग जो भूकम्प के समय भूकम्प लेखी पर सबसे पहले अंकित होती है ये तरंगें उत्पन्न होने के स्थान से आगे और पीछे बढने की श्रेणी में चलती हैं अर्थात जिस दिशा में तरंग चलती हैं उसी दिशा में प्रत्येक कण आगे और पीछे कम्पायमान होता है।

long profile **दीर्घ-परिच्छेदिका**

किसी नदी अथवा सरिता के स्रोत से लेकर मुहाने तक उसकी पूरी लम्बाई में प्रवणता में परिवर्तन दिखाने के लिए खींचा गया काट (section) दीर्घ परिच्छेदिका कहलाती है। घातीय

नतोदर वक्र प्रकार की परिच्छेदिका आदर्श होती है जिसमें मुहाने की अपेक्षा शीर्ष भाग में ढाल अत्यधिक होता है। इस प्रकार की परिच्छेदिका इस कारण होती है क्योंकि अनुप्रवाह में नदी का आस्राव बढ जाने से गति तेज हो जाती है इस कारण भार को स्थानान्तरित करने में प्रवणता की आवश्यकता कम होती है।

long shorebar **वेलांचली रोधिका**

अन्तः ज्वारीय अथवा बडी तरंगों के क्षेत्र में तट के लगभग समानान्तर रेत की रोधिका को वेलांचली रोधिका कहा जाता है।

Loo **लू**

उत्तरी भारत में ग्रीष्म ऋतु में उत्तर पश्चिम तथा पश्चिम से पूर्व की ओर चलने वाली उष्ण तथा शुष्क हवाओं को लू कहा जाता है ये हवायें अत्यधिक गर्म होती हैं तथा इनके आगमन को 'तापलहर' (Heat wave) की संज्ञा दी जाती है।

lopolith **लोपोलिथ**

एक विस्तृत सुसंगत आग्नेय अन्तर्वेधी आकृति जो अनुप्रस्थ काट (cross section) में एक प्लेट के समान दिखाई देती है। इस प्रकार के लोपोलिथका का एक उदाहरण कनाडा का डुलूथ ग्रेब्रो है जिसका क्षेत्र लगभग 2 लाख घन किलोमीटर में फैला हुआ है।

loss leader **अप्राप्ति अगुआ**

किसी खुदरा विक्रेता द्वारा अनुशंसित खुदरा मूल्य से कम मूल्य पर वस्तु का बेचा जाना किसी लाभ की प्राप्ति के लिए नहीं वरन या तो ग्राहकों को आकर्षित करने के लिए होता है जिससे कि वह अन्य सामान वहां खरीदने अथवा अपना बाजार क्षेत्र विस्तारित करना इसका उद्देश्य होता है।

louderback **लाउडर बैक**

किसी भ्रंशित खण्ड के नतिढाल के तल पर लावा प्रवाह, जिसकी उपस्थिति यह सिद्ध करती है कि यह स्थलाकृति, अपरदन की अपेक्षा भ्रंशन के द्वारा बनी है।

Love waves **लव तरंग**

भूकम्प द्वारा उत्पन्न धरातलीय तरंग जिसके कणों की गति तरंग के चलने की दिशा के लम्बकोणीय होती है।

low (depression) **गर्त/अबदाब/अवनमन**

अपेक्षाकृत न्यून वायुमण्डलीय दबाव का एक क्षेत्र जिसका विस्तार एक से दो हजार किलोमीटर में पाया जाता है जिसके निचले स्तर की पवन सर्पिल होती है जो उत्तरी गोलार्द्ध में वामावर्त (घडी की सुई के विपरीत दिशा में) और दक्षिणी गोलार्द्ध में दक्षिणा वर्त (घडी की सुई की दिशा में) चला करती है। ये अबदाब सरलता से मध्य अक्षासींय महासागरों के ऊपर

बनतें हैं और इनका प्रवाह पूर्व की ओर रहता है, इसी कारण महाद्वीपों के मध्य अक्षांसीय पश्चिमी भागों में मेघ छाते हैं और वर्षा होती है।

low technology **निम्न प्रौद्योगिकी**

पारम्परिक समाजों द्वारा स्थानीय और सुगमता से उपलब्ध संसाधनों के शोषण में साधारण विधि और साधनों का उपयोग करना निम्न प्रोद्योगिकी कहलाती है।

lumber curve **कटि-वक्रता**

मेरूदण्ड के कटि क्षेत्र में वक्रता जो मानव की विशेषता है, किन्तु बन्दर में यह विशेषता नहीं पाई जाती है।

lustre **द्युति/चमक**

किसी खनीज तल से परावर्तित प्रकाश का दिखना जो उसकी गुणात्मक विशेषता होती है और जो प्रायः उसकी पहचान में सहायता करती है। निम्न प्रकार की द्युति/चमक पाई जाती है—

धात्विक माक्षि/पाइराइट और गैलेना द्वारा प्रदर्शित किया जाता है।

काचाभ काँच और क्वार्टज द्वारा प्रदर्शित किया जाता है।

रेशमी जिप्सम द्वारा प्रदर्शित किया जाता है।

मौक्तिक मस्कोवाइरस द्वारा प्रदर्शित होता है।

हीरकसम हरे द्वारा प्रदर्शित किया जाता है।

luxullianute **लकसुलिऐ नाइट**

ग्रेनाइट बोरॉन वाष्प खनिजन द्वारा उत्पन्न फैल्सपार शैलें, लक्सुलिऐनाइट कहलाती है।

M

maar **मार**

एक पुराना ज्वालामुखी विवर (क्रेटर) विशेषकर जर्मनी के ईफल प्रदेश में स्थित क्रेटर। इस प्रकार के धंसाव में एक झील बन जाती है जिसे मार कहा जाता है।

mackerl sky **मैकरैल आकाश**

पक्षाभ कपासी अथवा लघु मध्य कपासी मेघों की कतारें जो मैकरैल मछली की त्वचा के समान दिखाई देती हैं, से इनका नाम पड़ा है। इस प्रकार के मेघ, विशेषकर ग्रीष्म ऋतु में शुष्क उष्ण मौसम में बनते हैं जब पतले मेघों की परत संवहन प्रवाह द्वारा खंडित हो जाती है।

macro **मैक्रो/वृहत**

ग्रीक भाषा का शब्द, जो लघु/सूक्ष्म के प्रतिकूल शब्द के रूप में प्रयुक्त किया जाता है।

macro climate **वृहत जलवायु**

बडे मापक के जलवायु प्रदेश जैसे आर्द्रशीतोष्ण, उष्णशीतोष्ण, और विषुवत रेखीय जलवायु प्रदेश जिसमें अक्षांश, विस्तृत भूखण्ड, महासागरों का वितरण और सामान्य वायुमण्डलीय संचरण नियंत्रण कारक होते हैं।

macro nutrient **वृहतपोषक**

किसी जीव को अपने स्वास्थ्य को बनाये रखने के लिए, सूक्ष्मपोषक के विपरीत जिन 6 तत्वों अथवा तत्वों के मिश्रण की आवश्यकता होती है, उन्हें वृहत पोषक कहा जाता है। पादप समूह को जिन पोषक तत्वों की परवर्ती मात्रा में आवश्यकता होती है, वे कार्बन, हाइड्रोजन, आक्सीजन और कैल्सियम, नाइट्रोजन, पोटेशियम फॉसफोरस, मैग्नेशियम और गन्धक मुख्य हैं।

Maelstrom **जलावर्त (भंवर) /मैलस्ट्राम**

एक शक्तिशाली जलीय तरंग अथवा भंवर को जलवर्त कहा जाता है।

magma **मैग्मा**

भूपर्पटी के नीचे पाया जाने वाला संगलित, पिघला शैल पदार्थ मैग्मा कहलाता है। जिसके

ठोस हो जाने पर आग्नेय शैल बनती है। मैग्मा में गैस और कुछ खनिज हो सकते हैं।

mallee **मली**

दक्षिण आस्ट्रेलिया के उपोष्ण क्षेत्र में उगने वाली यूकालिप्टस जाति की नीची, घनी और सदाबहार झाडी को मली कहा जाता है।

malnutrition **कुपोषण**

आहार की मात्रा और अत्यावश्यक व संघटकों (खनिज, प्रोटीन, ओर विटामिन) के अपर्याप्त होने की स्थिति को कुपोषण कहा जाता है। यद्यपि यह स्वंय (कुपोषण) घातक नहीं होता है किन्तु मानव शरीर को कमजोर बना कर घातक बीमारियों से असुरक्षित कर देता है।

mammatus cloud **स्तनाभ मेघ**

गर्जन मेघों के आकार में बनने वाले वक्षस्थल आकार के मेघ जो संवाहन से सम्बद्ध होते हैं, स्तनाभ मेघ कहलाते हैं।

mammillated surface **स्तनाकार सतह**

स्तनाकार सतह से तात्पर्य है चिकनी और गोल आकृति वाला धरातल। यह शब्दावली उन समस्त स्थलाकृतियों के लिए प्रयुक्त की जाती है जो एक शैल से स्थलाकृति की विभिन्न आकार में पाई जाने वाली आकृतियाँ होती हैं।

mangrove **मैंग्रोव/गराना/कच्छ वनस्पति**

(i) निम्न वृक्ष और झाडियों की अनेक जातिगत, जातियों के घटक (रीजोफोरा, बुरूगुइरा) जो उष्ण कटिबन्धीय क्षेत्रों के ज्वारीय पंक में उगते हैं और फैलते हैं, जिससे कि उनका जड़तंत्र, प्रत्येक ज्वार से नमक अखवा खारी जल से ढका रहता है और ये वृक्ष/झाडियाँ पंक को प्रभावी ढंग से बांधे रखती हैं।

(ii) उष्ण-कटिबन्धीय एवं उप-उष्ण कटिबन्धीय देशों के समुद्री तटों के वेलांचली परिक्षित्रों में सागरीय दलदली भाग में कच्छ वनस्पति पाई जाती है। इस प्रकार की वनस्पति में राइजोफोरा, ब्रगुलेरा जाइलोकार्पस आदि वर्ग की वनस्पति पाई जाती है।

Mann's model **मान का मॉडल**

पी. मान द्वारा 1965 में प्रस्तावित नगरीय विकास का ब्रिटिश मॉडल है। यह मॉडल सेक्टर (खण्ड) सिद्धान्त और सकेन्द्रित क्षेत्र के मॉडल को मिला कर प्रस्तुत किया गया चार मुख्य प्रकार के आधार खण्ड जैसे मध्यम वर्ग, निम्न मध्यम वर्ग, निम्न वर्ग और निम्न श्रमिक वर्ग में विभाजित किया गया। प्रत्येक सेक्टर खण्ड में चार क्षेत्र दिखाये गये हैं। प्रत्येक वर्ग में एक केन्द्रीय व्यापार क्षेत्र (CBD) संक्रमण क्षेत्र, छोटे घरों का एक क्षेत्र तथा बाह्यवर्ती क्षेत्र में विभाजित किया गया है।

mantle **मैंटल**

भूपृष्ठ और क्रोड (core) के बीच उच्च घनत्व (3.3 तक) और 2500 कि.मी. मोटी

अल्पसिलिक शैलों की एक परत को मैंटल कहा जाता है। मैंटल की ऊपरी परत मोहरोविसिक असांतत्य और नीचे की परत गुटेन बर्ग चैनल कही जाती है।

manufacturing industry **विनिर्माण उद्योग**

शारीरिक श्रम तथा यांत्रिक शक्ति द्वारा वस्तुओं अथवा सामग्री का बनाया जाना, सामान्य अर्थों में कच्चेमाल और खाद्य पदार्थों का उपयोगी रूप में बनाया जाना विनिर्माण उद्योग कहलाता है।

map **मानचित्र**

पृथ्वी के धरातल अथवा उसके भाग को समतल कागज अथवा अन्य किसी पदार्थ पर चित्रत करना मानचित्र कहलाता है।

map projection **मानचित्र प्रक्षेप**

मानचित्र प्रक्षेप, ग्लोब की अक्षांश-देशान्तर रेखा जाल को सपाट कागज पर प्रदर्शित करने की एक विधि है।

maquis **माकि.**

मोटे तौर पर चैपरल के समान पश्चिमी भूमध्य सागर के तटीय क्षेत्रों में पाई जाने वाली सदाबहार झाडी। माकि के अनेक क्षेत्र संभवतः मानव प्रेरित प्राकृतिक वन वनस्पति के निम्नीकरण को प्रकट करता है।

marina **मरीना**

ऐसा पोताश्रय जहाँ मनोरंजन के लिए नौका विहार के लिए लंगर-स्थल होता है।

marginal channel **पाश्ववर्ती सरिता**

हिमानी के सीमान्त पर प्रवाहित होने वाली हिमजल सरिता को पाश्ववर्ती सरिता कहा जाता है।

marginal costing **सीमान्त लागत**

उत्पाद अथवा सेवा की एक अतिरिक्त इकाई के उत्पादन पर होने वाली लागत अथवा मूल्य अथवा व्यय को सीमांत लागत कहा जाता है।

marginal production **सीमांत उत्पादन**

यह उस अवस्था में होता है जब किसी विशेष आर्थिक सक्रियता से उसकी आय उसके मूल्य/लागत के बराबर होती है। अर्थात आर्थिक लगान शून्य रहता है। ऐसी परिस्थिति में उस कार्यकलाप में भाग लेने में किसी प्रकार की प्रेरणा नहीं रंहती है। जहां तक कृषि का सम्बन्ध है सीमान्त उत्पादन को प्रायः सीमान्त जोत के रूप में उल्लिखित किया जाता है।

marginal land **उपांत भूमि**

वह भूमि जो कठिनाई से जुताई के योग्य होती है अथवा जो आर्थिक अवस्थाओं, राजकीय

सहायताओं के अनुसार अथवा मौसम की शुष्क और आर्द्र प्रकृति के अनुसार जोती और जोती नहीं जाती है, इस प्रकार की भूमि को उपांत भूमि कहा जाता है। ऐसी भूमि में उपज भी बहुत कम होती है।

marine **सागरीय/समुद्री**

(i) सागर से उत्पन्न अथवा सागर से सम्बन्धित,

(ii) नौ परिवहन अथवा नौ संचालन से सम्बन्धित।

marine plain **समुद्री मैदान**

(i) सागरीय तलछट का एक तटीय मैदान

(ii) सागरीय अपरदन की चरम अवस्था काल में निर्मित एक परिकल्पना तरंग-कर्तित तल

maritime climate **सागरीय जलवायु**

इस प्रकार की जलवायु सागरों की निकटता से प्रभावित रहती है; जिसमें भूमि और जल की भिन्न-भिन्न तापीय क्षमताओं के कारण अपेक्षाकृत ठंडी ग्रीष्म ऋतु और अपेक्षतः सुहावनी शीत ऋतु होती है।

maritime polar airmass = polar airmass **अनुसमुद्री ध्रुवीय वायुराशि = ध्रुवीय वायुराशि**

maritime tropical airmass = tropical airmass **अनुसमुद्री उष्ण प्रदेशीय वायुराशि = उष्ण कटिबन्धीय वायुराशि**

market area **बाजार क्षेत्र**

वह क्षेत्र जिसमें किसी वस्तु अथवा सेवा की मांग रहती है, वह क्षेत्र जिसमें इस मांग की पूर्ति की जाती है, बाजार क्षेत्र कहलाता है।

market cycle **बाजार/मंडी चक्र**

प्रायः एक दिवसीय सामयिक बाजार की श्रृंखला जिसमें एक व्यापारी एक स्थान से दूसरे स्थान पर साप्ताहिक चक्र में जाकर दुकान लगाता है।

market forces **बाजार शक्तियाँ**

आपूर्ति और मांग की शक्तियाँ मिलकर किसी वस्तु का मूल्य निर्धारित करती हैं, जिस मूल्य पर वह वस्तु बेची जानी है और वह मात्रा भी निर्धारित की जाती है जितनी वह वस्तु बेची जानी है।

market gardening **विपणि खेती**

एक प्रकार की गहन कृषि जिसमें नगरीय बाजार के निकट एक प्रकार की गहन कृषि जिसमें फल, सब्जियाँ तथा फूल उत्पन्न किये जाते हैं। संयुक्त राज्य अमेरिका में इस प्रकार की कृषि को ट्रक फार्मिंग कहा जाता है।

market orientation **बाजार पूर्वाभिमुखीकरण**

किसी उद्योग अथवा प्रतिष्ठान का उसके बाजार के निकट स्थापित किये जाने की प्रवृति को बाजार पूर्वाभिमुखीकरण कहते हैं।

market town **मंडी/बाजार**

ऐसा कोई भी नगर जिसमें व्यापारिक बाजार उपलब्ध हो मंडी कहलाती है।

mark up **मूल्य बढ़ाना**

विक्रय मूल्य निश्चित करने के लिए माल/वस्तु के क्रय मूल्य में व्यापारी द्वारा जोडा जाने वाला लाभ का प्रतिशत, मूल्य बढाना कहलाता है।

marl **मार्ल/खडिया मिट्टी**

मृतिका और चूना प्रस्तर के बीच के संयोजन के मध्य की शैल मार्ल/ खडिया मिट्टी कहलाती है। दूसरे शब्दों में मृतिका और चूना मिली मिट्टी को मार्ल खडिया मिट्टी कहा जाता है।

marling **मार्लन**

हल्की मृदा पर, उसकी संरचना और उसमें जल को रोकने की क्षमता बढाने के लिए मार्ल (खडिया मिट्टी) अथवा मृतिका फैलाये जाने की प्रथा मार्लन कहलाती है।

marriage rate **विवाह दर**

एक वर्ष में प्रति हजार जनसंख्या में विवाहों की संख्या, विवाह दर कहलाती है। जनसंख्या की जनन क्षमता निर्धारण में विवाहों की आवृति प्रमुख कारक होती है।

massive rock **स्थूल शैल**

विच्छिन्नताओं सहित सम्पूर्ण रूप में शैल ढेर, स्थूल शैल कहलाती है।

mass movement = mass wasting **वृहत संचलन = वृहत्क्षरण**

mass production **विशाल उत्पादन**

एक वस्तु अथवा एक ही प्रकार के सामान का बडी मात्रा में मानकीकृत प्रक्रिया द्वारा उत्पादन, विशाल उत्पादन कहलाता है।

mass wasting **वृहत् क्षरण**

यकायक पहाडी ढाल से मृदा शैल परत और आधार शैल का तरल अभिकर्त्ता की क्रिया के स्थान पर गुरुत्व के प्रभाव से नीचे की ओर आना वृहत्क्षरण कहलाता है।

mathematical geography **गणितीय भूगोल**

गणितीय भूगोल के अन्तर्गत पृथ्वी के आकार, माप, आकृति, समय क्षेत्र (time zones) और पृथ्वी की गतियों का अध्ययन किया जाता है।

matrix **मेट्रिक्स/आव्यूह**

इस शब्द के कई अर्थ हैं किन्तु भूगोल में एक सुव्यवस्थित विन्यास अथवा संकेत चिन्हों के सारणीयन अथवा पंक्तियों द्वारा संख्याओं के रूप में अधिकाधिक प्रयोग किया जाने लगा है।

maturity **प्रोढता**

नदी प्रक्रम अथवा भूहश्य के विकास की वह अवस्था जिस पर प्रक्रियायें अधिकतम कार्यकुशल और प्रबल होती हैं तथा अधिक तम विकास की ओर अभिमुख होती हैं। भूहश्य विकास में यह आकृति की अधिकतम विविधताओं का काल होता है।

mattoral **मेटोराल**

भूमध्यसागर पर्यावरण के चिलीतुल्य सदाबहार, मरूद्भिद, काष्ठीय पौधे, मेटोराल कहलाते हैं।

maunder minimum **माउन्डर-निम्नतम**

सन् 1600 से 1700 तक का प्रस्तावित काल जब एक प्रकार से सूर्य कलंक अनुपस्थित थे तथा जिसका सम्बन्ध छोटे हिम काल के विषम मौसम के काल से जोडा जाता है।

maximum sustainable yield **अधिकतम बनाये रखे जाने वाली उपज**

एक नवीकरणीय संसाधन की उपज के भंडार को स्थायी रखते हुये उसकी अधिकतम उपज।

mean **माध्य**

माध्य वह मूल्य होता है जो किसी संख्यात्मक पदों की श्रेणी के समस्त पदों के मूल्यों के योग में श्रेणी के पदों की संख्या का भाग देने से प्राप्त होता है। यह एक गणितीय माध्य है तथा अधिकांशतः औसत के इसी रूप का प्रयोग किया जाता है। गणितीय माध्य के अन्य रूप गुणोत्तर माध्य, हरात्मक माध्य तथा द्विघातीय माध्य हैं।

meander **विसर्प**

मंद प्रवाहित नदी के मार्ग में सुस्पष्ट मोड़ अथवा चाप अथवा चाप के समान मोड को विसर्प कहा जाता है। नदी स्वंय पार्श्विक अपरदन द्वारा नतोदर (बाहर की ओर) दिशा में तट को अपनी धारा से काटती रहती है और विसर्प के मोड का विकास करती है; जबकि भीतरी भाग (अवतलोतल दिशा में) में जमाव होता रहता है।

meandering valley **विसर्पी घाटी**

ठोस शैल से बनी एक घुमावदार घाटी जिसमें व्यापक मोड़ होते हैं, जिसके तल पर तलछल के व्यापक जमाव पर वर्तमान नदी पूर्ण घाटी की अपेक्षा छोटे विसर्प बनाती है।

meander neck **विसर्प ग्रीवा**

पूर्ण-विकसित विसर्प के प्रत्येक किनारे पर नदी से अलग करने वाली भूमि की पट्टी को विसर्प कहा जाता है।

mean sea level (MSL) **माध्य समुद्रतल**

सागरीय तल का औसत तल जो निरन्तर लम्बे समय तक ज्वारीय घटबढ़ अभिलेख के आधार पर निश्चित किया जाता है। यह एक मानक तल होता है जिससे सभी ऊँचाइयों का परिकलन किया जाता है।

mean solar day **माध्य सौर्य दिन**

(i) सौर दिवस को माध्य सौर्य दिन कहा जाता है। एक माध्य सौर्य दिवस सामान्यतः 24 घंटे का माना जाता है।

(ii) एक ही देशान्तर/याम्योत्तर पर सूर्य का दो क्रमिक संक्रमण के बीच का समय जो वर्ष के भिन्न समय में थोडा बहुत अंतर रहता है। पृथ्वी के परिक्रमा पथ का अण्डाकार होना तथा उसका विषुवत रेखा की ओर झुका रहना इस अन्तर का मुख्य कारण है।

mechanical weathering **यांत्रिक/भौतिक अपक्षय**

बिना रासायनिक परिवर्तन के शैल का अपने ही स्थान पर विखन्डित होना यांत्रिक अपक्षय कहलाता है। इस प्रक्रिया में पत्रण, पाले द्वारा टूटना तथा कणिकामय विखन्डन सम्मिलित रहता है।

medial moraine **मध्यस्थ हिमानी**

घाटी हिमानी के धरातल पर विकसित हिमोढ कटक जो दो अलग-अलग हिमसरिताओं के पार्श्विक हिमोढों के मलवे से बनते हैं, मध्यस्थ हिमोढ कहलाते हैं।

median **मध्यका**

मध्यका एक समंक माला का वह चल मूल्य होता है जो समूह को बराबर भागों में इस प्रकार विभक्त करता है कि एक भाग के सारे मूल्य दूसरे भाग से कम होते हैं। यह एक स्थितिमूलक माध्य है।

median mass **मध्यस्थ भूभाग**

कोबर के अनुसार दो अग्रभागों की ओर से भीतर की ओर दबाब के परिणाम स्वरूप, बाहर की ओर दो सीमान्त पर्वतों के बीच का भाग मध्यस्थ भूभाग (median mass) कहलाता है।

medical geography **चिकित्सा/औषधि भूगोल**

चिकित्सा सम्बन्धी समस्याओं जैसे कि रोग, रूग्णता/अस्वस्थता दर, मर्त्यता/मृत्यु दर के लिए भौगोलिक प्रणाली की प्रयुक्ति चिकित्सा/औषधी भूगोल कहलाती है। उदाहरण के लिए :

(i) भौगोलिक चर के कारण रोगों के वितरण का आपसी सम्बन्ध,

(ii) क्या रूग्णता का स्थानिक प्रतिरूप संयोग अथवा आकस्मिक कारकों के कारण है, तथा,

(iii) स्वास्थ्य सेवा का स्थानिक संगठन।

Mediterranean climate **भूमध्य सागरीय जलवायु**

कोपेन के जलवायु वर्गीकरण के अनुसार इस प्रकार की जलवायु को Cs तथा थोर्नवेट ने इस जलवायु को अल्पार्द मध्यतापीय (sub humid, mesothermal) जलवायु नाम दिया। इस जलवायु की विशेषता उष्ण, शुष्क आतप (sunny) ग्रीष्म ऋतु और शीत ऋतु वर्षा वाली होती है। ग्रीष्म ऋतु का मासिक औसत तापमान 21 से 27°c और शीत ऋतु में 4 से 13°c रहता है। वार्षिक वर्षा का औसत 38 से 76 सेमी. के बीच रहता है। इस जलवायु प्रदेश में मिस्ट्रल, बोरा जैसी स्थानीय पवनों का प्रभाव रहता है। क्योंकि इस जलवायु का विस्तृत क्षेत्र भूमध्यसागर के तटीय क्षेत्रों में पाया जाता है, इसी कारण इस जलवायु का नाम भूमध्यसागरीय जलवायु पड़ा है। दक्षिणी-केलीफोर्निया, मध्य चिली का तट, केप टाऊन के निकट का क्षेत्र तथा पश्चिमी आस्ट्रेलिया अन्य क्षेत्र हैं जहां इस प्रकार की जलवायु पाई जाती है।

megaliths **मैगालिथ्**

एक वृहत आकार का पाषण जिससे स्मारक बनाया जाता है अथवा जिसका उपयोग स्मारक बनाने में किया जाता है, मैगालिथ कहलाता है। कुछ संस्कृतियाँ इस प्रकाकर के प्रस्तरों के उपयोग के लिए जानी जाती हैं।

megalopolis **विश्व नगरी/महानगर**

दो अथवा दो से अधिक नगरों से मिलकर बना एक बहुत बड़ा और विस्तीर्ण नगरीय समूह जो कभी विस्तृत खेत खलिहानों द्वारा अलग-अलग छोटे-छोटे नगरों में बंटा हुआ था, किन्तु अब इनके बीच नगरीय अथवा अर्द्धनगरीय बस्तियों के विकसित हो जाने से इन्हें आपस में जोड़कर महानगर में परिवर्तित कर दिया है। इस प्रकार के अनेक महानगर संयुक्त राज्य अमेरिका के उत्तरी-पूर्वी समुद्री तट पर तथा जापान के आन्तरिक सागर के तट पर स्थित हैं।

megathermal climate **महाउष्णीय जलवायु**

ऐसी जलवायु जिसमें किसी भी माह का औसत तापक्रम 16°c से कम नहीं रहता है। इस प्रकार की अवस्था आर्द्र-उष्ण और उपोष्ण प्रदेशों में पाई जाती है।

melting point **गलनांक**

वह तापक्रम जिस पर कोई ठोस पदार्थ, सामान्य दाब में तरल अवस्था में बदल जाता है गलनांक कहलाता है।

meltwater **हिमजल**

हिम और बर्फ के पिघलने से बना पानी, हिमजल कहलाता है। ध्रुवीय क्षेत्रों में शीतऋतु का हिम आवरण और नदियों में बर्फ का पिघलना बसन्त और ग्रीष्म ऋतु के आरम्भ में प्रारम्भ हो जाता है।

Mercalli scale **मरकेली स्केल**

संरचनात्मक हानि के परिमाण पर आधारित भूकम्प की तीव्रता नापने के लिए 1 से 12 के बीच का माप मरकेली माप कहलाता है।

mere **मीयर**

ड्रूमलिन के बीच में स्थित एक बड़ा सरोवर अथवा छिछली झील को मीयर कहा जाता है।

meridian = bngtitude **याम्योत्तर = देशान्तर**

meridional circulation **यामोत्तरीय परिसंचरण**

उत्तर से दक्षिण अथवा दक्षिण से उत्तर की ओर वायु का बडे पैमाने पर संचरण यामोत्तरीय परिसंचरण कहलाता है।

meridional tempertune gradient **याम्योत्तरीय ताप प्रवणता**

एक देशान्तर के सहारे उत्तर से दक्षिण दिशा में संचरण द्वारा अनुभव किया गया ताप में परिवर्तन याम्योत्तरीय ताप प्रवणता कहलाता है।

mesa **मेसा**

प्रायः क्षितिज संस्तरित शैलों में किसी मैदान से घिरा शैल का अति प्रवण पाश्र्वी पठार को मैसा कहा जाता है।

meseta **मेसेटा**

यह स्पेनी भाषा का शब्द है, जिसका अर्थ है:—

(i) स्पेन के केन्द्रीय भाग का उच्च पठार, तथा

(ii) मेसा के विकल्प के रूप में इसको प्रयुक्त किया जाता है।

mesic **मेसिक**

ऐसी परिस्थितियाँ जिनमें समोद्भिद (mesophytes) फलते-फूलते हैं, के लिए यह शब्द प्रयुक्त किया जाता है।

meso-america **मध्य अमेरीका**

उत्तरी मेक्सिको और कोस्टारिका के मध्य के प्रदेश को मध्य अमेरिका कहा जाता है।

mesolithic **मध्य पाषाणी**

पाषाण युग के मध्य में, पुरा पाषाण और नव प्रस्तर के बीच की सभ्यता का अथवा उससे सम्बन्धित, यूरोप में यह काल 8000 से 6000 वर्ष ई.पू. माना जाता है जब बाण और धनुष का प्रयोग प्रारम्भ हुआ और श्वान पालतू बनाया गया था, मिट्टी के बर्तनों का चलन भी इस काल में आरम्भ हुआ था।

mesopause **मध्यसीमा**

लगभग 80 कि.मी. ऊँचाई पर मध्यमण्डल की ऊपरी सीमा। मध्य मण्डल और आयनमण्डल के बीच न्यूनतम तापक्रम (-80°c) प्रदर्शित करता है।

mesophyte **समोदिभिद्**

(i) ऐसे पौधे जो न तो अधिक आर्द्र और न शुष्क जलवायु में फलते-फूलते हैं। ऐसे पौधों को समोदिभिद् कहा जाता है।

(ii) ऐसे पौधे जिन्हें सम जलवायु की आवश्यकता होती है।

mesopotamia **मैसोपोटामिया**

एशिया माइनर के पर्वतीय भागों से फारस की खाड़ी तक का विस्तृत भूभाग, दजला-फरात नदियों के क्षेत्र को मेसोपोटामिया कहा जाता है। यह शब्द मैसो (मध्य) ओर पोटामिया से मिल कर बना है।

meso scale **मध्यमापक**

जलवायु विज्ञान में तंत्र और तंत्रों के प्रतिमानों का छोटे और सिनोप्टिक (संक्षिप्त) मापक के आयामों, लगभग 10 और 100 किमी के बीच अनुप्रस्थ में आर-पार प्रस्तावित किया गया है, का वर्णन करना मध्य मापक कहलाता है।

mesosphere **मध्यमण्डल**

समताप मण्डल और मध्य सीमा के बीच में स्थित वायुमण्डलीय परत जिसमें ऊपर की ओर तापमान कम होता जाता है।

mesothermal climate **मध्यतापीय जलवाय**

समतापक्रम की विशेषताओं का क्षेत्र जिनमें अतिशीत वाले महीने का औसत तापमान -3°c से +18°c के बीच रहता है। इस प्रकार की जलवायु 30° से 45° अक्षांशों के बीच पाई जाती है किन्तु महाद्वीपों के पवनाभिमुख दिशा में पड़ने वाले भूभागों में यह जलवायु 60° अक्षांश तक पाई जाती है।

Mesozoic **मैसोजोइक/मध्यकाल**

पृथ्वी के इतिहास का मध्य कल्प जो 22.5 करोड़ 19 करोड वर्षों के बीच का काल, मैसोजोइक काल कहा जाता है।

metabasite **मेटाबैसाइट**

कायान्तरित होने वाली आधार-भूत शैल मेटाबैसाइट कहलाती है।

metamorphic aureole **कायांतरण मण्डल**

आग्नेय अन्तर्वेधन से सम्पर्क द्वारा शैल के क्षेत्र का संगठन, संरचना और वनावट में परिवर्तन होना, कायान्तरण मण्डल कहलाता है।

metamorphic rock **कायांतरित शैल**

पूर्ववर्ती शैल का अत्यधिक तप्त मैग्मा के ढेर से सम्पर्क में आने अथवा वलन और दबाब

द्वारा खनिजीय, रासायनिक ओर संरचनात्मक परिवर्तनों द्वारा पूर्ववर्ती शैल से बनी नई प्रकार क़ी सुनिश्चित शैल को कायांतरित शैल कहा जाता है। सामान्य प्रकार की कायांतरित शैलों में संगमरमर (अत्यधिक ताप से चूने का पत्थर संगमरमर में परिवर्तित हो जाता है) स्लेट (पृथ्वी की हलचल द्वारा संपीडन से शैल का स्लेट में रूपान्तरण होता है) शिस्ट (स्पर्श रूपान्तरण द्वारा शैल और स्लेट से परिवर्तित) और नीस (शिस्ट और ग्रेनाइट के बीच की सांक्रातिक शैल) मुख्य कायान्तरित शैल हैं।

metamorphism **कायांतरण**

पूर्ववर्ती शैलों में ताप, दाब, दबाब और रासायनिक सक्रिय तरल प्रवाह की क्रिया द्वारा नई प्रकार की शैलों में रूपान्तरण, कायांतरण कहलाता है। कायांतरण तीन प्रकार का होता है; गतिशील/गतिक कायांतरण-पृथ्वी की हलचल के कारण तीव्र संपीडन द्वारा गतिशील/गतिक कायांतरण (dynamic metamorphism) होता है; ताप की क्रिया से शैलों में रूपान्तरण को तापीय कायांतरण (thermal metamorphism) तथा आग्नेय प्रवेश्य के साथ स्पर्श/सम्पर्क द्वारा होने वाला कायांतरण स्पर्श/सम्पर्क कायांतरण (cotact metamorphism) कहलाता है।

meta pedogenesis **मेटा पेडोजेनेसिस**

मृदा गुणों का मानव माध्यम द्वारा रूपान्तरण मेटा पेडोजेनेसिस कहलाता है।

metasomatism **तत्वातरण/मैटेसोमेटिज्म**

वह प्रक्रिया जिसके द्वारा किसी शैल का नये पदार्थ के मिलने से आंशिक अथवा पूर्ण रूप में भौतिक और रासायनिक परिवर्तन होना तत्वातरण कहलाता है। तत्वातरण और उच्चताप द्वारा आग्नेय प्रवेश्य के निकट की शैल में स्पर्श रूपान्तरण होता है।

metazoa **मेटाजोआ**

उन जानवरों का समूह जिनका शरीर अनेक कोशिकाओं से बना होता है, मेटाजोआ कहलाते हैं।

meteoric water **वायुमण्डलीय जल**

नैसर्गिक जल से भिन्न पृथ्वीतल पर वर्षा से प्राप्त होने वाले जल को वायुमण्डलीय जल कहा जाता है।

meterology **मौसम विज्ञान**

वायुमण्डल के लक्षण, घटनाओं और उसमें हो रही प्रक्रियाओं के साथ ही साथ वायुमण्डल और पृथवी के तल के बीच होने वाली अन्तर्क्रिया का अध्ययन मौसम विज्ञान में किया जाता है।

metropolis **महानगर**

ऐसा नगर जो कि प्रशासन का केन्द्र, धार्मिक प्रधिकार, व्यापारिक क्रिया के केन्द्र अथवा

संस्कृति के केन्द्र के रूप में प्रमुख नगर हो, महानगर कहलाता है। इस शब्द का प्रयोग किसी भी बडे नगर के लिए शिथिल रूप में किया जा सकता है।

metropolitan **महानगरीय**

महानगर अथवा महानगर से सम्बन्धित अथवा मूल-देश से सम्बन्ध रखना, महानगरीय कहलाता है।

micro climatology **सूक्ष्म जलवायु विज्ञान**

सूक्ष्म जलवायु का वैज्ञानिक अध्ययन, सूक्ष्म जलवायु विज्ञान कहलाता है।

microcline **माइक्रोक्लीन**

अल्कली फेल्सपार की एक किस्म माइक्रोक्लीन कहलाती है।

micro erosion meter **सूक्ष्म अपदन मीटर**

एक ऐसा यंत्र जिसके द्वारा शैल के अपरदन अथवा अपक्षय का शैल तल पर सीधे ठीक-ठीक माप किया जा सकता है। इसमें इंजीनियर के डायल माप से जुड़ी स्प्रिंग लगी परीक्षण जाँच सलाई होती है।

micro fauna **सूक्ष्म प्राणीजात**

ऐसा प्राणी जैसे कि जीवाणु जो नग्न आँखों से दिखाई नहीं देते हैं, सूक्ष्म प्राणीजात कहे जाते हैं।

micrometerology **सूक्ष्म मौसम विज्ञान**

वायुमण्डल की सबसे निचली परत, पृथ्वीतल से लगभग 7.2 मीटर तक का विस्तृत वैज्ञानिक अध्ययन सूक्ष्म मौसम विज्ञान कहलाता है।

micro palaeontology **सूक्ष्म जीवश्मिकी**

सूक्ष्म जीवश्मिकी के अनतर्गत सूक्ष्म जीवाश्मों का अध्ययन किया जाता है।

migrant **प्रवासी**

वह व्यक्ति जो स्थान बदलता है, प्रवासी कहलाता है। उत्प्रवासी (emigrant), स्थानान्तरण (migration), आप्रवासी (immigrant) शब्द प्रायः उपयोग में लाये जाते हैं।

migration **प्रवास/अधिगमन**

किसी एक भौगोलिक/राष्ट्रीय क्षेत्र से दूसरे भौगोलिक/राष्ट्रीय क्षेत्र में जाकर स्थायी अथवा अपेक्षाकृत लम्बे समय तक ठहरने की प्रक्रिया को प्रवास/अधिगमन कहा जाता है।

(i) मानव अधिगमन में एक स्थान से दूसरे स्थान पर कार्य करने अथवा बसने के लिए जाना।

(ii) पशु एवं पक्षियों के सम्बन्ध में एक प्रदेश से दूसरे प्रदेश की ओर गतिमान होना; तथा

(iii) पादप समूह का अपने क्षेत्र में विस्तार करना भी अधिगमन के अन्तर्गत आता है।

migratory cyclones **प्रवासी चक्रवात**

ऐसे चक्रवात जो सूर्याताप के कारण उत्पन्न संवाहनिक धाराओं द्वारा उत्पन्न होते हैं, प्रवासी चक्रवात कहलाते हैं। ये चक्रवात कम समय तक रहते हैं तथा इनका समय भी अनिश्चित रहता है।

million city **मिलियन सिटी/नगर**

ऐसा नगर जिसमें निवास करने वालों की संख्या दस लाख (एक मिलियन) से अधिक होती है, मिलियन सिटी कहलाता है।

millstone grit **मिलस्टोन ग्रिट**

उत्तरी इग्लैण्ड के पिनाइन क्षेत्र में कार्बोनी काल की पूर्ण विकसित भूगर्भिक रचना जिसमें बारी बारी से बालूकण, बालू-पत्थर और शैल की परतें पाई जाती हैं।

mineralized zone **खनिजीभूत क्षेत्र**

किसी आग्नेय शैल के चारों ओर जमा खनिज जमाव का समृद्ध क्षेत्र खनिजी भूत क्षेत्र कहलाता है।

minimum efficient scale **निम्नतम कार्यक्षम मापक्रम**

यह उत्पादन प्लान्ट का सबसे छोटा आकार होता है जो लाभ देने में समर्थ होता है। इसकी दहलीज से नीचे अर्थ व्यवस्थाओं का मापक्रम लागू नहीं होता। स्पष्टतः भिन्न भिन्न उद्योगों में इसका आकार भिन्न होता है।

Miocene epoch **अल्पनूतन/माइओसीन युग**

लगभग 235 लाख और 50 लाख वर्ष पूर्व के बीच का भूगर्भिक काल अल्पनूतन युग कहा जाता है।

mining **खनिकर्म**

खनिज संसाधनों का निष्कर्षण खनिकर्म कहलाता है। किन्तु इमारती पत्थर के खनन जो आखनन (quarring) के अन्तर्गत आता है, इसमें सम्मिलित नहीं किया जाता है।

minority **अल्पसंख्यक**

किसी देश में रहने वाले व्यक्तियों का एक समूह जो बहुसंख्यक व्यक्तियों की जाति, धर्म, भाषा सामाजिक रीति-रिवाज और राष्ट्रीय सहानुभूतियों से भिन्नता वाला होता है, अल्पसंख्यक समूह कहलाता है।

miogeosyncline **उपांत भूअभिनति**

ऐसी भूअभिनति जिसमें किसी भी प्रकार के ज्वालामुखी उत्पाद अथवा उससे सम्बन्धित

अवसादन प्रक्रिया न हो उपान्त भूअभिगति कहलाती है।

mirage **मरीचिका**

निचले वायुमण्डल में वायु की वस्तुओं का विभेदक तापन के परिणाम स्वरूप क्षतिज से दूर दिखाई देना, अपवर्तन द्वारा उत्पन्न दृष्टिभ्रम मरीचिका कहलाती है।

misfit stream **अनुपपन्न/बेमेल सरिता**

ऐसी धारा जो बहुत छोटी दिखाई देती है, जिस घाटी में वह बहती है, उसके बनाने में वह बहुत छोटी दिखाई पडती है, अनुपपन्न नदी/घारा कहलाती है। यह घाटी पूर्व के किसी हिमनद द्वारा निर्मित घाटी होती है।

mist **कोहरा**

वायुमण्डल की निचली परत में लटके संघनित आर्द्र कणों के कारण अल्पहश्यता का होना कोहरा कहलाता है। इसके द्वारा एक से दो कि.मी. की दूरी के बीच प्रतिबन्धन दृष्टि रहती है।

mistral **मिस्ट्रल**

फ्रांस के मध्यवर्ती पठार से दक्षिण की ओर, अपेक्षाकृत उष्ण रोन घाटी तथा भुमध्यसागर की ओर चलने वाली शक्तिशाली शीतल और शुष्क पवन मिस्ट्रल कहलाती है।

mixed cultivation **मिश्रित कृषि**

विभिन्न प्रकार की उपजों को श्रृंखला में उत्पन्न करने की प्रक्रिया को मिश्रित कृषि कहा जाता है।

mixed economy **मिश्रित अर्थव्यवस्था**

ऐसी अर्थव्यवस्था जिसमें साधनों का निर्धारण अंशतः निजी व्यक्तियों, अंशतः निजी उद्यमों के मालिकों और अंशतः राजकीय और सार्वजनिक उद्यमों के निर्णयों द्वारा किया जाता है।

mixed farming **मिश्रित कृषि**

वह कृषि जिसमें फसल उगाने के साथ-साथ पशुपालन भी किया जाता है मिश्रित कृषि कहलाती है।

mobile dune **गतिशील टिब्बा**

एक तटीय टिब्बा जो आंशिक रूप में वनस्पति द्वारा स्थिर रहता है किन्तु फिर भी उसमें अपस्फिति की संभावना रहती है।

mobility **गतिशीलता**

सापेक्षिक स्थिति में किसी भी प्रकार के संक्रमण या परिवर्तन को गतिशीलता कहते हैं। गांव से नगर की ओर प्रस्थान, एक नगर से दूसरे नगर को प्रस्थान गतिशीलता के उदाहरण हैं।

mode **बहुलक**

औसत का एक प्रकार जिसकी परिभाषा प्राप्ताकों अथवा माप के ऐसे मूल्य के रूप में की जाती है जो किसी समंक माला में सर्वाधिक बार आता है। संक्षेप में, श्रेणी में सर्वाधिक बार आने वाले मूल्य को बहुलक कहा जाता है।

model township **मॉडल नगरक**

उन्नीसवी शताब्दी में ग्रेट-ब्रिटेन में मॉडल नगरक की कल्पना की गई थी, माडल नगरक एक नियोजित नगर होता है जैसे कि भारत में चण्डीगढ तथा ग्रेट-ब्रिटेन में बर्नबरी।

moder humus **कोड़िल ह्यूमस**

यह एक प्रकार का ह्यूमस होता है जिसमें अम्ल की मात्रा मोर (mor) से कम किन्तु मल (mull) से अधिक अम्ल पाया जाता है।

Moho's discontinuity **मोह अन्तराल**

पृथ्वी के आन्तरिक भाग में भूपृष्ठ और ऊपरी मेंटल के बीच की सीमा को मोहो-अन्तराल कहा जाता है। यह सीमा महाद्वीपो में 35 कि. मी. और महासागरों के नीचे 10 कि.मी. पर पाई जाती है तथा घनत्व भूपृष्ठ में 3.3 से मेंटल में 4.7 में परिवर्तित हो जाता है।

Moh's scale **मोज मापक्रम**

शैल खनिजों की कठोरता को मोज-मापक्रम के अनुसार 1 (बहुत कोमल) से 10 (अत्यधिक कठोर) तक की श्रेणी में व्यक्त किया जाता है।

molecular **आण्विक**

अणु से सम्बन्धित,

mollisol **मॉलीसॉल**

संयुक्त राज्य अमेरिका के मृदा वर्गीकरण की एक प्रकार की मृदा जिसमें ह्यूमस की मात्रा अधिक होती है। इस प्रकार की मृदा घास के मैदानों के नीचे विकसित होती है; चरनो जेम इसी प्रकार की मृदा है।

monadnock **मोनैड्नॉक**

समतल मैदान पर अपरदन क्रिया द्वारा निर्मित, एक प्रथक अवशिष्ट पहाडी अथवा पर्वत को मोनैड्नॉक कहा जाता है। यह अपरदन के डैविसी चक्र के पश्च अवस्थाओं का परिणाम होता है।

monocline **एकनत**

क्षैतिज संस्तरित शैलों के एक क्षेत्र में तीव्रनत वाला एक क्षेत्र, एकनत कहलाता है। शैलों का एक क्षेत्र जो अधिक गहराई तक तीव्र ढाल वाला होता है।

monoculture **एक धान्य कृषि**

ऐसी कृषि जिसमें एक ही प्रकार की फसल प्रधान होती है और उस भूमि पर उत्तरोत्तर वही फसल उगाई जाती है, इस प्रकार की कृषि को एक धान्य कृषि कहा जाता है। कृषि की कार्य कुशलता बढाना और उत्पादन की उच्च गुणवत्ता इस प्रकार की कृषि की विशेषताएँ होती हैं।

monogamy **एक विवाह**

विवाह का एकरूप जिसमें जीवन साथी जीवित रहते दूसरा विवाह नहीं किया जाता, इस प्रकार के विवाह में एक पुरूष एक स्त्री के साथ ही विवाह कर सकता है।

monoglaciation **एकहिमनदन**

महाहिम काल (great ice age) के लिए इस शब्दावली का उपयोग उनके द्वारा किया जाता है जो यह विश्वास करते हैं कि केवल एक मुख्य हिमानी विकसित हो पाई थी।

monomineralic **एक खनिजीय**

ऐसी शैल को निर्देषित करता है जिसमें लगभग एक ही खनिज होता है; उदाहरणार्थ डूनाइट और ऐनॉर्थ साइट।

monophylesis **मोनोफायलेसिस/एक अनुवंशीय**

किसी वर्गीकीय समूह का दिक्काल में विकास द्वारा एक बिन्दु पर उद्‌भव एक अनुवंशीय कहलाता है।

monozite **मोनोजाइट**

अम्ल आग्नेय शैलों में गौण रूप से और अपरदी खनिज के रूप में पाया जाने वाला PO_4 संघटन वाला एक दुर्लभ खनिज होता है।

monsoon **मानसून**

अरबी भाषा के शब्द 'मौसिम' जिसका अर्थ मौसम अथवा ऋतु होता है, से इस शब्द की उत्पत्ति मानी जाती है, मूलरूप से इस शब्द का तात्पर्य, अरब सागर की उन पवनों से माना जाता है जो छःमाह तक उत्तर-पूर्व की दिशा से तथा छः माह दक्षिण-पश्चिम दिशा से चला करती हैं। अब इस शब्द का प्रयोग मौसमी पवन समताप मंडलीय मानसून के लिए किया जाने लगा है। मानसून पवनों की विशेषाएँ, भारतीय उपमहाद्वीप में स्पष्ट दिखाई पड़ती हैं; जहाँ मौसम में वार्षिक परिवर्तन को दो भागों में विभाजित किया जाता है:

(i) उत्तर-पूर्व मानसून की ऋतु, जो जनवरी-फरवरी—शीत ऋतु होती है तथा मार्च से मई तक ग्रीष्म ऋतु होती है, इस काल में पवन उत्तर पूर्व से चलती हैं।

(ii) दक्षिण-पश्चिम मानसून की ऋतु जून से सितम्बर तक की ऋतु जो सामान्य वर्षा की ऋतु होती है तथा अक्टूबर से दिसम्बर तक की ऋतु जो उत्तर मानसून की ऋतु होती है।

monsoon forest **मानसून वन**

जहाँ 100 से 200 से.मी. के बीच वर्षा होती है वहाँ प्रतिनिधिक मानसून वन पाये जाते हैं। इन वनों में चौडी पत्ती वाले वृक्ष पाये जाते हैं जो ग्रीष्म ऋतु में अपनी पत्तियाँ गिरा देते हैं और वर्षा आने से पूर्व इनमें नई पत्तियां आना आरम्भ हो जाता है।

montane **पर्वतीय**

पर्वतीय प्रदेशों से सम्बन्धित वृक्ष रेखा से नीचे, ऊंचे पर्वतीय भाग में उगने वाली वनस्पति पर यह लागू होता है।

montane forest **पर्वतीय वन**

उष्ण कटिबन्धीय और विषुवत रेखीय जलवायु प्रदेशों की उच्च भूमि पर पाये जाने वाले वनों को पर्वतीय वन कहा जाता है।

moraine **हिमोढ**

हिमानी और हिमचादर द्वारा ले जाये जाने वाला और जमा किया गया अस्तरित मलवा, विशेषकर गोलाश्म और अपरिष्कृत पदार्थ को हिमोढ कहा जाता है। कुछ मलवा पर्वतीय ढालों से हिमानी के ऊपर गिरता है जिसे अधिहिमानी (superglacial) कहते हैं। कुछ पदार्थ हिमानी द्वारा उसकी तली से कार्षित कर ले जाया जाता है। हिमोढ शब्द का प्रयोग पदार्थ और उससे बनी आकृति दोनों के लिए समान रूप से किया जाता है।

morbidity **रूग्णता/अस्वस्थता**

जनसंख्या में रोग के प्रभाव क्षेत्र को अस्वस्थता कहा जाता है।

morphogenetic regions **संरचना विकासी प्रदेश**

वे प्रदेश जिनमें यह दावा किया जाता है कि निश्चित भूआकृतिक प्रक्रियाएँ, जलवायु अवस्थाओं के विशेष समूह का परिणाम होती हैं, जिसके द्वारा भिन्न प्रादेशिक भूदृश्य बनते हैं।

morphological mapping **आकृतिक मानचित्रण**

भूआकृतियों के मानचित्रण की यह एक प्रणाली है। सही अर्थों में आकृतिक मानचित्र केवल धरातल की आकृति, ढाल के विच्छेद के साथ और प्रवणता दर्शाते हुए प्रदर्शित किये जाते हैं।

morphology **आकृति विज्ञान**

आकृति विज्ञान में जीव के आकार, संरचना, उत्पत्ति और विकास अथवा शैल की बाह्य रचना एवं उसकी आकृति के सम्बन्ध में, अथवा अपरदन के परिणाम स्वरूप बनी स्थलाकृतिक लक्षणों का वैज्ञानिक अध्ययन किया जाता है।

morphotectonics (tectonic morphology) **आकृति विवर्तनिकी**

विवर्तनिकी और भूआकृति विज्ञान की अन्तर्कियाओं का अध्ययन आकृति विवर्तनिकी कहलाती है।

mortality **मत्र्यता**

(i) किसी विशेष समय अथवा स्थान में मृत व्यक्तियों की संख्या मत्र्यता कहलाती है।

(ii) मृत्युदर (death rate)

mosaic **मोजेक/किर्मीर**

आकाशी छाया-चित्रण में अलग हुये फोटो को साथ-साथ जोड कर प्राप्त किया गया किसी क्षेत्र का मिश्रित फोटो का चित्रण मोजेक/किर्मीर कहलाता है।

moshav, moshavisim **मोशाव/मोशाविज्म**

इजरायली सहकारी कृषि जिसमें प्रत्येक परिवार का अपनी कृषि भूमि पर नियन्त्रण रहता है किन्तु मशीन और उपकरणो की सेवाएँ सार्वजनिक रहती हैं।

moss **मॉस/काई**

(i) एक दलदल, अथवा अनूप अथवा पीट दलदल।

(ii) गीली स्पंजी मृदा को मॉस कहा जाता है।

motor way **मोटर मार्ग**

तीव्र गति के मोटर वाहनों के उपयोग के लिए बनाये गये सडक मार्ग मोटरमार्ग कहे जाते हैं, इस प्रकार के मार्ग जर्मनी में ऑटो बहनन, फ्रांस में ऑटो रूट्स और संयुक्त राज्य अमेरिका में फ्रीवेज कहे जाते हैं जो केवल मोटर वाहनों के चलने के लिए विधि सम्मत हैं।

mottled zone **चितकबरा मंडल**

मृदा मण्डल अथवा फैरीक्रीट अथवा सिलीक्रीट परत के ठीक नीचे अपक्षय परिच्छेदिका का एक भाग जिसमें लोह-अभिरंजित धब्बों के साथ विरंजित कैओलिनी पदार्थ पाये जाते हैं।

moulin **मूलै/हिमानी कूप**

एक ऊर्ध्वाधर-बेलनाकार निकास जिसके द्वारा हिमसरिता ऊपर आकर हिमानी में प्रवाहित होती है। हिमानी कूप संरचनाओं की कमजोर प्रणाली पर बनते हैं; ओर प्रायः 0.5 से 1.0 मीटर व्यास और 10 से 25 मीटर गहरे होते हैं।

mountain chain **पर्वत माला**

लगभग समानान्तर पर्वत श्रेणियों की एक जटिल श्रृंखला द्वारा बना एक संयुक्त तंत्र अर्थात एक से अधिक श्रेणियों का होना पर्वत माला कहलाती है।

mountain front **पर्वताग्र**

मरूस्थलीय प्रदेश विशेषकर संयुक्तराज्य अमरीका के दक्षिण पश्चिम में त्रिकोणिका (पेडीमेंट) से ऊपर निकली उच्च भूमि के खडे ढाल वाली एक चोटी, यातो ढाल पर एक समान अपक्षरण के परिणाम स्वरूप अथवा पेडीमेंट पर यदाकदा अपवाह के द्वारा सक्रिय आधारीय अधोरदन कटान के कारण पर्वताग्र पीछे की ओर समानान्तर झुका दिखाई देता है।

moving average **गतिमान माध्य**

समय पर केन्द्रीय प्रवृति परिकलन करने की पद्धति को गतिमान माध्य कहा जाता है। उदाहरण के लिए 1985-90 के काल की वार्षिक वर्षा को माध्य की गणना की जाती है। 1986-91, 1987-92, 1988-93 आदि के गणितीय माध्य की गणना द्वारा आगे के वर्षों के लिए गतिमान माध्य ज्ञात होता है। गतिमान माध्य का लाभ यह है कि छोटी अवधि के उतार-चढाव बराबर करने से लम्बी अवधि की प्रवृति अधिक सहज में पहचानी जा सकती है। इसे कभी-कभी (running means) भी कहा जाता है।

mueks **मक/कार्बनी**

जैविक पदार्थों से बनी काली, चिकनी जैविक मृदायें मक/कार्बनी मृदा कही जाती हैं।

mud **पंक**

मृतिका श्रेणी की असंपिडित शैल जिसमें बहुधा अधिकमात्रा में जल उपलब्ध रहता है। इसमें अनेक प्रकार के खनिज भी हो सकते हैं।

mud flat **पंक मैदान**

पंक का अधिक सुरक्षित जल में संचयन पंक मैदान कहलाता है। नदी मुहानो और सुरक्षित खाडियों में तट क्षेत्र से बह कर पंक निम्न जल क्षेत्र में जमा होती रहती है।

mud flow **पंक प्रवाह**

वर्षा अथवा पिघले हिम द्वारा तरल बनाई कीचड़ (पंक) का गतिमान ढेर अर्थात पंक अवधाव (mud avalanche) पंक प्रवाह कहलाता है।

mud stone **पंकाश्म**

अस्तरीय और दृढ़ीभूत परतदार शैल जिसमें मृतिका-खनिज और मृतिका वर्ग के अन्य घटक सम्मिलित रहते हैं, पंकाश्म कहलाता है।

mud valcano **पंकज्वालामुखी**

ज्वालामुखी सक्रिय प्रदेश में धरातल पर गीजर द्वारा बना पंक का एक टीला, पंक ज्वालामुखी कहलाता है।

mulatto **मुलट्टो**

गोरे और काले माता-पिता से उत्पन्न बच्चों को दक्षिणी अमरीका में मुलट्टो कहा जाता है।

mull **मल**
मृदा मंडल के स्तर-तल में खनिज पदार्थों के साथ ह्यूमस का मिश्रण मल कहलाता है।

mullions **मुलियन्स**
कायान्तरित और अवसादी शैलों में विवर्तनिकी से उत्पन्न संरचना जो दण्ड अथवा स्तम्भों से मेल खाते हैं मुलियन कहलाते हैं।

multinational **बहुराष्ट्रीय**
कई राष्ट्रीयता अथवा कई नृजाति से सम्बन्धित समूहों को बहुराष्ट्रीय कहा जाता है।

multinational/multinational company/multinational enterprise **बहुराष्ट्रीय/बहुराष्ट्रीय कम्पनी**
एक बडा व्यापारिक उद्योग समूह जिसकी सहायक कम्पनी, शाखायें, कार्यालय तथा फैक्ट्रियाँ आदि अनेक देशों में स्थापित होती हैं बहुराष्ट्रीय कम्पनी कहलाती हैं।

multiple land use **बहुभूमि उपयोग**
भूमि का एक से अधिक प्रकार का उपयोग जैसे कि वन क्षेत्र का आमोद-प्रमोद सुविधा के लिए उपयोग किया जाना, बहु-भूमि उपयोग का उदाहरण है।

multiracial **बहु प्रजातीय**
कई नृजातीय अथवा सांस्कृतिक समूह के व्यक्तियों से सम्बन्धित जो साथ-साथ मित्रभाव से मिलकर निवास करते हों तथा प्रत्येक समूह को समान अधिकार और सुअवसर उपलब्ध रहते हैं।

multiracial society **बहुप्रजातीय समाज**
विभिन प्रजातीय मूल के व्यक्तियों से मिश्रित समाज, बहुप्रजातीय समाज कहलाता है। उदाहरण के लिए द्वितीय महायुद्ध के पश्चात् पश्चिमी द्वीप समूह और भारतीय उपमहाद्वीप से आव्रजन के कारण ब्रिटेन में बहुप्रजातीय समाज की भावना पाई जाती है।

multiringed basin **बहु-वलय बेसिन**
एक बडा क्रेटर (ज्वालामुख) (लगभग 300 किमी के व्यास का) जिसमें कई सकेन्द्रिय वलय/अवनमन पाये जाते हैं बहु वलय बेसिन कहलाता है।

multispectral **बहुस्पेक्ट्रमी/बहुमानव लीय**
दूरस्थ संवेदन (remote sensing) की उस युक्ति में इसका उपयोग होता है जिसमें बिम्ब (images) के ध्वन्या लेखन में कई तरंग पट्टी काम में ली जाती हैं।

multispectral sensing **बहुस्पेक्ट्रल संवेदन**
कई तरंग पट्टी में एक अथवा कई संवेदक (sensors) प्रचालन द्वारा दूरस्थ संवेदन में बिम्बो

का ध्वन्यालेखन (recording) बहुस्पेक्ट्रल संवेदन कहलाता है।

multivariate analysis **बहुपरिवर्तीय बहुचर विश्लेषण**

तीन अथवा अधिक परिवृत्यों के पारस्परिक सम्बन्धों का स्पष्टीकरण करने वाली व्याख्या बहुपरिवर्तीय बहुचर/विश्लेषण कहलाती है। इसका प्रयोग सांख्यिकी में तब किया जाता है जब किसी घटना से सम्बन्धित कई परिवृत्र्य विद्यमान रहते हैं।

murram **मुरम**

पूर्वी अफ्रीका की लैटेराइट अथवा फैरीक्रीट मृदा को मुरम कहा जाता है।

mushroom rock **छत्रक शिला**

मरूस्थलीय भागों में यदि कोमल शैल के ऊपर कठोर शैल लम्बवत होती है तो उन पर वायु के अपघर्षण से शैल का निचला भाग कट जाता है किन्तु ऊपर का कठोर शैल अथवा प्रतिरोधी शैल का भाग सुरक्षित रहता है, इससे एक छतरी नुमा विचित्र प्रकार के स्थलरूप का निर्माण होता है जिसे छत्रक शिला कहा जाता है।

muskeg **मस्केग**

कनाडा में वासन्ती दलदल को मस्केग कहा जाता है।

N

nadir **अधोबिन्दु**

(i) निम्नतम बिन्दु

(ii) खगोल पर खमध्य/शिरोबिन्दु के सीधे सामने/प्रतिकूल बिन्दु को अधो बिन्दु कहा जाता है।

nano plankton/nannoplankton **परासूक्ष्म प्लवक**

(i) खारे और स्वच्छ जल में पाये जाने वाले नितान्त छोटे और सूक्ष्म जीव, पादप प्लवक और प्राणी प्लवक दोनों परासूक्ष्म प्लवक कहलाते हैं।

(ii) सामान्यतः परासूक्ष्म प्लवक जीवाश्म बेलापवर्ती (pelagic) तलछट में पाये जाते हैं।

nappe **ग्रीवाखण्ड/नापे**

यह एक विवर्तनिक आकृति होती है जिसकी उत्पत्ति वलन और उत्क्रम (thurst) द्वारा होती है। ये वास्तव में वृहद अनुप्रस्थ परिवलित मोड़ होते हैं, जो भ्रंशतल के सहारे दूर जाकर अन्य शैल के ऊपर चले जाते हैं। इस प्रकार की आकृति को ग्रीवा खण्ड कहा जाता है। आलप्स पर्वत में अनेक ग्रीवाखण्ड पाये जाते हैं।

narrows **नेरोज**

जल संयोजी में, नदी के भाग में, किसी घाटी में अथवा किसी दर्रे में संकुचित गलियारे को नेरोज कहा जाता है।

natality **जन्मदर**

जीवित बच्चे को जन्म देना जन्म दर कहलाती है।

native **प्राकृत/मूलनिवासी**

(i) किसी खनिज की अवस्था को निर्देशित करता है, जब वे किसी अन्य खनिजों के साथ मिश्रित नहीं होते हैं-अर्थात शुद्ध अवस्था अथवा प्राकृतिक रूप में प्राप्त होने वाली धातु को प्राकृत कहा जाता है।

(ii) किसी स्थान के मूल/आदि निवासियों को मूल निवासी कहा जाता है।

(iii) किसी क्षेत्र में विकसित होने वाले पादप और प्राणी।

natural areas **प्राकृतिक क्षेत्र**

सामान्य सामाजिक आर्थिक और सांस्कृतिक लक्षणों वाले नगरीय समाज का स्वत: बना और एकाकी क्षेत्र प्राकृतिक क्षेत्र कहलाता है। अधिकांश नगरों में इस प्रकार के प्राकृतिक क्षेत्र पाये जाते हैं।

natural hazard = environmental hazard **प्राकृतिक आपद/संकट = पर्यावरणीय आपद/संकट**

natural increase **प्राकृतिक वृद्धि**

जनसंख्या में सकारात्मक प्रवसन सन्तुलन के द्वारा होने वाली वृद्धि से भिन्न, मृत्यु से अधिक संख्या में जन्म के परिणाम स्वरूप किसी क्षेत्र की जनसंख्या में वृद्धि को प्राकृतिक वृद्धि कहा जाता है।

natural levees **प्राकृतिक तटबन्ध**

नदी के दोनों ओर के पार्श्वों पर मिट्टी के जमावों द्वारा बने लम्बे बन्धों को जो कि कम ऊँचाई के कटक के समान होते हैं और बाढ के समय सुरक्षा प्रदान करते हैं, ये तटबन्ध प्रकृति द्वारा निर्मित होते हैं अत: इन्हें प्राकृतिक तटबन्ध कहा जाता है।

natural region **प्राकृतिक प्रदेश**

एक ऐसा क्षेत्र जो उसकी भौतिक विशेषताओं के द्वारा संगठित होता है प्राकृतिक प्रदेश कहलाता है। तीन सामान्य कारक स्थलाकृति, जलवायु और वनस्पति प्रदेश के विशेष लक्षणों को प्रभावित करते हैं।

natural resources **प्राकृतिक संसाधन**

ऐसी वस्तुऐं जो प्राकृतिक अवस्था में उपलब्ध रहती हैं और जो मानव के लिए उपयोगी हैं; जैसे खनिज, शैलें, मृदा, जल पौधे, वायु और पशु, प्राकृतिक संसाधन कहलाते हैं। सामुहिक दृष्टि से देखा जाय तो प्राकृतिक संसाधन मनुष्य और भौतिक पर्यावरण के बीच सम्बन्ध स्थापित करते हैं। प्राकृतिक संसाधन दो प्रकार के होते हैं; (1) नवीकरणीय संसाधन जैसे जल और वायु जो कभी समाप्त नहीं होते हैं किन्तु प्रदूषित हो सकते हैं (2) अनवीकरणीय संसाधन खनिज पदार्थ आते हैं जिनकी उपलब्धि सीमित होती है।

nautical mile **समुद्री मील**

पृथ्वी के क्षेत्र के गोले (sphere) पर वृहदवृत के चाप पर एक मिनट (1853.18 मी.) लम्बाई के बराबर समुद्री मील माना जाता है।

neanderthal man **नियन्डरटाल मानव**

होमोसेपियन्स (मानव) का उत्तर अभिनूतन काल का मानव के सम जो आधुनिक मानव का पूर्ववर्ती था।

neap tide **लघु ज्वार भाटा**

ऐसा ज्वार जो अपेक्षतः निम्न श्रेणी का होता है; जिसमें उच्च ज्वार और निम्न ज्वार के बीच का अन्तर कम रहता है। उच्च ज्वार कम ऊँचाई और निम्न ज्वार सामान्य सये अधिक ऊँचा होता है। यह ज्वार महीने में चन्द्रमा के प्रथम और चौथे चतुर्थांश में दो बार, जब कि पृथ्वी, चन्द्रमा और सूर्य तीनों एक दूसरे से समकोण बनाते हैं, आता है।

nebkha **नेबखा**

वातोढ़ रेत का छोटा संग्रहित ढेर जो वनस्पति अथवा अन्य किसी बाधा से एकत्रित हो जाता है।

neck **ग्रीवा**

(i) एक संकीर्णे भूसन्धि अथवा जलमार्ग को ग्रीवा कहा जाता है।

(ii) ज्वालामुखी-लावा का ढेर।

negative movement of sea level **सागरतल की ऋणात्मक गति**

हिमचादर में वृद्धि अथवा सागरीय बेसिनों के विरूपण और भूतल के ऊपर उठने अथवा दोनों के मिले जुले प्रभाव के परिणाम स्वरूप सागर तल की ऋणात्मक गति में सागरतल का वास्तविक नीचा होना सम्मिलित रहता है।

negrito **नेग्रीटो/ निग्रोटो**

ठिगने कद के नीग्रोयड़ जैसा मानव जैसा कि अण्डमान द्वीपों के निवासी और मलय प्रायद्वीप के सेमांग निग्रोटो कहलाते हैं।

negroid **नीग्रोयड़/नीग्राकल्प**

अफ्रीका और मलेनिशियन्स के काली चमडी के जातीय समूह को नीग्रोयड़/नीग्रा कल्प कहा जाता है।

nehrung **नेरूंग**

(i) रेत अथवा समुद्री कंकडों से बनी भूजिका जो खुले सागर से तटीय अनूप को अलग करती है।

(ii) एक रोधिका जो किसी नदीमुख अथवा अनूप को सागर से अलग करती है।

(iii) पुलिन रोधिका का पर्यायवाची है।

nekton **तरणक**

स्वतंत्र रूप से तैरते जलीय पादप और प्राणी, विशेषकर प्रबल तैराक जैसे कि मछली, तरणक कहलाते हैं।

neo glacial **नव हिमनदीय**

होलोसीन काल में बढ़ा हुआ हिमनदीय क्रिया का समय और विस्तार नव हिमनदीय कहा

जाता है। इस काल में हिमानी विस्तारित हुये और उनका अपसरण हुआ, इस प्रकार के विस्तार को हिमयुग प्रस्तुत करता है।

Neolithic **नवप्रस्तर काल**

प्राचीन विश्व में यह काल जिसमें पशुओं और पौधों को पालतु बनाया गया, यह समय 8000 से 3500 ई.पू. के बीच माना जाता है।

Neolithic age **नव प्रस्तर युग**

मध्य पाषाणी काल के पश्चात् चतुर्थ सहस्त्राब्दि ई.पू. से कांस्य युग के आगमन तक का सांस्कृतिक युग कहलाता है। पाषाण से बने औजार/उपकरण और उन पर पालिश करना, दाब प्रक्रिया द्वारा पिसाई करना, पशुओं को घरेलू बनाना, फसल उगाना और मृण-पात्र (pottery) बनाना, इस काल की प्रमुख विशेषतायें थीं।

nephoscope **मेघदर्शी**

पृथ्वीतल के किसी स्थान से मेघों की गति, संचरण, दिशा और ऊंचाई नापने का एक यंत्र।

neptunian dyke **नेपचूनियन डाइक/समुद्री भित्ति**

पृथ्वी के धरातल अथवा समुद्री तल के पूर्ववर्ती शैल के मुख्य भाग में बनी विदर/दरार में तलछट, प्रायः बालू पत्थर के खडे पिण्ड से भरा भाग नैपचूनियन ड़ाइक/समुद्री डाइक/समुद्री भित्ति कहलाता है।

neritic **नेरिटांचली**

सागरों अथवा महासागरों के महाद्वीपीय निमग्नतट से ऊपर के भाग से सम्बन्धित, नेरिटांचली कहा जाता है।

neritic zone **नेरीटांचली क्षेत्र**

सागर तट का वह भाग जो सदा पानी में डूबा रहता है नेरीटांचली क्षेत्र कहा जाता है। इस क्षेत्र में महाद्वीपीय निमग्नतट का भाग सम्मिलित रहता है। यह भाग 200 मीटर तक की गहराई वाला भाग होता है।

net migration balance **नेट प्रवास संतुलन**

जनसंख्या में समस्त परिवर्तन से प्राकृतिक जनसंख्या वृद्धि को घटा दिये जाने के पश्चात् नेट प्रवास संतुलन ज्ञात किया जाता है।

net national product **शुद्ध/वास्तविक राष्ट्रीय आय**

सकल घरेलू उत्पाद में से मूल्य ह्रास और पूंजी व्यय छूट को कम करने पर शुद्ध राष्ट्रीय आय शेष रहती है।

net register tonnage **शुद्ध पंजीयित भार**

जलयान के सकल पंजीयित भार में से चालक दल के निवास स्थान भंडार, इंजन और संचालक के स्थानों के क्षेत्र को कम कर शुद्ध पंजीयित भार निकाला जाता है, इसी शुद्ध पंजीयित भार पर पोताश्रय और गोदी भाडा लिया जाता है।

neustone **न्यूस्टोन**

तालाबों और झीलों के अधिक गहराई वाले भागों में वायु एवं जल के मिश्रित वातावरण में रहने वाले जीव न्यूस्टोन वर्ग के जीव कहलाते हैं। इस प्रकार के जीवों में जलीय मकडी, कछुए, मछली जलीय सर्प आदि मुख्य हैं।

neve **कणहिम**

पर्णांग (firn) के लिए कम उपयोग में आने वाला शब्द।

new red sandstone **नवीन बालू का पत्थर**

ब्रिटेन में पर्मियन और ट्रियेसिक समूहों का महाद्वीपीय संलक्षणी रूप लिए हुए लाल बालू का पत्थरों का एक सिलसिला जिसे नवीन बालू का पत्थर कहा जाता है।

niche glacier **गर्तस्थ हिमानिका**

किसी उच्च भूमि ढाल पर पाया जाने वाला हिमनदीय टुकडा गर्तस्थ हिमानी कहलाता है। सर्क हिमानी से गर्तस्थ हिमानी इस दृष्टि से भिन्न होता है कि इसके हिम से धरातल कम प्रभावित होता है।

nimbostratus cloud **वर्षा स्तरीमेघ**

ये समशीतोष्ण कटिबन्ध के मुख्य वर्षी मेघ होते हैं; पर्याप्त गहराई वाला धूसर मेघ परतें होती हैं, ये प्रायः नीचे प्रकोपी मेघ होते हैं, जिन्हें 'चलमेघ' (seud) कहा जाता है। ये मेघ प्रायः न्यून दाब वाले प्रदेशों से सम्बन्धित होते हैं और इनसे लम्बे समय तक हल्की वर्षा होती रहती है।

nimbus **वर्षा मेघ**

एक प्रकार के वर्षा वाले मेघ जो नीचे, एक समान, गहरे धूसर मेघ होते हैं, इनके द्वारा प्रायः उष्ण वाताग्र के साथ निरन्तर वर्षा अथवा हिमपात होता है। इस शब्द का अन्य प्रकार के मेघों के साथ जोड़कर उपयोग किया जाता है जैसे कपासी वर्षी मेघ (cumulo nimbus) और वर्षास्तरीय मेघ (nimbo stratus)

nodule **ग्रंथिका**

परतदार शैलों में एक गोलाकार संचयन ग्रंथिका कहलाती है।

noise scale **ध्वनि/शोर मापक्रम**

ध्वनियाँ बहुत छोटी कम्पन होती हैं जो वायु और अन्य साधनों के माध्यम से आगे बढती हैं।

किसी ध्वनि की तीव्रता को डेसिबेल (db) में नापा जाता है। विशिष्ट ध्वनि स्तरों का db मान निम्न प्रकार है:

1. श्वसन 10 (db)
2. वृक्षों की वायु की ध्वनि 20 (db)
3. फुसफुसाहट 20 से 30 (db)
4. दीवारधड़ी की टिक-टिक 30 (db)
5. रेडियो संगीत 50 से 60 (db)
6. भारी ट्रक के चढ़ाने की ध्वनि 90-100 (db)
7. मोटरसाइकिल की ध्वनि 105 (db)
8. वायुयान की ध्वनि 99-120 (db)
9. अन्तरिक्ष यान की ध्वनि 140-170 (db)

nomadism **चलवासिता/खानाबदोशी**

एक प्रकार की जीवन पद्धति जिसमें मनुष्य और पशु विभिन्न दबावों (जलवायु, पारिस्थितिकीय और राजनैतिक) की प्रतिक्रिया स्वरूप निरन्तर एक स्थान से दूसरे स्थान पर भोजन की खोज के लिए संचरण करते रहते हैं।

nominal data **सांकेतिक आंकडे**

तीन मुख्य प्रकार के आंकडों में से एक प्रकार के वर्गीकरण सम्बन्धी आंकडे जिनमें गुण अथवा परिमाण के सापेक्ष वर्ग के आंकडों की अपेक्षा नहीं होती है। वनों, घांस के मैदान और हीथ लैण्ड पारिस्थितिक तंत्र अथवा बस्तियों के विभिन्न प्रकार सांकेतिक आकंडे बनाते हैं।

non basic worker **अनाधार भूत श्रमिक**

श्रमिक जिस नगर में निवास करता है उसी में वह कार्य करने से सम्बन्धित रहता है और इस प्रकार वह नगर में सम्पत्ति अन्यत्र स्थान से लेकर नहीं आता, ऐसे श्रमिक अनाधारभूत श्रमिक कहे जाते हैं।

nonconfermity **असम विन्यास**

किसी आग्नेय अथवा कायान्तरित शैल पर उपहिशायी (overlying) अवसादी संस्तरण की एक शृंखला का होना, असम विन्यास कहलाता है।

nomothetic **नोमोथेटिक**

स्थानों और तथ्यों के बीच समानताओं को ज्ञात करने से सम्बन्धित। उदाहरण के लिए नगरीय आकृतिक मॉडल नगरों की समानताओं को देख कर बनाया जा सकता है।

normal fault **सामान्य भ्रंश**

भ्रंश तल के साथ, अधः क्षेपित भुजा की दिशा में झुका हुआ भ्रंश, सामान्य भ्रंश कहलाता है।

normative theory **नियामक/आदर्शी सिद्धान्त**

ऐसा सिद्धान्त जो सैद्धान्तिक नियंत्रण में क्या होगा की व्याख्या अथवा भविष्यवाणी करता है नियामक/आदर्शी सिद्धान्त कहलाता है। क्या है अथवा क्या होगा अपूर्ण प्रतिस्पर्द्धा की अपेक्षा क्या होना चाहिये जैसा कि पूर्ण प्रतिस्पर्द्धा में होती है।

nonrenewable resources **अनवीकरणीय संसाधन**

इस प्रकार के संसाधन सीमित, समाप्त हो जाने वाले और जनसंख्या तथा तकनीकी ज्ञान के बढते स्तर के साथ इस प्रकार के संसाधन कम होते जाते हैं। खनिज पदार्थ, खनिज तेल आदि इसी प्रकार के संसाधन हैं।

norther (norte) **नार्दर/नार्टे**

सितम्बर से मार्च तक चलने वाली शुष्क और ठण्डी पवन जिसके कारण टेक्साज राज्य और मैक्सिको की खाडी के ऊपर ताप क्रम तीव्रता से गिर जाता है नार्दर/नार्टे कहलाती हैं।

nor'western/northwester **काल वैसाखी**

उत्तर-पश्चिम दिशा से आने वाली आँधी, तूफान अथवा झंझा, काल वैसाखी कहलाती है।

nomadism **चलवासिता**

बिना स्थिर निवास के एक स्थान से दूसरे स्थान पर संचलन करना चलवासिता कहलाती है।

nunatak **नूनाटेक**

यह शब्द एस्कीमो मूल का है जो हिम चादर से बाहर निकली हुई शैल चोटी के लिए प्रयुक्त किया जाता है। इस प्रकार की समस्त आकृतियों के लिए नूनाटेक शब्द का प्रयोग किया जाता है।

nuptiality **वैवाहिकता**

किसी जनसंख्या में विवाह की प्रायिकता प्रायः विवाह की आयु दर के रूप में व्यक्त की जाती है। किसी समाज में प्रचलित प्रथम विवाह की आयु में जनसंख्या की आयु संरचना के कारण वैवाहिकता में भिन्नता पाई जाती है। प्रगटतः युवाओं की तुलना में वृद्ध जनसंख्या वाले समाज में यह न्यून रहती है।

nutrient cycle **पोषक चक्र**

पोषक चक्र में पौधों और उनके पर्यावरण द्वारा पोषक का उद्ग्रहण, उपयोग और त्याग होता है। शीतोष्ण पारिस्थितिकी में पोषक का तत्कालीन उपभोग न होकर मृदा में संचित रहता है। इस प्रकार मृदा पोषक संग्रहण का कार्य करती है। उष्ण कटिबन्धीय पारिस्थितिकी में समस्त पोषक पौधे में ही रहते हैं और मृदा अशक्त रहती है।

O

oasis **मरूद्यान**

(i) उष्ण मरूस्थल में वह स्थान जहाँ जलस्रोत अथवा कुँए के माध्यम से जल धरातल के निकट पाया जाता है जिससे पौधे जीवित रह पाते हैं। मरूद्यानों के विस्तार में भिन्नता पाई जाती है, एक छोटे मरूद्यान में कुछ खजूर के वृक्षों से लेकर कई वर्ग किलोमीटर विस्तार के मरूद्यान पाये जाते हैं जिनमें स्थायी कृषि की जाती है।

(ii) हिम बद्ध भूदृश्य में बर्फ रहित भूखण्ड को भी मरूद्यान (oasis) कहते हैं।

obsequent stream **प्रत्यनुवर्ती सरिता**

अनुवर्ती सरिता के विपरीत, प्रायः ढाल के विपरीत दिशा में बहने वाली धारा को प्रत्यानुवर्ती सरिता कहा जाता है। इस प्रकार की सरिता को प्रति-नति (anti dip stream) भी कहते हैं।

occluded front **अधिविष्ट अग्र**

मध्य अक्षांशों में गर्त के विकसित अग्र का यह एक प्रकार है जो अधिक तीव्रता से बढते शीत अग्र, अधिक धीमी गति से संचरण करते उष्ण अग्र के बराबर पहुंच जाता है, इसके प्रभावस्वरूप उष्ण सेक्टर की उष्ण कटिबन्धीय सामुद्रिक वायु को पृथ्वीतल से ऊपर उठा देती है। इस प्रकार अधिविष्ट अग्र का बनना गर्त के समाप्त होने का प्रारम्भ होता है। अधिविष्ट अग्र दो प्रकार के होते हैं उष्ण अधिविष्ट अग्र तथा शीतल अधिविष्ट अग्र।

occumene **वासयोग्य**

(i) प्राचीन ग्रीक वासियों का निवास योग्य संसार।

(ii) निवास योग्य राज्य का वह भाग होता है जहाँ सर्वाधिक घनी आबादी का भरण-पोषण होता हो, सर्वाधिक क्षेत्र में फैली जनसंख्या निवास करती हो तथा जहां परिवहन पथ का जाल बिछा हो।

occupancy rate **अध्यावास दर**

घर की स्थिति और भीड़ भाड़ का माप जो निवास योग्य कमरों का किसी निवास में रह रहे लोगों की संख्या में भाग देने से निकाला जाता है अध्यावास दर कहलाती है।

occupational mobility **व्यावसायिक गतिशीलता**

व्यक्ति द्वारा नई कुशलता प्राप्त कर लेने पर उसके कार्य में परिवर्तन की योग्यता आना व्यावसायिक गतिशीलता कही जाती है।

ocean floor **महासागर सतह**

निम्नजल स्तरांक (low water mark) से नीचे सागर का समस्त तल महासागर सतह कहलाती है।

oceanic basin **महासागरीय द्रोणी**

महासागर का बडा धंसाव महासागरीय द्रोणी कहलाती है।

oceanic climate **महासागरीय जलवायु**

ऐसी जलवायु जो सागरीय प्रभाव अर्थात् ग्रीष्म और शीत ऋतु में ताप परिसर मध्यम रहता है के कारण मन्द प्रभाव वाली होती है।

oceanic crust **महासागरीय पटल**

पृथ्वी के पटल का वह भाग जो समुद्री द्रोणियों के नीचे स्थित होता है।

oceanic island **सामुद्रिक/महासागरीय द्वीप**

किसी महाद्वीप से दूर द्वीप का महासागर में स्थित होना, सामुद्रिक द्वीप कहलाता है।

oceanography **समुद्र विज्ञान**

समुद्र विज्ञान सागरों और महासागरों के समस्त पक्षों का वैज्ञानिक अध्ययन है। समुद्रों में अवसाद और जल के नीचे पाई जाने वाली शैलों का अध्ययन समुद्र विज्ञान में किया जाता है। सागरों, महासागरों और वायुमण्डल के बीच अन्तर्क्रिया, बाह्य और आन्तरिक शक्तियों का सागरीय जल पर पडने वाला प्रभाव और उसमें गति, उसमें पाये जाने वाले जीव, उनकी प्रकृति और व्यवहार, जल का रासायनिक संगठन, सागर तली की भौतिक रचना का अध्ययन भी समुद्र विज्ञान में किया जाता है। अतः समुद्र विज्ञान को कभी-कभी सागरों/महासागरों का विज्ञान कहा जाता है। समुद्र विज्ञान में विभिन्न विषयों, और विज्ञान की शाखाओं जैसे कि भूगर्भशास्त्र, मौसम विज्ञान, जीवविज्ञान, रसायन विज्ञान, भौतिक विज्ञान के अनेक पक्षों का अध्ययन किया जाता है। समुद्र विज्ञान, पर्यावरणी विज्ञान है जिसमें सागरों और पृथ्वी तथा ब्रह्माण्ड के अन्तर्सम्बन्धोंका अध्ययन किया जाता है।

oceanic zone **महासागरीय क्षेत्र**

महासागरीय निमग्न तट से आगे का क्षेत्र महासागरीय क्षेत्र कहलाता है।

ocean trench **महासागरीय खाई**

महासागर तल में एक लम्बी संकीर्ण किन्तु बहुत गहरी खाई (धंसाव) को महासागरीय खाई कहा जाता है। यह प्रायः दो विवर्तनिक प्लेटों के आपस में मिलने के स्थान पर पाई जाती है।

O.E.C.D. (organization for economic coopration & development) **आर्थिक सहयोग एवं विकास के लिए संगठन**

OEEC के स्थान पर विश्व के 28 प्रमुख औद्योगिक देशों, आस्ट्रेलिया, आस्ट्रिया, बेल्जियम, कनाड़ा, डेनमार्क, जर्मनी, फिनलैण्ड फ्रांस, ग्रीस, आइसलैण्ड आयरिश गणराज्य, इटली, जापान, लम्जम वर्ग, नीदरलैण्ड, न्यूजीलैण्ड, नार्वे, पूर्तगाल, स्पेन, स्वीडन, स्विटजरलैण्ड, तुर्की, यू.के., संयुक्त राज्य अमेरिका, तथा यूगोस्लावियाको विशेष स्तर के साथ कार्य में भाग लेने की अनुमति द्वारा इस संघठन की स्थापना कर एक दूसरे के आर्थिक और सामाजिक कल्याण और विकासशील देशों की सहायता के लिए कार्य करने के उद्देश्य से 1961 में स्थापना की गई। इसका मुख्यालय पेरिस में स्थापित किया गया था।

OEEC (organization for European economic coopration) **यूरोपियन आर्थिक सहयोग संघठन**

मार्शल प्लान के अन्तर्गत यूरोप को प्राप्त होने वाले संसाधनों के वितरण और प्रबन्ध तथा उनकी आर्थिक क्रियाओं को समन्वित करने के उद्देश्य से यूरोप के 16 देशों द्वारा 1947-48 में इस का स्थान oecd ने लिया।

offshore **अपतट**

(i) मौसम विज्ञान में सागर की ओर संचरण जैसाकि अपतट पवन

(ii) भूगर्भशास्त्र में बडी लहरों का सागर की ओर का क्षेत्र, अपतट क्षेत्र कहा जाता है।

offshore bar **अपतट रोधिका**

सागरीय तट से कुछ दूरी पर विकसित रेत की रोधिका (bar) को अपतट रोधिका कहा जाता है।इस रोधिका के पृष्ठ भाग में एक छिछला लैगून होता है।

offshore winds **अपतट पवन**

स्थलीय भाग की ओर से सागर की ओर चलने वाली पवनों को अपतट पवन कहा जाता है। स्थल खण्ड से चलने के कारण इन पवनों में आर्द्रता की कमी रहती है, अतः यह पवन प्रायः शुष्क होती है।

oil shale **तैल शैल**

ऐसी शैल जिसमें हाईड्रो-कार्बन पर्याप्त मात्रा में उपलब्ध रहते हैं और आसुत करने पर तैल और प्राकृतिक गैस की प्राप्ति होती है।

oldage **वृद्धा वस्था**

अपरदन चक्र की अंतिम और गिरती अवस्था, जबकि नदी प्रवणता बहुत कम हो जाती है तथा ढाल निरन्तर कम होता जाता है। भूदृश्य, समप्रायः मैदान की ओर अग्रसर हो रहा होता है।

old age index **जीर्णावस्था सूचकांक**

जनसंख्या में वृद्ध होते लोगों का माप और कार्यशील आयु के लोगों की संख्या द्वारा सेवानिवृति की आयु से अधिक की आयु में भाग देने से परिकलित किया जाता है।

old fold mountains **प्राचीन वलित पर्वत**

तृतीय महाकल्प के अल्पाइन पर्वतन से पूर्व भूसंचलन द्वारा बने वलित पर्वत प्राचीन वलित पर्वत कहलाते हैं। ब्रिटिश द्वीप समूह के वलित पर्वत इसी क्रम के माने जाते हैं।

old land **जीर्ण-भूमि**

प्राचीन रवेदार शैलों का एक विस्तृत क्षेत्र जिस पर लम्बे समय तक अपरदन होते रहने से वह क्षेत्र नीचा हो गया हो, जीर्ण-भूमि कहलाती है।

Oligocene epoch **अल्पनूतन युग/ऑलिगोसीन युग**

लगभग 235 लाख और 350 लाख वर्ष पूर्व के बीच का भूगर्भिक काल अल्पनूतन युग/ऑलिगोसीन युग कहा जाता है।

oligopoly **ओलीगोपोली**

एक आर्थिक क्रिया जिसमें कम संख्या वाली फर्म/प्रतिष्ठान अधिक मात्रा में उत्पादन और नियोजन के लिए जिम्मेदार होती हैं।

oligotrophic **मित्तपोषी**

प्रायः झीलों, मृदा और पीट-दलदलों का मित्तपोषक होना मित्तपोषी कहलाता है।

oligotrophic lake **मित्तपोषणी झील**

ऐसी झील जिसमें घुले खनिजों का अपेक्षतः अभाव होता है और सामान्यतः जिसका न्यून पोषक स्तर होता है, मित्त पोषणी झील कहलाती है। इस प्रकार की झीलें स्कॉटलैण्ड और नार्वे के ग्रेनाइट प्रदेशों में पाई जाती हैं।

ombrotrophic **आम्ब्रोट्रोफिक**

पौधों अथवा पादप समूह जो वर्षा पुष्ट पदार्थ से सम्बद्ध होते हैं जो घटिया पोषण वाले होते हैं, का वर्णन आम्ब्रोट्रोफिक कहलाता है।

omnivore **सर्वभक्षी**

ऐसे जीव जो वनस्पति तथा पशुओं से अपना भोजन प्राप्त करते हैं, सर्वभक्षी कहे जाते हैं।

onion weathering **अपशल्कन/अपपत्रण प्याज वत् अपक्षयण**

किसी शैल अथवा दृश्यांक (out crop) की पृष्ठीय सतह का विशल्कन द्वारा विनाश, प्याजवत् अपक्षयण/अपशल्कन/अपपवत्रण कहलाता है।

onshore winds **अभितट पवन**

सागर की ओर से स्थल-खण्ड की ओर से चलने वाली पवन को अभितट पवन कहा जाता है। यह पवन सागरीय भागों की ओर से आने के कारण इनमें जलवाष्प की अधिकता रहती है जिससे तटीय भागों में वर्षा होती है।

ontogeny **व्यक्ति वृत**

(i) किसी जीव के पूरे जीवन वृत काल में विकास का क्रम।

(ii) इस शब्दावली को झीलों और अन्य व्यवस्था के जीवनवृत पर भी लागू किया जाता है।

ontology **सत्तामीमांसा**

वह विज्ञान जो सत्ता/अस्तित्व के सिद्धान्त से सम्बन्धित होता है।

ooze **सिंधु पंक**

गहरे सागरों के तल पर या तो छोटे जीवों जैसे कि डायटम के जमाव अथवा बारीक अकार्बनिक अवसाद के जमावों को सिंधु पंक कहा जाता है।

OPEC **आपेक**

तेल निर्यातक देशों के संघठन (organisation of oil exporting countries) का यह संक्षिप्त नाम है। इसके सदस्य देशों की तेल नीति को एक समान बनाने और उनके हितों की रक्षा के उद्देश्य से इस संघठन की स्थापना 1961 में की गई थी। सन् 1964 ने इस संघठन के सदस्य देशों की संख्या 13 अल्जीरिया, ईक्वेड़ोर, गबॉन, इण्डोनेशया, ईरान, ईराक, कुवेत, लीबिया, नाईजीरिया, कतर, सऊदी अरब, संयुक्त अरब अमीरात, तथा बेनेजुएला हैं।

open cast mining **विवृत खनन**

जब विस्तृत खनिजों जैसे कोयला, भूराकोयला तथा लोह अयस्क के जमाव धरातल के निकट पाये जाते हैं और केवल उपरिशायी संस्तर को हटाने मात्र से इन खनिजों को निकाला जा सकता है, इस प्रकार के उत्खनन को विवृत खनन कहा जाता है।

open system **विवर्त तंत्र**

एक ऐसा तंत्र जो अपने पर्यावरण से अलग किया हुआ नही होता है वरन वह अपने पदार्थों अथवा उष्मा का उसके साथ आदान प्रदान करता है।

opisometer **ऑपिसोमीटर**

एक ऐसा यन्त्र जो मानचित्र पर दूरी नापने के लिए उपयोग में लिया जाता है।

optimum **अनुकूलतम**

अत्यधिक अनुकूल अथवा उस स्थिति में श्रेष्ठ संभव अथवा किसी विशेष उद्देश्य के लिए।

optimum location **अनुकूलतम अवस्थिति**

आर्थिक भूगोल में अधिक प्रचलित शब्द जिससे तात्पर्य होता है आर्थिक दृष्टिकोण से उत्तम अवस्थिति।

optimum population **अनुकूलतम जनसंख्या**

किसी क्षेत्र में निवासियों की संख्या जिन्हें उस क्षेत्र में अधिकतम लाभ दिया जा सके, ऐसी जनसंख्या अनुकूलतम जनसंख्या कही जाती है।

order **समूहांक/क्रम/कोटि/आर्डर/श्रेणी**

(i) केन्द्रीय स्थान सिद्धान्त में इसका सम्बन्ध वैयक्तिक वस्तुओं सेवाओं और केन्द्रीय स्थानों से होता है। वस्तुओं और सेवाओं के विषय में क्रम अधिकांश उनके श्रेणी मूल्यों से निश्चित किया जाता है; जबकि केन्द्रीय स्थानों में इसका सम्बन्ध केन्द्रीय स्थान पदानुक्रम से निश्चित किया जाता है।

(ii) वर्ग की अपेक्षा छोटा और परिवार से अधिक मिल कर बने वर्गीकरण को आर्डर/श्रेणी/काटि कहा जाता है। मानव स्तनधारी वर्ग में प्राइमूट्स (नर-वानर गण) की श्रेणी में आता है।

ore **अयस्क**

आर्थिक महत्व के ठोस और स्वभावतः पाये जाने वाले खनिज समूह जिनसे अभिक्रिया द्वारा एक अथवा अधिक संघटक प्राप्त किये जाते हैं; अयस्क कहलाती है।

ordinal data **क्रम सूचक आंकडे**

ऐसे आंकडे जो उनके सापेक्ष महत्व (उपयुक्त कोटि) के अनुसार प्रस्तुत किये जाते हैं; उदाहरण के लिए तल भार पदार्थ को बारीक, मध्यम ओर घटिया में वर्गीकृत किया जाना क्रम सूचक आंकडे कहलाते हैं।

Ordovician **आर्डोविशन**

50 करोड़ वर्ष पूर्व केम्ब्रियन काल के अन्त से लेकर 440 करोड़ वर्ष पूर्व तक सिलूरियन काल तक का काल आर्डोविशन काल तथा उस क्रम की शैलों को इसी नाम से जाना जाता है।

organic acid **जैव अम्ल**

हयूमस बनने से पूर्व, किसी जीव के अपघटन की प्रथम अवस्था काल में उत्पन्न अम्ल को जैव अम्ल कहा जाता है।

organic deposits **जैव निक्षेप**

जैव अवशेषों से युक्त और उनसे बनी तलछट को जैव निक्षेप कहा जाता है।

organic farming **जैव कृषि**

कृत्रिम अथवा रासायनिक खाद तथा कीट नाशक के बिना कृषि की पद्धति तथा जिसमें केवल जैव खाद का ही उपयोग किया जाता हो, जैव कृषि कहलाती है।

organic soil **जैव मृदा**

ऐसी मृदा जिसमें खनिज मृदा से भिन्न जैव पदार्थ मुख्य रूप से पाये जाते हैं।

organic weathering **जैव अपक्षयण**

जीवित जैव अथवा जैविक प्रक्रिया द्वारा शैल का विघटन अथवा विनाश जैव अपक्षयण कहलाता है।

orientation **अभिस्थापन**

कम्पास के बिन्दुओं के सम्बन्ध में स्थान निर्धारण अथवा किसी स्थिति के निर्धारण विशेषकर मानचित्र अथवा क्षेत्र में सर्वेक्षण यंत्र का स्थान निर्धारण, इस प्रकार कि मानचित्र पर खींची गई उत्तर-दक्षिण रेखा, पृथ्वी पर उत्तर-दक्षिण रेखा के समानान्तर हो, अभिस्थापन कहलाता है।

orographic rain **पर्वतीय वर्षा**

उष्ण सागरों की ओर से आने वाली उष्ण आर्द्र हवाओं को ऊंचे पर्वतीय भागों के अवरोध के कारण उनके ढाल के सहारे ऊपर उठने लगती हैं तथा एक निश्चित ऊंचाई पर पहुंचने पर वायु संतृप्त हो जाती है तथा संघनन प्रारम्भ हो जाता है। पर्वत के जिस ढाल पर वायु टकराती है उसे पवनोमुख ढाल तथा पृष्ठ भाग में जिस ओर वायु नीचे उतरती है उसे पवन विमुखी ढाल कहते हैं।

orography **पर्वत विज्ञान/पार्वतिकी**

भौतिक भूगोल की एक शाखा जिसमें धरातल का वर्णन और उसके ज्ञान, विशेषकर पर्वतों के उभार और पर्वतक्रम का अध्ययन किया जाता है।

orthogneiss **आग्नेय नाइस**

अपरदी तलछट के कायान्तरण से बनी सहजनन नाइस के विपरीत आग्नेय शैल के कार्यान्तरण से बनी नाइस, आग्नेय नाइस कहलाती हैं।

out crop **दश्यांश**

किसी शैल के आधार का भूमितल पर बाहर आ जाना दृश्यांश कहलाता है।

outlet glacier **निगर्म हिमनद**

किसी पठार पर स्थित हिम के किनारे का हिमनद, निर्गम हिमनद कहलाता है।

outlier **पुरान्तशायी**

पुरानी शैलों से चारों ओर से घिरा हुआ नवीन शैलों का एक दृश्यांश (out crop) पुरान्तशायी कहलाता है। सामान्यतः कगार फलक के विभेदक पृष्ठ घिसाव के परिणाम स्वरूप पुरान्तशायी का निर्माण होता है।

out port **बाह्य बन्दरगाह**

ऐसा बन्दरगाह जो सागर के निकट अथवा नदी मुहाने पर स्थित होता है और जो मुख्य बन्दरगाह, जिसका कि वह संपूरक होता है, की तुलना में बडे जलयानों के लिए अधिक अभिगम्य होता है, क्योंकि पुराने बन्दरगाह को बदलती आवश्यकताओं के अनुसार बदला जाना संभव नहीं होता है।

out put **निर्गम/उत्पाद**

किसी फर्म अथवा उद्योग या प्रदेश अथवा देश द्वारा किसी निश्चित समय में वस्तुओं का उत्पादन अथवा सेवायें उपलब्ध किये जाने की मात्रा को निर्गम/उत्पाद कहा जाता है।

out wash plain **हिमानी धौत मैदान**

किसी हिमानी अथवा हिमचादर के स्थावर पार्श्व से पिघले जल के द्वारा जमा की गई रेत और कंकडों से बना मन्दढाल का मैदान जो कभी-कभी पंखाकार भी हो सकता है। प्रायः बाद में हिमानी धौत मैंदान विच्छेदित होकर ऊंचे उठे पठार के समान आकार की श्रृखला में पाये जाते हैं। अनेक हिमधौत मैदानों का सम्बन्ध अंतिम हिमोढों से पाया जाता है।

over burden **अधिभार**

किसी विशेष शैल संस्तर की उपरिशायी शैल अथा मृदा की परत को अधिभार कहा जाता है।

over burdened city **अधिभारित नगर**

ऐसा नगर जिसकी प्रशासनिक सीमाओं में ऐसे क्षेत्रों को शामिल कर लिया गया हो जो नगरीय नहीं होते हैं, ऐसे नगर अधिभारित नगर कहे जाते है।

over capacity **अति क्षमता**

किसी उद्योग के उत्पाद की मांग में निरन्तर उतार-चढाव के कारण जब उत्पादन के स्तर से मांग कम हो जाती है तब यह स्थिति अधिक्षेप उत्पादन की होती है, इस स्थिति को अति क्षमता कहा जाता है।

over flow channel **आप्लाव जलमार्ग**

हिमानी झील से बहते जल द्वारा काट कर निकली वाहिका को आप्लाव जलमार्ग अथवा अधिप्लव मार्ग (spill way) कहा जाता है।

over fold **प्रति वलन**

एक प्रतिवलित अपनति अथवा अपनति जिसकी एक भुजा व्युत्क्रमित होकर दूसरी भुजा के नीचे पडी होती है, प्रतिवलन कहलाता है।

over grazing **अति चारण**

खेत पर पशुओं को चराई के लिए अधिक संख्या में छोडा जाना जिससे कि उस पर पाई जाने वाली वनस्पति नष्ट हो जाती है, इसे अतिचारण कहा जाता है। छोटी वर्षा ऋतु अथवा अनिश्चित वर्षा वाले क्षेत्रों में इस प्रकार वनस्पति का नष्ट होना गंभीर भूमिक्षरण को बढावा देता है।

over population **अत्यधिक आबादी**

जब जनसंख्या, अनुकूलतम संख्या से अधिक हो जाती है, जिसके परिणाम स्वरूप जीवन-स्तर गिरने लगता है तथा आर्थिक और सामाजिक आकांक्षायें प्राप्त नहीं की जा सकती हैं, यह स्थिति अत्यधिक आबादी की होती है।

over spill of population **अतिक्रमी जनसंख्या**

किसी क्षेत्र के आवासीय क्षेत्र में ठीक प्रकार से बसने वाली संख्या से अधिक जनसंख्या का होना तथा जिन्हें अन्य स्थान जैसे नये नगरों में बसाया जाय, अतिक्रमी जनसंख्या कहलाती है।

over thrust **अधिक्षेप**

झुके हुये भ्रंशतल और यथेष्ट क्षैतिज विस्थापन वाले क्षेप भ्रंश को अधिक्षेप कहा जाता है।

ox bow lake **गोखुर झील**

यह एक प्रकार की अर्द्धचन्द्राकार झील होती है जो पूर्व में किसी नदी के विसर्प के विसर्प ग्रीवा के कट जाने से बनती है। गोखुर झीलें प्रायः वृहत बाढ मैदानों की विशेषता होती हैं जैसा कि संयुक्त राज्य अमरीका की मिसिसीपी घाटी और ग्रेट ब्रिटेन की सेवर्न और ट्रेन्ट घाटियों में पाई जाने वाली गोखुर झीलें हैं।

oxidation **आक्सीकरण**

यह रासायनिक अपक्षय की एक सामान्य प्रक्रिया है जिसके द्वारा शैल खनिज, विशेषकर जिनमें लोहा पाया जाता है, वे आक्सीजन को तुरन्त ग्रहण कर लेते हैं और इस प्रकार लौहमय अवस्था से जंग लगकर फेरिक अवस्था में पीलेपन और भूरे रंग लिये हुए उसकी ऊपर की पपडी टुकडों में परिवर्तित हो जाती है।

oxisol **ऑक्सीसोल**

संयुक्त राज्य अमरीका में वर्गीकरण की एक मृदा। इस प्रकार की मृदा उष्णकटिबन्धीय भागों में पाई जाती है, जहाँ विक्षालन (leaching) अधिक होने से सिलिका की कमी हो जाती है,

इस प्रकार की मृदा को फेरालिटीय (ferrallitie) मृदा भी कहा जाता है।

oxygen **ऑक्सीजन**

(i) रंगहीन, गंधहीन तथा अदृश्य गैस तत्व जो पृथ्वीतल पर अन्य गैसों की तुलना में अधिक मात्रा में तथा वायुमण्डल के भार के 20% है। यह गैस मनुष्य एवं पादप समूह के लिए अत्यन्त आवश्यक है। यह गैस अन्य गैसों के साथ सुगमता से मिल जाती है तथा उद्योगों में इसका उपयोग वेल्डिंग तथा स्टील बनाने में किया जाता है।

(ii) ऑक्सीजन को प्राणवायु भी कहा जाता है जो जल में घुली अवस्था में पाई जाती है। जलीय जीव इस गैस पर निर्भर रहते हैं। ठहरे हुए जल की अपेक्षा बहते जल में आक्सीजन की मात्रा अधिक पाई जाती है।

ozone **ओषोण**

ओषोण, सौर विकिरण से सम्बद्ध प्राकृतिक फोटो संश्लेषण अभिक्रिया द्वारा निर्मित आक्सीजन का एक प्रकार है और वायुमण्डलीय ट्रैस गैस होती है। स्वतंत्र आक्सीजन में दो परमाणु की अपेक्षा ओषोण में आक्सीजन के 3 परमाणु के साथ एक अणु मिला रहता है। वायुमण्डल में ओषोण की मात्रा बहु कम होती है किन्तु सौर पराबैंगनी विकिरण के अवचूसण किये जाने के कारण इसका महत्व अधिक है।

ozone layer **ओषोण परत**

ओषोण परत को ओषोण मण्डल भी कहा जाता है। वायुमण्डल में भूपृष्ठ से 10 से 20 कि.मी. की ऊँचाई पर यह परत एक पट्टी में पाई जाती है, किन्तु 20 से 25 कि.मी. की ऊँचाई के बीच में यह परत अधिक संगठित है। जब ओषोण परत फट जाती है तब बढा हुआ सौर पराबैंगनी विकिरण पृथ्वी तक पहुँचता है जिससे मानव स्वास्थ्य पर विपरीत प्रभाव पडता है।

P

pacific type coast **प्रशान्त प्रकार तट**

एक अनुलम्ब तट, जहाँ वलित पर्वत श्रृंखलाऐं समुद्र तट के समानान्तर पाई जाती हैं, प्रशान्त प्रकार का तट कहलाता है।

pack animal **भारवाही पशु**

ऐसा पशु जो बोझा ढोने के काम में लिया जाता हो, जैसे गधा और खच्चर।

padang **पैड़ांग**

एक प्रकार की दक्षिण-पूर्वी एशिया में पाई जाने वाली वनस्पति जो घटिया मृदाओं पर विकसित होती है, जिस पर घास और झाड़-झंकाड उगी होती है।

pahoehoe **रज्जुलावा**

ऐसा लावा जिसका धरातल, बलदार रस्सी की पिण्डी के समान होता है, रज्जूलावा कहलाता है।

palaeobotany **पुरा-वनस्पति**

जीवाश्म-विज्ञान से सम्बन्धित शाखा जो पौधों की प्रकृति और उनके विकास का अध्ययन करती है, जैसा कि उनके जीवाश्यम अवशेषों से ज्ञात किया जाता है।

palaeo geography **पुराभूगोल**

पूर्व समय का भूगोल विशेषकर विशिष्ट भूगर्भिक युग को पुराभूगोल कहा जाता है।

paleolith **पुरा पाषाण**

पाषाण काल के द्वितीय चरण में अपरिष्कृत चिप्पड़ प्रस्तर से बने औजारों का उपयोग किये जाने वाला काल।

palaeolithic **पुरापाषाणी**

आदि पाषाण काल के पश्चात् और मध्य पाषाण काल पूर्व के द्वितीय प्रस्तर काल से सम्बन्धित। इस काल में मनुष्य ने अपने औजारों को आकृति देना प्रारम्भ कर दिया था।

palaeontology **जीवाश्म-विज्ञान**

पूर्व भूगर्भिक कालों के जीवाश्म-अवशेषों को वैज्ञानिक अध्ययन, जीवाश्म विज्ञान कहलाता है। पादप-जीवाश्म का अध्ययन जीवाश्म-वनस्पति और प्राणी जीवाश्म का अध्ययन जीवाश्म-प्राणीविज्ञान कहा जाता है।

Paleocene **पुरानूतन**

लगभग 650 लाख और 580 लाख वर्ष पूर्व के बीच के काल को पुरानूतन काल कहा जाता है।

Paleolithic **पुराप्रस्तर (युगीन)**

यूरोप में पुरातन पाषाण काल का समय जिस काल में प्रथम बार उपकरण उपयोग किये गये से 1100 ई.पू. तक का काल पुराप्रस्तर (युगीन) काल माना जाता है।

paleontology **जीवाश्मिकी**

प्राचीन भूवैज्ञानिक काल के रूप में उसके जीवाश्म अवशेषों के आधार पर अध्ययन जीवाश्मिकी कहलाता है।

Paleozoic **पुराजीवी महाकल्प**

प्रथम भूगर्भिक कल्प से सम्बन्धित, कैम्ब्रियन पूर्व महाकल्प के बाद का काल जब कि पृथ्वी पर मछली और रेंगने वाले जीवों का उद्‌भव हुआ, और अपृष्ठ वंशी विकसित होने लगे थे, यहकाल पुराजीवी महाकल्प कहलाता है।

paliridge **तनुकटक**

हवाई द्वीप में अत्यन्त कटे-फटे ज्वालामुखी गुम्बद पर दो नदी घाटियों के बीच खडी नोकदार कटक को तनुकटक कहा जाता है।

paludal deposits **कच्छीय निक्षेप**

निम्न और असमान स्थलाकृति के क्षेत्रों में बने कच्छ और दलदल के निक्षेप जैसा कि झील, नदी बाढ मैदान और डेल्टाओं के तट के सहारे पाये जाते हैं, कच्छीय निक्षेप कहलाते हैं।

palynology **परागाणु विज्ञान**

सभी आयु की परतदार शैलों में अम्लों के लिए अवरोध शक्ति पाये जाने के कारण मृदा में सुरक्षित किये गये पराग-कण, पराग जीवाश्म, और अन्य सूक्ष्म जीवाश्मों का अध्ययन और विश्लेषण परागाणु विज्ञान के अन्तर्गत किया जाता है।

pampas **पम्पाज**

दक्षिणी अमरीका के दक्षिणी ब्राजील अर्जेन्टाइना और यूराग्वे के प्राकृतिक घास के मैदान पम्पाज कहलाते हैं। नदियों की घाटियों में वृक्ष और छोटी झाडियाँ थी, उन्हें अब साफ कर खेती योग्य भूमि अथवा चारागाहों में बदल दिया गया है।

pangaea **पेन्जिया**

पेन्जिया का नाम वेग्नर ने अपने महाद्वीपीय विस्थापन सिद्धान्त में पूर्व केम्ब्रियन काल के महा-महाद्वीप के लिए दिया जो बाद में लारेंशिया और गौण्डवाना लैण्ड में विभाजित हो गया।

pan handle **पेन हेण्डल**

किसी राष्ट्र के क्षेत्र का संकीर्ण भाग दूसरे राष्ट्र के क्षेत्र के बीच पट्टी अथवा तट के सहारे बढा हुआ भाग पेन हेण्डल (pan handle) कहलाता है। जैसे अलास्का और टेक्साज के क्षेत्र क्रमशः कनाडा और मैक्सिको की तटभूमियों के सहारे स्थित पेन हेण्डल हैं।

panthalsa **पेन्थालसा**

पेंजिया के चारों ओर के समुन्द्र को वेगनर द्वारा दिया गया नाम।

pantograph **पेण्टोग्राफ**

यह एक यांत्रिक क्रिया के लिए यंत्र होता है जो मानचित्र को किसी मापक पर छोटा बडा करने के उपयोग में आता है।

paradigm **पैराडाइम/प्रतिमान/रूप-तालिका**

पैराडाइम शब्द का प्रयोग प्रतिमान, प्रतिरूप, उदाहरण आदि के अर्थों में किया जाता है। अन्वेषण् विधा के संदर्भ में किसी विशिष्ट शोध से संबंधित अवधारणाओं, अनुमानों प्रस्थापनाओं, तथा शोध विधियों के योजना बद्ध समुच्च को पैराडाइम कहते हैं।

parallel drainage **समानान्तर अपवाह**

ऐसा अपवाह तंत्र जिसमें नदी जलमार्ग तथा उसकी सहायक नदियाँ, निम्नशायी संरचना के ढाल अथवा एकसमान ढाल के परिणाम स्वरूप एक दूसरे के लगभग समानान्तर बहती हैं।

parameter **प्राचल/पैरामीटर**

किसी सम्पूर्ण जनसंख्या की संख्यात्मक विशिष्टता (माध्य, बहुलक, मानक, विचलन आदि) जहां सांख्यिकीय माप उस जनसंख्या के केवल उदाहरण अथवा उदाहरणों की ओर संकेत करते हैं, तब प्रतिदर्श संख्यिकी अथवा प्रतिदर्श आकलन शब्द का उपयोग किया जाना चाहिये।

parasite **परजीवी**

एक जीव जो किसी भिन्न जाति के जीवित जीव (परपोषी) पर निर्भर रहता है और अपना अधिकांश अथवा सम्पूर्ण भोजन उसी परपोषी जीव से प्राप्त करता है, और इस प्रकार परपोषी जीव को हानि पहुंचाता है।

parasitic cone **गौण शंकु**

ज्वालामुखी के पार्श्व पर एक गौण शंकु जो कि मुख्य फीडर प्रणाल अथवा मैग्मा प्रकोष्ठ की शाखानली से पोषित होता है।

parent material **जनक सामग्री**

मृदा विज्ञान में न्यून परिवर्तित किन्तु अपक्षीण संस्तर शैल अथवा वाहित हिमनदीय अथवा कछारी पदार्थ अथवा पूर्व की मृदा, मृदा तल बनाने के लिए जिन पर मृदा निर्माण प्रक्रियायें कार्य करती हैं; जनक सामग्री कहलाती हैं।

paroxysmal volcanie eruption **उग्रतम उद्भेदन**

प्राय: ऐसा ज्वालामुखी जो लम्बे समय से सुसुप्त अवस्था में रहा हो और वह यकायक उग्रतम विस्फोट से फूट पडता है उग्रतम उद्भेदन कहलाता है।

paseal **पास्कल**

दाब की इकाई, एक न्यूटन (SI प्रणाली में बल की इकाई) प्रतिवर्ग मीटर, में बल की इकाई को पास्कल कहा जाता है।

pass **दर्रा**

पर्वत श्रृंखला अवरोध को पार करने के लिए एक संकडा अन्तराल अथवा घाटी को दर्रा कहा जाता है।

passive glacier **निष्क्रिय हिमानी**

एक ऐसा हिमनद/हिमानी जिसमें हिमसंचय और अपक्षरण कम दर से होता है, क्योंकि इस हिमनद पर हल्का हिमपात होता है और ग्रीष्म ऋतु में हिम का पिघलना भी कम मात्रा में होता है। इसकी गति बहुत धीमी होती है तथा यह अपने साथ बहुत कम मलवा और बर्फ ले जाता है।

pastoral **पशुचारणिक**

पशुओं की चराई और देखभाल से सम्बन्धित कार्य पशुचारणिक कहलाता है।

pastoralism **पशुचारणता/ग्राम्यता**

(i) मांस अथवा दूध, ऊन अथवा अस्थियों के लिए पशुओं के पालन-पोषण से सम्बन्धित कृषि को पशुचारणता कहा जाता है।

(ii) ऐसी अर्थ व्यवस्था जो पूर्ण रूप से पशु-पालन पर निर्भर रहती है, जबकि चलवासिता (nomadism) में पशु चारण केवल जीवन निर्वाह के लिए किया जाता है, जबकि आधुनिक पशु-फार्म (ranches) व्यापारिक पशुपालन का उदाहरण हैं।

paternoster lakes **झीलमाला**

हिमनदीय द्रोणी में हिमोढों द्वारा क्षतिग्रस्त झीलों की एक श्रृंखला जो नदीयों द्वारा उत्तेजित रहती है, यह एक गुलाब क्यारी का प्रभाव देती हैं।

path **मार्ग**

व्यावहारिक नगरीय भूगोल में एक मार्ग जिसके सहारे व्यक्ति नगर में संचरण करता है।

patriarchy **पितृ-सत्ता/पितृतंत्र**

ऐसा समाज जिसमें स्त्रियों पर पुरुषों की प्रधानता रहती है। पितृ-सत्तात्मक समाज कहलाता है।

pays **पेज/प्रदेश/लघुप्रान्त**

यह फ्रेंच भाषा का एक शब्द है जिसका अर्थ 'प्रदेश' होता है, यह शब्द बहुधा विशेष ऐतिहासिक एकता वाले प्रदेश के लिए प्रयुक्त होता है उदाहरण के लिए प्राकृतिक प्रदेश के रूप में उसकी भौतिक एकता के विशेष संदर्भ में फ्रांस का प्रचीन प्रान्त।

peat **पीट**

कार्बन में आंशिक परिवर्तित, यह भूरे कोयले लिग्नाइट अथवा भूरे कोयले के निर्माण की प्रथम अवस्था है और मध्यम अथवा क्षारीय अथवा दलदल पीट भी हो सकती है। केवल आंशिक अपघटित निर्जीव वनस्पति पदार्थ के जमाव प्रधानतः जल अथवा अत्यधिक नमी वाले क्षेत्र जहाँ आक्सीजन की कमी पाई जाती है में होते हैं, यह लिग्नाईट भूरे कोयले अथवा कोयले के निर्माण की प्रथम अवस्था और मध्यस्थ अथवा क्षारीय अथवा दलदल-पीट भी हो सकती है।

pebble **गुटिका/बटिया**

लगभग 10 और 50 मिमी. व्यास के बीच वाली छोटी बटियाओं को जो जल अथवा वायु की क्रियाओं द्वारा गोलाकार हो जाती है; गुटिका/बटिया कहलाती है।

ped **पैड़**

मृदा में गाद, रेत और मृतिका का एक विशिष्ट आकृति में संचय पैड़ कहलाता है। मृदा की एक ही संस्तर में पैड़ में अन्तर हो सकता है।

pedalfer soil **पेडलफर मृदा**

ऐसी मृदा जिसमें एल्यूमिनियम और लोहे की अधिक मात्रा पाई जाती है और जिससे केल्सियम और मेग्नेशियम विक्षालित हो जाते हैं। इस प्रकार की मृदा पेडलफर कहलाती हैं। इस प्रकार की मृदा लाभान्यतः ऐसे प्रदेशों में पाई जाती है जहाँ वार्षिक वर्षा का औसत 600 मिमी से अधिक रहता है।

pedestal rock **पीठिका शैल**

अपेक्षतः कृष ग्रीवा अथवा पीठिका पर सन्तुलित एक अवशिष्ट अथवा अपरदित शैल ढेर को पीठिका शैल कहा जाता है।

pediment **पेडिमेंट**

एक विषम पर्वतीय ढाल पर यथेष्ट विस्तार वाला अपरदित शैल प्लेटफार्म पेडिमेंट कहलाता है।

pediplain **पदस्थली**

मन्द तरंगित अथवा समतल धरातल जो या तो उघड़ा हुआ अथवा पतली कछारी मिट्टी की तह से ढका हुआ, संभवतः कई पेडिमेंट (त्रिकोणिका) से मिल कर पदस्थली बनी होती है।

pedocal **पेडोकल**

मृदा विज्ञान में ऐसी मृदा जो केवल कम मात्रा में निक्षालित होती है और जिसमें केल्शियम कार्बोनेट और मेग्नेशियम कार्बोनेट के संचित भाग सम्मिलित रहते हैं। इस प्रकार की मृदा 600 मिमी. से कम वर्षा वाले क्षेत्रों में पाई जाती है, क्योंकि यह मात्रा मृदा में घुलनशील पदार्थों को हटा सकने में अक्षम होती है। क्षेत्रीय मृदा के दो प्रमुख प्रकारों में से एक पेडोकल और दूसरा पेडलफर कहलाता है।

pedo genesis **मृदा जनन/पीडोजेनिसिस**

(i) मृदा की रचना के अध्ययन को मृदा जनन कहा जाता है।

(ii) मृदा, पृथ्वी की सबसे ऊपरी सतह होती है, इस मृदा का शैलों के विघटन तथा उस पर सूक्ष्म जीवों और कार्बनिक क्रिया के द्वारा निर्माण होता है। शैल के अपक्षय द्वारा मृदा निर्माण की क्रिया पीडोजेनिसिस कहलाती है।

pedology **मृदा विज्ञान**

मृदा का वैज्ञानिक और उनकी रचना सम्बन्धी क्रियाओं का अध्ययन, मृदाविज्ञान कहलाता है।

pedon **पेडोन**

मृदा का एक ऐसा छोटा नमूना है जो उसकी समस्त संस्तरों की विशेषताओं को दिखाने में सक्षम हो पेडोन कहलाता है।

pedosphere **मृदा मंडल**

पृथ्वी का वह भाग जिसमें मृदा निर्माण प्रक्रियायें होती हैं।

peds **पैड्स**

विशिष्ट आकृति में गाद, रेत एवं मृतिका का मृदा में संचयन पैड्स कहलाता है। मृदा के एक ही संस्तर में पैड्स में भिन्नता हो सकती है।

pelagic **वेलापवर्ती/पेलैजिक**

इस शब्द से तात्पर्य सागरीय जल और तट अथवा सागर तल से स्वतंत्र, उसमें रह रहे जीव से होता है पेलैजिक जमाव में बहुत बारीक पदार्थ, सिंधुपंक के जमाव पाये जाते हैं जैसे ग्लोबीजेरीना पंक, रेडियोरेलिअन पंक तथा डायटम पंक जो तैरने वाले जीवों के मर कर जल में डूबने से बनते हैं।

pelagic division/pelagic zone **वेलापवर्ती विभाग/अम्बुधी क्षेत्र**

जल की गहराई के आधार पर जलीय पर्यावरण के दो प्रमुख विभागों में से एक भाग (दूसरा

नितल्स्थ भाग होता है)। जिसमें खुले सागर का अधिकांश भाग सम्मिलित किया जाता है।

palagic zone **बेलापवर्ति क्षेत्र**
महासागरों का वह समस्त जलीय भाग जो दिखाई देता है बेलापवर्तित क्षेत्र कहा जाता है।

pelean eruption **पिलीई विस्फोटन**
माउन्ट पीली के समान विस्फोटन जिसका 1902 में विस्फोट हुआ था। इस प्रकार के विस्फोट में अधिक/तेज ध्वनि के साथ विस्फोट होता है। उद्दीप्त राख के मेघों सहित विस्फोट होता है।

peninsula **प्रायद्वीप**
पानी से घिरा अथवा अन्तरीप किन्तु ग्रीवा अथवा स्थल संयोजक द्वारा मुख्य भूमि से जुडा भू भाग प्रायद्वीप कहलाता है।

penitent **पेनिटेन्ट**
एक अवशिष्ट भूआकृति जो अत्यधिक अपक्षीर्ण द्वारा बनी होती है।

peprite **पेपराइट्**
लावा और अवसादी शैल का मिश्रण पेपराइट कहलाता है। इस प्रकार के जमाव फ्रांस के प्वी-डी-डोम में पाये जाते हैं।

perched water table **दु:स्थित भौमजल**
भौम जल को दि:स्थित कहा जाता है यदि वह अधःशायी भौमजल क्षेत्र से असंतृप्त शैल द्वारा अलग किया गया होता है।

percolation **परिस्त्रवण**
छिद्रो और सन्धियों से होकर जल का नीचे की ओर जाना परिश्रवण कहलाता है।

percoline **परकोलाइन (रिसाव सीमा)**
मृदा स्तर जिसके सहारे जल आर-पार रिसता है, परकोलाइन (रिसाव सीमा) कहलाती है।

pericline **पेरीक्लाइन (परिनत)**
एक छोटे आकार की अपनति जिसमें संस्तर एक गुम्बद के आकार में चाप आकृति का हो जाता है जिससे कि केन्द्र का सभी दिशाओं की ओर झुकाव रहता है।

perigeantide **भूमिनीच ज्वार**
ज्वारीय अवस्था के काल की एक विशेषता जब चन्द्रमा अपने परिक्रमा पथ में पृथ्वी के सर्वाधिक निकट स्थित होता है इस कारण गुरूत्वीय कर्षण के कारण उच्च ज्वार होता है।

perigee **उपभू/ भूमि नीच**
चन्द्रमा के परिक्रमा पथ में वह बिन्दु जिस पर वह पृथ्वी के सर्वाधिक निकट होता है।

periglacial **परिहिमनदीय/परिहिमनद**

परिहिमनदीय शब्द मूलतः हिमटोपी (icecap) के सीमान्त क्षेत्रों की भूआकृतियों और प्रक्रियाओं की ओर संकेत करता है। किन्तु अब इस शब्दावली का विस्तार टुण्ड्रा जलवायु तथा मध्य अक्षांशों के पर्वतीय भागों अथवा जहाँ तुषार प्रक्रियायें अधिक सक्रीय रहती हैं तथा स्थायी तुषार किसी रूप में सदैव रहता है तक किया जाने लगा है पृथ्वी का लगभग 20 प्रतिशत भाग इस प्रकार के क्षेत्र के अन्तर्गत आता है।

periglacial climate **परिहिम नदीय जलवायु**

ये शुष्क जलवायु के क्षेत्र होते हैं जहाँ लगभग 6 महीने तक $0^{o}c$ से कम तापमान रहता है और ग्रीष्म ऋतु पर्याप्त गर्म होती है जिसके कारण लगभग एक मीटर गहराई की धरातलीय हिम पिघल जाती है।

periglacial deposits **परिहिम नदीय निक्षेप**

परिहिम नदीय निक्षेप में निम्न सम्मिलित किये जाते हैं:—

(i) हिम के जमने और गलन (freez & thaw) के कारण खन्डन द्वारा बने निक्षेप

(ii) मृदा सर्पणी द्वारा बने निक्षेप, तथा

(iii) वायूढ जमाव।

perihelion **उपसौर**

पृथ्वी के कक्ष-पथ पर सूर्य से निकटतम बिन्दु को उपसौर कहा जाता है। इस शब्द का प्रयोग अन्य किसी भी घूमते हुए ग्रह के केन्द्र से सूर्य से निकटतम बिन्दु के लिए भी किया जाता है।

periphyton **पेरीफाइटोन**

ऐसे जीव जो जलीय पादपों पर निवास करते हैं अथवा उनसे चिपके रहते हैं पेरीफाइटोन जीव कहलाते हैं। इस प्रकार के जीवों में तालाब के घोंघे, हाइड्रा, डेम्जेल मक्खी, ड्रेगन मक्खी आदि मुख्य हैं।

permafrost **स्थायी तुषार भूमि**

मृदा और अवमृदा (subsoil) का स्थायी रूप से हिम से जमा रहना स्थायी तुषार भुमि कहलाती है। स्थायी तुषार भूमि शब्द को सर्वप्रथम एस.डब्लयू. मुलर ने प्रतिपादित किया था।

permeable **पारगम्य/प्रवेश्य**

शैल अथवा पृष्ठीय जमाव जो सुगमता से जल को छिद्रों और दरारों के द्वारा भीतर तक प्रवेश करने देते हैं। इस प्रकर की शैल पारगमय शैल कहलाती है।

pervious **प्रवेश्य**

शैल दरारों, संधियों और संस्तरण तल से होकर जल को भूपृष्ठ से नीचे जाने देना प्रवेश्य

कहलाता है। ऐसी शैल प्रवेश्य शैल कहलाती हैं। चाक और चूना प्रस्तर की शैले इसके उदाहरण हैं।

pesticide **पीडकनाशी/नाशकमार**

कीडे-मकोडों अथवा अन्य जीव, जिन्हें मानव अपने लिए अथवा अपनी क्रियाओं के लिए हानिकारक मानता है, को मारने के लिए उपयोग में लिया जाने वाला रासायनिक पदार्थ पीडकनाशी कहलाता है।

petification **अश्मी भवन**

जैव पदार्थ का पत्थर अथवा लगभग पत्थर के समान कठोर हो जाना अश्मी भवन कहलाता है। खनिजों, जैसे सिलिका आगेट अथवा कैल्शियम कार्बोनेट के घोल के निक्षेपों द्वारा मूल जैव ऊतक बहुत धीमे-धीमे परिवर्तित हो जाते हैं।

PH **पी.एच.**

मृदा में अध्ययन के संदर्भ में अम्लीयता के माप के लिए PH व्यापक रूप से उपयोग में लिया जाता है। मृदा में हाइड्रोजन आयन के केन्द्रीकरण के आधार पर मृदा का अम्लीकरण और क्षारीय आधार पर वर्गीकरण किया जाता है।

ph or hydrogenion concentration **पी.एच. अथवा आयन सान्द्रता**

जल में हाइड्रोजन आयन सान्द्रता ऋणात्मक लोग (negative log) (ph) पी.एच. कहलाता है।

phenology **घटना-विज्ञान**

आवर्ती प्राकृतिक तत्वों के कालों का, विशेषकर जलवायिक अवस्थाओं के सम्बन्ध में अध्ययन को घटना विज्ञान कहा जाता है।

photic zone **प्रकाशी क्षेत्र**

जलराशि की ऊपरी वह सतह जिससे होकर प्रकाश प्रवेश करता है प्रकाशी क्षेत्र कहलाता है।

photo chemical smog **प्रकाश रसायनिक धूम कोहरा**

पराबेंगनी प्रकाश, नाइट्रोजन डाई आक्साइड और हाइड्रोजन की अन्तर्क्रिया द्वारा उत्पादित वायु प्रदूषण को प्रकाश रसायनिक धूम कोहरा कहा जाता है।

photo grammetry **फोटो ग्रामिति**

आकाशी मानचित्रों को स्थलाकृतिक मानचित्रों में परिवर्तन करने की एक तकनीक को फोटो ग्रामिति कहा जाता है।

photosynthesis **प्रकाश संश्लेषण**

हरे पौधे सूर्य ऊर्जा अथवा प्रकाश ऊर्जा को प्राप्त कर प्रकाश संश्लेषण की विधि से

रासायनिक ऊर्जा का निर्माण करते हैं। इस संचित ऊर्जा के एक भाग का रासायनिक ऊर्जा में रूपान्तरण करते हैं जिससे पौधे ऊतकों का निर्माण करते हैं।

phototrophic **प्रकाशनुवर्ती**

ऐसे जीव जो सूर्य से शक्ति प्राप्त करते हैं प्रकाशनुवर्ती कहलाते हैं।

phereatic (water) **अधौ भौम (जल)**

अधौभौम जल से तात्पर्य उस भौम जल से है जो जल तल (water table) के नीचे पाया जाता है, अधोभौम जल स्थायी संतृप्त अवस्था में रहता हैं।

phreatophyte **फ्रीटोफायटे**

मरूस्थलीय पादप समूह का वह एक वर्ग जिसकी जड़ें बहुत लम्बी होती हैं जो अधोभौम जल क्षेत्र तक पहुँचकर जल प्राप्त करती हैं।

phylo climate **पादप जलवायु**

वनस्पति समूहन और जलवायु अवस्थाओं, जिनमें ये वनस्पति समूहन पाये जाते हैं, के बीच का सम्बन्ध पादप जलवायु कहलाता है।

physical geography **भौतिक भूगोल**

भूगोल की दो प्रमुख शाखाओं में से एक जो दिक्काल में प्राकृतिक तत्वों का वितरण और प्रक्रियाऐं जो मानव और उसके यंत्रों की पहुँच (वायुमण्डल) में होते हैं; का अध्ययन भौतिक भूगोल में किया जाता है।

physical planning **भौतिक नियोजन**

भूमि के विशेष उपयोगों, एक ओर भौतिक क्षमताओं और दूसरी ओर आर्थिक और सामाजिक आवश्यकताओं को ध्यान में रखकर आवंटन करना भौतिक नियोजन कहलाता है।

physical weathering **भौतिक अपक्षय**

मौसम (कोहरा और ताप) में परिवर्तन के द्वारा शैलों में रासायनिक परिवर्तन हुये बिना यांत्रिक अपक्षय होना भौतिक अपक्षय कहलाता है।

physiography **भूआकृति विज्ञान**

भूआकृति विज्ञान में स्थलाकृतियों और भौतिक भूगोल की प्रणालियों का अध्ययन किया जाता है।

phyto geography **पादप भूगोल**

वनस्पति और पौधों का भूगोल, पादप-भूगोल कहलाता है।

phyto plankton **पादप प्लवक**

सागर जल में तैरते सूक्ष्म पौधे और सूक्ष्म जीव जो सागर के जीवों के लिए भोजन बनते हैं

पादपप्लवक कहे जाते हैं। इनमें शैवाल डायटम्स आदि मुख्य हैं।

pie diagram **वृतारेख**

यह विभाजित आरेख के लिए वर्णनात्मक नाम है जो एक आरेखी रचना होती है जिसके द्वारा एक वृत्त खण्डों में विभाजित किया जाता है। वृत पूर्ण संख्या को प्रकट करता है जबकि उसका प्रत्येक खण्ड अनुपातिक आकार से प्रतिशत को प्रदर्शित करता है।

piedmont **पर्वत पदीय**

पर्वत आधार पर पाया जाने वाला भाग, पर्वत पदीय भाग कहलाता है।

piedmont glacier **पर्वत पदीय हिमानी**

पर्वत पदीय हिमानी कई समानान्तर घाटी हिमानियों के संयोजन से बनी एक विस्तृत बर्फ की चादर जो किसी पर्वत श्रृंखला के निचले भाग को घेरे रहती है।

pileus **छत्र**

कपासी आकार मेघ के शीर्ष के ऊपर अथवा उससे जुड़े आवरण आकार के सतही मेघ छत्र कहलाता है।

pillow lava **शिरोधान लावा**

जल के सम्पर्क द्वारा लावा का तीव्रगति से ठोस होकर शिरोधान संरचना में शिरोधान ढेर के समान दिखाई देना, शिरोधान लावा कहलाता है।

pinnate drainage **पिच्छाकार अपवाह**

एक विशिष्ट द्रुमाकृतिक अपवाह जो कि एक पंख के आकार का होता है, जिसमें पास-पास स्थित सहायक नदियाँ मुख्य नदी से न्यून कोण पर आकर मिलती हैं; इसका मुख्य कारण यह है कि तल जिस पर सहायक नदियाँ विकसित होती हैं वह अप्रत्याशित रूप से अधिक ढाल वाला होता है।

pioneer settlement **पुरोगामी बस्ती/नवीन बस्ती**

नवीन देशों में प्रारम्भिक उपनिवेशन और बस्ती स्थापित करना, नवीन देशों के बसाने में महत्व पूर्ण भूमिका होती है जैसा कि 18 वीं और 19 वीं शताब्दी में उत्तरी अमरीका के पश्चमी भाग के बसाने में हुआ था। उस काल की बस्तियों को पुरोगामी बस्तियाँ कहा जाता है।

pipe **निकासमुख नलिका**

जवालामुखी की नली जो उसके भीतरी भाग को ज्वालामुख से जोड़ती है। निकासमुख नलिका कहलाती है।

pisciculture **मत्स्य पालन**

व्यापारिक उद्देश्य से मत्स्य प्रजनन और पालन पोषण मत्स्य पालन कहा जाता है।

pitch **अक्षनति**

वह दिशा, जिस ओर वलन का अक्ष ऊँचाई में कम होता जाता है, अक्ष नति कहलाता है।

pitch blende **पिच ब्लेन्ड़**

एक प्रकार का खनिज, न्यून मात्रा में अन्य तत्वों के साथ यूरेनियम आक्साइड का समूह जिससे यूरेनियम प्राप्त किया जाता है।

place **स्थान**

मानव भूगोल में स्थान से तात्पर्य, वह स्थान होता है जहाँ व्यक्ति अथवा पदार्थ की स्थिति होती है।

placer **प्लेसर**

मूल्यवान खनिजों विशेषकर स्वर्ण-कण जो नदियों द्वारा शैल शिराओं को धोकर लाये जाते हैं, के सहित रेत अथवा बजरी के निक्षेप प्लेसर कहलाता है।

placer deposit **प्लेसर निक्षेप**

जलोढ पंख और घाटी तल की रेत, बजरी आदि में जलोढ निक्षेप के रूप में पाये जाने वाले खनिज, प्लेसर निक्षेप कहलाते हैं। इस प्रकार के खनिज प्रायः जल द्वारा संक्षारण के प्रतिरोधी होते हैं। सोना, टिन और हीरा सर्वाधिक महत्वपूर्ण प्लेसर निक्षेप के उदाहरण हैं।

plagioclase feldspar **प्लेजिओक्लेस**

सोडियम और कैल्सियम (चूना) युक्त फेल्सपार वाली तिरछी दरार।

plagiosere **जनकृत क्रमक**

मानव और उसके पशुओं द्वारा प्रत्यक्ष अथवा अप्रत्यक्ष क्रियाओं द्वारा सामान्य पादप अनुक्रम के विस्थापन के परिणाम स्वरूप बना पादप समुदाय; उदाहरण के लिए वनों से घास के मैदान में परिवर्तन, जनकृत क्रमक कहलाता है।

plain, alluvial **मैदान, जलोढ**

नदियों द्वारा लाई हुई जलोढ मिट्टी से बना मैदान, जलोढ मैदान कहलाता है।

plain, types **मैदान, प्रकार**

अपेक्षाकृत सपाट, निम्नस्थ भूमि वाला धरातल जिसमें कुछ ही विषमतायें होती हैं, मैदान कहलाते हैं।

मैदानों के प्रकार

रचना, स्थिति और बहिर्जात बल के आधार पर मैदानों का वर्गीकरण किया जाता है:—

(i) रचना के अनुसार *समतल मैदान*—कम विषमता वाले सपाट मैदान को समतल मैदान कहते हैं। तरंगित मैदान—समान उतार चढाव वाले मैदान *तरंगित मैदान* कहे जाते हैं।

उर्मिल मैदान– जब मैदान विषम होते हैं और बीच-बीच में टीले होते हैं, ऐसे मैदान उर्मिल मैदान कहलाते हैं *विभाजित मैदान*– अनाच्छादन द्वारा कटे-फटे मैदान को विभाजित मैदान कहते हैं।

(ii) स्थिति के अनुसार मैदान दो प्रकार के होते हैं, आन्तरिक मैदान—भीतरी भागों में स्थित मैदान तथा तटीय मैदान—समुन्द्र तटों के निकट के तटीय मैदान।

(iii) बहिर्जात बल द्वारा निर्मित मैदान निक्षेपात्मक एवं अपरदनात्मक मैदान होते हैं। *निक्षेपात्मक* मैदानों की रचना नदी, वायु, हिमानी तथा लहरों द्वारा होती है। नदी द्वारा निर्मित मैदान बाढ मैदान, डेल्टा मैदान, जलोढ मैदान मुख्य हैं। हिमानी द्वारा टिलमैदान, हिमनदीय अवक्षेप मैदान मुख्य हैं। लावा में जमाव से लावा मैदान बनते हैं। *अपरदनात्मक मैदान* में पवन द्वारा चादरीय अपरदन द्वारा निर्मित मैदान तथा नदी द्वारा निर्मित समप्राय मैदान मुख्य हैं।

planalto **प्लैनाल्टो**

एक ऊँचा पठार अथवा मैदान विशेषकर ब्राजील का बड़ा पठार प्लैनाल्टो कहलाता है।

planation **समतल**

शैल को ले जाये जाने की प्रक्रिया जिससे कि एक समतल धरातल बनता है और इस क्रिया के साथ ही इस पर कछारी मृदा का जमाव होना समतलन की प्रक्रिया कहलाती है।

planetary **ग्रहीय**

ग्रह से सम्बन्धित, विशेषत: एक ग्रह के रूप में पृथ्वी से सम्बन्धित।

planetary boundary layer **भूमण्डलीय सीमा परत**

क्षोम मण्डल की 500 मीटर की निचली परत स्थल और सागर से पूरी शक्ति से प्रभावित रहती है।

planetesinal hypothesis **ग्रहाणु परिकल्पना**

सौरमण्डल के विकास की यह परिकल्पना मूल रूप से चेम्बरलिन और मोल्टन द्वारा प्रतिपादित की गई थी। इस परिकल्पना के अनुसार ग्रहों का विकास छोटे और अनेक गौण पिण्डों जिन्हें ग्रहाणु कहा जाता है के समूहन के द्वारा हुआ।

plankton **प्लवक**

हेनसेन नामक वैज्ञानिक ने यह नाम दिया था। प्लवक से तात्पर्य ऐसे जीवों से है जो बेलापवर्ति जल में घूमते रहते हैं। ये जीव प्राय: सूक्ष्म होते हैं, इनमें शैवाल, डायटम्स आदि मुख्य हैं।

planetary wind **भूमण्डलीय पवन**

स्थानीय पवन के विपरीत वायुमण्डलीय संचरण वाली प्रमुख अक्षांशीय पवनें जैसे कि पछुआ पवन, व्यापारिक पवन इत्यादि।

planned economy **नियोजित अर्थव्यवस्था**

ऐसी अर्थव्यवस्था जिसमें उत्पादन के घटकों को राज्य द्वारा नियंत्रित रखा जाता है और केन्द्रिय नियोजन जिसकी विशेषता होती है, नियोजित अर्थव्यवस्था कहलाती है।

plant **संयन्त्र/प्लांट**

आर्थिक भूगोल में इस शब्द से तात्पर्य एक उत्पादन इकाई (फैक्ट्री, फर्म अथवा कार्यालय) से होता है जिसमें निवेश को उत्पादन/पैदावार में परिवर्तित किया जाता है।

plastic **प्लास्टिक/सुघट्य**

किसी ऐसे पदार्थ से सम्बन्धित जो दबाब से अपनी आकृति को बदल लेता है, और जब दबाब समाप्त हो जाता है तब भी नये स्वरूप को बनाये रखता है।

plastic moulding **सुघट्य संचन**

हिम जो किसी अवरोध की गोलाई में अथवा उसके ऊपर होकर सुनम्यता से प्रवाहित होता है, इस कारण अवरोध की ओट में निक्षेप होता है।

plate **प्लेट**

भूपृष्ठ का कठोर खण्ड जो भारी अर्ध पिघली शैल में आर-पार तैर सकता है, प्लेट कहलाता है। प्लेट्स से महाद्वीप बने हैं।

plateau **पठार**

लगभग समतल शिखर वाली उच्च भूमि जिसके चारों ओर तीव्र ढाल होता है, जिसे पठार पाश्र्व कहते हैं। प्रायः पठार दो प्रकार से निर्मित होते हैं:- संरचनात्मक पठार—इस प्रकर के पठार क्षैतिज संरचनाओं के अपरदन से निर्मित होते हैं तथा अपरदित पठार जो अपरदित धरातल के ऊपर उठने और विच्छेदन से बनते हैं।

plateau basalt **पठारी बेसाल्ट**

अधिक तापक्रम पर पैठिक लावा अधिक तरल अवस्था में रहता है, यह तरल लावा दरारों से निकल कर भूपृष्ठ पर एक विस्तृत क्षेत्र पर समान रूप से फैल जाता है। इससे लावा पठार का निर्माण होता है, विशेष कर यदि इसके बाद भी एक के बाद एक उद्भेदन होता रहता है।

plate tectonic theory **प्लेट विवर्तनिकी सिद्धान्त**

हेंस महोदय ने 1960 में महाद्वीपों के प्रवाह के पक्ष में विवर्तनिकी प्लेट सिद्धान्त प्रस्तुत किया। इस सिद्धान्त के अनुसार महाद्वीप और महासागर कई छोटी और बडी प्लेटों के ऊपर टिके हुये हैं, जब यह प्लेटें प्रवाहित होती हैं तब उनके ऊपर स्थित महाद्वीप और महासागर भी विस्थापित होते हैं। इन प्लेटों में प्रवाह दुर्बलता मण्डल की तरंगों के द्वारा होता है। यह सिद्धान्त पुरा चुम्बत्व के अध्ययन के आधार पर प्रमाणित किया गया है। इन प्लेटों के बीच की सीमायें तीन प्रकार की होती हैं। (1) संरक्षी/रचनात्मक—जब एक प्लेट दूसरी से अलग

होती है और ज्वालामुखी विस्फोट से विचलन के सहारे नवीन भूपृष्ठीय शैल बनती है यह अवस्था सागरीय तल के विस्तारित होने से सम्बन्धित होती है। (2) विध्वंसकारी— जब प्लेटें एक दूसरे की ओर गतिशील होती हैं तब यह प्लेंटें एक दूसरे पर चढ जाती हैं यह अवसादी संस्तर के अत्यधिक सम्पीडन से सम्बन्धित होता है। (3) जब प्लेटें एक दूसरे के समानान्तर प्रवाहित होती हैं; और भूपृष्ठीय शैल न तो टूटती हैं और न बनती हैं।

playa **प्लाया**

शुष्क प्रदेश में स्थित समतल बेसिन जो समय-समय पर जल से भर जाता है इस कारण यहाँ बहुधा खारे पानी की झील बन जाती है जिसे प्लाया कहा जाता है।

Play fair's law **प्लेफेयर का नियम**

प्रसिद्ध भूगर्भ शास्त्री जॉन प्लेफेयर द्वारा 1802 में प्रतिपादित नियम जो आज भी ग्राहय है इस परिणाम तक कि

(i) घाटियाँ प्रायः उनमें प्रवाहित होने वाली सरिताओं के अनुपातिक होती हैं।

(ii) नदी संगम नदी तल के अनुरूप होते हैं।

इस नियम से यह आशय है कि ढाल की प्रक्रियायें और नदीय प्रक्रियाओं में सन्तुलन रहता है और नदी क्रम के व्यक्तिशः घटक आकर्षक ढंग से एक दूसरे से समायोजित रहते हैं।

plebiscite **जनमत संग्रह**

किसी राज्य के समस्त व्यस्क मतदाताओं द्वारा राष्ट्रीय महत्व के किसी विशिष्ट विचार अथवा मांग पर सीधा मतदान जनमत संग्रह कहलाता है।

Pleistocene **अभिनूतन**

इस शब्द को कई अर्थों में प्रयुक्त किया जाता है किन्तु सामान्य रूप में वर्तमान सर्वमान्य अर्थ चतुर्थमहाकल्प अथवा क्रम के प्रारम्भिक काल अथवा श्रेणी (शैल) से सम्बन्धित स्वीक्रत किया जाता है।

Pleistocene epoch **अभिनूतन काल/अतिनूतन काल/प्लाइस्टोसीन**

लगभग 18 लाख और 10,000 वर्ष पूर्व के बीच के भूगर्भिक काल को अभिनूतन काल कहा जाता है।

plinth **प्लिंथ**

रेत के टिब्बों का ढालू अग्रभाग सीमाओं से आगे का बाह्य निचला भाग जो कभी रेत अवधाव से प्रभावित नहीं होता है।

plinthite **प्लिंथाइट**

एक कठोर परत अथवा मृदा भूपृष्ठ विशेषकर जो असंपिंडित तलछट के छद (capping) से

बनता है और उसके अपरदन को रोकता है, यह वास्तव में मखरला (लेटेराइट) का पर्याय होता है।

plucking **उत्पाटन/कषर्ण**

(i) नदी द्वारा की ज़ाने वाली अपरदन क्रियाओं में से एक।

(ii) कभी-कभी उत्खनन के लिए भी इस शब्द का उपयोग किया जाता है।

(iii) हिमानी द्वारा की जाने वाली प्रमुख प्रक्रिया जिसके द्वारा घाटी तल की शैल दरारों में पानी के प्रवेश कर जम जाने से इन शैलों के टुकडे हो जाते हैं, और यह शैल टुकडे हिमानी की तली के साथ घिसटते हुये आगे बढ जाते हैं, इस प्रक्रिया को उत्पाटन कहते हैं।

plume **पिच्छक**

पृथ्वी के मेंटल और क्रोड़ के बीच स्थित अत्यधिक गर्म क्षेत्र के प्रभाव से मेग्मा संवाहनिक धारा के रूप में ऊपर की ओर उठता है, इसके परिणामस्वरूप मेंटल की शैल पिघलने लगती है जिसके कारण शैलों के चटकने के कारण पृथ्वी तल पर उभार बन जाता है। पृथ्वी पर कुछ क्षेत्र ऐसे हैं जहाँ इस प्रकार की क्रिया होती रहती है।

plunge pool **प्रपात कुण्ड**

किसी प्रपात के आधार पर जल के साथ गिरते और घूमते हुए कंकड़-पत्थरों द्वारा काट कर बनाया गया गहरा कुण्ड अथवा जलगर्तिका को प्रपात कुण्ड कहा जाता है।

pluralistic integration **अनेकवादी-एकीकरण**

समाज में एकीकरण जिसमें भिन्न समूह राजनैतिक और कानूनी अधिकारों के सामूहिक ढाँचे में साथ-साथ निवास करते हैं, अनेकवादी एकीकरण कहलाता है।

plural economy **बहुल अर्थव्यवस्था**

बहुल समाज की अर्थव्यवस्था जिसमें सांस्कृतिक दृष्टि से भिन्न समूह अधिकतर अपनी आर्थिक प्रणाली का पालन करते हैं और विशेष प्रकार की जीविका अपनाये रहते हैं।

plural society **अनेक संख्यक समाज**

ऐसा समाज अथवा समुदाय जो भिन्न सांस्कृतिक समूहों से बना होता है। नव राष्ट्रकुल देशों से आप्रवासियों के कारण ग्रेट ब्रिटेन एक बहुसंख्यक समाज अथवा बहुजातीय समाज वाला देश बन गया है।

plutonic **वितलीय**

(i) उस शैल पदार्थ की ओर संकेत करता है जो गहराई (उदाहरण के लिए आग्नेय शैल जैसे कि ग्रेनाइट) पर बनते हैं, जहां ठण्डे होने और क्रिस्टलीकरण की क्रिया बहुत धीमी होती है।

(ii) ऐसा प्रक्रिया से सम्बन्धित जो पृथ्वी के भूपृष्ठ से अधिक गहराई पर अत्यधिक ताप से सम्बन्धित होती है।

plutonic earthquake **प्लूटॉनिक भूकम्प**

भूपटल से नीचे अधिक गहराई पर उत्पन्न होने वाले भूकम्प, प्लूटॉनिक भूकम्प कहलाते हैं।

plutonic rock **वितलीय शैल**

भूपृष्ठ से अत्यधिक गहराई पर मेगमा के ठण्डे होने से बनी अन्तः निर्मित प्रकार की शैलें वितलीय शैल कहलाती हैं। बहुत अधिक अपरिष्कृत, बडे रवेदार कण जैसे कि ग्रेनाइट, डायोराइट और गैब्रो में पाये जाते हैं इनकी विशेषता होती है। अन्तः निर्मित आग्नेय शैलों के लिए कभी कभी प्लूटॉन शब्द प्रयुक्त किया जाता है।

pluviometic **प्लूवियोमापक गुणांक**

किसी विशेष माह की कुल वर्षा का औसत और प्रत्येक माह की वर्षा का उतना ही परिकल्पित मात्रा के बीच का अनुपात, उसके कुल योग को पूरे वर्ष में समान रूप से वितरित किया जाना प्लूवियोमापक गुणांक कहलाता है।

podzol **पोड़जोल/राखमिट्टी**

रूस की ठण्डी, आर्द्र कोणधारी वनों की जलवायु अवस्थाओं में विकसित सफेद अथवा धूसर अथवा राख के समान मृदा को पोड़जोल/राख मिट्टी कहा जाता है।

poikilothermy **पोइकिलोथर्मी/असमतापता**

असमतापी होने की अवस्था अर्थात् शरीर के तापमान का शारीरिक प्रक्रियाओं द्वारा नियंत्रित न होकर पर्यावरण द्वारा नियंत्रित किया जाना पोइकिलोथर्मी कहलाता है।

point bar **विसर्पी रोधिका**

नदी के विसर्प के भीतरी भाग पर नदीय जमावों से बने गाद रेत और कंकडों के जमाव जो प्रायः बालू-तट के समान दिखाई देते हैं विसर्पी रोधिका कहलाती है।

point bound place **बिन्दु सीमा स्थान**

क्रिस्टलर ने उस स्थान के अस्तित्व की पहचान करते हुए उसे बिन्दु सीमा स्थान (point bound place) नाम दिया जो स्थानीय संसाधनों का उपयोग तो करते हैं किन्तु केन्द्रीयस्थान नियमों के बाहर ही बने रहते हैं।

polar air mass **ध्रुवीय वायु राशि**

मध्य अक्षांश (40°से 60°) में उत्पन्न ठण्डे तापमान की वायुराशि को ध्रुवीय वायुराशि कहा जाता है। इन अक्षांशों के समुद्रों से उत्पन्न होने वाली वायुराशि को ध्रुवीय सामुद्रिक वायुराशि pm कहा जाता है, जबकि आन्तरिक महाद्वीपीय भाग से उत्पन्न होने वाली वायु

राशि को pc ध्रुवीय महाद्वीपीय वायु राशि कहा जाता है।

polar front **ध्रुवीय वाताग्र**

वाताग्र अथवा वाताग्र प्रदेश जहाँ ध्रुवीय समुद्री और उष्ण कटिबन्धीय समुद्री वायुराशियाँ उत्तरी प्रशान्त और उत्तरी अन्धमहासागर के ऊपर आकर मिलती हैं इस वाताग्र के सहारे विक्षोभ क्षेत्र पर फैल जाता है, उत्तरी यूरोप के मौसम को निर्धारित करने में यह महत्वपूर्ण भूमिका अदा करता है।

polar front jet stream **ध्रुवीय वाताग्र जेट प्रवाह**

ध्रुवीय वाताग्र के सहारे बना जेट प्रवाह ध्रुवीय वाताग्र जेट प्रवाह कहलाता है।

polar high **ध्रुवीय उच्च दाब क्षेत्र**

अण्टार्कटिका के ध्रुवीय क्षेत्र के ऊपर स्थित उच्च वायुमण्डलीय दाब का निरन्तर क्षेत्र ध्रुवीय उच्च दाब क्षेत्र कहलाता है।

polarization **ध्रुवण**

हिर्शमेन द्वारा 1958 में इस शब्द का संसाधनों और सम्पदा का परिधि से केन्द्र में केन्द्रीकरण के संचलन को वर्णित करने के लिए किया गया था। यह पश्च धावन (back wash) का पर्यायवाची है।

polar low **ध्रुवीय निम्नदाब क्षेत्र**

उच्च अक्षांशों के वायुमण्डल के ऊपरी भाग में निरन्तर निम्न वायुदाब का क्षेत्र ध्रुवीय निम्न दाब क्षेत्र कहलाता है।

polder **पोल्डर**

सागर अथवा झील की भूमि का वह निचला भाग जिसे कृत्रिम तरीके से खेती योग्य बनाया गया हो और पम्पों की सहायता से जल की निकासी कर उसे जल रहित रखा जाता हो, पोल्डर भूमि कहलाती है। इस प्रकार की भूमि यूरोप के निचले देश-हॉलैण्ड में अधिकतर उपयोग में लाई जाती है।

political geography **राजनीतिक भूगोल**

भूगोल की वह शाखा जो राज्य की सीमाओं, विभागों और अधिकार क्षेत्रों के सम्बन्ध में विचार करती है।

polje **पौल्जे**

विलोपी नदियों द्वारा विच्छेदित चूनापत्थर क्षेत्र का समतल तल का डूबा हुआ विस्तृत क्षेत्र, पौल्जे कहलाता है।

pollutants **प्रदूषक**

वे सभी तत्व जो पर्यावरण को दूषित करते हैं, प्रदूषक कहलाते हैं। ये प्रदूषक मानव जीवन को

परोक्ष अथवा अप्रत्यक्ष रूप से हानि पहुँचाते हैं। प्रदूषक इतनी अधिक भिन्नता के होते हैं कि उन्हें सूचिबद्ध किया जाना कठिन है। अनेक प्रकार के निक्षेपित पदार्थ जैसे धुआँ, कालिख, गैसें—कार्बन-डाइ-आक्साइड, मोनो आक्साइड, रासायनिक योगिक अवमार्जन (ditergent) आर्सन आदि तथा रासायनिक खाद तथा कीटनाशक प्रमुख प्रदूषक हैं।

pollution **प्रदूषण**

ओडम ने 1971 में प्रदूषण की परिभाषा निम्न शब्दों में दी:

"हमारे भूमि, वायु और जल की भौतिक, रासायनिक और जैविक विशिष्टताओं में अनचाहा परिवर्तन जिसके कारण मानव तथा अन्य जीवों पर हानिकारक प्रभाव पडता है, प्रदूषण कहलाता है।"

प्रदूषण की निम्न चार श्रेणियाँ पाई जाती है:

(i) वायु प्रदूषण—वायु में उन सभी सारकृत पदार्थों की इतनी उपस्थिति जिससे जीवन पर हानिकारक प्रभव पडता है। वायुप्रदूषण के मुख्य प्रदूषक कार्बन मोनो आक्साइड, हाइड्रो कार्बन, धूमे कोहरा, काजल, धुआँ आदि हैं।

(ii) जल प्रदूषण—जल में दूषित पदार्थ के सम्मिलित हो जाने से हानिकारक हो जाता है जिससे वनस्पति और मनुष्यों पर हानिकारक प्रभाव पडता है। कीटनाशक दवायें जल में मिलकर हानि पहुँचाती है।

(iii) मृदा प्रदूषण—अनेक प्रकार के प्रदूषकों द्वारा मृदा भी प्रदूषित हो जाती है, जो मानव जीवन एवं जैव जगत को हानि पहुँचाती हैं।

(iv) शोर प्रदूषण—मोटरयान, रेलगाडियाँ, रेडियों, लाउडस्पीकर आदि सभी शोर और कोलाहल में वृद्धि करते हैं। महानगरों में शोर एवं ध्वनि प्रदूषण में वृद्धि होती जा रही है। ध्वनि/शोर की तीव्रता को डेसिबेल में नापा जाता है।

उद्योगों द्वारा छोड़ा गया धुआँ, कालिक, धूम कोहरा, मोटर गाडियों द्वारा मोनोऑक्साइड को छोडा जाना तथा कीटनाशकों जैसे डीडीटी आदि प्रदूषण के प्रमुख स्रोत हैं।

pollution dome **प्रदूषित गुम्बद**

नगरीय चिमनियों तथा स्वचालित वाहनों से अनेक प्रकार के वायु प्रदूषक जैसे धूल, राख, धूआँ, कार्बन डाइ आक्साइड आदि उत्सर्जित होते रहते हैं। ये प्रदूषक इन नगरों के 1000 मीटर की ऊँचाई पर एक मोटी परत का निर्माण करते हैं जिसे प्रदूषण गुम्बद कहा जाता है।

polyandry **बहुपतित्व**

एक स्त्री के एक समय में एक से अधिक पति होने की प्रथा को बहुपतित्व विवाह कहा जाता है। एक पति और अनेक पति (दो अथवा दो से अधिक की प्रथा भारत में उत्तर-प्रदेश के जौनसार-बाबर क्षेत्र के निवासियों में तथा दक्षिण भारत के नीलगिरि क्षेत्र के टोड़ा आदि-वासियों में पाई जाती है। पोलिएन्ड्री शब्द ग्रीक भाषा का शब्द है जिसका अर्थ है कई पति।

polygyny **बहुपत्नित्व**
विवाह की वह प्रथा जिसमें एक ही समय में एक पुरूष अनेक स्त्रियों के साथ विवाह कर सकता है अर्थात् एक से अधिक पत्नियों की प्रथा बहुपत्नित्व प्रथा कहलाती है। मुस्लिम समाज में इस प्रकार की प्रथा पाई जाती है।

polynya **हिमदेशीय झील**
किसी प्रवाही हिमपुंज अथवा हिम-प्रवाह में जल का खुला कुण्ड हिमदेशीय झील कहलाती है।

polypedon **पोलीपेडॉन**
मृदा कटिबन्ध से होकर गुजरता छोटे स्तम्भों का एक संग्रहण पोलीपेडॉन कहलाता है।

ponente **पोनन्त (पवन)**
भूमध्य सागरीय फ्रांस और कोर्सिका के तटों पर चलने वाली पछुआ पवन जो प्रायः ठण्डी होती है और शुष्क मौसम लाती है पोनन्त पवन कहलाती है।

ponore **पोनोर/कीपाकार गर्त**
पूर्व-यूगोस्लाविया के कार्स्ट प्रदेश के चूना पत्थर क्षेत्र में धरातल से भूमिगत गुहातंत्र तक एक गहरा ऊर्ध्वाकार स्तम्भ को पोनोर/कीपाकार गर्त कहते हैं।

population density **जनसंख्या घनत्व**
किसी विशेष इकाई जैसे प्रतिवर्ग किमी/प्रतिवर्ग मील क्षेत्र में जनसंख्या का पाया जाना जनसंख्या घनत्व कहलाता है।

population explosion **जनसंख्या विस्फोट**
प्रायः मृत्युदर में कमी किन्तु कभी कभी जन्म दर में वृद्धि के कारण किसी स्थान विशेष की जनसंख्या में आकस्मिक और तीव्र विस्तार जनसंख्या विस्फोट कहलाता है।

population geography **जनसंख्या भूगोल**
जनसंख्या वितरण में स्थानिक विभिन्नताओं, जन्म-मरण-आंकडे, नृजातीय रचना और विकास की दर तथा सामाजिक आर्थिक विशेषताओं का अध्ययन जनसंख्या भूगोल में किया जाता है। नगरों के बीच जनसंख्या प्रवसन के प्रतिमान और गति तथा उनको प्रोत्साहित करने वाले कारणों का भी सम्बन्ध जनसंख्या भूगोल से रहता है।

population potential **जनसंख्या-संभावना**
किसी विशेष क्षेत्र में उन व्यक्तियों की संभावित संख्या जो उस क्षेत्र में उपलब्ध संसाधनों के संदर्भ में उचित जीवन स्तर के अनुसार निर्वाह कर सकते हैं, जनसंख्या संभावना कहा जाता है।

population pressure **जनसंख्या दबाब**

किसी क्षेत्र की जनसंख्या और उस क्षेत्र के संसाधनों विशेषकर भोजन उपलब्धि की क्षमता के बीच का सम्बन्ध, जनसंख्या दबाब कहलाता है। जहाँ जनसंख्या का दबाब संसाधनों पर अधिक होता है यह स्थिति जनसंख्या-आधिक्य की होती है।

population pyramid **जनसंख्या पिरामिड़**

जनसंख्या में लिंग-आयु संगठन को स्पष्ट करने के लिए पिरामिड़ आकार के दण्ड आरेख की रचना को जनसंख्या-पिरामिड कहा जाता है। जनसंख्या आयु समूह, सामान्यतः दस वर्ष के अन्तराल से खडे मापक्रम से तथा पुरूष और स्त्रियों की संख्या अथवा प्रतिशत को अनुप्रस्थ मापक्रम पर दिखाया जाता है।

positivism **प्रत्यक्षवाद**

अगस्त कोम्ते ने जिस नवीन दर्शन की शाखा को जन्म दिया, आजकल उसे प्रत्यक्षवाद कहा जाता है। अगस्त कोम्ते के अनुसार ज्ञान का विकास कुछ चरणों में हुआ है। प्रथम चरण में ज्ञान का विकास धर्मशास्त्रियों, आदिवासियों अथवा कल्पना रूप में हुआ। धीरे धीरे यह रूप तत्वशास्त्रीय अथवा अमूर्त रूप से गुजरते हुए अपने अंतिम एवुं उच्चतम स्तर पर पहुँचा है। ज्ञान के इस अन्तिम चरण के लिए ही कोम्ते ने प्रत्यक्षवाद का नाम दिया, प्रत्यक्षवाद को आजकल विज्ञान अथवा विज्ञानवाद कहा जाता है।

possibilism **संभववाद/संभाव्यता वाद**

एक दार्शनिक अवधारणा जो यह स्वीकार करती है कि प्रत्येक पर्यावरण की अपनी सीमायें होती हैं जो मानव क्रियाओं को सीमित करती हैं किन्तु यह तर्क भी प्रस्तुत किया जाता है कि इन सीमाओं के भीतर भी अनेक संभावनायें होती हैं जो मानव को क्रिया के चुनाव की स्वतंत्रता प्रदान करती हैं।

post glacial **हिम युगोत्तर**

सामान्यतः चतुर्थ महाकल्प प्लेटोसीन काल की हिमचादर के निवर्तन के पश्चात् के सभी हिमनदीय समय के लिए हिम-युगोत्तर शब्द प्रयुक्त किया जाता है।

potamobenthos **सरिता नितलक**

नदी के तल में निवास करने वाले जीवों को सरिता नितलक कहा जाता है।

potamoplankton **सरित प्लवक**

मन्द प्रवाहवाली नदियों और सरिताओं के तल में रहने वाले सूक्ष्म जीवित जीवों को सरित प्लवक कहा जाता है।

potash **पोटाश/पोटाश**

किसी भी पौटेशियम नमक अथवा मिश्रण/योगिक को अयथार्थ शब्दों में पोटाश की संज्ञा दी जाती है।

potassium **पोटेशियम**

चांदी जैसी चमक का सफेद कोमल धात्विक तत्व जो तीव्रता से वायु में ऑक्सीकारक हो जाता है। यह पौधों और पशुओं में तथा योगिक रूप में खनिजों में पाया जाता है।

pothole **जलगर्तिका**

पृथ्वी में किसी भी गहरे गर्त अथवा चूना प्रदेश में भूमिगत कन्दराओं को जलगर्तिका कहा जाता है।

power **सामर्थ्य/शक्ति**

(i) जिस गति से कार्य किया जाता है, कार्य करने की क्षमता से भिन्न सामर्थ्य/शक्ति कहलाती है।

(ii) आर्थिक, राजनैतिक और सामाजिक संदर्भ में प्रभाव और नियंत्रण की योग्यता को सामर्थ्य कहा जाता है।

pozzolana/pozzuolana **पोजोलाना/पॉत्सलान**

इटली के नेपल्स नगर के निकट पोजुऑली नगर के निकट पाई जाने वाली ज्वालामुखी राख जिससे द्रव्यचालित सीमेंट और गारा बनाया जाता है। इस प्रकार की सीमेंट और गारा को पोजोलाना कहा जाता है।

prairie plain **प्रेअरी मैदान**

उत्तरी अमेरीका के मध्य अक्षांशीय क्षेत्र में वृक्षविहीन घास के मैदान को प्रेअरी मैदान कहा जाता है। कुछ लेखकों के अनुसार यूरोप का स्टैपी, दक्षिण अमरीका के पेम्पाज, दक्षिणी अफ्रीका के वेल्ड भी इसी प्रकार के घास के मैदान हैं। प्रेअरी घास के मैदान बहुधा ऐसे भागों में पाये जाते हैं जहां वार्षिक वर्षा का औसत 250-500 मिमी. के बीच पाया जाता है और ग्रीष्म ऋतु के तापक्रम ऊँचे रहते हैं। इस प्रकार के क्षेत्र खाद्यान्न उत्पादन के प्रमुख क्षेत्र हैं, इसी कारण प्रेअरी मैदान के कुछ ही क्षेत्र मूलरूप में पाये जाते हैं, अधिकांश भाग अब कृषि के योग्य बना लिए गये हैं।

praire soils **प्रेरी मृदायें**

मध्य अक्षाशों के वृक्षहीन घास के मैदानों में पाई जाने वाली काली मिट्टी के लिए यह सामान्य शब्दावली प्रयुक्त की जाती है।

preatic eruption **भौम पंक उद्‌भेदन**

ज्वालामुखी का भौम पंक उद्‌भेदन वह होता है जिसमें आकाशी जल लावा में मिला रहता है, यह जल गीजर अथवा भाप के रूप में बाहर निकलता है।

preboreal **पूर्व बोरियल**

ठंड़ी और शुष्क अवस्थाओं वाली एक जलवायु विषयक दशा ज़ो बर्च और पाइन के वृक्षों की

वृद्धि के लिए अनुकूल होती है।

Precambrain **केम्ब्रियन पूर्व**

कैम्ब्रियन काल अथवा क्रम (शैल) से पूर्व समस्त भूगर्भिक काल और शैल से सम्बन्धित, जिसकी अवधि लगभग 400 करोड़ वर्षों से अधिक आँकी गई है। इस काल की शैलें अधिक उथल पुथल तथा परिवर्तन से प्रभावित रही है; किन्तु कुछ अरूपान्तरित शैलों में इनके जीवाश्म पाये जाते हैं।

precious metals **मूल्यवान धातुएँ**

बहुमूल्य धातुएँ विशेषकर सोना, चाँदी एवं प्लेटीनम, उनके ऊँचे मूल्य के कारण उनको अधिक महत्व दिया जाता है।

precipitation **वृष्टि/वर्षण**

जल की समस्त मात्रा जो किसी निश्चित क्षेत्र में चाहे वर्षा, हिम अथवा ओलों के रूप में होती है उसे वृष्टि/वर्षण कहा जाता है।

predator **परभक्षी**

ऐसे जीव जो अन्य जीवित जीवों को अपना भोजन बनाते हैं और इसके द्वारा एक शिकार को उसकी जनसंख्या से अलग कर देते हैं।

preindustrial city **पूर्व औद्योगिक नगर**

औद्यागिक नगरों एवं महानगरों की चर्चा के साथ कुछ वर्षों में 'पूर्व औद्योगिक नगर' की अवधारणा का विकास हुआ है। प्रो. जोबर्ग ने अपनी पुस्तक 'पूर्व औद्योगिक नगर' में इस अवधारणा का वर्णन एवं विशलेषण किया है। उनके अनुसार तथाकथित आधुनिक नगरों तथा पूर्व औद्योगिक नगर औद्योगिकरण से विहीन होते हैं। इनमें कार्यों के लिए पशु एवं मानव शक्ति का उपयोग किया जाता है। इनके अतिरिक्त सांस्कृतिक मूल्यों तथा तकनीकी विकास की दृष्टि से भी ये आधुनिक नगरों से भिन्न होते हैं।

pressure gradient **दाब प्रवणता**

वायुमीटरी प्रवणता को दाब प्रवणता कहा जाता है।

pressure system **दबाब तंत्र**

उच्च अथवा निम्न दाब का सुनिश्चित वायुमंडलीय परिचालन को दबाब तंत्र कहते हैं।

primary era **प्रथम कल्प**

केम्ब्रियन से पर्मियन क्रम की शैलें, प्रथम कल्प अथवा पुराजीवी कल्प के अन्तर्गत रखी जाती हैं।

primarrumph **प्रिमारूम्फ**

एक ऊर्ध्वगामी गुम्बद जो यद्यपि अभी भी ऊपर उठ रहा होता है, किन्तु समान दर से वह अपरदित भी हो रहा होता है।

primary energy **प्राथमिक ऊर्जा**

वह ऊर्जा जो नवीकरणीय संसाधनों जैसे सूर्य, वायु, लकडी आदि से प्राप्त की जाती है, प्राथमिक ऊर्जा कहलाती है। द्वितीय ऊर्जा जैसे पेट्रोल, कोक, गैस और विद्युत जो प्राथमिक ऊर्जा के संसाधन से प्राप्त की जाती है से पृथक देखा जाना चाहिये।

primary sector **प्राथमिक क्षेत्र**

अर्थव्यवस्था का वह भाग जो प्राकृतिक संसाधनों के एकत्रीकरण और उपयोग की क्रियाओं से सीधे रूप से सम्बन्धित होता है जैसे कृषि, वानिकी, मत्स्य आखेट, खनन, आखेट आदि।

primate city **प्रमुख नगर**

ऐसा नगर जो पूर्णतः राष्ट्रीय क्रम, जिसका कि वह एक भाग होता है, का प्रमुख नगर होता है। जनसंख्या के आकार की दृष्टि से अपवादस्वरूप उसके और देश के द्वितीय कोटि के नगरों के बीच बडा अन्तर पाया जाता है।

primeur crop **प्रिम्यूर उपज**

फलों, सब्जियों अथवा फूलों की उपज को बिना मौसम के अथवा उनके मौसम आने से पूर्व में बेचा जाना प्रिम्यूर उपज कही जाती है।

principle **सिद्धान्त**

वह जो आधारभूत होता है और जो बहुधा सिद्धान्त के लिए आधार बनता है, एक आधारभूत सत्य जिस पर अन्य की नींव पड़ती है।

private sector **निजि क्षेत्र**

राष्ट्रीय अर्थव्यवस्था का वह भाग जो राज्य सरकार के अधिकार में न हो तथा निजि उद्योगपतियों द्वारा स्थापित किये गये हो और उन्हीं के द्वारा संचालित हों निजि क्षेत्र के उद्योग कहलाते हैं।

probabilism **सम्भाव्यवाद**

संभववाद (possibilism) में व्यक्तिगत अथवा समूह में पर्यावरण के क्षेत्र में चयन करना होता है, जबकि सम्भाव्यवाद यह सुझाव देता है कि कुछ चयन अन्य की अपेक्षा अधिक उपयुक्त होते हैं।

producers **उत्पादक**

पारिस्थितिकी तंत्र के वे समस्त जीव जो भौतिक पर्यावरण से ऊर्जादायक भोज्य पदार्थ उत्पन्न करने की क्षमता रखते हैं, उन जीवों को उत्पादक कहा जाता है, जैसे कि पादप समूह प्रकाश

ऊर्जा का उपयोग कर अपना भोजन प्राप्त करता है इन्हें स्वपोषित जीव (autotrophic organisen) भी कहा जाता है।

profundel zone **गम्भीर क्षेत्र**

महासागर का अंधकार युन्त पैंदे तक फैला गहरा भाग गम्भीर क्षेत्र कहलाता है।

proglacial **पुरोहिमानी**

हिमानद के सामने स्थित होने की स्थिति को पुरो हिमानी कहा जाता है।

proglacial lake **पुरोहिमानी झील**

हिम का अंतिम छोर और उच्च भूमि जो कि प्रायः अंतिम हिमोद के रूप में होते हैं के बीच निर्मित झील को पुरोहिमानी झील कहा जाता है।

progradation **पुरःक्रमण**

तट रेखा का समुद्र में अवसादन के परिणाम स्वरूप विस्तार, पुरक्रमण कहलाता है।

progressive evolution **प्रगामी उद्भव**

डार्विन के सिद्धान्त के अनुसार प्राकृतिक चयन और पर्यावरणीय दशाओं के साथ अनुकूलन की प्रक्रिया द्वारा जातियों में प्रगामी उद्भव होता है। यह प्रगामी उद्भव भावी पीढी में रूपान्तरण, जाति के प्रत्येक आगामी वंश के साथ बढता जाता है।

projection **प्रक्षेप**

पृथ्वी के त्रिमितीय गोले को मानचित्र के दो विमतीय धरातल पर बदलने की पद्धति प्रक्षेप कहलाती है। मानचित्र के चार रूप क्षेत्रफल, दूरी, आकृति और दिशा पर विचार किया जाता है। इन चारों रूपों का एक ही मानचित्र पर पुनः सृष्ट करना कठिन होता है। जिन प्रक्षेपों पर क्षेत्रफल शुद्ध रहता है उन्हें समक्षेत्रफल, शुद्ध दिशा वाले प्रक्षेप शुद्ध दिशा प्रक्षेप, शुद्ध आकृति वाले प्रक्षेप को शुद्धाकृति तथा शुद्ध पूरी वाले प्रक्षेपों को शुद्ध मापनी प्रक्षेप कहा जाता है।

propulsive industry **नोदक/नोदी उद्योग**

प्रभावशाली और तीव्र बढता उद्योग जिसकी तकनीक का उच्च स्तर कुशल प्रबन्धन और विस्तृत बाजार विशेषताएँ होती हैं।

protalus ramparts **शैल मलवाग्र प्राचीर**

कोणीय मलवे का संग्रहण जो छोटे हिमानी अथवा स्थायी हिमखण्ड के धरातल के आर पार सरका हुआ होता है, जहाँ एक स्थायी टीला अथवा कटक बनाने के लिए बर्फ अथवा हिमानी के आगे मलवा संग्रहित हो जाता है, ऐसी आकृति को शैल मलवाग्र प्राचीर कहा जाता है।

protectionism **संरक्षणवाद**

सस्ती विदेशी वस्तुओं की स्पर्धा से घरेलू वस्तुओं को बचाने के लिए किसी देश की सरकार

द्वारा किये जाने वाले उपायों, जैसे आयात नियतांश (quota) अथवा बढाये सीमा शुल्क को संरक्षणवाद कहा जाता है।

proto industrialization **आद्य औद्योगिकरण**

कृषक समाज में एक अवस्था जिसमें औद्योगिकरण से पूर्व ग्रामीण उद्योगों का विकास आद्य औद्योगिकरण कहलाता है।

public utilities **जनोपयोगी सेवाएं**

ऐसे संस्थान जो समाज को परमावश्यक सेवायें उपलब्ध कराते हैं; जैसे कि जलापूर्ति, सार्वजनिक परिवहन आदि, इन्हें आधारभूत भौतिक सेवायें भी कहा जाता है, और इस प्रकार ये सार्वजनिक माल और सेवायें जोकि वास्तव में 'सामाजिक' होती हैं से अलग पहचान की जाती है।

pueblo **प्यूबलो (ग्राम)**

यूरोपियन लोगों के आगमन से पूर्व, दक्षिण-पश्चिमी संयुक्त राज्य अमरीका और उत्तरी मेक्सिको के इण्डियन निवासियों की ग्राम आधारित अर्थव्यवस्था के लिए स्पेनिश भाषा का शब्द है।

pumice **प्यूमिस/झांवा**

ठोस हो रहे, लावा में गैस के बुलबुलों के दबे रह जाने से बनी एक अत्यन्त सरन्ध्र, सूक्ष्म कण वाली ज्वालामुखी शैल को प्यूमिस/झांवा कहा जाता है।

puna **उच्च बंजर पठार**

विशेषकर अधिक ऊँचाई पर पाये जाने वाले शीत मरूस्थल को उच्च बंजर पठार कहा जाता है। इस प्रकार के पठार एन्डीज पर्वत में पाये जाते हैं।

push-pull theory of migration **प्रवसन का कर्षापकर्ष सिद्धान्त**

यह सिद्धान्त सुझाव देता है कि किसी क्षेत्र से विपरीत परिस्थितियों जैसे अधिक जनसंख्या का हो जाना, दरिद्रता, युद्ध, राजनीतिक उत्पीडन आदि के कारण मनुष्य अपने मूल निवास को छोडने पर मजबूर हो जाता है और अन्य सुविधाजनक स्थान पर जाकर बस जाता है, इस सिद्धान्त को प्रवसन का कर्षापकर्ष सिद्धान्त कहते हैं।

push waves/p-waves **तरंग/प्राथमिक तरंग**

p प्रकार की तरंगें अथवा प्राथमिक तरंगें, दबाब अथवा संपीडनी तरंगे जिनकी उत्पात्ति भूकम्पों द्वारा होती है। संपीडनी कंपन, जोकि ध्वनि तरंगों से मेल खाती है जो ठोस, तरंल और गैसीय पदार्थों से होकर गुजरती है। इस प्रकार की तरंगों को p तरंग इस कारण कहा जाता है क्योंकि भूपृष्ठ, मेंटल और क्रोड से होकर तरंग द्वारा गति की दिशा में प्रत्येक कण विस्थापित होता है।

puy **प्वी**

ज्वालामुखी ग्रीवा (neek) जो विभेदक अपरदन द्वारा प्रगट होती है, के लिए फ्रेंच भाषा का शब्द है। इसका उदाहरण फ्रांस में प्वी-डी-डोम है।

pyramidal peak **पिरामिडी शिखर**

श्रंग (horm) का यह पर्यायवाची है।

phyroclast **ज्वलखंडाश्म उद्भेदन**

ज्वालामुखी उद्भेदन द्वारा निकले खण्ड़मय शैल उत्पाद जैसे राख, ज्वालामुखी बम आदि को ज्वलखंडाश्म कहा जाता है।

Q

quadrant **चतुर्थांश**

एक वृत की परिधि का चतुर्थांश।

quadrat **चतुष्कोणक/वर्ग जालिका**

समान आकार प्रतिदर्श क्षेत्रों (प्रायः एक वर्ग) का एकभाग चतुष्कोणक/वर्ग जालिका में उपयोग किया जाता है। पादप परिस्थितिकी में, निम्न पादप आवरण संगठन का सही सांख्यिकीय रिकार्ड प्राप्त करने के लिए सामान्यतः एक वर्ग मीटर की वर्ग जालिका उपयोग में लाई जाती है किन्तु वृक्ष-आवरण के लिए वर्ग जालिका का आकार बडा होना चाहिये।

quadrat analysis **चतुष्कोणिक/वर्गजालिका विश्लेषण**

पादप-पारिस्थितिकी में उपयोग में लेने से प्राप्त सांख्यिकीय तकनीक को चतुष्कोणिक विश्लेषण कहते हैं। बिन्दु प्रारूप द्वारा आवृत क्षेत्र समान आकार नमूने के क्षेत्रों में विभाजित रहता है और प्रत्येक में स्थित बिन्दुओं की गणना की जाती है। वितरण के सैद्धान्तिक प्रारूप के विपरीत प्राप्त वितरण का तब परीक्षण किया जा सकता है।

quadrate **हनुसंधिका/क्वाड्रेट**

एक आयताकार वस्तु को हनुसंधिका कहा जाता है।

quadrature **समकोणिक**

खगोल विज्ञान में वह स्थिति तब होती है, जब खगोलीय पिण्ड एक दूसरे से 90° अथवा 270° पर स्थित होते हैं, जब सूर्य, पृथ्वी और चन्द्रमा की स्थिति समकोण बनाते हुए होती है और पृथ्वी शीर्ष पर होती है, यह स्थिति चन्द्रमास में दोबार होती है; जिसके परिणामस्वरूप चन्द्रमा और सूर्य की ज्वार उत्पन्न करने की शक्ति विपरीत दिशा में होने के कारण न्यून होती है।

quadruped **चौपाया**

एक चौपाया पशु विशेषकर चार पैरों वाला स्तनपायी पशु, चौपाया कहा जाता है।

quag **क्वेग**

एक दलदली अथवा दलदला भाग क्वेग कहलाता है।

quagmire **दलदल**

गीली और दलदली भूमि का भाग जो मनुष्य अथवा किसी बडे पशु के भार को सह सकने में बहुत दुर्बल होता है; दलदल कहलाता है।

quake **कम्पन**

भूकम्प के लिए संक्षिप्त शब्द कम्पन का भी प्रयोग किया जाता है।

quaking bog **कंपी दलदल**

यह एक प्रकार का दलदल ही होता है क्योंकि जब इस पर पैर रखा जाता है तो यह काँपने और थरथराने लगता है।

quaking grass **कंपी घास**

ब्रिजा (briza) वर्ग की पतले डंठल और हवा में कांपने वाली घास कंपी घास कहलाती है। इस घास को अमरबेल (dodder gran) भी कहा जाता है।

quall **क्वैल (एक छोटी प्रवासी चिडिया)**

एक छोटी कोटुरनिक्स वर्ग की प्रवासी चिडिया जिसकी छोटी दुम होती है और तीतर की समवर्गी होती है।

quango **क्वान्गो**

एक अर्द्ध सार्वजनिक संस्था जिसमें वित्तीय सहायता और सेवा में नियुक्तियाँ शासन द्वारा की जाती हैं।

quantification **परिमाणन/प्रमाणीकरण**

परिमाण मापन की क्रिया अथवा परिमाण में संख्यात्मक सम्बन्ध परिमाणन कहलाता है।

quantitative **मात्रात्मक**

(i) मात्रा से सम्बन्धित; जैसे की मात्रा प्रधान वितरण मानचित्र; सममान, समभार, अथवा बिंदु विधि मानचित्र मात्रात्मक मानचित्रों के उदाहरण हैं।

(ii) मात्रा के द्वारा नापने योग्य अथवा नापा जा सके मात्रात्मक कहलाता है।

quantitative techniques **सांख्यिकी तकनीकें**

किसी अन्वेषण में तथ्यों के विवरण के विश्लेषण, वर्गीकरण और संक्षिप्तीकरण के लिए, तथ्यों के बीच सम्बन्धों को स्पष्ट करने की सांख्यिकीय पद्धति को सांख्यिकी तकनीक कहा जाता है।

quantity **मात्रा**

वस्तुओं का गुण/धर्म जो कि नापा जा सके, मात्रा कहलाती है।

quality **गुण/गुणता**

किसी वस्तु की श्रेष्ठता की मात्रा गुणता बताती है।

quaqua versal **सर्वतोनत**

ऐसी भूआकृति जो चारों दिशाओं की ओर झुकी होती है सर्वतोनत कहलाती है।

quartile **शततमक**

शततमक (quartile) जो वितरण को चार समान भागों (25वां, 50वां, अथवा माध्य और 75वां) में विभाजित करता है। 25वां ओर 75वां शततमक (quartile) को क्रमशः निचला शततमक और ऊपरी शततमक कहा जाता है।

quarry **खदान**

संस्तर से भवन निर्माण हेतु पत्थर इत्यादि खोद कर अथवा विस्फोटन द्वारा निकालने के स्थान को खदान कहते हैं।

quarring **आखनन**

खदान में की जाने वाली कर्षण क्रिया, विवृत खनन से तुलना करने पर विस्तार में सीमित होती है।

quartz **स्फटिक**

सिलिका का खनिज रूप जो षटकोणीय प्रिज्म के रूप में क्रिस्टीय होता है, स्फटिक कहलाता है।

quartzite **क्वार्टजाइट**

एक अति कठोर शैल जिसमें स्फटिक कण द्वितीयक सिलिका द्वारा एक दूसरे से चिपके रहते हैं। क्वार्टजाइट, विशेष रूप से रासायनिक अपक्षय से प्रतिरोधी होती है क्योंकि इसमें एक प्रकार का दृढ़ शैल पदार्थ रहता है। स्फटिक रेत को ताप मिलाने से पुनर्किस्टलीकरण के परिणाम स्वरूप कुछ क्वार्टजाइट रूपान्तरित होते हैं जबकि अन्य अवसादी मूल के होते हैं।

quassia **क्वासिया**

क्वासिया-अभारा वर्ग का सदाबहार वृक्ष है जो दक्षिणी अमरीका में पाया जाता है, इसकी लकड़ी, छाल और जड़ें कड़वी बलवर्धीय औषधि और कीटनाशी प्रदान करती हैं।

Quaternary **चतुष्क/चतुर्थयुगीन चतुर्थमहाकल्प**

नूतन जीव युग का द्वितीय चरण चतुष्क कहलाता है। तृतीय महाकल्प के पश्चात यह काल आता है जिसमें अभिनूतन और होलोसीन श्रेणियाँ सम्मिलित थीं। प्राणिजात आधारों पर चतुष्क का आधार 16 लाख वर्ष पूर्व था तथा इसकी विशेषता व्यापक हिमाच्छादन था।

quaternary activities **चतुष्क क्रियायें**

तृतीयक उद्योगों में क्रियायें जो अनुसंधान, पुर्जे जोडने, संसाधन, सूचनाओं का प्रेषण तथा प्रशासन, जिसमें अन्य औद्योगिक सेक्टरों का नियंत्रण भी सम्मिलित रहता है; से सम्बन्धित रहती हैं।

quaternary sector **चतुष्क सेक्टर**

अभी हाल के वर्षों में पहचाना गया आर्थिक सेक्टर है जिसमें उन सभी व्यक्तिगत सेवाओं जिनमें उच्च कोटि की दक्षता, सुविज्ञता और विशेषज्ञता की आवश्यकता होती है जैसे शिक्षा अनुसन्धान और विकास, प्रशासन और वित्तीय प्रबन्धन, सम्मिलित किये जाते हैं। तृतीयक सेक्टर से भिन्न यह सेक्टर माल (good) की अपेक्षा व्यक्तियों और सूचनाओं से सम्बन्धित है।

quick sand **बालुपंक**

कुछ समुद्री तटों अथवा नदियों के मुहाने पर स्थित, कभी-कभी मृतिका मिश्रित अस्थिर, बारीक, शिथिल और जल से संतृप्त रेत का सघन ढेर बालुपंक कहलाता है; जिस पर किसी भी भारी वस्तु के गिरने पर वह उसमें डूब जाती है।

quota **नियतांश**

वस्तु की मात्रा आदि अथवा उसकी प्राप्ति के लिए अधिकृत जो कि आधिकारिक नियंत्रण के अन्तर्गत नियंत्रित निर्यात अथवा आयातीत की जाती हैं।

R

race **प्रजाति**

(i) एक जाति, राष्ट्र अथवा लोग जिनको एक सामान्य वंश से माना जाता है।

(ii) प्रजाति एक ऐसा मानव समूह है जिसमें कुछ सामान्य वंशानुगत, जैविक गुण पाये जाते हैं। ये लक्षण एक समूह में दीर्घकाल तक विवाह संबंध तथा प्रजनन द्वारा नियमित रूप से एक पीढी से दूसरी पीढी में संचरण की प्रक्रिया द्वारा बने रहते हैं।

इस शब्द का सर्वप्रथम प्रयोग आंग्ल भाषा में सोलहवीं शताब्दी में व्यक्तियों के ऐसे वर्ग के लिए किया जाता था जिनकी समान विशेषताओं को किसी सामान्य पूर्वज के साथ जोड़ा जा सके। लगभग सन् 1800 के आस पास शरीरशास्त्रियों के प्रभाव से इस शब्द का प्रयोग एक स्थायी जीव शास्त्रीय श्रेणी के अर्थ में किया जाने लगा। सन् 1859 में चार्ल्स डार्विन ने यह प्रतिपादित किया कि प्रकृति में कोई स्थाई वर्ग नहीं है। इसके विपरीत स्थानिक वर्गों के रूप में भौगोलिक प्रजातियाँ एवं उपजातियाँ हैं जो पूर्णतः स्थिर तथा पृथक हैं।

racism/racialism **प्रजातिवाद**

प्रजातिवाद संकुचित मनोवृति पर आधारित एक ऐसी विचारधारा है जो श्रेष्ठता और हीनता की भावना व्यक्त करती है। एक समूह में दूसरे समूह के प्रति भय, घृणा, विद्वेष, क्रोध, ईर्ष्या, संदेह तथा प्रतिशोध के भावों को जन्म देकर विभेदों का कारण बनती है। प्रजाति की अवधारणा की भांति प्रजातिवाद की अवधारणा में निश्चितता तथा वैज्ञानिक प्रमाणिकता का अभाव रहता है।

radial drainage **अरीय अपवाह**

अपवाह का एक ऐसा प्रारूप जो किसी केन्द्रीय गुम्बदाकार स्थलाकृति अथवा शंकु से नीचे अथवा बाहर की ओर नदियों प्रवाहित होती हैं, इस प्रकार के अपवाह को अरीय अपवाह कहा जाता है।

radial concentration plan **अरीय सकेन्द्रीय-प्रारूप**

किसी अधिवास का सडक मार्ग प्रतिरूप, जहाँ कई सडक मार्ग केन्द्र से प्रसारित होते हैं, और ये सडक मार्ग केन्द्र के चारों ओर बने वलय आकार में गोलाकार सडकों को शृंखला बद्ध ढंग

से काटती हैं, इस प्रकार के प्रारूप को अरीय सकेन्द्रीय प्रारूप कहा जाता है।

radial plan **अरीय प्रारूप**

भूगोल की नगरीय भूगोल शाखा में नवीन कस्बों और उपनगरों का सडक और रेलमार्ग के सहारे विकास को अरीय प्रारूप कहा जाता है।

radiance **कांति/चमक**

दूरस्थ संवेदन (remote sensing) में विकिरण शक्ति घनत्व का स्थानिक वितरण कांति कहलाता है।

radiant **विकिरण**

भौतिक विज्ञान में ऐसा बिन्दु जिससे विकिरण ऊर्जा उत्सर्जित होती है, विकिरण कहलाता है।

radiant energy **विकिरण ऊर्जा**

सूर्य से प्राप्त होने वाली ऊर्जा विकिरण ऊर्जा कहलाती है।

radiant exitance **विकिरण निकास**

दूरस्थ संवेदन में विकिरण ऊर्जा का प्रति इकाई क्षेत्रफल का मापन, उस धरातल अथवा वस्तु को छोड़कर जो संवेदन झेलता है।

Raoult's law **राउल्ट का नियम**

यह नियम यह स्पष्ट करता है कि विलेय (solute) की उपस्थिति संतृप्ति वाष्प दाब में कमी लायेगी।

Ravenstein's laws of migration **रेवेन्सटीन का प्रवसन नियम**

यह नियम ई. जी. रेवेन्सटीन द्वारा प्रतिपादित किया गया है, इस नियम के अनुसार थोड़ी दूरी का प्रवसन (migration) चरणों में होता है जबकि दीर्घकालिक प्रवसन नगरीय क्षेत्रों की ओर होता है। प्रत्येक प्रवसन विपरीत दिशा की ओर संचरण को जन्म देता है। अधिकांश प्रवासी वयस्क होते हैं तथा आर्थिक विकास के साथ प्रवसन में वृद्धि होती है।

rediant flux **विकिरण अभिवाह**

दूरस्थ संवेदन (remote sensing) में विकिरण ऊर्जा का समय मापक्रम में वाट (watts) में नापा जाना विकिरण अभिवाह कहलाता है।

radiation **विकिरण**

विकिरणकारी क्रिया अथवा प्रक्रिया अर्थात् ऊर्जा के कणों अथवा विद्युत चुम्बकीय तरंग के रूप में प्रसारण और संचारित होना विकिरण कहलाता है। उदाहरण के लिये एक विद्युत बल्ब विद्युत चुम्बकीय स्पेक्ट्रम के सुस्पष्ट अवरक्त प्रदेश में विकिरण उत्सर्जित करता है। सूर्य द्वारा उत्सर्जित विकिरण ऊर्जा, सूर्यातपन, सूर्याभिताप, और ऊष्मांक अथवा सूर्य विकिरण कहा जाता

है। पृथ्वी के तल से धरातलीय विकिरण द्वारा दीर्घ तरंग के माध्यम से विकिरण उत्सर्जित होता है जो स्वच्छ आकाश के दिनों में वायुमण्डल में प्रवेश कर जाता है।

radiocarbon dating **रेडियोकार्बन निर्धारण**

सन् 1949 में विकसित एक स्थानिक काल निर्धारण तकनीक जो इस सिद्धान्त पर आधारित है कि रेडियोधर्मी तत्व जैसे कि c14 समय के साथ साथ नष्ट हो जाते हैं। क्षय की दर एक विशेष तत्व के बारे में ज्ञात रही है। वर्तमान और उस काल के बीच जब विशेष जनक सामग्री निश्चित की गई थी और उसका क्षय आरम्भ हुआ था, अन्तराल निर्धारित किया जा सकता है। प्रारम्भ में यह तकनीक मुख्य रूप से जैव कार्बोनेट (पीट, लकडी, लकडी का कोयला आदि) के लिए उपयोग में ली जाती थी किन्तु अब अन्य पदार्थों की व्यापक श्रेणियों पर भी जैसे मृदा, कार्बोनेट, अस्थियों और मोलास्क के लिए भी इसका उपयोग किया जाने लगा है। कुछ प्रयोगशालाओं में 75,000 वर्ष पुराने पदार्थों को काल निर्धारण श्रेणी के अन्तर्गत लाया जा सका है।

radio meter **विकिरण मापी**

दूरस्थ संवेदन में कोई भी उपाय जो धरातल से कांति को नापता है, विकिरण मापी कहलाता है।

rain **वर्षा**

जल की पर्याप्त बडी बूँदें जो वायुमण्डल में जलवाष्प के संघनन द्वारा जल की बूँदों के सम्मलिन से बनती हैं का गुरूत्व के प्रभाव में मेघों से पृथ्वी पर गिरना वर्षा कहलाता है।

rain fall **वृष्टि/वर्षा**

एक निश्चित समय और क्षेत्र में वर्षा की मात्रा को वृष्टि/वर्षा कहा जाता है। वर्षा की मात्रा प्रायः इंच अथवा मिमी. प्रतिवर्ष में व्यक्त की जाती है।

rainfall, cyclonic **वर्षा, चक्रवातीय**

चक्रवातीय प्रदेशों में वायु के ऊपर उठने से जो वर्षा होती है, चक्रवातीय वर्षा कहलाती है।

rainfall, convectional **वर्षा संवाहनिक**

पृथ्वी के धरातल के अत्यधिक उष्ण हो जाने से वायु के वाध्य होकर ऊपर उठने से जो वर्षा होती है संवाहनिक वर्षा कहलाती है। विषुवत रेखीय प्रदेशों में प्रायः सांय चार बजे के लगभग जो वर्षा होती है वह संवाहनिक वर्षा होती है।

rainfall, orographic **वर्षा, पर्वतीय**

पर्वतीय ढालों के सहारे वायु के बलकृत ऊपर उठने से जो वर्षा होती है पर्वतीय वर्षा कहलाती है।

rain forest **वर्षा प्रचुर वन**

सदाबहार आर्दतोदभिदी (hygrophilous) वृक्षों के संगठित वन जो उष्णकटिबन्ध के अधिक वर्षा वाले भागों में पाये जाते हैं, किन्तु शीतोष्ण कटिबन्ध में भी इनका विस्तार प्रायः पर्णपाती वृक्षों के गौण घटक के रूप में पाया जाता है।

rain gauge **वर्षा मापी/वृष्टि मापी**

वर्षा अथवा वृष्टि/वर्षामापी यंत्र में एक कीप रहता है जो इस पर होने वाली वर्षा को कीप के नीचे रखे एक विशेष प्रकार के बर्तन में एकत्रित करता है। इस बर्तन पर चिन्ह अंकित होते हैं, इस बर्तन में एकत्रित जल को नापकर वर्षा की मात्रा ज्ञात की जाती है।

rain splash **वर्षाछपाका**

मृदा पर वर्षा बूँदों के संघात मृदा की तह, अबद्ध मृदा कण को तोड सकती है और ढाल की ओर जल के बहने से वृष्टि धोवन में उग्रता का कारण हो सकता है।

rain shadow **वृष्टि छाया**

पर्वतीय क्षेत्र के पृष्ठ भाग में स्थित कम वर्षा का क्षेत्र होता है क्योंकि वर्षाधारी पवन, उसके सामने पडने वाले पर्वतीय ढाल पर वर्षा करती हैं और उस पर्वतीय भाग को पार करने पर पर्वत के पृष्ठ भाग में वर्षा बहुत कम होती है अतः ऐसे पृष्ठ भाग को वृष्टि छाया भाग कहा जाता है।

rain wash **वृष्टि धावन**

गुरूत्व क्रिया के अन्तर्गत वर्षा के जल से चिकनी मृदा और पृष्ठीय शैल का सतही विसर्पण वृष्टि धावन कहलाता है।

raised beach **उत्थित पुलिन**

ऐसा पुलिन जो पूर्व में सागरतल पर स्थित था किन्तु वर्तमान में वही पुलिन समुद्रतल से ऊपर उठ गया हो, ऐसे पुलिन को उत्थित पुलिन कहा जाता है।

raised bog **उत्थित दलदल**

एक छिछले बेसिन में लेन्सरूपी/मसूराकार दलदल जो भौम-जलस्तर से ऊपर विकसित होता है इसी कारण वर्षा और वाष्पीकरण पर निर्भर रहता है, केन्द्र की ओर इसकी वृद्धि अधिक होती है जैसा कि केन्द्रीय आयरलैण्ड में इस पीट से घरेलू ईंधन और उद्योगों को ऊर्जा प्राप्त होती है।

ramparts **प्रकार/परकोटा**

बहुमुखी हिम पच्चर के ऊँचे किनारे प्रकार/परकोटा कहलाते है जैसे-जैसे हिम पच्चर में वृद्धि होती हैं किनारे पर पाई जाने वाली मृदा को ये धकेलती हैं।

ranch **पशुफार्म**

ऐसा फार्म जहाँ चौपायों, घोडों अथवा भेडों का प्रजनन और लालन-पालन किया जाता है, विशेषकर, दक्षिणी और पश्चिमी संयुक्त राज्य अमरीका, दक्षिण-पश्चिमी कनाड़ा अर्जेन्टाइना और यूरूग्वे में जहाँ पूर्व में बडे पैमाने पर घास के मैदान थे। पशुओं को खुले परिसर में घूमने और चरने दिया जाता था किन्तु अब घास वाली फसल उगाकर उस पर उन्हें बाड़े/अहाते में रखा जाने लगा है, इन अहातों/बाड़ो को पशुफार्म कहा जाता है।

ranching **रैंचन**

पशुफार्मों पर बड़े पैमाने पर पशुओं के प्रजनन और पालन-पोषण करने की क्रिया को रैंचन कहा जाता है।

randkluft **रैंडक्लफ्ट**

हिमगह्वर (सर्क) की पश्च भित्ति और हिमानी बर्फ जो हिमज गह्वर को भरता है के बीच की रिक्ति को रैंडक्लफ्ट कहा जाता है।

random sample **यादृच्छिक प्रतिदर्श**

एक संभाव्यता प्रतिदर्श (sample) एक ऐसा प्रतिदर्श जो बेतरकीब (random) चयन प्रक्रिया द्वारा चयनित किया जाता है, यादृच्छिक प्रतिदर्श कहलाता है।

random sampling **यादृच्छिक प्रतिचयन**

संभाव्यता प्रतिचयन, संभाव्यता चयन, संभाव्यता के सिद्धान्त पर करने की इस प्रकार की विधि कि प्रत्येक प्रतिदर्श इकाई को निश्चित और ज्ञात चयन का अवसर प्राप्त हो। यादृच्छिक संख्याओं की सारणियों के संदर्भ द्वारा प्रायः यादृच्छिक चयन पूरा किया जाता है, जो कि कम्प्यूटर द्वारा इस प्रकार उत्पन्न किया जाता है कि सभी संख्यायें पूरी सारिणी में समान बार दिखाई पड़ती हैं।

range **श्रेणी**

(i) पर्वतों की एक श्रंखला श्रेणी कहलाती है

(ii) पौधों अथवा पशुओं के वास की सीमा,

(iii) एक खुला क्षेत्र, बहुधा अरक्षित जो पशुओं के चरने के काम में लिया जाता है।

rake **रेक/अवनमन**

(i) पर्वतीय पार्श्व अथवा शैल फलक पर ढलवाँ कगार रेक कहलाती है।

(ii) विभिन्न प्रकार की पूरी तरह परिभाषित वनस्पति के टुकडों के समूह जिन पर पहाड़ी भेड़ अच्छी तरह से नियमित दैनिक प्रतिमान में चरती है; रेक कहा जाता है।

rank **स्थान/प्रतिष्ठा**

क्रम परम्परा में स्थान। क्रम विन्यास, श्रेणी आकार प्रणाली (rank size rule)

ranker **रैन्कर**

यह पूर्ण रूप से विकसित न हुई एक अन्तर क्षेत्रीय मृदा है। इसकी A संस्तर पतली और गैर चूनेदार मृदा के ऊपर प्रत्यक्ष रूप में पाई जाती है।

ranking **क्रम विन्यास**

क्रमबद्ध और कोटि नियत करने की क्रिया, इस प्रकार विशिष्ट गुणों के अनुसार, कोटि के अन्तरालों के बीच बिना कोई पूर्वधारणा बनाये संख्यात्मक आंकडों को क्रम में व्यवस्थित करना, क्रम विन्यास कहलाता है।

rank size rule **श्रेणी आकार प्रणाली**

यह एक नियम है जिसे 1949 में जिप्स ने प्रतिपादित किया था इस नियम के अनुसार किसी क्षेत्र के नगरों और कस्बों का आकार के अनुसार वितरण करना होता है। यह नियम स्पष्ट करता है कि यदि किसी क्षेत्र के नगरों को जनसंख्या के अनुसार, एक समूह में कोटिबद्ध किया जाता है तो किसी निश्चित नगर की जनसंख्या, सारिणी में उसकी कोटि व्युत्क्रमानुपाती होगी, अर्थात् किसी निश्चित किये नगर की जनसंख्या द्वारा समूह के सबसे बडे नगर की जनसंख्या को विभाजित किये जाने के बराबर होगी। उदाहरण के लिए यदि सबसे बडे नगर की जनसंख्या 2 लाख है तब पाँचवें सबसे बडे नगर की जनसंख्या 40,000 होगी। (2 लाख को 5 से विभाजित करने पर 40,000 संख्या आती है।)

rapids **क्षिप्तिका**

सरिता का वह भाग जहाँ पानी की गहराई अपेक्षतः कम होती है और प्रवाह की गति निरन्तर नदी के तल के अखण्ड बढे ढाल से बढ जाती है अथवा कठोर शैल के हल्के झुके हुए दृश्यांक के कारण नदी के जल का प्रवाह, द्रुतगामी, उग्र और खण्डित हो जाता है। इस प्रकार के खण्डित जल प्रवाह को क्षिप्तिका कहते हैं।

ratio **अनुपात**

समान प्रकार की दोराशियों के बीच सम्बन्ध को कोलन (अपूर्ण विराम) द्वारा, एक मात्र का दूसरी मात्रा के द्वारा विभाजन बताया और प्रकट किया जाता है जैसे 3:2 इस प्रकार 3:2 विभाजन का मतलब $3/2 = 1.5$ यह बताता है कि प्रत्येक हर इकाई के लिए 1.5 अंश होता है।

ratio scale **अनुपात मापनी**

ऐसी मापनी जो अन्य प्रकार के आंकडों को परिवर्तित कर बताता है; उदाहरण के लिए जैसे कि एक व्यावसायिक समूह में अध्यापकों का समस्त श्रम बल (work force) के द्वारा दिखाया जाय।

ravine **खड्डु/रेवाइन**

अवनलिका से अधिक बडी और कैनियॉन (खड्डु) से छोटी ढालू पार्श्व वाली छोटी और तंग

घाटी को रेवाइन/खड्ड कहा जाता है।

raw material **कच्चा माल**

प्राकृतिक आधारभूत वस्तु अथवा वस्तुएँ (पादप उत्पाद जैसे कपास, खनिज जैसे लोहअयस्क) अथवा आंशिक संसाधित जैसे कि अन्य क्रियाओं के उत्पाद (लुग्दी, गेहूँ का आटा आदि) जिन्हें किसी औद्योगिक अथवा विनिर्माण प्रक्रिया द्वारा दूसरा उत्पाद तैयार करने के लिए उपयोग किया जाता है कच्चा माल कहलाता है। कभी-कभी कोयले और खनिज तेल को भी असंयत रूप से कच्चे माल की संज्ञा दी जाती है।

reach **रीच/अग्रांश**

जल का अविच्छिन्न फैलाव, उदाहरणार्थ नदी का सीधा भाग विशेषकर यदि वह नौगम्य है तो उसके दो मोडों के बीच अथवा नहर पर बने दो जलपाशों (locks) के बीच का भाग रीच/अग्रांश कहलाता है।

realgar **मनःशिला/ मैनसिल**

उष्ण जलीय शिराओं में पाया जाने वाला नारंगी-लाल रंग का संखिया खनिज मनःशिला/मैनसिल कहलाता है।

recession **अपसर्पण/अपगमन**

एक तूफान/बवन्डर के गुजर जाने के पश्चात नदी के बहाव में कमी का होना अपसर्पण/अपगमन कहलाता है।

recessional moraine **प्रतिसारी हिमोढ़**

किसी हिमानी के क्रमिक अंतिम हिमोढ़ो द्वारा अस्थायी सीमा बनाना, जो कि कुल मिलाकर पीछे हट रहा होता है प्रतिसारी हिमोढ कहलाते हैं।

recharge **पुनःपूरण**

ऐसी प्रक्रिया जिसमें वर्षण के द्वारा जल भूमि तल में प्रवेश कर जलमृत जैसे कि पाताल तोड़ बेसिन को भरा-पूरा करता है, पुनःपूरण कहलाता है।

reclamation **भूमि उद्धार**

भूमि उद्धार की क्रिया, भूमि को पुनः उपयोग में लाने योग्य बनाने की क्रिया को भूमि उद्धार कहा जाता है।

rectangular drainage **आयताकार अपवाह**

ऐसा अपवाह प्रारूप जो प्रायः सरलरेखीय जोड प्रारूप के प्रभाव में बना होता है। सहायक नदियाँ बडी नदियों से मुख्यतः समकोण पर मिलती हैं, और सभी नदियों के संगम के बीच के भाग लगभग समान लम्बाई के होते हैं।

rectilinear slope **सरलरेखीय ढाल**

एक ढाल अथवा ढाल की प्रथक फलिका जो कि सीधी अर्थात् ढाल का प्रथक कोण होता है, सरलरेखीय ढाल कहलाता है।

recumbent fold **शयान वलन**

पृथ्वी की प्रचण्ड हलचल द्वारा एक प्रकार का वलन जिसमें वलन की भुजाएँ लगभग अनुप्रस्थ होती हैं शयान वलन कहलाता है।

recycling **पुनःचक्रण**

अपशिष्ट पदार्थों को एकत्रित कर उनका शोधन कर नवीन उपयोगी उत्पाद में परिवर्तन करना एक पुरानी स्थापित पद्धति है जिसे पुनःचक्रण कहा जाता है। उदाहरण के लिए रद्दी कागज को पुनः उपयोगी बनाना तथा चिथड़ों से कागज बनाना तथा कांच के टुकड़ों से पुनः बोतलों का निर्माण किया जाता है। इस प्रकार की क्रिया पुनः चक्रण कहलाती है।

red clay **लाल सिंधु पंक**

ज्वालामुखी और अन्य प्रकार के टुकड़ों के खनिज जमाव जो महासागरों के गहरे भाग में जमा हो जाते हैं। यहाँ जल इतना गहरा होता है कि फोरेमिनी फेरा के केलसियमी कवच सागर तल तक पहुँचने से पहले घुल जाते हैं। इस कारण सिंधुपंक लाल रंग की पाई जाती है।

red earth **लाल मृदा**

लाल रंग की क्षेत्रीय मिट्टी जो मृतिका, क्वार्टज़ और लौह-योगिक युक्त होती है, के लिए इस शब्द का अस्पष्ट और अवैज्ञानिक प्रयोग किया जाता है। उष्ण कटिबन्धीय क्षेत्रों; ब्राजील गुयाना, पूर्वी अफ्रीका, भारत का दक्षिणी प्रायद्वीप, श्रीलंका, में इस प्रकार की मिट्टी का निर्माण उच्च आर्द्रता, ऊँचे तापमान और सुस्पष्ट रूप से मौसमी वर्षा वाले प्रदेशों में रासायनिक अपक्षय से होता है। इस प्रकार की मिट्टी की गहराई 15 मीटर तक पाई जाती है।

redevelopment **पुनर्विकास**

नगरीय क्षेत्रों में नगरीय नवीकरण को पुनर्विकास कहा जाता है।

redistribution **पुनर्वितरण**

ट्रोब्रिअन्ड (Trobriand) द्वीप के निवासियों द्वारा एक विशेष प्रकार की अर्थव्यवस्था अपनाई जाती है जिसमें वस्तुओं का किसी केन्द्रीय स्थान पर एकत्रित किया जाता है और उसके पश्चात् प्रशासनिक सत्ता द्वारा इन वस्तुओं का पुनर्वितरण किया जाता है, इस प्रकार की अर्थ व्यवस्था को पुनर्वितरण कहा जाता है।

relative humidity **आपेक्षिक आर्द्रता**

आपेक्षिक आर्द्रता, समान ताप पर संतृप्त वायु में पाये जाने वाले व्राष्पीय दाब के साथ वास्तविक वाष्पीय दाब का अनुपात होता है।

red rain **लाल वर्षा**
शुष्क क्षेत्रों से अधिक आर्द्र क्षेत्र की ओर चलने वाली उच्च स्तरीय पवनों द्वारा ले जाई जाने वाली लाल धूल के कारण, वर्षा का रंग लाल हो जाता है, इसी कारण इस वर्षा को 'लाल वर्षा' नाम से जाता है।

red snow **लाल हिम**
समस्त विश्व के हिमप्रदेशों में पाये जाने वाले विभिन्न प्रकार के जीवों की उपस्थिति के कारण हिम का रंग लाल हो जाता है, इस कारण इस हिम को लाल हिम कहा जाता है।

red-yellow podzolic soil **लाल-पीली-पाँडसाली मृदा**
ऐसी मृदा जिसमें ABC क्रम में संस्तर पायी जाती है। इस मृदा परिच्छेदिका में जबतक वह अपनदन द्वारा हटा नहीं दी जाती है A2 संस्तर पाई जाती है। मृणमय B संस्तर खंडी संरचना होती है।

reef **भित्ति/शैलभित्ति**
शैल अथवा प्रवाल, से बने कभी-कभी समुद्री कंकडों अथवा रेत का समुद्र में पाया जाने वाला ढेर जो प्रायः उच्च ज्वार से ढका रहता है किन्तु निम्न ज्वार से प्रायः आंशिक अनावृत रहता है शैल भित्ति कहलाती है।

reforestation **पुनर्वनरोपण**
ऐसी भूमि जो पूर्व में वनाच्छादित थी किन्तु प्राकृतिक कारणों अथवा वृक्षों की कटाई के कारण वृक्ष समाप्त हो गये हों, उस भूमि पर वृक्षों का पुनः लगाया जाना पुनर्वनरोपण कहलाता है।

refraction **अपवर्तन**
किसी कारण से तरंगों के मार्ग में परिवर्तन होना अथवा अन्य कोई ऊर्जा वहन करने वाली तरंग कम घने से अधिक घने माध्यम से तिरछी होकर गुजरती है, यह अपवर्तन की स्थिति होती है।

reg **रेग/बजरी मरूस्थल**
एक पथरीले धरातल वाला मरुस्थल रेग अथवा बजरी मरुस्थल कहलाता है।

regelation **पुनर्हिमायन**
जब हिम पर दबाव रहता है, उसका द्रवणांक बिन्दु $0^{o}c$ से कम रहता है किन्तु जब दबाव कम होता है तब द्रवणाक बिन्दु बढ जाता है इसी कारण हिम का जमना आरम्भ हो जाता है इसको ही पुनर्हिमायन कहते हैं।

regime **प्रवृति**
एक आवर्ती प्रारूप जैसा कि जलवायु के मौसमी प्रारूप में होता है अथवा पदी अथवा हिमानी के परिमाण में विशेषता होती है।

region प्रदेश

या तो प्राकृतिक अथवा मानव निर्मित विशेषताओं वाला भूपटल का कोई भाग जो उसे उसके चारों ओर के क्षेत्र से भिन्नता प्रदान करता है, प्रदेश कहलाता है।

regional geography प्रादेशिक भूगोल

प्रादेशिक भूगोल में, प्रदेश के भूगोल और उसकी विशेषताओं का अध्ययन किया जाता है।इस अध्ययन की पूर्व अवस्था प्रदेश के पहचान, उसके नामकरण तथा उसकी सीमाओं के निर्धारण की है। एक पद्धति तो प्राकृतिक प्रदेशों की पहचान करना रहा है, जबकि दूसरी पद्धति कृषि और उद्योगों के आधार पर आर्थिक प्रदेश स्थापित करने की रही है। प्रायः दोनों में एक सम्बन्ध रहा है।

regionalization प्रादेशीकरण

वर्गीकरण का एक स्वरूप जिसमें किसी विशेष गुण/विशेषता के आधार पर क्षेत्रों को प्रदेशों में विभाजित किया जाता है। कुछ अंश तक रूढ़िवादी प्रादेशिक भूगोल में एक आधारभूत प्रक्रिया को प्रादेशिकरण कहा जाता है।

regional metamophisim प्रादेशिक कायांतरण

एक विस्तृत क्षेत्र पर दबाब और ऊष्मा के मिश्रित प्रभाव और पर्वतन की क्रिया के साथ, पूर्वस्थित शैलों में परिवर्तन जिससे विभिन्न प्रकार की नवीन शैल और खनिजों का निर्माण होता है, प्रादेशिक कायांतरण कहलाता है।

regolith आवरण प्रस्तर/रेगोलिथ

यह एक सामान्य शब्द है जो अबद्ध पदार्थ जैसे मृदा, अवसाद, टूटी-शैल के टुकडे, ज्वालामुखी राख, वायूढ पदार्थ आदि के आवरण, जो ठोस शैल के तल पर पाया जाता है, के लिए प्रयुक्त किया जाता है।

regosol रेगोसोल

कम विकसित मृदा रेगोसोल कहलाती है।

regression प्रतिक्रमण

सागर का स्थलभाग से पीछे हटना प्रतिक्रमण कहलाता है।

regur रेगड़

काली मृणमय (clayey) मिट्टियाँ जो ऊँचे तापक्रम और अधिक वर्षा वाले उष्ण कटिबन्धीय प्रदेशों में विशेषकर दक्षिण भारत के उत्तर-पश्चिमी भाग में विकसित होती हैं, रेगड़ कहलाती है।

rejuvenation पुनर्युवन/पुनर्योवन

(i) किसी एक समय पर सक्रिय प्रकमों के नवीकृत बल को पुनर्युवन/पुनर्योवन कहा जाता

है। यह शब्दावली प्रायः सरिताओं और नदियों के लिए प्रयुक्त की जाती है, जो या तो संतुलन अथवा निम्नतम स्तर (base level) के नीचा हो जाने से भूमि के ऊपर उठने से, अपनी शक्ति पुनः प्राप्त कर लेती हैं और सक्रिय होकर अपरदन प्रारम्भ कर देती हैं, इसे नदी का पुनर्युवन/पुनर्योवन कहा जाता है।

(ii) पुरानी भ्रंश रेखा के सहारे संचलन पुनरारंभ होने की अवस्था के लिए भी पुनर्युवन/पुनर्योवन शब्दावली प्रयुक्त की जाती है।

relative age **आपेक्षिक आयु**

किसी घटना अथवा आकृति की आयु को समय-इकाई की सीमा जैसे वर्षों में व्यक्त न कर अन्य तथ्यों के सम्बन्ध में व्यक्त करना आपेक्षिक आयु कहलाती है।

relief **उच्चावच**

(i) पृथ्वी धरातल की भौतिक आकृतियाँ; पर्वत, घाटियाँ, मैदान और पठार अर्थात धरातलीय भूदृश्य को उच्चावच कहा जाता है।

(ii) प्रायः यह शब्द पृथ्वी के धरातल के रूप में आकृति में असमानताएँ और भिन्नताओं को स्पष्ट करने के लितए प्रयुक्त किया जाता है।

relief map **उच्चावच मानचित्र**

ऐसा मानचित्र जो किसी क्षेत्र के धरातलीय संरूप को दिखाता हो जैसे समोच्च मानचित्र और फोटो उच्चावच मानचित्र।

relief rain fall **पर्वतीय वर्षा**

भूमि के उच्चावच के परिणाम स्वरूप होने वाली वर्षा को पर्वतीय वर्षा कहा जाता है। पहाडियों और पर्वतों के कारण आर्द्र वायु के ऊपर उठने से नमी और संघनन की क्रिया के परिणामस्वरूप होने वाली वर्षा पर्वतीय वर्षा कहलाती है।

remanie glacier **पुनःयोजित हिमनद**

ऐसा हिमनद जो सीधे रूप में हिमक्षेत्र से अपने हिम की आपूर्ति प्राप्त न कर के हिमधाव से प्राप्त करता है।

remote sensing **दूरस्थ संवेदन**

इस पद्धति में कई तकनीकों का उपयोग किया जाता है वायुफोटो, उपग्रह प्रतिरूपों और मानचित्र प्रारूप को दूर से प्राप्त किया जाना जो भूमि पर से कम स्पष्ट होता है, दूरूथ संवेदन कहलाता है। यद्यपि फोटो चित्रों का उपभोग 1940 के दशक से किया जाने लगा है। किन्तु वर्तमान में इस पद्धति का उपयोग भौगोलिक सूचना तंत्र में किये जाने से इसकी उपयोगिता अधिक हो गई है। भूद्दश्य अथवा बस्तियों के बसावट में इनकी अधिक उपयोगिता है।

rendolls soil **रेण्डाल्स मिट्टी**

आर्द्र जलवायु और वनाच्छादित क्षेत्रों में रेण्डाल्स मिट्टी पाई जाती है। इस प्रकार की मिट्टी के नीचे प्रायः चूने की अधिकता पाई जाती है।

rendzina **रेंडजाइना मृदा**

चूना प्रस्तर पर विकसित ह्यूमस और कैल्शियम कार्बोनेट में समृद्ध शैल को रेंडजाइना मृदा कहा जाता है। इसकी A संस्तर गहरी काली और चूनेदार होती है, किन्तु प्रायः यह संस्तर पतली होती है। इस प्रकार की मृदा में B संस्तर नहीं पाया जाता है तथा C संस्तर चाक और चूना प्रस्तर की होती है।

renewal **पुनर्नवीकरण**

नगरीय क्षेत्रों में नगरीय नवीकरण का होना पुनर्नवीकरण अथवा पुनर्विवास कहलाता है।

repose slope **प्रसुप्त ढाल**

एक ढाल, सामान्यतः तीव्र ढाल जिसकी प्रवणता मलवे की पृष्ठीय सतह के घर्षण कोण द्वारा नियंत्रित होती है, जो पीछे झुके रहने से उसके कोण को बनाये रखती है, प्रसुप्त ढाल कहलाता है।

representative fraction (RF) **प्रतिनिधि भिन्न/निरूपक भिन्न**

मानचित्र पर दो बिन्दुओं के बीच की नापी गई दूरी और धरातल पर नापी गई अनुरूप दूरी के अनुपात को प्रकट करने वाली भिन्न को प्रतिनिधि भिन्न/निरूपक भिन्न कहते हैं। यह मानचित्र पर मापक दिखाने का प्रायः एक तरीका है। इसमें अंश एक रहता है और हर के द्वारा जमीन की इकाई संख्या को दर्शाया जाता है। प्रतिनिधि भिन्न 1:1,000,000 अथवा 1/1,000,000 से दिखाई जाती है जिसमें अंश मानचित्र की दूरी तथा हर धरातल की दूरी दर्शाता है।

resequent drainage/re consequent drainage **नवानुवर्ती अपवाह/ पुनरानपुवर्ती अपवाह**

एक ऐसा अपवाह प्रारूप जिसमें नदियाँ वलित क्षेत्र के लम्बी अवधि के अनाच्छादन के पश्चात् पूर्व-अनुवर्ती नदियों की रेखा के सहारे स्थित रहती हैं, इस प्रकार यह नदियाँ अनुवर्ती दिखाई देती हैं किन्तु कुछ क्रियायें जैसे नदी अपहरण के कारण यह वास्तव में परवर्ती अपवाह से विकसित होती हैं।

reservoir **जलाशय**

एक प्राकृतिक अथवा कृत्रिम झील जिसके जल को जलविद्युत उत्पन्न करने तथा सिंचाई के लिए उपयोग में लिया जाता है।

residual deposit **अवशिष्ट-निक्षेप**

अपक्षय के कारण, उसी स्थान पर शैल के विघटन से बनी मृतिका से लेकर अन्न के बराबर कणों के शैल अवशिष्ट संचयन को अवशिष्ट निक्षेप कहते हैं।

residual soil **अवशिष्ट मृदा**

स्थानबद्ध मृदा; ऐसी मृदा जो उस पदार्थ पर टिकी हो जिससे कि उसका निर्माण हुआ होता है, अवशिष्ट मृदा कहलाती है।

resistant rock **प्रतिरोधी शैल**

भौतिक और रासायनिक गुणों से युक्त शैल जो अपक्षय और अपरदन का सामना कर सके प्रतिरोधी शैल कहलाती है।

resource/resources **संसाधन**

आपूर्ति अथवा भरण पोषण का स्रोत, आवश्यकता अथवा अपूर्णता को पूरा करने का साधन, विशेषकर एक आर्थिक अथवा सामाजिक आवश्यकता संसाधन कहलाती है।

resource conservation **संसाधन संरक्षण**

प्राकृतिक संसाधनों का सुचिन्तित प्रबन्ध और रख-रखाव संसाधन संरक्षण कहलाता है।

resource development **संसाधन विकास**

संसाधनों का उत्पाद में लाया जाना अर्थात उनकी (संसाधनों) अन्तः शक्ति का बोध होना/संसाधन विकास कहलाता है।

resource orientation **साधन अनुस्थापन**

किसी फर्म अथवा उद्योग विशेष की कच्चे माल के स्रोत के निकट स्थित होने की प्रवृति, जबकि कच्चे माल का स्रोत सर्वव्यापी न होकर स्थानीकृत होता है।

retrogradation **पश्चगमन**

सागरीय तट पर बालू तट (पुलिन) परिच्छेदिका का बडी लहरों द्वारा नष्ट किया जाना और उसके परिणाम स्वरूप तटरेखा का पीछे हट जाना पश्चगमन कहलाता है।

retrogressive approach **प्रतिगामी उपागम**

ऐतिहासिक भूगोल में इस उपागम का उपयोग इस विचार के आधार पर किया जाता है कि पुराने भूदृश्य को समझने के लिए वर्तमान भूदृश्य का समझना आवश्यक होता है।

retrospective approach **पूर्वव्यापी उपागम**

इस उपागम के अनुसार वर्तमान पर प्रकाश डालने के लिये प्राचीन का अनुसंधान करना आवश्यक होता है। ऐतिहासिक भूगोल में इस प्रकार के उपागम का उपयोग प्रारम्भिक उत्तर युद्ध काल में किया जाता था।

return cargo **वापसी नौकाभार**

मालवाही जलयान जब (माल) सामान आदि लेकर अन्य देशों को जाते हैं और लौटते समय उसी जलयान से उन देशों का सामान (माल) लेकर लौटते हैं। इन लौटते जलयानों के भार को वापसी नौभार कहते हैं।

reversed fault **प्रतिलोमित वलन**

ऐसा वलन जिसका वलन तल ऊर्ध्वपाती पाश्र्व की ओर झुका हुआ होता है, प्रतिलोमित वलन कहलाता है।

rheidity **रिहीड़िटी**

किसी तत्व का लम्बे समय तक दबाब में रहने के कारण सुघट्य प्रवाह के परिणाम स्वरूप विरूपण, को रिहीड़िटी कहा जाता है।

rhizome **प्रकन्द**

कुछ पौधों का भूमिगत तना अथवा प्रकन्द (root stock) को प्रकन्द कहा जाता है।

rhizosphere **मूलपरिवेषी**

पौधों की जडों के निकट के पर्यावरण को मूल परिवेषी कहा जाता है।

rhourd **रोहुड़**

एक पिरामिड़ आकार का रेत का टिब्बा जो अन्य टिब्बों के कटान द्वारा बनता है, रोहुर्ड कहा जाता है।

rhumbline **एक दिशनौपथ/रंब रेखा**

नौवहन में उपयोग में ली जाने वाली अपरिवर्ती दिक्मान (constant bearing) की रेखा जो समस्त देशान्तरों को समान कोण पर काटती है।

ria **रिया**

नदी घाटी का सागर की ओर का सिरा, सागर तल में वृद्धि के कारण यह भाग भी जल प्रावित हो जाता है।

ria coast **रिया तट**

एक कीप आकार की समुद्र पर छोटी खाड़ी जो अन्दर की ओर संकडी और कम गहरी होती जाती है, रिया तट कहलाता है।

ribbon development **रिबन विस्तार**

(i) निर्मित क्षेत्र से बाहर की ओर विस्तार।

(ii) मुख्य सडक मार्ग के दोनों ओर भवनों का निर्माण रिबन विस्तार कहलाता है।

Richter scale **रिक्टर मापक**

भूभौतिकशास्त्री चार्ल्स रिक्टर ने सन् 1935 में भूकम्पों द्वारा शक्ति निर्मुक्ति को निरूपित करने के लिए एक मापक्रम की अभिकल्पना की जिसे रिक्टर माप कहा जाता है। इस मापक्रम के अनुसार रिक्टर माप पर 2 अथवा इससे कम के माप के भूकम्प को गोचर अथवा अवगम्य माना गया, जिसका प्रभाव बहुत कम अनुभव होता है; जबकि 5 अथवा इससे अधिक माप के भूकम्प विनाशकारी होते हैं।

रिक्टर परिमाण	**भूकम्प प्रभाव**
2.5	सामान्यतः अनुभव नहीं होता है किन्तु इस मापक्रम को भूकम्प अंकित होता है।
4.5	स्थानीय क्षति होती है।
6.0	घनी आबादी वाले क्षेत्रों में क्षति हो सकती है।
7.0	इस माप के भूकम्प से भारी क्षति होती है। विश्व में इस मापक्रम के एक वर्ष में लगभग 10 भूकम्प आते हैं।
8 अथवा इससे अधिक	इस माप और इससे अधिक माप के भूकम्पों से पूर्ण विनाश हो सकता है। 5 से 10 वर्षों में इस प्रकार के भूकम्प आते हैं।

सन् 1956 में रिक्टर माप के अतिरिक्त परिवर्तित मरकेली तीव्रता मापक्रम प्रस्तुत किया गया। इसमें 1 से 12 परिमाण के माप पर भूकम्प अंकित किए जाते हैं :

परिमाण	**भूकम्प का प्रभाव**
I	केवल बहुत थोडे, विशेष अनुकूल अवस्थाओं को छोडकर इस माप के भूकम्प का अनुभव नहीं होता है।
II	इस माप के भूकम्प का कुछ ही लोगों को सोते समय अनुभव किया जाता है; विशेषकर ऊपर की मंजिल में रहने वाले लोगों द्वारा इसका अनुभव होता है।
III	इस माप के भूकम्प का प्रभाव विशेषकर लटकने वाली वस्तुओं पर दिखाई देता है; लटकने वाली वस्तुएँ हिलने लगती हैं। घरों के अन्दर भी इस भूकम्प का प्रभाव अनुभव होता है।
IV	दिन में घर के अन्दर अनेकों को इस माप के भूकम्प का अनुभव होता है; किन्तु घर से बाहर कुछ ही लोगों को इसका अनुभव होता है। खड़ी कार हिलने लगती है, खिडकियाँ और दरवाजे खड़खडाने लगते हैं, गिलास झनझनाने लगते हैं, कांच के बर्तन, चीनी मिट्टी के बतने टकराते हैं। 4 के माप के ऊपरी श्रेणी के भूकम्प में लकडी के विभाजक और फ्रेम किरकिराते हैं।
V	इस मापक्रम के भूकम्प का अनुभव प्रायः प्रत्येक को होता है, दरवाजे डोलने लगते हैं, तस्वीरें हिलने लगती हैं, घडी के लोलक (pendulum) रूक जाते हैं, चलने पर उनकी गति में अन्तर आ जाता है।
VI	सभी व्यक्तियों द्वारा इस माप के भूकम्प का अनुभव होता है, डर से लोग, घरों

से बाहर भागने लगते हैं। भारी फर्नीचर सरकने लगती है, शेल्फ (ताक) से किताबें गिरने लगती है। मकान के प्लास्तर और दीवारों में दरारें पड जाती हैं।

VII प्रत्येक व्यक्ति घर से बाहर की ओर भागने लगता है, लकडी का फर्नीचर टूट जाता है, जलाशयों में तरगें उठने लगती हैं और स्मारकों के टावर गिर जाते हैं।

VIII कारखानों की चिमनियाँ गिर जाती हैं, कारों का परिचालन प्रभावित होता है, पेड़ों की शाखायें टूट जाती हैं और स्रोतों और कुओं के जल के ताप और बहाव में परिवर्तन हो जाता है।

IX व्यापक भगदड़ मच जाती है; आधार सामान्य रूप से क्षतिग्रस्त होता है, जलाशय क्षतिग्रस्त हो जाते हैं, भूमि के अन्दर के पाइप टूट जाते हैं, भूमि में दरारें पड जाती हैं।

X अधिकांश चिनाई वाले भाग और तैयार ढांचे उनकी नींव सहित क्षतिग्रस्त हो जाते हैं, लकडी से बने ढांचे और पुल क्षतिग्रस्त हो जाते हैं, बाँधों, तटबन्धों को क्षति होती है, भूस्खलन होता है, नहरों, नदियों और झीलों के तटबन्धों से ऊपर होकर जल बहने लगता है, रेल मार्गो की पटरियाँ मुड जाती है।

XI इस परिमाण के भूकम्प का व्यापक प्रभाव होता है, केवल कुछ ही चिनाई कार्य खडे रह पाते हैं, रेल की पटरियों में अधिक मोड़ पड जाते हैं, भूमि के भीतर पडी पानी की पाइप लाइनें टूट जाती हैं भूमि में बड़े-बड़े गड्ढे बन जाते हैं।

XII सम्पूर्ण विनाश की अवस्था होती है, चट्टानें सरक जाती हैं और लहरों के समान दिखाई देती हैं, अनेक वस्तुएँ हवा में उछलने लगती हैं।

ridge **कटक**

उत्थित भूमि का एक लम्बा और संकडा सिलसिला, कटक कहलाता है; अथवा पहाडियों और पर्वतों की एक लम्बी श्रृंखला कटक कहलाती है।

ridge and valley **कटक और घाटी**

एक प्रकार का उच्चावच जिसमें कटक और घाटियाँ एक दूसरे के निकट स्थित और समानान्तर होती हैं उदाहरण के लिए अपेलेशियन प्रदेश की कटक और घाटी जिसमें अवरोधी शैलों से कटक बनी है तथा सुगमता से शैल और चूने के पत्थर के अपरदन द्वारा घाटियों का निर्माण हुआ है।

riegel **रीजल**

हिमनदघाटी की शैल तली में बना चबूतरा रीजल कहलाता है।

riffle **खाँचा/अवखालिका/रिफिल**

नदी के तल में शैलीय रूकावट अथवा इस प्रकार की रूकावट के परिणाम स्वरूप बना खांचा।

rift valley **रिफ्ट घाटी**

ऐसी घाटी जिसके दोनों ओर तीव्रढाल वाली समानान्तर श्रेणियाँ हों, जिनका निर्माण बीच के भूपृष्ठ के धसांव से हुआ हो, रिफ्टघाटी कहलाती है। अफ्रीका के पूर्वी भाग में उत्तर से दक्षिण तक इसी प्रकार की एक रिफ्टघाटी है।

rill **क्षुद्र सरिता**

(i) एक छोटी प्राकृतिक जल की सरिता, क्षुद्रसरिता (rill) कहलाती है।
(ii) मृदा अपरदन में एक छोटी अपरदन वाहिका, rill कहलाती है।

ring city **वलय नगर**

गोलाकार मार्ग के बाहर की ओर नगर का स्थित होना जब कि वजय के मध्य में खुला स्थान होता है, इस प्रकार के नगर को वलय नगर कहते हैं।

ring complex **वलयी समिश्र/समूह**

एक गोलाकार आग्नेय शैल का अन्तर्वेधी ढेर जिसमें दोनों सकेन्द्रीय डाइक और शंकु परतें सम्मिलित रहती है।

ring dyke **वलय डाइक**

आग्नेय शैल का एक कीप आकार अथवा बेलनाकार अन्तर्वेधन जो प्रायः पुराने अन्तर्वेधी पिण्ड से चारों ओर से घिरा रहता है, जब ऊपर से देखा जाता है तो डाइक, शैल के एक घेरे सा दिखाई देता है।

ripple **उर्मिका**

वायु, सरिता की धारा अथवा समुद्री लहरों द्वारा विशेषरूप से रेत पर बनने वाली छोटी और लगभग समानान्तर कटक, उर्मिका कहलाती है।

rise swell **उभार/उमड़ना**

गहरे समुद्र तल से उठा धीमा-ढालू, लम्बा चौडाई में उन्नत भाग जिसका शिखर जल की सतह से काफी नीचे रहता है।

river bank **नदी तट**

नदी के दोनों ओर उठी हुई भूमि को नदी तट कहा जाता है।

river basin **नदी बेसिन**

नदी तथा उसकी सहायक नदियाँ द्वारा समस्त ज़ल प्राप्ति क्षेत्र को नदी बेसिन कहा जाता है।

river bed **नदी तल**

जलमार्ग अथवा वाहिका जिसमें नदी बहती है अथवा किसी समय बहती थी, नदी तल कहलाता है।

river capture **नदी अपहरण**

ऐसी क्रिया जिसके द्वारा एक नदी अपने शीर्ष स्थल की ओर अपरदन कर अन्य नदी शीर्ष का अपहरण करती है और उसके जल को अपनी ओर मोड़ लेती है, इससे उसके अपने अपवाह क्षेत्र में वृद्धि तथा दूसरी का कम हो जाता है। जिस नदी के नदी शीर्ष का अपहरण होता है उसे रूंडन सरिता कहा जाता है। और जिस बिन्दु पर अपहरण होता है वह स्थान अपहरण का मोड़ कहलाता है।

riverine **नदीय**

(i) नदी से सम्बन्धित अथवा नदी तट पर स्थित।

(ii) नदी से सम्बन्धित अथवा उसके सामीप्य का भाग नदीय कहलाता है।

river piracy = river capture **नदी अपहरण**

river port **नदी पतन**

नदी पर स्थित पतन प्रायः मुहाने से अधिक दूर ऐसे बिन्दु पर जहाँ व्यापारिक जलयानों द्वारा नौवहन के लिए पर्याप्त गहरा जल होता है।

river profile **नदी परिच्छेदिका**

किसी नदी के उद्गम से मुहाने तक के ढाल परिच्छेद को दिखाना नदी परिच्छेदिका कहलाता है।

river terrace **नदी वेदिका**

नदी घाटी के सहारे पार्श्व में एक बेंच के समान के आकार में वेदिका का निर्माण नदी द्वारा एकत्रित कंकडों और रेत से होता है। सामान्यतः नदी घाटी के समानान्तर अधिकांश वेदिकाओं का निर्माण नदी के अत्यधिक अपरदन काल में होता है।

riviera **रिवैरा**

दक्षिणी फ्रांस का मार्सेलीज से जिनेआ तक के तट से इस शब्दावली को लिया गया है; किन्तु अब किसी भी विशिष्ट तट रेखा के लिए इस शब्दावली का उपयोग किया जाने लगा है।

rivulet **नदिका**

क्षुद्र नदी को नदिका कहा जाता है।

roaring forties **गजरता चालीसा/गरजने वाला चालीसा**

उत्तरी तथा दक्षिणी गोलार्द्धों में 30° से 65° अक्षांशों के मध्य पहुआ पवन चला करती हैं, किन्तु उत्तरी गोलार्द्ध की अपेक्षा दक्षिणी गोलार्द्ध में 40° अक्षांश के निकट ये पहुआ पवनें बिना किसी स्थलीय अवरोध के तीव्र गति और तीव्र ध्वनि करती हुई चलती हैं, जिन्हें गरजता चालीसा कहा जाता है, 50° दक्षिणी अक्षांश के निकट ये पवन और अधिक तीव्रता से और ध्वनि करती हुई चलने के कारण इन पवनों को चीखती सष्टि कहा जाता है।

robber economy **लुटेरी अर्थव्यवस्था**

लोगों द्वारा विभिन्न प्राकृतिक संसाधनों को इस प्रकार से निकाला जा रहा है कि बिना भविष्य का विचार किये तात्कालिक लाभ के लिए उनका तीव्र और बेरहमी से विनाश किया जा रहा है। नवीनीकरण संसाधनों वन, मत्स्य, व्हेल भंडार और मृदा उत्पादकता के अधिक शोषण के उदाहरण से इसे स्पष्ट किया जा सकता है।

rochemountonee **रॉश मुटोने/भेड़ पीठ शैल**

हिमानीकृत घाटियों में पाये जाने वाले शैल की टेकरी जो हिमानी के आने वाली दिशा में चिकनी और दूसरी ओर ऊबड़-खाबड़ होता है। दूर से ये टेकरियाँ भेड़ पीठ के समान दिखाई देती हैं अतः इन्हें फ्रंच भाषा में रॉशे मुटोने/भेड पीठ शैल कहा जाता है।

rocks **शैल**

शैल, सामान्यतः खनिज कणों का संचय है, कुछ शैलों में तत्वतः एक ही प्रकार के खनिज के तत्व पाये जाने से इस प्रकार की शैल को एक खनिजीय (monomineralie) कहते हैं; जैसे स्फटिक से बनी क्वार्टजाइट शैल होती है, किन्तु कुछ शैलें दो अथवा अधिक खनिजों के कणों से बनी होती हैं, ऐसी शैल बहुखनिजीय (poly mineralie) कही जाती हैं, जैसे कि ग्रेनाइट जो स्फटिक, फेल्सपार और बायोनाइट से बनी होती है। शैलों का व्यापक वर्गीकरण निम्न प्रकार से किया जाता है:—

(A) आग्नेय शैल
- (a) अन्तर्वेधी आग्नेय शैल
  - (i) वितलीय आग्नेय शैल
  - (ii) अधिवितलीय आग्नेय शैल
- (b) बहिर्वेधी आग्नेय शैल
  - (i) स्त्राव (flow)
  - (ii) पाइगोक्लास्टिक

(B) अवसादी शैल
- (i) खंडज (clastic) भौतिकीय अपरदी
- (ii) रासायनिक क्रिस्टलीय
- (iii) जीव जनित

(C) कायान्तरी (रूपान्तरिक)
- (i) अपदलदी (cataclastic)
- (ii) स्पर्श कायान्तरी
- (iii) प्रादेशिक कायान्तरी,
- (iv) संकर
  - (a-1) पश्चकायिक (metasomatic)
  - (b-2) प्रतिस्थापनी (migmatitie)

rock creep **शैल विसर्पण**

गुरूत्व प्रभाव से शैल खण्डों का नीचे की ओर धीमी गति से सरकना शैल विसर्पण कहलाता है।

rock drumlin **शैल-हिमनदोढ़ टिब्बा**

फैले हुये हिमनद बर्फ के पारण द्वारा धारा रेखित शैल पहाडी को शैल हिमनढोढ टिब्बा कहा जाता है।

rock fall **शैल-पात**

आधार शैल के गोलाश्मों अथवा शैलखण्डों का तीव्रढाल पर गुरूत्व बल के प्रभाव से नीचे की ओर जाना, शैलपात कहलाता है।

rock flour **शैल चूर्ण**

हिमनद की तली में अपघर्षण से बना बारीक शैलचूर्ण। इस पदार्थ का व्यास 0.2 मिमी. से कम होता है। दूर बहकर जाने पर अपनी विशेषतानुसार नदियों और झीलों के पानी को भूरा और नीला-हरा रंग प्रदान करता है।

rock glacier **शैलखंड नदी**

समकोणिक शैल मलवे के साथ नदी का धीमी गति से बहना जिसका अन्तराली संभवतः हिम से भरा होता है।

rolling land **उर्मिल भूमि**

ऊँची नीची अथवा असमान ढाल वाली भूमि को उर्मिल भूमि (rolling land) कहा जाता है।

ropy lava **रज्जुक लावा**

घनीभवन हुआ लावा जिसकी सतह काँच सदृश्य और चिकनी होती है तथा सतह रस्से के समान दिखाई देती है इस प्रकार की आकृति रज्जुक लावा कहलाती है।

root cultivation **कन्दमूल कृषि**

कृषि का यह एक प्रकार है जिसके अन्तर्गत कन्दमूल जैसे कि रतालू, जिमीकन्द, आलू, कसावा तथा अन्य प्रकार के कन्दमूल को उत्पन्न करने वाली कृषि कन्दमूल कृषि कहलाती है।

root gatherer **कन्दमूल संग्राही**

विश्व के अनेक क्षेत्रों में विशेषकर अविकसित क्षेत्रों में अनेक आदिवासी जनजातियाँ कन्दमूल संग्रहण करती हैं और उन पर उनका जीवन निर्भर रहता है।अनेक प्रकार के पौधों की जड़ें जैसे रतालू, गाँठ की जड वाले पौधे विभिन्न प्रकार की घास की जड़ें आदि को एकचित कर खाने के उपयोग में लेते हैं। इस प्रकार के निवासी कन्दमूल संग्राही कहलाते हैं।

Rossi-forel scale **रोसी-फोरेल स्केल**

पूर्व में भूकम्प की प्रघात तीव्रता को नापने का मापक किन्तु वर्तमान में रिक्टर स्केल का उपयोग होता है।

Rotameter **रोटामीटर**

यह एक वृताकार छोटा यंत्र होता है जिसकी सहायता से वास्तविक दूरी ज्ञात की जाती है। यंत्र में एक छोटा पहिया होता है और मध्य में डायल पर घड़ी की भांति मुख्य और उपविभाग अंकित रहते हैं। दो स्थानों के बीच की दूरी ज्ञात करने के लिए एक स्थान से निश्चित मार्ग/रेखा के सहारे पहिये को घुमाने से भीतर के डायल का काँटा भी घूमता रहता है और इस प्रकार दो स्थानों के बीच की दूरी ज्ञात की जाती है।

runnel **नदिका**

एक छोटी वाहिका जिसमें होकर एक छोटी सरिता बहती है। नदिका कहलाती है।

run off **वाह**

वर्षा के जल का धरातल पर बहना वाह कहलाता है। वाह तब होता है जब काफी वर्षा होती है और शैल तथा मृदा जल का अधिक चूषण नहीं कर पाते हैं।

running means = moving average **गतिमान माध्य = गतिमान माध्य**

rural community **ग्रामीण समुदाय/समाज**

मनुष्यों का एक ऐसा समूह जो एक ही ग्रामीण क्षेत्र में वास करता हो और उनका एक दूसरे के साथ सामान्य सम्बन्ध हो ग्रामीण समुदाय/समाज कहलाता है। यह सब से छोटा सामान्य समूह होता है जो वहाँ के निवासियों के जीवन का प्रबन्ध करता है।

rural geography **ग्रामीण भूगोल**

ग्रामीण पर्यावरण के चयनित पक्ष जिसमें ग्रामीण बस्तियों का स्वरूप, कार्य और आकारिकी सम्मिलित किये जाते हैं, ग्रामीण अर्थव्यवस्था (विशेष कृषि मनोरंजन और पर्यटन), नगरीय प्रभावों का ग्रामीण क्षेत्रों में प्रवेश तथा ग्रामीण नियोजन और कार्यक्रमों पर आलोचनात्मक व्याख्या का भौगोलिक अध्ययन किया जाता है।

rural urban fringe **ग्राम-नगर सीमान्त**

नगर के चारों ओर का अनिश्चित अन्तर्वर्ती क्षेत्र जहाँ कृषि पर नगरीय कार्य और क्रियायें अतिक्रमण करते हैं; इसे ग्राम नगर निरन्तरता कहा जाता है।

rurban **ग्रागर**

देहात और कस्बे दोनों की सम्मिलित विशेषताओं वाला नगर ग्रागर कहा जाता है।

rust **जंग**

लोहे का वायु और आर्द्रता से प्रभावित होने पर जलयोजित आक्साइड युक्त होना अथवा उस पर जंग लगना कहलाता है।

ruware **रूवारे**

जलोढक अथवा अपक्षीण आधारतल के आवरण पृष्ठ से बाहर निकला, एक नीचा गुम्बदाकार अनावरण, यह या तो एक प्रारम्भी होता है अथवा एक अवशिष्ट इन्सेलिबर्ग होता है।

S

saddle **काठी/पल्याण**

एक छोटी घाटी अथवा दर्रा अथवा कोई अन्य भूआकृति जो शिखर से दोनों ओर अपेक्षाकृत हल्के ढाल वाली होती है, काठी कहलाती है।

saeter **सैटर**

स्केण्डीनेविया में प्रायः ग्रीष्म ऋतु में उपयोग में लिए जाने वाले उच्च भूमि चारागाह को सैटर (saeter) कहा जाता है।

sahara **सहारा**

एक मरूस्थल यूरोपीय शब्द 'सहरा' (sahara) का बिगडा रूप है।

sag and swell topography **तरंगित टिल स्थलाकृति**

गोलाश्मी मृतिका की परत वाला एक तरंगित धरातल जिसके लिए इस वाक्यांश-'तरंगित टिल स्थलाकृति' प्रयुक्त किया जाता है।

sagebrush **सेज ब्रुश**

एक अर्ध-मरू प्रकार की वनस्पति, इस प्रकार की वनस्पति का क्षेत्र दक्षिण-पश्चिम संयुक्त राज्य अमरीका में पाया जाता है जहाँ सेजब्रुश वनस्पति की अधिकता पाई जाती है।

salars **सैलार**

मरूस्थल में पाये जाने वाले अन्तः स्थलीय अपवाह बेसिन जो कभी कभी खारे जल से भर जाते हैं, इन्हें प्लाया भी कहा जाता है।

salina **लवण कच्छ**

लवण केन्द्रीकरण वाला प्लाया जो समुद्र से संलग्न हो लवण कच्छ कहलाता है।

saline **लवणीय/नमकीन/खारा**

रासायनिक लवणों का अथवा उनसे सम्बन्धित को, लवणीय/नमकीन कहा जाता है।

saline soil **लवण मृदा**

एक प्रकार की मृदा जिसमें लवण की अधिकता होती है। इस प्रकार का नमक (सोडियम क्लोराइड़ तथा सल्फेट) या तो भूमिगत जल जो मृदातल के नीचे स्थित होता है अथवा केशिकत्व क्रिया द्वारा धरातल की ओर बढता है। शुष्क प्रदेशों में जहाँ वाष्पीकरण अधिक होता है वहाँ निरन्तर सिंचाई की क्रिया से मृदा में खारेपन में वृद्धि होती रहती है।

salinity **लवणता/खारापन**

किसी घोल में सामान्य लवण के केन्द्रीकरण की मात्रा को लवणता कहते हैं; जो घोल के घनत्व के नाम से निश्चित किया जाता है और प्रायः प्रति हजार के अंशों में व्यक्त की जाती है।

salinization **लवणीभवन**

मृदा में घुलनशील लवणों का अवक्षेपण, लवणीभवन कहलाता है।

saltdome **लवण गुम्बद**

हैलाइट संस्तर का अन्तर्वेधन गतिशील होने अथवा अन्य वाष्पनज जमावों के परिणाम स्वरूप शैल स्तर का गुम्बद के आकार में गोल पहाड़ी का रूप लवण गुम्बद कहलाता है।

salt flat **लवण भूमि**

अनुप्रस्थ भूमि पर लवण पपडी का निरन्तर फैलाव अथवा लवण झील जो अब स्थायी रूप से अथवा अस्थायी रूप से सूख गई हो, लवण भूमि कहलाती है।

salt marsh **लवण कच्छ**

ऐसा कच्छ जिस पर समुद्री जल फैल जाता है, विशेषकर ऐसा क्षेत्र जिसमें नमक बनाने के लिए समुद्री जल एकत्रित किया जाता है।

samun/samoon **समून**

ईरान में कुर्दिस्तान पर्वतों से नीचे उतरने वाली एक गर्म और शुष्क पवन, समून कहलाती है। यह पवन फोन पवन के समान होती है।

sand **बजरी**

सामान्य रूप में छोटे आकार के खनिज कण किन्तु यह आवश्यक नहीं है कि ये कण सिलिकामय हों इसके कणों का व्यास 2 से 0.02 मिमी. होता है किन्तु अन्तर्राष्ट्रीय वर्गीकरण के अनुसार 2 से 0.02 मिमी. व्यास वाले कणों को स्थूल मोटी बजरी तथा 0.02 से 0.02 मिमी. व्यास के कणों वाली बजरी को बारीक बजरी कहा जाता है।

sand bank **बालू तट**

लहरों अथवा धाराओं द्वारा, नदी में अथवा समुद्र के किनारे एकत्रित किया गया रेत का ढेर, बालूतट कहलाता है जो निम्न ज्वार के समय अनावृत रहता है।

sand dune **बालू टिब्बा**

रेत की कटक, समुद्री तट अथवा मरूस्थल में वायु की क्रिया द्वारा रेत का एकत्रीकरण कर बनाया गया रेत का टिब्बा बालू टिब्बा कहलाता है।

sander **बलुई भूमि**

रेतीली भूमि, रेतीला सपाट रेतीला तट, के लिए आइसलेण्डिक भाषा में यह सामान्य शब्दावली है।

sand shadow **छाया-बालू**

जैसा इसके नाम से प्रतीत होता है, रेत का किसी आभ्रय अथवा किसी अवरोध के पीछे एकत्रित होना छाया बालू कहलाता है।

sand-sheet (sand drift) **रेत-परत**

नितान्त समतल धरातल द्वारा चिन्हित एक रेत का क्षेत्र, रेततल अथवा रेत परत कही जाती है।

sandstone **बलुआ पत्थर**

स्फटिक कणों से बनी अवसादी शैल जो दबाब के द्वारा ठोस तथा चूनेदार (calcareous) और सिलीका द्वारा संयोजित, शैल बलुआ पत्थर कहलाता है। इस प्रकार बलुआ पत्थर अधिक सुसंगत और प्रतिरोधी शैल होती है।

sand storm **रेतीला तुफान**

शुष्क अथवा अर्द्धशुष्क प्रदेशों में उग्र पवनों से उत्पन्न दृश्य, रेतीली मृदाओं के ऊपर से चलने के कारण ये उग्र पवन अपने साथ रेत के 15 से 30 मीटर ऊँचे मेघ उडाकर थोडी दूर तक ले जाती हैं। इन्हें धूलभरी आँधियाँ भी कहते हैं।

saprolite **सेप्रोलाइट**

सेप्रोलाइट का शब्दिक अर्थ जीर्ण शीर्ण शैल होता है। सेप्रोलाइट अपशिष्ट वियोजित उत्पाद की परत होती है, जो विशेषकर आर्द्र उष्णकटिबन्ध अवस्था में पाई जाती है। रासायनिक और संरचनात्मक स्थिर क्षेत्रों में जहाँ निरन्तर वृक्षों की छाया रहने के कारण अपरदन कम होता है सेप्रोलाइट परत की मोटाई 50-100 मीटर तक पाई जाती है।

saprophyte **मृतजीवी**

ऐसे पौधे जो सडे हुए अथवा सड रहे जैव पदार्थों पर पनपते हों, मृतजीवी कहलाते हैं उदाहरण के लिए निर्जीव ऊन पर फफूँद विकसित होती है। अधिकांश मृतजीवी फंगस (कवक) और जीवाणु होते हैं।

sargasso sea **सारगैसो सागर**

सारगैसो शब्द पूर्तगीज भाषा का शब्द है जिसका अर्थ है 'समुद्री घास' इस समुद्री घास का

एक बहुत बडा क्षेत्र उत्तरी अंध महासागर में 20°से 40° उ. अक्षांशों और 35°से 75° पश्चिमी देशान्तरों के मध्य चारों ओर प्रवाहित होने वाली धाराओं के मध्य स्थित शान्त, स्थिर जल और समुद्री घास वाला क्षेत्र है जिसे सारगैसो सागर कहा जाता है।

sastrugi **हिमलहरियाँ**

हिम और बर्फ के जमाव पर पवन की क्रिया द्वारा झुर्रियां और कटक, हिम लहरियाँ कहलाती हैं।

satellite **उपग्रह**

किसी स्थूल आकाशीय/खगोलीय पिण्ड के चारों ओर अपने परिक्रमा पथ पर घूमता हुआ गुरूत्व नियंत्रित प्राकृतिक अथवा कृत्रिम रखपिण्ड, उपग्रह कहलाता है।

saturated rock **संतृप्त शैल**

आग्नेय शैल जिनमें न तो क्वार्टज पाया जाता है और न फैल्सपेथाइड ही पाया जाता है, ऐसी शैलों को संतृप्त शैल कहा जाता है।

savannah **सवाना**

उष्णकटिबंधीय अमरीका में पाया जाने वाला वृक्षहीन मैदान सवाना कहलाता है।

savannah wood land **सवाना अरण्यभूमि**

एक उपवन समान अरण्यभूमि जिसमें वृक्षों के नीचे उगी वनस्पति मरूदि्भदी प्रकार की वनस्पति होती है, सवाना अरण्य भूमि कहलाती है।

scalded flat **झुलसा सपाट**

(i) एक नीचा मैदान जिसकी भूमि लवण से सिंचित रहती है, आस्ट्रेलिया में झुलसा सपाट कहलाती है।

(ii) मृदा विज्ञान में, विशेषकर लाल-भूरी मृदा जिसका A संस्तर नष्ट हो जाता है झुलसा सपाट मृदा कहलाती है।

scale **मापक/मापनी**

भमि की दूरी और मानचित्र पर उन्हीं स्थानों की दूरी के अनुपात को मापक कहा जाता है। मानचित्रों पर कई प्रकार से मापक दिखाया जाता है:

(i) प्रतिनिधि भिन्न (RF)—जैसे 1:25000 यह प्रदर्शित करता है कि मानचित्र पर एक सेंमी की दूरी भूमि पर 25,000 सेंमी के बराबर होगी।

(ii) साधारण मापक—साधारण मापक/मापनी में माप की किसी इकाई के दो भागों जैसे मील-फलीन्ग, गज-फीट तथा कि. मी. मीटर में दिखाया जाता है।

(iii) कर्णवत्मापक—साधारण मापनी में माप की किसी इकाई के दो भागों तक बता सकते हैं, जब इससे अधिक सूक्ष्म दूरी के नाप की आवश्यकता होती है तब कणवित मापक

बनाई जाती है। इस पर मीले, फर्लान्ग और गज तथा किलोमीटर-मीटर- डेकामीटर तक पढे जा सकते हैं।

(iv) तुलनात्मक मापक—जब एक ही उपलक्षक भाग पर माप की दो अथवा अधिक इकाइयों से साधारण मापनी बनाकर उनकी तुलना की जाती है, ऐसी मापनी तुलनात्मक मापनी कहलाती है।

(v) वर्नियर मापक—वर्नियर मापनी का अविष्कार सन् 1631 में फ्रांसीसी मानचित्रकार पेरी वर्नियर ने किया था इस मापनी पर सूक्ष्म दूरियाँ नापी जा सकती हैं। इस मापनी पर एक खिसकने वोली मापनी लगाई जाती है। यह एक प्रकार से दोहरी मापनी होती है।

scar **स्कार**

एक खडी चट्टान अथवा भृगु अथवा प्रवण ढाल अथवा शैलमय दृश्यांश स्कार कहलाती है।

scarp **कगार**

कम ऊंचाई वाले उठे हुए धरातल पर समाप्त होता खड़ा ढाल अथवा कभी कभी भृगु के समान उठा भाग कगार कहलाता है।

scarp-foot-spring **स्कार्प-फुट-स्प्रिंग (स्रोत)**

किसी कगार के आधार में स्थित स्रोत को स्कार्प फुट-स्प्रिंग कहा जाता है। इस प्रकार के स्रोत विशेषरूप से ऐसे स्थानों पर पाये जाते हैं जहाँ मृतिका पर चाक, चूने के पत्थर तथा बालू के पत्थर के जमाव पाये जाते हैं।

scarpland **कगार भूमि**

ऐसा प्रदेश जिसकी विशेषता, घाटियों से अलग की हुई अनेक समानान्तर और अवसमानान्तर कगारी कटक होती हैं।

schist **शिष्ट**

पत्रित रूपान्तरित शैल जिसमें विभिन्न प्रकार की खनिजों का एक दूसरी परत के समानान्तर पतली परतों में कृस्टलीकरण अथवा पुर्नकृस्टलीकरण होता है। ऐसी शैल जिनमें अभ्रक जैसी खनिजों के पाये जाने से शैल असमान पत्रों में अलग की जा सकती है।

sciophyte **साइफायटे**

ऐसे पौधे जो छायादार पर्यावरण में रहते हैं, साइफायटे (sciophyte) कहलाते हैं।

scoria **स्कोरिया/सुषिर लावा**

सूक्ष्मकणीय और राख के सदृश्य ज्वालामुखी शैल का ढेर जिसमें लावा में अवरूद्ध-भाप और गैसों के विस्तार से अनेक रन्ध्र बन जाते हैं। ऐसी ज्वालामुखी शैल अथवा धातुमल, सुषिर लावा कहलाता है।

scour **निघर्षण/अभिमार्जन**

किसी धारा अथवा जल प्रवाह द्वारा प्रभावी अपरदन कारी क्रिया का होना उदाहरणार्थ नदी के ज्वार के कारण मृतिका, रेत तथा हिमानी के तल में जमे गोलाश्मों को उनके स्थान से दूर कर देना निघर्षण/अभिमार्जन कहलाता है।

scour & fill **निघर्षण और भरण**

नदीय वाहिका द्वारा कटाव किये जाने और बाद में उसे भरे जाने की प्रक्रियाओं को निघर्षण और भरण कहा जाता है।

scree **शैल मलवा/स्क्री**

(i) कोणीय शैल मलवा स्क्री कहलाता है।

(ii) ऐसा ढाल जिस पर किसी भी आकार और सामान्यतः पाले द्वारा जनक शैल से निर्मित शैल मलवा, जो ढालू भृगु के पदीय भाग में पाया जाता है स्क्री (शैल मलवा) कहलाता है।

scrub **गुल्म/झाड़ी**

अनुपजाऊ अथवा अर्द्धशुष्क प्रदेशों अथवा अनावृत अवस्था में बोने, अवरूद्ध वृक्षों एवं झाडियों वाली 'मरूदभिदी वनस्पति को गुल्म/झाडी कहा जाता है। इस प्रकार की वनस्पति या तो प्राकृतिक चरमोत्कर्ष अथवा पादप अनुक्रम में अन्तर्वर्ती अवस्था का परिणाम होती है।

scrub forest **झाडी/गुल्म वन**

छोटे वृक्षों, अवरूद्ध वृक्षों अथवा झाडियों का वन, गुल्म वन कहलाता है।

sea **समुद्र**

सामान्यतः पृथ्वी तल पर खारे पानी के विस्तृत क्षेत्र को समुद्र कहा जाता है।

sea breeze **समुद्री पवन**

शाम के समय सागर की ओर से चलने वाली स्थानीय पवन, समुद्री पवन कहलाती है।

sea cliff **समुद्री भृगु**

समुद्री तटों के सहारे पाये जाने वाले अति प्रवण ढाल वाली भृगु को समुद्री भृगु कहा जाता है। इस प्रकार की समुद्री भृगु विश्व में सर्वव्यापी और लगभग 80 प्रतिशत सागरीय तटों पर पाई जाती हैं। समुद्री भृगु मुख्यतः तीन प्रकार की पाई जाती है (1) सक्रिय (2) निष्क्रिय तथा (3) पुरानी।

sea floor spreading **समुद्र अधस्थल विस्तारण**

समुद्री कटक अथवा प्लेट विवर्तनिकी को समुद्र अधस्थल विस्तारण कहा जाता है।

sea fret **समुद्री फ्रेट**

सागर की ओर से, स्थल की ओर बढने वाला एक खारा कुहासा, जो प्रायः वनस्पति के लिए हानि कारक होता है। इस प्रकार का समुद्री फ्रेट दक्षिण-पश्चिम इंग्लैण्ड में आते हैं।

sea level **समुद्र तल**

समुद्र के जल का माध्य उत्तोलन समुद्री तल कहलाता है। इस परिभाषा में दो आधारभूत समस्यायें हैं; प्रथम यह कि सागरतल समतल नहीं होता है और उसके जल पर पवन, तरंगे, ज्वारभाटा के अल्पकालिक प्रभाव पड़ते हैं, दूसरे किस समय का माध्य-मूल्य लिया जाना चाहिये।

sea mount **समुद्री टीला**

सागरतल से उठी एक एकाकी स्थलाकृति अथवा ज्वालामुखी चोटी जो सागरीय जल की सतह से नीचे रहती है समुद्री टीला कहलाता है।

sea shore **समुद्री तट**

एक सामान्य शब्दावली जो सागर के बिल्कुल निकट पाये जाने वाले तट के लिए प्रयुक्त की जाती है।

sea way **समुद्री मार्ग**

(i) सामान्यतः, खुले सागरों में जल यानों द्वारा उपयोग में लाया जांने वाला मार्ग समुद्री मार्ग कहलाता है।

(ii) एक बड़ी जहाजी नहर जिससे होकर जलयान सुगमता से आ-जा सकें समुद्री मार्ग कहलाता है। कनाड़ा की सेंट लारेंस जहाजी नगर इसका उत्तम उदाहरण है।

sea-weed **समुद्री शैवाल**

समुद्रों में पाये जाने वाले पौधे जिनमें लाल, भूरे, अथवा हरे रंग के शैवाल विशेषरूप से होते हैं, जिनमें से अनेक पौधे मानव उपयोग में लिए जाते हैं। जापान और चीन में समुद्री शैवाल का उपयोग भोजन में किया जाता है।

secondary consequent stream **उप-अनुवर्ती सरिता**

मूल अनुवर्ती सरिता के समानान्तर बहने वाली परवर्ती सरिता की सहायक नदी, जो यद्यपि परवर्ती सरिता के बनने के पश्चात् उत्पन्न होती है, उप-अनुवर्ती सरिता कहलाती है।

secondary depression **उप-अबदाब**

मौसम विज्ञान में प्राथमिक अबदाब (depression) से सम्बद्ध निम्न वायुदाब का अपेक्षतः छोटा क्षेत्र उप अबदाब कहलाता है।

secondary industry **गौण उद्योग**

प्राथमिक/प्रधान उद्योगों द्वारा उपलब्ध कराये गये पदार्थों का जो उद्योग मनुष्यों के सीधे

उपयोग के लिए परिवर्तित करता है उन उद्योगों को गौण उद्योग कहा जाता है, इस प्रकार के उद्योग भारी, हल्के अथवा मूलभूत उद्योग हो सकते हैं।

secondary mineral **द्वितीयक खनिज**

मूल खनिजों के टूटने अथवा रासायनिक परिवर्तन के परिणाम स्वरूप शैल में पाये जाने वाले खनिज द्वितीयक खनिज कहलाते हैं।

secondary sector **द्वितीयक सेक्टर (खंड)**

अर्थव्यवस्था का वह खण्ड जिसमें प्राथमिक संसाधनों का उपयोगी वस्तुओं में संसाधन किया जाता है। द्वितीयक सेक्टर कहलाता है।

secondary soil **अनूढ मृदा/गौण/वाहित मृदा**

(i) ठोस शैलों के सड़ाव (क्षय) और वियोजन से बनी मृदा, जो उन्हीं शैलों पर पाई जाती हैं। अमूढ मृदा/गौण/वाहित मृदा कहलाती है।

(ii) अवशिष्ट मृदा के विपरीत वाहित पदार्थों से बनी मृदा अथवा वाहित मृदा को गौण/वाहित मृदा कहा जाता है।

secondary urbanization **द्वितीयक नगरीकरण**

वह नगरीकरण जो उस देश से बाहरी शक्तियों का परिणाम होता है। उदाहरण के लिए अफ्रीका के अनेक नगरों की स्थापना यूरोप से आये व्यक्तियों ने की थी।

secondary wave **गौण तरंग**

भूकम्प की द्वितीयक अथवा कम्पायमान तरंग को गौण तरंग अथवा द्वितीयक तरंग कहा जाता है। यह तरंग, जल तरंग अथवा प्रकाश तरंग के समान होती है; जिनमें कणों की गति लहर की दिशा के समकोण पर होती है। इस प्रकार की तरंग अत्यधिक गहराई तक प्रवेश कर जाती है।

secular variation **दीर्घकालिक विचरण**

लम्बे समय तक पृथ्वी के चुंबकीय क्षेत्र के गुणों में परिवर्तन को दीर्घ कालिक विचरण कहा जाता है।

sedentary **अनूढ/स्थान बद्ध**

(i) एक स्थान पर स्थापित अथवा अगतिशील को स्थानबद्ध/अनूढ कहा जाता है।

(ii) स्थिर अथवा गतिहीन जैसाकि स्थानबद्ध कृषि में जहाँ कृषक और कृषिफार्म स्थायी निर्धारित रहते हैं।

sedentary agriculture **स्थान बद्ध कृषि**

एक ही स्थान पर बसे कृषकों द्वारा की जाने वाली कृषि को स्थानबद्ध कृषि कहा जाता है।

sedentary soil **स्थानबद्ध मृदा**

ऐसी मृदा जो उसी स्थान पर निम्नशायी शैल से बनी रेगोलिथ से निर्मित होती है, स्थानबद्ध मृदा कहलाती है।

sedentism **स्थानबद्ध वाद**

निश्चित आवासीय प्रतिरूप को स्थानबद्धवाद कहा जाता है।

sediment **अवसाद्**

वह पदार्थ जो उसके अधिक घनत्व के कारण गुरूत्व द्वारा सहज ही शान्त तरल पदार्थ नदी, हिमानी, लहरों और पवन के तल में निमग्न हो जाता है और उसके साथ औपचारिक रूप से मिल जाता है अवसाद/तलछट कहलाता है।

sedimentary cycle **अवसादी चक्र**

कुछ तत्व जैसे कि केल्शियम, गंधक, फासफोरस और मैग्नेशियम गैस के रूप में उपस्थित नहीं होते हैं उनका परिसंचरण अवसादी चक्र में होता है।

sedimentary rocks **अवसादी शैलें**

ऐसी शैल जो पूर्व में शैलों अथवा जैव मलवे से निर्मित होती है तथा जो परतों में जमा होती जाती है, कुछ अवस्थाओं में यह जीवांशों के साथ संगठित रहती है, किन्तु कुछ अवसादी शैलें असंगठित भी पाई जाती हैं।

sedimentation **अवसादन**

(i) अवसाद के रूप में जमाव की प्रक्रिया अथवा क्रिया अवसादन कहलाता है।

(ii) बारीक ठोस कणों का गुरूत्व के प्रभाव से नीचे की ओर गतिशील होकर जमाव अवसादन कहलाता है।

sedimentology **अवसादिकी/अवसाद विज्ञान**

अवसाद विज्ञान में अवसाद और अवसादी शैलों का अध्ययन किया जाता है।

seeding of cloud **बीजायन/बीजन**

वायुयान द्वारा रासायनिक पदार्थों (ठोस कार्बन-डाई-ऑक्साईड, सिल्वर आयोडीन) का मेघों पर संघनन प्रेरित करने के लिए मेघों पर गिराया जाना बीजायन/बीजन कहलाता है।

seepage **अवस्राव/अवस्रवण**

किसी सरन्ध्र से तरल पदार्थ का रिसना अथवा अत्यधिक धीमा अन्तः स्रवण्, अवस्राव/अवस्रवण कहलाता है।

segmented economy **विखंडित अर्थ व्यवस्था**

ऐसी अर्थव्यवस्था जिसमें विभिन्न प्रकार की फर्म, जिनका आकार बहुराष्ट्रीय कॉरपोरेशन से

छोटे पिछले दरवाजे के कारखाने तक होता है विखंडित अर्थव्यवस्था कही जाती है।

seif **टिब्बा**

रेत का अति प्रवण पाश्र्वीकटक ढेर, जो कई किलोमीटर लम्बा और सनातन पवन के समानान्तर होता है।

seismic **भूकम्पी**

पृथ्वी के आन्तरिक भाग के गतिशील होने पर उत्पन्न होने वाला कम्पन, अर्थात भूकम्प।

seismic event **भूकम्पी घटना**

एक अल्पआयु घटना जो भूकंपी तरंगों को उत्पन्न करने में शक्ति प्रदान करने का कार्य करती है, उदाहरण के लिए ज्वालामुखी अथवा भूकम्प।

seismic focus **भूकम्पीउद्‌गम केन्द्र**

जिस निश्चित स्थान से भूकम्प की तरंगें आरम्भ होती हैं वह केन्द्र भूकम्पीउद्‌गम केन्द्र अथवा अवकेन्द्र (hypocenter) कहलाता है।

seismology **भुकम्प विज्ञान**

भुकम्पों विज्ञान, ग्रहों और प्राकृतिक उपग्रहों में होने वाली तनाव तरंगों के प्रसारण का विज्ञान है।तनाव तरंगें पृथ्वी के आन्तरिक भाग में किसी उद्‌गम स्थान से उत्पत्र होती हैं जिन्हें भूकम्प मापी यंत्र के द्वारा धरातल पर अंकित किया जाता है। इन तरंगों के विश्लेषण से अधः स्तल (sub surface) संरचना तथा उद्‌गम के रचना तंत्र का पता चलता है।

भूकम्प विज्ञान का प्रारम्भ लगभग 1880 में भूकम्प मापी यंत्र के विकास से आरम्भ माना जाता है, इस यंत्र के द्वारा भूकम्प के विभित्र पक्षों का परिमाणात्मक मापन संभव हो सका है।

गहराई के आधार पर भूकम्पों के निम्न तीन प्रकार पाये जाते हैं:—

(i) उथला केन्द्र भूकम्प (shallow focus earth quake)—जब भूकम्प का उद्‌गम केन्द्र 60 किमी. की गहराई तक स्थित होता है।

(ii) अन्तस्थ केन्द्र भूकम्प (Intermediate focus earth quake)—इस भूकम्प का उद्‌गम केन्द्र धरातल से 60 से 300 किमी. नीचे स्थित होता है।

(iii) नितल केन्द्र भूकम्प (deep focus earth quake)—इस भूकम्प का केन्द्र धरातल से 300 से 700 किमी. नीचे स्थित होता है।

अधिकांश भूकम्प उथले केन्द्र के होते हैं।

seismograph **भुकम्प लेखी**

एक प्रकार का वैज्ञानिक यंत्र जिसका उपयोग भूकम्प की अवधि, परिमाण और दिशा ज्ञात करने के लिए किया जाता है। इस यंत्र का अविष्कार 1880 में किया गया था।

selva **सेल्वा**

मूलरूप से अमेजन बेसिन के सदाबहार वनों को सेल्वा कहा जाता था किन्तु अब सभी सदाबहार वनों को सेल्वा की संज्ञा दी जाती है।

sensible temperature **संवेदी तापक्रम**

शुष्क बल्ब तापमापी यंत्र द्वारा अंकित किये जाने वाले तापक्रम के स्थान पर मानव द्वारा अनुभव किया जाने वाला तापक्रम संवेदी तापक्रम कहलाता है। संवेदी तापक्रम वायुमण्डलीय आर्द्रता और पवन वेग से अत्यधिक प्रभावित होता है। यदि आर्द्रता अधिक होती है तब तापक्रम अधिक रहता है; इसके विपरीत जब ठण्डी वायु अधिक आर्द्र होती है तब वह ठंडक और कठोर (raw) का प्रभाव देती है।

semi-arid climate **अर्ध-शुष्क जलवायु**

सवाना और वास्तविक उष्ण मरूस्थल के बीच का संक्रमण क्षेत्र अथवा उष्ण मरूस्थल और भूमध्य सागरीय जलवायु प्रदेश के बीच का क्षेत्र जिसमें मरूद्भिदी पौधों के कहीं कहीं क्षेत्र पाये जाते हैं।

senile river **जीर्ण नदी**

अपरदन चक्र में नदीक्रम की वृद्धावस्था अर्थात जब सभी ढाल घिस जाते हैं और अपघटित पदार्थों जमावों द्वारा धरातल की असमानताएं समाप्त हो जाती हैं, इस प्रकार पानी के निकास के अभाव में बाढ मैदान दलदल बन जाता है इस प्रकार पूर्ण रूप से बने समप्राय मैदान पर नदी रूकी रहती है, इस प्रकार की नदी को जीर्ण नदी कहा जाता है।

separatism **पृथक्तावाद**

किसी विशेष नृजातीय समूह प्रायः अल्पसंख्यक समूह का प्रभुता सम्पन्न राष्ट्र की स्थापना करना पृथक्कतावाद कहलाता है।

sere **क्रमक**

एक विशेष स्थान पर अनुक्रम की प्रक्रिया के परिणाम स्वरूप पादप समुदाय की परिवर्धित श्रेणी क्रमक कहलाता है।

serir **सेरिर**

एक ऐसा मरूस्थलीय क्षेत्र जिस पर कंकडों की चादर पाई जाती है।

serpentine **सर्पगतिक**

खनिजों का ऐसा समूह जिसमें सामान्य रूप से $Mg_3Si_2O_5(OH)_4$ संगठित हों।

service centre **सेवा केन्द्र**

केन्द्रीय स्थान के लिए पर्यायवाची शब्द।

services **सेवाएं**

किसी वेतनभोगी अथवा व्यावसायिक व्यक्ति की प्रदत्त क्रियाओं का फल। सेवा कहलाता हैं।

settlement **बस्ती/उपनिवेश**

(i) एक से अधिक घरों वाला मानव बसाब का कोई भी रूप बस्ती कहलाती है।

(ii) किसी कम बसे अथवा जनशून्य क्षेत्र को आप्रवासियों द्वारा बसाया जाना उपनिवेश कहलाता है।

seven seas **सप्त सागर**

भूपटल पर पाये जाने वाले सात प्रमुख महासागर; यथा आर्कटिक, अण्टार्कटिक, उत्तरी तथा दक्षिणी प्रशान्त, उत्तर तथा दक्षिणी अन्धमहासागर तथा हिन्द महासागर को सप्त सागर कहा जाता है।

shade temperature **छायाताप**

तापमापी पर दिखाया जाने वाला तापमान सूर्य किरणों और निकट के पदार्थों (पृथ्वी तल, वर्षा और तेज वायु) से सुरक्षित प्राप्त किया जाता है, इसी कारण इसे स्टीवेन्सन स्क्रीन में रखा जाता है। जलवायु के आंकडों में जब तक कि यह उल्लखित नहीं होता कि यह सूर्य ताप खुले वातावरण का है तब तक, यह प्रायः छाया का तापमान ही होता है।

shaduf **शादुफ**

नदी अथवा उथले कुएं से सिंचाई के लिए हाथों से जल निकालने की प्रक्रिया/ इस प्रकार की सिंचाई मिश्र तथा अफ्रीका के उत्तरी देशों में की जाती है।

shale **स्लेटी पत्थर**

यह एक बारीक कणीय अवसादी शैल होती है। इसका निर्माण मृतिका परत के उपरिशायी शैल के भार से इसकी संरचना परतदार होती है और सरलता से संस्तरण तल के सहारे इसकी परतों को अलग किया जा सकता है।

shale oil **शेल-तेल**

बिटुमिनस शेल से आसवित (distilled) तेल, शेल तेल कहलाता है।

shallow **उथला**

सागर, झील अथवा नदी में कम गहराई का जलक्षेत्र उथला कहा जाता है।

shanty town **क्षुद्र नगर**

आबादी कारों द्वारा घटिया आवासीय भवनों वाला क्षुद्र नगर कहलाता है। इस प्रकार के नगर प्रायः तीसरे विश्व के देशों में पाये जाते हैं।

sharp sand **तीक्ष्ण रेणु**

गोलाकार कणों वाली रेत के विपरीत कोणिक कणों वाली रेत को तीक्ष्ण रेणु कहा जाता है।

share cropping **साझा खेती**

यह एक प्रकार की कृषि होती है जिसमें खेत का मालिक काश्ताकार किसान (किरायेदार) को बीज और खाद उपलब्ध कराता है और बदले में उपज का कुछ प्रतिशत प्राप्त करता है। इस प्रकार की कृषि साझा खेती कहलाती है। इस प्रकार की कृषि प्रायः तीसरे विश्व के देशों में की जाती है।

shatter belt **शीर्ण मेखला**

भूपृष्ठ का हलचल का क्षेत्र जहाँ शैल कोणीय टुकड़ों में टुटी हुई होती है, अर्थात् भ्रंश संकोणाश्म में होती है। यह उस क्षेत्र में होता है जहाँ भ्रंश जर्जरित और विस्तीर्ण होने से भूपृष्ठ में एक दुर्बल रेखा विकसित हो जाती है, इसलिए इसके सहारे अपक्षय और अपरदन को बढावा मिलता है।

shattering **भंजन**

भौतिक अपक्षय का एक प्रकार जिसमें कठोर यांत्रिक प्रतिबल शैल में नवीन भ्रंशन उत्पन्न करता है।

shearing **अपरूपण**

भूगर्भशास्त्र में कभी-कभी अपघर्षण और अपक्षण के द्वारा किसी शैल का भ्रंश के निकट नमन और घुमाव शैल का अपरूपण कहलाता है।

sheet erosion **परत अपरदन**

एक प्रकार का अपरदन जिसमें धरातलीय समस्त ढाल प्रभावित होता है। धरातल पर से मृदा र्का तह का अपरदनकारी शक्तियों द्वारा अपरदन होता है। परत-अपरदन पर प्रभाव डालने वाले तत्व (1) वर्षा की बूंदें (पात अपरदन) (2) वर्षा द्वारा धरातलीय परत का बह जाना तथा (3) अधः स्तल प्रवाह द्वारा बारीक कणों का बहना।

sheeting **आस्तरी विभाजन**

प्रायः अपशल्कन प्रक्रियाओं से सम्बन्धित दाब की कमी द्वारा शैलों के विभंजन और विखण्डन से सम्बद्ध अपक्षय का एक प्रकार।

sheet metel **चादरी-धातु**

धातु को चपटी कर उसकी पतली परत में बदला जाता है, ऐसी धातु चादरी धातु कही जाती है।

shelf **निमग्न तट**

समुद्री तट और गहरे सागर के ढाल के बीच का भाग निमग्न तट कहलाता है।

shell sand **कवची रेणु**

पुलिन, समुद्री तटों पर पाई जाने वाली रेत जिसमें विखण्डित सीपी के टुकडे पाये जाते हैं, इस कारण यह अत्यधिक चूनेदार (कलकेरियस) होती है।

shield **शील्ड**

पूर्व केम्ब्रियन काल की प्राचीन शैलों के बडे स्थूल खंड जो अधिकांश भौगोलिक काल में दृढ़ और स्थिर रहे हैं। इनसे अनेक महाद्वीपों के भाग बने हुए हैं इसका उदाहरण लारेशिंयन शील्ड है।

shield volcano **गुम्बदी ज्वालामुखी**

बडे आधारीय अर्धव्यास और बहुत हल्के ढाल वाला बेसिक लावा से बना ज्वालामुखी शंकु गुम्बदी ज्वालामुखी कहलाता है। मोना लोआ इस प्रकार के ज्वालामुखी का उत्तम उदाहरण है।

shillow **शिलो**

ग्रेनाइट ढाल के शैल मलवे के समान चूना प्रस्तर आधार शैल पर अबद्ध टुकडे, शिलो कहलाते हैं।

shingle **समुद्री कंकड़**

सागरीय पुलिन बनाने वाला पत्थरों का ढेर जो कम अधिक अंशों में संघर्षण की क्रिया से गोल हो जाते हैं।

ship canal **जहाजी नहर**

एक कृत्रिम जलमार्ग, इतना बड़ा कि उसमें से समुद्री जलयान आ-जा सकें जैसे कि स्वेज नहर, पनामा नहर आदि।

shoal **शोल**

(i) झील अथवा सागर में छिछला जल क्षेत्र।

(ii) रेत का किनारा जो झील अथवा पठार के तल के ठीक निचे स्थित होता है।

shore **समुद्री तट**

सागर से आसन्न लगा भूमि का क्षेत्र समुद्री तट कहलाता है।

shott **लवण झील**

उत्तरी अफ्रीका (टयूनिशिया एवं अल्जीरिया) में पाई जाने वाली खारे पानी की झील जो वर्ष के अधिकांश भाग में शुष्क रहती है और केवल शीत ऋतु में ही इनमें जल उपलब्ध रहता है लवण झील कहलाती है।

shoulder **स्कन्ध**

पर्वतीय भाग पर गोलाकार सीधी उठी हुई पर्वत स्कन्ध (कंटक) स्कन्ध कहलाती है।

sial **सियाल**

भूपृष्ठ की सबसे ऊपर की परत जो सिलिका और अल्यूमिनियम से बनी होने के कारण इसे सियाल (SIAL) कहा जाता है। इसकी शैलों का घनत्व 2.6 से 2.7 होता है। इस का अधिकांश विस्तार महाद्वीपों के नीचे पाया जाता है।

siberian high **साईबेरियाई उच्च**

शीत ऋतु में मध्य एशिया पर स्थित चिरस्थायी प्रति चक्रवात को साइबेरियाई उच्च कहा जाता है।

sieve map **छन्नी मानचित्र**

किसी पारदर्शी सामग्री पर बनाये गये मानचित्र पर किसी पदार्थ/तत्व का वितरण दिखाया जाना छन्नी मानचित्र कहलाता है।

silege **साइलो-संरक्षण**

साइलो में संरक्षित हराचारा जिसे आवश्यकतानुसार निकाल कर पशुओं को खिलाया जाता है, साइलो-संरक्षण कहलाता है।

silica **सिलिका**

सिलिकान डाई-आक्साइड़ से संघटित खनिज जैसे कि क्वार्टज।

silent trade **शांत व्यापार**

यह एक प्रकार की विनिमय पद्धति है जिसमें खरीदने और बेचने वालों का एक दूसरे से आमना सामना नहीं होता है, इस प्रकार का व्यापार शांत व्यापार कहलाता है। शांत व्यापार कांगो के पिग्मी अपने पडौसी देश बन्टू लोगों से करते हैं, उनमें कभी भी आमना सामना नहीं हो पाता है।

silieate magma **सिलिकेट मैगमा**

ऐसा मैगमा जिससे सिलकेट खनिज बनाया जाता है। सिलेकेट मैगमा कहलाता है।

silken side **चिकना पाश्र्व**

भ्रंशन द्वारा रगड जाने से निर्मित परिमार्जित अथवा रगडी हुई शैल तत्व को चिकन चिकना पार्श्व कहा जाता है।

sill **सिल**

अवसादी अथवा ज्वालामुखी रचना की सपाट परत में आग्नेय शैल का अन्तर्वेध सिल कहलाती है।

silt **गाद**

मृतिका के कणों से कुछ बड़े किन्तु बारीक रेत के कणों से बारीक खनिज कणों, जिनका व्यास 0.002 से 0.06 मिमी. होता है से निर्मित गाद कहलाती है।

sima **सिमा**

भूपृष्ठ में सियाल के नीचे स्थित परत को सिमा कहा जाता है। इस परत में सिलिका और मैग्नेशियम की अधिकता के कारण इसे सिमा (SIMA) कहा जाता है। सागरीय तल का अधिकांश भाग इसी सिमा से बना है। सिमा की शैलों का घनत्व 2.9 से 3.3 है।

sink hole **विलयन रन्ध्र**

चूने के पत्थर अथवा चाक के धरातल में बने रन्ध्र को विलयन रन्ध्र कहा जाता है, जिसके द्वारा जलधारा शैल के भीतरी भाग में प्रवेश करती है। विलयन रन्ध्र का निर्माण सांद्रित घोल का परिणाम होता है जो मुख्यतः दो प्रकार से होता है:— (1) जहाँ शैल भ्रंश अथवा प्रधान संधि के द्वारा कमजोर हो जाती है अथवा (2) चूने के पस्तर और अपारगम्य शैल जैसे मृतिका, उसके ऊपर से नदी बह सके के बीच की संधि से जल भीतर जाता है और विलयन रन्ध्र का निर्माण होता है।विलयन रन्ध्र को विलय रन्ध्र (swallow) भी कहा जाता है। कभी कभी विलयन रन्ध्र को डॉलाइन का पर्यायवाची भी माना जाता है।

sinking creek **धंसती निवेशिका**

कार्स्ट भूमि की ऊपरी सतह पर घोल छिद्रों की संख्या इतनी अधिक होती है कि समूचि सतह एक छलनी सी दिखाई देती है। जिसके छिद्र कीप के समान कार्य करते हैं, इन छिद्रों से होकर नदी का जल नीचे चला जाता है और इस जल से ऊपरी भाग धंसता रहता है, अतः इसे धंसती निवेशिका कहते हैं।

sinter **निसाद**

गीजर के चारों ओर सिलिका का रासायनिक पदार्थ, जो पूर्व में घोल के रूप में था जमाव निसाद कहलाता है।

site **स्थल/स्थान**

नगरीय भूगोल में किसी बस्ती के निर्मित क्षेत्र से घिरे भाग को स्थल/स्थान की संज्ञा दी जाती है। उस बस्ती की ॰ौतिक अवस्थाएं जैसे नगर भाग की सीध, जल प्रवाह प्रणाली, ढाल आदि उस स्थल के गठन में महती भूमिका निभाते हैं।

situation **अवस्थिति**

किसी बस्ती का, उसके विस्तृत वातावरण के संदर्भ में स्थिति को उस बस्ती की अवस्थिति कही जाती है।

skerry guard **स्केरी (समुद्री चट्टान) गार्ड**
स्केरीज (समुद्री चट्टान) की रेखा और मुख्य भूमि के बीच शांतजल, स्वंय स्केरीज की रेखा के लिए इस शब्द का उपयोग नहीं किया जाना चाहिए।

slach **स्लैक**
तटीय रेत के अथवा मृतिका के टीले के क्षेत्र में धंसाव अथवा गड्ढ़ा (खंड्डु) स्लैक कहलाता है।

slate **स्लेट**
पृथ्वी की हलचल में दबाब द्वारा शेल अथवा पंकाश्म से बनी सूक्ष्म कणिक परतबन्दी गहरे भूरे रंग की रूपान्तरित शैल, स्लेट कहलाती है।

sleet **सहिम वर्षा**
पिघले हिम अथवा वर्षा और हिम की मिश्रित वर्षा को सहिम वर्षा कहा जाता है।

sleve map **स्लीव मानचित्र**
पारदर्शक सामग्री पर खींची मानचित्रों की एक श्रृंखला, जिसमें प्रत्येक मानचित्र पर चुने हुए घटक को प्रदर्शित किया जाता है स्लीव मानचित्र कहलाते हैं।

slide **सरकना/सर्पण भूस्खलन**
गुरूत्व के प्रभाव में गतिशील ढेर के द्वारा बनी भूआकृतियाँ।

slip **सर्पण**
भूस्खलन अथवा पंक स्खलन का होना सर्पण कहलाता है। एक भ्रंश भी सर्पण की क्रिया का परिणाम होता है।

slip face **सर्पण पार्श्व**
कुछ रेत के टिब्बों के खडे ढाल के भाग के नीचे की ओर जहाँ अधिक प्रवणता के कारण रेत नीचे की ओर अधिक प्रपाती होती है और उसका अधिकांश भाग वर्षण कोण पर पड़ा रहता है।

slip off slope **स्कन्ध ढाल**
विसर्प के आन्तरिक किनारे पर अपेक्षाकृत मन्द ढाल को स्कन्ध ढाल कहा जाता है। यह एक विसर्पी रोधिका निक्षेप का एक स्थल होता है।

slope **ढाल**
भगर्भशास्त्र में भूपृष्ठ का समुन्द्र तल से ऊपर अथवा नीचे कोई तिरछा तल ढाल कहलाता है। ढाल अध्ययन प्रायः पहाड़ी ढाल का संकेत देता है।

slum **गन्दी बस्ती**

घटिया भीड़-भाड़ और बहुल अधिभोक्ता वाली बस्ती जिसमें घटिया विद्यालय, सफाई की अपर्याप्त व्यवस्था होती है तथा स्थानीय दुकानों पर अपेक्षतः अधिक मूल्य पर घटिया माल मिलता है। गन्दी बस्ती के निवासी नशीली दवाओं का सेवन, शराब का उपयोग तथा आपस में झगडते रहते हैं। इस प्रकार की गन्दी बस्तिया प्रायः महानगरों के आसपास पाई जाती हैं।

slurry **कर्दम/पिच्छिल**

अत्यधिक गीली गतिशील पंक को कर्दम/पिच्छिल कहा जाता है।

smog **धूम कुहरा**

इस शब्द की उत्पत्ति धुएं और कोहरे से 1905 में हुई, मूलरूप से धुएं और काहरे के मिश्रण के लिए इस शब्द का उपयोग किया जाता था किन्तु सर्वप्रथम 1911 में हेराल्ड एन्टोनी डेस वायक्स ने इसको प्रदूषण के रूप में प्रयोग किया। वर्तमान में किसी भी प्रदूषित वायु के लिए इस शब्द को प्रयुक्त किया जाता है। वाष्पित गैसोलिन से निकले हाइड्रो कार्बन से फोटो केमिकल धुएं कोहरे की उत्पत्ति होती है। धुँआ कोहरा प्रायः दहन इंजन और जलवाष्प से बनता है जो वायु में उड़ कर स्वास्थ्य को हानि पहुँचाता है। यह प्रायः औद्योगिक प्रतिष्ठानों के निकट धुएँ के साथ उडकर वायु को प्रदूषित करते हैं।

snow line **हिम रेखा**

स्थायी हिम की निचली सीमारेखा, अर्थात जिस रेखा तक सदैव हिम जमाव रहता है, हिम रेखा कहलाती है। उष्ण कटिबन्ध में यह रेखा 5000 से 7000 मीटर पाई जाती है किन्तु ध्रुवों की ओर इस रेखा की ऊँचाई कम होती जाती है, यहाँ तक कि आर्कटिक सागर में यह सागरतल तक पाई जाती है।

snowpatch **हिम चप्पा**

पूरी ग्रीष्म ऋतु में बना रहने वाला हिम का पृथक क्षेत्र जो नेवेशन (नेवे (फर्न) और हिम द्वारा शैल के निर्माण में उत्पन्न प्रभाव) के साथ सम्बन्धित प्रक्रियाओं को प्रर्वर्तित करता है, हिमचप्पा कहलाता है।

social cleavage **सामाजिक विभेदन**

समाज का विभिन्न समूहों में स्थानिक विभाजन सामाजिक विभेदन कहलाता है।

social geography **सामाजिक भूगोल**

भूगोल में सामाजिक भूगोल से तात्पर्य सामाजिक तथ्यों के विश्लेषण से है। यद्यपि सामाजिक तथ्यों को अनेक प्रकार से व्याख्या की जाती है किन्तु भूगोल में सामाजिक तथ्यों के अन्तर्गत मानव का पर्यावरण के साथ अन्तर्क्रिया के समस्त व्यवहारों को सम्मिलित किया जाता है।

sociophyte **सोशियोफायटे**

ऐसे पौधे जो छायादार पर्यावरण में रहते और विकसित होते हैं सोशियों फायटे पौधे कहलाते हैं।

soil **मृदा**

जैवीय पदार्थ के मिश्रण से युक्त सूक्ष्म शैल विभाजित पदार्थ जो वनस्पति को सम्हाले रखती हैं, मृदा कहलाती है। मृदा एक स्वतंत्र अद्वितीय आकारिकी प्राकृतिक वस्तु है जिसका निर्माण जलवायु, जैव पदार्थ, पशुओं, जनक शैल पदार्थ, उच्चावच, भौमजल और समय (काल) के विशिष्ट सम्मिश्रण का परिणाम होता है। स्थल के अधिकांश भाग पर मृदा का आवरण पाया जाता है।

soil profile **मृदा परिच्छेदिका/मृदा का ऊर्ध्वाधर खण्ड**

पृथ्वी की ऊपरी परत से नीचे की ओर मृदा का ऊर्ध्वाधर खण्ड जिससे कि मृदा की परतों के अनुक्रम का जनक सामग्री तक पता चलता है।

soil horizon **मृदा स्तर**

धरातल के स्थूल रूप से समानान्तर पेडन (मृदा का एक छोटा भाग) विविध परतों का प्रदर्शन करता है, इन परतों को मृदा संस्तर कहा जाता है। मृदा परतों की O A E B और C संस्तरों में पहचान की गई है।

soil moisture **मृदा आर्द्रता**

मृदा केशिकीय छिद्रों में आर्द्रता रहती है। मृदा में जल का शेष रहना मृदा आर्द्रता बजट कहलाता है। यह वर्षण, वाष्पीकरण प्रस्वेदन का सम्मिलित प्रभाव होता है।

soil structure **मृदा संरचना**

जिस प्रकार से मृदाकण आपस में जुड़े रहते हैं, उनके बडे टुकड़ों को गद्दी (pads) कहा जाता है, खंड्डी (blocky) संरचना दोमट मिट्टी का विकास मृतिका में होता है।

soil texture **मृदा गठन**

रेत, गाद और मृतिका के उपस्थित अनुपात के अनुसार मृदा का बना होना मृदा गठन कहलाता है। मृदाओं में 12 विभिन्न प्रकार के संरचना प्रकारों की पहचान की गई है।

solar constant **सौर उष्मांक**

जब पृथ्वी सूर्य से औसत दूरी पर होती है, पृथ्वी द्वारा एक ऐसे तल पर जो सूर्य की किरणों से लम्बवत सूर्यतप की मात्रा को सौर ऊष्मांक कहते हैं।

solar corona **सूर्य प्रभामंडल**

सूर्य के वायुमंडल का बाह्यतम विस्तार सूर्य प्रभामंडल कहलाता है, जो सामान्यतः पूर्ण सूर्य ग्रहण के समय ही देखा जा सकता है। यह प्रभा मंडल रौस से बना होता है।

solar system **सौर मण्डल**

सौर मण्डल का केन्द्र सूर्य है, जिसके चारों ओर अन्य ग्रह घूमते रहते हैं। सौर मण्डल में 9 ग्रह बुद्ध, शुक्र, पृथ्वी, मंगल, बृहस्पति, शनि, वरूण, अरूण तथा यम तथा इन ग्रहों के 63 उपग्रह (चन्द्रमा) हैं। यह सभी सूर्य के चारों ओर धूमते रहते हैं। इन ग्रहों और उपग्रह के अतिरिक्त अवानरिग्रह उल्का और धूमकेतु भी सौर मण्डल के सदस्य हैं।

sole marks **तली त्रिन्ह**

कोमल अवसादों के ऊपर पाये जाने वाले बलुआ पत्थर और पांशु प्रस्तर से बनी अवसादी संरचना तली चिन्ह कहलाती है।

solfatara **गैसमौची ज्वालामुखी**

ऐसा निकासमुख जिससे ज्वालामुखी गैस और वाष्प बाहर निकलती है, गैस मौची ज्वालामुखी कहा जाता है।कुछ विद्वानों द्वारा यह शब्द केवल उन्ही निकास मुखों के लिए सिमित किया जाता है जिनसे केवल वाष्प ही निकलती है।

solid geology **यथार्थ भूविज्ञान**

अधःशायी हिमनदीय तथा अन्य पृष्ठीय जमावों से बनी शैलों का भू-विज्ञान, यथार्थ भू-विज्ञान कहलाता है।

solonetz **सोलोनेज**

पूर्व की लवणयुक्त अन्तर क्षेत्रीय मृदा जिसमें नियतकालिक वर्षा द्वारा धरातल से लवण का विक्षालन होकर B संस्तर में संचयन हो जाता है, ऐसी मृदायें सोलोनेज कहलाती हैं।

solum **सोलम/संमृदा**

पेड़न (मृदा का एक छोटा भाग) में एक वास्तत्विक मृदा पार्श्व दृश्य जिसमें AB संस्तरों का मिश्रण पाया जाता है सोलम/संमृदा कहलाती है।

solute **विलेय**

ठोस अथवा गैसीय पदार्थ जो घोल बनने के लिए विलायक (rolvent) में घुल जाता है, विलेय कहा जाता है।

sororate **पत्नि भगिनी/साली विवाह**

विवाह की इस प्रथा के अनुसार एक व्यक्ति अपनी पत्नी की छोटी बहनों या उनमें से किसी एक के साथ पत्नी के जीवित रहते ही अथवा मृत्यु के उपरान्त अतिरिक्त पत्नी के रूप में विवाह कर लेता है, इस प्रकार का विवाह पत्नि भगिनी/साली विवाह कहलाता है।

south easter **दक्षिण-पूर्वी**

प्रेक्षक के दक्षिण-पूर्व से आने वाली प्रभावशाली पवन अथवा झंझावत, दक्षिण-पूर्वी पवन कहलाती है।

south east trade **दक्षिण-पूर्वी व्यापारिक (पवन)**

दक्षिणी-गोलार्द्ध में चलने वाली व्यापारिक पवनें।

southerly-burster **दक्षिणी बर्स्टर**

आस्ट्रेलिया और न्यूजीलैण्ड में बसंत और ग्रीष्म ऋतु में दक्षिण् से चलने वाली प्रभावशाली शुष्क ठंडी हवा दक्षिणी बर्स्टर कहलाती है।

sovkhoz **सोवखोज**

पूर्व सोवियत संघ के सामान्य बडे पैमाने के राजकीय फार्म, सोवखोज कहलाते थे।

spatial **स्थानिक**

स्थान से सम्बन्धित स्थानिक कहा जाता है।

species **वर्ग/जाति**

(i) जीव-विज्ञान में वर्गीकरण की सबसे छोटी इकाई, जिस समूह के सदस्यों में अधिकतम समानताएं होती हैं और जो आपस में प्रजनन कर सकते हैं, ऐसे समूह को एक वर्ग कहा जाता है।

(ii) जीवों की संकरण जनसंख्या जो प्रजनक दृष्टि से उसी प्रकार के अन्य समूहों से पृथक होती हैं जाति कहलाती है।

sphenochasm **स्फीनोचाश्म**

दो महाद्वीपीय क्षेत्रों के बीच की समुद्री सतह का त्रिभुजीय ब्लाक स्फीनोचाश्म कहलाता है।

spit **भूजिव्हा**

रेत अथवा समुद्री कंकडों का लम्बाई में जमाव जिसका एक सिरा तट से तथा दूसरा समुद्र में रहता है भू-जिव्हा कहलाती है।

spodosol **स्पोडोसोल**

मृदा वर्गीकरण का एक वर्ग जो उत्तरी कोणधारी वनों की शीत और आर्द्र वन वाली जलवायु में विकसित होती हैं, स्पोडोसोल मृदा कहलाती है।

spring tide **वृहत ज्वार**

सामान्य ज्वार की अपेक्षा अधिक परिमाण के ज्वार को वृहत ज्वार कहा जाता है, यह ज्वार अन्य ज्वारों की अपेक्षा अधिक ऊँचा होता है जो प्रत्येक माह में दोबार जब सूर्य, चन्द्रमा और पृथ्वी लगभग एक सीधी रेखा में होते हैं होते हैं जिससे तीनों का गुरूत्व प्रभाव मिलकर जल को आकर्षित करता है जिससे वृहत ज्वार की स्थिति बनती है।

spur **पर्वत स्कंध**

पर्वत अथवा कटक से भूमि का सुस्पष्ट प्रक्षेपण पर्वत स्कंध कहलाता है।

squall **अल्पकालिक झंझा**

आकस्मिक, प्रचण्ड और झौंकेदार पवन जो एक अथवा दो मिनट चलने के पश्चात् शान्त हो जाती है, साधारणतः ऐसी झंझा से वर्षा होती है अथवा ओले भी गिरते हैं अल्पकालिक झंझा कहलाती है।

stadial moraine = recessional moraine **स्टेडियल हिमोढ़ = प्रतिसारी हिमोढ़**

stalactite **स्टैलेक्टाइट/आश्चुताश्म**

भूमिगत कन्दराओं में भौमजल स्तर के नीचा हो जाने से जलतल नीचा हो जाता है, तब कन्दरा की ऊपरी छल से जल रिस कर नीचे टपकने लगता है। इस जल में घुलनशील पदार्थ सम्मिलित रहते हैं, किन्तु अधिक ताप के कारण वाष्पीकरण होता है तब जल सूखने लगता है और कार्बन-डाई-आक्साइड गैस निकल जाती है तब जल की घुलनशील शक्ति कम हो जाती है, इसके परिणाम स्वरूप छत के निचले भाग से पदार्थों का निक्षेप होने लगता है जो कन्दरा की निचली सतह की ओर लटकते स्तम्भों के रूप में बढ़ते जाते हैं। यह लटके हुए भाग छत के निकट मोटे और चौडे होते हैं किन्तु नीचे की ओर पतले हो जाते हैं। इस प्रकार की आकृतियों को आश्चुताश्म कहा जाता है।

stalagmite **स्टैलेक्माइट-निश्चुताश्म**

भूमिगत कन्दराओं की छत से टपकने वाले जल की मात्रा अधिक होने से यह जल टपक कर कन्दरा के फर्श पर निक्षेपात्मक स्तम्भों का निर्माण करता है, धीरे-धीरे निक्षेप द्वारा इन स्तम्भों की ऊंचाइ ऊपर की ओर बढती जाती है। यह स्तम्भ फर्श के निकट मोटे तथा विस्तृत होते हैं तथा नुकीले होते जाते हैं, इस प्रकार की आकृतियों को निश्चुताश्म कहते हैं।

staple **बुनियादी/मूल**

(i) भोजन की आधारभूत वस्तुएँ जैसे चावल, गेहूँ और आलू को बुनियादी भोजन पदार्थ कहा जाता है।

(ii) व्यापार की प्रधान वस्तुएँ जैसे खनिज, उद्योगों में निर्मित वस्तुएँ। आधारभूत/ बुनियादी कहा जाता है।

stardune **तारा-टिब्बा**

रेत का ऐसा टिब्बा जिसका केन्द्र बिन्दु सर्वाधिक ऊँचाई वाला भाग होता है और जिसके पार्श्वीय भाग विभिन्न दिशाओं में विकिरणकारी होते हैं।

starvation **भुखमरी**

भूख की एक यथार्थ स्थिति जिसमें भूख प्राणहर साबित होती है। भुखमरी कही जाती है।

steppe **स्टेपी**

वृक्षहीन खुले घास के विस्तृत भूभाग जिसमें वृक्ष और झाडियाँ वास्तव में अविद्यमान होते हैं। इस प्रदेश का जलवायु ग्रीष्म ऋतु में गर्म और शीत ऋतु में ठण्डा रहता है और वार्षिक वर्षा का औसत बहुत कम रहता है, वर्षा प्रायः ग्रीष्म ऋतु अथवा बसन्त ऋतु में होती है। अधिक वाष्पीकरण की दर के कारण मृदा में, आर्द्रता कम रहने के कारण वृक्षों का उगना कठिन होने के कारण, इस प्रदेश की मुख्य वनस्पति लम्बी घास होती है।

still stand **अचल**

पृथ्वी के इतिहास में विवर्तनिक क्रिया की दो अवस्थाओं के बीच का स्थायित्व काल। इसके साथ ही वह काल जिसमें माध्य समुद्रतल स्थिर रहता है।

stock **स्कन्ध**

आग्नेय शैल की एक बडी अनियमित आकृति का अन्तर्वेधन, स्कन्ध कहलाता है।

stomata **रन्ध्र/स्टोमेटा**

पौधों और वृक्षों की पत्तियों के नीचे की ओर पाये जाने वाले छिद्र जिसके द्वारा जल और गैस निकलती हैं, को रन्ध्र/स्टोमेटा कहा जाता है।

stone line **प्रस्तर रेखा**

मृदा परिच्छेदिका में कंकड़ों के आकार के शैल टुकडों अथवा अपेक्षतः सूक्ष्मकणीय अवसाद के जमाव के संस्तर को प्रस्तर रेखा कहा जाता है।

stoss **अभिपवन**

वह दिशा जिस ओर से पवन, जल (सरिता) अथवा हिम आगे बढते हैं, रेत के टीले की पवनाभिमुख दिशा अभिपवन कहलाती है।

strain hardening **विकृत-कठोरीकरण**

शैलों की वर्धमान शक्ति क्योंकि यह सुघट्टता को विकृत करता है।

strain rate **तनाव दर**

वह दर जिस पर तनाव द्वारा कोई ढाँचा विरूपित हो जाता है, तनाव दर कहलाती है।

stratified **स्तरित**

संस्तर में व्यवस्थित अथवा परतों में संगठित होना स्तरित कहलाता है।

stratiform **स्तरित**

(i) जिसका स्तरित क्रम होता है स्तरित कहलाता है।

(ii) स्तरी मेघ के आकार के सभी प्रकार के व्यापक मेघों पर जिनमें मध्य स्तरी, पक्षाभ स्तरी, वर्षास्तरी मेघ स्तरी कपासी मेघ हैं, पर यह स्तरित शब्द लागू होता है।

stratigraphy **स्तरक्रम विन्यास**

स्तरक्रम विन्यास, भूगर्भ विज्ञान से सम्बन्धित एक शाखा है जिसमें शैल संस्तर की उपस्थिति, शैल लक्षण, रचना, क्रम, जीवाश्म और उनके पारस्परिक सम्बन्ध विशेषकर शैल निर्माण का काल का अध्ययन किया जाता है, जिसके द्वारा भूगोल में पृथ्वी के ऐतिहासिक परिवर्तनों को ज्ञात किया जाता है।

strato cumulus cloud **स्तरी-कपासी मेघ**

स्तरी कपासी मेघ, धूसर रंग के भारी मेघ की अनवरत विस्तृत चादर में पाये जाने वाली और कम ऊँचाई के मेघ होते हैं यह मेघ प्रायः 500 मीटर की ऊंचाई तक पाये जाते हैं कभी कभी इनकी ऊँचाई 2400 मीटर तक की होती है। स्तरी-कपासी मेघ प्रायः उत्तरी गोलार्द्ध में शीत ऋतु में बनते हैं और ये प्रायः वर्षा विहीन मेघ होते हैं।

stratopause **समताप सीमा**

पृथ्वी के वायुमण्डल में भिन्न ऊँचाई पर पाई जाने वाली परत जो समतापमण्डल और मध्य मण्डल के बीच पृथ्वी की सतह से 56 किलोमीटर ऊँचाई पर पाई जाती है।

stratosphere **समताप मण्डल**

जीव मण्डल का वह भाग जो पृथ्वी तल से 20 से 25 किमी. की ऊँचाई पर पाई जाने वाली वायुमण्डलीय परत को समताप मण्डल कहा जाता है। इस मण्डल का तापक्रम $-57^{o}c$ से मध्य स्तर में $0^{o}c$ रहता है। क्रियाशील ओजोन मण्डल इसी समताप मण्डल के निचले भाग में स्थित है।

strato volcauo **स्तरित ज्वालामुखी**

आन्तरिक संरचना की परत वाला एक शंक्वाकार ज्वालामुखी, जिसमें लावा और पाइरोक्लास्ट की एक के बाद एक परत पाई जाती है, स्तरित ज्वालामुखी कहलाते हैं।

stratum **संस्तर**

भूगर्भ-विज्ञान में सामान्यतः एक रूप पदार्थ की अनुप्रस्थ सतह जिसके ऊपर और नीचे भिन्न प्रकार के पदार्थों की समानान्तर तह पाई जाती है, संस्तर कही जाती है। इस शब्द का सामान्यतः उपयोग तल अथवा परतदार शैलों की परतों के लिए किया जाता है।

stratus cloud **स्तरी मेघ**

वायुमंडल की निचली परत में 2500 मीटर से कम ऊँचाई पर परतों में अक्सर अनवरित परत में पाये जाने वाले मेघ स्तरी मेघ कहलाते हैं इस प्रकार के मेघ स्थायी वायुमण्डलीय अवस्थाओं में उत्पन्न होते हैं। अधिक ऊँचें स्तरी मेघों को मध्य स्तरी (alto stratus) मेघ कहा जाता है। यदि यह मेघ टूटे रूप में पाये जाते हैं तो इन्हें खंडित स्तरी मेघ कहते हैं। इन मेघों से कभी कभी फुहार होती है किन्तु भारी वर्षा इनसे कभी नहीं होती है।

straw **पुआल/तृण**

कुछ खाद्यान्नों की फसल के कट जाने के पश्चात् बचा तना पुआल/तृण कहलाता है।

stream order **सरिता क्रम**

नदी परिपथ के खंड का वर्गीकरण सरिता क्रम कहलाता है। स्ट्रेहलर महोदय द्वारा विकसित इस वर्गीकरण में बेसिन की सबसे छोटी नदी शीर्ष की नदी को प्रथम क्रम की नदी कहा गया है, प्रथम आर्डर की दो सरिताओं के मिलने पर द्वितीय क्रम की सरिता बनती है और जब दो द्वितीय क्रम की सरिताओं के आपस में मिलने पर तृतीय क्रम की सरिता बनती है।

stream sink **सरिता विलयगर्त**

चूना प्रस्तर के घुलने से प्रायः पृथ्वी में धरातल के नीचे नदी और भौमजल लुप्त हो जाते हैं, सरिता विलयगर्त कहे जाते हैं।

street village **सड़क ग्राम**

सड़क मार्ग के दोनों ओर बनी रेखीय ग्रामीण बस्ती, जहाँ भवन दो पंक्तियों में आमने सामने बने होते हैं, सड़क ग्राम कहलाते हैं।

striation **रेखांकण**

शैल धरातल में लम्बीकाट अथवा तीखा कटान रेखांकण कहलाता है। अधिकांश हिमानी रेखांकण, हिम में मिले कंकडों द्वारा घर्षण का परिणाम होता है।

strike **नति लंब**

जो तल संस्तरित होते हैं, उसी तल पर किन्तु उसकी नति के समकोण पर खींची गई क्षैतिज रेखा की दिशा नतिलंब कही जाती है।

strike valley **नतिलंबी घाटी**

ऐसी घाटी जिसकी दिशा, क्षेत्र में स्तर के प्रादेशिक नति के समानान्तर होती है, नतिलंबी घाटी कहलाती है।

string bog **रज्जू दलदल**

जलाक्रांत भूमि का क्षेत्र जिसमें पानी भरी द्रोणियों से अलग की गई पीट कटक जिसकी विशेषता होती है, रज्जू दलदल कहलाता है।

strip cultivation **पट्टी/धारी कृषि**

(i) बड़े खेतों को पट्टियों में विभाजित कर, प्रत्येक पट्टी की देखभाल, किसी किसान अथवा काश्ताकार द्वारा की जाती है। इस प्रकार की कृषि को धारी/पट्टी कृषि कहा जाता है।

(ii) संयुक्त राज्य अमरीका के मध्यवर्ती राज्यों में मृदा अपरदन को रोकने के लिए पतली पट्टियों को एक के बाद एक बनाया जाता है और उन पर फसल उत्पन्न की जाती है।

stripmining **विपट्टी खनन/विवृत खनन**

विवृत खनन (open cast mining) अथवा आखनन (quarring) को विपट्टी खनन (strip mining) कहा जाता है।

structural high **संरचना शीर्ष**

रचनात्मक भूआकृति की भौगोलिक संरचना जैसे कि गुम्बद अथवा अपनति को संरचना शीर्ष कहा जाता है।

structral low **संरचना तल**

नकारात्मक भूआकृति की भौगोलिक संरचना जैसे कि अभिनति अथवा बेसिन को संरचना तल कहा जाता है।

structure **संरचना**

(i) सामान्यतः संरचना का अर्थ जोडे गये टुकडों से बनी वस्तु से होता है।

(ii) भूगर्भशास्त्र में भूगर्भिक संरचना से प्रायः भूपृष्ठ में शैल-विन्यास और उनकी व्यवस्था के अर्थ में लिया जाता है।

structural geography **संरचनात्मक भूगोल**

प्रकृति और मानव के जटिल सम्बन्धों का क्षेत्रीय संबंध एवं संयुक्त शक्ति का अध्ययन संरचनात्मक भुगोल में किया जाता है। इस चिंतन का विकास सर्वप्रथम रूस में किया गया था, वर्तमान में रूस एवं जर्मनी में संरचनात्मक भूगोल का विकास तीव्रता से हो रहा है।

sub aerial **भूपृष्ठीय**

भूतल पर स्थित अथवा उस पर पाया जाने वाला, भूपृष्ठीय कहलाता है।

sub alluvial bench **अधः जलोढ बेंच**

शैल त्रिकोणिका (पेडिमेंट) का निचला भाग जहाँ उसके ऊपर जलोढ अवसाद के जमाव पाये जाते हैं इस प्रकार की आकृति को अधःजलोढ़ बेंच कहा जाता है।

sub arctic **उपध्रुवीय**

ध्रुवीय वृत के निकट और उसके दक्षिण के अक्षांशीय क्षेत्र अथवा उससे सम्बन्धित तत्वों को उपध्रुवीय कहा जाता है।

sub consequent stream **उप अनुवर्ती सरिता**

अनुवर्ती सरिता की एक सहायक सरिता उपअनुवर्ती सरिता कहलाती है।

subcontinent **उपमहाद्वीप**

महाद्वीप का एक बडा भाग जिसका निश्चित भौगोलिक अस्तित्व हो उपमहाद्वीप कहलाता है

उदाहरण के लिए भारत एक उपमहाद्वीप है। बड़े द्वीपों जैसे ग्रीनलैण्ड को भी उप महाद्वीप कहा जाता है।

subduction zone **सबडक्शन क्षेत्र**

ऐसा क्षेत्र जहाँ दो भूपृष्ठीय प्लेट टकराती हैं और अधिक सघन सामुहिक भूपृष्ठ कम सघन प्लेट के नीचे चली जाती है।

subglacial **अधोहिमानी**

हिमानी के आधार पर स्थित को अधोहिमानी कहा जाता है अतः अधोहिमानी बजरी अथवा अधोहिमानी सरिता होते हैं।

subglacial channel **अधो हिमानी सरिता**

हिमचादर अथवा हिमानी के नीचे पिघले जल के बहने से बनी सरिता, किन्तु बाद में वह सूखी हो सकती है अथवा उसमें थोड़ा प्रवाह बना रह सकता है, अधो हिमानी सरिता कहलाता है।

subglacial moraine **अधो हिमानी हिमोढ़**

हिमनदीय हिम द्वारा जमा किए गये हिमोढ़ को उसके (हिमनद) आधार तक अथवा आधार तल के निकट तक ले जाया गया हिमोढ अधो हिमानी हिमोढ कहलाता है।

sub humid **अल्पार्द्र**

थोर्नवेट द्वारा वर्षा वितरण के आधार पर किये गये जलवायु वर्गीकरण में पाँच मुख्य आर्द्र प्रदेशों की पहिचान की गई है। अल्पार्द प्रदेश वर्षा/वाष्पीकरण (P/E) मूल्य 32 से 63 के मध्य की स्थिति होती है।

sublimation **ऊर्ध्वपातन**

परिवर्तन की सीधी अवस्था, ठोस से गैस अथवा गैस से सीधे ठोस जैसा कि जलवाष्प से बर्फ बनता है, ऊर्ध्वपातन कहा जाता है।

sub-littoral **उपवेलांचलीय**

अन्तराज्वारीय क्षेत्र और महाद्वीपीय निमग्न तट के किनारे के बीच के समुद्री भाग को उपवेलांचली कहा जाता है।

sub marine canyon **अंतः समुद्री गर्त/खड्ड**

महाद्वीपीय ढाल में काटा गया V आकार का गर्त अथवा घाटी जिसके दोनों पार्श्व तीव्र ढाल के होते हैं।

submarine ridge **अंतः समुद्रीकटक**

ऐसी कटक जो सागर की सतह से ऊपर उठी हुई होती हैं किन्तु सागर के जलस्तर से नीचे डूबी रहती हैं, अंतः समुद्री कटक कहलाती है।

sub marine trench **अंतः सागरीय खाई**

सागरीय तल के औसत तल से अधिक नीचे पाई जाने वाली संकडी खाई, अंतः सागरीय खाई कही जाती है।

sub polar point **अधोध्रुवीय बिन्दु**

एक ऐसा अकेला बिन्दु किसी समय विशेष पर लम्बकीय सूर्यातप प्राप्त करता है, सूर्य ठीक सिर के ऊपर होता है, अधोध्रुवीय बिन्दु कहलाता है।

subsequent stream **परवर्ती सरिता**

भूगर्भिक कमजोर रेखाओं के सहारे शीर्ष की ओर अपरदन प्रक्रिया द्वारा, अनुवर्ती सरिता की सहायक नदी को परवर्ती सरिता कहा जाता है।

subsidence **अवतलन**

(i) सामान्यतः नीचे तल में बैठना अथवा सामान्य अवस्था में आना अवतलन कहा जाता है।

(ii) मौसम विज्ञान में विस्तृत वायु राशी का धीमी गति से नीचे होना, जैसा कि प्रति चक्रवात में होता है, अवतलन कहलाता है।

subsistence crop **निर्वाह सस्य**

सामान्यतः किसानों और उसके आश्रितों द्वारा खाने के लिए पैदा की जाने वाली उपज जो विक्रय अथवा व्यापार के उपयोग में नहीं ली जाती है निर्वाह सस्य कहलाती है।

subsistence economy **निर्वाह अर्थव्यवस्था**

एक ऐसी अर्थव्यवस्था जिसमें वस्तुओं के खरीदने और बेचने की प्रथा बहुत कम होती है, वास्तव में निर्वाह अर्थव्यवस्था में वस्तुओं की अदला-बदली से काम चलता है। कृषक उतना ही उत्पन्न करता है जितना उसका परिवार उपभोग कर सकता है।

sub tropical high **उपोष्ण उच्चदाब**

उपोष्ण मेखला में अर्ध स्थायी उच्चदाब अथवा एक प्रति चक्रवात को उपोष्ण उच्चदाब कहलाता है।

subtropical high pressuse belt **उपोष्ण उच्चदाब पेटी**

30° उत्तर और 30° दक्षिण के निकट, पूर्व पश्चिम में फैली निरन्तर उच्च वायुदाब की पेटी, उपोष्ण उच्चदाब पेटी कहलाती है।

subtropical jet stream **उपोष्ण जेट स्ट्रीम**

'हैडली सेल' के ठीक ऊपर क्षोभमण्डल पर बनने वाली जेट स्ट्रीम को उपोष्ण जेट स्ट्रीम कहा जाता है।

suburban **उपनगरीय क्षेत्र**

ऐसे क्षेत्र जो आकार की दृष्टि से ग्रामीण लगते हैं किन्तु रूपरंग में तथा आचार-व्यवहार में नगर की विशेषताओं को प्रकट करते हैं उपनगरीय क्षेत्र कहे जाते हैं। ऐसे क्षेत्रों के निवासी प्रायः निकटवर्ती नगरों में नौकरी करने जाते हैं।

succulent **गूदेदार**

ऐसा पौधा जो अपने जल की हानि की कमी को पूरा करता है। इस प्रकार के पौधे मरूद्भिद पौधे होते हैं जो अपनी पत्तियों अथवा तने में जल भंडार रखते हैं और शुष्क समय में उसका उपयोग करते हैं।

sulphur dioxide **सल्फर डाई आक्साइड**

एक रंगहीन गैस जो जीवाश्म ईंधन के दहन से उसकी तिक्त गंध से पहचान की जाती है। जीवाश्म ईंधन में गन्धक की अशुद्धि मिली रहती है जो दहन के द्वारा वायुमण्डल में गन्धक अम्ल के जमाव उत्पन्न करती है जो एक हानिकारक प्रदूषक है।

summer solstice **उत्तर अयतांत**

यह वह समय है जब सूर्य दिक्पात कर्क रेखा (23.5^{o} उत्तर) पर रहता है, प्रत्येक वर्ष यह स्थिति 20–21 जून को रहती है।

super glacial stream **अधिहिमानी सरिता**

हिमानी की सतह पर ग्रीष्म में पिघला जल गहरी नदिका में बहता है और दरारों में प्रवेश कर जाता है, इस प्रकार के जल प्रवाह को अधि हिमानी सरिता कहा जाता है।

super imposed drainage **अध्यारोपित अपवाह**

अपवाह तंत्र का प्रतिरूप जो ऐसे भूदृश्य अथवा शैल तल पर विकसित होता है, जो अपरदन द्वारा पृथक हो गया हो, यह तंत्र नवीन भूतल पर सुरक्षित रहता है, अध्यारोपित अपवाह कहलाता है।

superimposed profile **अध्यारोपित परिच्छेदिका**

किसी क्षेत्र के आर पार व्यवस्थित अन्तर पर बनी धरातलीय परिच्छेदिका की श्रृंखला से बने आरेख, अध्यारोपित परिच्छेदिका कहलाती है।

super market **सपर बाजार**

एक बड़ा स्वंय सेवा स्टोर जिसमें विभिन्न प्रकार की भोजन सामग्री तथा घरेलू वस्तएँ खुले शेल्फ पर रखी रहती हैं।

supra glacial **अधि हिमानी**

ांहेमानी के तल पर पाये जाने वाले पर्यावरण के लिए कभी-कभी अधि हिमानी शब्द का प्रयोग किया जाता है।

surf **समुद्री फेन**

समुद्री तटों पर शक्तिशाली तरंगों के टकराने से उत्पन्न झाग दार पानी समुद्री फेन कहलाता है।

surface deposit **पृष्ठीय जमाव**

आधार शैल के ऊपर पडा असंगठित पदार्थ या तो वह स्वंय आधार शैल से अपक्षीण पदार्थ होता है अथवा अन्य किसी स्थान से पवन, जल, हिमानी अथवा गुरूत्व द्वारा जमा किया पदार्थ पृष्ठीय जमाव कहलाता है।

suspended load **निलंबित भार**

जैविक अथवा अजैविक पदार्थों (गाद अथवा मृतिका) के बारीक कण जिनका व्यास सामान्यतः 0.2 मिमी. से कम होता है नदियों के जल में बहता रहता है, निलंबित भार कहलाता है।

sun spot **सूर्य कलंक**

सूर्य के दिखाई देने वाले भाग पर काले धब्बे, जिसमें काले केन्द्र के चारों ओर भूरा क्षेत्र रहता है, जो पृथ्वी पर प्राप्त होने वाले विकिरण के बढने के कारण होते हैं और पृथ्वी के चुंबकीय क्षेत्र (मेग्नेटिक फील्ड़) को प्रभावित करते हैं। इनकी संख्या 11 वर्षों में सर्वाधिक हो जाती है।

superposition law of **अधिस्थापना का नियम**

भूगर्भशास्त्र का नियम कि निम्न संस्तर, ऊपरी संस्तर से अधिक पुराना होता है, अधिस्थापन नियम कहा जाता है।

suturing **विपाटन**

भूपृष्ठ में विदारण और दरार होने की क्रिया जिसमें से होकर लावा का स्राव होता है।

swale **स्वैल**

(i) तरंगित हिमानी-हिमोढ़ो के प्रदेशों में स्थित धंसाव अथवा पुलिन कटकों के बीच, अपरदन द्वारा बनी द्रोणीं अथवा रेत के टीबों के बीच स्थित नीचा मैदान स्वैल कहलाता है।

(ii) समुद्री तट के लगभग सीध में समुद्री कंकडों से बना एक नीचा, लम्बा और संकड़ा धंसाव, जो दो कटकों के बीच स्थित होता है स्वैल कहलाता है।

swallet **स्वालिट/भूमिगत स्रोत**

एक घोल रन्ध्र, चूने की आधार शैल में घोल से बना गडढ़ा जिसमें होकर सरिता का जल अदृश्य हो जाता है।

swamp **अनूप/दलदल**

गीली भूमि का एक प्रकार जिसमें काष्ठीय पौधों की अधिकता रहती है, इसकी तुलना में कच्छी-भूमि (marshy) में घास और झाडियों की अधिकता रहती है।

swell **महातरंग**

खुले महासागरों में उत्पन्न बहुत लम्बी अपेक्षाकृत निर्विघ्न तरंगें महातरंग कहलाती हैं। महातरंगें स्थानीय झंझावतों के द्वारा उत्पन्न होते हैं किन्तु काफी दूरी पर जाकर धीरे-धीरे समाप्त हो जाती हैं।

swash **उद्धावन/हिल्लोलन**

लहर के खंडित हो जाने के बाद सागरीय जल का ढेर पुलिन के ऊपर से बहना उद्धवन/ हिल्लोलन कहलाता है। जब लम्बी-निम्न लहरें तट से टकराती हैं, यह उद्धावन/ हिल्लोलन से अधिक शक्तिशाली हो जाती हैं।

symbiosis **सहजीविता**

प्राणी शास्त्र में असमान जीवों का उनके आपसी लाभ के लिए अत्यधिक निकट का सम्बन्ध, सहजीविता कहलाता है।

symmetrical fold **सममित वलन**

ऐसा वलन जिसमें अक्ष से किनारे संतुलित ढंग से ढालू रहते हैं, सममित वलन कहलाता है।

synclinal valley **अभिनतिक घाटी**

ऐसी घाटी जो अधोगामी वलन से बनी होती है अभिनतिक घाटी कहलाती है।

syncline **अभिनत**

घाटी आकार का वलन जिसमें तत्व एक दूसरे की ओर धंसे रहते हैं, अभिनत (syncline) कहलाती है।

synclinorium **सिनक्लाइनोरियम**

छोटे-छोटे वलन से बने प्रादेशिक विस्तार की अभिनतियों को सिनक्लाइनोरियम कहा जाता है।

synecology **संपारिस्थितिकी**

पृथक अथवा एकाकी वर्गों के विपरीत सम्पूर्ण समुदाय (पादप, पशु और जीवीय) की पारिस्थितिकी का अध्ययन संपारिस्थितिकी कहलाता है। समुदायों और उनके पर्यावरण के बीच पारस्परिक सम्बन्धों पर बल दिया जाता है। इसमें एकाकी जीव को इकाई के स्थान पर संगठन के उच्च स्तर पर अध्ययन किया जाता है।

synform **अभिनत रूप**

अवसादों से बनी अभिनत संरचना जिसके सुस्पष्ट स्तरित सम्बन्ध ज्ञात नहीं होते हैं।

synoptic chart **सिनॉप्टिक चार्ट**

किसी एक समय में मौसम सम्बन्धी अवस्थाओं (मेघमयता, तापमान, वर्षा) का सिनॉप्टिक चार्ट

तैयार किया जाता है। मौसम सम्बन्धी पूर्वानुमान् के लिए भी इस प्रकार के सिनाप्टिक चार्ट बनाना आवश्यक होता है।

synoptic map **सिनॉप्टिक मानचित्र**

ऐसा मानचित्र जिस पर किसी समस्या के समाधान के लिए काम में आने वाले घटकों का प्रदर्शन किया जाता है सिनाप्टिक मानचित्र कहलाता है।

synoptic meterology **सिनेप्टिक (संक्षिप्त) मौसम विज्ञान**

सिनोप्टिक चार्ट जिसमें एक विशेष समय पर बड़े भौगोलिक क्षेत्र के मौसम को दिखाया गया हो, का उपयोग करते हुए मौसम और भविष्य के मौसम सम्बन्धी अनुमान का वर्णन करने वाला मौसम विज्ञान का एक पक्ष सिनेप्टिक मौसम विज्ञान कहलाता है।

synthetic rubber **कृत्रिम रबड़**

पेट्रोल (भूतेल) से प्राप्त हाइड्रो कार्बन से बनाया जाने वाला कृत्रिम रबड़।

system **प्रणाली/समूह**

(i) सम्बन्धित घटकों का एक समूह जो विशेष उद्देश्य के लिए संगठित किया जाता है, तथा तत्वों/घटंकों के अन्तः सम्बन्ध द्वारा सम्पूर्ण पहचान योग्य होता है।

(ii) भूगर्भशास्त्र में प्रणाली का अर्थ भूगर्भकाल में जमा स्तरित शैलों के अनुक्रमण का एक विभाजन।

(iii) संगठन, प्रबन्ध और क्रिया विधि की पद्धति प्रणाली कहलाती है।

systematic **क्रमबद्ध**

(i) सुव्यवस्थित और क्रमबद्ध की कार्यप्रणाली का एक ढंग, जिसके क्रम में एक अनुरूपता पाई जाती है, जैसे 123456

(ii) जीव विज्ञान में क्रमबद्ध/ का सम्बन्ध वर्गीकरण से होता है।

systematic geography **क्रमबद्ध/वर्गीकृत भूगोल**

क्रमबद्ध/वर्गीकृत भूगोल को प्रकरण (topical) भूगोल भी कहा जाता है। इसके अन्तर्गत भूतल पर विकसित एक विकासशील तत्वों का प्रकरण के आधार पर अध्ययन किया जाता है। हार्टशोर्न के अनुसार क्रमबद्ध/वर्गीकृत भूगोल अथवा प्रकरण भूगोल में विश्वव्यापी तत्वों जैसे कि स्थल, जल एवं वायुमण्डल की उत्पत्ति एवं विकास की प्रक्रिया एवं वितरण का अध्ययन किया जाता है, जबकि मानव द्वारा भूमण्डल पर विकसित कृषि, यातायात मार्ग, विभिन्न बस्तियों का अध्ययन प्रकरण भूगोल के अन्तर्गत किया जाता है।

systematic science **क्रमबद्ध विज्ञान**

वे सभी विज्ञान जो प्राकृतिक नियमों के अन्तर्गत पदार्थों के आचरण की व्याख्या करते हें व्यवस्थित विज्ञान की श्रेणी में आते हैं। इनमें शुद्ध प्राकृतिक विज्ञान जैसे भौतिकी, रसायन,

प्राणी विज्ञान तथा नृवंश विज्ञान को सम्मिलित किया जाता है। भूगोल क्योंकि एक स्वतंत्र विज्ञान नहीं है अतः इस विषय को व्यवस्थित विज्ञान में सम्मिलित नहीं किया जाता है।

syzyzy **युति-वियति बिन्दु**

दो में से एक ऐसा बिन्दु जिस पर चन्द्रमा अथवा कोई एक अन्य ग्रह पृथ्वी और सूर्य से सीध में रहता है।

T

table land **पठार**

निकटवर्ती निम्नभूमि से यकायक ऊपर उठा समतल अथवा हल्का तरंगित ऊँचा भूआकृति का क्षेत्र, प्रायः इस शब्द का उपयोग पठार के लिए भी किया जाता है।

taboo **वर्जना/निषेध**

टेबू (taboo) शब्द से तात्पर्य व्यवहार सम्बन्धी वर्जनाओं/निषेधों से है। यह एक कठोर सामाजिक नियम का संकेत देता है जो कुछ व्यवहारों को वर्जनाओं/निषेधों की श्रेणी में रखकर उनके उल्लंघन पर समाज द्वारा दण्ड की व्यवस्था करता है। कुछ व्यवहारों के संबन्ध में यह माना जाता है कि यदि उन व्यवहारों का प्रयोग किया जाय तो व्यक्ति के समस्त अथवा कुछ संबन्ध जिनसे वह घिरा होता है भ्रष्ट हो जायेगा।

tabular iceberg **सपाट हिमशैल**

दक्षिणी गोलार्द्ध में रोस आइस शैल्फ से अलग हुआ, सपाट ऊपरी तह वाला समुद्र में तैरता हिमशैल।

taiga **टैगा**

शीत क्षेत्र के कोणधारी वन जो उत्तरी गोलार्द्ध में टुण्ड्रा के दक्षिण में विस्तृत भूभाग में पाये जाते हैं, टैगा कहलाते हैं।

tail dune **पुच्छ टिब्बा**

विविध लम्बाई के रेत के टिब्बे जो किसी अवरोध के पृष्ठ भाग में रेत के इकट्ठा हो जाने से बनते हैं और उनसे दूर क्रमशः पतले होते जाते हैं, पुच्छ टिब्बे कहलाते हैं।

talik **अहिमीभूत स्तर**

मौसमी हिम से जमी धरातलीय सतह और स्थायी तुषार भूमि के ऊपर अथवा उससे ही जमी भूमि के नीचे बिना जमी भूमि की परत को अहिमीभूत स्तर कहा जाता है।

talus **पादमलवा/टैगुस**

किसी पर्वत अथवा भृगु के निचले भाग में शैल मलवे के ढालू जमाव को पाद मलवा/टैलुस कहा जाता है।

talus creep **पाद मलवा विसर्पण**

पाद मलवे का गुरूत्व के प्रभाव से ढाल से नीचे की ओर धीमा गतिशील होने की क्रिया को पादमलवा विसर्पण कहा जाता है।

talweg **घाटी रेखा**

नदी की लम्बी परिच्छेदिका (profile) को घाटी रेखा कहा जाता है।

tank **तालाब**

भारतीय उपमहाद्वीप एवं श्रीलंका में किसी नदी अथवा घाटी में मानव द्वारा निर्मित बाँध द्वारा मानसून वर्षा के जल को रोक कर सिंचाई के लिए उपयोग करने की विधि के लिए तालाब बनाये जाते हैं।

tar **डामर/तारकोल**

लकडी अथवा कोयले के खण्डनात्मक आसवन से प्राप्त काला, गाढ़ा, लसीला, पदार्थ जिससे सडकों की ऊपरी परत तैयार की जाती है, डामर/तारकोल कहलाता है।

tarn **टार्न/गिरिताल**

पर्वतीय भाग में स्थित एक छोटी झील जो प्रायः हिमानी द्वारा निर्मित होती है, जिसमें निकटवर्ती क्षेत्रों से आकर वर्षा का जल जमा होता है, गिरिताल कहलाता है।

taxonomy **वार्गिकी/वर्गीकरण विज्ञान**

वर्गिकी अथवा वर्गीकरण विज्ञान में जीवों में भिन्नता का वर्गीकरण तथा भिन्नता के परिणामों और कारणों का अध्ययन और वर्णन किया जाता है। जीव वर्गीकरण के दो मुख्य आगमन हैं प्रथम फनेटिक (phenetic) पद्धति, जिसमें इस बात का ध्यान रखे बिना कि उनमें यह गुण किस प्रकार आये, जीवों में समानताओं को व्यक्त किया जाता है। द्वितीय प्रमुख पद्धति फायलोजेनेटिक (phylogenetic) अर्थात विकासवादी पद्धति है जिसमें उन जीवों के विकास का अध्ययन किया जाता है।

teak **सागौन**

उष्ण कटिबन्धीय प्रदेशों के अपेक्षाकृत आर्द्र क्षेत्रों का बडे आकार का पर्णपाती वृक्ष जो अधिकांश दक्षिण-पूर्वी एशिया के देशों में बहुतायत से पाया जाता है। इस वृक्ष की लकड़ी कठोर होने के कारण इमारती सामान बनाने के उपयोग में लाई जाती है।

tear fault **विदारक भ्रंश**

एक नतिलंब सर्पण भ्रंश, कभी कभी इस प्रकार के भ्रंश को ट्रान्सकरैन्ट भ्रंश भी कहा जाता है।

technology **प्रौद्योगिकी**

(i) व्यावहारिक और औद्योगिक कलाओं से सम्बन्धित वैज्ञानिक अध्ययन प्रौद्योगिकी कहलाता है।

(ii) औद्योगिक प्रक्रियाओं अथवा मनुष्य और उसके वातावरण के बीच होने वाली अन्योन्यक्रिया से उत्पन्न समस्याओं का वैज्ञानिक ज्ञान का क्रमबद्ध प्रयोग प्रौद्योगिकी कहलाता है।

tectonic, earth quake **भ्रंशमूलक भूकम्प**
भूपटल में भ्रंशन के कारण शैलों में बदलाव से उत्पन्न भूकम्प भ्रंशमूलक भूकम्प कहलाते हैं।

tectonic **विवर्तनिक**
इस शब्द से तात्पर्य भूपृष्ठ में होने वाली हलचलों जिनके परिणाम स्वरूप पृथ्वी के किसी भाग का ऊपर उठना अथवा धंसाव, पार्श्वीय सर्पी (lateral sliding) लिपटे (wraping) भ्रंश और वलन होते हैं, का वर्णन करती है। इस प्रकार से बने भूआकृतियों को विवर्तनिक उच्चावच कहते हैं।

tectonics **विवर्तनिकी**
पृथ्वी की विरूपण गति तथा उसका अवसादीकरण और भूआकृति पर प्रभाव का अध्ययन विवर्तनिकी कहलाता है।

teff **टफ**
उष्ण कटिबन्धीय मोटा अनाज (millet) जो अधिकतर इथोपिया में उत्पन्न किया जाता है।

temperate **शीतोष्ण**
शीतोष्ण से तात्पर्य ऐसे स्थानों और जलवायु के प्रकार से है जो उपोष्ण और उपआर्कटिक क्षेत्रों के बीच पाये जाते हैं।

temperate glacier **शीतोष्ण हिमनद**
शीतोष्ण हिमनद, शीतोष्ण प्रदेशों में स्थित हिमनद को शीतोष्ण हिमनद कहा जाता है।

temperature anomaly **तापक्रम अनियमितता**
किसी स्थान के तापमान और उन्हीं अक्षांशों में स्थित स्थानों के माध्य तापक्रमों में पाये जाने वाले अन्तर को तापक्रम अनियमितता कहा जाता है। यदि उन्हीं अक्षांशों में स्थित स्थानों से माध्य तापक्रम अधिक रहता है तो अनियमितता सकारात्मक कही जाती है और यदि तापमान कम पाया जाता है तब इस अनियमितता को नकारात्मक कहा जाता है।

temporal **कालिक**
काल से सम्बन्धित अथवा काल का, स्थानिक से भिन्न।

tension **तनाव**
खिंचाव बल, मुख्य भागों को खींचकर विस्तार का कारण होना, तनाव कहा जाता है।

tephra **टेफ्रा**
ज्वालामुखी उद्‌भेदन द्वारा निकले शैल खण्डों का निक्षेप टेफ्रा कहलाता है।

teratogenic pollution **वेरूपिय प्रदूषण**
प्रदूषण का एक रूप प्रकार जो कुरचित के जन्म को बढ़ाता है अथवा दूसरे ढ़ंग से दोषपूर्ण जीव को जन्म देता है।

terminal moraine **अन्तस्थ हिमोढ/अंतिम हिमोढ**
हिम नद के अंतिम स्थल पर स्थित हिमोढ़ को अन्तस्थ हिमोढ कहा जाता है।

terrace **वेदिका**
भूमि की समतल अथवा लगभग समतल संकडी पट्टी जो प्रायः सागर, झील अथवा नदी के किनारों पर पाई जाती है, वेदिका कहलाती है।

terrace cultivation **वेदिका कृषि**
कृषि की एक विशेष पद्धति जो भूमि के कटाव को रोकती है। इस प्रकार की कृषि तीव्र ढाल वाले पहाड़ी भागों और जहाँ समतल भूमि की कमी रहती है वहाँ इस प्रकार की कृषि की जाती है। पहाड़ी ढालों पर सीढ़ी काट कर कई सीढ़ीनुमा खेत बनाये जाते हैं। मिट्टी के कटाव को रोकने के लिए किनारों पर पत्थर की दीवारें बनाई जाती हैं।

terrace gravel **वेदिका बजरी**
वेदिका पर कंकड़ों का जमाव जो महीन जलोढक/कछारी मिट्टी के अपरदन के बाद बचे रह जाते हैं, जो पूर्व में जलोढक में सम्मिलित थे।

terracing **वेदिकाकरण**
वेदिका कृषि के लिए वेदिका तैयार करने के कार्य को वेदिकाकरण कहा जाता है।

terrain **भूभाग**
भौतिक विशेषताओं का एक भूमि क्षेत्र जो विशेष प्रयोजन के लिए हो जैसे कि रेल मार्ग अथवा सैनिक कार्यवाही के लिए उपयुक्त समझा जाता है।

terrarossa **टेरारोसा**
कोष्ण-शीतोष्ण (warm temperate) प्रदेशों में लोह-आक्साइड़ युक्त भूमि पर विकसित लाल मृदा को टेरारोसा कहा जाता है।

terrestrial **पार्थिव/स्थलीय**
भूमि का अथवा भूमि अथवा पृथ्वी से सम्बन्धित।

terrestrial deposits **स्थलीय जमाव**
स्थलीय भाग पर होने वाले जमावों को स्थलीय जमाव कहा जाता है।

terrestrial radiation **पार्थिव विकिरण**

(i) पृथ्वी द्वारा प्रसारित होने वाली लम्बी तरंगों का विकिरण, पार्थिव विकिरण कहलाता है।

(ii) पृथ्वी द्वारा विकिरण की जाने वाली ताप ऊर्जा।

terrigenous deposits **स्थलजात निक्षेप**

(i) स्थलजात निक्षेप स्थलीय भागों से अपरदित कर लाया गया अजैव पदार्थ (रेत, बजरी, कंकड़) का वेलांचली (littoral zone) में किया गया निक्षेप, स्थलजात निक्षेप कहलाता है।

(ii) सागर में स्थलीय भाग से प्राप्त होने वाला जमाव स्थलजात जमाव कहलाता है।

tertiary **तृतीय महाकल्प**

सीनोजोइक (नूतन जीवी) महाकल्प का प्रथम काल जिसमें, पुरा नूतन अतिनूतन तक का समय सम्मिलित किया जाता है।

tetrahadran **चतुष्फलक**

चतुष्फलक ऐसी आकृति होती है जिसके चारों ओर के भाग चपटे और किनारे के भाग उभरे हुए होते हैं। सन् 1875 में लोथियन ग्रीन ने महाद्वीपों और महासागरों की स्थिति सम्बन्धी चतुष्फलक सिद्धान्त प्रस्तुत किया था इस सिद्धान्त के अनुसार चपटे भाग महासागरों और उभरे हुए भाग महाद्वीपों को प्रदर्शित करते हैं।

texture **संरचना**

(i) रासायनिक गुणों के विपरीत कणों का सम्बन्ध और विन्यास, संरचना (texture) कहलाता है।

(ii) भूगर्भ विज्ञान में शैल के संघटक अथवा सतह पर जमाव करने वाले कणों का उनके रासायनिक गुणों के विपरीत उनके आकार, आकृति, विन्यास और वितरण को संरचना (texture) कहा जाता है।

theodolite **थियोड़ोलाइट**

एक त्रिपाद पर स्थापित प्रकाशीय सर्वेक्षण यंत्र जिसका उपयोग ऊर्ध्व और क्षैतिज कोणों को छोटे दूरदर्शक, (telescope) स्पिरिट लेवल और अशांकित वृतांश की सहायता से, ज्ञात करने के लिए किया जाता है।

thermokarst **थर्मोकार्स्ट**

आर्कटिक पर्यावरण में जब प्राकृतिक धरातल आवरण विक्षुब्ध हो जाता है, हिम के पिघलने और उत्तरवर्ती जल अपरदन द्वारा एक टेकरीनुमा क्षेत्र का निर्माण होता है जिसे थर्मोकार्स्ट कहा जाता है।

thermal equator **तापीय भूमध्य रेखा**

तापीय भूमध्य रेखा को कई प्रकार से परिभाषित किया गया है, किन्तु सामान्यतः वह रेखा होती है जो पृथ्वी के उन भागों को जोड़ती है जहाँ उच्चतम माध्य वार्षिक तापक्रम समान रहता है।

thermal erosion **उष्मीय अपरदन**

स्थायी तुषार भूमि क्षेत्र के प्रदेशों में तलस्थ हिम के पिघलने से भूमि तल का भौतिक विघटन तापीय अपरदन कहलाता है।

thermal pollution **तापीय प्रदूषण**

जल प्रदूषण का एक प्रकार, जिसमें शक्ति संयंत्र के शीतलन यंत्र अथवा अन्य औद्योगिक उष्ण स्त्रोत से सरिता अथवा झील में उष्ण जल का छोडा जाना तापीय प्रदूषण कहलाता है।

thermistor **तापी प्रतिरोधक**

विद्युत्कीय साधन जो वायु के तापक्रम को नापने के उपयोग में लिया जाता है।

thermocline **तापप्रवणता**

झील अथवा सागरीय जल की वह सतह जिसमें अनुलम्ब दिशा में तापक्रम में तीव्रता से परिवर्तन होता है, तापप्रवणता कही जाती है।

thermograph **तापलेखी**

यह एक स्वतः अभिलेखी तापमापक यंत्र है जिसके धूमते हुए बेलन के कागज पर यंत्र की लेखनी तापमान में परिवर्तनों को ग्राफ रूप में अंकित करती रहती है।

thermonuclear **नाभकीय**

नाभकीय संल्यन (fusion) से सम्बन्धित।

thematic map **थिमैटिक मानचित्र**

ऐसे मानचित्र जो विशिष्ट लक्षणें को प्रदर्शित करते हैं थिमैटिक मानचित्र कहे जाते हैं।

thermosphere **बाह्य वायुमण्डल**

मध्य सीमा (mesopause) से ऊपर की ओर बढते तापक्रम की वायुमण्डलीय परत को बाह्य वायुमण्डल कहा जाता है।

tholoid **थोलॉयड़**

ज्वालामुखी के ज्वालामुख (crater) अथवा ज्वालामुख-कुण्ड (caldera) में स्थित ज्वालामुखी शंकु थोलॉयड़ कहलाता है।

thrust **क्षेप/प्रणोद**

(i) तनाव के समान सम्पीड़न के लिए बल किन्तु विपरीत दिशा में।

(ii) भूगर्भ विज्ञान में क्षैतिज दिशा में संस्तरण को प्रभावित करने वाला सम्पीडन बल क्षेप कहलाता है।

thrust plane **क्षेप/वितोदन तल**

जब शैल की परतें अधिक मोड़दार होने के कारण टूट जाती हैं और जब यह शैल भ्रंश अनुप्रस्थ रहता है और उसके ऊपर वाली परतें अपने से नीचे वाली परतों पर धक्के द्वारा आगे की ओर बढ़ जाती हैं तब इस प्रकार के भ्रंश/क्षेप को क्षेप/वितोदन तल कहा जाता है।

thunder storm **तड़ित झंझा**

भारी वर्षा, तेजवायु ओले, बिजली का चमकना तथा मेघगर्जन तड़ित झंझा की विशेषतायें होती हैं। इस प्रकार झंझावतों की उत्पत्ति का कारण उच्च तापक्रम उच्च आर्द्रता तथा अभिसरण होता है। धरातल के अधिक गर्म हो जाने के कारण वायु तीव्रता से ऊपर उठती है, वायुमण्डलीय अस्थिरता और अधिक ऊँचाई 6000 से 12000 मी. पर कपासी वर्षा मेघ बनते हैं। तड़ित झंझा में कहीं घन विद्युत आवेश (positive electrical charge) और कहीं ऋणात्मक विद्युत आवेश (negative electrical charge) रहता है। इनके विसर्जन से प्रकाश रेखायें चमकती हैं, बिजली के चमकने तथा बड़ी बड़ी बूंदों के टूटने से ऊष्मा उत्पन्न होती है, जिससे तापक्रम बढ़ जाता है, वायु के तीव्रता से फैलने के कारण भयंकर आवाज होती है। इस प्रकार के तडित झंझा उष्ण कटिबन्ध और विषुवत रेखीय क्षेत्रों में जहाँ वायुराशियाँ उत्पन्न होती हैं और आर्द्रता अधिक रहती है प्रायः आते रहते हैं।

tidal basin **ज्वारीय बेसिन**

एक ऐसा बेसिन जिसमें उच्च ज्वार के समय जल भर जाता है और निम्न ज्वार के समय बैसिन से जल बाहर निकल जाता है। बाहर की ओर जाने वाला जल पत्तन का अभिमार्जन करता है।

tidal current **ज्वारीय धारा**

ज्वारीय क्षेत्रों में एक शक्तिशाली क्षैतिज गतिशील समुद्री जल की धारा को ज्वारीय धारा कहा जाता है। कभी-कभी ज्वारीय धारा को ज्वारीय सरिता का पर्याय माना जाता है किन्तु इस प्रकार की अवस्था विशेष रूप में जलसंधि स्थलों में होती है जहाँ दोनों और के जल के स्तर में भिन्नता होती है ज्वारीय धारा जल के स्तर को प्रभावी ढंग से बराबर करती रहती है।

tidal dock **ज्वारीय डॉक**

ऐसा डॉक जिस में जल का ऊपर उठना और नीचे गिरना अर्थात् उसका स्तर ज्वार पर निर्भर रहता है, ज्वारीय डॉक कहलाता है।

tidal range **ज्वार परिसर**

किसी स्थान पर दीर्घ और लघु ज्वार की ऊँचाई में प्रतिदिन होने वाला अंतर ज्वार परिसर कहलाता है। लघु ज्वार में पानी का परिसर कम और दीर्घ ज्वार में अधिक होता है।

tidal wave **ज्वारीय तरंग**

ज्वारीय गति द्वारा उच्चतम ज्वार के समय असाधारण बड़ी तरंग को ज्वारीय तरंग कहा जाता है।

tideland **ज्वारभूमि**

जो भूमि उच्च ज्वार के समय पानी के नीचे रहती है और लघु ज्वार के समय वह खुली रहती है ज्वार भूमि कहलाती है।

tierra caliente **टियरा केलिन्टे (उष्ण प्रदेश)**

उत्तरी एन्ड़ीज, मध्य अमरीका और मैक्सीको के निम्न अक्षांशों के चार प्रदेशों (अन्य तीन टियरा फ्राया टियरा हेल्डा) में से एक भाग, यह भाग सबसे निचला है जहाँ उष्ण-कटिबन्धीय उपज मक्का तम्बाकू, काफी उत्पन्न की जाती है। इस क्षेत्र की उँचाई 1000 मीटर तक है तापमान वर्ष भर 24° से $27^{o}c$ के बीच रहता है।

tierra fria **टियरा फ्राया (शीत प्रदेश)**

टियरा टेमलाडा (शीतोष्ण प्रदेश) और टियरा हैल्डा के मध्य स्थित यह क्षेत्र 1800 से 3000 मीटर की ऊँचाई का भाग मेक्सिको, मध्य अमरीका और एन्डीज में स्थित है। यहाँ वार्षिक तापक्रम $12.5^{o}c$ और $18^{o}c$ के बीच रहता है। तापान्तर कम रहता है। यहाँ की प्राकृतिक वनस्पति घास ओर झाड़ियाँ हैं। इस क्षेत्र में गेहूँ, फल और सब्जियाँ उत्पन्न की जाती हैं।

tierra helada **टियरा हेल्डा**

मेक्सीको उत्तरी एन्डीज और मध्य अमरीका के हिम आच्छादित पर्वतीय प्रदेशों में तुंग मण्डल (altitudinal zone) का सर्वाधिक ऊँचा भाग है।

tierra templada **टियरा टेम्पलाडा (शीतोष्ण प्रदेश)**

उष्ण कटिबन्धीय उत्तरी एन्डीज, मेक्सिको तथा मध्य अमरीका के क्षेत्र जिन्हें कॉफी प्रदेश कहा जाता है इस क्षेत्र के अन्तर्गत आते हैं। यह क्षेत्र टियरा केलिन्टे (उष्ण प्रदेश) और टियरा फ्राया (शीत प्रदेश) के मध्य 1000 से 1800 मी. की ऊँचाई का भाग है। यहाँ का औसत तापमान $18.3^{o}c$ से $24^{o}c$ के बीच रहता है। प्राकृतिक वनस्पति सवाना प्रकार की है मुख्य उपज मक्का, कॉफी और तम्बाकू है।

tight fold **संवृत वलन**

एक प्रकार का वलन, जिसमें समानान्तर अथवा थोडी विचलित भुजाओं के बीच अन्तः भुजा कोण 30° से कम होता है, संवृत वलन कहलाता है।

till **टिल**

'टिल' स्कॉटिश भाषा का शब्द है। गायकी ने 1863 में गोलाश्मी मृतिका के स्थान पर इस शब्द को प्रयुक्त किया था और तब से हिमानी के अपरिष्कृत, अस्तरित अवसादी पदार्थों के

जमाव के लिए 'टिल' प्रयुक्त किया जाता है।

tillite **टिलाइट**

हिमानी टिल विशेष कर पूर्व प्रिस्टोसीन टिल के शिलीभवन द्वारा संगठित अवसादी शैलों को टिलाइट कहा जाता है।

time zone **समय क्षेत्र**

भूपृष्ठ का 15° देशान्तर के विस्तार में विभाजन जिसका प्रमाणिक समय वह होता है जो उस क्षेत्र के मध्य से गुजरने वाली देशान्तर पर होता है।

tombolo **संयोजी भित्ति**

किसी द्वीप को मुख्य भूमि अथवा अन्य द्वीप से जोड़ने वाली रोधिका अथवा भूजिव्हा को टोमवोलो (संयोजी भित्ति) कहा जाता है।

topographic **स्थलाकृतिक**

स्थलाकृति से सम्बन्धित अथवा स्थलाकृति का।

topographic map **स्थलाकृतिक मानचित्र**

एक मानचित्र बहुधा बड़े पैमाने (1:50,000) का जिस पर स्थलाकृतिक आकारों जैसे कि स्थलीय आकृतियाँ, प्राकृतिक तथ्यों तथा साथ ही साथ मानवीय क्रियाओं द्वारा निर्मित विभिन्न आकारों को दिखाया जाता है, स्थलाकृतिक मानचित्र कहलाता है।

topography **स्थलाकृति**

ग्रीक भाषा के दो शब्दों (tops) स्थान और (graphy) वर्णन से मिल कर यह शब्द बना है। स्थलाकृति में किसी स्थान के धरातलीय आकारों का वर्णन होता है। यथा तथ्य शब्दों में स्थलाकृति न केवल भौतिक आकारों वरन मानव द्वारा निर्मित आकरों जैसे कि बस्तियाँ, संचार माध्यम आदि की ओर भी संकेत करता है।

topological diagram **सांस्थितिक आरेख**

एक आरेखात्मक मानचित्र जो कुछ आकृतियों के वास्तविक सम्बन्धों को दर्शाता है, किन्तु उन पर अन्य विचारों को समायोजित करने के लिए मापक विकृत किया जाता है। इस प्रकार के मानचित्र का सर्वोत्तम उदाहरण पृथ्वी के भीतर चलने वाली रेल का मानचित्र है जो विभिन्न स्टेशनों के सम्बन्धों को दर्शाती है अर्थात् जिस प्रकार से कि रेल लाइन स्टेशनों को जोड़ती है।

topology **संस्थिति विज्ञान**

छोटे भूमिखण्डों की आकृति, जिनके लिए बडे मापक के मानचित्र की आवश्यकता होती है, का विश्लेषणात्मक विस्तृत अध्ययन संस्थिति विज्ञान के अन्तर्गत किया जाता है।

toposequence **स्थलाकृति अनुक्रम**

संबंधित मृदाओं का एक अनुक्रम अथवा समूहन जो उनकी स्थलाकृतिक स्थिति के कारण एक दूसरे से भिन्न होती है, स्थलाकृति अनुक्रम कहलाता है।

topset beds **डेल्टा शीर्ष संस्तर**

प्रवण संस्तरों पर पड़ी हुई अनुप्रस्थ अवसादी शैलें जैसे कि डेल्टाई पर्यावरण और वातोड रेत में पायी जाती है, डेल्टा शीर्ष संस्तर कहलाती है।

tornado **टॉरनेडो/ववण्डर**

भूमि पर एक प्रचण्ड ववन्डर (तूफान) जिसमें अल्पकालिक झंझा होती है और प्रायः इसके द्वारा थोडे समय के लिए मूसलाधार वर्षा होती है।

torrent **वेगधारा**

जल अथवा लावा का तीव्र अथवा उग्र प्रवाह वेगधारा कहलाती है।

torrid zone **उष्ण कटिबन्ध**

(i) 23.5^{o} उत्तर और 23.5^{o} दक्षिण के बीच के क्षेत्र को उष्ण कटिबन्धीय कहा जाता है।

(ii) कर्क और मकर रेखाओं के बीच के क्षेत्र को उष्ण कटिबन्ध नाम से जाना जाता है।

towing path **नौकर्षण पथ**

नव्य नदी अथवा नहर के सहारे का पथ जो मूलरूप से बोझा ढोने वाले पशुओं अथवा कर्षण नाव के उपयोग में लाया जाने वाला पथ होता है नौकर्षण पथ कहलाता है।

tower karst **टावर कार्स्ट**

समतल मैदान से ऊपर ऊठी चूना प्रस्तर पहाडियाँ जिनके पाश्र्व तीव्र प्रवणता वाले होते हैं टावर कार्स्ट कहलाता है।

town **नगर/कस्बा**

ग्राम से बड़ी एक सघन बस्ती जिसमें समाज नगरीय जीवन पद्धति का अनुपालन करना होता है।

trace fossil **अनुरेखीय जीवाश्म**

पादप समूह अथवा पशुओं की क्रियाओं (उदाहरणार्थ पद चिन्ह अथवा पशुओं के बिल तथा पौधों की जडों के मार्ग) का भूपृष्ठ की शैलों में सुरक्षित किया जाना अर्थात उनका जीवाश्म के रूप में पाया जाना अनुरेखीय जीवाश्म कहलाता है।

tracers **अन्वेषक**

जलधारा अथवा पदार्थ को भौम जल में डालकर उनका मार्ग अथवा दिशा निश्चित की जाती है।

traction **कर्षण**

एक प्रक्रिया जिसमें नदी द्वारा मलवा बहाकर ले जाया जाता है, जिसमें मलवा नदी तल पर लुढकता और सरकता रहता है तथा अन्य पदार्थ (मलवा) घोल के रूप में नदी में बहता रहता है, कर्षण कहलाता है।

trade **व्यापार**

वस्तुओं का वितरण, विपणन और विनिमय, व्यापार कहलाता है।

trade gap **व्यापार-अन्तर**

किसी देश के एक समय में निर्यात की अपेक्षा आयात के मूल्य का अधिक होना व्यापार अन्तर कहलाता है।

trafficability **यातायात सामर्थ्य**

मृदा अथवा किसी विशेष भूभाग (terrain) का वाहनों के गुजरने की सामर्थ्य, यातायात सामर्थ्य कहा जाता है।

tramontane **टैमॉन्टोना**

स्पेनी और इतालवी भाषा में इस शब्द का अर्थ होता है उत्तरी पवन, उत्तर अथवा उत्तर पूर्व से आने वाली ठण्डी और शुष्क पवन जो पश्चिमी भूमध्य सागरीय वनों के ठण्डे और शुष्क पठारों से आती हैं टैमॉन्टोना कही जाती है।

transcurrent fault **ट्रान्सकरैन्ट भ्रंश**

एक भ्रंश जिस पर भ्रंश के आघात की दिशा में सापेक्ष गति अनुप्रस्थ रहती है, इसे नतिलंबी भ्रंश भी कहा जाता है।

transhumance **ऋतु प्रवास/मौसमी प्रवास**

पशुचारक कृषक और पशुओं का नये चारागाहों की खोज में नियतकालिक (periodic) गतिशील होना ऋतु प्रवास कहलाता है। उदाहरणार्थ दो भिन्न जलवायु प्रदेशों के पर्वतीय क्षेत्रों में शीतकाल में घाटी के निचले भाग में पशुओं को चराने का कार्य होता है और ग्रीष्म ऋतु में पर्वतीय ढालों पर पशुचारा किया जाता है, बसन्त ऋतु में पुनः घाटी में अपने पशुओं को लेकर आ जाते हैं। इस प्रकार के मौसमी/ऋतु अनुसार पशुओं के साथ प्रवास को मौसमी अथवा ऋतु प्रवास कहा जाता है।

transportation **परिवहन**

भूआकृति विज्ञान के अर्थ में अवसाद का किसी कारक जैसे बहता जल, वायु, हिमनद, हिमचादर तरंग अथवा ज्वारीय तरंगों द्वारा गतिशील होना परिवहन कहलाता है।

transport geography **यातायात भूगोल**

यातायात के भौगोलिक पक्षों जिनमें विभिन्न विषय वस्तु जैसे यातायात का स्थानिक परिवर्तन

में यातायात की एक कारक के रूप में भूमिका और यातायात का पहुंच में प्रभाव तथा अपने-अपने क्षेत्रों में गतिशीलता का अध्ययन किया जाता है।

transhipment **वाहनान्तरण**

माल का एक प्रकार के वाहनों से दूसरे प्रकार के वाहनों में लादा जाना वाहनान्तरण कहलाता है। समुद्री-बन्दरगाहों पर माल उतारकर मोटर अथवा रेल से गनतव्य स्थान तक पहुँचाना अथवा रेल-यार्ड में माल का स्थानान्तरण किया जाता है।

translocation **स्थानान्तरण**

मृदा विज्ञान में पदार्थ का घोल में परिवर्तित होना अथवा एक मृदा परत से दूसरी परत में स्थगन स्थानान्तरण कहलाता है।

transpiration **वाष्पोत्सर्जन**

पौधों की पत्तियों के रन्ध्रों से वायुमण्डल की ओर होने वाली जल की वाष्पनिक हानि वाष्पोत्सर्जन कहलाता है।

transport network **परिवहन जाल**

यातायात मार्ग (सडक, रेल, नहरें आदि) जिसमें उद्गम स्थल और गनतव्य स्थान के बीच एक कड़ी के रूप में कार्य करते हैं।

transverse **अनुप्रस्थ**

आड़े-तिरछे, एक दिशा से दूसरी ओर पारण (crossing) अथवा आडा-तिरछा पड़ा हुआ अनुप्रस्थ कहलाता है।

transverse coast **अनुप्रस्थ तट**

अन्धमहासागर प्रकार की तट रेखा अथवा असंगत तट को अनुप्रस्थ तट कहा जाता है।

treeline **वृक्ष सीमा**

वह सीमा जिसके आगे तापक्रम जल आपूर्ति तथा मृदा पक्षों के कारण वृक्ष नहीं उग पाते हैं, वृक्ष सीमा कहलाती है।

tributary **सहायक नदी**

किसी बड़ी नदी में जाकर गिरने वाली सरिता अथवा नदी को सहायक नदी कहा जाता है।

trickle down **ट्रिकलडाउन**

हर्शमेन द्वारा 1958 में इस शब्दावली का उपयोग क्रोड़ (core) से परिधि की ओर होने वाली वृद्धि को बताने के लिए किया गया था।

trignometrical survey **त्रिकोण मितीय सर्वेक्षण**

त्रिभुजन अथवा त्रिकोणमितीय द्वारा किया जाने वाला सर्वेक्षण त्रिकोणमितीय सर्वेक्षण कहलाता है।

trophic **पोषण**

भोजन की आपूर्ति से सम्बन्धित अथवा पोषण (आहार) प्राप्त करना पोषण कहलाता है।

trophic level **पोषण रीति**

(i) भोजन उत्पादन का एक स्तर अथवा भोजन श्रृंखला (food chain) अथवा पारिस्थितिकम तंत्र में किया जाने वाला उपभोग पोषण रीति कहलाती है।

(ii) अधिकांश भोजन श्रृंखला की तीन मुख्य पोषण रीतियाँ होती हैं (1) प्राथमिक उत्पादक(auto trophos) (2) प्राथमिक उपभोक्ता (primary consumer) अर्थात तृणभक्षी तथा द्वितीयक उपभोक्ता (secondary consumer) (3) मांसाहारी (carnivorous)

(iii) जैव के समूह के भरण स्तर को पोषण रीति कहा जाता है।

tropic **उष्णकटिबन्ध**

कर्क रेखा ($23\frac{1}{2}^{o}$ उ) और मकर रेखा ($23\frac{1}{2}^{o}$ द) के बीच का क्षेत्र उष्ण कटिबन्ध कहलाता है।

tropical forest **उष्ण कटिबन्धीय वन**

अयन रेखाओं के मध्य स्थित वन उष्ण कटिबन्धीय वन कहलाते हैं। उष्ण कटिबन्धीय वनों के तीन मुख्य समूह हैं, (1) सदाबहार वन (2) पर्णपाती वन तथा (3) गरान अथवा कच्द वनस्पति।

tropic of cancer **कर्क रेखा**

एक काल्पनिक रेखा जो $23\frac{1}{2}^{o}$ उत्तर पर पृथ्वी को घेरती हुई मानी जाती है वहां 21 जून के आसपास मध्यान्ह में सूर्य की किरणें सीधी रहती है, कर्क रेखा कहलाती है।

tropic of capricorn **मकर रेखा**

एक काल्पनिक रेखा जो $23\frac{1}{2}^{o}$ दक्षिण पर पृथ्वी को धेरती हुई मानी जाती है, जिस पर 21 दिसम्बर को सूर्य की किरणें सीधी पड़ती हैं।

tropopause **क्षोमसीमा**

क्षोममण्डल (troposphere) और समताप मण्डल (stratosphere) के बीच की सीमा क्षोम सीमा कहलाती है यह पेटी लगभग 1.5 कि.मी. चौडी है। इस पेटी में वायुमण्डल शांत रहता है।

tropophyte **परिवृति उद्भिद्**

ऐसे पौधे जो मौसमी परिवर्तनों की आर्द्रता से अपने आप को अनुकूल कर लेते हैं।

trottoir **ट्रोटोयर**

यह फ्रेंच भाषा का शब्द है जो सागरीय खंड़जा/फर्श (pavement) के लिए प्रयुक्त किया जाता है। लिथोफायलम टोरटुओसम, वरमेटाइड़े और सरपुलिड़े जीवों द्वारा बनाई गई समुद्री चट्टान को ट्रोटोयर कहते हैं।

trough **द्रोणी**

(i) महासागर तल में गहरी खाई को द्रोणी कहा जाता है।

(ii) लम्बाकार U आकार की घाटी को भी द्रोणी कहा जाता है।

trough end **द्रोणी सीमा**

हिमनदीय घाटी के शीर्ष पर तीव्रप्रवणता वाली शैल दीवार को द्रोणी सीमा कहा जाता है।

trypanosomiasis **ट्रिपैनोसोमता**

ट्रिपैनोसीम के कारण होने वाले रोग को ट्रिपैनोसोमता कहा जाता है। उदाहरण के लिए नींद की बीमारी।

tsumi **सुमि/भुकम्प सिंधु तरंग**

रिक्टर स्केल पर 5.5 अथवा इससे अधिक के माप के भूकम्प से उत्पन्न एक विशाल समुद्री तरंग को सुमि (tsumi) कहा जाता है। इन तरंगों की उत्पत्ति अन्तः सागरीय ज्वालामुखी विस्फोट तथा तटीय भृगु के वृहद आकार में स्खलन द्वारा भी हो सकता है।

tuber **कंद**

भोजन एकत्रित कर रखने वाला एक फूला हुआ भूमिगत तना जैसा कि आलू अथवा किसी पौधे की जड़ को कंद कहा जाता है।

tufa **टूफा**

किसी समय सक्रीय स्त्रोतों की रेखा के सहारे मरूस्थलीय भागों में केल्सियम कार्बोनेट के जमावों को टूफा कहा जाता है। उन शुष्क प्रदेशों में जहाँ टूफा पाये जाते हैं यह सिद्ध करता है कि किसी समय वह क्षेत्र भारी वर्षा का क्षेत्र रहा होगा।

tuff **टफ**

ज्वालामुखी राख से निर्मित बारीक कणीय शैल को टफ कहा जाता है।

tunnel valley **हिम सुरंग घाटी**

हिमसुरंग घाटी, उधोहिमानी सरिता की क्रिया का एक रूप होता है। इनकी तली सपाट, पार्श्व तीव्र ढाल वाले और अनियमित तथा लम्बी परिच्छेदिका वाले होते हैं। इस प्रकार की

आकृतियाँ उत्तरी जर्मनी और डेनमार्क में पाई जाती हैं।

turbidity current **अविलधारा**

प्रवाह की सघनता। अवसाद से लदी वायु अथवा जलधारा का डूबता ढेर। महाद्वीपीय निमग्न तट पर अन्तः समुद्री केनियन (खड्ड) का निर्माण इनकी अपरदन क्रिया द्वारा होता है। आविलधारा द्वारा जमा अवसाद टर्विडाइट कहलाता है।

turmkarst **टर्मकार्स्ट**

जर्मन मूल के इस शब्द से तात्पर्य कछारी अथवा दलदली भूमि से ऊपर उठी चूना प्रस्तर की तीव्रढाल वाली अवशिष्ट पहाड़ी से होता है, इन्हें टावर कार्स्ट भी कहा जाता है।

tussock grass **गुच्छ घास**

सम्मिलित जडों और तनों वाली गुच्छे दार घास को गुच्छघास (tussock grass) कहा जाता है।

U

ubac **यूबैक/उत्तराभिमुखी ढाल**

पहाड़ी अथवा घाटी की वह सतह जो सूर्य के प्रकाश से अधिकतर छाया में रहती है, उत्तराभिमुखी ढाल कहलाता है।

ubiquitous materials **बहुव्यापी पदार्थ**

वे समस्त पदार्थ जो विनिर्माण उद्योगों में कच्चे माल के रूप में उपयोग में लिए जाते हैं उनका किसी एक स्थान पर उपलब्ध न होकर सर्वत्र उपलब्ध होना तथा उनका उद्योगों की स्थापना और स्थानीयकरण में विशेष महत्त्व नहीं होता है, बहुव्यापी पदार्थ कहलाते हैं।

udolls soil **यूडाल्स मिट्टी**

यूडाल्स प्रकार की मिट्टी में केल्शियम कार्बोनेट का संग्रह नही होता है, इस प्रकार की मिट्टी का निर्माण शीतोष्ण कटिबन्ध में होता है। ये मिट्टियाँ कोमल तथा चूर्ण रूप में पाई जाती हैं।

ultimogeniture **कनिष्ठाधिकार**

उत्तराधिकार का वह नियम जिसके अनुसार सबसे छोटा पुत्र अथवा पुत्री अपने माता-पिता की सम्पत्ति का समस्त अथवा अधिकांश भाग का अधिकारी होता है, कनिष्ठाधिकार कहलाता है।

ultisols **यूल्टी सोल/युल्टी मृदा**

संयुक्त राज्य अमरीका में मृदा वर्गीकरण का एक वर्ग युल्टीमृदा कहलाती है। आधारभूत खनिजों के अभाव वाली अपेक्षाकृत कम उपजाऊ तथा लाल और पीले रंग की मृदा को यूल्टीसोल कहा जाता है। इस प्रकार की मृदा अति अपक्षीण होती हैं।

ultrabasic rock **अत्यल्प सिलिका शैल**

ऐसी वितलीय आग्नेय शैल जिनमें क्वार्टज अथवा फेल्सपार की बहुत कम मात्रा पाई जाती है। इस प्रकार की शैलों में सिलिका की मात्रा 45 प्रतिशत से कम और आक्साइड़ की मात्रा 55 प्रतिशत से अधिक होती है, इस प्रकार की शैलों को अत्यल्प सिलिका शैल कहा जाता है।

ultramafic rocks **अतिमैफिक शैलें**

जिन आग्नेय शैलों में फैरोमेग्नेशियम खनिजों की अधिकता रहती है, ये शैलें मुख्यतः तीन प्रकार की पाई जाती हैं:—

(i) पेरीडोटाइट:—ऐसी आग्नेय शैलें जिनमें आलेवाइन, मुख्य पदार्थ होता है और फेल्सपार की मात्रा नहीं रहती है।

(ii) पाइरोकिसनाइट:—जो शैलें पूर्णरूप से आर्थोपाइरोक्सीन और क्लाइनो पाइरोक्लीन से बनी होती हैं।

(iii) पिक्राइट:—जिन शैलों में फेल्सपार सहायक होता है, तथा जिनमें प्लाजिओक्लास की मात्रा अधिक होने से पिक्राइट गेब्रो प्रकार का हो जाता है। अधिकांश अति मैफिक शैलें गहराई पर तथा स्तरित अन्तर्वेधन के रूप में पाई जाती हैं।

umlak **उमलाक**

ऐस्कीमों लोगों की पारंपरिक खुली नाव जो एक लकड़ी के फ्रेम पर चमड़े को फैला देने से बांधकर तैयार की जाती है, उमलाक कहलाती है, इस प्रकार की नाव प्रायः घर की स्त्रियाँ और बच्चों द्वारा बनाई जाती हैं।

umland **परिनगर**

जर्मन भाषा के इस शब्द का अर्थ ऐसे क्षेत्र से होता है जो सांस्कृतिक, आर्थिक और राजनैतिक दृष्टि से किसी नगर विशेष से जुड़ा होता है।

unaka **युनैका**

संयुक्त राज्य अमरीका के दक्षिणी अपेलेशियन पर्वतीय क्षेत्र में पाये जाने वाले मोनाडॉक्स के समूह के आधार पर अन्य स्थान पर पाये जाने वाले मोनॉडाक्स समूह को भी युनैका कहा जाता है।

unconformable **विषम विन्यासी**

ऐसी ऊपरिशायी शैल संस्तरण के लिए विषम विन्यासी शब्द का उपयोग किया जाता है जो कि निम्नशायी संस्तरण के नमन और नतिलम्ब के अनुरूप नहीं होती हैं।

unconformity **विषम विन्यासी**

किसी शैल के अनुक्रम की निरन्तरता में भंजन को विषमविन्यास कहा जाता है। विषम विन्यास के नीचे की पुरानी शैलें प्रायः वलित अथवा झुकी होती हैं; जबकि ऊपर की नवीन शैलें सामान्यतः साधारण संरचना वाली अर्थात् अनुप्रस्थ होती हैं। विषम विन्यास, प्राचीन शैलों के तल पर अपरदन के काल को प्रकट करता है कुछ उदाहरणों में समप्राय भूमि का निर्माण होता है।

undercliff **अधोभृगु**

ऐसे विशेष क्षेत्रों में जहाँ मृतिका के ऊपर चाक पाई जाती है, अपरदन द्वारा अस्थिर शैल

मलवे के ढेर का भृगु के नीचे पाया जाना अधोभृगु कहलाता है।

under cut slope **अधोरदित ढ़ाल**

विसर्पी नदी के बाहरी मोड पर स्कन्ध ढाल (slip off slope) के विपरीत तीव्र ढाल को अधोरदित ढाल कहा जाता है।

underfit stream **अनुपन्न सरिता**

ऐसी नदी जो अपनी घाटी के आकार की अपेक्षा से कम छोटे आकार में प्रवाहित होती है। इस प्रकार की सरिता अपहरण के परिणाम स्वरूप बनती हैं जबकि रूंडित अनुवर्ती नदी अपेक्षतः छोटी होती हैं।

under ground stream **भूमिगत सरिता**

चूना प्रस्तर के निकट अपारगम्य शैलों पर प्रवाहित जल, विलयन रन्ध्रों द्वारा भूमिगत होकर सरिता रूप में प्रवाहित होता है, भूमिगत सरिता कहलाती है।

under growth **झाड़-झंकाड़**

वनों में वृक्षों के नीचे उगी झाडियाँ, बालवृक्ष (saplings) आदि को झाड़-झंकाड कहा जाता है।

under population **अवजनसंख्या**

किसी देश/प्रदेश के संसाधनों की तुलना में जनसंख्या की कमी को अवजनसंख्या कहा जाता है। ऐसे क्षेत्र जहाँ जनसंख्या की कमी के कारण उपलब्ध-संसाधनों का उपयोग नहीं हो पाता है। ऐसे क्षेत्रों/प्रदेशों को अवजनसंख्यक प्रदेश कहा जाता है।

undertow **अधःप्रवाह**

समुद्र तट के निकट सागरतल के निकट बहने वाली तीव्रजल धारा को अधःप्रवाह कहा जाता है। इस जलधारा की उत्पत्ति का कारण सागर तट की ओर तरंगों द्वारा फेंका गया जल होता है।

undiscovered reserves **अज्ञात निधि**

प्रचलित वैज्ञानिक ज्ञान के आधार पर विचार के अनुसार निधि के अस्तित्व का अनुमान अथवा उसके अस्तित्व की जानकारी होना किन्तु जिसका विस्तार अथवा मात्रा अनिश्चित होती है।

unemployment rate **बेकारी दर**

किसी समय में नियोजन के लिए कार्य करने वाली आयु के उपलब्ध व्यक्तियों, जो कार्य करने के लिए उत्सुक हैं की संख्या किन्तु नौकरी पाने में असमर्थ हैं, बेकारी दर कहलाती है।

uniclinal **एकनतिक**

ऐसे संस्तरण को एकनतिक कहा जाता है जो एक दिशा में अनवरत नत वाला होता है। कुछ विद्वानों ने इस प्रकार की आकृति को मोनोक्लाइनल (एकनतिक) भी कहा है, किन्तु 'मोनोक्लाइनल' ऐसे वलन को कहा जाता है जिसकी केवल भुजा होती है।

uniformitarinism **एकरूपतावाद**

सर्व प्रथम हटन और लायल द्वारा प्रतिपादित यह विचार कि पर्यावरण में सक्रिय भौतिक प्रक्रियायें प्रक्रम जिस गति और तीव्रता से आज हो रहे हैं, वे समस्त भूगर्भिक काल में होती रही हैं। हटन और लायल का यह विचार एकरूपतावाद कहलाता है।

unigeniture **समानाधिकार**

उत्तराधिकार का वह नियम जिसके अनुसार सहोदरों के समूह में कोई एक माता-पिता की सम्पत्ति का उत्तराधिकारी होता है।

uninverted relief **अविपर्यस्थ/अव्युत्क्रमित उच्चावच**

(i) अव्युत्क्रमित भूआकृति शब्द का उपयोग ऐसे क्षेत्र के लिए किया जाता है जिसका धरातल उच्चावच निचली भूगर्भिय संरचना को प्रकट करता है, जहाँ पहाडियाँ अपनति और घाटियाँ अभिनतियों को प्रकट करती हैं।

(ii) एक ऐसा भूदृश्य जिसमें धरातलीय उच्चावच, अधःशायी भूगर्भिक संरचना को परावर्तित करता है, तथा जहाँ पहाडियाँ और कटक अपनति के अनुरूप होती हैं। यह अवस्था प्रतिलोमित उच्चावच के विपरीत की होती है।

unimproved **अविकसित**

ऐसी अवस्था जिसमें उसका उपयोग ठीक प्रकार से न किया गया हो अथवा ऐसी भूमि जिसे जोता नहीं गया हो अविकसित अवस्था कहलाती है।

unita strueture **यूनिटा संरचना**

संयुक्त राज्य अमरीका के यूइन्टा पर्वत की धरातलीय संरचना के आधार पर इस प्रकार की संरचना का नाम करण किया गया है। एक ऐसा चौड़ा चपटा अपनतिक भाग जहाँ क्षैतिज अवस्था प्राप्त करने से पूर्व प्रत्येक दिशा में ढाल तीव्रता से बढ़ता है।

universe **विश्व/सृष्टि/ब्रह्माण्ड**

यूनिवर्स का शाब्दिक अर्थ विश्व/सृष्टि है किन्तु भौगोलिक संदर्भ में यूनिवर्स से तात्पर्य ब्रह्माण्ड से है जिसमें पृथ्वी तथा समस्त ग्रहों आदि को सम्मिलित किया जाता है।

unstable air mass **अस्थायी वायुराशि**

अत्यधिक जलवाष्प वाली वायुराशि जो अनायास संवाहनिक क्रिया से युक्त होती है, जिसके परिणामस्वरूप भारी वर्षा होती है।

unstable equilibrium **अस्थायी साम्य/अस्थायी संतुलन**

वायुमण्डल की वह अवस्था जिसमें किसी वायुराशि की वातावरणी ह्रासदर शुष्क रूदोष्म ह्रासदर की तुलना में अधिक रहती है। इस प्रकार की वायुराशि उसके चारों ओर की वायु से अधिक गर्म और हल्की होती है और यह वायुराशि निरन्तर ऊपर की ओर चढ़ती रहती है।

unsaturated zone **असंतृप्त क्षेत्र**

उपधरातलीय जल क्षेत्र जिसमें रन्ध्र/छिद्र पूर्ण रूप से संतृप्त नहीं होते हैं केवल उस स्थिति को छोड़कर जब अन्तः स्यदन तीव्रगति से होता है। यह संतृप्त क्षेत्र के ऊपर स्थित होता है।

unstratified **अस्तरित**

ऐसे जमाव जो स्पष्टतः स्तरित नहीं होते हैं जैसे मृतिका, के लिए अस्तरित शब्द का उपयोग किया जाता है।

untouchability **अस्पृश्यता**

ऐसा विश्वास कि निम्न जाति के व्यक्ति द्वारा उच्च जाति के व्यक्ति को छुये जाने पर वे अपवित्र हो जाते हैं, की भावना अस्पृश्यता कहलाती है।

upland **अपरिभूमि/उच्चभूमि**

किसी प्रदेश की घाटियों और मैदानों के विपरीत ऊँचाई का भाग उपरिभूमि/उच्च भूमि कहलाता है।

upland plain **उपरि मैदान**

भूक्षरण का उठा हुआ धरातलीय क्षेत्र जो बाद में नदियों द्वारा विरदित किया गया हो उपरिमैदान कहलाता है।

uplands **उच्चभूमियाँ**

घाटियों से ऊपर उठी पहाड़ियों को उच्चभूमियाँ कहा जाता है।

upper atmosphere **अपरितन वायुमण्डल**

पृथ्वी तल से 700 किमी. ऊपर-वायुमण्डल का सबसे ऊपरी मण्डल ऊपरितन वायुमण्डल कहा जाता है।

upslope fog **उच्चढ़ाल कोहरा**

जब आर्द्र पवन किसी पहाडी अथवा पर्वत के सहारे ऊँचाई की ओर जाने के लिए बाध्य होती है और इस प्रकार उसके ठण्डे होने से उच्च ढाल कोहरा बनता है।

up warp **उर्ध्वावलि**

भूपृष्ठ का एक चापाकार अथवा ऊपर उठा भाग उर्ध्वावलि कहा जाता है।

up welling **उत्स्रवण**

ऐसा संचरण प्रारूप जिसमें गहरा, शीतल, पोषक तत्वों से युक्त जल सतह की ओर गतिशील होता है। यह संचरण तट के समानान्तर अथवा अपतट पवनों के कारण होता है जिसे उत्स्रवण कहा जाता है।

urban **नगर**

यद्यपि नगर शब्द का स्थानों, जनसंख्या और बस्तियों के सम्बन्ध में व्यापक रूप से प्रयोग किया जाता है। किन्तु इसकी सर्वमान्य परिभाषा कर पाना कठिन है। नगरीय परिस्थितियाँ भिन्न किन्तु अनेक पक्षों से आपस में जुडी होती हैं, जिनमें निम्न चार पक्ष मुख्य हैं:

(i) नगर क्षेत्र में जनसंख्या की सघनता रहती है।

(ii) अधिकांश जनसंख्या, सघन क्षेत्र में रहती है।

(iii) निवासियों की जीवन पद्धति ग्रामीणों की जीवन पद्धति से भिन्न होती है।

urban blight **नगर ब्लाइट/नगर विनाश**

किसी नगरीय क्षेत्र की भौतिक अवस्था में गिरावट की स्थिति 'नगर विनाश' कहलाती है। यह स्थिति तब आती है जब नागरिकों में भविष्य के प्रति अनिश्चितता बन जाती है अथवा नगरीय भूमि को पुनर्विकास के लिए खरीदे जाने की अपवाहें जोर पकड़ने लगती हैं।

urban climate **नगरीय जलवायु**

किसी निर्मित क्षेत्र की स्थानीय जलवायु जहाँ बने भवन आदि तापक्रम को प्रभावित करते हैं। पवन की गति भी इन भवनों से प्रभावित होती है, तथा पक्के मार्ग जल के प्रवाह को गति देते हैं तथा वाहनों से निकले धुएँ से वायुमण्डल प्रदूषित होता है तथा बादलों के बनने को प्रभावित करते हैं।

urban fallow **नगरीय परती भूमि**

ऐसी नगरीय भूमि जो वर्तमान में उपयोग में नहीं ली जाती है, नगरीय परती भूमि कहलाती है।

urban field **नगर क्षेत्र**

किसी नगर के प्रभाव क्षेत्र को जो कार्यात्मक दृष्टि से उस नगर से जुड़ा हुआ होता है, उस नगर का नगर क्षेत्र कहलाता है।

urban geography **नगरीय भूगोल/नगर-भूगोल**

भूगोल विषय की एक शाखा जिसमें नगरों और कस्बों की स्थिति और स्थानिक बसावट तथा नगरों के बीच पाई जाने वाली समानता और विभिन्नताओं की व्याख्या की जाती है। नगरों और कस्बों के आन्तरिक विन्यास (विशेषकर भूमि उपयोग और सामाजिक क्षेत्र) तथा समयानुसार जिन प्रक्रियाओं ने इन्हें इनके बनाने में सहयोग दिया है का अध्ययन सम्मिलित रहता है।

द्वितीय विश्वयुद्ध के पश्चात् भूगोल की अन्य शाखाओं के समान ही नगर-भूगोल/नगरीय भूगोल के स्वरूप और प्राथमिकताओं में परिवर्तन आया है। 1950 से 1960 तक इस विषय ने एक सकारात्मक प्रारूप प्रदर्शित किया है। हाल में नगर-भूगोल को दो विपरीत उपागमों व्यवहारवाद और संरचनावाद ने प्रभावित किया है। व्यवहारवादी नगरों के स्थानिक व्यवहार पर बल देता है किन्तु स्थानीय संगठन और स्थानिक व्यवहार के स्वरूप को पूर्णरूप से तब तक नहीं समझा जा सकता, जब तक कि यह ज्ञात नहीं हो जाय कि वहाँ के निवासी स्थानिक निर्णय किस प्रकार करते हैं, का अध्ययन नहीं कर लिया जाता है। दूसरी ओर संरचनावादी उपागम अधिक अतिवादी है, जो नगर में दुर्लभ संसाधनों के स्थानिक निर्धारण और अधिक मात्रा में प्रादेशिक न्याय प्राप्त करने के लिए योजना बनाये जाने से असमानतायें उत्पन्न होने से सम्बन्धित होती हैं।

urban hinter land **नगरीय पृष्ठ प्रदेश**

केन्द्र स्थान सिद्धान्त में षटकोणीय व्यापार क्षेत्र अथवा प्रभाव क्षेत्र को नगरीय पृष्ठप्रदेश कहा जाता है।

urbanism **नगरीकरण/नगरीयता**

(i) किसी नगर की विशेष अवस्था नगरीय लक्षण अथवा नगर के जीवन वैशिष्टत्व की दशा को प्रकट करता है।

(ii) नगरीय जीवन के साथ व्यक्तियों के समायोजन को नगरीयता कहा जाता है। लुईवर्थ के अनुसार नगरीयता जीवन की एक विशिष्ट शैली है। नगरीयता की प्रमुख विशेषता है-निवेयक्तिक सामाजिक अन्तर्किया, अत्यधिक गतिशीलता एवं परिवर्तन शीलता, समय तथा लय का दबाब, उन्नत प्रोद्योगिकी पर आधारित जीवन एवं परिवारवाद का ह्रास।

urbanization **नगरीकरण**

(i) ग्रामीण से नगरीय अवस्था में परिवर्तन होने तथा नगर में प्रवसन और प्राकृतिक वृद्धि की प्रक्रिया से नगर क्षेत्र में निरन्तर होते परिवर्तन की प्रक्रिया नगरीकरण कहलाता है।

(ii) नगरीयता के लक्षणों के विकास एवं प्रसार की प्रक्रिया नगरीकरण कहलाती है। कुछ विद्वानों ने ग्रामों में परिवर्तित होने की प्रकिया को नगरीकरण की संज्ञा दी है। इसी प्रकार कुछ विद्वानों ने ग्रामीण जनसंख्या का नगरों की ओर जाने की प्रक्रिया को नगरीकरण की संज्ञा दी है। नगरीकरण में कृषि कार्यों को छोड़कर आकृषिकर कार्यों में लगना तथा व्यवहार प्रतिमानों में परिवर्तन आना नगरीकरण कहलाता है।

urbanization curve **नगरीकरण वक्र**

नगरीयकरण वक्र एक मॉडल होता है जिसका किसी देश अथवा प्रदेश के नगरीकरण की अवस्था और विकास दिखाने के लिए एक चार्ट के रूप में प्रयोग किया जाता है। इस मॉडल

में नगरीकरण की तीन अवस्थाएं होती हैं (1) प्रारम्भिक अवस्था, इस अवस्था में नगरीकरण की दर नीची रहती है और अधिकांश लोगों का जीवन कृषि पर निर्भर करता है। (2) दूसरी अवस्था त्वरण अवस्था होती है इस अवस्था में कृषि का महत्व अधिक रहता है तथा ग्रामीण क्षेत्रों से जनसंख्या का निरन्तर आना जारी रहता है, जनसंख्या में वृद्धि तीव्रता से होती है। (3) तीसरी परिपक्वता की अवस्था होती है, इस अवस्था में जनसंख्या वृद्धि कम रहती है तथा तृतीयक और चतुष्क खण्डों के कार्यों का महत्व बढ़ जाता है।

urbanland **नगरीय भूमि**

ऐसी भूमि जिस पर नगरीय बस्तियाँ स्थापित की गई हों नगरीय भूमि कही जाती है।

urban mesh **नगर मैश**

किसी क्षेत्र में नगरों का जाल जिसे अंतराल, स्थानिक प्रतिरूप, कार्यात्मक सहलग्नता और संबद्धतांक के आधार पर देखा जाता है, नगर मैश कहलाता है।

urban morphology **नगर आकृति विज्ञान**

नगरीय निर्मित बनावट का विश्लेषण और जिस प्रकार यह बनावट समय के साथ विकसित होती है, नगर आकृति विज्ञान कहलाता है।

urban primacy = primate city **नगरीय श्रेष्ठता = प्रमुख शहर**

urban sprawal **नगर सुस्वप्रसार**

किसी नगर के चारों ओर भवनों का असमान अनियोजित, अस्तव्यस्त विस्तार जो निकट के इसी प्रकार से विकसित नगर से जुड़ जाता है, जिसमें कुछ आसासीय भवन, छोटे-छाटे विक्रय केन्द्र और छोटे-छोटे औद्योगिक केन्द्र स्थापित हो जाते हैं। इस प्रकार के नगरीय विस्तार को नगर सुस्वप्रसार कहते हैं।

urban rent theory = bid rent theory **नगरीय भाड़ा सिद्धान्त = बिड़ भाड़ा सिद्धान्त**

urban rural continuum **नगरीय ग्रामीण सांतत्यक**

नगर और देहात के मिलने को नगरीय-ग्रामीण सांतत्यक कहा जाता है, इस तथ्य को स्वीकार करते हुये कि भौतिक और सामाजिक दृष्टि से दोनों में कोई स्पष्ट विभाजन सीमा नहीं होती है क्योंकि एक की जनसंख्या पूर्णरूप से नगरीय एवं दूसरे की पूर्ण ग्रामीण नहीं होती है।

urban typology **नगरीय प्ररूप**

अनेक विद्वान नगरीय अनुक्रम के स्थान पर नगरीय प्ररूप शब्द का उपयोग अधिक उचित मानते हैं; क्योंकि अनुक्रम से निर्भरता की श्रेणी से अर्थ लिया जाता है जबकि प्ररूप अप्रतिबद्ध होता है अर्थात् प्रकारों/वर्गीकरण का अध्ययन नगरीय प्ररूप कहलाता है।

urstromtaler **उर्सट्रोमटालर**

यह एक जर्मन भाषा का शब्द है जिसका अर्थ 'प्राचीन नदी घाटी' होता है। अधिक स्पष्ट शब्दों में उर्सट्रोमटालर चौडी छिछली घाटियाँ होती हैं जिनका निर्माण हिम के अत्यधिक पिघले जल से होता है।

uvala **युवाला**

चूना प्रस्तर क्षेत्रो में विस्तृत गड्ढा जो कई विलयन रन्ध्रों (sink holes) के मिल जाने से बनता है, युवाला कहलाता है।

V

vadose water **अधिभौमजल**

अधिभौम जल शब्द का उपयोग उस जल के लिए किया जाता है जो धरातलीय शैल से होकर नीचे की ओर संतृप्ति क्षेत्र तक पहुँचता है। अतः अधिभौम जलमंडल वह क्षेत्र होता है जो अधोभौम जलमण्डल के ऊपर स्थित होता है।

vale **घाटी**

चौडी, सपाट और विस्तृत घाटी, घाटी कही जाती है।

valley **घाटी**

किसी आन्तरिक प्रवाह अथवा किसी झील अथवा सागर की ओर निकास वाला लम्बा धंसाव, जिसमें से होकर कभी-कभी नदी का बहाव पाया जाता है।

valley breeze **घाटी पवन**

एक शीतल वायु जो विशेषकर रात्रि समय में घाटी में नीचे की ओर अवरोही पवन, अथवा जो दिन के समय घाटी में ऊपर की ओर (आरोही पवन) चला करती हैं, घाटी पवन कहलाती है।

valley glacier = alpine glacier **घाटी हिमानी = अल्पाइन हिमानी**

valley glacier **घाटी हिमानी**

उच्च भूमि घाटी में स्थित हिमानी को घाटी हिमानी कहा जाता है। इस हिमानी को अल्पाइन हिमानी भी कहा जाता है।

value judgement **मूल्य अनुमान**

किसी व्यक्ति द्वारा, उसके विशेष ज्ञान, पूर्वाग्रह विश्वास आदि की दृष्टि के आधार पर किया गया अनुमान/निर्णय मूल्यअनुमान कहा जाता है।

valley train **घाटी हिमोढ**

एक घाटी में स्थित ढालू मैदान और हिमानी प्रोथ (glacier snout) की स्थिति से दूर, बजरी

और कंकडों से निर्मित मैदान होता है।

Van hoff's rule **वान हॉफ का नियम**

यह नियम ताप के बढने पर रासायनिक प्रतिक्रियाओं में वृद्धि की दर को बताता है। व्यापक अर्थों में प्रत्येक $10^{o}c$ ताप के बढने पर दुगनी अथवा तिगनी वृद्धि होती है। हॉफमैन का नियम उष्ण कटिबन्धीय भूदृश्यों में रासायनिक अपक्षय के महत्व को समझने में सहायक है।

vapour **वाष्प**

गैसीय अवस्था में किसी तत्व का होना वाष्प कहलाता है।

vapour pressure **वाष्पदाब**

मौसम विज्ञान में जल-वाष्प द्वारा वायु में डाला गया दाब, वाष्प दाब कहा जाता है। यह दाब आंशिक होता है क्योंकि वायु स्वयं भी दाब डालती है।

vardarac **वारड़राक**

मिस्ट्राल के समान एक शीतल वायु जो मेसोड़ोनिया की घाटियों में चला करती है।

variable qualitative **गुणात्मक परिवर्त्य**

संख्यात्मक इकाइयों की अपेक्षा श्रेणियों को प्रदर्शित करने वाले परिवर्त्य को गुणात्मक परिवर्त्य कहते हैं। लिंग, धर्म, जाति, प्रजाति गुणात्मक परिवर्त्य हैं। ऐसे परिवर्त्यों में विभेद के लिए अंकों अथवा संख्याओं का प्रयोग नहीं किया जाता।

variable quantitative **परिमाणात्मक परिवर्त्य**

एक ऐसा परिवर्त्य जिसमें अनेक संख्यात्मक इकाइयों का प्रयोग किया जाता है, उसे परिमाणात्मक परिवर्त्य कहते हैं। आयु, आय, परिवार का आकार, परिमाणात्मक परिवर्त्य के उदाहरण हैं।

variate **विचर**

किसी चर का कोई एक मूल्य; एक व्यक्तिगत प्रेक्षण; विचर कहलाता है।

variscan orogeny **वेरिस्कन पर्वतन**

भूगर्भशास्त्र में कार्बोनीयुग के अंतिम चरण और पर्मियन युग के प्रारम्भिक चरण की आरमोरीकन पर्वतन की अवस्था को वेरिस्कन पर्वतन कहा जाता है; किन्तु कुछ विद्वानों ने इस पर्वतन को हार्सीनीयन पर्वत के समानार्थ प्रयुक्त किया है।

varve **वार्व/अनुवर्ष स्तरी**

हिमनदीय झीलों में पाई जाने वाली अवसाद की ऋतुनिष्ठ पतली परत वार्व/अनुवर्षस्तरी कही जाती है।

vector **वेक्टर/सदिश**

ऐसा बल जिसमें दोनों परिमाण और दिशा होते हैं जैसे कि 48 किमी की गति से चलने वाली पश्चिमी पवन।

veering **दिक् घूर्णन**

पवन का उत्तरी गोलार्द्ध में दक्षिणावर्त दिशा में परिवर्तन उदाहरणार्थ पश्चिमी दिशा से उत्तरी दिशा होना तथा दक्षिणी गोलार्द्ध में इसके विपरीत होना दिक् घूर्णन कहलाता है।

veering of wind **दक्षिणावर्त पवनें**

दक्षिणावर्त दिशा में पवन का परिवर्तन होना दक्षिणावर्त पवन कहा जाता है, अर्थात उत्तर से पूर्व की ओर हुए दक्षिण दिशा में पवन का चलना दक्षिणावर्त पवन कहलाता है।

veld **वेल्ड**

आन्तरिक दक्षिण-अफ्रीका के जंगली घास के मैदान वेल्ड कहलाते हैं। ये घास के मैदान आग द्वारा अत्यधिक परिवर्तित किये गये हैं और परीक्षणों से यह सिद्ध हुआ है कि कृषि और अग्नि से बचाये जाने पर ये वेल्ड झाडियों और यहाँ तक कि वनों में विकसित हो जाते हैं।

velocity **वेग**

किसी दिशा में चाल की गति, वेग कहलाती है।

vent **द्वार/निकास/मुख**

पृथ्वी के धरातल पर ज्वालामुखी के द्वारा बना एक रन्ध्र/छिद्र/ जिसके द्वारा ज्वालामुखीयता के समय पिघला लावा तथा अन्य पदार्थ बाहर निकलते हैं द्वार अथवा निकास अथवा मुख कहलाता है।

vent d autan **वेन्ट डी ओटन**

दक्षिण फ्रांस से बिस्के की खाडी की ओर चलने वाली प्रभावशाली उष्ण शुष्क पवन को वेन्ट-डी-ओटन कहा जाता है।

vernal equinox **वसन्ती विषुव**

यह वह समय है जब सूर्य का झुकाव विषुवत रेखा को पार करता है और पृथ्वी पर सभी स्थानों पर लगभग 20-21 मार्च को दिन और रात बराबर होते हैं। सूर्य उत्तरी ध्रुव पर उदय होता है और दक्षिणी ध्रुव पर अस्त होता है।

vertibrate **कशेरूकी/रीढ़ीदार/मेरूदण्डी**

ऐसे जीव जिनमें खण्डीय रीढ़ पाई जाती है उन्हें कशेरूकी/मेरूदण्डी कहा जाता है।

vertical exaggeration **अतिरंजित-ऊर्ध्वाधर**

किसी मॉडल में ऊँचाई का उचित रूप से निरूपण के लिए उसके क्षैतिज मापक की तुलना में

ऊर्ध्वाधर मापक में की जाने वाली आवश्यक वृद्धि को अतिरंजित ऊर्ध्वाधर कहा जाता है।

vertical interval **ऊर्ध्वाधर अन्तर**

दो बिन्दुओं के बीच की ऊर्ध्वाधर दूरी को ऊर्ध्वाधर अन्तर कहा जाता है।

vertical shear **उर्ध्वाधर अपरूपण**

ऊँचाई के साथ पवन की गति अथवा दिशा में परिवर्तन ऊर्ध्वाधर अपरूपण कहलाता है।

vertical temperature gradient **ऊर्ध्वाधर ताप प्रवणता**

ताप के ह्रास दर को ऊर्ध्वाधर ताप प्रवणता कहा जाता है।

vertical zone **ऊर्ध्वाधर मण्डल**

दक्षिणी अमरीका में ऊँचाई के क्षेत्रों को ऊर्ध्वाधर मण्डलों में विभाजित किया जाता है। वहां ऊँचाई के अनुसार चार मण्डल पाये जाते हैं:- टियरा केलिएन्टे, टियरा फ्राया, टियरा हेलाड़ा तथा टियरा टेम्लाड़ा

vertisol **वर्टीसोल**

संयुक्त राज्य अमेरिका के मृदा वर्गीकरण का एक वर्ग जो दृढ परिवर्तनीय अधिक संगठित विस्तारित योग्य मृतिका होती है, जिसमें ऋतुओं के अनुसार आर्द्रता संतुलन रहता है।इस प्रकार की मृदा प्रायः उच्चताप क्रम वाले क्षेत्रों की विशेषता होती है, जहाँ जीवाणु जैविक अवशेष की मात्रा कम कर देते हैं अतः इस प्रकार की मृदा में ह्यूमस की मात्रा कम पाई जाती है।

vesicles **स्फोटगर्त**

लावा के ठोस होते समय उसके साथ निकलने वाली गैसों में बुलबुले से बनने वाले गोलाकार विवर स्फोटगर्त कहलाते हैं।

vesicular **स्फोटगर्ती**

स्फोटगर्तों से आवृत अथवा आकृति अथवा संरचना में स्फोट गर्त से मेल खाता है, स्फोटगर्ती कहा जाता है।

vine yard **अंगूरों का बाग**

ऐसा भूमि-खण्ड जिस पर अंगूर की खेती की जाती है।

virga **वर्गा/फूही**

अवरोही और वाष्पित जल की बूँदों के रेशेदार पुछल्ले जो ऊपर के मेघ से नीचे की ओर पतले होते जाते हैं जो पीछे से आते सूर्य प्रकाश द्वारा दिखाई देते हैं।

viscosity **चिपचिपाहट/लसीलापन**

किसी तरल पदार्थ का गुण जिसके द्वारा उसके बहाव में प्रतिरोध शक्ति आ जाती है चिपचिपाहट (viscosity) कहलाती है।

viscous **लसीला/चिपचिपा**

चिपचिता, धीमे बहने वाला पदार्थ लसीला/चिपचिपा कहलाता है; उदाहरणार्थ वह लावा जो ज्वालामुखी-शंकु का निर्माण करता है; लसीला होता है।

visibility **दृश्यता**

वह दूरी जिसे आँखों से स्पष्ट देखा जा सके दृश्यता कहलाती है।

vital statistics **जन्म-मरण सांख्यिकी**

जनसंख्या का स्थानीय, राष्ट्रीय और अन्तर्राष्ट्रीय स्तर पर जन्म, विवाह, मृत्यु के बारे में संख्यात्मक आंकडों के बारे में अभिलिखित समूचनायें जन्म मरण सांख्यिकी कहलाती है।

viti culture **अंगूरोंत्पादन**

अंगूर और शराब के उत्पादन के लिए, अंगूरों की जाने वाली खेती को अंगूरोत्पादन कहा जाता है।

volcanic earthquake **ज्वालामुखी भूकम्प**

ज्वालामुखी विस्फोट के समय आने वाले भूकम्पों को ज्वालामुखी मूलक भूकम्प कहा जाता है। प्रायः इस प्रकार के भूकम्प ज्वालामुखी क्षेत्रों में ही आते हैं।

volcanic cone **ज्वालामुखी शंकु**

ज्वालामुखी उद्भेदन से निकले पदार्थ, ज्वालामुख के समीप जमा होने से एक गोलाकार पहाडी बन जाती है, इसे ज्वालामुखी शंकु कहते है। ज्वालामुखी से निकले पदार्थों की रासायनिक रचना पर शंकु का आकार तथा विस्तार निर्भर करता है। ज्वालामुखी शंकु रचना के आधार पर अनेक प्रकार के होते हैं:

(i) लावा शंकु—लावा प्रवाह से निर्मित शंकु-लावा शंकु कहलाते हैं। अम्ल लावा से बने शंकु तीव्र ढाल वाले होते हैं तथा पैढिक लावा से बने शंकु मन्द ढाल वाले होते हैं।

(ii) सिंडर शंकु—राख और शिलाखण्डों से बने शंकु सिंडर शंकु कहलाते हैं।

(iii) मिश्रित शंकु—इस प्रकार के शंकु में स्तर/तह पाई जाती हैं। एक के बाद एक परत जमा होती जाती है।

(iv) परजीवी शंकु—मिश्रित शंकु में विस्फोट से उसकी दीवारें टूट जाती हैं, जिससे उसके किनारे पर अनेक छिद्र बन जाते हैं जिनसे लावा निकलता है। इस प्रकार के शंकु परजीवी शंकु कहलाते हैं।

volcanoes, types **ज्वालामुखी के प्रकार**

उद्गार और उद्गार अवधि के आधार पर ज्वालामुखी के निम्न प्रकार पाये जाते हैं:

(i) ज्वालामुखी उद्गार के आधार पर ज्वालामुखी प्रायः दो प्रकार के पाये जाते हैं: (अ) केन्द्रीय उद्गार के ज्वालामुखी, (ब) दरारी उद्भेदन वाले ज्वालामुखी

(अ) केन्द्रीय उद्गार ज्वालामुखी—इस प्रकार के ज्वालामुखी से एक संकरी नली अथवा द्रोणी से उद्भेदन होता है। इस प्रकार के ज्वालामुखी स्ट्राम वाली पीलियन और विसुवियस हैं।

(ब) दरारी उद्भेदन वाले ज्वालामुखी में लावा एक दरार अथवा विवर से निकलता है ऐसे ज्वालामुखी दरारी उद्भेदन कहलाते हैं।

(ii) उद्गार अवधि के आधार पर ज्वालामुखी तीन प्रकार के होते हैं: (अ) जाग्रत ज्वालामुखी, (ब) प्रसुप्त ज्वालामुखी, तथा (स) शान्त ज्वालामुखी।

(अ) जाग्रत—ऐसे ज्वालामुखी जिनसेष्ठलावा और गैस निकलती है जाग्रत ज्वालामुखी कहलाते हैं।

(ब) प्रसुप्त—ऐसे ज्वालामुखी जो उद्भेदन के बाद शांत हो जाते हैं, तथा जिनके उद्गार के बारे में अनिश्चितता रहती हैं प्रसुप्त ज्वालामुखी कहलाते हैं।

(स) शान्त ज्वालामुखी—इस प्रकार के ज्वालामुखी पूर्णतः शान्त हो जाते हैं।

volcanology/vulcanology **ज्वालामुखी विज्ञान**

ज्वालामुखी से सम्बन्धित सभी पक्षों का अध्ययन ज्वालामुखी विज्ञान में किया जाता है।

volcanologist **ज्वालामुखी विज्ञानी**

ज्वालामुखी से सम्बन्धित विस्फोट, निकले पदार्थ, और उनके प्रभावों का अध्ययन करने वाले विद्वानों को ज्वालामुखी विज्ञानी कहा जाता है।

Von thunen's model **वानथूनन का मॉडल**

आर्थिक भाडा (economic rent) के आधार पर कृषि उत्पादन और सम्बन्धित भूमि उपयोग के प्रतिरूपों का एक मॉडल वान थूनन ने 1828 में प्रस्तुत किया। यह मॉडल कई सरलीकृत मान्यताओं पर आधारित है; इन सरलीकृत मान्यताओं में बाजार नगर का प्राकृतिक नियमों के अनुसार एक समान प्रदेश में स्थित होना, यातायात भाडा स्पष्ट रूप से दूरी के अनुपात में होता है, विभिन्न प्रकार के भूमि उपयोग से प्रति एकांक क्षेत्र भिन्न उपज होती है तथा विभिन्न उत्पदों और भिन्न यातायात लागत के कारण भिन्न शुद्ध लाभ होता है, मॉडल की मुख्य मान्यताएं हैं। इसके साथ यह भी माना गया कि प्रत्येक किसान अपनी उपज इसी मंडी में बेचेगा। भिन्न यातायात लागत और भिन्न उपजों के कारण किसान को भिन्न शुद्ध लाभ होता है।

इसी आधार पर वान थूनन, ने मंडी से बाहर की ओर सकेन्द्रीय वृत्तों की सहायता से कृषि के विभिन्न उत्पादों के क्षेत्रों को स्पष्ट किया है।

इसी मॉडल में मंडी (बाजार नगर) के सर्वाधिक निकट विपणि कृषि और डेयरी व्यवसाय का क्षेत्र होता है क्योंकि इस उद्योग के लिए अधिक भ्रमरी आवश्यक होती है तथा तीव्र और सस्ते यातायात साधनों की आवश्यकता होती है। मंडी से जैसे जैसे दूरी बढती जाती है लाभ कम होता जाता है तथा यह लाभ ऐसे बिन्दु तक गिर जाता है कि इसके स्थान

पर दूसरी उपज उत्पन्न करना अधिक लाभकारी होता है।

मंडी से बाहर की ओर लाभ और कृषि की मात्रा निरन्तर कम होती जाती है, इस कारण एक प्रकार की कृषि का स्थान दूसरे प्रकार की कृषि ले लेती है। माउटवे के अनुसार मंडी के बाहर की ओर क्रमशः सकेन्द्रित व्रतों-विपणी कृषि एवं डेयरी व्यवसाय, काष्ट उत्पादन, गहरी कृषि फसल चक्र के साथ, और उक्त में पशु नापक का क्षेत्र आता है जिसमें क्रमभ्रमरी और कम से कम यातायात लागत की आवश्यकता होती यद्यपि 19 वीं शताब्दी से अब बाजार की अवस्थाओं और तकनीकी स्थिति में परिवर्तन हो गया है और वॉन थूनन के कई सरलीकृत मान्यताओं पर प्रश्न चिन्ह लगाये जा रहे हैं फिर भी बाक थूनन मॉडल आर्थिक संकल्पना को स्थिगित अवस्थाओं से जोड़ता है जोडने के कारण महत्वपूर्ण हैं।

voralp **वोराल्प**

जर्मन भाषा के इस शब्द का अर्थ अल्पाइन घाटी में स्थित निम्न चारागाहों से होता है।

v-shaped valley **V-आकार की घाटी**

ऐसी घाटी जिसका निर्माण नदी के प्रवाह के कटान के द्वारा हुआ हो; अनुप्रस्थ काट में इस धाटी का आकार अंग्रेजी के V अक्षर के अनुरूप होता है, इस प्रकार की घाटी को V आकार की घाटी कहा जाता है।

vugh/vug **वग/ आस्तरित गुहिका**

ज्वालामुखी शैल में गौंण खनिजों के साथ आस्तारित विवर को आस्तरित गुहिका कहा जाता है।

volcanic island **ज्वालामुखी द्वीप**

सागर तल पर ज्वालामुखी विस्फोट के परिणाम स्वरूप बने द्वीप ज्वालामुखी द्वीप कहलाते हैं। ज्वालामुखी का शीर्ष द्वीप को प्रकट करता है जबकि उसके ढाल सागर जल के तल से नीचे रहते हैं।

vulcanicity **ज्वालामुखीयता**

ऐसी प्रक्रिया जिससे कि ठोस, तरल और गैसीय पदार्थ पृथ्वी के भीतरी भाग से धरातल पर ज्वालामुखी मुख और दरारों से होकर प्रचण्डता से बाहर आता है। यह प्रक्रिया न केवल ज्वालामुखी पर्वतों का निर्माण करने में सहयोग प्रदान करती है; वरन इस प्रक्रिया से आग्नेय शैलों को निर्माण भी होता है।

W

wadi **वादी**

उष्ण मरूस्थलों में अति प्रवण पार्श्वी तथा समतल-तल की घाटी जिसमें होकर कभी-कभी विरामी नदी का प्रवाह होता है वादी कहलाती है। ऐसा माना जाता है कि इस प्रकार की वादियाँ वृष्टीय (pluvial) (जब मरुस्थलीय क्षेत्रों में वर्षा अधिक होती थी), के काल में नदियों द्वारा बनाई गई घाटियाँ हैं।

wage differential theory **वेतन भेदक सिद्धान्त**

यह सिद्धान्त इस बात को इंगित करता है कि भिन्न स्थानों पर वेतन में अन्तर प्रवास का मुख्य कारण है।

wakedune **पश्चवर्त्य टिब्बा**

बडे रेत टिब्बों की ओट में बना रेता का टीला पश्चवर्त्य टिब्बा कहलाता है।

Wallaces line **वैलेस की रेखा**

सन् 1858 में वैलेस द्वारा प्रस्तावित प्राणी-भौगोलिक सीमा को वैलेस की रेखा कहा जाता है। यह रेखा मलय द्वीपों के मध्य से गुजरती है जो एशियाई और आस्ट्रेलियाई प्राणीजगत् का मिलन स्थल है। इस रेखा को बाद में हक्सले ने संशोधन किया था।

walled town **प्राचीर नगर/दीवारी नगर**

ऐसे नगर जिनके चारों ओर प्राचीर निर्मित होती है, प्राचीर नगर/दीवारी नगर कहे जाते हैं। इस प्रकार के नगर मध्य काल में सुरक्षा की दृष्टि से बसाये जाते थे।

waning slope **क्षीयमाण ढाल**

यह एक प्रकार का ढाल होता है जो नियंत्रित ढाल के नाम से भी जाना जाता है। पहाड़ी ढाल के अध्ययन में सामान्यतः चार तत्वों की पहचान की जाती है (1) वर्द्धमान ढाल (waxing slope) शीर्ष के निकट यह अत्यधिक प्रवणता का भाग होता है क्योंकि पर्वत/पहाड़ी अपने पीछे और शीर्षकी ओर कटाव करती हैं (2) मुक्त पार्श्व (free face) अथवा समढाल (constant slope) पर्वत पदीय भाग में निरन्तर ढाल रहता है तथा (3) क्षीयमान ढाल

(waning slope) कभी-कभी इसे wash slope अथवा नियंत्रित ढाल controlled slope कहा जाता है, यह ढाल कम ढालवाला होता है।

warm occlusion **उष्ण अवरोधन**

एक ऐसा अवरोधन जिसमें बराबर आ जाने वाली वायु गति इतनी ठण्डी नहीं होती है जितनी कि उससे आगे की वायुराशि ठण्डी होती है अतः उस वायुराशि को उष्ण अवरोधन कहा जाता है।

warm sector **उष्ण क्षेत्र/भाग**

किसी अवदाब (depression) में उष्ण वायु का क्षेत्र जहाँ वायु तापक्रम और सापेक्षिक आर्द्रता बढ़ी हुई रहती है। यह प्रायः वाताग्र के पीछे और शीत वाताग्र के आगे रहता है।

warping **आवलन**

वह प्रक्रिया (प्राकृतिक अथवा कृत्रिम) जिसके द्वारा ज्वारीय मुहाने की निम्न- शायी भूमि पर बाढ़ द्वारा गाद और मृतिका जमा हो जाती है।

wash **वाश/आलेप/प्रक्षाल**

सागर की तरंगित गति अथवा अन्य किसी बडे जल के द्वारा पश्चधावन के विपरीत् तरंग का विखंडन तथा ज्वार के द्वारा रेत (बजरी) और मृतिका का प्रक्षालन वाश/आलेप कहलाता है।

wash load **प्रक्षाल भार**

नदी प्रवाह के जल में निलंबित भार को प्रक्षाल भार कहा जाता है।

waste,wasteland **अपरद/व्यर्थ भूमि**

सामान्यतः किसी बीहड़, अकृषित और निर्जन भूभाग को अपरद/व्यर्थ भूमि कहा जाता है।

water fall **प्रपात**

नदीतल में नदी के जल का यकायक, तीव्रढाल से गिरना अथवा लम्बवत् गिरना प्रपात कहलाता है। भारत में जोग फाल, उत्तरी अमरीका में नियाग्रा प्रपात इसके उदाहरण हैं।

water hole **जलविवर/जलगर्तिका**

सवाना प्रदेश अथवा मरूस्थलों में जल का किसी गर्त में प्राकृतिक अथवा कृत्रिम ढ़ंग से एकत्रित होना जलविवर /जलगर्तिका कहलाती है।

water logging **जलाक्रांति**

जलोढ में जल-तल का ऊपर आना जिससे संतृप्तता का क्षेत्र पौधों की जड़ों के क्षेत्र तक आ जाता है, जलाक्रांति कहलाता है।

water perimeter **जलीय परिमाण**

नदी घास के अनुप्रस्थकाट में जल और तल के बीच की सम्पर्क रेखा जलीय परिमाण कहलाता है।

water power **जलशक्ति**

बहते जल की शक्ति को यांत्रिक शक्ति में बदला जाना जिससे जल विद्युत उत्पन्न की जाती है।

water shed **जलविभाजक**

जो दो सटे हुए अपवाह क्षेत्रों को विभाजित करने वाले भाग को जल विभाजक कहा जाता है। इस प्रकार के क्षेत्र में दो सरिताओं के शीर्ष दो भिन्न दिशाओं के नदी बेसिनों में प्रवाहित होती है।

water spout **जलस्तंभ**

जल क्षेत्र के ऊपर टारनेड़ो के बनने पर बना एक लम्बा कीपाकार जल संचरण, जल स्तंभ कहा जाता है।

water table **भौमजलस्तर**

वह तल जो जल से संतृप्त पारगम्य शैल के नीचे होता है।

water vapour **जलवाष्प**

पृथ्वी के वायुमण्डल में जल की वाष्प अवस्था में उपस्थिति को जलवाष्प कहते हैं।

waterway **जलमार्ग**

अन्तर्देशी जल का नौगम्य विस्तार जो यातायात के लिए काम में लिया जाता है, जलमार्ग कहलाता है।

watten **वाटन**

मुख्य भूमि और अपतट भित्ति के मध्य स्थित ज्वारीय दलदल भूमि को वाटन कहा जाता है।

wave **तरंग/लहर**

सागरीय जल में दो अवनमनों के बीच की एक कटक तरंग/लहर कहलाती है। ज्योंही कोई तरंग/लहर तट के निकट पहुँचती है ये चाप के रूप में छल्ले में परिवर्तित होकर समाप्त हो जाती है। सतही तरंग, तट का अपरदन करती हैं। सागरीय तरंग/लहर धाराओं को उत्पन्न करती हैं। तरंग की ऊँचाई प्रायः पवन की गति के दुगने के अनुपात में होती है।

wave base **तरंग निष्क्रियता**

सागर की अधिकतम गहराई जिसके तल का जल उद्वेलित होकर अवसाद को किंचित गतिशील बनाता है।

wave built terrace **तरंग निर्मित वेदिका**

तरंगों द्वारा अवसादों के धोवन से गनी वेदिका को तरंग निर्मित वेदिका कहा जाता है। तरंग निर्मित वेदिका प्रायः तरंग कर्तित वेदिका के समुद्री भाग की ओर बनी होती है।

wave cut bench **तरंगकर्तित बेंच**

सागरीय भृगु के आधार पर तरंग द्वारा अपरदन से बना मैदान जिसका ढाल सागर की ओर रहता है। कुछ स्थितियों में यह तरंग निर्मित वेदिका में मिल जाती है।

wave cut cliff **तरंग कर्तित भृगु**

तरंग और धाराओं की क्रिया द्वारा नीचे की ओर से काटी गई से बनी भृगु, तरंग कर्तित भृगु कहलाती है।

wave cut notch **तरंग कर्तित खौंच**

तरंग संघात के केन्द्रीकरण द्वारा समुद्री भृगु के आधार पर बनाई गई शैल गुफा तरंग कर्तित खौंच कहलाती है।

weather **मौसम**

विशेष समय पर और किसी स्थान पर पृथ्वी के निकट थोड़े समय के लिए वायुमण्डल की अवस्था जिससे मानव प्रभावित होता है मौसम कहलाता है। मौसम में तापक्रम, सूर्य प्रकाश, वायुदाब और पवन, आर्द्रता, मेघों की स्थिति, वर्षा, कोहरा आदि को सम्मलित करते हैं।

weathering **अपक्षय**

भूकृतिकि भूकृतिकी (morphological) और मृदा विज्ञान में सर्वाधिक महत्व अपक्षय का है। अपक्षय की प्रक्रिया तब आरम्भ होती है जब भूपृष्ठ की अनावृत शैल, मौसम के द्वारा प्रभावित होकर टूटती और अपघटित होती है और शैल मलवे में परिवर्तित हो जाती है। यांत्रिक अपक्षय में किसी भी प्रकार के खनिजों में परिवर्तन हुए बिना शैलों का विघटन होता है। रासायनिक अपक्षय में शैल और अवसाद में पाये जाने वाले खनिजों का अपघटन होता है। विश्व के अनेक भागों में यह दोनों प्रकार का अपक्षय साथ-साथ होते रहते हैं, तथा एक दूसरे को बढ़ावा देते रहते हैं। अपक्षय की दर जलवायु की परिस्थितियों और शैल की बनावट पर निर्भर करती है। जैव अपक्षय में जैविक क्रियाओं द्वारा शैलों का टूटना होता रहता है।

weathering front **अपक्षयाग्र**

अधः शायी शैल से आवरण प्रस्तर का सम्पर्क क्षेत्र अप क्षयाग्र कहलाता है।

weathering rind **अपक्षय पपडी**

अपरिवर्तित क्रोड़ (core) के चारों ओर की शैल की पपडी का रासायनिक परिवर्तन, अपक्षय पपडी कहलाती है।

Weber's theory of industrial location **वेबर का औद्योगिक अवस्थिति सिद्धान्त**

ए. वेबर ने 1909 में औद्योगिक अवस्थिति के सम्बन्ध में एक सिद्धान्त प्रस्तुत किया जिसके अनुसार एक उद्योगपति न्यूनतम लागत अवस्थिति के आधार पर नवीन उद्योग की अवस्थिति के स्थान का चयन करता है। यह सिद्धान्त कई मान्यताओं पर आधारित है; इनमें कुछ इस प्रकार है; बाजार निश्चित और विशिष्ट बिन्दु पर स्थित होते हैं, बाजार में पूर्ण स्पर्धा पाई जाती है, तथा निर्णय आर्थिक मरनव द्वारा किया जाता है।

वेबर के अनुसार कच्चामाल और बाजार, यातायात मूल्य के द्वारा उद्योग की अवस्थिति पर खिंचाव प्रस्तुत करते हैं। उच्च माल सूचक (high material index) वाले उद्योगों की स्थापना कच्चे माल के निकट होगी जबकि न्यून माल सूचक (low material index) वाले उद्योगों की स्थापना बाजार के निकट होगी।

wedge **वैज**

वैज उच्चदाब का एक त्रिभुजाकार क्षेत्र होता है जिसमें उच्चतम दाब उसके आधार के मध्य में स्थित होता है तथा और अधिक आगे तथा पार्श्व की ओर यह दाब कम होता जाता है।

wedge failure **वेज/फन्नी ह्रास**

दो अथवा तीन भंजन संधियाँ भृगु को उच्चकोण पर काट कर शैल के बडे-बडे खण्डों में पृथक कर देती हैं, यह खंड 10 घनमीटर से अधिक बडे नहीं होते हैं।

weir **बंधिका/अवरोध**

नदी के बहाव को नापने के लिए नदी के आर-पार बनाया गया ढाँचा बंधिका अवरोध (weir) कहलाता है। यह कंकरीट अथवा धातु अथवा लकड़ी का बना होता है।

Wentworth scale **वेन्टवर्थ स्केल**

सी.के. वेन्ट वर्थ द्वारा 1922 में एक ऐसी मापनी प्रस्तुत की गई जिसके द्वारा अवसाद कणों का माप किया जा सके, इस स्केल (मापनी) द्वारा मृतिका के कणों 0.004 मी.मी. अर्द्ध व्यास से गोलाश्म तक को नापा जा सकता है।

westerlies **पछुआ पवन**

35° से 60° के मध्य चलने वाली पवन पछुआ पवन कहलाती है, यह पवन उत्तरी गोलार्द्ध में दक्षिण पश्चिम दिशा से और दक्षिणी गोलार्द्ध में उत्तर पश्चिम दिशा से चला करती हैं।

wet adiabatic lapserate **आर्द्र रूद्धोष्म ह्रासदर**

संतृप्त रूद्धोष्म ह्रासदर को आर्द्र रूद्धोष्म ह्रास दर कहा जाता है।

wet and dry thermometer **आद्र एवं शुष्क बल्ब तापमापी**

यह आर्द्रता मापक यंत्र है, इस यंत्र में लकडी की तख्ती पर दो तापमापी पास-पास लगे रहते

हैं। एक तापमापी के बल्ब को मलमल के कपडे को भिगोकर रखा जाता है। इस मलमल के कपडे के नीचे कपडे की बत्ती स्वच्छ पानी में डूबी रहती है। जब शुष्क वायु का सम्पर्क इस बल्ब से होता है तो वायु की उष्मा जल के वाष्पीकरण से समाप्त हो जाती है, और उसका तापमान कम हो जाता है, जबकि दूसरे शुष्क बल्ब वायु में खुला रहता है। इन दोनों तापमापियों के पाठयांक (readings) में अन्तर से सापेक्षिक आर्द्रता एक सारिणी की सहायता से ज्ञात की जाती है।

wet dock **आर्द्रगोदी**

एक बड़ा बेसिन जिसके जल स्तर को उच्च ज्वार स्तर पर बनाये रखा जाता है जिससे कि उस गोदी में आये जलयान तैरते रह सकें।

wetland **आर्द्रभूमि**

वह भूमि जो समय-समय पर अथवा स्थायी रूप से जलाक्रांत रहती है आर्द्रभूमि कहलाती है, जैसे कि नदी मुहाने का ज्वारीय पंक मैदान, दलदल/यह आर्द्र भूमि अनेक प्रकार के पक्षियों के चरने और प्रजनन का स्थान होता है।

wet point settlement **जल प्रापी बस्ती**

ऐसी बस्ती जिसका स्थान जलआपूर्ति की उपलब्धता, विशेष कर स्थायी जलस्रोत (spring) के स्थान, उन स्थानों के विपरीत जहाँ बाढ़ का खतरा प्रभावी रहता है, पर निश्चित किया जाता है, ऐसी बस्ती को जलप्रापी बस्ती कहा जाता है।

wetting front **जलीय अग्र**

ऊपर से नीचे की ओर अन्तः स्पन्दन की मृदा में अंतिम सीमा जलीय अग्र कहलाता है।

whirlwind **वातावर्त**

निम्न दाब के स्थानीय केन्द्र के चारों ओर घूमती हुई वायु जो स्थानीय भूपृष्ठ के तापन और अपवाद स्वरूप प्रभावशाली संवहन के कारण तेजी से घुमती है। यद्यपि यह वातावर्त का विस्तार अधिक नहीं होता है किन्तु ऊर्ध्वाकार अक्ष के चारों ओर कुण्डलित घुमती है जैसे कि चक्रवात और टायफून आदि।

white coal **श्वेत कोयला**

जलविद्युत के लिए दिया गया काल्पनिक नाम।

willy-willy **विली-विली (टारनाड़ो)**

पश्चिमी आस्ट्रेलिया में एक प्रकार का घूमता हुआ बवन्डर जो तट से दूर समुद्र में उत्पन्न होकर पश्चिमी आस्ट्रेलिया तट से होकर भीतर की ओर जाता है।

wilting point **ग्लानि बिन्दु**

मृदा आर्द्रता में वह संतुलन बिन्दु जिसमें आर्द्रताग्राही जल और कुछ आबद्ध केशिका जल जिसके कारण लम्बे समय तक जल की उपलब्धता की कमी के दबाब से भी अन्ततः पौधे मरते नहीं हैं।

wind erosion **वातीय अपरदन**

पहाड़ी क्षेत्र के शीर्ष में शुष्क अन्तराल, एक खांचा अथवा दर्रा, मूलरूप से नदी द्वारा काटा गया भाग जो अब सूख गया हो जैसे कि कोल/वातीय अपरदन के रूप हैं।

wind gap **पवन विदर**

किसी उच्चावच अवरोध का नदी द्वारा काटा गया दर्रा, जिसमें अब कोई नदी नहीं बहती है, ऐसा अमिग्रहीत किया जाता है कि यह नदी द्वारा काटा गया था किन्तु अब इससे होकर केवल पवन ही गुजरती है, ऐसा दर्रा पवन विदर कहलाता है।

wind power **पवन शक्ति**

पवन चक्की के रोटर (घूर्णन) से उत्पन्न यांत्रिक अथवा विद्युत पवन शक्ति कहलाती है।

wind pump **पवन पम्प**

पवन शक्ति के द्वारा चलाया जाने वाला पम्प पवन पम्प कहलाता है।

wind rose **पवनारेख**

वायु की आवृति को प्रदर्शित करने वाला आरेख।

wind vane **वात दिग्दर्शी**

एक ऐसा यन्त्र जिसके द्वारा पवन की दिशा और वेग ज्ञात किया जाता है, वातदिग्र्शी कहा जाता है।

wind ward **पवनाभिमुख**

वह दिशा जिस ओर से वायु बह रही होती है।

winter **शीत ॠतु**

ग्रीष्म ॠतु जो गर्म होती है के विपरीत वर्ष का शीतकाल का समय शीत ॠतु कहलाती है।

winter solstice **दक्षिण अयतांत**

21 अथवा 22 दिसम्बर को जब उपध्रुवीय (sub polar) बिन्दु $23\frac{1}{2}^{o}$ दक्षिण अक्षांश पर रहता है दक्षिण अयतांत होता है।

wood land **अरण्य भूमि**

वह भूमि जिस पर वृक्ष उगे रहते हैं अरण्य भूमि कही जाती है।

wood pulp **काष्ठ लुग्दी**

यांत्रिक और रासायनिक प्रक्रिया द्वारा तैयार किया गये लकड़ी के रेशों में जल और सेलूलोज का मिश्रण तैयार कर कागज बनाया जाता है।

wrench fault **रेंच भ्रंश**

ऐसा नतिलम्ब सर्पण भ्रंश जिसका भ्रंश तल शीर्ष की ओर झुका रहता है।

wrinkle ridge **वलीय कटक**

चन्द्रीय झील केतल पर लहरदार, असमान और खंडित कटक को वलीय कटक कहा जाता है। ऐसा माना जाता है कि यह लावा के विरूपण का परिणाम है।

wrought iron **ताड्य लोह/पिटवाँ लोहा**

ढला लोहा (cast iron) कच्चा लोहा (pigiron) और स्टील (steel) को ताड्य/पिटवॉ/लोहा कहा जाता है।

x enolith **अपराश्म**

आग्नेय अन्तर्वेधन द्वारा सम्मिलित और रूपान्तरित स्थानीय शैल का पृथक शैल खण्ड अपराश्म (xenolith) कहलाता है।

x enophobia **जीनों फोबिया/विदेशी-द्वेश**

विदेशीयों और विदेशी वस्तुओं से भय, अरूचि अथवा अविश्वास जीनोफोबिया/विदेशी द्वेश कहलाता है।

xeroll **जेरोल**

संयुक्त राज्य अमेरिका के मृदा वर्गीकरण की मॉलीसॉल प्रकार की मृदा की एक कोटि चेस्टनट मृदा का उपगण/उपआर्डर (sub order) जेरोल होती है।

xerophyte **मरूगर्भोभिद**

ऐसे पौधे जो मौसमी अथवा स्थायी शुष्क जलवायु में उगते और फूलते हैं। इस प्रकार के पौधों की जड़ें लम्बी और गहराई तक जाती हैं जल भण्डारण के लिए छाल मोटी और पत्तियाँ छोटी और चिकनी होती हैं।

xerophytic **मरूभिदी**

मरूगमोभिद (xerophyte) की विशेषताओं वाली वनस्पति मरूभिदी कहलाती है।

xerophytic coniferous forest **मरूदभिदी कोणधारी वन**

अर्द्धउष्ण क्षेत्रों में अधिक ऊँचाई पर पाये जाने वाले वन, उदाहरणार्थ दक्षिण-पश्चिमी संयुक्त राज्य अमरीका के जूनीपर।

xerosere **मरूक्रम**

शुष्क पर्यावरण जैसे कि अनावृत शैल तल अथवा असंगठित रेत के क्षेत्र में विकसित पादप अनुक्रम, मरूक्रम कहलाता है।

xrays **एक्स किरण**

विद्युत चुम्बकीय स्पेक्ट्रम में लघुतरंग दैर्ध्य, उच्च ऊर्जा विकिरा को एक्स किरण कहा जाता है।

Y

yardang **यारड़ांग**

मरूस्थलों में पवन अपघर्षण द्वारा बनी स्थलाकृतियाँ यारड़ांग कहलाती है। यारडांग लम्बाई में फैली कटक होती है जो प्रबल वायु की दिशा के समानान्तर पाई जाती हैं, यारडांग स्पष्टतः वायु में रेत के कणों द्वारा आधारीय अधोरदन को स्पष्ट करते हैं। सहारा के तिबस्ती क्षेत्र में इस प्रकार की आकृतियाँ कई वर्ग किलोमीटर में पाई जाती हैं।

yazoo stream **याज़ू सरिता**

ऐसी सहायक नदी जो पर्याप्त दूरी तक मुख्य नदी के समानान्तर बहती है, याज़ू नदी कही जाती है। इस प्रकार की सहायक नदी, मुख्य नदी द्वारा बनाये प्राकृतिक तटबन्ध के सहारे बहती है। इस प्रकार की नदी मिसिसीपी डेल्टा में प्रवाहित याज़ू नदी इसका मुख्य उदाहरण है।

yield **उपज/उत्पादन/लाभ**

(i) एक निश्चित समय में पूंजी के निवेश से लाभ की दर जिसे प्रतिशत में व्यक्त किया जाता है।

(ii) किसी एक निवेश के संदर्भ में उत्पादन को व्यक्त करना उत्पादन कहा जाता है जैसे खाद्यान्न का प्रति हेक्टेयर उत्पादन।

young fold mountain **नवीन वलित पर्वत**

आर्मोरीकन, केलेडीनियन अथवा अन्य पूर्ववर्ती प्रर्वतन क्रिया से बने पर्वतों के विपरीत अल्पाइन पर्वतन काल में बने पर्वतों को नवीन वलित पर्वत कहा जाता है।

young ice **तरूण बर्फ**

विकास के संक्रमण अवस्था में हिम पृष्ठ से नया बना शीत बर्फ तरूण बर्फ कहलाता है।

young mountains **नवीन पर्वत**

हाल में बने पर्वत जिनके शीर्ष अभी तक अपरदन कारी शक्तियों द्वारा चिकने नहीं बनाये जा सके होते हैं, नवीन पर्वत कहलाते हैं।

young valley **नवीन/तरूण घाटी**

ऐसी घाटी जो अपनी प्रारम्भिक अवस्था में होती है, जब वह अधिक सीधी और उच्च प्रवणता वाली होती है, तरूण घाटी कहलाती है।

youth **युवावस्था**

अपरदन चक्र में विकास की प्रथम अवस्था अथवा भूआकृति विकास की प्रथम अवस्था को युवावस्था कहा जाता है।

youthful stage **तरूणावस्था**

भूआकृति की तरूण अवस्था से सम्बन्धित। जब उस पर अपरदन कम हुआ हो ऐसी स्थलाकृति की अवस्था तरूणावस्था कहलाती है।

Z

zenith **शिरोबिन्दु/क्षितिज**

आकाश में वह़ बिन्दु जो पर्यवेक्षक के ऊर्ध्वस्त होता है। इसका उपयोग प्रायः विकिरण निवेश के परिकलन के लिए किया जाता है।

zeugen **ज्यूजेन**

मरूस्थलीय भागों में जहाँ कठोर और कोमल शैल की परतें एक दूसरे के ऊपर समानान्तर होती हैं, इस कारण वायु द्वारा कोमल शैल के अपरदन के कारण विभिन्न आकृतियों का निर्माण होता है जिन्हें ज्यूजेन कहा जाता है। इस प्रकार की आकृतियों का निर्माण प्रायः एसे मरूस्थलों में होता है जहाँ रात में तापक्रम कम हो जाता है, इस कारण दरारों में पानी जम जाता है और दिन में अधिक तापक्रम के कारण जमा जल पिघल जाता है, इस प्रकार जल के जमने और पिघलने के कारण चट्टानों में टूट होती रहती है।

zink **जिंक**

एक कठोर, नीला-श्वेत जंग प्रतिरोधी धातविक तत्व जो प्रायः चांदी और सीसा के साथ खानों से निकाला जाता है। इसका उपयोग लोहे को जंग लगने से बचाने के लिए किया जाता है।

zonal **क्षेत्रीय**

अक्षांशों के लगभग समानान्तर पट्टी में पाये जाने वाले तत्वों की ओर संकेत करता है।

zonal flow **कटिबन्धीय प्रवाह**

वायुमण्डलीय संचरण जिसमें वायु प्रवाह अक्षांशीय रेखाओं का अनुसरण करती हैं, जैसे व्यापाःरिक पवनें, पछुआ पवनें आदि।

zonal soil **मंडलीय मृदा**

जलवायु का प्रमुख प्रभाव और वनस्पति के विकास में प्रमुख बताने वाला मृदा पार्श्व दृश्य।

zonal winds **मंडलीय पवन**

वे पवन जैसे कि व्यापारिक पवनें (trade winds) और पहुआ पवन (westerlies) जो विशेषकर अक्षांशीय क्षेत्रों से सम्बन्धित हैं, क्षेत्रीय पवन कहलाती हैं।

zone **कटिबन्ध/मंडल**

पृथ्वी के किसी क्षेत्र, मेखला अथवा भूभाग के लिए प्राय: कटिबन्ध शब्द का लगभग अयथार्थ उपयोग किया जाता है।

zone of aeration **वातन क्षेत्र**

भूपृष्ठ से नीचे और भौम जल स्तर के ऊपर का क्षेत्र जिसके प्रत्येक रिन्ध्र वायु से भरे रहते हैं वातन क्षेत्र कहलाता है।

zone of assimilation **स्वांगीकरण क्षेत्र**

ऐसा क्षेत्र जिसके केन्द्रीय व्यापारिक क्षेत्र (CBD) के कार्य में वृद्धि हो रही होती है अर्थात् भविष्य का वह केन्द्रीय व्यापारिक क्षेत्र (CBD) बनने जा रहा हो, जिसकी विशेषताएँ दुकानों, कार्यालयों एवं होटलों का बडे पैमाने पर पुनर्निर्माण हो रहा हो, ऐसा क्षेत्र स्वांगी करण क्षेत्र कहलाता है।

zone of discard **छाँट का क्षेत्र**

वह क्षेत्र जो किसी समय केन्द्रीय व्यापारिक क्षेत्र (CBD) था। किन्तु अब वह क्षेत्र अवनति पर है और जहाँ अब निम्न स्तर की दुकानें और खाली माल गोदाम इस क्षेत्र की विशेषता है।

zone of fracture **विभंजन संस्तर**

(i) हिमनद के बाह्यी कठोर भाग में हिम के विभंजन को विभंजन संस्तर कहते है।

(ii) भूपटल के ऊपरी भाग का विभंजन द्वारा विरूपित होकर भुरभुरा होना विभंजन संस्तर कहलाता है।

zone of indifference **उदासीनता क्षेत्र**

केन्द्र स्थान सिद्धान्त में प्रतिस्पर्द्धी पृष्ठप्रेदेशों के केन्द्रों में जिनमें कोई भी केन्द्र प्रभावी प्रभाव का प्रयास नहीं करता है के बीच का क्षेत्र उदासीनता क्षेत्र कहलाता है।

zone of leaching **निक्षालन संस्तर**

मृदा की ऊपरी परत से होकर जल के साथ घुलकर पदार्थों, का नीचे की परत में जा कर जमा होना, निक्षालन संस्तर कहलाता है।

zone of overlap **अतिछादित क्षेत्र**

ऐसा क्षेत्र जिसकी आवश्यकताओं की पूर्ति एक से अधिक नगरीय केन्द्रों द्वारा की जाती है, अर्थात दो अथवा दो से अधिक भिन्न नगरीय क्षेत्रों में वह क्षेत्र स्थित हो, ऐसा क्षेत्र अतिछादित क्षेत्र कहलाता है।

zone of saturation **संतृप्त-क्षेत्र**

अध: स्तर का ऐसा तल जिसको धरातल का प्रत्येक रिन्ध्र जल से भरा रहता है संतृप्त क्षेत्र कहा जाता है।

zoogeography **प्राणी भूगोल**

भूमण्डल पर प्राणियों के वितरण का अध्ययन, प्राणी भूगोल कहलाता है।

zooplankloin **प्राणि प्लवक**

(i) छोटे, प्रायः सूक्ष्म जीव जो सागरीय जल अथवा अन्य जलाश्यों में निष्क्रिय तैरते रहते हैं, प्राणि प्लवक कहलाते हैं।

(ii) जन्तु वर्ग के जीव जो जल में तैरते रहते हैं प्राणी प्लवक कहलाते हैं।

zwischengebirge **मध्य पिण्ड/स्वाशिनबर्ग/जुइसचेनबर्ग**

यह जर्मन भाषा का शब्द है जिसका अंग्रेजी समानार्थ शब्द 'मध्य पिण्ड' (median mass) है। कोबर ने इस शब्द का उपयोग वलित पर्वत निर्माण के अपने सिद्धान्त में किया था।

परिशिष्ट

मीट्रिक और अंग्रेजी इकाइयों की तुलना

इकाई

1 किलोमीटर (किमी)	=	1000 मीटर (मी)
1 मीटर (मी)	=	100 सेंटीमीटर (सेमी)
1 सेमीमीटर (सेमी)	=	0.39 इंच
1 मील (मील)	=	5280 फीट
1 फुट	=	12 इंच
1 इंच	=	2.54 सेंटीमीटर
1 वर्ग मील (मील^2)	=	640 एकड़
1 किलोग्राम	=	1000 ग्राम
1 पाउण्ड	=	16 औंस
1 फैदम	=	6 फीट

रूपान्तरण

जब बदलना हो

लम्बाई	गुणा करें	ज्ञात करने के लिए
इंच	2.54	सेमी
सेमी	0.39	इंच
फीट	0.30	मीटर

मीटर	3.28	फीट
गज	0.91	मीटर
मीटर	1.09	गज
मील	1.61	किमी
कि. मी.	0.62	मील

क्षेत्रफल को बदलने के लिए

इकाई	गुणा करें	**ज्ञात करने के लिए**
वर्ग इंच	6.45	वर्ग सेमी
वर्ग सेमी	0.15	वर्ग इंच
वर्ग फीट	0.09	वर्ग मीटर
वर्ग मीटर	10.76	वर्ग फीट
वर्ग मील	2.59	वर्ग किमी
वर्ग कि.मी.	0.39	वर्ग मील

आयतन

घन इंच	16.38	घन सेमी
घन सेमी	0.06	घन इंच
घन फीट	0.028	घन मीटर
घन मीटर	53.3	घन फीट
घन मील	4.17	घन किमी
घन किलामीटर	0.24	घन मील
लिटर	1.06	क्वार्ट
लिटर	0.26	गैलन

तापक्रम में बदलाव के लिए

फार्नहाइट (^{o}F) से सेल्शियस में बदलने के लिए –32 के बाद 1.8 से गुणा करें

सेल्शियस (^{o}C) से फार्नहाइट में बदलने के लिए (^{o}F) फार्नहाइट अंश में 1.8 से गुणा कर +32° जोडें